BIBLIOTHÈQUE
DE PHILOSOPHIE CONTEMPORAINE

ÉTUDES

SUR

LA SÉLECTION
CHEZ L'HOMME

PAR

LE Dʳ PAUL JACOBY

AVANT-PROPOS PAR M. GABRIEL TARDE
De l'Institut
Professeur au Collège de France

DEUXIÈME ÉDITION, REVUE ET AUGMENTÉE
AVEC TABLEAUX EN NOIR ET EN COULEURS HORS TEXTE

PARIS
FÉLIX ALCAN, ÉDITEUR
ANCIENNE LIBRAIRIE GERMER BAILLIÈRE ET Cⁱᵉ
108, BOULEVARD SAINT-GERMAIN, 108

1904

ÉTUDES

SUR

LA SÉLECTION CHEZ L'HOMME

ÉTUDES

SUR

LA SÉLECTION
CHEZ L'HOMME

PAR

LE Dr PAUL JACOBY

AVANT-PROPOS PAR M. GABRIEL TARDE

De l'Institut,
Professeur au Collège de France.

DEUXIÈME ÉDITION, REVUE ET AUGMENTÉE

Avec tableaux en noir et en couleurs hors texte.

PARIS

FÉLIX ALCAN, ÉDITEUR

ANCIENNE LIBRAIRIE GERMER BAILLIÈRE ET Cⁱᵉ

108, BOULEVARD SAINT-GERMAIN, 108

1904

AVANT-PROPOS

Je n'ai pas à présenter l'auteur de ce livre à ceux qui, en France comme à l'étranger, s'occupent de psychologie ou de questions sociales. Tous savent bien que ce modeste et profond savant, aliéniste russe, après de nombreux travaux de pathologie mentale, a développé, dans l'ouvrage aujourd'hui réédité, une vaste application historique de cette science avec une abondance d'érudition, une fécondité d'aperçus pénétrants et judicieux, une netteté et une vigueur d'exposition, qui élèvent cette tentative hardie bien au-dessus de la plupart des autres essais du même genre. Le fait même que le besoin d'une nouvelle édition d'une étude si spéciale s'est fait sentir, suffit à révéler le mérite et l'intérêt durables de cette publication. En général, les livres de science vieillissent vite, et ce n'est guère après 23 ou 24 ans qu'on les réédite. Celui-ci a été publié pour la première fois en 1881. C'est l'époque où des théories plus retentissantes, et tout autrement hasardeuses, les idées de Lombroso, atteignaient l'apogée de leur succès, et celles du Dr Jacoby ont eu de la peine à n'être pas éclipsées alors par le rayonnement de ce feu d'artifice. Mais cette flamme s'est éteinte ou ne fait plus que se survivre, et ce qui en reste de meilleur, d'excellent encore pour mieux dire, est l'excitation des esprits qu'elle a stimulés, l'espérance qu'elle leur a fait luire d'arracher au cerveau humain percé à jour, scruté à fond, le secret du crime et du génie. Le malheur est que cet espoir ait été déçu. Et, quelque part, dans un coin de ce volume, notre auteur a réfuté en passant certaines de ces illusions. Cependant, ses hypothèses à lui, plus solides, faisaient leur chemin, et les voici qui reviennent au jour.

Je n'ai nulle compétence particulière pour les examiner ; ce que je puis dire, c'est que jamais accumulation plus consciencieuse et plus ingénieuse de documents n'a été faite, pour élucider le rôle que jouent l'hérédité d'une part, la sélection de l'autre, dans deux genres de névroses développées par la vie sociale, l'ivresse chronique du pouvoir dans les dynasties royales et l'orgueil délirant du talent dans les familles de grands artistes, de grands écrivains, de grands savants même. A première vue, on pourrait penser que le travail sur le délire du pouvoir, au point de vue dynastique, a perdu beaucoup de son intérêt actuel, même en Russie, depuis la transformation des monarchies absolues en monarchies constitutionnelles, et l'avènement des démocraties ; mais je ferai remarquer que les exemples fameux de demi-folies parmi les empereurs et les rois de l'antiquité ou du moyen âge sont au contraire plus profondément instructifs pour nous, hommes contemporains, qu'ils n'ont pu l'être pour nos pères. Les dynasties impériales ou royales, si elles ont vraiment présenté *toujours* — ce qui me paraît contestable — toutes les tares héréditaires que le Dr Jacoby signale en elles, ont eu au moins, à ce point de vue, l'avantage de drainer à leur détriment, et au profit de leurs sujets, tout le vin empoisonné que porte avec soi l'exercice de l'autorité sans frein. Il semble même qu'il se dégage, au fond, de la thèse de l'auteur, sans qu'il y ait songé, une sorte de justification imprévue de la monarchie. Si, en effet, il est bien vrai que la puissance politique trouble le cerveau, il est bon que ce danger de démence soit épargné à la plupart des familles d'un peuple et se concentre sur une seule. Plus sérieusement, — car des arguments de ce genre, bien entendu, ne se peuvent exprimer qu'en souriant, — j'ajoute que, si le péril d'une névrose héréditaire du pouvoir, sous forme monarchique ou surtout aristocratique, va s'amoindrissant, celui d'un vertige contagieux du pouvoir, sous des formes populaires et électorales, s'étend et grandit dans nos sociétés égalitaires. L'élévation brusque d'un particulier à la dictature d'un grand État moderne n'est pas une cause moins redoutable de détraquement cérébral que la naissance princière au sein d'une Cour. Et les fêlures du crâne observées chez les princes ou les grands d'autrefois peuvent servir à éclairer nos propres aberrations.

La seconde étude du D* Jacoby est plus directement encore intéressante, et au plus haut degré, pour les nations d'aujourd'hui. Le délire du *talent*, en effet, c'est celui de la *célébrité* avant tout. Car le talent ignoré et méconnu n'est guère une cause d'orgueil fou, perturbateur de l'équilibre mental. Or, la gloire tient de la nature du pouvoir et s'en rapproche assurément par sa vertu d'auto-idolâtrie et de mégalomanie insensée. Et ce qui distingue, entre autres caractères, les progrès de notre civilisation, c'est sa tendance manifeste à la multiplication des gloires, des célébrités, de moins en moins durables, à la vérité, mais de plus en plus étendues et rapides, en tout ordre de faits, et à ce phénomène que le passé ne connaissait pas, la glorification instantanée et universelle d'un homme, hier très obscur, destiné à retomber demain dans son obscurité première. Il n'est rien de plus propre que ces projections en l'air et ces précipitations alternatives, à troubler et fausser le meilleur cerveau.

G. TARDE.

Avril 1904.

PRÉFACE

L'académie royale de médecine de Madrid avait proposé pour le concours de 1874 la question de la sélection dans ses rapports avec l'hérédité chez l'homme. Les concurrents eurent à traiter une question neuve, introduite depuis quelques années à peine dans les sciences naturelles, et notamment dans la zoologie, mais qui n'avait presque pas encore été traitée ni au point de vue anthropologique, ni au point de vue médical. Il n'est certainement pas difficile d'indiquer quelques formes de sélection chez l'homme. Les armées permanentes avec leur mode de recrutement, enlevant annuellement à la population les jeunes gens les plus robustes et les mieux constitués, produisent une sélection de la faiblesse de défaut de taille et de difformité physique. La médecine, en conservant la vie des malades que la nature cherche à éliminer pour produire ainsi une sélection de la force et de la santé, agit dans le même sens que les armées permanentes, au grand détriment de la population. Le suicide, cette soupape de sûreté contre le névrosisme des générations suivantes, épargne à l'humanité, en faisant partir volontairement les nerveux, bien des folies héréditaires et l'assainit ainsi par élimination des éléments morbides. Mais ces formes de la sélection ne se rattachent en rien à l'hérédité, et par conséquent ne peuvent être l'objet de notre étude. Nous en avons donc choisi deux autres, présentant une combinaison précieuse pour l'étude de la question de sélection et d'hérédité, — c'est la sélection par position sociale exclusive, et la sélection par intelligence et par talent. Nous avons été d'autant plus séduits par l'intérêt que présentent pour le médecin, le médecin aliéniste surtout, ces deux formes de sélection, qu'on pouvait y rattacher l'étude de certaines questions de médecine mentale. Puis, —nous devons l'avouer, et qu'on nous pardonne cette présomption, — ce qui nous a tenté encore, c'est l'idée que nos recherches pourraient être un essai d'application des méthodes et des résultats déjà acquis des sciences positives : — médecine, anthropologie, médecine mentale surtout, — à l'étude des faits et des phénomènes purement sociaux. De ce point de vue, les deux parties de notre ouvrage sont des études séparées, bien que liées entre elles par l'idée commune ayant trait, jusqu'à un certain point, la première à la monarchie, la seconde, en .quelque sorte, au gouvernement représentatif, et notamment au mode de représentation nationale. La grandeur de la science actuelle, nous semble-t-il, tient peut-être moins aux grandes conceptions, aux idées larges, et même aux travaux qui épuiseraient les questions, qu'à l'emprunt des procédés et des méthodes que les sciences se font mutuellement; aussi ce sont les sciences qui rendent possibles ces combinaisons qui ont le plus progressé; ainsi la physiologie a fait des progrès immenses, tandis que l'anatomie est restée presque stationnaire.

Mais à côté de cette application pour ainsi dire en grand de la médecine à l'étude des phénomènes sociaux, il s'est présenté dans le cours de ce travail quantité de questions de détail, que nous espérons avoir, peut-être, contribué à élucider à l'aide des données de la science médicale. Si nous ne nous abusons pas, certains faits obscurs de l'histoire romaine, depuis Auguste jusqu'à Néron, une fois éclairés par la médecine, paraîtront au lecteur singulièrement nets et intelligibles; certains personnages, remis à leur place généalogique, entre leurs ancêtres névropathiques et leurs descendants fous ou imbéciles, considérés non plus séparément, mais comme membres d'une famille durement frappée par l'élément névropathique, se présenteront au lecteur, nous osons l'espérer, sous des couleurs autres qu'il n'est habitué à les voir. Des faits de détail, des bagatelles dédaignées par l'historien, donnent parfois au médecin des indications précises et précieuses. qui jettent un jour tout nouveau sur les événements les plus importants, sans parler des questions de descendance et de paternité, où les détails médicaux ont une importance capitale, ainsi que nous croyons l'avoir fait voir par l'exemple de Drusus Germanicus l'aîné, frère de l'empereur Tibère. Nous nous permettons encore d'appeler l'attention du lecteur sur quelques autres faits, où la médecine éclaire peut-être l'histoire, tels que la mort du jeune Marcellus, gendre d'Auguste, des jeunes Césars Caïus et Lucius, fils de M. V. Agrippa et de Julie, de Germanicus, etc., faits qui présentent l'empereur Tibère et Livie sa mère sous un tout autre aspect, réfutant des soupçons vingt fois séculaires sur leur compte; enfin la question des soi-disant portraits de Mécène, où, nous basant exclusivement sur les données de la science médicale, nous croyons avoir redressé une erreur des archéologues. Ces exemples suffisent pour faire voir que l'histoire pourrait retirer des avantages réels, si elle voulait demander un peu d'aide à la médecine.

S'il n'était pas présomptueux de répéter un mot célèbre, nous aurions dit au lecteur : « Ceci est un livre de bonne foi. » Nous avons entrepris les recherches dont cet ouvrage est l'exposé, mû par un sentiment de curiosité scientifique; nous les avons poursuivies avec un amour sincère de la vérité et le plus vif désir d'arriver, non à des résultats qui confirmeraient nos prévisions, mais à des conclusions qui soient l'expression de cette vérité. Les résultats de notre travail ont dépassé nos espérances; nos prévisions se sont trouvées confirmées avec une exactitude rigoureuse, mathématique, et les tableaux généalogiques du chapitre VIII sont une preuve éclatante de la vérité de nos considérations théoriques sur les dynasties princières.

Mais la dynastie n'est pas nécessairement souveraine; elle peut être industrielle, commerciale, intellectuelle, nobiliaire, et toujours elle obéit à la même loi de dégénérescence. Voyez ce jeune homme, pâle, faible, languissant, se réchauffant à peine aux chauds rayons du soleil, — c'est *un héritier*, le dernier porteur d'un grand nom, le dernier représentant d'une grande race, heureuse encore si elle a la chance de disparaître discrètement avec un anémique, si elle ne s'écroule pas bruyamment dans la fange ou le sang avec un fou ou un scélérat. Voyez-vous cet autre, petit, mal bâti, au front fuyant, à l'air bête et ridicule au parler prétentieux, à la mise grotesque de petit-crevé, heureux et fier de se montrer avec quelque courtisane en renom, — c'est le fils d'un savant illustre, dont le nom n'est prononcé qu'avec respect, d'un homme d'État éminent, d'un robuste et rude travailleur, d'un homme fort, intelligent et tenace, qui, parti du bas, sut se frayer son chemin dans la vie, d'un artiste de talent, etc. Sous ce rapport, notre travail s'adresse moins peut-être au médecin qu'au magistrat, à l'avocat, à l'historien, à tous ceux qui sont appelés à juger la personnalité des hommes; nous leur dirions volontiers : Quand vous aurez à prononcer votre sentence sur quelque représentant abâtardi d'une dynastie, qu'elle soit princière, nobiliaire, industrielle, commerciale ou intellectuelle, souvenez-vous de la loi terrible de la dégénérescence, tenez-leur compte de la fatalité de leur naissance. Mais c'est surtout aux pédagogues qui ont à faire l'éducation d'enfants appartenant à ces dynasties que nous rappellerons que les conditions exclusivement malheureuses dans lesquelles sont engendrés et élevés ces enfants, réclament aussi une éducation toute spéciale, tant sous le rapport physique que sous le rapport moral.

Nous avons expliqué dans le corps de l'ouvrage quelles considérations nous avaient guidé dans le choix de la dynastie qui avait servi de spécimen. Il était matériellement impossible de donner le même développement à l'étude des dynasties de l'Europe occidentale depuis le xiiie jusqu'au xviiie siècle, et nous avons dû nous borner à présenter des tables généalogiques, disposées de façon à faire ressortir les faits de psychopathie et de dégénérescence, afin qu'ils attirent immédiatement et du premier coup d'œil l'attention du lecteur. Il s'y trouvera forcément des omissions, mais ces omissions même plaident en faveur de notre thèse. En effet, de quelle sorte peuvent-elles être? Evidemment des personnages qui ne seraient pas cités du tout, mais alors c'est qu'ils seraient morts jeunes ou sans postérité, ou dont nous aurions omis de mentionner les anomalies mentales, morales ou

somatiques; on le voit, ces omissions constituent, dans un cas
comme dans l'autre, une preuve de plus à l'appui de notre
thèse (1).

L'Académie royale de médecine de Madrid a bien voulu distinguer le présent ouvrage et conférer à son auteur le titre de membre
correspondant; lu dans une autre société savante, cet ouvrage
provoqua quelques objections. On nous fit observer, entre autre,
qu'il aurait fallu, pour rendre la démonstration plus évidente,
analyser avec les mêmes détails médicaux toutes les dynasties dont
nous ne donnons qu'un court aperçu; que d'ailleurs la coutume
qu'avaient les familles souveraines de destiner quelques-uns de
leurs membres à l'état religieux, les condamnant ainsi à ne pas
avoir de postérité, ou à n'avoir que des bâtards souvent inconnus,
augmentait nécessairement les chances d'extinction de la race;
enfin, qu'il fallait encore tenir compte de cette circonstance que
tout membre d'une famille souveraine au moyen âge était guerrier
eo ipso, et par conséquent exposé à tous les dangers de la guerre.
Nous avons répondu que la condition des bâtards au moyen âge
ne peut pas être comparée à leur condition actuelle; la bâtardise
n'était pas, comme elle l'est aujourd'hui, une tache honteuse et sur

(1) En dehors de ces omissions, qui tiennent à l'imperfection de tables généalogiques et au manque de renseignements historiques, il s'en trouvera nécessairement d'autres, et plus que des omissions, des erreurs, qui doivent malheureusement
nous être directement imputées, et pour lesquelles nous demandons l'indulgence du
lecteur; nous devons en signaler une touchant Ovide. Une note sur Julie et Ovide,
ajoutée après coup sur un feuillet séparé, a été intercalée par erreur dans le chapitre III, où il était déjà question de ce poète. Trompé par l'identité du nom de la
mère et de la fille, le copiste réunit en un seul deux passages distincts, appartenant
à des chapitres différents, ce qui a produit l'erreur historique que le lecteur consta-
tera à propos d'Ovide; malheureusement cette erreur ne fut remarquée qu'à la lecture des feuilles déjà tirées, quand il était trop tard pour la rectifier. A propos
d'erreurs dans les livres scientifiques, nous nous permettrons une remarque. Les
critiques et les analyses des ouvrages de ce genre contiennent très souvent des
indications, des rectifications et des avis qui seraient précieux pour les auteurs,
mais qui ne parviennent que rarement à leur connaissance, épars comme ils sont
dans les journaux de divers pays. Dans l'intérêt des auteurs, de leurs ouvrages, — et
surtout de la vérité scientifique — il serait à désirer que les critiques veuillent bien
communiquer aux auteurs leurs articles sur leurs livres; nous nous permettrons
d'adresser précisément cette prière aux auteurs d'articles qui pourraient être publiés
sur le présent ouvrage, en quelque langue que ce soit, et si sévères que ces articles
puissent être; nous tâcherons de profiter des critiques et des observations qui nous
seront faites.

l'enfant et sur les parents; le bâtard était généralement reconnu, surtout dans les familles souveraines ou haut placées, portait le nom du père, était même apte à hériter non seulement de ses biens, mais même de la couronne, ce qui fait que nous connaissons les enfants naturels des hauts personnages du moyen âge mieux que ceux de nos contemporains, et sous ce rapport les gens d'église ne faisaient pas exception, ce dont nos tables font foi. D'ailleurs, ce ne sont pas ceux des membres des familles souveraines qui étaient engagés dans les ordres qui mouraient le plus souvent sans laisser de postérité, comme il est facile de s'en convaincre en parcourant les généalogies du chapitre VIII. Quant aux dangers de la guerre, le nombre des grands personnages morts sur le champ de bataille est tellement minime, qu'il ne peut réellement entrer en ligne de compte. Malgré tout cela, nous nous sommes engagé à faire une analyse détaillée, génération par génération et personnage par personnage, telle qu'elle est faite pour la maison Julia Claudia, des dynasties souveraines de l'Europe entière pour le XVIII° et le XIX° siècle. Tel est le contenu du deuxième volume qui va être mis sous presse.

De toutes les dynasties impériales et royales de l'Europe, où des cas graves de folie et de dégénérescence avaient été positivement constatés dans le courant du XVIII° et du XIX° siècle, — et elles sont nombreuses : Angleterre, France, Belgique, Hollande, Danemarck, Suède et Norwège, Hanovre, Bavière, Prusse, Autriche, Russie, Turquie, Italie, Espagne, Portugal, etc., — quelques-unes ont pour nous un intérêt tout particulier. Puisque c'est le pouvoir qui conduit les races souveraines à la dégénérescence, il faut supposer que plus il est grand, plus la décadence morale, intellectuelle et physique sera mánifeste. Or, toutes les royautés en Europe sont constitutionnelles, sauf celles de la Russie et de la Turquie; il nous faut donc étudier tout particulièrement les dynasties de ces deux pays. Mais si c'est le pouvoir absolu qui produit la dégénérescence la plus profonde et la plus rapide, comment se fait-il que ce soit précisément l'Angleterre, le seul pays qui ait eu un gouvernement constitutionnel alors que les autres pays étaient encore des monarchies absolues, que ce soit précisément l'Angleterre, disons-nous, qui ait usé le plus grand nombre de dynasties, que leur dégénérescence intellectuelle et morale y ait été si rapide et si profonde? Cela tient, croyons-nous, au loyalisme traditionnel de la nation anglaise. Les lois ne peuvent que peu de chose sans les mœurs. Rappelons qu'un des plus illustres philosophes anglais, Hobes, professait que la volonté du prince est la règle et l'unique *criterium* du bien et du mal, que l'Église anglicane posait pour dogme l'obéissance absolue au prince, quel qu'il soit, et que Macaulay lui-même reconnaît que ce loyalisme de l'Église avait été en grande partie la cause des crimes, des perfidies et de la folie de Jacques II et de la chute définitive des Stuarts.

Si, des privilèges d'ordre social, nous passons aux privilèges d'ordre moral, nous retrouvons le même phénomène désolant de la disparition des familles et des races, qui payent de leur dégénérescence physique et morale, et de leur vie même, l'élévation d'un des leurs. Nous avons indiqué dans la deuxième partie de cet ouvrage l'influence des villes, qui altèrent les talents, les capacités, toutes les forces vives de la nation, et produisent, par cette sélection, des générations intelligentes et civilisées, mais névropathiques et stériles. Les tableaux graphiques nous montrent la loi même du développement intellectuel des races sous l'influence de la sélection qui a lieu dans les villes, et aussi la valeur comparative des races(1). Mais le développement intellectuel amène les névropathies, et, comme leur conséquence, la dégénérescence et l'extinction de la race. Les grands peuples de l'antiquité, initiateurs du progrès, les villes célèbres, foyers des premières civilisations, ont péri complètement; la noblesse guerrière de Ninive, le clergé savant de Babylone, de Borsippe, la bourgeoisie intelligente et civilisée de Thèbes aux cent portes, de Memphis, sont mortes et ont disparu complètement de la face de la terre. Le fellah qui cultive le champ de cotonniers n'est pas le descendant dégénéré de quelque gouverneur de Rome, de quelque

---

(1) Nous avons donné dans cet ouvrage *grosso modo* l'idée et la méthode, et nous avons indiqué aussi la marche à suivre pour le calcul mathématique, tout en remettant le calcul des équations des courbes au volume suivant.

pontife du lumineux Râ, c'est l'arrière-neveu de quelque batelier du Nil, de quelque ouvrier des carrières des monts Albâtres; et quand la civilisation, dans sa marche de l'est vers l'ouest, aura fait le tour du globe, elle trouvera sur les bords de la Seine, errant dans les ruines de la grande cité, des descendants non de nobles du faubourg Saint-Germain, non de savants du collège de France, non de riches banquiers, de bourgeois lettrés, pas même d'ouvriers parisiens, si ingénieux et si intelligents, mais, peut-être, de charbonniers auvergnats, de gargotiers de banlieue, — « le grand Patrocle n'est plus, et le méprisable Thersités vit encore. » L'antiquité attachait une bien autre importance que nous au lien entre l'ancêtre et le descendant, elle le regardait en quelque sorte comme physiologique. La postérité, en héritant des traits de visage, de la constitution somatique, des vertus et des vices des ascendants, était pour ainsi dire leur continuation physique et morale. L'extinction d'une famille était un désastre, puisque c'est alors seulement que toute la longue série des ancêtres mourait définitivement et rentrait dans le néant. L'homme vit dans ses arrière-petits-neveux; vivre dans sa postérité, c'est là l'immortalité réelle, matérielle aussi bien que morale, la seule vraie, la seule sûre, du moins; or, en cherchant à nous élever au-dessus du niveau commun, nous condamnons par là même à mort notre race, et nous échangeons la vraie immortalité, l'immortalité physiologique, contre l'immortalité de convention qu'on appelle la célébrité; nous payons de la vie des générations futures et de notre propre existence dans l'infini des siècles quelques lignes dans les dictionnaires biographiques. Ce ne sont pas les descendants des puissants, des riches, des savants, des énergiques, des intelligents qui constitueront l'humanité future,' ce sera la postérité des paysans travailleurs, des bourgeois nécessiteux, des humbles et des petits, — l'avenir est aux médiocrités.

Dr PAUL JACOBY.

PRÉFACE

DE LA DEUXIÈME ÉDITION

La première édition de cet ouvrage, accueilli très favorablement et par le monde scientifique et par la grande presse, avait cependant attiré des reproches à son auteur. Le livre était attentatoire·à la dignité de l'humanité, au respect que nous devons aux grands hommes ; on est allé jusqu'à dire qu'il est « la nécropole de la gloire ». Nos illustres prédécesseurs dans les études de ce genre, Lélut, Moreau de Tours, en ont entendu bien d'autres encore. Et cependant, j'avoue n'avoir pas bien saisi le sens et la portée de ces critiques. L'auteur peut certainement entreprendre ou ne pas entreprendre tel travail, faire ou ne pas faire telles recherches ; mais, à cela se borne sa liberté, et par conséquent sa responsabilité. Les conclusions ne dépendent pas de son bon vouloir : elles sont le résultat, et un résultat pour ainsi dire mécanique, nécessaire, inévitable, des faits ; l'auteur en est aussi peu maître que le mathématicien n'est maître de la solution d'un problème. D'ailleurs je n'ai jamais bien compris ce que mes conclusions pouvaient avoir d'attristant. Tout ce qui est né, tout ce qui vit, doit mourir. La mort des êtres qui nous sont chers nous afflige certainement ; mais l'idée que les plus chers d'entre eux, nos enfants, ne sont pas immortels, n'a rien d'affligeant, — c'est le contraire qui le serait plutôt. Qu'ils accomplissent le cycle de la vie humaine, et qu'ils s'éteignent « pleins de jours », nous n'aurons rien à reprocher au sort.

Des empires ont disparu, et « leurs ruines même ont péri ».
Un siècle après la chute de Ninive, le souvenir même de l'existence de l'Assyrie s'était effacé en Asie, et cependant cet
empire avait occupé la scène du monde pendant bien des
siècles. Les Étrusques avaient été les premiers civilisateurs
de l'Italie ; c'est par conséquent d'eux que procède la civilisation, la société civile en Europe et en Amérique ; et cependant
leur langue, leur race même, sont pour nous autant d'énigmes,
que des savants autorisés déclarent ne pas valoir la peine d'être
déchiffrés. A part Schliemann, personne n'affirme *ubi Troja
fuit.* Les nations et les races se suivent dans l'histoire,
comme les générations se suivent dans les races ; et c'est ce
renouvellement incessant qui est le vice, non la persistance de
quelques existences individuelles. Les nations meurent tout
comme les individus, et aucune ne peut prétendre à l'immortalité. A l'expiration de son « grand jour », disaient les
Étrusques, chaque peuple à son tour doit descendre dans la
tombe, bien heureux s'il a enrichi d'une idée, d'un principe,
d'une œuvre d'art, d'un progrès scientifique ou social, le fonds
commun de l'humanité. D'ailleurs l'humanité elle-même n'est
pas éternelle, et nous ne nous faisons pas d'illusions sur son
avenir. Il arrivera un jour où la vie aura disparu de la terre,
qui roulera dans l'immensité, cadavre congelé ou brûlé d'une
planète naguère pleine de vie.

Cette deuxième édition a reçu des additions, mais peu de
changements. Les idées exposées dans cet ouvrage ont fait leur
chemin et passent actuellement pour banales. Bien plus, je
suis très heureux de les retrouver sous des plumes infiniment
plus éloquentes que la mienne, présentées avec un talent et un
art qui me sont absolument inaccessibles, je suis le premier a
le reconnaître. Peut-être avait-on un peu oublié de citer leur
auteur, mais c'est là un détail qui n'a certainement aucune
espèce d'importance ; si je le mentionne, c'est que le lecteur,
trouvant dans mon livre des idées, des études, et jusqu'à des
expressions qui lui sont familières, qu'il a lues déjà dans
d'autres ouvrages, me reprochera peut-être de les avoir

empruntées, et je risque de passer pour mon propre plagiaire.

Il faut le dire aussi : les faits qui s'étaient produits depuis la publication de la première édition, ne m'avaient donné que trop raison. Les morts tragiques et retentissantes du prince héritier de Belgique, de l'archiduc héritier d'Autriche, du roi Louis de Bavière, du roi Alexandre de Serbie ; la mort du prince héritier des Pays-Bas, du duc d'Albany ; les maladies cérébrales, les singularités princières, les vols, les vices contre nature, les scandales pathologiques, conjugaux et autres, les débauches, les adultères bruyants : en vérité, on serait mal venu de trouver peu probante l'histoire des dernières années du xix° siècle, — et, dans un autre ordre d'idées, les travaux nouveaux et les études sur les personnages remarquables (Savonarole, Philippe II d'Espagne et Don Carlos, Giovanni delle Bande Nere, etc., et sur beaucoup d'écrivains).

Ces considérations me semblaient plaider suffisamment contre tout changement de fond. J'ai bien fait quelques changements de détail, rectifié les quelques inexactitudes qui m'avaient été signalées (1), mais je n'ai pas touché au fond de l'ouvrage. La thèse, les développements de détail, avaient reçu un accueil bienveillant — trop favorable certainement ; le livre avait été l'objet de distinctions académiques, avait reçu l'approbation des corps savants. Les articles de M. Fouillée, de M. Ribot, de M. Tarde, pour ne parler que des plus éminents, confirment ma thèse. L'écrit du professeur Joly, de Berlin, n'est pas une objection, encore moins une rectification : c'est un raisonnement à côté. Les pages éloquentes de Caro sur mon livre ne sont qu'une longue, très longue — *Verbum Caro factum est*, dit l'Écriture — lamentation sur mon attentat à la gloire humaine.

M. de Lapouge, l'éminent auteur du livre si fortement pensé, bourré d'idées originales et de faits à l'appui, qui a nom *Sélections sociales*, me reprochait naguère de m'en être tenu à la psychiatrie, et d'avoir négligé le côté anthropologique de la

(1) Ainsi M. Jules Soury a fait voir que les accusations d'inceste, portées contre Louis XV et ses filles, étaient fausses ; j'ai tenu compte de cette indication.

question. Je ne crois pas ce reproche juste (1). M. de Lapouge
se base sur les travaux d'Ammon ; mais ces travaux — postérieurs à mon livre — ne sont pas acceptés dans le monde scientifique d'Allemagne, qui les regarde assez généralement comme
« verfehlt ». Je n'ai pas cru devoir en tenir compte dans cette
dernière édition. D'ailleurs l'observation de M. de Lapouge me
semble porter quelque peu à côté. Que la sélection urbaine se
fait aux dépens des individus les plus intelligents, les plus
actifs, les plus remuants si l'on veut, là-dessus nous sommes
d'accord. A quoi tient-il que ces individus soient tels ? Sont-ils
dolichocéphales, et constituent-ils par conséquent une race à part
dans la population ? Ou bien font-ils partie de la race dont ils
seraient l'élite ? La réponse est sans intérêt pour ma thèse. Je ne
me préoccupe pas de leur origine, je me préoccupe de leur
avenir, qui est la dégénérescence.

Carl Vogt, dans deux longs articles pleins de verve et d'observations amusantes, d'ailleurs très élogieux, juge que l'auteur du livre (qu'il appelle *ein bedenkliches Buch*, a « seinen
Satz siegreich durchgefochten ». Mais il assure que dans la
première partie (le Pouvoir) j'ai délivré aux membres de la
famille impériale d'Auguste tous les certificats dont ils pourraient avoir besoin pour être admis dans l'armée, à l'hôpital, à la prison, à l'asile d'aliénés. Quant à la seconde
partie (le Talent), elle serait, selon lui, une invitation « à nous
tous qui tenons une plume, une épée, un pinceau » de renoncer aux femmes et de ne pas nous mêler de procréer,
puisque aussi bien « avec nous *aus dem Geschaefte* ne peut
résulter rien de bon ». Je ne serais pas très éloigné d'accepter
ce résumé, malgré sa forme quelque peu brutale ; ce n'est
d'ailleurs que la paraphrase du conseil, qu'une fillette italienne
avait donné à J.-J. Rousseau : *Studiate la matematica,
e lasciate le donne.*

Beaucoup d'eau a coulé sous les ponts depuis la première

---

(1) Le reproche contraire m'avait été également fait, et peut-être avec plus de
raison. Mais c'est que mon livre ne s'adresse pas aux aliénistes, généralement peu
curieux des questions sociologiques ; aussi ai-je cherché à faire le moins possible
usage des termes spéciaux et des formules psychiatriques.

édition de cet ouvrage. Bien des événements se sont passés dans le champ de nos recherches. Les hasards de la vie m'ont mis en relation, avec un grand nombre d'hommes supérieurs ou marquants dans le domaine de la pensée, de la science, de l'art, de la vie sociale. J'ai eu de plus l'occasion d'étudier sur le vif la sélection urbaine, toute récente encore, mais qui avait déjà fait son œuvre néfaste, amenant la race à la dégénérescence, et cela sans l'avoir fait passer par 'a période brillante de civilisation et de talents fertiles. Et maintenant nous assistons à la décadence lamentable d'un immense État, qui n'avait jamais eu d'autre culte que la force brutale, et qui en meurt; du plus vieil État de l'Europe, qu'on dit jeune parce qu'il n'est pas mûr: il est blet. Or, je dois le dire en toute conscience, en toute sincérité, sans y mettre aucun entêtement : je n'ai rien à retirer de ce que je disais naguère; mes idées sont restées les mêmes, et je n'ai qu'à confirmer, en les élargissant, les conclusions auxquelles m'avaient amené mes études, ainsi qu'un sincère amour de la vérité.

Dr PAUL JACOBY.

Paris, 28 janvier 1904.

ÉTUDES SUR LA SÉLECTION
CHEZ L'HOMME

PREMIÈRE PARTIE

LE POUVOIR

I. 20. Sapientia foris prædicat; in plateis dat vocem suam.

22. Usquequo, parvuli, diligitis infantiam, et impru-dentes odebunt scientiam?

23. Convertimini ad correptionem meam; en proferam vobis spiritum meum, et ostendam vobis verba mea.

30. Nec acquleverint consilio meo, et detraxerint uni-versæ correptioni meæ.

31. Comedent igitur fructus viæ suæ, suisque consi-liis saturabuntur.

32. Aversio parvulorum interficiet eos, et prosperitas stultorum perdet illos.

XV. 25. Domum superborum demolietur Dominus.

(Proverbes de Salomon.)

CHAPITRE PREMIER

But. — Programme. — Méthode.

La question de l'hérédité dans ses rapports avec la sélection est tel-lement neuve, l'idée même de la sélection est encore si récente, que dans l'étude de cette question non seulement le choix de la méthode à suivre présente les plus grandes difficultés, mais c'est déjà un problème bien difficile que de trouver des faits susceptibles d'être l'objet d'une telle étude. La question de l'hérédité a une littérature immense, et, sans compter toutes les théories, toutes les hypothèses qui avaient pré-tendu expliquer ce phénomène, les auteurs citent une infinité d'exem-ples et de faits très instructifs de la transmission héréditaire des particularités, des anomalies, des états pathologiques et des affections les plus diverses, depuis la polydactilie jusqu'aux maladies cancéreuses, depuis les singularités les plus légères jusqu'aux aberrations les plus effroyables de l'intelligence, jusqu'aux perversions les plus terribles des sentiments et des instincts, comme l'anthropophagie par exemple. Mais tous ces faits n'ont pas de rapport direct avec la sélection. Les sujets qui présentent toutes ces transmissions héréditaires, telles que la polydactilie, les anomalies de structure du derme, d'un développement hypertrophique des appareils cornés, l'albinisme, etc., ainsi que ceux qui sont frappés d'affections somatiques ou psychiques, ou qui présentent des états pathologiques transmissibles par hérédité, ne s'allient généralement entre eux que dans des cas exceptionnels, et ne présentent pas de sélection. On ne s'épouse pas en vertu des maladies et des anomalies physiques et morales que les deux conjoints peuvent avoir, et ces anomalies ne deviennent jamais le motif du choix, le principe de la sélection. Il est donc évident que pour l'étude de cette dernière dans ses rapports avec l'hérédité il faut choisir pour objet de l'analyse des faits dans lesquels la sélection soit le phénomène primaire, et où l'hérédité ne jouerait qu'un rôle beaucoup moins saillant.

Mais l'homme s'est créé une vie tellement artificielle, il vit à tel point en dehors des influences directes de la nature, et la vie sociale joue chez lui un rôle si prépondérant, assujettissant complètement les conditions les plus élémentaires de son existence, que la sélection dans l'espèce humaine doit avoir un caractère éminemment social. Comment rattacher dès lors l'hérédité, considérée comme objet de l'étude purement médicale, à la sélection, qui est exclusivement sociale? On pourrait étudier la transmission héréditaire de certaines qualités et de certains défauts propres à certaines classes, à certaines positions sociales, mais c'est une question épineuse, dans laquelle tout est obscur, tout est sujet à discussion, où nous n'avons ni point de départ sûr, ni points de repère fixes et assurés pour nous guider, et qui en tout cas n'est pas du ressort, et n'est que très peu de la compétence du médecin. Tout ce que nous pourrions dire sur cette question serait sujet à caution, et d'ailleurs le médecin se sent peu sûr sur ce terrain si étranger à ses études. Il faut donc chercher quelque forme de la sélection sociale, qui donnerait naissance à des particularités, des anomalies et des affections facilement transmissibles par hérédité, et qui entreraient dans le cadre des études médicales et médico-psychologiques. Comme parmi ces affections les maladies nerveuses occupent indubitablement le premier rang, la question aboutit pour nous à l'étude et à l'analyse médicale, dans le sens pathogénique surtout, de quelque condition sociale ayant pour effet de donner lieu à une sélection *sui generis*, et pouvant produire par son influence un trouble des fonctions du système nerveux.

Mais la question de l'influence des conditions morales et sociales sur le développement des troubles nerveux est une des plus obscures et des plus controversées de la science médicale. Si nous ne voulons pas nous borner à des redites, à des lieux communs, si nous voulons que notre travail présente une étude réelle, et non apparente seulement, de la question, nous devons, faute de pouvoir recourir à la méthode expérimentale, chercher autant que possible des faits qui nous présenteraient les conditions que nous demandons à l'expérience scientifique, conditions qui sont : 1° que le sujet se trouve sous l'influence exclusive de la condition à étudier, pour que l'influence d'autres conditions, étrangères à celle que nous étudions, et qui ne l'accompagnent qu'accidentallement, ne vienne masquer le tableau et modifier les résultats. 2° que le fait observé ne soit pas isolé, ne présente pas une exception, mais qu'il se retrouve toujours dans les conditions analogues.

On comprend qu'il n'est pas facile de trouver des faits qui puissent satisfaire à ces exigences. La médecine à affaire aux hommes vivant dans un certain milieu social, où les circonstances qui agissent sur eux varient à l'infini. Nous ne pouvons pas isoler un homme, le rendre inaccessible à toute autre influence que celle que nous avons choisie, et il est à peu près impossible de trouver un sujet qui se trouverait dans les conditions voulues d'isolement, qui ne subirait que l'influence exclusive d'une seule et unique condition. Ainsi par exemple nous savons que la débauche, le crime, le vagabondage, prédisposent plus ou moins fortement aux troubles psychiques et nerveux ; mais nous savons aussi qu'ils sont généralement liés à la misère, aux excès de toute sorte, en tout cas à de mauvaises conditions hygiéniques ; aussi les faits de cette nature ne peuvent être pour nous d'aucune utilité. Nous avons bien une condition sociale, qui satisfait pleinement au programme de notre étude, mais avant de traiter cette question, nous nous permettrons de faire une digression, pour expliquer bien clairement notre pensée et éviter tout malentendu, toute supposition erronée.

Le travail dont on va lire l'exposé doit forcément trouver sur son chemin la question de l'influence que peuvent exercer certaines conditions morales sur la santé psychique de l'homme. Pour l'étudier il semblerait naturel et logique de choisir des conditions défavorables. Mais quelles sont les conditions morales que nous avons le droit de dire défavorables? Nous ne pouvons donner aucune réponse à cette question, puisque non seulement la nature de leur influence est inconnue, mais son existence même est encore problématique. Des auteurs très estimés, et qui font autorité dans la science, avaient nié que des conditions purement morales puissent avoir une action directe sur la santé physique et psychique de l'homme. En admettant cette influence, et sans se préoccuper du mécanisme de son action, on se demande encore de quelle nature peuvent être les conditions qui l'exercent, et dans quel sens elles l'exercent? Ce sont là autant de problèmes qui attendent encore leur solution. Les magistrats, les médecins légistes, les aliénistes sont arrivés par expérience à croire que la misère exerce une influence funeste sur le moral de l'homme, mais bien des moralistes prétendent qu'elle est une excellente école, qui trempe le caractère et élève l'esprit. La richesse, en écartant de l'homme les soucis matériels, lui donne, selon les uns, le goût des jouissances intellectuelles, du travail de la pensée, et prépare son intelligence pour la science et l'art; selon les autres le bien-être alourdit l'esprit et le stérilise. Le talent, dit-on, a besoin d'une certaine aisance matérielle pour son développement; d'autres affirment, au contraire, que le talent, comme la poire, doit mûrir sur la paille. Nous n'avons donc aucun droit, scientifiquement parlant, d'affirmer à priori que telle condition est bonne, telle autre défavorable, à la santé psychique de l'homme. Toute idée préconçue à ce sujet n'a aucune base sérieuse, et peut mener à de grandes erreurs; aussi devons-nous nous mettre en garde contre toute idée préconçue, si plausible qu'elle puisse paraître, nous abstenir de tout jugement à priori sur l'influence que pourraient exercer les diverses conditions morales sur la vie psychique de l'homme et sur sa santé intellectuelle ou affective. Nous ignorons complètement si telle condition morale a une influence quelconque, favorable ou funeste; et, dans le choix de la condition à analyser, nous n'avons pas le droit de nous guider par des considérations de cette nature.

La condition sur le choix de laquelle nous pouvons nous arrêter, et dont nous pouvons tenter l'analyse médico-psychologie, doit évidemment créer à l'homme une position exclusive, anormale. En outre elle ne doit pas être accompagnée d'autres conditions, physiques ou morales, qui pourraient compliquer la question, et dont l'influence perturbatrice pourrait modifier sensiblement l'action de la condition étudiée dans son mécanisme et dans ses résultats. Nous devons par conséquent

tout d'abord écarter celles des conditions morales qui sont ordinairement accompagnées de la misère matérielle et de privations physiques,
qui affaiblissent l'organisme et produisent elles-mêmes directement
certains troubles somatiques. Il faut tâcher, au contraire, de choisir une
condition telle, que le sujet qui en subirait l'influence se trouvât par
cela même dans les meilleures conditions hygiéniques possibles, pour
qu'aucune influence, défavorable pour la santé physique, et étrangère à
la question, ne vienne compliquer ou masquer l'influence que nous
nous proposons d'étudier. Il faut ensuite que cette dernière soit, autant
que possible, simple, peu complexe, qu'elle ne soit généralement accompagnée que de conditions qui en sont les conséquences logiques, et
que toutes les influences étrangères en soient écartées, en tant que cela
est possible, si elles ne présentent pas avec celle qui est le sujet de
l'analyse un rapport logique, nécessaire, de causalité. Il faut enfin que
la position exclusive, anormale, dont nous voulons étudier l'action, soit
héréditaire, et que les personnes qui se trouvent dans cette position
aient une tendance prononcée à s'unir entre elles, à l'exclusion des
autres classes de la société, et que cette sélection soit le résultat naturel, logique, de cette exclusivité de la position sociale.

Ignorant complètement le mode d'action des conditions morales et
de leur influence pathogénique en général, et psychopathique en particulier, ayant encore à examiner si cette influence existe réellement, ce
qui est encore loin d'être définitivement admis dans la science, nous ne
devons pas, avons-nous dit plus haut, avoir d'idées préconçues à ce
sujet. Nous pouvons choisir indifféremment toute position sociale exclusive, qu'elle soit basse ou élevée, humble ou brillante, bonne ou
mauvaise du point de vue des avantages personnels, puisque nous ignorons complètement de quelle nature peut être son influence et dans
quel sens elle peut s'exercer, pourvu que la position satisfasse aux conditions que nous avons indiquées plus haut.

En commençant le travail actuel, notre première idée avait été d'é-
tudier la vie psychique des « *races maudites* », des cagots, des juifs au
moyen âge, de certaines races et de certains métiers, qu'on regardait ou
qu'on regarde encore actuellement comme impurs. Mais nous possédons si peu d'éléments, si peu de données sur ce sujet, qu'une étude
psychologique de ces malheureux, si curieue qu'elle soit, nous semble
pour le moment extrêmement difficile, sinon impossible. Il faut remarquer en outre que tous ces parias avaient leur société, qui formait
un État dans l'État, et leur vie, leur position sociale n'avait le caractère

exclusif et anormal que nous recherchons que quand les individus appartenant à ces races ou à ces métiers infortunés entraient en contact
avec les classes plus heureuses de la société, contact qu'ils devaient évidemment avoir cherché à rendre le plus rare possible. Nous savons en
effet que les juifs occupaient au moyen âge dans les villes des quartiers
spéciaux, que les cagots vivaient en dehors des villages, ayant une vie
sociale qui leur était propre, etc.

Il serait à désirer qu'on puisse étudier quelques familles de bourreaux, dont la charge avait été généralement héréditaire avant la Révolution. Ces familles présentent un grand intérêt médico-psychologique,
et particulièrement au point de vue de la sélection, puisqu'elles s'al-
liaient à peu près exclusivement entre elles. Malheureusement nous ne
possédons non plus de données suffisantes à ce sujet, et tout ce qui
avait été écrit sur cette classe, toutes les soi-disantes autobiographies,
tous les mémoires, ne sont que des œuvres d'imagination. Il serait du
plus haut intérêt de rechercher dans les archives municipales tous les
documents relatifs à quelques familles de bourreaux d'avant 89, d'étudier leurs généalogies, leurs alliances et leur histoire ; cette étude aurait une importance capitale pour la question de l'influence de la sélection chez l'homme. Comme nous n'étions pas en position de faire ce
travail, l'idée nous était venue que, faute de données nécessaires sur les
positions exclusives appartenant aux sphères inférieures, nous pouvions
tout aussi bien choisir pour objet de notre étude les heureux de ce
monde, les privilégiés de la société, sur lesquels les renseignements ne
nous manquent généralement pas. L'histoire nous présente en effet assez d'exemples de positions sociales exclusivement élevées, dont la
condition morale — un pouvoir très étendu sur des milliers et des millions d'hommes — agit sur plusieurs générations successives de la
famille qui détient héréditairement le pouvoir. Ces familles, s'alliant exclusivement entre elles, présentent la sélection sociale poussée à un
très haut degré, et les bonnes conditions hygiéniques dans lesquelles
elles se trouvent, en rendant les résultats plus nets et plus clairs, sim-
plifient le tableau et facilitent grandement l'analyse.

Mais une position exclusive doit agir sur le moral de l'homme d'autant plus énergiquement qu'elle est plus récente; il serait donc préfé-
rable de choisir, pour commencer et comme spécimen de cette analyse, pour faire voir au lecteur plus nettement la méthode de recherche,
le mécanisme même de cette sorte d'études, des faits où l'autorité absolue d'un seul homme sur l'État soit de date récente. Nous aurions pu

choisir une dynastie quelconque; nous nous sommes arrêtés dans ce choix à la famille d'Auguste, dont nous connaissons bien tous les membres, et qui inaugure, pour ainsi dire, la monarchie moderne telle que nous la comprenons, l'idée de la souveraineté d'un homme sur un État organisé et non sur un troupeau d'esclaves, comme dans les grandes monarchies asiatiques. Étudions donc cette dynastie sous le rapport médico-psychologique, et tâchons de présenter le tableau le plus complet possible de l'influence qu'avait pu avoir sur les membres de cette famille leur position exclusive dans l'État.

Les événements de cette période de l'histoire sont trop connus pour que nous ayons à les rappeler au lecteur, ce qui nous entraînerait du reste tout à fait hors de notre sujet, qui est exclusivement médical. Nous nous bornerons donc à ne parler que de la personnalité médicale et psychologique des membres de la descendance d'Auguste, de leurs particularités somatiques et morales, à examiner leurs actes en tant qu'ils peuvent nous donner des renseignements et des indications médicales, en négligeant complétement tout ce qui se rapporte à la politique et à l'histoire.

CHAPITRE II

La famille Octavia. — C. Jules César le dictateur. — Considérations médico-psychologiques. — Auguste. Sa biographie. Sa personnalité physique et morale.

C. Octavius descendait par les femmes de Julie, sœur cadette de C. Jules César le dictateurs; Julie avait eu de son mari Marcus Atius Balbus une fille, Atia, mère d'Octave. Marcus Atius Balbus était originaire d'Aricia, petite ville du Latium, sur la *Via Appia*, à seize milles (23 kilomètres) de Rome. Sa famille comptait plusieurs sénateurs parmi ses membres, et lui-même était par les femmes proche parent du grand Pompée. La vie politique de ce personnage n'a pas d'importance pour nous; nous ferons remarquer cependant qu'il avait été préteur et vigintivir pour le partage des terres de la Campanie en vertu de la loi *Julia*, ce qui cadrerait assez peu avec les assertions de M. Antoine, qui prétendait que cet homme était de race africaine, et qu'il avait exercé à Aricia tantôt le métier de parfumeur, tantôt celui de boulanger (1).

Atia, fille de Julie, épousa C. Octavius, de l'antique famille *Octavia*, une des meilleures de Velitrae, mais déchue de son ancienne importance. Le père de C. Octavius était magistrat municipal à Velitrae, et possesseur d'une fortune très considérable. C. Octavius son fils, père d'Auguste, sut acquérir dans sa jeunesse l'estime générale; il avait été préteur, gouverna ensuite la Macédoine avec une intégrité qui lui conquit l'amour et le respect de cette province; il reçut le titre d'*imperator* (2) à l'occasion d'une brillante victoire qu'il avait remportée sur les Besses et les Thraces (3), et défit près de Thurium les brigands, reste des bandes de Catilina et de Spartacus; cette dernière victoire fut probablement la cause du surnom *Thurinus*, porté par C. Octave dans son enfance (4) M. Antoine assure cependant qu'Octave avait eu dans sa famille un certain Rexion de Thurium, affranchi, et explique de cette façon, beau-

---

(1) Suét. Octav. Aug. IV, V. Plut. Cicer. XXXIV. — (2) Velleius Paterculus, libr. II, LXX. — (3) Suéton. Octav. Aug. III. — (4) *Ibid.*

coup moins flatteuse pour les prétentions aristocratiques de la famille le surnom de *Thurinus*. Il ajoute que le grand-père paternel d'Auguste était changeur (1). Cassius de Parme le dit petit-fils d'un boulanger d'Aricia et d'un changeur de Nerulum (2). Il est plus que probable qu'Auguste avait eu pour grand-père un changeur, puisque beaucoup d'historiens l'ont affirmé (3) de son temps et peu après, et que cette origine peu aristocratique avait été le texte favori des plaisanteries et des libelles qu'on faisait courir sur lui du temps du triumvirat (4).

C. Octavius mourut à Nole, dans la maison et la chambre où, soixante-douze ans plus tard, devait mourir son fils Auguste; la mort le surprit pendant un voyage qu'il faisait de sa province à Rome, où il allait pour briguer le consulat.

Mentionnons encore un bruit que l'on fit courir sur Auguste, et qui avait même pris une certaine consistance : on disait qu'Octave était fils d'Apollon. Sa mère s'endormit un jour dans sa litière, pendant un sacrifice solennel dans le temple d'Apollon, et rêva avoir été fécondée par un serpent; à son réveil elle se purifia comme si elle sortait des bras de son mari, mais conserva sur son corps l'empreinte d'un serpent, si bien qu'elle dut renoncer aux bains publics; Octave naquit neuf mois après (5).

Nous ne trouvons point d'anomalies physiques ou psychiques chez les ascendants de la famille d'Auguste, et il est permis d'en conclure que cette famille ne présentait réellement pas de cas pathologiques, somatiques ou psychiques, puisque dans le cas contraire Suétone n'aurait pas manqué de les constater, lui qui a pour principe de mentionner toute particularité, tout ce qui peut paraître tant soit peu remarquable dans la famille, et surtout chez les ascendants des empereurs, comme il le fait pour les familles *Claudia* et *Domitia*. Cette absence de l'élément psychopathique héréditaire est pour nous de la plus haute importance, son apparition dans toute une série de personnages d'une seule et même famille devant logiquement, inévitablement être attribuée alors à l'influence d'une cause extérieure, à l'action d'un principe pathogène, qui agirait sur cette famille et lui inoculerait ainsi cet élément pathologique qu'elle n'avait pas d'abord.

---

(1) IV. (2) *Ibid.* II. — (3) *Ibid.* IV. — (4) *Ibid.* III. — (4) « Materna tibi farina ex crudissimo Ariciæ pistrino; hanc finxit manibus collybo decoloratis Nerulensis mensarius », écrivait Cassius de Parme (SUÉT. Aug., IV). « Pater argentarius, ego corinthiarius », lui faisait dire un plaisant, à propos de sa passion pour les vases de Corinthe. (SUÉT. Aug., LXX). — (6) SUÉTON. Aug., XCIV. DION CASSIUS, l. XLV, 1.

En parlant de l'absence de tout élément pathologique, nous devons cependant ouvrir une parenthèse. C. Jules César le dictateur était épileptique, Plutarque, Dion Cassius, Celsius l'affirment. Ses débauches scandaleuses étaient proverbiales; Curion père l'appelait « *mari de toutes les femmes et femme de tous les maris* », Marcus Calpurnius Bibulus, son collègue au consulat, l'a flétri dans ses édits du nom de « *reine de Bithynie* », etc. Il est pour nous de la plus haute importance d'examiner si la maladie et la dépravation de Jules César ne peuvent faire supposer l'existence de l'élément névropathique héréditaire dans la famille d'Octave Auguste.

Nous connaissons assez bien toute la généalogie de C. Jules César, et des trente-cinq (1) membres de sa famille qui nous sont connus. Il n'est dit d'aucun qu'il ait été atteint de quelque affection digne d'être notée; les Romains attachaient cependant, comme on sait, une grande importance à la santé. Les historiens ne manquent jamais de mentionner les maladies les plus insignifiantes des personnages marquants (2) et il est tout à fait improbable qu'ils aient ignoré ou négligé de mentionner une maladie héréditaire, surtout une névroses, une psychopathie ou l'épilepsie, dans une famille aussi haut placée que celle des *Julii*, — l'épilepsie tout particulièrement encore à cause de l'origine divine qu'on lui prêtait et de l'importance politique qu'elle avait à Rome (*morbus comitialis*). Et il est supposable que Suétone, ce Saint-Simon de la Rome impériale, cet écrivain tellement méticuleux qu'on lui refuse le titre d'historien pour ne lui accorder que celui d'anecdotier, Suétone, qui donne des détails tellement précis qu'on avait pu l'accuser d'impudicité (3), que ce biographe modèle n'eût pas mentionné une maladie cérébrale héréditaire dans la famille du premier de ses douze Césars? Notons encore que Plutarque ne présente généralement pas de grandes garanties d'exactitude, surtout dans les menus détails de l'histoire et de la vie romaine; notons aussi que Suétone ne dit mot, dans sa biographie de C. Jules César, de la maladie qui aurait empêché le dictateur de prendre part aux batailles de Thapsus et de Cordoue. (Quand il est question de l'épilepsie de César, on cite ordinairement Suétone, qui parle de deux accès que César aurait eus; mais ces deux accès, Suétone les note non comme exemples de la manifestation de la

---

(1) V. DRUMANN, Geschichte Rom's in seinem Uebergange von der republicanischen zur monarchischen Verfassung. Königsberg 1834-44. *Julii*. Daniel Ramée. César, p. 59. — (2) Nous savons par exemple quand C. Jules César le dictateur avait eu la diarrhée (DION CASSIUS, lib. XLIV, 8.) — (3) SUÉTON., Nero. XXVIII.

maladie, mais comme des cas exceptionnels, et l'un d'eux au moins est tout autre chose qu'un accès de haut mal (1). En tout cas il résulterait plutôt du récit de Suétone que ces deux accès étaient uniques dans la vie du dictateur. Notons encore que César était chauve et qu'il avait l'habitude d'aller toujours tête nue, aussi bien dans les marais glacés de la Belgique que sous le soleil brûlant de l'Espagne et de l'Afrique, — fait qui à lui tout seul pourrait bien expliquer la nature de la maladie tout autrement qu'on ne l'avait fait jusqu'à présent, et qui en tout cas rend singulièrement improbable son caractère héréditaire. Suétone dit que C. Jules César avait une bonne santé, une constitution forte, et qu'il supportait facilement les fatigues et les privations de la guerre et de la vie des camps.

Caius Julius Cæsar était débauché — ceci est hors de doute. Il avait été marié à Cossutia, Cornélia, Pompéia et Calpurnia; nous connaissons en outre le nom de quelques-unes de ses maîtresses : Posthumia, Lollia, Tertulla, Mucia, Servilia et sa fille Tertia, Enoë, femme de Bogud, roi de la Muritanie Tingitane, Cléopâtre, dont il eut un fils Césarion (2), et de ses mignons, — comme Rufion, auquel il donna le commandement de trois légions. Ses liaisons galantes avec les femmes mariées étaient proverbiales; les soldats, qui l'adoraient et lui étaient dévoués jusqu'à l'abnégation, plaisantaient souvent cet « *adultère chauve* » (*mœchus calvus*), et conseillaient aux Gaulois, dans une chanson soldatesque, de prendre bien garde à leur or et à leurs femmes. César aimait les femmes comme il aimait les belles choses, les objets d'art, les belles étoffes, les statues, les tableaux, les pierreries, les perles (on disait que ce n'était que dans le but de se procurer des perles (3) qu'il franchit le

(1) C'est quand il reçut assis le sénat qui lui apportait de nouveaux honneurs; Dion Cassius dit qu'il ne se leva pas, soit qu'il ait été frappé d'aveuglement par les dieux, soit par excès de joie, mais que ses amis disaient qu'il souffrait alors de la diarrhée. (DION CASSIUS. libr. XLIV, 8). SUÉTONE dit qu'il le fit par orgueil (J. Cæs. LXXVIII). V. PLUTARQUE. César LXVI. Quant à la bataille de Thapsus, PLUTARQUE (J. Cæs. LVIII), après avoir raconté les exploits de César, ajoute que certains historiens, qu'il ne nomme même pas, prétendent qu'il eut un accès d'épilepsie au commencement du combat.

(2)   Pro pudor! Oblitus Magni, tibi Julia, fratres
                 Obscena de matre dedit.
(LUCAN., Phars., lib., X.) Césarion lui ressemblait de figure et de démarche; M. Antoine affirma dans le sénat que le dictateur l'avait même reconnu, et cita comme témoins C. Mattius, C. Opplus et d'autres amis de César (SUÉT. Jul. Cæsar. LII. V. DION CASSIUS. L. 3. PLUTARQUE César 49. — (3) Il en fit garnir une cuirasse, qu'il dédia à *Venus genitrix*, déesse dont les Julii prétendaient descendre (PLIN. SECUND. Histor. natural. libr. IX, 57).

Fretum Gallicum et qu'il fît la guerre en Bretagne). Jamais ses galanteries n'avaient le caractère sale, dégoûtant, crapuleux, qui est le
propre de la débauche pathologique.

César était très sobre, il ne buvait que très peu de vin, qualité déjà
rare à son époque, et sous ce rapport ses ennemis même lui rendaient
justice; il n'aimait pas les orgies, les excès de table le dégoûtaient.
Beau comme un dieu, ayant reçu une éducation brillante, brave de cette
bravoure fougueuse, et insouciante qui plaît tant aux femmes, un des plus
grands orateurs de son siècle, écrivain distingué, aventurier de haute
volée, toujours criblé de dettes, aimant le luxe, les arts, les plaisirs, y
compris les femmes et l'amour, César était le plus beau et le plus brillant spécimen de ce type que l'on trouve si souvent dans les aristocraties
française et italienne au xvi° et xvii° siècles. César était débauché, mais
non comme ces sujets crapuleux auxquels nous avons affaire dans nos
asiles et dans les expertises; il était débauché comme Lauzun, comme
le maréchal de Richelieu, et le nombre incalculable de ses galanteries
est tout aussi peu un symptôme pathologique que les *mille elre* mai-
tresses de Don Juan. Nous n'aurons du reste que trop souvent l'occasion
de constater la différence immense qu'il y a entre la sensualité excessive de C. Jules César et la débauche de ses successeurs.

Suétone dit qu'il jouissait d'une bonne santé « *valetudine prospera,
nisi quod tempore extremo repente animo lingui atque etiam per
somnum exterreri solebat,* » évidemment résultat d'une vie orageuse,
des abus et des passions, et qui ne pouvait d'aucune façon influencer
son petit-neveu, le petit-fils de sa sœur, ni lui être transmis.

C. Jules César était fortement bâti, avait les épaules larges, la char-
pente osseuse forte et bien développée, une tête plutôt sèche, le cou
maigre mais musculeux, les muscles sterno-cléido-mastoïdiens fortement
saillants, tandis que chez un grand nombre des membres de la famille
d'Auguste nous voyons des cous gras, ronds, empâtés, et un *habitus*
lymphatique et scrofuleux; Auguste lui-même était petit de taille,
avait les cheveux châtains et les yeux bleus, tandis que le dictateur
était de grande taille, avait les cheveux et les yeux noirs. Le lâche, le
vindicatif et sanguinaire Auguste ressemblait encore moins au moral
qu'au physique au brave, généreux et doux Jules César. Nous n'avons
aucune raison de supposer entre le dictateur et la famille d'Auguste le
moindre rapport héréditaire, physiologique ou pathologique; leur parenté est adoptive et non consanguine, et l'affection que présentait le dictateur était, comme nous l'avons vu, acquise et non congénitale, résul-

tat évident des fatigues, des excès vénériens, d'une vie orageuse, d'in-
solations fréquentes surtout, etc.

Le petit-neveu de C. Jules César, C. Octavius, naquit sous le consulat de M. Tullius Cicéron et de C. Antonius. Ayant perdu son père, il
fut recueilli par M. Philippus, second mari d'Atia, qui se chargea de
son éducation. (1) Il passa sa première enfance à la campagne, chez sa
mère, et c'est là qu'il lui serait arrivé cette histoire si connue de l'aigle
qui lui aurait enlevé le pain de la main et le lui aurait rendu, présage
évident de sa grandeur future (2). Aimé du dictateur comme un fils, il
le suivit en Espagne et partagea pendant toute la campagne son toit et sa
litière (3). César voulait même le nommer maître de cavalerie, c'est-
à-dire faire d'Octave, presque enfant encore, le second personnage de
l'État (4).

Adopté par son grand-oncle par testament, il dut interrompre ses
études, quitter la Grèce et revenir à Rome, où il se lança dans la politique active, malgré les avis de sa mère et de son beau-père, M. Philippus (5) ; il avait alors dix-neuf ans. Il en avait vingt quand il forma
avec M. Antoine et M. Émile Lépide le deuxième triumvirat, qui défit
le parti républicain à Philippes et l'anéantit par les exécutions et les
proscriptions. Mais la concorde ne pouvait guère être durable entre les
trois aventuriers qui s'étaient partagé le monde. Octave enleva d'abord
à Lépide le pouvoir, les légions et les provinces, défit ensuite M. Antoine à Actium, et devint seul maître de la république. Il rétablit le
calme par la terreur, les meurtres, les confiscations. Les troupes gor-
gées de richesses confisquées, des dépouilles des particuliers et de l'État,
le sénat épuré, les magistratures distribuées aux créatures d'Octave Auguste, devinrent de fermes soutiens du nouvel ordre des choses. Alors,
disent les historiens, le caractère d'Auguste changea complètement.
Autant le triumvir Octave était cruel et sanguinaire, autant l'empereur
Auguste fut clément et bon. Il mourut à l'âge de soixante-seize ans,
après avoir gouverné l'empire pendant *quarante-deux* ans avec le pouvoir le plus absolu, et cela non seulement dans les affaires de la République, mais aussi sur la fortune et la vie des citoyens. Si une position sociale exclusive et prolongée peut, comme nous l'avons supposé,

---

(1) VELLEIUS PATERCULUS, lib., II, LIX. — (2) DION CASSIUS libr. XLV, 2. SUÉTON.
Aug. XLIV. Plut. Cicer. LVIII. — (3) VELLEIUS PATERCULUS, lib. LIX. — (4) DION.
CASSIUS, libr. XLIII, 51. Pline dit au contraire qu'Octave avait sollicité ce poste,
mais que le dictateur lui préféra Lépide (PLIN. SECUND. Histor. natur., libr. VII, 46).
— (5) VELLEIUS PATERCULUS, lib. II, LX.

influencer le moral de l'homme et agir indirectement sur sa santé physique et mentale, ainsi que sur celle de ses descendants, en lui inoculant un germe pathologique et psychopatique, Auguste doit certainement nous en fournir une preuve et un exemple frappant. Mais avant de passer à l'analyse médico-psychologique, de la personnalité d'Auguste, nous devons faire une digression, et chercher à définir *à priori* de quelle nature devait être cette influence. Qu'on nous permette de citer ici ce que nous écrivions sur ce sujet dans un autre ouvrage (1).

Nous savons que toute perception (sensation, idée, image, etc.) prend un caractère moteur, une direction vers l'action musculaire. Elle a toujours une tendance à s'exprimer, à se traduire par un mouvement, par un acte, et cela dépend de ce fait fondamental très général, que nous retrouvons dans tout le système nerveux, à savoir que les excitations centripétales se transforment dans les centres nerveux en impulsions de mouvement (2). L'action réflexe, tel est le plan général de tout mouvement, de toute action (3), et par conséquent de toute la vie de relation de l'homme (4). Griesinger (5) a été le premier à signaler ce fait fondamental, à présenter le mouvement de la vie de l'âme comme étant une succession graduelle de faits soumis dans leur marche à un même principe, depuis les actions réflexes les plus simples jusqu'aux actes volontaires dont on a le plus conscience. Dans la moelle épinière les excitations centripétales ne sont perçues que d'une façon vague, très obscure, et ne donnent lieu qu'à des mouvements réflexes plus ou moins simples. Le caractère réflexe des sensations, leur tendance à se transformer en actes, sont beaucoup plus prononcés chez les animaux que chez l'homme, chez l'enfant que chez l'adulte; toute idée, toute image, toute perception chez les animaux et les très jeunes enfants tend à se traduire immédiatement par des mouvements musculaires; et une réflexion abstraite, purement intellectuelle, paraît leur être très difficile. La vie psychique de l'homme est d'autant plus forte et plus parfaite, que la tendance des perceptions à se transformer en actes est moins immédiate (6), plus contenue, plus soumise à la réflexion. En général, à mesure que nous nous élevons dans la série des actes, en passant des plus simples et des plus inconscients aux plus

(1) P. JACOBY, Considérations sur les monomanies impulsives. Berne, 1868. — (2) GRIESINGER. Traité des maladies mentales, p. 43. — (3) SCHIFF. Lehrbuch der Muskel-und Nervenphysiologie, 1859, p. 221. SETSCHENOFF, L'action réflexe du cerveau *Courrier médical*, 1863 n° 47 et 48,.p. 477. — (4) SETSCHENOFF, l. c. p. 462. — (5) *Archiv für physiologische Heilkunde*, II, 1813, p. 76. Traité des malad. mentales, p. 46. — (6) GRIESINGER, l. c. p. 23.

compliqués, et dans lesquels l'élément intellectuel devient de plus en plus prépondérant, nous voyons le plan primitif se masquer, et le caractère purement réflexe s'altérer. Le nouveau-né n'a que des mouvements réflexes simples ou à peine instinctifs; mais à mesure que le cerveau commence à fonctionner, l'action intellectuelle se fait sentir de plus en plus (1). La perception ne se traduit plus immédiatement par le mouvement, par l'acte; la tendance à l'action, la volonté, n'est plus le résultat d'une seule perception (sensation ou idée), ou d'un seul complexus d'idées; elle peut être modifiée dans sa durée, son intensité, sa direction, remise, empêchée, etc., par d'autres perceptions, par d'autres idées ou complexus d'idées (2). « Les idées se transforment d'autant plus facilement en actes, dit Griesinger (3), qu'elles sont plus fortes et plus persistantes; c'est pour cela que les idées les plus fortes finissent par passer enfin forcément en actes. Heureusement l'activité intellectuelle (4) veille à ce que toute perception n'atteigne pas ce degré d'intensité. En effet, en vertu de la loi de l'association des idées, celles-ci s'attirent par leur contraste, elles en appellent d'autres, analogues ou contraires, mais ayant trait au même sujet, et il se produit un conflit dans notre conscience. Tout le complexus d'idées qui représente le *moi* est mis en jeu. »

« Dans l'état normal (5) chaque idée qui se présente à l'esprit en amène une foule d'autres, liées à celle-ci en vertu de la loi de l'association des idées. Ce fait (6) de la production subjective des idées est un des faits les plus généraux de la vie intellectuelle. Les idées s'appellent les unes les autres aussi bien par le sens qu'elles renferment, que par l'analogie des images sensoriales qui les accompagnent (images de la vision, de l'ouïe (7), les mots (8). Mais il s'en faut de beaucoup que toutes ces idées parviennent à être perçues par l'esprit; celles qui sont tout à fait contraires à nos complexus d'idées habituelles sont étouffées avant qu'elles n'atteignent le degré de force et de clarté nécessaire pour être perçues; d'autres, perçues il est vrai, et qui nous étonnent

---

(1) SETSCHENOFF, l. c. pp. 476 et 503. — (2) GRIESINGER, l. c. p. 46. SCHIFF, l. c. p. 217. SETSCHENOFF, l. c. p. 503. — (3) BROSIUS, Uber den Trieb und den Willen. *Allgemeine Zeitschrift für Psychiatrie* 1861, XVIII, p. 173. — (4) l. c. p. 48. — (5) ESQUIROL, Traité des maladies mentales, I. *Des hallucinations*, p. 35. — (6) P. JACOBY, Considération sur les monomanies impulsives, p. 62. — (7) GRIESINGER, l. c. p. 34. — (8) On trouve des exemples curieux de l'association des idées en vertu de l'analogie de leurs images sensoriale chez A. MAURY. *Le sommeil et les rêves*, p. 115. — Ainsi les calembours, les jeux de mots, qui constituent une orme très inférieure d'association des idées.

parfois par leur caractère étrange et insolite (1), conséquence de leur contraste avec notre *moi*, mais faibles et fugaces, sont bientôt oubliées; d'autres enfin, corrigées, modifiées, affaiblies ou fortifiées par le *moi*, déterminent nos actions.

Nous avons déjà parlé de la loi générale, en vertu de laquelle toute perception tend à se traduire en acte. Cette tendance constitue pour nous la volonté d'agir. Les idées se transforment en efforts et en volonté par l'effet d'une force interne, ce qui constitue la loi fondamentale de l'action réflexe. Nous sommes forcés de vouloir (2). Il est évident que les idées qui sont trop faibles pour être perçues, le sont aussi pour se traduire en actes. Les idées fugaces et à peine perçues ne donnent naissance qu'à des impulsions peu énergiques et qui sont facilement réprimées par le *moi*, c'est-à-dire par d'autres complexus d'idées, liées entre elles et formant un ensemble plus ou moins solide; il y a ici un commencement de lutte (3).

Plus la perception, l'idée est forte, plus l'impulsion au mouvement est énergique, et si le *moi* ou quelque complexus d'idées est contraire à cette idée, plus la lutte devient violente. Les idées contraires tendent aussi à se traduire en mouvements, en actes, et donnent naissance à des volontés contraires. « Die Psychologie weiset, dit Herbart (4) auf die Mehrheit und Verschiedenheit der Vorstellungsmassen hin, die nicht bloss verschiedene Motive, sondern auch ein mehrfaches und verschiedenes, alteres und jüngeres, beharrliches und vorubergehendes, besseres und schlechteres Wollen in sich tragen können. » L'acte est la résultante de ces diverses volontés, — il dépendra donc uniquement de leur force et de leur énergie respectives. Quand une idée insolite, bizarre ou criminelle, se traduit en mouvement, en acte, et que cette idée est contraire à certaines idées habituelles (honneur, conscience, sentiments affectifs, crainte de la loi et de la justice, etc., au *moi*, à la personnalité morale pour tout dire) l'acte peut avoir été commis ou parce que l'idée, à son point de départ, a été trop forte, ou que les complexus d'idées habituelles qui devaient s'y opposer, ont été trop faibles pour que l'impulsion ait pu être réprimée.

« Le conflit de l'impulsion et du *moi*, qui a lieu dans l'homme à l'état normal, se juge en dernière analyse par le *moi*, et constitue ainsi la *liberté* de l'homme. Originairement l'homme n'est pas libre, il ne l'est

---

(1) Esquirol., l. c. I. p. 95. — (2) Griesinger, l. c. p. 47. — (3) Schiff, Muskel- und Nervenphysiologie, p. 217. — (4) Einleitung in die Philosophie. Königsberg, 1387, p. 117,

qu'autant qu'il lui vient une masse d'idées bien coordonnées, qui constituent un noyau solide, le *moi*. L'enfant n'est pas libre, parce que
son *moi* n'est pas encore assez énergique pour mettre en lutte des
complexus d'idées fortement enchaînées (1). »

L'éducation n'a d'autre but que de donner à l'homme un *moi* fort et
énergique, dont le fond serait constitué par certaines idées qu'on cherche à lui inculquer et qui doivent devenir le point de départ de tout le
développement intellectuel et moral ultérieur, et donner une direction
fixe et invariable à toute sa vie. Dans les maladies mentales nous trouvons comme fait principal, comme phénomène initial, un affaiblissement
marqué du *moi*, tant intellectuel que moral, une sorte de paralysie,
d'engourdissement psychique. Les complexus d'idées et de sentiments
qui constituent le *moi* du malade ne luttent que faiblement contre les
idées et les perceptions nouvelles. Affaiblie ou reléguée au deuxième
plan, la faculté reflective ne les met plus en jeu pour vérifier et corriger les idées et les sentiments qui surgissent dans l'âme du malade,
dont l'intelligence, paresseuse, peu active, accepte sans critique toute
perception nouvelle, ce qui permet aux idées les plus fausses et les
plus absurdes de s'implanter dans l'esprit du malade, aux sentiments,
aux désirs les plus étranges, les plus bizarres, de se traduire en actes.
« L'homme le plus raisonnable, dit un aliéniste célèbre (2), s'il veut
s'observer soigneusement, aperçoit quelquefois dans son esprit les
images, les idées les plus extravagantes, ou associées de la manière la
plus bizarre. Les occupations ordinaires de la vie, les travaux de l'esprit, la raison, distraient de ces idées, de ces images, de ces fantômes. »
Refoulées, réprimées par le *moi*, ces idées ne font que traverser l'esprit sans s'y implanter, sans se traduire en actes, et le plus souvent
elles sont tellement faibles par rapport au *moi* énergique de l'homme
normal, qu'elles sont réprimées avant d'avoir été perçues. Mais au début des maladies mentales l'âme se trouve dans un état de torpeur,
d'engourdissement, l'association des idées par contraste est presque
annulée, l'intellect est comme paralysé, les complexus d'idées habituelles n'entrent pas en action ou sont affaiblis, l'âme est vide, et la
première perception, la première idée qui se présente, s'impose impérieusement et ne peut être ni corrigée (3) ni refoulée, puisque le
moi, c'est-à-dire la totalité des complexus d'idées inculquées par l'édu-

---

(1) GRIESINGER, l. c. p. 48 — (2) ESQUIROL, l. c, I, p. 95. — (3) SOLBRIG, Verbrechen und Wahnsinn. Ein Beitrag zur Diagnostik zweifelhafter Seelenstörungen, für
Aerzte, Psychologen und Richter. Munchen, 1867, p. 8.

cation, imposées par la vie, et qui constituent la personnalité morale de l'homme, est affaibli ou engourdi, et n'entre pas en scène. La faculté productrice des idées est lésée ; il ne surgit plus dans l'esprit du malade d'idées qui pourraient entrer en lutte, refouler et corriger les idées nouvelles (1). Aussi ces dernières s'imposent-elles à l'esprit du malade avec une violence qui provient de l'absence de toute autre idée qui puisse les rectifier. L'esprit est tout absorbé par ces idées (2). Toute pensée qui surgit accidentellement dans l'esprit du malade, qui lui est suggérée par quelque circonstance fortuite, peut s'implanter sur le terrain morbide, devenir une idée fixe délirante, qui, en vertu de la loi de génération du délire par le délire, transforme l'*oligomanie* en *polymanie* et finalement en pantomanie (Falret). Le malade exagérant l'idée, la crainte par exemple devient de la terreur, le soupçon de la certitude, et les tentatives d'explication (Griésinger) aidant, le délire s'établit, se systématise et s'empare de l'esprit du malade. L'idée primaire est souvent suggérée par les idées dominantes du temps et du pays (3), d'autres fois ce sont les derniers événements qui ont précédé l'explosion de la maladie mentale (4), les dernières séries d'idées qui ont vivement occupé les malades, le livre qui avait été lu le dernier (5), des paroles qui avaient frappé le malade dans la période d'incubation (6), etc., qui peuvent devenir le sujet de délire, de

---

(1) FALRET, Leçons cliniques, p. 190. — (2) ESQUIROL, l. c. I, p 96. — (3) Ainsi au moyen âge le délire de la possession et de la sorcellerie était particulièrement fréquent (WORKMAN. De la démonomanie et de la sorcellerie, *American Journal of insanity*, octobre 1871 ; *Ann. med. psych.* septembre 1873. Consultez : CALMEIL, ESQUIROL, MAURY, LEURET, etc.) ; la lycanthropie ne se voit que dans les pays où le peuple croit au loup-garou. (V. LAURENT, Fragments pschol., 1834, p. 101 ; J. GARINET, Hist., de la magie en France, p. 118 ; FRIEDREICH, Litteraturges-chichte, p. 23. BRIERRE DE BOISMONT. Des hallucinations, p. 402. LEUBUSCHER, Über Wehr-wölfe und Thierverwandlungen im Mittelalter, Berlin 1850, LEGRAND DE SAULLE. Essai sur l'anthropophagie, *Ann. med. psych.* 1862). Pendant les révolutions. la politique constitue le fond du délire chez un grand nombre d'aliénés (GRIESINGER, l. c. pp. 74 et 144), ce qui fait croire à une augmentation du chiffre des cas de folie, augmentation qui serait causée par les événements politiques (MARCÉ, Traité pratique des maladies mentales, p. 102). — (4) FLEMMING rapporte deux faits où les malades ont assisté à des chasses peu de temps avant l'explosion de la folie ; leur délire roulait principalment sur des aventures de chasse (Therap. de psychos. p. 158. GRIESINGER, p. 74). — (5) Un malade ayant lu, peu de temps avant sa maladie, un voyage au Himalaya, ce voyage devint le sujet de son délire (GRIESINGER, l c. p. 74). — (6) Un prêtre avala par distraction un cachet de lettre ; un de ses amis lui dit en riant : « Vous avez les boyaux cachetés. » Cette idée s'empare de l'imagination du prêtre, il refuse la nourriture, convaincu qu'elle ne peut passer (ESQUIROL, l. c. I, p. 271)

même qu'une circonstance fortuite (1) devient l'origine d'une impulsion monomaniaque (2). Ayant assisté par hasard à un enterrement, le sergent Bertrand fut pris d'un désir violent et instinctif de déterrer le cadavre et, dès le soir, son projet était accompli (3); la vue d'un incendie donne naissance à une impulsion pyromaniaque (4). Sous ce rapport les idées délirantes des mélancoliques ne diffèrent en rien des impulsions monomaniaques; les malades luttent, au début de la folie, contre les uns aussi bien que contre les autres (5). C'est la dernière résistance de l'ancien *moi*, qui n'est pas encore entièrement subjugué ou envahi par les idées nouvelles. L'imitation (6) est aussi une des sources les plus fécondes des monomanies. Tout événement qui fait une impression profonde, par son caractère étrange ou terrible, porte les personnes, qui se trouvent dans les conditions requises pour la production des impulsions, à imiter le héros. On sait quelle influence fatale a sur cette sorte de personnes la vue des exécutions capitales (7); non seulement elles les familiarisent avec la vue du sang, avec l'idée du crime et de la mort, mais quelquefois elle exercent sur elles une attraction irrésistible, surtout si le condamné, bravant la mort, marchait au supplice avec audace (8); les cas ne sont pas rares où les soldats, après avoir vu fusiller un camarade qui avait commandé lui-même le feu, font quelque action criminelle pour mourir de la même manière (9). Les pyromaniaques se rencontrent le plus souvent dans les districts où, à cause des incendies fréquents, circulent des récits sur les incendiaires (10); les procès criminels qui ont un grand

(1) GRIESINGER, l. c. p. 271. — FALRET. Leçons cliniques, p. 189. — (2) ESQUIROL, l. c. I. p. 374. — DELASIAUVE. Folies partielles instinctives. *Journ. de med. ment.* 1866, p. 5-7. — (3) MARCÉ, Traité pratique, p. 390. — (4) DELASIAUVE, l. c. p. 7. — (4) J. FALRET, l. c. p. 100. — (5) *Ibid.* p. 313. — (6) GEORGET, Discussion médico-légale sur la folie, Paris, 1826, p. 111. — MARC, de la Folie, II, 401. — ESQUIROL, des Malad. ment. II, p. 349-54. — MARCÉ, Traité pratique, p. 124. — GRIESINGER, l. c. p. 299. — MOREL, Traité des mal. ment. 1860, p. 241. — LEGRAND DU SAULLE, la Folie devant les tribunaux, p. 535. — BRIQUET, Traité de l'hystérie, Paris 1859, p. 318. — FINKELNBURG, Ueber den Einfluss des Nachahmungstriebs auf die Verbreitung des sporadischen Irrseins, *Allg. Zeitsch. f. Psych.* 1861, XVIII, *Heft* 1.— BRIERRE DE BOISMONT, du Suicide et de la folie suicide, p. 232. — SEMELEIGNE, Considérations sur les diverses espèces de suicide. *Journal de med ment.* 1866, p. 11. — KRAFFT-EBING, Beitrage zur Erkennung und richtigen Beurtheilung krankhafter Gemüthszustände, 1867, Erlangen, p. 37, etc. — (7) LIVI, Rapport de BRIERRE DE BOISMONT, *Ann. med. psych.* 1863, II, p. 154. — MARC-IDELER, I, p. 166. KRAFFT-EBING, Beitrage, etc., p. 41. — (8) MARC, II, p. 406. — BRIERRE DE BOISMONT, *Ann. med. psych.* 1863, p. 455. — (9) BAILLARGER, *Ann. med. psych.* 1861, p. 250. — (10) ESQUIROL, l. c. I, p. 371. — DELASIAUVE, Folies partielles instinctives, *Jour. de med. ment.* 1866, p. 5-7.

retentissement sont souvent suivis si d'un grand nombre d'impulsions aux actes analogues, qu'ils constituent de véritables petites épidémies, comme cela a eu lieu après le procès d'Henriette Cornier par exemple (1). On connait les épidémies de folie religieuse (2), si fréquentes au moyen âge, et de notre temps l'endémie de Morzine (3), d'autres épidémies, portant quelquefois sur les faits les plus étranges, ne sont pas rares dans les prisons, les couvents, les camps ; ainsi au mois de février 1864, un soldat du 3ᵉ bataillon de la légion étrangère, campée à Sidi-bel-Abbès en Afrique, s'étant mutilé en se tirant volontairement un coup de fusil dans le poignet, treize autres se mutilèrent de la même manière dans l'espace de vingt jours ; huit soldats d'un autre bataillon suivirent leur exemple·(4). L'idée du suicide, née dans un cerveau malade sous l'influence de l'imitation, paraît s'imposer plus irrésistiblement encore que tout autre (5). Rappelons enfin l'influence fâcheuse de la folie d'un membre de·la famille sur les autres, surtout sur ceux auxquels incombe le devoir de soigner le malade (6), et de la simulation de la folie sur le simulateur lui-même (7).

Les idées fausses, erronées, absurdes, les images les plus impossibles, surgissent aussi dans l'esprit de l'homme normal, les impulsions vers les actes insensés ou criminels lui sont suggérées aussi bien qu'à l'aliéné (qui n'a rêvé avoir commis des actes ridicules ou criminels, dont il est tout à fait incapable à l'état de veille ? (8) mais ces idées, ces impulsions sont refoulées, anéanties par un *moi* fort et énergique, qui bien souvent ne les laisse même pas arriver à être perçues, de sorte que c'est par une analyse psychologique très attentive que l'on parvient à en constater les traces dans l'esprit. Tout autrement se passent les choses dans un cerveau malade. Les idées fausses ou absurdes des malades ne sont pas plus fortes, les impulsions ne sont pas plus violentes

---

(1) GEORGET, Discussion etc., p. 111. — MARC, II, pp. 409 et 414. — ESQUIROL, l. c. p 349-54. — (2) CALMEIL, de la Folie, considérée sous le point de vue pathologique, philosophique, historique et judiciaire, Paris, 1845. — (3) (LEGRAND DU SAULLE, l. c. p. 349. — CONSTANT, Rapport. — KUHN. De l'Épidémie d'hystéro-démonopathie de Morzine. (*Ann. med. psych.* 1865 I, p. 400; II. p. 20). — (4) BAILLARGER, *Ann. med. psych.* 1848, 1864, p. 250. — (5) FORÉDÉ, Traité du délire, I, p. 448. — ESQUIROL, l. c. I, p. 288-89. — FALRET, du Suicide et de l'hypocondrie, Paris, 1822, p. 170 et suiv. — MARC, l. c. II, p. 417-22. — BRIERRE DE BOISMONT.·Du suicide, p. 232-35. — GRIESINGER, l. c. p. 299. — SEDELEIGNE, l. c. p. 16. — (6) FINKELNBURG, Ueber den Einfluss des Nachahmungstriebes etc. *Allgem. Zeitschr. f. Psychiatrie.* 1861, XVIII, I. (7) MOREL, *Ann. med. psych.* 1857. — A. LAURENT. Étude médico-légale sur la simulation de la folie. Paris, 1866. — (8) S. GARNIER. Discours. *Ann. med. psych.* 1861, p. 325.

que chez l'homme à l'état normal, mais c'est la rectification, la répression qui leur manquent. L'homme se soumet à l'idée morbide, parce qu'il ne surgit pas en lui d'autres idées qui paralyseraient celles-ci, ou que ces idées sont trop faibles. Les idées délirantes, « les impulsions monomaniaques » sont donc des anomalies non par exaltation ou perversion, mais par défaut ou faiblesse, comme la dilatation de la pupille peut être la conséquence non d'une action éxagérée des fibres radiées, mais d'une paralysie des fibres circulaires. Jacobi avait donc sous ce rapport raison de dire que « die Ganze Sippschaft der sogenannten Monomanien gehört in die Classe der Verrücktheiten; » Morel (1) en rangeant les monomanies pour la plus grande partie dans les folies héréditaires, a montré leur rapport avec l'imbécillité; Marc (2) fait rentrer la moitié des cas de monomanies dans la débilité intellectuelle; Legrand du Saulle (3) dit que « dans la monomanie la volonté erre sans guide; l'impulsion au vol, au meurtre, à l'incendie, au suicide, sillonne un cerveau qui ne sait plus réagir. » Moreau (de Tours) (4) a fait voir l'analogie de la monomanie avec l'effet du hachisch sous l'influence duquel « l'homme tourne à tout vent. » Zabé (5) rattache la pyromanie à la dégénérescence et à la faiblesse mentale. Campagne (6) regarde la manie raisonnante comme une *idiotie partielle; * Morel (7) a noté aussi le mélange singulier de faiblesse et de violence, la mobilité des sensations, l'impressionnabilité, la *faiblesse irritable* (reizbare Schwäche, Griesinger) enfin, dans les monomanies instinctives. Baillarger (8) a trouvé chez les monomaniaques une faiblesse évidente de l'intelligence, ainsi que Laurent (9), qui a constaté en outre chez ces malades une grande fréquence des vices de conformation de la tête, contre l'opinion de Guislain et de Baillarger (10).

L'affaiblissement, l'engourdissement du *moi* intellectuel et moral est donc, ainsi que nous croyons l'avoir prouvé dans un autre ouvrage (11), le fait psychologique primordial dans l'aliénation mentale, le point de départ des idées délirantes et des monomanies impulsives, et doit par consé-

(1) Traité des maladies mentales. — (2) Traité pratique des maladies mentales. — (3) La Folie devant les tribunaux — (4) Du hachisch et de l'aliénation mentale. — (5) Les incendiaires devant les tribunaux. Analyse par BONNET, *Ann. med. psych.* 1867, septembre, p. 421. (6) Dé la Manie raisonnante. Rapport de J. FALRET au nom de la commission pour le prix André. *Ann. med. psych.* 1867, mai, p. 482. — (7) Études cliniques 1, pp. 330 et suiv. — (8) *Annales médico-psychologiques,* 1846, p. 157. — (9) De la physionomie chez les aliénés. *Ann. med. psych.* 1863, I, p. 380 — (10) Essai de classification, p. 28. — (11) JACOBY, Considérations sur les « monomanies impulsives ».

quent être aussi le point de départ de leur explication. Aussi a-t-on actuellement abandonné à peu près complétement la théorie de la perversion et de l'exaltation des instincts, ainsi que celle des instincts pathologiques spéciaux, qui a eu un moment de vogue, grâce à la grande autorité de Guislain, et l'on est généralement d'accord que « le même individu peut, selon les circonstances, devenir monomane homicide, suicide, pyromane (1). « Der Schöpfer gab dem Menschen Hände, Sprache, ein grosses Gehirn und feine Nerven, dit Herbart (2), ober in die einfache menschliche Seele Vernunft und Sinnlichkeit ne beneinander zu pflanzen, das ist kein Werk des Schopfers, es ist das Kunststück der Psychologen. » « Alles geistige Geschehen, remarque Griesinger (3), geschieht innerhalb des Vorstellens; dies ist die eigent liche Energie des Seelenorgans, und alle die verschiedene geistigen Thatsachen, die man früher zum Theil als verschiedene Vermögen bezeichnet hat (Phantasiren, Wollen, Gemüthsbewegungen, etc.,) sind nur verschiedene Beziehungen des Vorstellens auf die Empfindung und Bewegung, oder Resultate von Conflicten der Vorstellungen unter sich selbst. »

« L'affaiblissement du *moi* intellectuel et affectif produit, dit un aliéniste célèbre (4), dans la volonté, dans les instincts un tel relâchement, que nous devenons le jouet des impressions les plus diverses. *Nous tournons à tout vent.* Il dépendra des circonstances, dans lesquelles nous nous trouverons placés, des objets qui frapperont nos yeux, des paroles qui arriveront à notre oreille, de faire naître en nous les passions les plus opposées, et quelquefois avec une violence inaccoutumée; car de l'irritation on peut passer rapidement à la fureur, du mécontentement à la haine et à des désirs de vengeance. La crainte devient de la terreur, le courage un emportement que rien n'arrête et qui semble ne pas voir le danger; le doute, le soupçon le moins fondé peut devenir une certitude. L'esprit est sur la pente de l'exagération en toutes choses; la plus légère impulsion manque rarement de l'entraîner. »

Il est difficile de décrire plus éloquemmement et d'une manière plus exacte cet état d'affaiblissement moral où l'homme *tourne à tout vent*. M. Moreau (de Tours) l'explique par la violence des mobiles, par une exaltation des instincts, « ces êtres mythologiques dont les psy-

(1) MOREL, Discours sur la monomanie raisonnante. *Ann. med. psych.* 1866, p. 110. — (2) Einleitung indie Philosophie, p. 271. — (3) l. c. p. 25. — (4) MOREAU (TOURS), du Hachisch et de l'aliénation mentale, p. 66.

chologues ont peuplé l'âme humaine, « selon l'expression d'Herbart,
mais cet auteur dit lui-même que l'esprit est *sur la pente de l'exagé-*
ration en toutes choses, que la plus légère impulsion manque rare-
ment de l'entraîner, ce qui prouve évidemment non la violence *de la*
plus légère impulsion, mais la faiblesse du *moi*. Et en effet, c'est bien
la faiblesse irritable dans la sphère intellectuelle (1), c'est le même
fait en psychologie, que l'exaltation de l'action réflexe après la décapi-
tation en physiologie, c'est une Hemmungs neurose (Eulenburg et Lan-
dois), une maladie mentale reflexe (Griesinger) (2). Aussi voyons-nous
que les *impulsions monomaniaques* et les *monomanies impulsives*, qui
sont l'expression et le résultat de l'affaiblissement de l'activité mentale et de l'engourdissement du *moi* intellectuel et moral de l'homme,
qui ont été constatées dans tous les états physiologiques et pathologiques peuvent influencer dans ce sens le cerveau et entraver l'action
libre de la raison. Nous les voyons chez les dégénérés dans les maladies
mentales (3), la paralysie générale (4), la pellagre (5), l'épilepsie (6),

(1) J. FALRET, Discussion sur la folie raisonnante. *Ann. méd. psych.* Mai 1866
p. 402. — GRIESINGER, l. c. p. 55. — (2) *Ann. méd. psych.* 1865, p. 25. Discours d'ou-
verture du cours de psychiatrie. — (3) MOREL, — Discours sur la folie raisonnante.
Ann. méd. psych. juillet 1866, p. 111. — SPIELMANN, Geisteskrankheiten, p. 462. —
MARC, De la folie, I, p. 242; II, p. 117. — ESQUIROL, l. c. I, p. 381. — FALRET,
Leçons cliniques, pp. 143, 159, 161, 187. — GUNDRY, *American Journ. of insanity*
Utica, 1860. *January. Allgem. Zeitsch. f. Psych.* 1862, XIX. — LEIDESDORF, Lehrbuch
der psychischen Krankheiten pp. 318-22. — LEBERT, Handbuch der allgemeinen
Pathologie und Therapie. Tubingen, 1865, p. 618. — MOREL, Études cliniques I,
pp. 310-83, 410-36. — LEGRAND DU SAULLE. *Ann. méd. psych.* 1863, p. 225 etc.
— (4). MARCÉ, Traité pratique, p. 617. — TRÉLAT, Folie lucide pp. 261 et 335. —
MOREL, Traité des maladies mentales, *Ann. méd. pshych.* 1863. p. 225. — SAUZE,
Ann. méd. psych. 1861, p. 53. — HOFFMANN, Ueber die Eintheilung der Geisteskrankheiten in Siegburg, *Allegem. Zeitsch. f. Psych.* XIX, 1862. — BRIERRE DE BOIS-
MONT, Études médico-légales sur la perversion des facultés morales et affectives
dans la période prodromatique de la paralysie générale. — J. FALRET, *Ann. méd.*
psych. Mai 1866, p. 402. — (5) BRIERRE DE BOISMONT, *Ann. méd. psych.* sept. 1860.
p. 179. — MARCÉ, Traité pratique, 1862, p. 594. — ESQUIROL, les Maladies mentales,
I, p. 291. — SORBETS, *Ann. méd. psych.* VI, p. 42. — BILLOD, de la pellagre p. 156.
— LEGRAND DU SAULLE, la Folie devant les tribunaux p. 299-300. Le délire des pel-
lagreux, *Ann. méd. psych.* 1862, p. 97. — LOMBROSO, Cas de pellagre, *Archivio ita-*
liano. 1871. *Ann. médico-psych.* mars 1873. — (6) FALRET, de l'État mental des épileptiques, *Archives générales de médecine.* — BRIERRE DE BOISMONT, des Hallucinations 1862, p. 331. — LEGRAND DU SAULLE, la Folie devant les tribunaux, pp. 366-
457. — GRIESINGER, l. c. § 179. — ESQUIROL, les Mal. ment. Épilepsie. CAVALIER. de
la Fureur épileptique, thèse de Montpellier, 1850. — HAUSHALTER, du Délire épileptique, thèse de Strasbourg, 1853. — DELASIAUVE, Traité de l'épilepsie, Paris, 1854.
— MOREL, Études cliniques sur les mal. ment. 1853. Traité des mal. ment. 1860. —
GUILLERMAIN, De la manie épileptique, thèse de Paris, 1859. — FLEMMING, Patholo-

l'hystérie (1), la démence sénile (2), l'imbécillité (3), la grossesse et le puerpérium (4), l'alcoolisme (5), l'intoxication narcotique (6), aux approches de la puberté (7), aux périodes menstruelles (8), à l'état intermédiaire entre la veille et le sommeil (9), dans l'enfance (10), dans

gie and Therapie des Psychosen, Berlin 1859. — MARCÉ, Traité pratique des mal. ment. — BRIERRE DE BOISMONT, du Suicide et de la folie suicide p. 240. — DAGONET, Traité des mal. ment. — RENAUDIN, Ann. méd. ps. 2e série II. GUISLAIN, Leçons orales sur les phrénopathies.

(1) BRIQUET, Traité de l'hystérie, Paris 1859, p. 321. MARCÉ, Traité pratique, p. 567. LEGRAND DU SAULLE, l. c. p. 349. J. FALRET, Ann. méd. psych. 1866, p. 406. BRIERRE DE BOISMONT, l. c. p. 489. — (2) L. MEYER, Gerichtliches Gutachten über den Geisteszustand des wegen versuchten Todtschlages angeklagten Sander, All., Zeitsch. f. Psych. 1862, XIX., V. COMBES. Rapport médico-légal sur l'état mental de J. Raud. Ann. méd. psych. 1856, mars. — (3) MARCÉ, Traité pratique des mal. ment. p. 618. ESQUIROL, des Mal. ment. p. 373. JESSEN, Die Brandstiftungen in Affecten und Geistesströrungen. Kiel, 1860. p. 160. — ZABÉ, les Incendiaires devant les tribunaux. Ann. méd. psych. sep. 1867, p. 421. — LEIDESDORF, Lehrbuch der psychischen Krankheiten, p. 328-30. MARC, de la Folie, I, p. 208. — Spielmann Geisteskrankheiten p. 460. FALRET, Leçons cliniques p. 113. — KRAFT-EBING, Beiträge zur Erkennung und richtigen Beurtheilung krannhafter Gemüthszuständen, 1867, p. 48-49. — MOREL, Études cliniques, p. 10-36. P. JACOBY, L'affaire Marie Jeanneret, Archives d'hygiène publ. et de méd. légale (Russe). 1870. — (4) MARCÉ, Traité de la folie des femmes enceintes, Paris, 1858. Traité pratique des mal. ment. pp. 143, 381 et 616. — FUKE, Edimb. med. journ. May 1865. Ann. med. psych ,novembre 1867 p. 56 — GUISLAIN, Leçons orales sur les phrénopathies, I, p. 168. — CASPER, I, p. 308. Journ. de med. mentale, IV, p. 303. GUNDRY, American Journ. of insanity, Utica, 1860, janaury. — All. Zeitsch. f. Psychiatrie 1862, XIX. FRIEDRIECH, Maaz, f. d. Seelenkunde I, p. 41 — IDELER, gustachten der wis senschaftlichen. Députation, 1854, p. 115. - LEGRAND DU SAULLE, La folie devant les tribunaux, p. 560. GRIESINGER, l. c. p. 241. — (5) HESKE's Zeitsch. VIII, Ergänzungsheft 157. — MARC, l. c. II, p. 582. — BAILLARGER, Ann. méd. ps. 1861, p. 250 LEGRAND DU SAULLE, la Folie devant les tribunaux p. 259. Étude sur l'ivresse. Du crime accompli par l'homme ivre et des questions relatives au délire ébrieux. Gazette des hôpitaux. Ann. méd. ps. 1861, p. 413. FÉLIX VOISIN, PARCHAPPE et ROUSSELIN, Ann. med. psych. 1865, II, p. 172. — SELIGO. Hitzig's Zeitschrift f. d. strafh. Pfl. 1826, III, p. 61. — KNOP, Paradoxie de Willens p. 8 et 69. — MARCÉ, Traité pratique des mal. ment. p. 603. — ESQUIROL, l. c. I, 368. — GRIESINGER, l. c. p.174. MAGNAN et BOUCHERON l. c. MAGNAN. Alcoolisme aigu ; épilepsie absinthiqué. Note présentée à l'Académie des sciences (31 juillet 1871) Ann. méd. psych. septembre 1874. — (6) MOREAU (DE TOURS). Du hachisch et de l'aliénation mentale, Paris, 1845, 131. SCROFF, Lehrbuch der Pharmacologie, Wien. 1862, pp. 523 et 529. LEGRAND DU SAULLE, l. c. p. 556. Webster Journal of psychology 1850. Archives de médecine octobre 1860, Revue médicale 1835. t. I, p. 569. — (7) ESQUIROL, l. c. I. 271. — GRIESINGER, l. c. 206. SCHLAGER, Allgem. Zeitsch. f. Psych. XV, 1858. — ZABÉ, l. c. MOREL, l. c. — CASPER, l. c. TAQUET. De l'influence de la menstruation sur le système nerveux. — Analyse d. Ann. med, psych. Janvier 1876. — (8) F. VOISIN. Des causes morales et physiques des maladies mentales. Paris, 1826. ESQUIROL, l. c. GRIESINGER, MARCÉ, Traité pratique etc. ; Traité de la folie des femmes enceintes etc. BAILLARGER, etc. — (9) LEIDESDORF, l. c. p. 333. — (10) FORBES WISLAW. Obscure deseases of the Brain London 1859, p. 186. — MARC,

le somnambulisme (1), comme nous voyons les idées absurdes, fausses et erronées, ne différant en rien des idées délirantes de l'aliéné, « des penchants soudains, irrésistibles comme chez le fou (2), » surgir dans l'esprit et en être acceptés dans le sommeil (3).

Les psychopathies affaiblissent et finissent par anéantir le *moi* des malades. Une grande prédisposition héréditaire et le trouble psychique que l'on trouve généralement à l'état latent chez les membres des familles entachées du vice phrénopathique, trouble qui se traduit par des singularités d'esprit et de caractère, empêchent la formation et le développement d'un *moi* solide et énergique, constitué par des complexus d'idées fortement enchaînées. Ainsi la faiblesse et l'inconsistance de la personnalité morale, et par conséquent une sorte de faiblesse irritable et le peu de résistance que le *moi* oppose à toute suggestion, à toute idée, à tout désir, à toute impulsion, constituent le fait primordial, essentiel, le phénomène psychologique fondamental dans les psychopathies, et aussi leur résultat immédiat, inévitable, fatal.

Essayons maintenant de tracer *a priori* le tableau tant des conditions psychologiques, dans lesquelles doivent se trouver les personnes occupant des positions sociales exceptionnellement élevées, que de leur influence sur le *moi* intellectuel et moral de ces personnes. Pour ne pas nous égarer dans des considérations de détail, prenons le cas le plus simple, celui de l'omnipotence, c'est-à-dire le cas d'un monarque absolu, devant lequel tout plie, à qui « *tout est permis et envers tous* », comme disait le César Caïus Caligula.

Nous avons dit que la première condition psychologique de la santé morale de l'homme, c'est d'avoir un *moi* énergique et fortement cons-

l. c. I, 97. — ESQUIROL, l. c. I, 385. — J. FRANK. *Pract. med.* II, 718. — MOREL. Études cliniques, 266. Traité des mal. ment. 237. J. CRICHTON BROWN. *Jour. of. ment. science.* Maladies psychiques du jeune âge. *Ann. med. psych.* 1861, p. 305.

(1) LEGRAND DU SAULLE. la Folie devant les tribunaux, 275-299. BRIERRE DE BOISMONT, des Hallucinations, 336. — LEGRAND DU SAULLE, *Ann. d'hygiène et de med. légale,* juillet 1862. Annales med. psych. 1861, p. 87. — (2) A. MAURY. Le sommeil et les rêves, 1865, p. 91. — (3) V. Sur l'analogie de l'aliénation mentale avec le sommeil et quelques autres états physiologiques. LÉLUT, Du démon de Socrate. — GUISLAIN, Leçons orales sur les phrénopathies. MOREAU (DE TOURS), du Hachisch et de l'aliénation mentale. De l'identité de l'état de rêve et de la folie. *Ann. med. psych.* 1855. BAILLARGER, Discussion sur l'aliénation mentale. *Union med.* 1855. — MAURY *Ann. med. psych.* 1853. De certains faits observés dans les rêves et l'état intermédiaire entre le rêve et la veille. *Ann. med. psych.* 1857. Le sommeil et les rêves. GRIESINGER, l. c. p. 108, etc.

titué, qui jugerait toutes les impulsions, tous les désirs, toutes les idées qui peuvent surgir dans l'âme, les refoulerait, les rectifierait ou les accepterait, selon qu'ils sont plus ou moins d'accord avec les complexus d'idées habituelles de l'individu. Ce *moi* est la personnalité même de l'homme; il donne une direction fixe et invariable à la vie de l'âme, s'oppose aux suggestions qui influencent une personnalité faible et sans consistance, tient en bride les désirs, impose un frein aux instincts, donnant à l'homme la possession de soi-même, une volonté ferme qui sait tout aussi bien vaincre les penchants et les désirs que les oppositions et les obstacles, et lui fait suivre, sans dévier, le chemin qu'il s'est tracé. Mais à côté de ce rôle tout moral, il y a encore le rôle psychologique du *moi*; fort et énergique, il s'oppose, comme nous l'avons expliqué, à l'envahissement de l'esprit par des idées folles, fausses, bizarres, absurdes ou criminelles, qui peuvent surgir dans l'âme de l'homme le plus normal, mais qui y sont refoulées presque sans lutte. Ainsi le *moi* s'oppose pour ainsi dire aux aberrations mentales fugaces et aux troubles fonctionnels légers, qui s'implantent au contraire dans l'esprit, s'ils ne trouvent pas une opposition énergique d'un *moi* fortement constitué.

Mais ce moi peut-il se former dans certaines circonstances, ne peut-il pas être affaibli, amolli sous l'influence dissolvante de la toute-puissance? Prenons comme exemple un monarque absolu. « Entre tous les mortels je suis l'élu des dieux, l'homme de leur choix pour les représenter sur la terre », lui fait dire Sénèque (1). Selon l'enseignement officiel du droit, il est le représentant de la divinité, de la justice, l'incarnation de la loi : « Rex lex loquens, lex rex mutus, » dit le vieil adage du droit monarchique français.

« La loi est l'exposé de la volonté du législateur », dit une maxime du droit russe. Aussi « ses arrêts les plus rigoureux sont accueillis sans murmure par ceux-même qu'ils frappent; dans l'accès de sa colère on n'ose l'interroger, on ne tente même pas de le fléchir » — tels sont les préceptes que le grand philosophe stoïcien enseignait à son impérial élève (2). Il est *l'élu des dieux* selon les Romains, *l'oint du Seigneur* selon les juifs et les chrétiens, *l'ombre de Dieu sur la terre* selon les Orientaux. Dieu lui-même n'est que *le roi des cieux*. — « Dieu est le czar du ciel, le czar est le dieu de la terre », dit le peuple russe. « L'empereur sort-il de sa demeure, — c'est un astre

---

(1) De Clement. I, 1. — (2) SENECA, *ibid.* I, 5.

qui se lève sur le monde (1)? Il est le délégué des puissances célestes :
ce que la fortune veut donner à chaque homme, elle le déclare par
sa bouche. » « Il est l'arbitre de la vie et de la mort pour les nations;
le sort et l'état des hommes est entre ses mains; c'est dans ses réponses que les peuples et les villes trouvent des sujets de joie; aucune
province n'est florissante que par sa volonté et sa libéralité (2) il ne
peut pas être injuste, puisqu'il est la source de toute justice, » que
« tout droit repose dans son sein », qu'il est « legibus solutus », (3)
affranchi des lois, que

> L'inflexible loi n'est que son vain caprice.
>
> (BARBIER, Iambes.)

Tout comme Dieu, il ne peut être cruel, puisque la vie et les biens des
hommes lui appartiennent, et qu'il a le droit d'en disposer à son gré,
comme de sa propriété. Sa personne n'est pas seulement inviolable,
elle est *sacrée*, et non seulement c'est un sacrilège que de porter la
main sur lui, mais c'est un crime d'après la loi, le droit et la religion
que d'hésiter à mourir pour lui, — « et ce n'est ni par mépris de soi,
ni par folie ou bassesse, que tant d'hommes sont prêts à mourir pour
le salut et la conservation d'un seul, et racheter par tant de morts
une seul vie, quelquefois celle d'un vieillard infirme (4). » Si les jurisconsultes et les philosophes stoïciens prêchent de telles maximes, que
doivent donc dire au monarque les flatteurs et les courtisans? Le
prince se trompe : on se tait, on n'ose pas le contredire. Commet-il
une injustice, une cruauté, un crime : personne ne se permet de s'y
opposer, à peine tente-t-on de le supplier, et s'il se laisse fléchir, on
célèbre sa bonté, sa clémence. D'ailleurs n'est-il pas le « souverain
arbitre de la vie et de la mort pour les peuples », le « dispensateur
des dons de la fortune », l'élu des dieux, le représentant des puissances célestes, l'oint du Seigneur, l'ombre de Dieu sur la terre? Il
tient le glaive et la balance de la justice dans ses mains, sa volonté
fait loi, il ne peut donc être ni criminel, ni cruel, ni injuste, et c'est un
sacrilège que de le supposer. Il ne peut mal faire, puisque en lui repose tout droit, que sa parole et ses actions sont le critérium du bien
et du mal. Se laisse-t-il emporter par la colère, tout plie et « accepte

---

(1) *Ibid.* I, 8 — (2) *Ibid.* I, 1. — (3) DION CASS. LIII, 18. — (4) SENECA, de Clément. I, 3.

sans murmure ses arrêts les plus sévères. » Jette-t-il un regard de
désir sur une femme, elle dénoue déjà sa ceinture, — « tout lui est
permis et contre tous. » Des milliers d'hommes risquent leur vie pour
lui éviter l'ombre d'un danger, pour lui épargner la moindre douleur
physique. Lui arrive-t-il de faire un mot, le monde de s'extasier, de le
proclamer l'homme le plus spirituel de la terre. Se met-il même à
quelque jeu, il est toujours vainqueur, — il a toutes les supériorités.

Quelle influence une position pareille doit-elle avoir sur le *moi* de
l'homme qui s'y trouve ?

Tout lui est permis, tout lui est licite, il a toujours raison, il n'entend jamais critiquer ses actes, contredire ses paroles ; il ne peut mal
faire, dit le droit, répètent sur tous les tons les courtisans. Et il finit
par croire réellement que tout ce qu'il fait est bien, par cela seul qu'il
le fait ; il est fatalement condamné à perdre la notion du bien et du
mal. Sa conscience se réveille-t-elle par moments ? On s'empresse de
l'endormir, on s'empresse de calmer ses scrupules, on s'ingénie à justifier ses actes. Ses désirs ne trouvent jamais d'opposition, ne rencontrent jamais de refus, et comme son entourage l'a déjà débarrassé du
frein moral que chaque homme s'impose plus ou moins soi-même, il
finit par être impuissant à les maîtriser. Il n'a jamais affronté un danger, éprouvé de douleur physique, de privation, on lui a inculqué le
culte de sa personne sacro-sainte ; — il deviendra nécessairement
égoïste et lâche. Jouet de ses instincts, esclave de ses penchants et de
ses désirs, étranger au sentiment de la honte, comme à celui de la
pudeur, il étale avec un cynisme naïf aux yeux du monde toute sa
personnalité, ses plus vilaines actions, comme ses instincts les plus
brutaux : gourmandise, sensualité, colère, paresse, etc. N'ayant jamais
été forcé de se contenir, n'ayant jamais rencontré d'opposition, il est
aussi impuissant à se maîtriser, qu'incapable de lutter contre les
obstacles et les vaincre. Ses désirs ayant toujours été immédiatement
satisfaits, il ne sait ni désirer énergiquement, ni supporter patiemment
un refus ou même un retard ; comme un enfant, il ne sait pas attendre.
N'ayant jamais entendu de contradiction, un *non* l'irrite et le déconcerte.
Pénétré du culte de sa personne, il sera lâche devant la douleur,
cruel, et sans pitié pour celle des autres. Il sera emporté, brutal peut-
être, — mais sa volonté est faible et sans consistance ; une opposition,
un obstacle l'irritent, mais il ne sait pas vouloir assez énergiquement
pour lutter et les vaincre. Accessible à toutes les suggestions, il est
en même temps rebelle à toute influence sérieuse et continue.

Telle doit être, théoriquement parlant, la personnalité morale de l'homme que nous avons supposé avoir vécu dans certaines conditions exclusives. Mais ces conditions ne peuvent en réalité être que rarement assez absolues pour nous présenter ce tableau psychologique dans toute sa pureté. Ainsi en Europe le pouvoir monarchique est assez limité pour que le prince rencontre, heureusement pour lui, bien des obstacles à ses désirs, bien des oppositions à ses volontés; il n'est plus le maître absolu, auquel *tout est permis et envers tous*. Le budget met des bornes à ses fantaisies, le parlement et les lois lui rappellent qu'il n'est plus « l'arbitre souverain de la vie et de la mort des nations », les courtisans même ne sont plus ce qu'ils étaient encore il y a un siècle à peine. D'ailleurs le prince est élevé ordinairement de façon à lui constituer ce *moi* énergique, ces complexus d'idées fortement enchaînés, qui donnent à l'homme une personnalité. Cette personnalité, ce *moi* s'affaiblissent, s'amollissent, une fois le prince arrivé au trône; son caractère change, les désirs deviennent plus impérieux, la toute-puissance exerce enfin son influence dissolvante. Aussi est-ce un fait connu en politique que le prince régnant n'est jamais ce qu'il promettait d'être étant héritier du trône, et il faut avouer qu'il ne change généralement pas à son avantage; mais en tout cas la constitution, les lois, les mœurs, les nécessités de la politique, en limitant le pouvoir, le rendent beaucoup moins funeste à la personnalité et à la santé morale du prince.

Cette influence dissolvante du pouvoir doit nécessairement être beaucoup plus forte et agir plus rapidement et plus énergiquement dans les pays où la monarchie est absolue. Mais là encore il y a heureusement des conditions qui combattent jusqu'à un certain point cette influence, et ne la laissent pas agir dans toute sa plénitude. Ainsi les intérêts de l'État, les nécessités de la politique extérieure, limitent de fait l'exercice de la toute-puissance; enfin pour le prince intelligent, cette haute position elle-même peut être une sorte de garantie. Découvrant à ses yeux des horizons plus vastes, elle l'élève au-dessus des jouissances mesquines et banales qui accompagnent le pouvoir, lui fait sentir sa responsabilité historique devant Dieu, l'humanité et l'avenir de son pays, et le force, pour ainsi dire, à s'imposer soi-même un frein.

Mais si faible, si peu sûr qu'il soit, un tel frein est encore un bienfait que bien des pays ne peuvent donner à leurs monarques. Ainsi là où l'idée de l'État ne s'est pas encore fortement développée, où l'adoration de la personne sacrée du prince est un dogme religieux, où l'amour de la patrie se confond avec le culte du trône, l'influence dissolvante du pouvoir suprême doit agir plus promptement et plus directement sur la personnalité du monarque. Si les mœurs du pays sont douces, si le peuple, ou du moins l'entourage du prince, est plus ou moins civilisé, la pente, toute rapide qu'elle est, présente encore de faibles points d'arrêts. Un peu plus loin — et nous tombons dans la barbarie perse, birmane, etc; c'est une gradation continue, commençant à la Belgique, à l'Italie, si constitutionnelles, pour finir par le Dahomey et autres royautés africaines, après avoir passé par la Russie, la Turquie et les monarchies asiatiques.

Ainsi nous sommes arrivés à conclure à *priori* que le pouvoir doit affaiblir la volonté, le *moi*, rendre ainsi l'homme moins apte à résister à ses désirs, à ses instincts, aux suggestions, renforcer par conséquent l'action réflexe et rendre plus directe la transformation de la perception en mouvement, en acte, en annulant plus ou moins l'activité des centres modérateurs, c'est-à-dire que *le pouvoir, par son influence morale sur la personnalité, doit produire dans la vie cérébrale un trouble fonctionnel, dont la nature et le caractère sont identiques à ce que nous trouvons au début des maladies mentales et des affections nerveuses graves.* Le phénomène physiologique du *moi* faible et sans consistance paraît donc être commun à l'enfance, où le *moi* n'est pas encore développé, à la plupart des maladies nerveuses graves et à l'aliénation mentale, dans lesquelles il est affaibli, et aux détenteurs du pouvoir suprême, dont le *moi* ou n'a pas pu se constituer, comme chez l'enfant, ou, formé, avait été affaibli, comme dans les affections phrénopathiques. Il est à remarquer que les Romains, généralement excellents psychologues, donnaient le même dieu tutélaire, *Fascinus*, aux enfants, aux empereurs et aux triomphateurs; son image, attachée au char triomphal, devait préserver des entraînements de l'orgueil et des aberrations d'esprit qui en sont les suites (1).

Guidé par des considérations psychologiques et un raisonnement théofrétique, nous avons tracé le tableau des troubles moraux et psychique que doit produire une position exceptionnellement élevée. Ce tableau, dont nous avons à dessein rembruni les couleurs, accentué les traits, présente les modifications de la vie psychique d'un individu, directement et très fortement influencé par les conditions sociales qui font l'ob-

(1) Plin. *Hist. nat.* XXVIII, 1.

jet de notre analyse. Mais il est évident que la réalité, qui est beaucoup plus complexe, où l'individu est soumis encore à une foule d'autres influences, à une infinité de circonstances nécessairement compliquées, qui toutes agissent plus ou moins sur sa personnalité, et que nous n'avons pas pu, raisonnant théoriquement, prendre en considération, il est évident, disons-nous, que la réalité ne pourra présenter que rarement une reproduction fidèle et exacte de notre tableau dans sa totalité. Les troubles psychiques qui se développent sous l'influence dissolvante de la toute-puissance, ou d'une position exceptionnellement élevée en général, différeront non seulement de degré, mais aussi de forme, présenteront une infinité de modifications, et leurs manifestations peuvent varier à l'infini, malgré l'identité du processus phrénopathique qui en fait le fond. Entre un accès complet d'épilepsie, avec perte de connaissance, turgescence et cyanose de la face, convulsions, bouche écumante, etc., et une douleur névralgique momentanée, un léger étourdissement, une migraine même, la différence est telle qu'on croirait avoir affaire à des états foncièrement divers, et qui n'ont rien de commun entre eux, et pourtant le médecin pathologiste les considère comme des manifestations d'un seul et même principe phrénopathique et, en constatant leur transformation réciproque dans la transmission héréditaire des parents aux enfants, il prouve leur identité pathologique. Ainsi un individu, se trouvant dans les conditions sociales dont nous analysons l'influence phrénopathique et pathogénique, pourra ne présenter que quelques-uns des traits de notre tableau, pourra même paraître à un observateur superficiel et peu exercé n'en présenter aucun; il sera gai, facile à vivre, affable, tout au plus, un peu nerveux — « mais qui ne l'est pas à notre époque? » — raisonne l'homme du monde. Voilà donc notre raisonnement reconnu faux? Nullement, examinons ses descendants : si nous voyons un de ses fils être brutal, emporté, d'un esprit lourd et borné, un autre brillant, rempli de toute sorte de talents, mais nerveux et débauché, une fille hystérique; si nous constatons dans la génération suivante des cas de folie, d'épilepsie, de suicide, de mort prématurée, de scrofules, de phtisie, de difformité du squelette, de surdi-mutité, de stérilité, si nous voyons la race s'abâtardir et s'éteindre, croira-t-on encore que le chef de la race avait été épargné, qu'il n'avait pas été fortement atteint par le vice phrénopathique, heureusement resté chez lui à l'état latent? Les troubles phrénopathiques, les affections nerveuses sont comme la colère de Jéhovah; elles frappent cruellement les enfants et les descendants jusqu'à la quatrième et la

septième génération. Ainsi l'absence de tout trouble nerveux, somatique ou psychique, ne prouve en aucune façon que l'individu soit resté
indemne, puisque le vice phrénopathique peut exister chez lui à l'état
latent et ne se faire jour que chez ses enfants. La postérité est donc la
pierre de touche; elle nous donne par conséquent un réactif d'une très
grande sensibilité, s'il est permis d'employer ici la terminologie chi-
mique, pour les troubles nerveux, somatiques ou psychiques. Le vice
phrénopathique peut paraître épargner un individu, une génération
même, mais c'est qu'il s'y trouve à l'état latent (que l'œil exercé d'un
aliéniste parvient du reste presque toujours à découvrir); transmis héréditairement aux descendants, il semble se réveiller et fait explosion,
souvent avec une effroyable énergie. Ainsi la transmission héréditaire
des troubles et des affections nerveuses, somatiques et psychiques, et la
loi de leur transformation, nous donnent un moyen précieux d'investigation, une méthode de recherches d'une exactitude et d'une fécondité
qui ne laissent rien à désirer. La généalogie devient ainsi une auxiliaire
de la pathologie, comme la pathologie peut être une auxiliaire et un
guide inappréciable pour l'étude des phénomènes sociaux, ainsi que nous
espérons le démontrer.

Si les phrénopathies produisent un trouble cérébral fonctionnel,
qui se traduit par un affaiblissement du *moi*, ce qui constitue le phénomène initial de ces affections, peut-on admettre que le rapport étiologique et pathogénique des maladies nerveuses et du trouble cérébral fonctionnel de l'affaiblissement du *moi* soit réciproque? peut-on
supposer qu'un homme, chez lequel, par suite de circonstances, de
conditions morales défavorables dans lesquelles s'était écoulée son
enfance, de l'éducation vicieuse qu'il avait reçue, de l'influence dissolvante d'une position sociale exceptionelle, le *moi* ne s'est que faiblement développé ou avait été affaibli, qui n'a pas de complexus
d'idées fortement enracinées, qui n'est retenu ni par le respect de la
loi, puisqu'elle n'est que sa volonté, ni par la crainte de la justice, s'il
est le maître absolu, ni par la conscience (n'entendant jamais ni
blâme, ni contradiction même, il doit nécessairement finir par perdre
la notion du bien et du mal), peut-on supposer, disons-nous, qu'un
homme, se trouvant dans de telles conditions morales, dont la personnalité est sans consistance, le *moi* peu développé ou affaibli, par cela
seul, en vertu du trouble fonctionnel que ces conditions produisent
dans sa vie cérébrale, soit déjà condamné, prédisposé au moins, aux
maladies nerveuses et mentales avec tout leur cortège d'affections secon-

daires et de phénomènes pathologiques, depuis les troubles psychiques les plus légers jusqu'à la scrofule, la phtisie, les déformations do squelette, les anomalies psychiques graves (suicide, crime, débauche pathologique, etc.), l'affaiblissement de la vitalité, les vices de conformation, les affections cérébrales chez les descendants, et enfin la stérilité et l'extinction de la race? La question ainsi posée, cherchons à y répondre par l'analyse médico-psychologique des faits.

Octave avait passé son enfance en Italie, il suivit plus tard son grand-oncle en Espagne, puis alla étudier en Grèce. Malgré son caractère littéraire, caractère grec par excellence, son éducation était au fond toute romaine. Une connaissance approfondie des lois, de l'histoire, de la jurisprudence romaine, des luttes intestines des partis politiques à Rome, était indispensable à tout Romain qui voulait suivre la carrière des honneurs, fût-ce même celle des honneurs purement militaires. Octave était à tel point imbu des idées romaines, que de retour à Rome après la mort du dictateur, et voulant venger son père (1), ce jeune homme (il avait dix-neuf ans), intenta à M. Junius Brutus et aux autres meurtriers de son père adoptif un procès devant les tribunaux. Ceci est tout à fait dans l'esprit avocassier et formaliste romain; jamais un Grec n'aurait eu cette idée.

A sa première entrée à Rome, disent les historiens, un halo autour du soleil présagea ses hautes destinées (2). Ses partisans, et plus tard ses admirateurs assuraient que le sénat lui fit toutes sortes d'injustices et l'aigrit tellement, qu'il le força à se lier non seulement avec M. Antoine, mais avec les meurtriers même de ce père (3) qu'il venait venger. Cela n'est pas exact. Le sénat, comme toutes assemblées politiques, comme tous les grands corps de l'État, avait le culte de la force et du succès, et ne se serait certainement pas risqué à faire de l'opposition à qui disposait des troupes, et le premier soin du jeune Octavien avait été d'enrôler et de prendre à sa solde les vétérans de son père. Aussi le sénat s'empressa-t-il de lui faire ériger une statue équestre auprès des rostres, avec une inscription qui mentionnait son âge (dix-neuf ans), honneur accordé jusque-là seulement à trois hommes, à Sylla, à Pompée et à Jules César, et le nomma préteur, au mépris de la loi (4).

(1) Adopté par testament, il devenait légalement le fils du dictateur, et passait de la famille Octavia dans la famille Julia; désormais son nom était donc *Caius Julius Cæsar Octavinus.* — (2) VELL. PATERCULUS, II, 59. SENECA. Quest. natur. I, 2. SUET. *Aug.* XCV. D. CASS. XLV, 4. — (3) Ainsi avec Décimus Brutus. D. CASS. XLV, 14 et 15. — (4) VELL. PATERC. l. II, c. LXI.

M. Antoine, son futur collègue au triumvirat, lui fit, au contraire, l'accueil le plus hautain et le plus insultant, soit par mépris pour ce *garçon* (1), soit parce qu'il ne se souciait pas de partager le pouvoir. Il ne voulut pas d'abord le recevoir, lui accorda enfin une audience pendant sa promenade au jardin (2), et si courte qu'Octavien eut à peine le temps de lui parler (3). Toutes les avances d'Octavien furent inutiles sous ce rapport, et il dut supporter patiemment les insultes de M. Antoine (4); par peur de ce dernier, il n'osait même pas se poser trop ouvertement en héritier et en vengeur (5) de son père. Ainsi aux jeux qu'il donna en honneur du dictateur, il n'osa même pas, malgré le décret du sénat, faire porter au cirque la chaise triomphale et la couronne d'or de Jules César, et cela par peur de M. Antoine (6), et une fois qu'Octavien eut la malencontreuse idée de lui parler, à lui consul, du haut de la tribune, M. Antoine ordonna à ses licteurs de l'en chasser (7).

Protégé par Cicéron, comblé d'honneurs par le sénat, le jeune C. Octavien les trahit bientôt pour se rallier au parti de leurs ennemis, M. Antoine et M. Æmilius Lépidus, et forma avec eux le deuxième triumvirat. Mais, jeune homme sans nom glorieux, sans passé, Octavien ne pouvait y jouer qu'un rôle secondaire et effacé. M. Antoine était un général illustre, M. Émile Lépide avait été revêtu des plus hautes magistratures de la République ; tous les deux étaient de grands personnages, tandis qu'Octavien venait à peine d'entrer dans la carrière politique, et il faut avouer que ses débuts n'avaient pas été brillants. Envoyé par le sénat au secours de Décimus Brutus, il resta au camp, tandis que le consul Aulus Hirtius marchait contre M. Antoine (8), et non seulement n'assista pas à la bataille, ce qui ne l'empêcha pourtant pas de se faire acclamer *imperator* par des soldats payés (9), mais encore s'enfuit, se cacha dans un marais, et ne reparut que deux jours plus tard, sans armes et sans cheval (10). Il ne prit également aucune part à la bataille qui fut livrée à Sextus Pompée entre Myles et

---

(1) D. Cass. passim. Suet. Aug. XII. Plut. *Ant*. XVII. — (2) C'était au jardin de la maison de Pompée, dont M. Antoine s'était emparée. Cette maison était située dans le quartier des Carènes, ce qui donna lieu au mot si fin de S. Pompée. Lors de l'entrevue de M. Antoine et d'Octavien avec Sextus, ce dernier, les invitant à souper sur la galère prétorienne, leur dit qu'il leur offrait ce repas chez lui *aux Carènes*, rappelant ainsi que les triumvirs l'avaient spolié de l'héritage de son père. (Vell. Paterc. l. II, c. LXXVII. — (3) Vell. Paterc. l. II, ch. LX. — (4) Dion Cass., XLV, 5 et 6. — Suet., Aug., X, — (5) *Ibid*., l. XLV, 5. — (6) *Ibid*, l. XLV, 6 Plut. Ant. XVII. — (7) *Ibid*., XLV, 7. — (8) Dion Cass., XLVI, 37. — (9) *Ibid*., XLVI, 38. — (10) Suet., Aug., X. — Plin. Secund., *Hist. nat.*, VII, 46.

Nauloque, faisant d'abord semblant d'être accablé de sommeil; et quand on le força enfin de donner le signal, il n'eut même pas le courage de regarder le combat, mais resta tout le temps couché sur le dos, les yeux levés au ciel, et ne se montra aux soldats que quand l'ennemi eut été mis en fuite pas M. V. Agrippa (1). Il n'assista pas non plus à la bataille de Philippes et voulait d'abord même rester à Dyrrhachium (2) avec les bagages de l'armée, tandis que M. Antoine marchait contre l'ennemi. Il se décida enfin à rejoindre les troupes, mais se dit malade la veille du combat, annonça qu'il ne quittera pas le camp, et c'est son médecin Artorius lui-même qui doit le forcer de suivre l'armée, l'assurant que Minerve lui était apparue en songe et lui avait ordonné d'engager Octavien à ne pas rester dans les retranchements (3).

Sa réputation à cette époque était loin d'être brillante. S. Pompée lui reprochait d'être efféminé (on sait ce que voulait dire ce reproche dans l'antiquité); M. Antoine assure qu'il paya par d'infâmes complaisances l'adoption de son grand-oncle, et Lucius Antonius dit qu'il vendit à Aulus Hirtius en Espagne, pour trois cent mille sesterces, sa pudeur déjà flétrie par C. Jules César, et ajoute qu'il avait coutume de se brûler le poil des cuisses avec de l'écorce de noix, pour le rendre plus doux (4)./ Un jour que l'acteur prononça au théâtre ce vers, relatif à un prêtre de Cybèle jouant du tambourin.

> Viden', ut cinaedus orbem digito temperat.

les spectateurs applaudirent en le regardant (5).

Les prisonniers républicains, amenés enchaînés en présence des triumvirs, saluaient avec respect leur ennemi et vainqueur M. Antoine du titre d'*imperator*, et accablaient de railleries insultantes Octavien (6). Au fameux banquet des douze divinités, il se mit en Apollon — on l'appela *Apollo Tortor, Apollon bourreau* (7), surnom sous lequel ce dieu avait une chapelle à Rome. Toutes les distinctions, tous les honneurs qui lui avaient été accordés, il les dut non à son mérite, non à des

---

(1) Suet., Aug., XVI. — (2) Dion Cass., XLVII, 37. — (3) Valer. Maxim., *De somnilis*, l. I, ch. vii, — Dion Cass., XLVII, 41. — Plut., Ant., XXII, XXIII; Brut., XLVII, XLVIII. — Suet., Aug., XCI — (4) Suet., Aug., LXVIII. — (5) *Ibid.* C'est un calembour intraduisible sur le mot *orbis*, qui signifie également le *rond* et le *monde;* l'acteur avait dit : « Voyez cet impudique tourner du doigt le rond (du tambourin) », et les spectateurs, appliquant le vers à Auguste, lui donnaient le sens : « Voyez cet impudique de son doigt gouverner le monde » On sait que les Galles, prêtres de la Mère (Cybèle), qui représentait l'élément féminin de la nature, étaient eunuques et portaient des habits de femme. — (6) Suet., Aug., XIII. — (7) *Ibid.*

succès militaires, mais à l'argent qu'il distribuait aux soldats, les soudoyant (1) et les corrompant. C'est ainsi qu'il fut acclamé la première fois *imperator*, comme nous l'avons déjà dit, qu'il obtint le consulat, le faisant demander au sénat par une députation de 400 soldats qui entrèrent armés dans la curie et osèrent menacer les sénateurs de leurs glaives (2), et faisant faire les élections sous la pression des troupes (3). Cicéron l'aida puissamment aux débuts de sa carrière, lui disposa favorablement le sénat, et lui rendit en un mot de tels services, qu'Octavien l'appelait *son père*. Mais Cicéron s'attira la haine de M. Antoine, et Octavien dut le sacrifier à l'inimitié de son collègue.

C. Octavien s'opposa d'abord aux cruautés du deuxième triumvirat (4), mais sa position dans cette association d'aventuriers (5) lui interdisait encore le luxe d'un rôle de clémence et de générosité. M. Antoine le méprisait, M. Émile Lépide le traitait du haut de sa grandeur de commandant de plus de vingt légions, et lui donnait des ordres comme à un subalterne (6). Ses collègues ne se gênaient nullement avec lui : il avait les plus grandes obligations envers Cicéron, mais Cicéron était ennemi de M. Antoine, et fut tué, tandis que le sénateur Sulpicius Corona opina pour M. Junius Brutus contre Octavien, et ce dernier n'osa rien entreprendre contre lui, et ne se vengea que plus tard, en le faisant tuer comme porté sur la liste de proscription, dressée par ses collègues (7); comme on distribuait aux militaires des propriétés rurales, un soldat eut l'impudence de demander celle d'Atia, mère d'Octavien, et les triumvirs la lui accordèrent (8). Il était généralement méprisé à cause de sa lâcheté, de son passé infâme; on savait que, ne pouvant lutter avec M. Antoine, il avait voulu s'en débarrasser par l'assassinat (9); l'opinion publique l'accusait aussi de la mort des deux consuls, Aulus Hirtius et C. Vibius Pansa, qui commandaient les troupes envoyées contre M. Antoine (10). La mort de C. V. Pansa, qui succomba à une blessure, donna lieu à de tels soupçons, que son mé-

---

(1) D. Cass., XLV, 12, XLVII, 47 et *passim*. — Suet., Aug., X. —Tacit. Ann., I, 2. —(2) D. Cass., XLVI, 43. — Suet. Aug., XXVI. — (3) D. Cass., XLVI, 46. — Tacit. Ann., I, 10. — Suet. Aug., XXVI. — (4) Suet. Aug., XXVII. D. Cass., XLVII, 7. — (5) «*Écrasé par M. Antoine dans le triumvirat* ». (Plin., *Hist. nat.*, VII, 46). « On n'aimait aucun des deux, mais par haine pour M. Antoine, *qui était plus puissant*, on aida César (Octavien), *qui l'était beaucoup moins* ». (D. Cass., LV, 11.) M. Antoine méprisait le jeune Octave (*ibid.*, XLIV, 53). Plut. Ant., XVII. — (6) Ainsi il lui ordonna de quitter la Sicile. — Vell. Paterc., II, LXXX. —(7) D. Cass., XLVI, 49. — (8) *Ibid.*, XLVII, 17. — (9) Suet. Aug., X. — Seneca, de Clement. I, 9. — D. Cass.,l . c. Plut. Ant., XVII. — (10) Suet. Aug., XI. — D. Cass. XLVI, 39.

decin Glycon fut arrêté sous l'inculpation d'avoir versé du poison dans la plaie, et Aquilius Niger accusait ouvertement Octavien d'avoir tué A. Hirtius dans le tumulte du combat. Leurs funérailles furent célébrées aux frais de la république (1), sans qu'une enquête ait eu lieu. mais l'accusation portée contre Octavien était tellement sérieuse, qu'on la répétait encore à la mort d'Auguste, près de soixante ans plus tard (2), Lâche au point de n'oser entrer au sénat sans une escorte (3), composée des plus braves (4) et des plus robustes soldats (5) de son armée, et sans cuirasse sous sa toge (6), vil, décrié à cause de ses mœurs, Octavien était forcé, pour se maintenir à la hauteur de ses collègues, de recourir à la cruauté, comme seul moyen d'inspirer la crainte à défaut de respect. Il y prit goût et fut atrocement cruel, comme le sont les lâches. Non seulement il ne fit grâce à aucun de ses ennemis, mais il prenait encore plaisir à insulter les républicains captifs les plus illustres, et inventait des raffinements de cruauté, pour inspirer plus de terreur. Un prisonnier le suppliant d'accorder la sépulture à son cadavre, il lui répondit que les vautours s'en chargeront (7). Les deux Aquilius Florus, le père et le fils, lui demandaient la vie; il leur ordonna ou de tirer au sort, ou de combattre, promettant la vie au vainqueur; le père tendit volontairement la gorge aux assassins, et le fils se perça le cœur (8). La ville de Pérouse, assiégée, s'étant rendue, il immola *trois cents* chevaliers et plusieurs sénateurs, comme des victimes sacrificatoires sur l'autel de C. Jules César (9), fit tuer la plupart des habitants et brûler la ville (10).

Quand un prisonnier implorait son pardon ou tentait de se justifier, il répondait sans l'écouter : *moriendum esse*, « il faut mourir » (11). Après la défaite de M. Antoine il fit mettre à mort, avec un nombre immense d'autres personnages éminents (12), Curion, fils de ce Curion qui avait rendu de si grands services à son père le dictateur (13), Anthyllus, le jeune fils de M. Antoine, le fiancé de sa fille Julie (14), qu'il fit égorger aux pieds de la statue de Jules César, auprès de laquelle

(1) VELL. PATERC., II, 62. — VAL. MAXIM. *De gratis*, l. V, c. II, 10. — (2) TACIT., Ann., I, 10. — (3) D. CASS., XLVI, 47. — (4) Comme le centurion C. Mevius (VAL. MAX. *De constantia*, III, VIII, 8). — (5) Comme Vinnius Valens (PLIN. *Hist. nat.*, VII 19). — (6) SUET., Aug., XXXV. — (7) SUET. Aug., XIII. — (8) *Ibid.*, XIII. — D. CASS., LI 2. — (9) Plus de trois hécatombes humaines! Notons que les Romains avaient en horreur les sacrifices humains des druides, que les empereurs Tibère et Claude interdirent complètement. — (10) SUET., Aug., XV. — D. CASS., XLVIII, — H. SENECA. De Clement. I, 11. — (11) SUET., Aug., XV. — (12) D. CASS., LI, 11. — (13) *Ibid.*, LI, 2. — (14) SUET. Aug. XVII. — D. CASS., L', 15.

le malheureux jeune homme cherchait un asile, Césarion (1) fils naturel de son père adoptif et bienfaiteur, Toranius, son tuteur et collègue de son père Octavius (2), etc. Au milieu des horreurs même du deuxième triumvirat (3) Octavien sut se faire une triste célébrité par son implacable cruauté. Les autres triumvirs faisaient quelquefois grâce à la demande de leurs amis, ou touchés par les supplications des accusés, Octavien jamais (4); Lépide, ayant dans un discours au sénat fait espérer plus de clémence, Octavien s'y opposa, déclarant que, quant'à lui, il n'entendait pas mettre des bornes à ses proscriptions, et qu'il fera toujours ce qu'il voudra (5). L'édit de proscription lui-même, cette atrocité blâmée jusque par ceux qu'elle avait enrichis (6), avait été dicté à M. Antoine par le jeune Octavien dans une débauche nocturne (7).

Sa perfidie égalait sa cruauté. « Il avait abusé S. Pompée par un simulacre de paix, Lépide par une feinte amitié; les traités de Tarente et de Brundisium et le mariage de sa sœur étaient autant de pièges qu'il tendit à M. Antoine, » dit avec raison Tacite (8). En acceptant les présents de M. Antoine, il promettait en même temps à Cléopâtre de lui laisser la vie et le trône, si elle faisait mourir son mari, promesse qu'il était bien décidé à ne pas tenir, et après la mort de M. Antoine, de peur que Cléopâtre, en se donnant la mort et en se brûlant avec ses trésors, ne lui enlève le plus bel ornement de son triomphe et ne le prive d'un riche butin, il lui faisait dire qu'il brûlait d'amour pour elle. Il lui envoya enfin deux messagers, le chevalier Caïus Proculeius et son affranchi Epaphrodite, pour lui faire de sa part une déclaration d'amour et toutes sortes de promesses, les chargeant en même temps de se saisir pendant la conversation de la personne de la reine et la faire prisonnière (0).

Tel était l'homme qui avait fondé le principat et l'empire, la toute puissance d'un seul sur l'État, qui avait asservi au pouvoir absolu d'un prince la République romaine, on pourrait presque dire le monde. Il n'eut pas d'abord, ainsi que nous l'avons vu, le rôle principal; mais peu à peu il se saisit du pouvoir, et après la bataille d'Actium et la

(1) D. Cass., LI, 0 et 15. — Suet., Aug., XVII. — Plutarque. Anton., LXXXIX. — (2) Ils avaient été édiles ensemble (Suet., Aug., XXVII. — (3) Il faut les lire dans Dion Cassius (XLVII) pour se faire une idée jusqu'où peut aller la tyrannie d'un côté, et la résignation de l'autre. — (4) Suet., Aug., XXVII. V. le cas si caractéristique de Lucilius Plut.. Brut., LVIII). — (5) Ibid. — (0) Tacit. Ann., I, 10. — (7) Seneca, De clementia, I, 15. — (8) Ann., I, 10.— (0) D. Cass., LI, 0-10. — Plut. Ant., LXXXI-II, LXXXV-VI. Voir sur sa perfidie encore Plut.. Cicer., LXI, Ant. LVI.

mort de M. Antoine, le lâche, le cruel et le perfide Octavien reste seul
maître du monde. » Quand il eut gagné les soldats par des largesses,
le peuple par des distributions de blé, tous par les douceurs de la
paix, on le vit s'élever peu à peu et attirer à lui l'autorité du sénat,
des magistrats et des lois. Nul ne lui résistait; les plus fiers républicains avaient péri sur les champs de bataille ou par les proscriptions;
ce qui restait de grands, voyant les honneurs et les richesses payer leur
empressement pour la servitude, et trouvant leur avantage au changement, préféraient la sécurité présente aux périls du passé (1). » Les
personnages les plus illustres, revêtus des plus hautes magistratures,
se donnèrent, il est vrai, volontairement la mort, pour échapper à la
tyrannie ou furent tués par ordre d'Octavien (2), » mais c'étaient des
gens qui ne savaient pas s'accommoder aux circonstances et comprendre les nécessités du temps. « Tout ce que les hommes peuvent demander aux dieux, tout ce que les dieux peuvent donner aux hommes,
tout ce qu'on peut désirer, tout ce qui peut rendre heureux, Auguste
à son retour à Rome, l'accorda à la République, au peuple romain,
aux provinces et au monde entier (3). » Après avoir châtié les récalci-
trants, Octavien pardonna aux vaincus; sur qui aurait-il régné, s'il ne
leur eût pardonné (4)? Il fallait bien reconnaître tant de bienfaits; le
sénat, l'ordre des chevaliers, le peuple, tout se prosterne devant lui,
on lui offre le titre de *roi*, on l'appelle *Dominus*, maître, seigneur,
on lui donne le nom de Romulus, comme à un second fondateur de
Rome, et le nom d'*Augustus* (5), c'est-à-dire de sacré, en attendant
qu'il devienne *divus*, divin. Voyons-le donc agir en maître.

---

(1) TACIT., Ann., I, 2. — (2) D. CASS., XLVII, 49. — (3) VELL. PATERC., II, LXXXIX.
— (4) SENECA, *De clementia*, I, 10. — (5) Sur la proposition de ce misérable Lucius
Munatius Plancus, traître, bouffon flatteur éhonté, calomniateur, un des personnages les plus abjects de l'histoire. Il fait proscrire son frère Plancus Plotius,
comme le triumvir Lépide son frère Paulus, ce qui fit qu'on leur chanta à leur
triomphe ce calembour sanglant

De germanis, non de Gallis, duo triumphant consules.

Couvert de bienfaits par M. Antoine, il le trahit (« le besoin de trahir était chez lui
une maladie », remarque Velleius Paterculus), le calomnie au sénat, et s'attire une
réponse foudroyante du préteur Coponius.

Enn. Quirinus Visconti, dans son zèle impérialiste, après avoir traîné dans la
boue M. Junius Brutus, présente L. Munatius Plancus comme un aimable épicurien,
lettré et légèrement sceptique (*Iconographie romaine*, p. 223); l'impérialiste Velleius Paterculus juge ces deux hommes autrement; c'est avec une respectueuse admiration qu'il parle du premier, et il ne trouve pas de termes assez énergiques pour

Octavien Auguste aimait les femmes; mais ce n'était plus le don-juanisme, la galanterie élégante et facile de C. Jules César, c'étaient les désirs lourds et brutaux de l'homme qui a un pouvoir absolu sur la vie et la fortune des citoyens, et qui ne demande à la femme que le plaisir de l'acte sexuel. Le beau Jules César séduisait les femmes par sa beauté, son élégance; Auguste ne se donnait pas tant de peine. Désirait-il une femme, fût-ce l'épouse du personnage le plus illustre et le plus respecté de Rome, il lui envoyait simplement sa litière, et le malheureux mari était obligé de faire porter sa femme au palatin. Rome était tombée si bas qu'Auguste ne trouvait pas de résistance (1). Il y eut des sénateurs assez impudents pour proposer une loi qui autoriserait C. Jules César le dictateur à prendre toutes les femmes qu'il voudrait (2); on voit qu'Auguste savait très bien se passer d'une telle loi. M. Antoine racontait qu'à un banquet Auguste emmena dans la chambre voisine la femme d'un personnage consulaire, qui assistait aussi à la fête, et à son retour dans la salle elle avait la chevelure défaite et une oreille toute rouge. Il disait aussi que Scribonia n'avait été répudiée que parce qu'elle ne voulait pas supporter les insolences d'une concubine, enfin que les amis d'Auguste, — Fidi scelerum suetique ministri (3), — lui amenaient des femmes mariées et des filles nubiles, et qu'ils les déshabillaient et les examinaient ensemble, comme des esclaves à vendre chez Toranius (4). On sait qu'il ne respecta pas même Térentia, la femme de Mécène, son ami le plus cher (5). Les plaisirs des sens exercèrent toujours sur lui un puissant empire; il aimait principalement les vierges, et Livie sa femme se chargeait elle-même de lui en procurer (6). Il ne faut pas en conclure cependant qu'il dé-

---

flétrir le misérable qui proscrit son frère, trahit son bienfaiteur, qui, consulaire, se fait le *client d'une Egyptienne!* se peint en bleu et s'attache une queue de poisson pour amuser Cléopâtre, ce flatteur impudent qui professait « qu'il ne faut ni mystère ni dissimulation dans la flatterie; heureux le flatteur que l'on prend en flagrant délit, plus heureux encore celui qu'on réprimande, qu'on force de rougir. » (SENECA *Quest. nat.*, IV, præf.)

(1) Le philosophe Athénodore étant allé voir un jour un de ses amis, le trouva, ainsi que sa femme, au désespoir. Auguste avait trouvé la femme à son goût et la faisait chercher; la litière impériale était déjà à la porte. Athénodore monte dedans armé d'un glaive, ... à déposer dans la chambre à coucher d'Auguste, comme cela se faisait pour les femmes, et saute de la litière, l'épée à la main, en disant « Ne crains-tu pas qu'un assassin puisse venir te surprendre de cette façon. » Il connaissait bien Auguste et savait que ce n'est pas par la morale, mais par la peur qu'il fallait le prendre. (D. CASSIUS dans ZONARAS, lib. LVI.) — (2) D. CASS., XLIV, — SUET., Div. Jul., LII. — (3) LUCAN., Phars., VI. — (4) SUET., Aug., LXIX. — (5) D. CASS., LIV, 10. — (6) SUET., Aug., LXXI.

daignait les femmes mariées; au contraire, et ses amis même ne niaient pas qu'il n'ait commis beaucoup d'adultères, mais ils l'excusaient en assurant qu'il le faisait non par volupté, mais par calcul, pour mieux connaître les idées et les projets de leurs maris (1). Auguste força Tiberius Claudius Nero, père de l'empereur Tibère, à répudier sa femme Livia Drusilla, alors enceinte, à l'adopter comme sa fille, et la donner en mariage à lui, Auguste, après l'avoir dotée, et le fier Claudius Nero s'empressa d'obéir. De tels faits, plus que les exécutions et les proscriptions, donnent la mesure de la toute-puissance d'Auguste, et de la lâcheté et de la servitude des Romains. Et en effet, qui donc lui résisterait? Tout ce qu'il y avait de jeune était né depuis la bataille d'Actium, la plupart des vieillards au milieu des guerres civiles; combien restait-il de Romains qui eussent vu la République (2). Qui donc y pensait encore?

La république n'était pourtant pas oubliée. Il y avait un homme à Rome qui s'en souvenait, qui y pensait souvent, quoi qu'il eût été précisément de son intérêt de l'oublier, et cet homme était Auguste. Les triumvirs avaient eu, paraît-il, le projet de rétablir la République, de revenir à l'ordre légal des choses, mais Octavien s'y opposa, et M. Antoine l'accusait hautement d'avoir été l'unique obstacle à ce grand acte de justice et d'honnêteté politique (3). Non seulement il ne voulait pas renoncer au pouvoir, mais il songeait déjà à la fondation d'une sorte de monarchie bâtarde.

A son retour à Rome après la bataille d'Actium, Octavien ne rencontra aucune opposition, aucune résistance; il trouva au contraire la grande ville toute prête et toute façonnée à la servitude. Le sénat, l'ordre des chevaliers, les magistrats, toutes les autorités constituées, tous se précipitent dans la servitude, tous rampent à ses pieds et recherchent sa faveur.

Si le pouvoir et une position sociale exclusivement élevée peuvent porter un trouble grave dans la vie psychique de l'homme et agir ainsi sur son cerveau, cela devrait certainement avoir lieu ici, et Auguste doit en être une preuve et un exemple. Examinons donc s'il l'est réellement, et dans quelles conditions psychologiques il se trouvait.

Octavien était âgé de trente-cinq ans, quand il retourna à Rome après la bataille d'Actium, qui l'avait fait maître unique de la République et du monde. Son *moi*, déjà fortement constitué, ne pouvait plus

---

(1) *Ibid.*, LXIX. — (2) TACIT., Ann., I, 3. — (3) SUET. Aug., XXVIII.

subir que peu de changement, et encore ce peu ne devait s'effectuer que d'une façon lente, chronique et insidieuse. Octavien Auguste était homme fait, quand il arriva au principat. Mais il y avait une autre raison encore du peu d'influence que devait exercer, directement au moins, sur son état psychique, sur son *moi*, une position sociale aussi haute, aussi exceptionnelle que l'était la sienne. La République étouffée, anéantie, était oubliée de tous, mais pas d'Auguste, auquel elle apparaissait comme l'ombre de Banco, l'effrayant et le tenant en bride. Il ne pouvait pas oublier la fin tragique de Marcus Manlius Capitolinus, les murmures du peuple quand M. Antoine offrit à son père le bandeau royal, enfin la mort récente du dictateur, et tout ce qui éveillait l'idée de royauté et pouvait exciter l'indignation des républicains lui faisait peur; lâche comme il l'était, il croyait à chaque instant voir surgir des Brutus et des Cassius, vengeurs de la liberté. Auguste voulait bien avoir le pouvoir royal, mais il voulait en même temps persuader aux Romains « qu'il n'y avait rien de changé dans la République, qu'il n'y avait qu'un républicain de plus ». Il refusa le titre de roi, n'osa pas prendre le nom de Romulus, qui rappelait la royauté (1), ne voulut pas de dictature, et quand le peuple insistait, se mit à genoux en déchirant sa toge et se découvrant la poitrine (2), s'offensa que le peuple lui ait appliqué au théâtre les paroles de l'acteur : « O dominum æquum et bonum » (3), n'accepta aucun titre nouveau, et chercha à masquer le pouvoir monarchique par des formules républicaines et des fictions juridiques. Il était *imperator* comme le grand Pompée, consul comme Brutus et Collatin, censeur (ou præfectus morum) comme Caton; il eut la couronne graminée, votée par le sénat, en qualité de sauveur de la patrie, comme Fabius Cunctator (4), des statues, mais en argent (5). Ne pouvant être tribun comme les Gracques (il fallait être plébeien, et Auguste, ayant passé par adoption dans la famille Julia, était patricien), il inventa la *puissance tribunienne*, qui rendait sa personne inviolable. Il était en outre prince du sénat (*princeps senatus*) ou *prince*, *princeps*, tout court, formule ancienne pour une idée nouvelle, *pontifex maximus*, après la mort de M. Émile Lépide : — les noms des magistratures étaient les mêmes, *eadem magistratuum vocabula* (6). Concentrant ainsi

---

(1) D. Cass., LIII, 16. — (2) Vell. Paterc., II, 89. — Suet., Aug., LII. — D. Cass., LIV, 1. — (3) Suet., Aug., LIII. — (4) Plin. Sec., Hist. nat., XXII, 6. — (5) Les premières qu'on ait vu à Rome (Plin., Hist. nat., XXXIII, 54). — (6) Tacit., Ann. I, 3.

dans ses mains tous les pouvoirs de l'État, il fermait nécessairement
aux jeunes gens la carrière politique, et par conséquent celle des honneurs ; mais tout en cherchant à restreindre la vie publique, en enlevant au peuple les élections, en défendant de publier les procès-ver-
baux des séances du sénat, il tenait en même temps à contenter les
petites ambitions, à donner un semblant de satisfaction au besoin d'activité de la jeunesse. Il créa donc une multitude de magistratures
nouvelles (municipalité, police, édilité, voirie, annone, etc.) et aug-
menta le nombre des magistratures anciennes de cette nature (1).
Les gens perspicaces se rendaient bien compte et de son but, et de
son système ; comme il faisait des reproches au célèbre acteur Pylades,
qui s'était pris de querelle avec l'acteur Bathyllus, dont Mécène était
amoureux, celui-ci lui répliqua : « Mais tu dois m'en remercier, César ;
au moins j'occupe l'esprit du peuple et ne le laisse pas penser à des
choses plus sérieuses » (2). Pour amuser aussi le peuple et se concilier
son attachement, il donnait fréquemment des spectacles magnifiques, des
jeux de cirque (3), auxquels il faisait semblant de prendre le plus
grand plaisir (4), distribuant des couronnes et des prix, il faisait voir
aussi au peuple tout ce qui pouvait paraître digne d'attention, toute
sorte de curiosités naturelles et d'objets d'art (5). Pour ne pas réveiller
un Brutus, qui pourrait dormir encore quelque part peut-être, il mettait le plus grand soin à éviter tout ce qui pouvait rappeler la royauté
ou froisser les mœurs et les usages républicains, et cherchait à faire
parade de ce libéralisme de bas étage, qui donne la popularité sans
diminuer sérieusement le pouvoir. Il écoutait patiemment au sénat
les objections qu'on lui faisait.

Un jour qu'il parlait dans le sénat, quelqu'un s'écria : *je ne com-
prends pas;* un autre : *je contredirais si j'avais la parole.* Quand
il se montrait impatient, on lui faisait remarquer « *que les sénateurs
devaient être libres de discuter les affaires de l'État* ». Lors de la no-

---

(1) Suet., Aug., XXXVII. — (2) D. Cass., LIV, 17. — (3) Suet., Aug., XLIII, et LXXV.
— Tacit., Ann., I, 44. — D. Cass., LIV, 26. — (4) S'il lui arrivait de devoir s'absenter
des jeux, il désignait quelqu'un pour présider à sa place, et en demandait toujours
excuse au peuple ; quand il assistait au spectacle, il n'y faisait jamais autre chose,
parce qu'on blâmait beaucoup Jules César de ce qu'il lisait des lettres et y répondait
pendant le spectacle (Suet., Aug., XLV). — (5) Ainsi il exposa au théâtre le nain
Lucius (Suet. Aug., XLIII), un tigre apprivoisé (Suet., ib., Plin., Hist. nat., VIII,
25), un rhinocéros (Suet., l. c.), des attelages d'éléphants (Plin., Hist. nat., XXXIV,
10), deux géants (ib. VII, 16), des tableaux (ib., XXXV, 10); il avait trouvé même
moyen de montrer aux Romains la pierre du célèbre anneau de Polycrate (ibid.,
XXXVII, 2).

mination des sénateurs, Antistius Labeon donna sa voix à M. Émile Lépide, l'ancien triumvir, l'ennemi personnel du prince, et qui était alors exilé; Auguste lui ayant demandé s'il n'en connaissait pas de plus digne, Labeon répondit que chacun avait son opinion (1), » et nul n'eut à se repentir de sa franchise ou de son audace, » ajoute naïvement Suétone. Le même Antistius Labéon, comme on discutait la proposition de donner au prince une garde sénatoriale, déclara qu'il ne pouvait pas en faire partie, parce qu'il avait l'habitude de ronfler, et ne pouvait pas par conséquent dormir dans le vestibule du palais (2). Marcus Primus, accusé d'avoir fait la guerre aux Odryses sans autorisation, ayant déclaré avoir agi par ordre du prince et de Marcellus, Auguste vint au tribunal, sans y être appelé, pour démentir cette assertion; Licinius Murena, ami et défenseur de l'accusé, l'attaqua alors personnellement et lui demanda brutalement : « De quoi te mêles-tu? Qui t'a appelé? » — Auguste répondit avec le plus grand calme : « L'intérêt de l'État (3). » Il ne faisait pas poursuivre les auteurs des phamphlets contre sa personne; « les paroles offensantes, qui blessent souvent les princes plus que les actions coupables, n'excitèrent jamais sa rigueur; les mots piquants dont il fut l'objet ne firent qu'exciter son sourire (4); » « en butte aux plaisanteries blessantes, il y répondit par un édit (5). » L'historien Timagène s'étant permis sur lui, sur sa femme et sur toute sa famille certaines plaisanteries, qui arrivèrent aux oreilles d'Auguste, il le fit avertir de modérer sa langue (6). Comme on accusait Æmilius Ælianus, entre autres, d'avoir mal parlé du prince, Auguste se tourna vers l'accusateur et s'écria : « Je voudrais bien que tu me le prouves; je ferais voir alors que j'ai aussi une langue et j'en dirais bien plus encore sur son compte, » et ne s'en occupa plus, ni dans le moment, ni plus tard (7). Il allait aux comices voter avec les autres citoyens et recommandait ses candidats, parcourant avec eux les tribus et faisant les supplications d'usage (8). Au tribunal il se montrait généralement bienveillant aux accusés (0). Élevé dans la richesse et le luxe, Octavien aimait les bijoux, les pierreries, les œuvres d'art, l'orfèvrerie, et à l'époque du triumvirat il lui était arrivé bien des fois d'avoir condamné à mort des citoyens dont il

(1) Suet., Aug., LIV. — D. Cass., LIV, 15. — (2) — D. Cass., ibid. — (3) Ibid. LIV, 3. (4) Seneca, De Clemen., I, 10. — (5) Suet., Aug., LV. — (6) Seneca, de Ira, III, 23. — (7) Suet., Aug., LI. — (8) Ibid., LVI. — (0) Ainsi pour éviter à un homme manifestement coupable de parricide le supplice du sac de cuir, dans lequel on ne faisait coudre que ceux qui avouaient leur crime, il posa la question en ces termes : « Certainement tu n'as pas tué ton père? « Dans une accu-

convoitait les meubles, les vases de Corinthe, la vaisselle d'or (1).
L'empereur Auguste, au contraire, vivait modestement, sans faste,
comme un riche particulier, et non comme le maître du monde, évi-
tant un luxe trop éclatant, qui aurait pu choquer le sentiment de l'é-
galité et rappeler le pouvoir absolu dont il était revêtu; tout cela il le
faisait non par goût, mais par politique. Les goûts ne changent pas si
facilement et si vite à un certain âge, et d'ailleurs il allait dans cette
affectation de simplicité jusqu'à défendre à sa fille de porter des toi-
lettes trop somptueuses, et fit démolir une maison que sa petite-fille
Julie s'était fait bâtir et qu'il trouvait trop riche et trop luxueuse (2).

Il ne faut pas cependant que le lecteur prenne trop au pied de la
lettre tous ces récits sur la vie modeste d'Auguste. Il en avait été tant
parlé, qu'on est bien près de le regarder comme un Spartiate. Il n'en
est rien. Auguste habitait la maison de l'orateur Quintus Hortensius,
ancien consul, rival de Cicéron et un des hommes les plus riches de
Rome. Cette maison, Auguste l'agrandit encore; il n'y avait pas de
mosaïques orientales, il est vrai, et en général la maison ne présentait
pas ce luxe insensé, auquel le palais impérial avait plus tard habitué
Suétone, mais il ne faut pas oublier que celui-ci écrivait sous le règne
de l'empereur Hadrien, et qu'à l'époque d'Auguste les habitations
étaient encore assez simples. Octave, qui était né et avait passé son enfance dans une toute petite maisonnette, pouvait, sans être taxé d'aus-
térité exagérée, se contenter d'une des plus belles et des plus riches
maisons de Rome. D'ailleurs Suétone, en parlant de la vie modeste
d'Auguste, n'avait nullement l'intention de le faire passer pour un
Spartiate; il dit expressément, au contraire, qu'Auguste, prince et
maître du monde, se contentait d'une habitation et de meubles, bons
pour un riche particulier, mais indignes du chef de l'État, en d'autres
termes que sa maison, tout en étant très riche et très belle, n'avait
pas la splendeur du palais impérial. Nous devons ajouter encore que
l'idée du Principat et de l'empire, ainsi que de la dignité impériale était
loin d'être au temps d'Auguste ce qu'elle fut ensuite, et n'impliquait nullement la somptuosité majestueuse, le luxe pompeux des époques postérieures, et dont d'ailleurs Auguste avait peur. C'était de sa part une

sation de faux testament, la loi Cornélia frappant tous ceux qui l'avaient signé,
Auguste donna aux juges non pas deux bulletins, l'un pour condamner et l'autre
pour absoudre, comme c'était la règle, mais trois, le troisième servant à pardonner
si la signature avait été obtenue par fraude ou donnée par erreur. (SUET., Aug.,
XXXIII.)

(1) SUET., Aug., LXX. — (2) Ibid., LXXII.

témérité bien assez grande déjà que de se loger au Palatin, auquel se
rattachaient des souvenirs de royauté, et qui en était jusqu'à un certain point le symbole. Nous savons qu'Auguste évitait autant que possible les dehors du pouvoir, qui choquent et irritent les peuples plus
que le pouvoir lui-même, et cherchait à habituer les Romains peu à
peu à l'empire dans le sens d'une monarchie. Il est probable enfin que
dans sa pensée le pouvoir impérial, le principat, étaient plutôt un
cumul, une concentration dans les mains d'un seul des divers pouvoirs
créés par la République, qu'une monarchie proprement dite.

L'empereur Auguste faisait tout son possible pour faire oublier le
triumvir Octavien; le maître tout-puissant du monde romain tâchait de
se faire passer pour un républicain de la vieille roche. Si les Romains
avaient oublié la République, comme le dit Tacite, Auguste n'oubliait
pas les républicains, ses anciens ennemis, et voyait leur main dans
tous les complots contre sa vie. A chaque nouveau titre, à chaque nouvel honneur qui lui était décerné, à tout ce qui sortait des usages et
des formules républicaines, il s'attendait à voir surgir des vengeurs de
la République. On comprend donc qu'il évitait tout ce qui pouvait rappeler que la République avait fait place à l'autocratie, qu'il ne voulut
accepter aucun titre de création nouvelle, et qu'il ait conservé soigneusement les formes et les formules républicaines.

De temps en temps il faisait même mine de vouloir se démettre
du pouvoir et abdiquer entre les mains du sénat (1). « Il était sûr de
son refus, mais ce refus même donnait à son pouvoir une sanction légale » (2). « Il voulait être un représentant du peuple romain, et non
un monarque (3) », et n'acceptait le pouvoir suprême que pour dix
ans, en le faisant renouveler ensuite par le Sénat (4). Le triumvir Octavien, ambitieux, cruel, avide, débauché, devient le clément, le ver—
tueux, l'affable et le modeste empereur Auguste. Lui, qui aimait les
meubles somptueux, les beaux vases au point de condamner des citoyens à mort pour s'emparer de leur vaisselle (5), une fois arrivé au
pouvoir suprême, mène une vie simple, cherche à ne se distinguer
en rien des autres, ne porte que des habits dont la laine est filée par
sa femme et sa fille (6), qui sont censées être des vraies matrones des
temps anciens. Lui qui se faisait amener les femmes des plus hauts
personnages de l'État, veut que sa famille soit le modèle des vertus

(1) D. Cass. Suet. Aug. Passim. — (2) D. Cass. LIII, 2. — (3) Ibid. LIII, 12,
LIV, 4. — (4) Ibid. LIII, 13: Suet l. c. (5) Suet. Aug. LXX. — (6) Ibid. LXXIII et
LXXIV.

domestiques, de la sainteté du foyer, de la chasteté, des convenances.
Il donne une éducation sérieuse et solide aux deux Julie, sa fille et sa
petite-fille, « leur interdit de rien dire et de rien faire qu'ouvertement,
et que ce qui pourrait être noté sans inconvénient dans les mémoires
journaliers de la maison (1). Sa fille étant venue au théâtre en riche
toilette et entourée de jeunes patriciens, sa loge, où l'on riait et
s'amusait, contrastait singulièrement avec la loge calme, digne et
guindée du vieil empereur; de Livie, toujours entourée de personnages
graves et sérieux (2); Auguste envoya dire à Julie que ses compagnons
étaient *trop jeunes*, à quoi celle-ci répondit très justement qu'ils vieil-
liront ensemble. Lucius Vinicius, jeune homme de haute naissance,
modeste et jouissant d'une réputation irréprochable, ayant fait une visite à Julie aux bains de Baïes, Auguste lui écrivit pour lui reprocher
d'avoir manqué aux convenances (3), et que c'était compromettant
pour une jeune femme seule que de recevoir des visites de jeunes gens.

Auguste donnait lui-même des leçons de lecture et d'écriture à
ses enfants adoptifs, ne leur permettait aucun faste, ne les laissait
jamais traiter en princes. Lui, l'amateur de vierges, l'adultère « *par
calcul* » (!), le mignon de son grand-oncle et d'Aulus Hirtius, se prend
dans sa vieillesse d'un bel amour pour la morale et la pureté de
mœurs. Il défendit aux jeunes gens des deux sexes de veiller pendant
les jeux séculaires dans les temples, à moins d'être accompagnés de
leurs parents ou d'une personne âgée de leur famille, parce qu'il se
commettait beaucoup d'impudicités dans ces *pervigilia* (4); il ne voulut
pas permettre aux femmes d'assister aux luttes d'athlètes, ni de venir
au théâtre aux jeux pontificaux avant la cinquième heure (5); il rétablit
les lois somptuaires, celles sur l'adultère, sur les débauches infâmes (6); » il avait tellement en horreur ces dernières qu'il ne voulut
même pas qu'on poursuive les esclaves qui avaient tué Hostius Quadra (7), leur maître, et se borna à ne pas faire déclarer sa mort légi-

(1) *Ibid.* LXIV. — (2) MACROB. Saturn. II, 5. — (3) SUET. Aug. LXIV. — (4) *Ibid.*
XXXI. BAYLE, Dictionnaire hist., et crit., t. IV, p. 350. — (5) SUET. Aug., XLIV.
— (6) *Ibid.* XXXII. — (7) Il ne faut pas oublier que cette horreur des débauches
infâmes, horreur qu'il n'eut pas dans sa jeunesse, témoin Sarmentus. (PLUT. Ant ,
LXV), lui était venue quand il avait soixante-dix ans. Du reste il ne faut pas être
grand rigoriste pour trouver abominables les débauches de Hostius Quadra. « Non
erat ille tantummodo ab uno sexu impurus, sed tam virorum quam feminarum
avidus fuit : fecitque specula ejus notæ, cujus modo retuli, imagines longe majores
reddentia, et quibus digitus brachii mensuram et longitudine et crassitudine exce-
deret. Hæc autem ita disponebat, ut quum virum ipso pateretur, aversus omnes admis-
sarii sui motus in speculo videret, ac deinde falsa magnitudine ipsius membri, tan-

time » (1). Il punit cruellement, comme on sait, l'inconduite de deux Julie, sa fille et sa petite-fille.

Il évitait, comme nous l'avons dit, tout faste, toute pompe, tout étalage de pouvoir. « Pour sortir de Rome ou de toute autre ville, ou pour y rentrer, il attendait toujours le soir ou la nuit, de peur de déranger les gens pour lui rendre les honneurs. Étant consul, il allait presque toujours à pied ou en litière découverte. Il admettait tout le monde à ses réceptions, écoutait avec douceur les demandes, et reprocha à quelqu'un qui hésitait à lui présenter un placet, de s'y prendre avec tant de crainte, comme s'il s'agissait de donner une pièce de monnaie à un éléphant. Les jours de séance du sénat, il arrivait quand les sénateurs avaient déjà pris place, et les saluait chacun par son nom, sans avoir besoin de nomenclateur » (2).

Le triumvir Octavien était non seulement cruel, il était féroce; l'empereur Auguste, quand son pouvoir fut solidement assis, qu'il se fut habitué lui-même et qu'il eut habitué Rome à sa toute-puissance, chercha à réprimer sa férocité naturelle, à se contenir. Il se fit bon, clément, affable, mais il ne faut pas s'y tromper, — ce n'est pas à son retour à Rome après Actium, c'est beaucoup plus tard que ce changement s'opéra. « La paix vint sans doute, mais une paix cruelle, ensanglantée par le meurtre de Varron, d'Egnatius, de Julus (3); de Muréna, de Salvidiénus, de Lépide, de Cépion, d'un nombre immense de partisans de M. Antoine (4), des premiers personnages de l'État (5). « Il pardonna ensuite aux vaincus; sur qui aurait-il régné, s'il ne leur

quam vera gauderet. In omnibus quidem balneis agebat ille dilutam, et apta mensura legebat viros; sed nihilominus mendaciis quoque insatiabile malum delectabat. I, nunc et dic, speculum munditiarum causa repertum! Fœda dictu sunt, quæ portentum illud ore sua lacerandum dixerit, fecerit quum ille epecula ab omni parte apponerentur, ut ipse flagitiorum suorum spectator esset; et, quæ secreta quoque conscientiam premunt, et quæ accusatus quisque fecisse se negat, non in os tantum, sed in oculos suos ingereret. At hercules scelera conspectum suum reformidant! In perditis quoque et ad omne dedecus expositis, tenerrima est oculorum verecundia. Ille autem, quasi parum esset inaudita et incognita pati, oculos suos ad illa advocavit, nec quantum, peccabat videre contentus, specula sibi, per quæ flagitia sua divideret disponeretque, circumdedit : et quia non tam diligenter intueri poterat, quum compressus erat, et caput merserat, inguinibusque alienis oblæserat, opus sibi suum per imagines offerebat. Speculabatur illam libidinem oris sui, spectabat sibi admissos pariter in omnia viros. Nonnunquam inter marem et feminam distributus, et toto corpore patientiæ expositus, spectabat nefanda. Quidnam homo impurus reliquit, quod in tenebris faceret? Non pertimuit diem, sed ipsos concubitus portentosos sibi ipse ostendit, sibi ipse approbavit! SENECA. Quest. natur. l. I, 16.

(1) *Ibid.* — (2) SUET. Aug., LIII. — (3) TACIT. *Ann.* I, 10. — (4) D. CASS. LI, 2. SUET. Aug., XXVII. — (5) D. CASS. XLVII, 40

eût pardonné? (1) La terreur peut être·un instrument de gouvernement — *instrumentum regni* — à un moment donné; elle ne peut
l'être d'une façon continue et chronique. Auguste comprenait que dans
l'intérêt de sa vie même il devait changer de méthode. « Il dut à la
clémence son salut et sa sécurité, en le rendant cher au peuple, quoique la République ne fut pas encore façonnée au joug quand il s'empara du pouvoir (2) ». C'est par la clémence qu'il rallia les Corœius,
les Dellius, les Domitius, les Messala, les Asinius (3). Les temps
étaient changés; c'est la clémence, l'affabilité qui devaient être désormais des *instrumenta regni*. « *Clementiæ civilitatisque ejus multa et
magna documenta sunt* » — « on a de grandes et nombreuses preuves
de sa clémence et de sa douceur, » dit Suétone (4). Junius Novatus,
Cassius de Padoue, Aemilius Aelianus, Cinna, Timagène, M. Emile
Lépide, Furnius père, tant d'autres, témoignent de sa bonté. » Loin
de faire exécuter les sentences de mort, prononcées par le sénat contre
les amants de sa fille, il les relégua dans des lieux sûrs pour leur vie
et leur donna des sauf-conduits pour s'y rendre », assure Sénèque (5)
ce qui n'est pas exact, puisque plusieurs d'entre eux, et entre autres
Julus Antonius, fils de M. Antoine, furent mis à mort (6). Mais cette
bonté, cette clémence ne lui étaient pas toujours faciles, et bien souvent « le naturel revenait au galop. » Toute sa vie était une lutte perpétuelle avec lui-même; il devait se surveiller constamment, réprimer
sa férocité, refouler ses instincts cruels, ce qui ne lui réussissait pas
toujours. Ainsi, se trouvant au tribunal, il vit le préteur Quintus
Gallus s'approcher avec de grandes tablettes, qu'il prit de loin pour
un glaive; Auguste eut tellement peur, qu'il fit immédiatement saisir
le malheureux et lui appliquer la question comme à un esclave, et
comme Gallus ne faisait pas d'aveux, et que d'ailleurs on ne trouva pas
d'armes sur lui, il le fit égorger, *après lui avoir de ses propres
mains arraché les yeux* (7). Mécène, en véritable ami, contenait sa
colère, son naturel cruel et féroce, le rappelait à la prudence, au rôle
qu'il s'était imposé. Un jour que l'empereur s'était oublié au tribunal

---

(1) SENECA. De clementia. I, 10. — (2) *Ibid.* — (3) *Ibid.* — (4) Aug., LI. —
(5) De clement. I, 10. — (6). D. CASS. LV, 10. VELL PATERCULUS (II, 100) dit que
les amants de Julie avaient été condamnés à la même peine que s'ils eussent débauché la femme d'un simple citoyen, bien que ce fut la fille de César, l'épouse de
Néron (Tibère), qu'ils avaient corrompue, et que Julus Antonius se donna lui-même
la mort. Nous savons en effet que Sempronius Gracchus, un de ces amants, avait été
déporté à l'île de Cercina dans la mer Africaine. (TACIT. *Ann.*, I, 53). — (7) SUET.
Aug., XXVII.

et condamnait à mort une multitude d'accusés, comme au bon vieux
temps du deuxième triumvirat, Mécène écrivit sur ses tablettes : « lève-
toi donc, bourreau, » et les lui jeta sur les genoux. Auguste annula
les condamnations prononcées, se leva de sa chaise et quitta immédiatement le tribunal. (1) Une autre fois, c'est le philosophe Athénodore qui l'arrêta dans ses condamnations à mort et, faisant semblant
de l'embrasser, lui dit à l'oreille : « ne prononce jamais de condamnation à mort, César, avant d'avoir récité les vingt-quatre lettres de
l'alphabet. » Auguste lui répondit avec un soupir : « reste auprès de
moi (Athénodore était sur le point de retourner en Grèce), j'ai encore
grandement besoin de toi. » (2) Ayant découvert les débauches de sa
fille, il voulut d'abord la faire tuer, et fit lire en plein sénat un factum
relatant toutes ses infamies (3), emporté qu'il était par la colère; il
s'en repentit bientôt, disant que si Mécène ou Agrippa eussent vécu,
ils ne l'auraient pas laissé couvrir de honte sa fille, sa famille et lui-
même (4).

Auguste porta toute sa vie un masque, joua un rôle; « ai-je bien
joué la comédie de la vie, demanda-t-il aux amis qui entouraient son lit
de mort : — si vous êtes contents, applaudissez. » (5) Très réservé, jamais il ne se laissait aller à parler à cœur ouvert, et rédigeait d'avance
jusqu'à ses conversations particulières, même celles qu'il devait avoir
avec sa femme s'il s'agissait de choses sérieuses, et parlait d'après ses
notes, de peur de parler avec trop d'abandon (6). Aussi voyons-nous
Auguste, revêtu du pouvoir suprême, paraître échapper jusqu'à un
certain point à l'influence pathogénique de la toute-puissance. Les circonstances, sa position politique, lui ôtaient tout frein, toute entrave,
déchaînaient tous ses instincts, lâchaient la bride à ses passions et à
ses désirs, mais le frein intérieur était fort; la peur lui tenait lieu de
devoir, de conscience, de convictions, de tout ce qui règle les actes des
hommes et leur fait maîtriser leurs passions; et le pouvoir suprême,
loin de le rassurer, ne faisait qu'augmenter cette peur en la motivant.
Ces craintes, cette peur, étaient le plus grand de tous les bienfaits que
les dieux lui avaient accordés; il leur dut *son salut et sa sécurité* (7)
matérielle, sa santé psychique, le bonheur de ses dernières années,
l'amour du peuple, l'admiration de la postérité et un nom splendide
dans l'histoire. Cette contrainte perpétuelle, cette lutte incessante avec

---

(1) D. Cass. LV, 7. — (2) D. Cass. (dans les excerpta de Planudes) LVI, 13. —
(3) Suet. Aug., LXV, D. Cass. LV, 10. — (4) Seneca. De benef. VI, 32. — (5) Suet.
Aug., XCIX. D. Cass. LVI, 31. — (6) Suet. Aug., LXXXIV. — (7) Seneca, l. c.

ses mauvais instincts, cette nécessité de s'observer, de se contenir, non seulement lui conservèrent un *moi* énergique, malgré l'influence dissolvante de la toute-puissance, mais finirent encore par lui donner une certaine habitude de la bonté et de la clémence, lui rendant ainsi la lutte de plus en plus facile. Puis vint la vieillesse, qui apaisa les emportements et dégagea son âme des instincts brutaux de la colère, de la concupiscence, de la cruauté. Comme tous les hommes violents, comme tous ceux qui avaient eu une vie accidentée, il eut soif de calme, de tranquillité. L'idée de l'abdication, qui avait été jusque là une comédie, a pu être sérieuse à cette époque. Après plus de trente ans d'exercice la toute-puissance a peu de charme, et son fardeau est lourd à porter à soixante-dix ans; on peut raisonnablement admettre qu'Auguste, fatigué des soucis du pouvoir suprême, des affaires de l'État (1), fatigué tout simplement de la vie, aspirait au repos.

« Au milieu de ses travaux il trouvait pour les alléger une consolation illusoire, mais douce toutefois, en se disant : *un jour je vivrai pour moi*. Il écrivait dans une de ses lettres au sénat que son repos ne manquerait pas de dignité et ne démentirait pas sa gloire. De tels projets, ajoutait-il, sont plus beaux encore à réaliser qu'en spéculation, cependant mon impatience de voir arriver un moment si ardemment désiré me procure du moins cet avantage, que puisque ce bien se fait encore attendre, j'en goûte d'avance les douceurs par le seul plaisir d'en parler.» Combien faut-il que le repos lui parût précieux puisque, à défaut de la réalité, il en voulait jouir en imagination. Celui qui voyait le monde soumis à son pouvoir, qui tenait en ses mains les destinées des hommes et des nations, envisageait avec joie le jour où il pourrait se dépouiller de toute sa grandeur. L'expérience lui avait prouvé combien ces biens, dont l'éclat remplissait toute la terre, coûtaient de sueurs et cachaient d'inquiétudes secrètes.

(1) Auguste était un travailleur infatigable; toutes les affaires de l'État passaient par ses mains, et il ne se mettait jamais au lit avant d'avoir terminé tout le travail de la journée, ou du moins la plus grande partie; il composait et mettait en outre par écrit tous les discours, toutes les allocutions qu'il devait prononcer, quoiqu'il parlât avec facilité, mais il paraît que c'était encore une précaution pour ne dire que tout juste ce qu'il croyait nécessaire. En dehors des affaires courantes, il avait encore écrit des mémoires, une sorte d'inventaire de l'empire, contenant l'énumération des forces militaires, des ressources financières de la République, etc., un traité sur le gouvernement, des conseils politiques et administratifs à son successeur, fruit de sa longue expérience, et composé un grand nombre d'ouvrages purement littéraires et polémiques. (SUET. Aug., LXXVIII, LXXXIV et LXXXV, DION. CASSIUS, LVI, 32, 33 etc.).

» Forcé de combattre à main armée d'abord ses concitoyens, ensuite ses collègues, enfin ses parents, il versa des flots de sang sur terre et sur mer; entraîné par la guerre en Macédoine, en Sicile, en Égypte, en Syrie, en Asie et presque sur tous les rivages, il dirigea contre les étrangers les armées lassées de massacrer les Romains. Tandis qu'il pacifie les Alpes et dompte les ennemis qui troublaient la paix dans l'intérieur de l'empire, tandis qu'il en recule les limites au delà du Rhin, de l'Euphrate et du Danube, dans Rome même les poignards des Murena, des Cépion, des Lépides, des Egnatius s'aiguisent contre lui. À peine a-t-il échappé à leurs embûches, que sa fille et tant de jeunes patriciens, liés par l'adultère comme par un serment solennel, épouvantent sa vieillesse fatiguée et lui font craindre pis qu'une nouvelle Cléopâtre et un autre Antoine (1). » Cette soif de calme après une vie agitée et après un long exercice de la toute-puissance est une chose trop naturelle pour être rare; il y a même une sorte de loi, en vertu de laquelle ce besoin de repos se fait sentir vers l'âge de cinquante-cinq à soixante-cinq ans, et par conséquent le prince est d'autant plus vite fatigué et dégoûté du pouvoir, qu'il y est arrivé plus âgé. Comparant entre elles les plus célèbres abdications (2), nous trouvons que :

	Age à l'avènement. au pouvoir.	Durée du pouvoir.	Age à l'époque de l'abdication.
Cornelius Sylla.	54	2 ans	56
Tibère (3).	56	12	68
Dioclétien.	39	21	60
Charles-Quint (4).	19	36	55
Félix V, pape.	56	1	57
Victor Amédée II.	9	55	64
Washington (5).	55	10	66
Victor Emmanuel I.	43	19	62
Charles IV d'Espagne.	40	20	60
Ferdinand I d'Autriche.	42	13	55

Ainsi Auguste, qui arriva au pouvoir à trente-cinq ans, pouvait, après plus de trente ans de principat, penser très sérieusement au repos et à l'abdication, et la statistique psychologique de la lassitude des détenteurs du pouvoir nous prouve sa sincérité. Qu'est-ce qui le détourna

(1) SENECA, de Brevitate vitæ, V. — (2) Abdications officielles ou abdication de fait, mais non provoquées par des circonstances particulières. — (3) Sa retraite à Caprée est une véritable abdication de fait. — (4) Comme empereur. — (5) Président à cinquante-cinq ans, il ne veut plus accepter la candidature à la présidence à soixante-six ans.

de ce projet? Pourquoi ne mit-il pas à exécution son rêve de repos et de tranquillité? Nous croyons le savoir; ce n'est pas la crainte pour l'avenir de l'État (1); il y avait Tibère, général illustre, administrateur habile, homme d'État accompli, déjà désigné comme son successeur; il y avait Lucius Arruntius, qu'Auguste avait lui-même jugé digne de l'empire. Ce qui le retint, c'est encore la peur, il se rappelait trop le mot célèbre de Sylla le dictateur.

Nous avons dit qu'Auguste ne devint clément et bon que dans les dernières années de sa vie, dans un âge très avancé; écoutons un peu ce que dit de cette clémence un grand philosophe, un psychologiste profond, qui l'avait vu bien des fois dans son enfance, et qui plus tard avait vécu dans l'intimité de la famille impériale; nous parlons de L. Annaeus Seneca. « Le divin Auguste était un prince doux, mais à l'époque où la République avait plusieurs maîtres, il fit usage du glaive. A l'âge de dix-huit ans, il avait déjà plongé le poignard dans le sein de ses amis; il avait attenté secrètement à la vie de M. Antoine, il avait été son collègue aux proscriptions (2). Tel fut Auguste dans sa vieillesse; dans sa jeunesse il fut ardent, emporté, coupable de bien des actions dont le souvenir lui était pénible. Qu'il ait été modéré et clément, je l'accorde, mais ce fut après avoir souillé de sang romain les flots d'Actium, après avoir brisé sur les rivages de la Sicile ses flottes et celles de ses ennemis, après les autels de Pérouse et les proscriptions. Je n'appelle pas clémence vraie une cruauté fatiguée, *ego veram clementiam non voco lassam crudelitatem.* Ce n'est pas une vraie clémence... que celle qui prend sa source dans le repentir d'avoir été féroce, *clementia vera... non saevitiae paenitentia coepit* (3). Aussi c'est une grande erreur que de croire qu'Auguste ait été aussi universellement aimé; le grand nombre de complots contre sa vie nous le prouve déjà. Nous savons ensuite qu'il avait été en butte à des plaisanteries insultantes, que des pamphlets, des satires souvent sanglantes, des épigrammes couraient sur son compte, et qu'on trouvait toujours moyen de les lui faire connaître. Il était d'usage à Rome de laisser par testament une quantité de legs plus ou moins considérables à tous ses parents et à tous ses amis; ces legs ne consistaient pas en objets donnés comme souvenir, ainsi que cela se fait actuellement; c'était, au contraire, des grosses sommes d'argent, des objets précieux de grande valeur, et le degré d'amitié et d'attachement du

---

(1) SUÉT. Aug., XXVIII. — (2) De Clement. I, 9. — (3) *Ibid.* 11.

défunt réglait l'importance des sommes léguées; ne rien laisser à quelqu'un, c'était non seulement dire qu'on n'avait aucune amitié, aucune affection pour lui, c'était le traiter plus qu'en indifférent, puisque aux indifférents même il était d'usage de léguer quelque chose, et léguer peu de chose, c'était insulter à son amitié, ce qui était d'autant plus blessant, que la lecture du testament était un acte public d'une grande importance; il était même d'usage de faire des legs au chef de l'État, à des magistrats, comme témoignage de respect et de déférence. « Auguste n'était pas avide de successions, il n'acceptait pas de legs des inconnus, rendait aux enfants, immédiatement ou à leur majorité, en y ajoutant encore des présents, les legs que lui faisaient leurs parents, mais il était extrêmement sensible aux dernières dispositions de ses amis à son égard. Si on lui laissait trop peu, si les expressions n'étaient pas assez honorables, il ne savait pas dissimuler sa douleur, pas plus que sa joie, s'il était traité avec affection et libéralité (1). » On savait ce faible, et l'on se faisait un malin plaisir de l'abuser jusqu'à la dernière heure de promesses et de protestations d'amitié, tandis qu'une fois le testament ouvert, il se trouvait qu'il n'y était porté que pour peu de chose (2) ou qu'il n'y était même pas mentionné (3). D'autres allaient plus loin, et comme la mort les mettait à l'abri de la vengeance d'Auguste, ils faisaient de leur testament de véritables pamphlets contre l'empereur, pamphlets que le magistrat était forcé de lire publiquement (4).

Auguste était d'une santé faible (5), ce qui ne l'empêcha pourtant pas d'atteindre l'âge de soixante-seize ans, grâce à une sobriété et une frugalité rares et à de grands ménagements. Dans le cours de sa vie il avait eu des maladies graves et dangereuses (6); ainsi nous savons qu'il avait été malade à l'âge de dix-sept ans, avant son départ pour l'Espagne (7), à son arrivée à Dyrrhachium (8), une autre fois pendant son voyage de Philippes à Rome (9), pendant son sixième consulat (10); il ne put assister pour cause de maladie aux fiançailles de sa

(1) Suet. Aug., LXVI. — (2) Ainsi le roi Hérode le Grand savait qu'il avait surtout le goût des beaux vases, et quoiqu'il en eût de splendides et en grand nombre, il ne lui en légua pas un (Flav. Joseph, Antiq. judaic. XVII, 10). Peut-être se vengeait-il ainsi d'Auguste, qui, tout en le protégeant, l'avait blessé d'un bon mot. Faisant une double allusion et à la religion juive d'Hérode, et au meurtre de ses cinq fils, Auguste disait qu'il aurait préféré être un porc de Hérode que son fils. — (3) Valer. Max. VII. de ratis testam. et insper. 6. — (4) Suet. LV. — (5) Ibid. LXXXII. — (6) Ibid. LXXXI. — (7) Ibid. VIII. — (8). D. Cass. XLVIII, 3. — (9) Ibid. XLXVIII. Plut., Ant. XXII, XXIII. Brut. XLVII. — (10) D. Cass LIII, 1.

fille Julie avec Marcellus (1); il fit ensuite une maladie pendant son dixième consulat (2), une autre pendant le onzième (3). Sous le consulat de C. Poppaeus Sabinus et de Q. Sulpicius Camerinus on célébra par des jeux solennels son rétablissement d'une maladie grave (4). En 730 de Rome il était mourant (5), mais la médication énergique de son médecin Antonius Musa le sauva (6). Quelle était cette maladie? Il eut, dit Suétone, *un flux d'humeurs viciées du foie; les fomentations* et *les cataplasmes* chauds n'avaient produit aucune amélioration; on désespérait de sa vie; lui-même s'attendait à mourir et prit toutes les dispositions nécessaires (7). Alors A. Musa se décida à lui faire des bains froids, des fomentations et des boissons froides, et cela avec un succès éclatant; l'empereur fut sauvé. Analysons brièvement cette description. Tout d'abord il s'agit d'une diarrhée; cette diarrhée était aqueuse; les évacuations n'avaient pas d'odeur fécale et ressemblaient si peu aux selles diarrhéiques ordinaires, que le médecin les considérait non comme des évacuations intestinales, mais comme des humeurs distillées par le foie. Ce dernier détail nous prouve encore que les selles liquides et inodores étaient plus ou moins teintes en jaune. La maladie était tellement grave, que tout l'entourage, la famille, le médecin et le malade lui-même désespéraient de la vie. Il n'y a que deux maladies auxquelle cette description puisse s'appliquer, le *choléra nostras* et la *fièvre typhoïde (typhus abominalis)*; on pourrait hésiter entre les deux, si les fomentations chaudes, faites sans succès, méthode de médication que bien des confrères, particulièrement en Italie, suivent encore, et le succès de l'hydrothérapie, et des bains froids, « genre de médication contraire à la méthode suivie et douteux dans ses résultats (8), » disent encore actuellement de nombreux confrères, comme le disaient les adversaires de Musa il y a près de vingt siècles, n'indiquaient de la façon la plus évidente et sans laisser de place au doute, la fièvre typhoïde. C'était une épidémie, comme on en voit à peu près tous les ans à Rome. Peu après qu'Auguste fut rétabli, le jeune Marcellus tomba malade de la même maladie et mourut. « Cette année et la suivante avaient été très malsaines, et cette maladie produisit une grande mortalité» (9). Auguste, nous l'avons dit, était très sobre et très

(1) *Ibid.* LIII, 27. — (2) *Ibid.* 28. — (3) *Ibid.* 30. — (4) PLIN. SEC. *Hist.*, *nat.*, VII, 49. — (5). SUÉT. LXXXI. D. CASS. LIII, 30, — (6) SUÉT. Aug. LIX D. CASS. LIII, 30. PLIN. SEC. *Hist.*, *nat.*, XXV, 38 et XXIX, 5. — (7) D. CASS. LIII, 30. — (8) SUÉT. Aug., LXXXI. — (9) D CASS. LIII, 33.

frugal (1); mais il est permis de supposer que le triumvir Octavien ne l'avait pas toujours été, témoin le fameux banquet des douze divinités. La sobriété et la tempérance d'Auguste n'étaient pas du reste tout à fait volontaires; il vomissait s'il prenait plus de six verres de vin (2), et son estomac faible et délabré ne supportait aucun écart de régime. Il avait des dartres, et les fortes démangeaisons le forçaient à un emploi fréquent et énergique du strigile. Il se plaignait aussi de douleurs de vessie, qui ne s'apaisaient que quand il avait rendu de petits calculs en urinant. Sa hanche et sa jambe gauches étaient faibles et il boitait souvent de ce côté; il se traitait alors par des applications de sable chaud sur les parties malades (3). Il était aussi sujet à des maux de gorge fréquents (4), qui ne lui permettaient même pas de parler au sénat et au peuple; il chargeait alors ou Marcellus, ou Germanicus, ou Tibère de lire son discours écrit. Il s'endormait souvent pendant l'expédition des affaires ou dans sa litière, et son œil gauche devint plus faible dans les dernières années de sa vie (5); mais tous ces symptômes s'expliquent suffisamment par son grand âge, et n'ont aucune importance pathologique. Son corps faible ne pouvait supporter ni la chaleur, ni le froid. En hiver il portait une sorte de camisole en laine, quatre tuniques et par dessus une toge très chaude à poil frisé, de celles qu'on appelaient *phryxiennes*, et dont l'étoffe avait été inventée pour lui dans les dernières années de son règne (6). En été il couchait dans un péristyle rafraîchi par une fontaine jaillissante, et ne sortait jamais dehors sans chapeau à grands bords (7).

Mentionnons enfin un fait historico-médical beaucoup plus important : Auguste avait *la crampe des écrivains* (*chorea scriptorum, graphospasmus, mogigraphie*). J'ignore si quelque auteur a déjà signalé cette circonstance, mais les quelques lignes de Suétone sur ce sujet ne laissent aucune possibilité de doute sur le diagnostic. Auguste était

---

(1) Suet. Aug., LXXVI et LXXVII. — (2) Suet. Aug., 77. Pline dit qu'il ne buvait presque jamais d'autre vin que celui de Sétia, qui était renommé comme vin léger et très sain. (*Hist., nat.*, XIV, 8). Suétone assure qu'Auguste préférait le vin de Rétie (*Aug.*, 77). Il paraît du reste qu'Auguste aimait à changer de vins, et qu'il donnait la préférence à ceux dont le goût lui était moins familier. Son affranchi, gourmet habile et plein de goût, chargé de déguster les vins de la table impériale, accepta un jour en voyage pour lui du vin médiocre, en disant à l'hôte : Ton vin n'est pas d'un goût excellent, mais l'empereur ne le connaît pas encore, aussi il ne boira pas d'autre que celui-ci au repas. (Plin. Sec. *Hist., nat.*, XIV, 8). — (3) Suet. Aug., LXXX. — (4) D. Cass. LIV, 25. Suet. Aug. LXXXIV. — (5) Suet. Aug., LXXIX. — (6) Plin. Sec., *Hist., nat.*, VII, 74. — Suet., Aug , LXXXII. — (7) Svet. Aug., LXXXII.

pris de temps de temps, dit Suétone, d'un engourdissement de l'index de la main droite, et cet engourdissement était accompagné de contraction des muscles avec tremblement, de sorte qu'il était forcé de faire usage d'un anneau de corne pour écrire (1). Les auteurs expliquent généralement l'origine de la crampe des écrivains (*Schriberkrampf, crampo degli scrittori, spasme fonctionnel*) par l'emploi des plumes métalliques trop dures (2), qu'il faut presser plus fortement sur le papier que les plumes d'oie; Niemeyer (3) assure même que c'est depuis leur invention que cette maladie avait paru, en quoi il se trompe. Or les Romains écrivaient beaucoup sur des tablettes (*pugillares*) recouvertes d'une couche de cire rouge-brique, ils traçaient les lettres avec un stylet en métal qui labourait la couche de cire jusqu'à la tablette. Il est évident que cette façon d'écrire demandait aux muscles du bras et de la main un effort beaucoup plus grand que ne le demande actuellement l'emploi des plumes métalliques, dont le bout fait ressort et glisse sur la surface lisse du papier. Les conditions pathogéniques de l'origine de la crampe des écrivains confirment ainsi notre diagnostic, sur l'exactitude duquel du reste la description si claire de Suétone ne laisse pas le moindre doute.

Cette crampe fonctionnelle chez Auguste a pour nous une grande importance; on sait que les crampes et les convulsions reconnaissent comme une des causes directes une sorte de paralysie, d'inactivité des centres modérateurs de l'action réflexe dans le cerveau (4), et le spasme fonctionnel a précisément ce caractère. On est généralement d'accord à le considérer comme une maladie nerveuse, ayant son siège dans le cerveau (5); on sait aussi que les individus qui en sont atteints pré-

(1) *Ibid.* LXXX. — (2) W. ERB. Krankheiten des Nerven systems. II, Krankheiten der peripheren-cerebrospinalen Nerven. Schreiberkrampf, p. 318. (Dans Ziemssen's Handbuch.) V. aussi HASSE, Lehrbuch der Nervenkrankheiten. ROMBERG. Nervenkrankheiten BENEDICT, Lehrbuch der Electrotherapie. DUCHÈNE (DE BOULOGNE) De l'électrisation localisée et de son application à la pathologie et à la thérapeutique. VALLEIX. Guide du médecin praticien t. I. FRITZ, Uber Réflexions fingerkrampf (*Oesterr. Jahrb. Bd.* 46 et 47. HAUPT. Uber d. Schreiberkrampf. Wiesbaden 1860, CHST. ZURADELLI. Del crampo degli scrittori. *Gaz. med. it.* NN. 36-42. RUNGE Zur Genese und Behandlung des Schreiberkrampfs. *Berl. Klinische Wochenschrift*, N. 21. 1873. *Schmidt's Jahrbücher* 1864, *Bd.* 161, *N.* 3. — (3) Lehrbuch der speciellen Pathologie und Therapie Bd II. Krankh. d. periph. Nerven. Schreiberkrampf. Etiologie und Pathogenie. — (4) ROMBERG l. c. HASSE l. c. EULENBURG. Functionnelle Nervenkrankheiten. HITZIG Uber Reflexerregende Druckpuncte. *Berl.klin. Wochensch.* 1866, N. 7 HITZIG. Untersuchung zur. Physiol. d. Gehirns. REICHERT und. DUBOIS. *Archiv.* 1870, 71 et 73. BENEDICT, l. c. et les manuels de pathologie générale. — (5) ERB, l. c. p. 320.

sentent ordinairement un état nerveux général très caractérisé. Ainsi nous voyons chez Auguste apparaître dans sa vieillesse une *affection des centres nerveux*, affection caractérisée spécialement par un *affaiblissement des centres modérateurs*. Or nous avons dit plus haut, en analysant *à priori* l'influence que doit exercer une position exceptionnellement élevée sur la vie cérébrale de l'homme, que cette influence doit avant tout se manifester par un affaiblissement des centres modérateurs de l'action réflexe dans les manifestations supérieures de l'activité cérébrale, et nous trouvons chez Auguste une *affection cérébrale précisément de cette nature.*

Ayant analysé les affections et les maladies dont avait été atteint Auguste, nous avons pu constater que son médecin Antonius Musa avait traité la fièvre typhoïde par des fomentations froides, et la crampe des écrivains avec un appareil mécanique, consistant en un anneau en corne. Ce dernier moyen avait été inventé de nouveau il y a une trentaine d'années, et le traitement de la fièvre typhoïde par l'eau froide est justement regardé comme une des plus belles et des plus importantes découvertes de la dernière dizaine d'années. Proposée par James Currie vers la fin du dernier siècle, cette méthode de traitement est tombée de nouveau dans l'oubli jusqu'à ce que les beaux travaux de Th. Jurgensen (1), de C. Liebermeister (2), de H. Ziemssen et Immermann (3) ne l'aient de nouveau — et définitivement cette fois, il faut l'espérer — introduit dans la thérapeutique. En vérité, *nihil novi sub sole!*

Auguste était petit de taille, mais tout son corps était si bien proportionné qu'on ne s'apercevait de ce qui manquait à sa stature que par comparaison, quand il avait à côté de lui des personnes de grande taille. Il avait des cheveux châtain clair et légèrement bouclés (4), les yeux d'un bleu grisâtre (5), le teint clair, les oreilles de moyenne grandeur, le nez élevé à la partie supérieure, pointu et bas à la partie inférieure, les sourcils se rejoignant, indice d'un caractère efféminé, selon Trogus (6), les dents petites, rares et gâtées. Il était beau, en somme, quoiqu'il négligeât toujours sa toilette, et particulièrement sa

---

(1) Klinische Studien über die Behandlung des Abdominaltyphus mittels des kalten Wassers. Leipzig 1866. — (2) LIEBERMEISTER und HAGENBACH. Aus der medicinischen Klinik zu Basel. Beobachtungen und Versuche über die Anwendung des kalten Wassers bei fieberhaften Krankheiten. Leipzig, 1868. — (3) Die Kaltwasserbehandlung bei Typhus abdominalis. Leipzig, 1870. — (4) SUET. Aug. LXXIX. — (5) PLIN. SEC., *Hist. nat.*, XI, 54. — (6) *Ibid.*, XI, 114.

chevelure (1). De tous les portraits d'Auguste que nous avons, et ils sont
très nombreux, statues, bustes, camées, médailles etc., celui qui répond le plus à la description de Suétone est le buste n° 2 de la salle des
empereurs au *Museo Capitolino* à Rome. On y reconnaît et la chevelure
légèrement bouclée et en désordre (on dirait presque qu'elle est châtain, en tout cas ni blonde, ni noire) et le nez d'une forme si caractéristique, et ces sourcils qui se rejoignent sans former pourtant un trait
continu, qui donne ordinairement à la physionomie un caractère si
dur, et la lèvre supérieure un peu enfoncée, l'inférieure proéminente,
suite inévitable du manque de dents. Du reste ce buste porte un tel
cachet de vérité, d'individualité et de vie qu'on sent, pour ainsi dire
qu'il doit être d'une ressemblance frappante, et comme portrait, il faut
le mettre bien au-dessus même de la splendide statue semi-colossale
du Braccio Nuovo (Musée Chiaramonti), représentant Auguste en
habit triomphal, le bras droit étendu avec un geste de commandement,
la main gauche tenant une *hasta pura*.

Tous les portraits d'Auguste, tant statues et bustes que camées et
médailles, présentent deux types, celui du buste dont nous venons de
parler, et un autre, à nez plus droit et aux traits plus réguliers, plus
fins, plus classiques, dont on peut citer comme représentant le buste
d'Auguste adolescent au Vatican, placé dans le dix-septième comparti-
ment à droite dans le corridor Chiaramonti et portant le n° 416. C'est
à ce dernier type qu'appartiennent et la statue triomphale du Braccio
Nuovo du musée Chiaramonti, et la belle statue togée du Vatican, et
celle du deuxième vestibule de la galerie des Uffizi de Florence,
(n° 23), ainsi que la plupart des grandes statues et des bustes de cet
empereur. Les petits portraits, camées, *intagli* et médailles, présentant aussi l'un ou l'autre des deux types, plus ou moins prononcé, ou
(les camées surtout) des transitions d'un type à l'autre. Nous croyons
que les deux types sont également vrais, et que la différence qu'ils
présentent s'explique par un détail que nous a conservé Suétone. Nous
avons dit qu'Auguste avait les dents cariées et la bouche dégarnie;
pour que cela soit apparent au point d'être caractéristique de la physionomie, comme en parle Suétone, il faut nécessairement que les incisives manquent complètement ou soient très cariées. Or, c'est précisément ce que présente le buste de la salle des empereurs du Musée
Capitolin. L'absence des incisives, surtout de celles de la mâchoire

(1) SUÉT.. l. C.

supérieure, produit, comme on sait, un changement très notable dans la physionomie; la lèvre supérieure s'affaisse et s'enfonce dans la bouche, en attirant les cartilages du nez, dont la pointe s'abaisse, le nez change alors de forme, et s'il était droit, devient busqué. Comparant les deux types des portraits d'Auguste, on s'aperçoit facilement que la présence ou le manque d'incisives rend parfaitement compte de la différence qu'ils présentent, et qu'on les ramène aisément l'un à l'autre. On est habitué à considérer la perte de dents et le changement qu'elle produit dans la physionomie comme particuliers à la vieillesse; mais Auguste perdit ses dents étant encore jeune (ce qui explique, peut-être, en partie la faiblesse de son estomac), de sorte que nous trouvons chez lui ce contraste singulier d'un visage jeune encore et d'une bouche de vieillard, ce qui donne à toute sa physionomie quelque chose de particulier qui frappe dans tous ses portraits.

On pourrait objecter que beaucoup de portraits d'Auguste aux traits droits sont indubitablement postérieurs à d'autres portraits, présentant déjà cet affaissement de la bouche et cette forme busquée du nez; cela est vrai, mais il ne faut pas perdre de vue que du temps d'Auguste et longtemps plus tard l'art présentait deux courants très distincts; l'art romain recherchait avant tout la vérité, la ressemblance, et reproduisait avec une désolante exactitude les défauts corporels, les difformités même, comme le cou énorme de Néron, par exemple, tandis que l'art grec idéalisait le portrait, donnant de la grâce aux physionomies les plus dures, un certain air de jeunesse et de fraîcheur aux traits affaissés de la vieillesse — voyez les portraits de Livie — et en corrigeant ce que l'original avait de trop contraire à l'esthétique. Ainsi voyons-nous les portraits d'Auguste, faits par Dioscoride (1) et par son fils (ou son élève) Hérophile (2) présenter le type aux traits droits, à part une cornaline du cabinet du baron Beugnot (3), portant aussi la signature de Dioscoride, qui indique déjà d'une façon très appréciable cet affaissement de la bouche et de la pointe du nez. La sardoine du musée de Naples, celle à deux couches du cabinet de France (4), le camée n° 205 de la galerie des Uffizi de Florence ap-

---

(1) Les camées sur améthyste du cabinet du duc de Blacas et de la collection Massimi à Rome, et sur sardoine à deux couches de la collection du prince de Piombino (tous ces portraits ne me sont connus que par le « Trésor de Numismatique et de Glyptique » de Ch. Lenormant, *Iconographie des empereurs romains*, pl. IV, n° 4, pl. VI, n° 1, pl. VII, n° 7). — (2) Camée sur pâte antique, cabinet imp. de Vienne, *Iconogr. des emp. rom.*, pl. V, n° 2. — (3) *Iconogr. des emp. rom.*, pl. IV, n° 7. — (4) *Ibid.*, pl. III, n° 11 et 12.

partiennent aussi au type qu'on pourrait appeler grec, ainsi que les bustes 40, 42 et 47 des Uffizi, tandis que le grand camée de la Sainte-Chapelle, le grand chalcédoine du cabinet impérial de Vienne (Auguste et la déesse Rome synthrônes) présentent le type romain d'Auguste, à nez busqué et à la lèvre supérieure enfoncée. La grande sardoine à trois couches des Uffizi de Florence (cabinet des pierres gravées) est tout à fait mauvaise ; d'ailleurs le bandeau royal et l'égide prouvent jusqu'à l'évidence que ce portrait avait été fait en Asie, probablement par un artiste qui n'avait jamais vu l'empereur. En fait de camées les plus beaux portraits d'Auguste sont indubitablement la petite sardoine du cabinet des pierres gravées aux Uffizi de Florence, représentant Auguste âgé, vu de face, l'onyx fragmenté n° 87 du même cabinet, et, peut-être, le petit buste que Livie tient dans la main droite sur la grande sardoine à trois couches, du cabinet de Vienne (1).

Auguste mourut à Nola, à l'âge de 76 ans. Il serait tout à fait absurde de croire qu'il avait été empoisonné par Livie, comme les ennemis de celle-ci et de Tibère en firent courir le bruit (2), sans s'arrêter devant les contradictions flagrantes et les absurdités de leur propre récit. Auguste voulut, comme on sait, accompagner jusqu'à Bénévent Tibère, qui allait en Illyrie (3) ; s'étant séparé de ce dernier, il tomba malade, mais continua néanmoins son voyage, et, assurent les ennemis de Tibère, mourut quand ce dernier était en Illyrie, de sorte que Livie se serait trouvée dans la nécessité de cacher sa mort jusqu'à l'arrivée de son fils (4). Ce récit avait pour but de prouver qu'Auguste n'avait pas institué Tibère son héritier, qu'il ne lui avait pas remis son anneau avec le sceau impérial et que par conséquent ce dernier n'était qu'un usurpateur. Il faut avouer alors que Livie aurait singulièrement mal choisi le moment pour empoisonner Auguste, dont la mort était arrivée si mal à propos qu'il avait fallu la cacher pendant plusieurs jours. Du reste toute cette histoire d'empoisonnement est un vrai cinquième acte de mélodrame à sensation ; Livie aurait saupoudré de poison des figues sur un arbre, et, étant allée les cueillir avec son mari, aurait fait manger à celui-ci les figues empoisonnées et aurait mangé elle-même celles qui ne l'étaient pas. Mais Livie avait vécu avec Auguste près d'un demi-siècle ; elle n'avait donc pas besoin de

---

(1) ECKHEL. Choix de pierres gravées, pl. XII, LENORMANT, *Icon.*, pl. VI, n° 3. — (2) TACIT. Ann., I, 5. D. CASS., LVI, 30. — (3) SUET. Aug., XCVII. — (4) D. CASS., LVI, 31. TACIT. Ann., I, 5.

prendre de telles précautions pour l'empoisonner. Et puis comment l'aurait-on su? Est-il probable qu'une femme comme Livie eût raconté tous les détails d'un pareil crime? Ayant empoisonné son mari, elle n'aurait donc eu rien de plus pressé que d'en faire la confidence à quelqu'un qui l'aurait crié sur les toits? Auguste mourut le 19 août, quand les figues ne sont généralement pas encore mûres; d'ailleurs les premières figues ne sont même pas bonnes à manger; enfin on pèle les figues avant de les manger, parce que leur peau irrite la bouche et la gorge. Peut-on supposer qu'un vieillard de 76 ans, très sobre d'habitude, se soit jeté comme un enfant sur des figues encore vertes, de mauvaise qualité, et qu'il les ait mangées gloutonnement sans les peler, lui qui avait un estomac faible et était particulièrement sujet aux irritations de la gorge? Tout cela est très pauvrement imaginé. On savait qu'Auguste aimait les figues, mais il ne les mangeait précisément que de la seconde cueillette (1); cela a suffi pourtant aux ennemis de Tibère pour construire tout un mélodrame à empoisonnement, à cadavre gardé pendant plusieurs jours (près de Naples et au mois d'août!); en vérité c'est se moquer du monde!

Auguste, comme nous l'avons dit, tomba malade (il eut la diarrhée) pendant les fortes chaleurs du mois d'août (2), à l'époque la plus malsaine de l'année en Italie, où il survient généralement des diarrhées épidémiques. La maladie suivit une marche chronique, sans être accompagnée, paraît-il, de fortes douleurs, puisqu'elle n'empêcha pas Auguste de faire un voyage d'agrément à Naples et à l'île de Caprée, passant son temps dans les plaisirs, les banquets et les fêtes. La terminaison fatale de la maladie s'explique suffisamment par le grand âge du malade, d'autant plus qu'il n'avait jamais été d'une santé bien robuste. Du reste le récit que fait Suétone des derniers moments d'Auguste nous donne des éléments suffisants de diagnostic : le vieil empereur était mort d'épuisement, terminaison ordinaire de la diarrhée sénile chronique; tout nous le prouve : sa grande faiblesse, le changement de sa figure, un grand amaigrissement, la lucidité de son esprit, absence complète de l'agonie proprement dite, la tranquillité, avec laquelle s'était éteinte la vie. Ajoutons encore que, tout en conservant toute sa raison, Auguste avait eu néanmoins un moment de délire tranquille (il se plaignit d'être emporté par quarante jeunes gens) cir-

_____

(1) Suet. Aug., LXXVI. — (2) Suet. Aug., XCVII et XCVIII. D. Cass. LVI, 31.

constance que Becquet signale comme pathognomique du délire par épuisement et par inanition (1).

Nous avons déjà longuement parlé de l'origine, du développement et de l'importance pour l'homme de sa personnalité morale, de son *moi*, que Griesinger définit comme un tout complet plus ou moins stable, formé harmoniquement de tous les complexus d'idées de perceptions, d'images, etc., perçues par l'homme. Les idées abstraites du devoir, de la conscience, de l'honneur, idées qui nous sont inculquées par l'éducation, forment la base du *moi*. La vie pratique confirme et renforce ces idées par celles de la crainte de la loi, de respect de l'opinion publique, qui punissent pour certains actes, mais d'un autre côté elle les affaiblit par des considérations purement pratiques de certains avantages et profits qu'on peut retirer si l'on viole la loi positive ou celles de la morale, sur la possibilité de l'impunité, etc. Tous ces complexus d'idées, auxquels il faut ajouter les sentiments et les goûts personnels de l'homme, constituent le *moi* moral, le caractère, qui règle la vie psychique de l'individu. Toute perception tend, comme nous l'avons déjà dit, à se transformer en acte, mais le *moi* moral joue le rôle de modérateur et règle les manifestations de cette loi de l'action réflexe, en supprimant les unes et en modifiant les autres. Dans l'immense majorité des cas les idées abstraites de la conscience, de l'honneur, du devoir, données par l'éducation, forment d'abord les éléments essentiels de ce régulateur psychique. Mais à mesure que l'homme avance dans la vie, les considérations pratiques (respect de l'opinion publique, crainte de la loi et de la justice, désir d'avantages pécuniaires ou sociaux, etc.) lui arrivent toujours de plus en plus nombreuses, et finissent ordinairement par prendre le dessus et par gouverner complètement la vie psychique de l'homme. Octavien avait *trente-deux ans* quand il arriva au pouvoir suprême, à une position sociale telle que la vie ne pouvait plus lui fournir d'idées et de motifs qui eussent entravé la libre manifestation de ses sentiments, comprimé l'explosion de ses passions, empêché la satisfaction de ses désirs. Auguste était resté *quarante-quatre ans* dans cette position, sans que le frein moral qu'il s'était imposé se soit affaibli, qu'il se soit relâché dans sa surveillance de soi-même — phénomène extrêmement remarquable; nous avons vu comment il s'expliquait. Il joua en perfection la comédie de la vie, soutint son rôle jusqu'au bout, et s'il ne

(1) BECQUET, *Du délire d'inanition dans les maladies, Archives générales de médecine,* février et mars 1866.

trompa pas tout à fait ses contemporains, il sut abuser complètement la
postérité, et dans les dernières années bien peu de personnes — Mécène,
auquel il avait enlevé sa femme et qui l'arrêtait dans ses accès de colère et de cruauté, M. V. Agrippa, qui ne connaissait que trop le « so-
ceri praegravis servitium » (1), et qui s'était retiré à Mitylène, Tibère,
qui s'exila volontairement à Rhodes, les deux Julie, voyaient encore
dans l'affable, le clément empereur *Auguste*, le terrible, le féroce
triumvir Octavien. Il avait pris pour emblème un sphinx (2), et certes,
jamais emblème ne fut mieux choisi ; il était réellement un monstre,
féroce et hypocrite, moitié femme, moitié bête féroce ; les plaisanteries
des Romains lui firent changer de sceau. Mais est-il possible, est-il
admissible que *quarante-quatre ans* passés dans une position aussi
exceptionnelle, n'eussent eu aucune influence ?

La vie nous montre que la position sociale d'un homme tend à lui
imprimer un certain cachet, et que son influence se fait généralement
sentir très rapidement. Auguste est-il une de ces exceptions si rares
de la règle générale ? Il avait la crampe des écrivains, affection très significative dans ce cas, et qui prouve, comme nous l'avons dit, un
trouble cérébral fonctionnel, dont le caractère est précisément celui
même que nous devons trouver dans la vie psychique des personnages
occupant des positions sociales exceptionnellement élevées. Cependant
en dehors de cette affection nous ne voyons rien qui puisse faire supposer chez lui un trouble psychique. Il ne présente aucune anomalie
morale ou intellectuelle, aucune maladie nerveuse ou mentale ; mais
en est-il de même de ses descendants ? Ses enfants, sa postérité se
trouvaient à peu près dans les mêmes conditions morales exception-
nelles, mais leur force de résistance devait être moindre, leur *moi*
plus faible, puisque la position sociale, à laquelle Auguste était arrivé
homme mûr déjà, ses enfants y étaient nés, et que d'ailleurs, s'il y
avait chez lui quelque trouble cérébral latent, ils devaient en hériter.
Par conséquent, si les conditions défavorables pour *le moi* eussent
produit chez Auguste quelque affection psychique ou nerveuse, cette
affection a dû leur être transmise en vertu de la loi de l'hérédité
comme germe phrénopathique, et comme ses descendants se trouvaient
dans les mêmes conditions pathogéniques, ce germe devait croître
chez eux et se développer. Nous avons vu qu'Auguste était doué d'une
grande possession de soi-même, d'une volonté ferme et d'un carac-

---

(1) Plin. Sec., *Hist. nat.*, VII, 6. — (2) Suet. Aug., L. Plin, *Hist. nat.*, XXXVII, 4.

tère inflexible qu'il avait conservé toute sa vie, malgré l'influence débilitante, l'action dissolvante de la toute-puissance. En était-il de même
de ses descendants? Pour répondre à cette question il faut examiner,
génération par génération et personnage par personnage, toute la postérité d'Auguste. Passons donc à l'analyse médico-psychologique de ses
enfants.

CHAPITRE III

Octavien Auguste avait été fiancé dans son adolescence à la fille de Servilius Isauricus; il épousa ensuite, pour se rapprocher de M. Antoine, la belle-fille de ce dernier, Clodia, que Fulvie, femme du triumvir, avait eue de son premier mari Clodius (1). Brouillé avec Fulvie, qui en voulait à Octavien d'avoir refusé son amour (2), il répudia Clodia, encore vierge (3), et épousa Scribonia, sœur de Lucius Scribonius Libo, beau-père de Sextus Pompée, dans l'espoir de se concilier ainsi ce dernier (4). Il en eut une fille Julia, et celle-ci à peine née, il répudia Scribonia pour épouser immédiatement Livie, enceinte alors de Drusus (5). Cette union ne fut pas féconde; Livie ne conçut qu'une seule fois, et accoucha avant terme (6).

Julie, fille d'Auguste et de Scribonia, était née sous le consulat d'Appius Claudius Pulcher et de C. Norbanus Flaccus, cinq ans après que son père fut devenu le maître redouté de Rome, quatre ans après la bataille de Philippes, qui brisa les dernières résistances et commença une ère nouvelle pour la République et le monde, ère de despotisme légal et tranquille, d'esclavage accepté sans résistance et presque sans protestation. Octavien répudia Scribonia après ses couches pour épouser Livie, et Julie, séparée de sa mère, fut confiée aux soins de sa marâtre, la sévère Livie. Auguste voulait que sa maison fût le modèle des antiques vertus romaines; Livie, tout en étant une *uxor facilis* (7) pour son mari, était elle-même une vraie matrone des

---

(1) SUET. Aug., LXII. — (2) « Aut futue, aut pugnemus », fait dire Auguste à Fulvie dans une épigramme. — (3) SUET. Aug., LXII. DION CASSIUS, XLVIII, 5. — (4) DION CASS., XLVIII, 16. SUET. Aug., LXII. — (5) DION CASS., XLVIII, 34. SUET. Aug., LXII. — (6) SUET. Aug., LXIII. — (7) TACIT. Ann., V, 1.

temps anciens, sévère et chaste. Julie avait été élevée sous sa surveillance et sous celle de son père, qui lui donnait lui-même des leçons de lecture et d'écriture d'abord, d'histoire et de littérature ensuite (1). La partie féminine de la famille ne pouvait lui donner que de bons exemples. C'était d'abord sa tante Octavie, l'épouse répudiée de M. Antoine, la mère inconsolable de M. Claudius Marcellus, et dont le nom est resté dans l'histoire comme le synonyme de toutes les vertus féminines. C'était ensuite sa cousine Antonia (la jeune), fille d'Octavie, à peu près de l'âge de Julie, élevée avec elle, et dont un auteur contemporain dit : « Antonia, supérieure en vertu aux hommes qui ont illustré sa famille, répondit à l'amour de son mari par la plus chaste fidélité ; elle demeura veuve à la fleur de l'âge et dans tout l'éclat de sa beauté ; elle vieillit sans autre société que celle de la mère de son mari, et le même lit vit s'éteindre l'époux dans sa jeunesse et vieillir l'épouse dans un veuvage sévère » (2). C'était enfin la chaste et sévère matrone Livie. Auguste donna à sa fille une éducation sérieuse et solide, dépassant de beaucoup le niveau ordinaire de l'éducation des femmes. Elle vivait au Palatin, dans la maison de son père, maison qui était riche sans doute, mais sans luxe exagéré ; Auguste la voulait simple, sérieuse, sévère même ; Livie, femme froide et ambitieuse, n'aimait pas le luxe et le faste ; Octavie, Antonia, étaient des vraies matrones romaines des temps anciens, « restant à la maison à filer la laine. » Julie dut aussi filer et tisser (3), d'autant plus que son père affectait de ne porter que des habits faits par les femmes de sa famille, par sa sœur, sa femme, sa fille et ses petites-filles (4). Telles étaient les conditions, tel était le milieu dans lequel avait été élevée Julie ; voyons ce qu'elle devint.

Mais avant de parler de Julie, disons quelques mots de sa mère.

Scribonia, comme nous l'avons dit, était sœur de L. Scribonius Libo, beau-père de Sextus Pompée, et grand-tante de L. Scribonius Libo (5), qui avait comploté contre Tibère (6). Elle était déjà veuve de deux personnages consulaires, et avait eu des enfants de son second mari (7), quand Auguste l'épousa ; il la répudia immédiatement après

(1) SUET. Aug., LXIV. — (2) VALERIUS MAXIMUS, liv. IV, cap. III, De abstinentia et continentia, 3. — (3) SUET. Aug., LXIV. — (4) Ibid., LXXII. — (5) TAC. (Ann., II, 27) ; VELL. PATER. (II, CXXX) et SÉNÈQUE (Epist. ad Lucil., LXX) lui donnent le prénom de DRUSUS, SUET. (TIB., XXV) et D. CASS. (LVII, 15), celui de LUCIUS. — (6) SUET. Tib., XXV. TACIT. Ann., II, 27-31. DION CASS. LVII. 15. V. PATER., II, CXXX. SEN. Epist. ad Lucil., LXX. — (7) SUET. Aug., LXII.

la naissance de Julie « indigné de la perversité de ses mœurs » *per-taesus morum perversitatem ejus* (1). C'était au temps du triumvirat, et nous avons vu qu'Octavien n'avait pas alors de scrupules exagérés. L'accusation qu'il avait portée contre Scribonia était-elle vraie? Le caractère du triumvir Octavien, qui n'était pas homme à reculer devant une infamie, qui, après avoir appliqué par erreur la torture à des sénateurs, les faisait tuer pour étouffer l'affaire, nous fait croire qu'il n'eût pas hésité à porter une accusation fausse et calomnieuse, s'il y trouvait son intérêt. Or il avait un intérêt positif à accuser Scribonia et à la répudier, puisqu'il était alors épris de Livie et qu'il voulait l'épouser. Dion Cassius dit positivement qu'il répudia Scribonia pour épouser Livie, qui était alors déjà sa maîtresse (2). L'accusation elle-même est bien vague et Octavien, tout en accusant sa femme, ne nomma pas un de ses amants supposés. Du reste cette accusation n'a été répétée par aucun des historiens; tous, au contraire, font comprendre que c'est pour épouser Livie qu'Octavien avait répudié Scribonia. M. Antoine dit positivement « *demissam Scriboniam, quia liberius doluisset nimiam potentiam pellicis* »; or nous savons qu'Octavien avait réellement alors une maîtresse, et que cette dernière avait pu rendre la vie dure à Scribonia, — on est d'autant plus en droit de le supposer, que la même chose est arrivée plus tard à Livie, qu'Auguste laissa insulter par sa maîtresse Terentia, femme de Mécène (3). Sénèque parle de Scribonia comme d'une femme respectable, « *gravis femina* » (4); elle accompagna sa fille Julie en exil, qu'elle voulut partager (5), retourna à Rome à l'avénement au trône de Tibère, probablement pour le solliciter en faveur de Julie, et eut la douleur d'assister au procès de son petit neveu (6). Quand celui-ci délibérait s'il se donnerait la mort ou s'il attendrait, elle lui demanda, quel plaisir il trouvait à faire la besogne d'un autre (7), remarque pleine de sens, mais qui ne détourna pas Libo du suicide.

Nous avons déjà dit qu'Auguste faisait tout son possible pour masquer son pouvoir et sa position toute royale dans l'État; ses enfants avaient été élevés dans les mêmes idées. Demandant pour ses petits-fils des charges, des magistratures et des honneurs, il avait toujours soin d'ajouter « s'ils en sont dignes » (8); se montra très mécontent que les

---

(1) Suet. Aug., l. XII. — (2) XLIX, 34. — (3) Dion Cassius, LIV, 19. — (4) Epist., ad Lucil., LXX. — (5) Vel. Paterc., II, C. Dion Cass., LV, 10. — (6) Tac. Ann., l. II, 30. — (7) Seneca, Epist. ad Lucil., LXX. — (8) Suet. Aug., LVI.

spectateurs se soient levés un jour au théâtre à leur entrée (1) et ne voulut pas permettre que son petit-fils Caïus soit nommé consul avant l'âge
de vingt ans (2). Il traitait les citoyens en égaux; ses manières étaient
affables, polies et bienveillantes. Il remplissait scrupuleusement tous
les petits devoirs de politesse qu'imposent les relations sociales, faisait
des visites, assistait aux banquets et aux fêtes de famille de ses amis (3).
Julie, au contraire, était non seulement fière, mais altière, orgueilleuse; elle trouvait honteux que son père allât aux comices et aux
élections, qu'il fit les supplications accoutumées en recommandant ses
candidats (4), qu'il se mette à genoux devant le peuple, le suppliant
de ne pas lui donner les titres de dictateur et de maître, *dominus* (5).
Elle trouvait qu'Auguste ne savait pas tenir dignement son rang, que
la vie simple au Palatin était inconvenante pour la famille impériale,
et affectait elle-même un luxe effréné, au point de s'attirer des reproches publics de son père sur sa toilette, qui était toujours très
riche et très recherchée. Elle aimait surtout les étoffes asiatiques, les
unes tissées d'or et d'argent, les autres en soie et transparentes au
point que les femmes qui les portaient avaient l'air d'être nues (toiles
bombycines) (6); aussi le roi Hérode lui laissa-t-il par testament une
grande quantité de ces riches étoffes (7) pour lui témoigner sa grati-
tude de ce que Julie, à la demande de sa femme de chambre, la juive
Acmé (8), avait intercédé pour lui auprès de son père. Il n'est plus
question, comme on le pense bien, de filer la laine comme le veut
Auguste; à peine mariée, Julie s'entoure d'une foule de jeunes adorateurs, appartenant aux meilleures familles de Rome, la jeunesse
dorée de l'époque, un Julus Antonius, le brillant fils de M. Antoine le
triumvir, un Appius Claudius, un Sempronius Gracchus, un Cornélius
Scipion (9), « nomina vana » comme dit le poète (10), qui l'accompagnent en public, au théâtre, où elle affiche le mépris le plus aristocratique pour « la vile multitude », c'est-à-dire pour le Peuple Romain! Devenue une *Julia* par adoption, elle prit au pied de la lettre
cette fiction, et pleine de morgue aristocratique, comme aurait pu
l'être une Claudia, une Cornélia ou une Cæcilia Métella, elle oubliait
qu'au fond elle n'était qu'une modeste Octavia. Élevée dans les idées
de vertu, de modestie et de chasteté, loin de toute société masculine (11),

---

(1) *Ibid.* — (2) Dion Cass., LV, 8. — (3) Suet. Aug., LIII. — (4) Suet. Aug., LVI.
— (5) Dion Cass., LIV. 1. Suet. Aug., LII. — (6) Plin. Secund., *Hist. nat.*, XI, 26. —
(7) Flavius Joseph. Antiq. Judaic., XVII, 10. — (8) *Ibid.*, 7. — (9) Vell. Paterc.. II,
C. — (10) Lucan Phars., I. — (11) Suet. Aug., LXIV.

elle se livre, à peine mariée à M. Agrippa, à la débauche la plus cynique, la plus éhontée, inouïe à Rome, qui n'était pas encore la Rome
impériale des Caligula et des Néron, des Messaline et des Poppée.
Non contente d'avoir une foule d'amants, elle affiche son adultère et ses
débauches, les rend publiques ; « oubliant tous ses devoirs envers
son père et son époux, elle porta l'extravagance et le dérèglement au
delà des bornes de l'impudence, mesurant la licence à la hauteur suprême de son rang (1). Elle recevait ses amants en troupe (2), se livrait
avec eux à des orgies nocturnes (3), courait les nuits la ville, suivie
d'une foule de jeunes gens, se livrant à eux sur le Forum, dans la tribune des rostres, c'est-à-dire dans un des endroits les plus respectés
de Rome, dans cette tribune, du haut de laquelle son père venait de
publier sa loi sur l'adultère (4), et mettant une couronne sur la tête
de la statue de Marsyas après chaque nouvel amant (5). Mais bientôt
cela même ne lui suffit plus ; elle allait la nuit sur le Forum, se mêlait
à la foule de prostituées qui y exerçaient leur métier, provoquait les
passants, et, « changée de femme adultère en prostituée vénale, se
ménageait, en se livrant à des inconnus, le droit de tout oser » (6).
Une phrase d'elle nous peint sa profonde dépravation, son immoralité
froide et raisonnée. On lui demanda un jour comment il se faisait que,
malgré le genre de vie qu'elle menait, tous ses enfants ressemblaient
d'une façon si frappante à son mari, M. V. Agrippa, elle répondit
qu'elle avait soin de ne prendre des voyageurs que quand le navire
était lesté (7). Et cette réponse, digne d'une Messaline, était faite par
une jeune femme, élevée dans les idées de modestie et de chasteté,
entre Livie et Octavie ! La dépravation de Julie, sa débauche réellement effrénée, éhontée, était un fait inouï, monstrueux à Rome au
commencement de l'ère impériale, avant que Caïus Caligula n'ait
montré au monde étonné ce que peut se permettre la famille du souverain ; elle peut donc à bon droit nous sembler étrange et anormale
dans les conditions, dans lesquelles avait été élevée et avait vécu Julie.
Ce n'était pas de l'infidélité conjugale, ce n'était pas seulement l'adultère, que les circonstances, la passion, la surprise des sens, peuvent
expliquer et excuser quelquefois ; — c'était une dépravation profonde et
froide, une prostitution cynique, qui étonna non seulement Auguste et

---

(1) VEL. PATERC., II, C. — (2) SENECA, De beneficiis, VI, 32. — (3) D. CASS., LV, 11.
SENECA, L. C. — (4) SENECA, De beneficiis, VI, 32. — (5) PLIN, Hist. nat., XXI, 8.
D. CASS., L. V, 11. SENECA, De beneficiis, VI, 32. — (6) SENECA, De benef. VI, 32. —
(7) MACROBIUS, Saturn., II, 5.

les contemporains, mais aussi Suétone : « *Omnibus probris contami-*
nata (1), dit-il de Julie, qu'Auguste, de son côté, appelait « vomica et
carcinoma sua »(2). Le progrès ici est évident, positif : aventures galantes
amours faciles, immoralité élégante chez C. Jules César le dictateur ; satisfaction brutale et immédiate des désirs grossièrement sensuels chez
Octavien Auguste ; débauche cynique, insolente, prostitution infâme,
foulent aux pieds tout sentiment moral, toute dignité personnelle, toute
pudeur féminine, chez Julie. Nous verrons que le progrès ne s'est pas
arrêté en si beau chemin, qu'il alla beaucoup plus loin encore dans les
générations suivantes de la famille d'Auguste.

La débauche de Julie avait réellement quelque chose d'anormal,
d'extraordinaire ; Auguste et ses contemporains, sans être à la hauteur
des Caligula et des Néron, n'étaient pas non plus des rosières, et pour
les étonner, les indigner, il fallait trouver quelque chose de vraiment
étonnant. Quoi qu'il en soit, il nous suffit de constater que l'altière,
l'orgueilleuse, la spirituelle et brillante Julie (nous ne pouvons pas
douter de son esprit et de son intelligence, l'histoire nous ayant conservé plusieurs de ses reparties fines et spirituelles), si entichée de
sa grandeur, si fière de son haut rang, foulait aux pieds sa dignité non
seulement de fille de l'empereur, mais simplement de femme, et menait une vie plus cyniquement éhontée que la dernière louve de la Suburra. On s'explique jusqu'à un certain point un Néron, un Commode,
un Héliogabale ; une longue suite de prédécesseurs avait habitué peu
à peu Rome et le monde à la débauche impériale, et chaque nouvel
habitant du Palatin y trouvait des traditions, des usages, des souvenirs
récents encore, l'exemple de ses prédécesseurs, un personnel façonné
au genre de vie du maître, de sorte qu'il ne lui restait qu'à accepter
la succession et à suivre une voie toute tracée. Mais quand nous voyons
une femme fière, orgueilleuse, d'un esprit supérieur, d'une éducation
solide et brillante, élevée chastement dans une maison sévère et sérieuse, entre sa belle-mère, vraie matrone romaine des temps antiques,
et sa tante, modèle touchant de toutes les vertus féminines, quand
nous voyons une telle femme se vautrer dans la débauche la plus hideuse, dans la prostitution la plus infâme, et, jeune et belle, commencer comme bien peu finissent, nous ne pouvons pas faire autrement que
de qualifier ce fait d'anormal.

Que dire de Julie ? Était-ce une femme à passions fortes, violentes,

(1) SUET. Aug., LXV. — (2) *Ibid.*

comme dirait un romancier? On sait que les passions fortes sont le
charme principal des héros et des héroïnes d'un certain genre de romans. Mais les médecins aliénistes savent qu'il n'y a pas d'observateurs plus superficiels que les romanciers ; ils se sont créé une psychologie de fantaisie, qui n'a rien de commun avec la psychologie réelle,
et quand il leur arrive par hasard d'avoir observé exactement un fait
psychologique, ils lui donnent dans l'immense majorité des cas l'explication la plus fausse, la plus fantaisiste. Ainsi présentent-ils les sujets
dans le genre de Julie comme des natures fortes, énergiques, tandis
que l'observation la plus superficielle, l'analyse la plus élémentaire
nous démontrent le contraire. Les Romains étaient bien meilleurs psy-
chologistes; les entraînements, les passions fortes, violentes, irrésistibles, ils les appelaient *impotentia*, parce qu'ils y voyaient non la
force, mais, au contraire, la faiblesse de la personnalité morale de
l'homme, qui ne sait pas, qui ne peut pas se contenir, qui est *impuissant*, « *impotens* », à résister à ses passions ou à ses désirs. Les expressions *impotentia libidinis*, *impotentia iræ*, montrent que dans
leur esprit, la force de la passion impliquait nécessairement, inévitablement, la faiblesse de l'individu qui ne savait pas y résister. « Mater
impotens », dit de Livie Tacite (1). Sénèque a longuement développé
cette idée dans son traité de la colère.

Les conditions dans lesquelles se trouvait Julie, sa haute position
sociale, l'éducation qu'elle avait reçue, son orgueil enfin, lui donnaient
des raisons et des motifs suffisants pour s'abstenir du genre de vie
qu'elle menait. Mais son *moi* n'était pas assez fort pour résister aux
instincts sexuels de sa nature pervertie, pour la retenir sur cette pente
fatale de la dépravation, sur laquelle l'entraînait l'élément pathologique
héréditaire qui commençait déjà à se faire jour dans la famille d'Au--
guste. Nous voyons ici précisément ce que les Romains appelaient *impotentia*, c'est-à-dire un affaiblissement du *moi*, affaiblissement qui
constitue, comme nous savons, la phase initiale, le phénomène psychologique primordial du trouble névropathique.

Auguste punit cruellement Julie, et, malgré les prières de ses amis,
et même du peuple, ne voulut jamais lui pardonner. « Il délibéra s'il
ne ferait pas *tuer sa fille* (!), et une de ses affranchies, complice
de ses débauches, Phœbé, s'étant pendue, il dit qu'il aurait mieux
aimé être le père de Phœbé (2). Il la fit déporter dans l'île Panda-

---

(1) Tacit., Ann V 1 — 2 D. Cass. LX, 10. Suet. Aug., LXV.

taria, lui ôta l'usage du vin et de toutes les douceurs de la vie, et ne souffrit qu'aucun homme, soit libre, soit esclave, lui rendît visite sans sa permission. Cinq ans après, il la laissa revenir de son île sur le continent et lui imposa des conditions un peu moins dures, mais on ne put jamais obtenir qu'il la rappelât entièrement ; et un jour que le peuple l'en suppliait avec insistance, il lui souhaita publiquement et avec imprécations de telles filles et de telles épouses (1). Une autre fois que le peuple revenait à la charge, il répondit qu'il la ferait venir quand le Tibre roulera du feu au lieu d'eau ; le peuple construisit une quantité de radeaux, y mit le feu et leur fit descendre le Tibre, mais Auguste fut implacable. Il poursuivit sa malheureuse fille avec une sorte d'acharnement, de haine, et défendit même par une disposition spéciale de son testament de placer sa cendre dans le mausolée (2) qu'il fit bâtir pour sa famille. Quelle était la raison de cette implacable sévérité, de cette cruauté d'Auguste envers sa fille. Cette question a exercé la sagacité de bien des historiens. Tacite (3), Suétone (4), Dion Cassius (5), Vellejus Paterculus (6), Sénèque (7), disent qu'Auguste, ayant appris les débauches de sa fille, en fut tellement révolté, qu'il fit lire en plein Sénat un acte d'accusation contre Julie, publiant ainsi la honte de sa famille. Cette indignation d'un père apprenant l'inconduite de sa fille suffit-elle pour expliquer l'acharnement d'Auguste contre Julie ? On ne l'avait pas cru. En effet, il est difficile d'admettre qu'un homme comme Auguste, si peu sévère sur la question de la moralité sexuelle, ait pu mettre une telle sévérité à punir l'inconduite de sa fille, qui n'est plus de la première jeunesse, qui avait eu trois maris et six enfants. La première explosion de la colère et de l'indignation aurait pu être terrible, mais cette colère, cette indignation ne peuvent durer vingt ans ; d'ailleurs Auguste était déjà plus ou moins préparé à apprendre l'inconduite de sa fille ; il en avait été prévenu plusieurs fois, mais il ne voulait pas y croire (8) ; or, nous savons qu'il avait l'habitude de faire mine d'ignorer, ou de ne pas croire, en général tout ce qui lui était désagréable, et particulièrement quand il s'agissait d'accusations portées contre des personnes pour lesquelles il avait de la bienveillance, fussent les accusations les mieux fondées (9). S'il fit semblant d'ignorer d'abord, de ne pas croire ensuite aux exactions de son affranchi Licinius dans les Gaules, malgré les preuves les plus ac-

(1) SUET. Aug., LXV. — (2) D. CASS. LVI, 32. SUET. Aug., CI. — (3) Ann., III, 24, IV, 44, I, 53. — (4) Aug., LXV. — (5) LV, 10. — (6) II, C. — (7) De beneficiis, VI, 32. — (8) D. CASS., LIV, 3. — (9) Ibid., 21.

cablantes, d'autant plus pouvait-il ne pas vouloir connaître l'inconduite de sa fille ; en tout cas il en avait été prévenu. Et pourquoi avait-il cru aux accusations, après avoir refusé si longtemps d'y donner créance ? Comment expliquer ensuite la différence des peines infligées aux amants de sa fille ? Ovide est exilé dans le Pont, d'autres sont relégués aux îles, et Julus Antonius mis à mort, tandis que Marcus Silanus, amant de sa petite fille Julie, par conséquent coupable du même crime d'adultère avec une femme de la famille impériale, en est quitte à perdre son amitié (1) et ne se voit même pas fermer la carrière des honneurs ! Enfin Ovide dit qu'il avait été puni *moins pour ce qu'il avait fait* (c'est-à-dire moins pour avoir été l'amant de Julie) *que pour ce qu'il avait vu.*

On avait supposé ensuite qu'Auguste avait eu une liaison incestueuse avec Julie (2), et en la punissant si sévèrement, il agissait non en père indigné, mais en amant jaloux. C'est ainsi qu'on expliquait la phrase d'Ovide, et d'ailleurs Caïus Caligula assurait être le fruit de cet inceste (3). Cette assertion de Caligula n'a aucune valeur, et nous verrons qu'il prenait plaisir à calomnier et à rabaisser sa propre famille. La phrase d'Ovide ne s'applique pas non plus à cette hypothèse ; il est évident qu'Ovide avait été *puni comme complice*, ne fut-ce que pour avoir *vu* quelque chose et s'être tu, et non qu'il ait été *éloigné comme un témoin gênant.* D'ailleurs cet inceste n'expliquerait en aucune façon la sévérité d'Auguste ; supposant même que cet inceste avait eu réellement lieu, il serait évidemment absurde de lui donner le caractère d'une passion, accompagnée de jalousie. *Un vieillard de soixante-seize ans,* s'il avait commis un inceste avec sa fille *une trentaine d'années auparavant,* ne peut, à son lit de mort, être animé envers cette fille de jalousie amoureuse ; il ne sera peut-être plus un père pour elle, mais, certes, il ne la traitera pas en maîtresse infidèle. Puis comment expliquer alors qu'Auguste ne se soit vengé également de tous les amants de sa maîtresse ? Pourquoi Ovide n'est-il qu'exilé, Sempronius Gracchus relégué à l'île de Cercina (4), tandis que Julus Antonius est mis à mort ? La liaison de Julie avec Sempronius Gracchus avait été la plus durable, il avait eu sur elle la plus grande influence (5), et cependant il n'est que relégué, et encore Auguste a-t-il soin de lui faire délivrer un sauf-conduit pour se rendre à Cercina,

(1) TACIT., Ann., III, 24. — (2) SUET. Caius,, XXIII. — (3) AUREL. VICT., Epit. Aug. — (4) TACIT. Ann., I, 53. — (5) *Ibid.*

pour qu'il ne lui arrive pas malheur en route (1). Si ce n'est pas un
père outragé qui punit, mais un amant jaloux qui se venge, tous les
amants de sa maîtresse doivent avoir une part égale à sa haine. Comment expliquer alors cette rigueur d'Auguste ?

Nous avons vu que Julie était altière, orgueilleuse, très fière de sa
haute position sociale, et par conséquent très résolue à la conserver.
Enfant, elle avait été fiancée d'abord au fils de Sextus Pompée, ensuite à Anthyllus (2), fils de Marc Antoine le triumvir, puis, à ce
qu'assure M. Antoine, à Cotison roi des Gètes (3). Elle épousa plus
tard Marcus Claudius Marcellus, fils d'Octavie, sœur d'Auguste ; tous
les historiens sont unanimes à donner les plus grands éloges à ce jeune
homme : « jeunesse, activité d'esprit, grands talents, une tempérance
et une retenue de mœurs rares et admirables à son âge et dans son
rang ; patient dans les travaux, ennemi de la volupté (4), etc. » « C'é-
tait un jeune homme doué des plus nobles qualités, d'un aimable en-
jouement et d'un esprit à la hauteur de la fortune à laquelle il était
destiné (5). » Il était le favori d'Auguste, qui voulait le nommer son
héritier à l'empire. Mais voilà que ce jeune homme, si franc, si noble, si
désintéressé, ayant épousé Julie, devient ambitieux, intrigant. Pline (6)
parle de ses vœux suspects — *suspecta Marcelli vota* — qui affligent
profondément Auguste ; il prend en haine M. Agrippa, qu'il regarde
avec raison comme un concurrent dangereux, et force son oncle à
éloigner, à exiler presque son ami d'enfance, son plus ferme soutien (7).

Marcellus meurt ; Auguste, craignant le caractère ambitieux de sa
fille, veut la marier à quelque personnage obscur, de mœurs paisibles,
étranger aux affaires et par sa position hors d'état de prétendre à un
rôle éminent dans la République, à quelque riche chevalier (8), entre
autres à Caïus Proculeius, son favori, frère du conspirateur Murena, mais ami sincère et serviteur dévoué d'Auguste (9). Julie, l'orgueilleuse, la jeune et belle Julie préféra épouser M. Vipsanius Agrippa.
Il était de basse origine, âgé, marié, et sa femme était enceinte, mais
il était désigné comme héritier de l'empire ; il doit donc répudier sa

---

(1) SENECA, *De Clementia*, I, 10. — (2) D. CASS., LI, 15, XLVIII, 54. SUET. Aug.,
LXIII. — (3) SUET. Aug., LXIII. — (4) SENECA, Consolat. ad Marc., II. — (5) VELL.
PATERC., II, 93. — (6) *Hist. natur.*, VII, 46. — (7) D. CASS., LIII, 31-32. VELL. PA-
TERC., II, 93. — (8) TACIT. Ann., IV, 40. SUET. Aug., LXIII. D. CASS., XLVIII, 54. —
(9) PLIN. SEC., *Hist. nat.*, XXXVI, 59. D. CASS., LIV, 3. C'est à lui qu'Octavien, dans
un moment de désespoir pendant la guerre contre Sextus Pompée, demanda le triste
service de lui donner la mort. PLIN. SEC., *Hist. nat.*, VII, 46. C. Proculejus finit lui-
même par le suicide (PLIN. SEC., *Hist. nat.*, XXXVI, 59).

femme, sans attendre même qu'elle ait accouché, et épouser Julie, qui ne peut pas se passer de mari. Deux des fils qu'elle en eut, Caïus et Lucius, furent adoptés par Auguste et reçurent le titre de Césars, qui les faisait héritiers présomptifs du pouvoir. C'était la plus brillante et la plus heureuse époque de la vie de Julie. Fille, épouse et mère de Césars, elle occupait la position la plus élevée qu'une femme pouvait ir dans la République; par son influence sur son père, elle était un pouvoir dans l'État; son mari, plébéien et courtisan, supportait patiemment son inconduite, l'entourait des plus grands honneurs, et, tout en sachant qu'elle avait des amants, lui faisait des enfants, pour conserver les bonnes grâces d'Auguste. Quand il lui plaisait d'accompagner son mari dans ses voyages, elle avait un train royal; les villes étaient obligées de lui préparer les routes et de lui envoyer des guides, alors même que son arrivée n'était pas annoncée (1), et la ville de Troye fut mise à une forte amende pour avoir ignoré que la fille de l'empereur devait arriver.

Mais M. Agrippa était vieux, et puis c'était un plébéien; aussi la jeune, belle et aristocratique Julie ne pouvait-elle pas l'aimer. Elle eut des amants, qu'elle choisissait dans la jeunesse dorée de Rome; elle n'était pourtant pas encore arrivée à la débauche abjecte dont parlent les historiens; ses amants même, elle ne les prenait que quand elle était enceinte, pour n'avoir d'enfants que de son mari et qui lui ressembleraient (2). A cette époque revint à Rome Tibère Claude Néron, le futur empereur. Tibère, jeune, beau, brillant, couvert de gloire, malgré sa jeunesse un des plus grands généraux de Rome, le plus illustre, sans contredit, s'il n'y avait pas M. Agrippa, et porteur d'un des plus beaux noms de la haute aristocratie de Rome. Julie s'éprit de lui et le fit si clairement voir qu'on en parla beaucoup à Rome (3). Comment Tibère reçut-il ses avances? Nous l'ignorons. Mais voici que M. Agrippa meurt, — il faut donc vite trouver à Julie un troisième mari. Tibère est l'héritier présomptif de l'empire, c'est donc lui qu'elle épousera. Mais Tibère est marié, il aime sa femme, et sa femme est enceinte (4)? Eh bien, il répudiera sa femme, comme l'avait déjà fait M. Agrippa. La fille de l'empereur est pressée, elle n'est pas d'humeur à attendre que Vipsania Agrippina, sa belle-fille, ait accouché (5).

---

(1) Nicol. Damascen, *in excepto à Valesio.* Bayle, art. *Scamandre.*— (2) Macrob. Saturn., li, 5. — (3) Suet. Tiber., VII. — (4) *Ibid.* — (5) Tibère était marié à Vip-

Tibère, nous l'avons dit, était beau, jeune, illustre; il portait un nom aristocratique; Julie avait déjà eu du goût pour lui du vivant de M. Agrippa. Julie, elle-même, était belle, jeune, brillante, éprise de son mari; la lune de miel fut donc heureuse. Julie devient enceinte et accouche à Aquilée d'un garçon (1). Mais elle n'était pas faite pour ce rôle d'épouse aimante, et le bonheur conjugal ne pouvait guère être de longue durée avec une femme de cette espèce. Bientôt revint Gracchus Sempronius, ensuite les autres amants à la file; mais Tibère, un Claudius, ne pouvait souffrir ce qu'avait patiemment supporté M. Agrippa, un Vipsanius, et d'ailleurs personnellement il n'était pas homme à sacrifier son honneur, fût-ce à l'ambition du pouvoir suprême. Il s'éloigna de sa femme, fit bientôt lit à part (2), et quand le seul lien qui les unissait encore fut rompu par la mort de leur enfant, il se sépara complètement de sa femme. Julie, profondément blessée par cet abandon, se souvint qu'elle était fille de l'empereur, et se mit à traiter son mari comme un subalterne. Leurs relations s'envenimèrent de plus en plus, d'autant plus que ses amants, et surtout Sempronius Gracchus, l'excitaient contre Tibère. D'ailleurs sa position dans la société devint difficile; on n'ignorait pas à Rome son inconduite, et l'éloignement de son mari était comme une confirmation positive des bruits qui couraient sur elle; c'était donc une flétrissure que Tibère lui infligeait. Alors, pour braver, peut-être, et son mari, et son père, elle se lança dans la débauche et glissa peu à peu jusqu'à la prostitution la plus abjecte. Ne pouvant la répudier, et ne voulant pas non plus la laisser traîner son nom et son honneur dans la boue, Tibère prit le parti de s'éloigner de Rome, de s'exiler, renonçant ainsi au pouvoir, à l'espérance du trône, brisant toute sa carrière. Il donna pour prétexte sa mauvaise santé, ce qui n'était pas vrai, et son désir de ne pas porter ombrage aux enfants de Julie, aux jeunes Césars Caïus et Lucius, ce qui était une niaiserie dont Auguste n'était pas dupe. D'ailleurs si Tibère ne voulait pas *dire* la vérité à son père adoptif, pour ne pas l'offenser dans la personne de sa fille, il tenait à lui faire comprendre ses vraies raisons (3), et quand Auguste lui refusa son consentement, il ne voulut pas prendre de nourriture, préférant se laisser mourir de faim que de continuer à être le mari de Julie.

saula Agrippina, fille de M. V. Agrippa, second mari de Julie, et de sa première femme Pomponia.

(1) Suet. Tib. 7. — (2) *Ibid.* — (3) D. Cass., LV, 9. — Vell. Paterc., II, 99 Tacit. Ann., I, 53.

Quatre jours se passèrent ainsi, et Auguste, effrayé, finit par l'autoriser à partir (1). Mais le vieil empereur était profondément blessé de cet exil volontaire de son gendre, qui couvrait de honte sa fille (2); et pendant sept ans, malgré toutes les supplications de Livie, il ne put le pardonner à Tibère. Julie, de son côté, excitait encore son faible père par des lettres violentes, que lui écrivait S. Gracchus (3), contre son mari.

Quelle était la position de Julie après le départ de Tibère à Rhodes? Son crédit auprès de son père était fortement ébranlé, ses infamies, qu'on pouvait jusqu'alors faire mine d'ignorer, maintenant qu'elles étaient confirmées pour ainsi dire par son mari lui-même, devaient forcément lui fermer les portes de beaucoup de maisons, et rendaient difficile sa position dans la haute société de Rome. Son seul appui, sa seule espérance, la seule garantie de l'avenir qui lui restait, c'est qu'elle était la mère des Césars Caïus et Lucius, et que son troisième fils, Agrippa Posthumus, sans avoir le titre de César, était néanmoins adopté par Auguste. Mais voici le César Lucius qui meurt; peu de mois après meurt le César Caïus; son dernier fils, Agrippa, un imbécile, stupide, grossier et rebelle à toute éducation, à toute instruction, d'un caractère bas et féroce (4), se montrant de plus en plus intraitable, Auguste casse l'adoption et le relègue d'abord à Surrentum, sous la garde de soldats, comme un fou furieux, puis le fait déporter à l'île de Planasia et donne sa fortune personnelle à la caisse militaire (5). Julie perd donc ses derniers appuis, son rôle est nul, sa position très précaire. Son père d'ailleurs se fait vieux, sa santé est faible, il peut mourir d'un jour à l'autre; sa belle-mère Livie, ennemie personnelle de Julie, prend sur le vieil empereur un ascendant de plus en plus grand, et l'on peut prévoir dans un temps peu éloigné que Tibère reviendra à Rome, d'autant plus qu'il y a disette d'hommes dans la famille impériale. Mais si elle n'est rien maintenant, du vivant de son père, que deviendra-t-elle, si son mari, qu'elle avait déshonoré comme époux, calomnié comme homme, qu'elle avait poursuivi de sa haine, arrive au pouvoir? Elle se sent perdue, l'avenir se présente à elle sous des couleurs bien sombres, — il faut aviser, mais comment? C'est à ce moment qu'entre en scène Julus Antonius.

L'empire romain était trop vaste et se composait de parties trop hétérogènes, la centralisation administrative était trop lourde, l'administration des proconsuls et des préteurs trop rapace, pour qu'il n'ait pas existé dans les provinces éloignées des tendances séparatistes. L'Asie, riche, civilisée, élégante, fière de son histoire, de ses villes si peuplées, si belles, supportait avec impatience sa position de province sans droits, livrée à l'avidité des magistrats que lui envoyait Rome; l'Égypte, qui nourrissait de son blé le peuple romain, trouvait lourd cet honneur; d'ailleurs les Égyptiens, ces Français de l'antiquité, gais, vifs, moqueurs, se vengeant de leurs préfets par de bons mots et des chansons, incapables de respecter leur sénat (1), étaient des révolutionnaires d'instinct, toujours prêts à renverser leur gouvernement. Le parti séparatiste y était assez fort pour être un sujet de crainte pour Rome, et à un moment donné pouvait devenir une arme redoutable dans les mains d'un ambitieux, — aussi une loi spéciale interdisait l'entrée de l'Égypte à tout sénateur sans une autorisation spéciale de l'empereur. On sait que M. Antoine le triumvir avait eu l'idée de fonder en Orient un empire séparé, dont Alexandrie serait la capitale, et qui serait indépendant de l'empire romain. Auguste lui-même eut aussi cette idée à une époque où il n'était pas sûr de conserver son autorité à Rome, et l'on prétend que l'ode

Justum ac tenacem propositi virum

avait été écrite par Horace pour le dissuader de transporter le siège de son empire à Ilion. La bataille d'Actium détruisit le projet de M. Antoine, mais ne pouvait certainement pas anéantir le parti séparatiste; il se reforma peu à peu, et le fils de M. Antoine était tout indiqué pour être son chef. Or il se trouvait que ce fils du triumvir avait à exercer une vengeance personnelle sur le chef de l'État romain. En effet, après avoir forcé son père à se tuer, après avoir fait mettre à mort ses frères, Octavien Auguste le fit renoncer à son prénom de Marcus, qu'il portait comme son père, et lui imposa son nom à lui légèrement modifié en *Julus.* Ainsi l'ambition, la piété filiale et le désir de la vengeance s'accordaient pour pousser Julus Antonius à un complot contre Auguste. Il profita de la position de Julie et de la disposition d'esprit dans laquelle elle se trouvait, pour faire de la fille de son ennemi un instrument de ses projets. Il se lia avec elle, en fit sa maîtresse, et l'attira, elle et ses autres amants, dans la conjura-

(1) D. CASS , LI, 17.

tion. Avait-il l'intention de tuer Auguste, ou de soulever l'Égypte et
l'Asie contre Rome, et de réaliser ainsi le projet de son père? L'un et
l'autre peut-être; Pline compte au nombre des malheurs d'Auguste
l'adultère de sa fille et *ses desseins parricides dévoilés* (1) « adulterium
filiæ et consilia parricidæ palam facta ». Senèque dit que « sa fille
et tant de jeunes nobles, liés par l'adultère comme par un serment solennel, épouvantèrent sa vieillesse en lui faisant craindre pis qu'un
nouveau Antonius et sa femme « plusque et iterum timenda cum Antonio mulier » (2). Il est évident que Julus Antonius avait promis à
Julie de lui donner auprès de lui la place que Cléopâtre occupait
jadis auprès de son père, place qui convenait en effet à Julie sous plus
d'un rapport, et l'avait tentée par l'espérance de la couronne d'impératrice d'Orient. Qu'un S. Gracchus, esprit inquiet, caractère turbulent, qu'un Cornélius Scipion, qu'un Appius Claudius, qui n'étaient
rien dans la République où leurs ancêtres avaient occupé les premières
places, que des jeunes patriciens, des sénateurs mécontents aient
trempé dans le complot, cela se comprend; mais comment Ovide, un
poète, avait-il pu y être impliqué? Les poètes généralement n'ont pas
l'habitude de « se fourrer dans les minorités courageuses », et préfèrent
ordinairement célébrer les vertus et le génie des gouvernants; comment a-t-il pu prendre part au complot, comment ne s'est-il pas em-
pressé de le dénoncer à Auguste? C'est que Julie n'était dans les mains
de J. Antoine qu'un instrument et un appât; tous ses amants devenaient ses complices, « liés qu'ils étaient par l'adultère comme par
un serment solennel; » celui même qui aurait dénoncé le complot, n'aurait pas pu échapper à la colère et à la vengeance de l'empereur
comme amant de sa fille, et c'était là une chance terrible qu'on ne se
souciait pas de courir. Le malheureux Ovide avait dû donc se taire, et
le complot découvert, il avait beau prouver qu'il n'y avait pris aucune
part, Auguste lui fit un crime de son silence. Ovide fut puni moins
pour avoir été l'amant de Julie, que pour avoir eu connaissance du
complot et ne l'avoir pas dénoncé, — *moins pour ce qu'il a fait
que pour ce qu'il a vu;* les autres complices furent exilés ou relégués,
Julus Antonius, le principal coupable, mis à mort. Nous savons à quel
point Auguste était lâche; il ne put jamais pardonner à sa malheureuse fille la peur qu'elle lui avait faite, et d'ailleurs il tremblait
qu'elle ne renouvelât sa tentative; Julie n'ayant été qu'un instrument

---

(1) *Hist. nat.*, VII, 46. — (2) *De Brevitate vitæ*, V

dans les mains de J. Antoine, d'autres après lui pouvaient s'en servir (1). Cela explique et l'implacable sévérité d'Auguste, et les précautions minutieuses avec lesquelles il faisait garder Julie, précautions qu'on avait crues dictées par la jalousie. Julie ne pouvait voir personne sans une autorisation écrite de l'empereur, et cette autorisation contenait non seulement le nom de la personne, mais aussi son signalement, son âge, sa taille, la couleur de ses cheveux, les signes particuliers sur son corps (2).

La luxure, l'impuissance à maîtriser ses instincts et la faiblesse de caractère perdirent la malheureuse Julie. Son *moi* étant faible et peu développé, elle se laissa vite dépraver par ses amants, par toute cette foule de débauchés qui l'entourait. De l'adultère elle tomba, incapable de s'arrêter sur cette pente, dans la prostitution la plus abjecte et, fille de l'empereur, se laissa entraîner dans un complot politique. Son impuissance morale et ses désirs sexuels désordonnés impriment à toute sa personnalité un cachet névropathique que le médecin aliéniste ne peut méconnaître.

En terminant l'analyse de Julie, rappelons la remarque singulière que fait sur elle Vellejus Paterculus : pour dire que ses débauches l'avaient perdue, et faisant en même temps allusion à Agrippine l'aînée et à ses enfants, il dit que l'utérus de Julie n'avait porté bonheur ni à elle-même, ni à l'État : *Femina neque sibi, neque reipublicæ felicis uteri* (3).

Auguste avait-il eu des enfants d'autres femmes? On l'ignore. En se faisant amener les femmes des personnages les plus illustres de Rome et en les renvoyant le lendemain, il rendait les maris éditeurs responsables de ses œuvres, et l'on comprend que les maris n'étaient nullement pressés de faire connaître l'honneur que leur avait fait le tout-puissant maître de Rome en leur empruntant leurs femmes; mais il est étonnant que plus tard personne ne se soit vanté d'être fils du « divin Auguste ». D'un autre côté il est peu probable qu'il n'ait eu pour maîtresses que des femmes mariées; cette précaution des Don Juan de nos jours était inutile à Octave, et puis nous savons qu'il préférait les vierges que ses amis et même sa femme lui procuraient. Mais en dehors de ces liaisons éphémères il avait encore des maîtresses en titre, et cela malgré ce grand amour pour Livie, amour dont il avait été tant

---

(1) En effet, Audasius et Epicade avaient eu le projet d'enlever Julie de son île et de la présenter aux légions qu'ils espéraient entraîner dans la révolte.(SUET. Aug., XIX.) — (2) SUET. Aug., LXV. — (3) II, 93.

parlé. M. Antoine le triumvir lui écrivait, à propos de sa liaison avec Cléopâtre : « Et toi, n'aimes-tu que Drusilla (1) seule? Je suis sûr qu'au moment où tu lis cette lettre, tu auras déjà eu ou Tertulla, ou Terentilla, ou Rufilla, ou Salvia Titisenia, ou, peut-être, toutes ces femmes. Qu'importe, où et pour quelle femme tu.....» *Tu deinde solam Drusillam inis? ita valeas, uti tu, hanc epistolam quum leges, non inieris Tertullam, aut Terentillam, aut Rufillam, aut Salviam Titiseniam. aut omnes.. Anne refert, ubi et in quam arrigas* (2). Avait-il eu des enfants de ces femmes? Nous l'ignorons, mais c'est peu probable.

Mais est-il bien vrai qu'il n'ait pas eu d'enfants de Livie, et que la grossesse de cette dernière, qui avait fini par une fausse couche, ait été la seule des œuvres d'Auguste? Nous nous trouvons ici en face d'une question que nous devons chercher à résoudre. Cette question est celle-ci : Qui était le père de Decimus Drusus Claudius Nero Germanicus, frère de l'empereur Tibère? Nous croyons que l'histoire possède toutes les données nécessaires pour faire à cette question une réponse positive.

Livie était grosse de six mois quand Octavien força son mari Tiberius Claudius Nero à la répudier d'abord, puis à l'adopter et à la lui donner comme sa fille, à lui Octavien, en mariage, — en la dotant, bien entendu (3). Il l'épousa sous d'heureux auspices, dit V. Paterculus (4). Le fait est que, Livie étant enceinte, l'épouser était un acte contraire aux usages, au droit et à la religion; Octavien s'adresse donc aux pontifes, leur demandant, par dérision, disait-on à Rome (5), s'il pouvait épouser une femme enceinte. La religion a, comme on sait, des trésors d'indulgence pour les gouvernants; les pontifes répondirent donc que, si la grossesse eût été douteuse, il aurait fallu attendre; mais puisqu'elle était certaine, il pouvait passer outre et épouser Livie (6); peut-être, ajoute mélancoliquement Dion Cassius, était-ce écrit ainsi dans les livres sacrés; mais cela ne le serait pas qu'ils auraient donné la même réponse (7).

Nous savons qu'Octavien respectait peu l'honneur conjugal des citoyens et qu'il se faisait amener les femmes qui avaient eu le malheur de lui plaire; or Livie, à peine âgée de dix-huit ans, était belle, très belle (8) :

(1) C'est-à-dire Livie, sa femme, dont le nom complet était Livia Drusilla.—(2) Suet. Aug., LXIX. — (3) D Cass. XLVIII, 44. — (4) II, 70. — (5) Tacit. Ann., I, 10. — (6 et 7) D. Cass. XLVIII, 44. — (8) V. Paterc. II, 75. Tacit Ann., V, 1.

Quæ Veneris formam, mores Junonis habendo (1).

et d'ailleurs on ne résistait pas au triumvir Octavien, surtout quand on se trouvait dans la position de Tibère Claude Néron, ancien partisan de Sextus Pompée, ensuite de M. Antoine. On peut donc supposer, sans courir grand risque de se tromper, que Livie avait déjà fait des visites nocturnes au Palatin avant son mariage avec Octavien. Dion le dit positivement (2), Suétone raconte qu'à Rome on parlait de leur liaison comme d'une chose connue, certaine (3). (M. Antoine disait que Scribonia avait été répudiée pour n'avoir pas voulu supporter patiemment le triomphe d'une rivale (4) ; or cette rivale était Livie, qu'Auguste épousa immédiatement après qu'il avait répudié Scribonia). C'est d'ailleurs d'autant plus probable que, connaissant Octavien et sa manière d'agir, il serait même difficile d'admettre qu'il ait attendu le mariage pour posséder une femme qui lui plaisait. Mais si Livie ava été sa maîtresse, quel motif avait pu avoir Octavien à tant presser leur mariage, jusqu'à ne pas attendre même les couches qui devaient avoir lieu dans trois mois ? Si Livie était enceinte de ses œuvres, cette hâte était toute naturelle, tandis qu'elle serait une absurdité psychologique, si Drusus eût été le fils de Tibère. Il serait d'ailleurs très étonnant que le tout-puissant Octavien eût épousé une femme enceinte des œuvres d'un autre.

Les contemporains, du reste, ne doutaient pas que Décimus Drusus ne soit fils d'Auguste. Avant le mariage de ce dernier avec Livie on parlait déjà de leur liaison, et à la naissance de Drusus les plaisants de la ville remarquaient que les gens heureux ont des enfants après trois mois de mariage (5). On pourrait objecter, peut-être, que si Drusus eût été réellement fils d'Auguste, ce dernier ne l'aurait pas renvoyé à son père légal (6) et aurait préféré plus tard ses enfants à Tibère, qu'il n'aimait pas. Nous répondrons à cela en rappelant à quel point Octavien tenait au décorum, à ce que sa maison et sa famille soient un exemple des anciennes vertus romaines, de la chasteté, de la sainteté du foyer. Le débauché Octavien ne ressentait certainement pas d'abord une tendresse paternelle extrêmement vive pour le nouveau-né Drusus. Il s'en sépara donc facilement pour garder le décorum et sauver les apparences, d'autant plus que, ayant épousé Livie, il avait déjà ren-

(1) Ovid. — Pont. Epist., I, v. 115. — (2) XLVIII, 34. — (3) Claud. I. — (4) Suet. Aug., LXIX. (5) Dion Cass. XLVIII, 44. Suet. Claud. I. — (6) D. Cass. XLVIII, 44.

voyé à son père le petit Tibère; garder au Palatin Drusus serait donc en avouer la paternité. Du reste, Auguste n'était généralement pas un père bien tendre, témoin sa sévérité implacable envers sa fille Julie et les enfants de celle-ci, Julie la cadette et Agrippa Posthumus.

Après la mort de Tibère Claude Néron, Auguste prit les deux garçons chez lui (1). Livie n'aimait pas Drusus, qui lui rappelait les circonstances humiliantes dans lesquelles elle avait épousé Auguste. Elle n'aimait d'ailleurs pas, paraît-il, d'abord non plus ce dernier (2); leur liaison et leur mariage avaient été la conséquence non d'un amour mutuel, mais de la volonté du tout-puissant Octavien. Livie aimait son premier mari et n'aimait pas Octavien (3). Ce manque d'affection pour le père, elle le reporta aussi sur le fils (4), tandis qu'elle aimait bien réellement Tibère. On sait qu'elle désirait ardemment avoir un fils de son premier mari (5), qu'elle supportait très philosophiquement les infidélités d'Octavien (6), et que dans cette indifférence elle allait jusqu'à procurer à son mari des vierges, pour lesquelles il avait particulièrement du goût (7). Auguste, au contraire, désirait vivement avoir des enfants d'elle (8), et s'attacha tendrement à Drusus (9), qui aurait dû pourtant réveiller chez lui des souvenirs pénibles, s'il n'eût été son fils, et détestait Tibère, le fils de son prédécesseur dans la couche de Livie. Les deux garçons eurent une enfance bien différente : Auguste caressait Drusus, s'occupait lui-même de son éducation, l'avait constamment auprès de lui; Tibère, au contraire, était rarement appelé auprès de son beau-père, ordinairement dans les occasions officielles, telles que réceptions, banquets, fêtes, quand les convenances l'exigeaient, et Auguste lui faisait endurer alors toutes sortes de petites humiliations, pénibles surtout pour un jeune homme, le criblait de plaisanteries, le raillait sur ses manières, son parler, son caractère sérieux (10), lui donnait des surnoms ridicules (11) et en faisait la risée de son entourage.

Ainsi l'opinion publique à Rome donnait Auguste pour père à Drusus, et nous avons vu que les circonstances dans lesquelles était né

---

(1) *Ibid.* — (2) TACIT. *Ann.*, V, 1 : « Caesar cupidine formæ (Liviam) aufert marito, incertum an invitam. » — (3) Faut-il répéter ici la phrase si connue de H. Heine : « Sie war liebenswürdig, und er liebte sie ; er aber war nich liebenswürdig, und sie liebte ihn nicht. » — (4) Aussi la mort de Drusus ne lui causa pas beaucoup de chagrin. SENECA. Consol. ad Marc., III et IV. — (5) PLIN. *Hist. nat.*, X, 10. (6) TACIT. *Ann.*, V, 1, D. CASS. LVIII, 2. — (7) SUET. Oct. LXXI. — (8) *Ibid.* LXIII. — (9) SUET. Claud. 1. — (10) PHILO. *Legat. ad Cajum*, p. 186. — (11) De *petit vieux*, par exemple. P. CASS. loc. cit.

ce dernier, ainsi que la manière dont le traitait Auguste, confirmaient pleinement le bruit.

Les deux frères, fils de la même mère, mais de pères différents, ne se ressemblaient nullement entre eux. Tibère présentait et l'extérieur, et le caractère des Claudii, tandis que Drusus ressemblait et physiquement et moralement à Auguste et à sa famille. « La famille Claudia, dit Suétone (1), vint à Rome avec ses nombreux clients, et fut reçue au nombre des familles patriciennes par Titus Tatius, le collègue de Romulus, ou, ce qui paraît être plus exact, six ans après la chute de la royauté. Cette famille reçut des terres pour ses clients et une place pour la sépulture au pied du Capitole. Elle avait eu vingt-huit consulats, cinq dictatures, sept censures, six triomphes et deux ovations. De ses nombreux prénoms, elle renonça à celui de Lucius (2), parce que *deux de ses membres qui le portaient avaient été convaincus, l'un de brigandage, l'autre de meurtre*, et prit le surnom de *Nero*, qui veut dire en langue sabine : *brave, courageux*. »

La famille Claudia avait joué un rôle important dans l'histoire de Rome. L'influence d'Appius Cæcus empêcha la conclusion d'un traité entre le roi Pyrrhus et la République; Appius Claudius Caudex passa le premier la mer et chassa les Carthaginois de la Sicile; Tiberius Néron battit Asdrubal. Mais d'un autre côté le fameux décemvir Appius Claudius Regillanus provoqua par sa tyrannie et sa violence une révolte qui mit fin au décemvirat; Drusus Claudius s'érigea sur le Forum Appien une statue avec un diadème sur la tête et arma ses clients pour s'emparer du pouvoir; Claudius Pulcher fit jeter à la mer les poulets sacrés, sacrilège dont les dieux se vengèrent par une défaite des Romains, et, ayant à nommer un dictateur, insulta à la patrie en danger en revêtant de cette magistrature suprême Glicius, son huissier. Sa sœur — chose inouïe à Rome — fut accusée de lèse-majesté envers le peuple romain : un jour que son char avait de la peine à avancer à cause de la foule qui remplissait la rue, elle regretta tout haut que son frère ne pût ressusciter pour perdre encore une bataille et diminuer ainsi la tourbe romaine (3).

« On sait, dit Suétone (4), que les Claudii avaient toujours été les

(1) TIBER. I. — (2) Cela avait dû avoir lieu très anciennement, puisqu'on ne trouve pas un seul Lucius Claudius patricien dans l'histoire. Le nom L. Claudius rex sacrorum dans CICER. *De har. resp.* VI, 12, est une erreur de copiste. MOMMSEN. *Römische Forschungen*, Berlin, 1864, p. 15. — (3) SUET. Tiber II. VALER. MAXIM. VIII, 1. De judiciis publicis, 4. — (4) TIBER. II.

défenseurs du pouvoir des patriciens et des adversaires tellement
acharnés et opiniâtres du peuple, qu'aucun ne voulut jamais paraître
en habit de suppliant ni l'implorer, même sous le poids d'une accusation capitale, et quelques-uns allèrent jusqu'à frapper les tribuns
du peuple. Une vestale de cette famille prit place dans le char de son
frère (ou de son père) (1), qui triomphait contre la volonté du peuple,
et l'accompagna au Capitole, pour empêcher toute tentative des tribuns contre le triomphe. »

L'orgueil patricien, le mépris du peuple (2), un caractère sombre,
violent, altier, tyrannique et ambitieux, distinguaient de tout temps la
famille Claudia. Elle n'a pas fourni beaucoup de généraux à la République, et malgré ses triomphes, ce n'est pas la gloire militaire qui avait
fait la grandeur des Claudii; c'était plutôt une famille de légistes et de
savants, mais, remarque M. Mommsen, *zu allen Zeiten hat die Adels-
partei die Faust höher geachtet alsden Kopf* (3). » Leur extérieur était
en rapport avec leur caractère. Descendants des montagnards sabins,
ils étaient de haute taille, d'une constitution forte, sèche et musculeuse;
la beauté était héréditaire dans leur famille, mais une beauté sombre
et sévère Tibère et son frère Drusus étaient des Claudii et par le
père, et par la mère; le premier descendait de Tibère Néron, la seconde (4) d'Appius Pulcher, qui tous deux étaient fils d'Appius l'A-
veugle (5). Tibère Claude Néron (6), le mari de Livie, était, comme tous
ses ancêtres, opiniâtre et orgueilleux. Après la mort de C. Jules César
le dictateur, comme le Sénat, effrayé, voulait accorder l'amnistie, il
proposa de récompenser les tyrannicides; il accompagna à Pérouse,
en qualité de préteur, le consul L. Antonius, frère du triumvir, ne
voulut pas déposer les insignes de sa charge à l'expiration du temps
de sa magistrature, resta opiniâtrément, malgré la défection générale,
seul du parti de L. Antonius, s'éloigna à Naples où il tenta d'armer
les esclaves pour continuer la guerre civile, et enfin se retira en Sicile
auprès de Sextus Pompée. Indigné de ce que celui-ci lui ait fait attendre une audience, il quitta encore la Sicile, malgré les dangers du
voyage (7), et alla rejoindre M. Antoine en Achaïe (8).

(1) VALER MAXIM. V, 4. De pietate in parentes, 6. — (2) « Claudia.., familia su-
perbissima ac crudelissima in plebem romanam » (T. LIVIUS, II, 56). « Vetus atque
insita Claudiæ familiæ superbia » (TACIT. *Ann.*, I, 4). — (3) *Römische Forchungen.*
Die patricischen Claudier, p. 293. — (4) Le père de Livie, Drusus Livius Claudianus,
est entré par adoption dans la famille Livia, ainsi que son nom l'indique. — (5) et
(6) SUET, Tiber III et IV. — (7) *Ibid.* VI. — (8) TACIT. *Ann.*, V, 1, D. CASS., XLVIII,
15, SUET. Tiber. IV.

Livia Drusilla, mère de Tibère et de Drusus, était une femme fière, impérieuse (1), ambitieuse (2), d'un maintien digne et froid (3), d'une grande pureté de mœurs (4) et d'une haute intelligence (5). Elle n'était une Livia que par adoption (6); aussi le caractère de la famille Livia n'a pas d'importance pour nous; faisons remarquer toutefois que si elle n'avait pas pu hériter des particularités et des qualités morales des Livii, leur influence néanmoins ne pouvait que renforcer chez elle les traits caractéristiques des Claudii. Les Livii se distinguaient aussi par leur sévérité et par leurs convictions aristocratiques, quoique étant eux-mêmes d'origine plébéienne. Livius Salinator, étant censeur, « nota toutes les tribus (c'est-à-dire la totalité du peuple romain) comme coupables de légèreté » — *Salinator universas tribus in censura notavit lævitatis nomine* (7) — pour sa propre élection au consulat et puis à la censure, ces mêmes tribus l'ayant condamné à l'amende après son premier consulat, et n'exclut de cet arrêt que la tribu Mœcia, qui n'avait donné son vote ni pour sa condamnation, ni pour son élection. Il nota même son collègue à la censure Claudius Néron pour ne s'être pas sincèrement réconcilié avec lui (8). Un autre Livius reçut le titre de *patron du Sénat* pour avoir défendu l'aristocratie contre les Gracques, et son fils périt dans les troubles auxquels il avait pris une part active.

On sait quelle sorte de femme était Livie Drusille. Nous ne renouvellerons pas les accusations et les soupçons, tout à fait gratuits et sans aucun fondement, que les historiens avaient accumulés contre elle, et les insinuations de Tacite, qui veut la présenter comme le mauvais génie de la maison d'Auguste et l'assassin de tous ceux qui étaient morts jeunes dans cette famille. Il est tout aussi absurde, nous l'avons déjà dit, de croire qu'elle ait empoisonné Auguste lui-même. Le grand âge du vieil empereur, la marche de sa maladie, son agonie, tout nous prouve qu'il avait succombé à une diarrhée sénile, qui non seulement n'avait pas été soignée, mais avait été entretenue par des imprudences, par le voyage, les plaisirs, les fêtes, les écarts de régime; enfin -- et ceci devait être la considération capitale pour Livie — la mort d'Auguste, loin de lui être utile, avait manqué renverser tous ses projets.

---

(1) TACIT *Ann.*, I, 4, V. 1, IV. 57. — (2) D. CASS. XLIX, 38, LV, 2, LVII, 12. TACIT, *Ann.*, IV, 57. — (3) MACROB. Saturn. II, 5. SENECA. Consol. ad Marc. IV. — (4) D. CASS. LVIII, 2. VEL. PATERC. II, 75. TACIT. *Ann.*, V, 1. OVID. Ex Pont. Epist. I, v. 116. — (5) SENECA. Cons. ad Marclam, IV. De Clementia, I, 9. TACIT. *Ann.*, V, 1. — (6) « Julia Augusta... nobilitatis per Claudiam familiam et adoptione Liviorum Juliorumque clarissimæ ». TACIT. *Ann.* V, 1. — (7) SUET. Tiber. III. — (8) VALER. MAX. II. 9. De censoria severitate, 6.

Tibère se trouvait alors en Illyrie, rien n'était préparé pour lui transmettre le pouvoir, et c'est à peine si, arrivé en toute hâte auprès de son père adoptif, il avait pu recueillir son dernier soupir et recevoir de la main de l'empereur mourant le sceau de l'empire, emblème du pouvoir. Toutes ces accusations, tous ces soupçons n'avaient aucun fondement; mais ce fait seul qu'ils avaient pris naissance nous montre déjà quelle opinion on avait à Rome de cette femme, qu'on croyait capable d'empoisonner son mari après avoir vécu avec lui un demi-siècle, et dont les dernières paroles contenaient ce touchant adieu : *Livia nostri conjugii memor vive, ac vale* (1).

Il est tout aussi facile de réfuter l'accusation portée contre Livie (2) d'avoir empoisonné le jeune M. Claudius Marcellus, fils d'Octavie, et par conséquent neveu d'Auguste. Le jeune homme avait épousé Julie, fille d'Auguste, et était presque officiellement désigné à l'empire; on avait donc cru que Livie l'avait empoisonné pour ouvrir à son fils Tibère le chemin du pouvoir. Mais Marcellus, tout en étant le favori du vieil empereur, n'en était pas encore positivement l'héritier, et Auguste, malade de fièvre typhoïde, avait cru devoir, malgré son attachement pour son neveu, remettre l'anneau avec le sceau de l'empire à M. V. Agrippa (3), homme d'un âge mûr, général illustre, et qui avait déjà fait preuve de grandes capacités administratives. Il y avait donc entre Tibère et l'héritage d'Auguste en première ligne Agrippa, concurrent beaucoup plus redoutable que M. Marcellus, à peine sorti de l'adolescence, ensuite ce Marcellus, et enfin Decimus Drusus. Livie n'avait donc aucun intérêt immédiat à faire mourir le jeune mari de Julie; d'ailleurs nous savons qu'il y avait à cette époque à Rome une épidémie très meurtrière de fièvre typhoïde, et que la mortalité avait été très grande. Peu après le rétablissement d'Auguste, M. Cl. Marcellus tomba malade à son tour et de la même maladie que son oncle (4); il fut soigné par le médecin de l'empereur, le célèbre Antonius Musa, qui l'avait soumis au même traitement; mais cette fois la science fut impuissante, et Marcellus mourut.

Avait-elle fait assassiner Agrippa Posthumus, le cadet des enfants de Julie et de M. V. Agrippa? Le bruit en avait couru (5); les uns disaient qu'Auguste avait donné lui-même l'ordre de tuer Agrippa Posthumus sitôt que lui, Auguste, serait mort, pour prévenir une guerre

(1) SUET. Aug., XCIX. — (2) D. CASS. LIII, 33. — (3) *Ibid.*, 30. — (4) *Ibid.* — (5) TACIT. Ann., I, 6. D. CASS. LVII, 3.

civile; d'autres accusaient de cet assassinat Livie et Tibère, l'une ou l'autre, ou tous les deux. Pour rendre cette dernière accusation plus vraisemblable, Tacite rapporte, mais comme un bruit dont il ne garantit pourtant pas la vérité, qu'Auguste était allé secrètement, peu de mois avant sa mort, accompagné seulement de Fabius Maximus, à l'île Planasia pour voir Agrippa, qu'il y eut réconciliation entre le grand-père et le petit-fils, « beaucoup de larmes versées et de marques de tendresse prodiguées, ce qui fit croire que le jeune homme reverrait les pénates de son aïeul. Fabius Maximus raconta la chose à sa femme Marcia, celle-ci à Livie, et peu de temps après, Fabius ayant fini ses jours par une mort qui peut-être ne fut pas naturelle, on entendit à ses funérailles Marcia s'accuser en gémissant d'avoir causé la perte de son mari. » (1) Toute cette histoire est un tissu d'absurdes inventions qui nous font voir à quel point il faut se défier des bruits et des commérages que Tacite aime à rapporter sur les personnages qui n'ont pas le bonheur de lui plaire. Nous savons qu'Agrippa Posthumus était un imbécile à moitié fou, et qu'Auguste le détestait cordialement ; non seulement il n'y avait pas eu de réconciliation entre eux, mais toute cette histoire de voyage secret, d'épanchements de tendresse, est une impossibilité morale. D'ailleurs, si Auguste avait voulu rendre à Agrippa sa position de membre de la famille impériale, on ne voit pas trop pourquoi il en aurait fait un secret. Le peuple, qui était attaché à la branche julienne, aurait applaudi au retour d'Agrippa. Et puis, supposée cette réconciliation, on ne comprend pas pourquoi Auguste laisserait son petit-fils en exil. Notons encore que, loin de vouloir rendre à Agrippa sa place au Palatin, Auguste non seulement ne lui laissa rien par testament, mais encore fit mettre à la caisse militaire la fortune personnelle de ce malheureux. Enfin on ne comprend pas qui aurait assassiné Fabius Maximus et dans quel but.

On sait, au contraire, que les considérations de raison d'État avaient une importance capitale aux yeux d'Auguste. Il aimait beaucoup Marcellus, son gendre et neveu, mais, se croyant mourant, il remit le sceau de l'empire non à lui, mais à M. Agrippa, dont il connaissait les grands talents administratifs et militaires. Détestant cordialement Tibère, il l'adopta néanmoins, et déclara le faire pour le bien de l'État (2). Enfin l'ordre de faire mourir M. Agrippa Posthumus avait été donné au tribun

---

(1) TACIT. *Ann.*, 1, 5. v. DION CASSIUS. l. LVI, 30. — (2) VEL. PAT., p. 104.

par Sallustius Crispus, ami particulier d'Auguste et confident de tous
ses secrets politiques (1).

Mais, en dehors de ces considérations, nous avons des preuves positives, des faits, qui mettent à néant toute cette histoire. Marcia, qui
aurait communiqué à Livie le secret du voyage du vieil empereur en
compagnie de Fabius Maximus à l'Ile de Planasia, était une familière
de Livie (2), et elle le resta jusqu'à la mort de la vieille Julia Augusta. Après la mort de Fabius Maximus elle se remaria et eut de ce
deuxième lit un fils et deux filles; la mort du fils fut pour elle un chagrin dont elle ne put jamais se consoler. Sénèque, en lui écrivant sa
célèbre épître de consolation, parle à plusieurs reprises de son amitié
pour Livie, la lui propose pour exemple, et ne trouve pas d'expressions
assez louangeuses pour la vieille impératrice, ce qui serait pour le
moins très singulier, si Livie eût réellement été cause de la mort de
Fabius. Dans cette épître il énumère ensuite à Marcia tous les malheurs que celle-ci avait eu à supporter dans la vie, parle de la mort
de son père Cremutius Cordus, mais ne dit pas un mot de la mort tragique de Fabius. D'ailleurs, en comparant les dates, voici ce que nous
constatons : Auguste étant mort en août 767 de Rome, le voyage à Planasia, qui, assure-t-on, avait eu lieu quelques mois avant, devait avoir
été fait par Auguste et Fabius Maximus vers le commencement de la
même année ou vers la fin de l'année précédente. On ne sait pas la
date précise de l'épître de Sénèque, mais il est sûr que ce n'est pas
pendant son exil qu'il l'avait écrite; Juste Lipse suppose qu'il l'avait
composée dans les dernières années du principat de Claude et après
son retour à Rome; supposant même que cette consolation avait été
écrite par Sénèque immédiatement après son retour d'exil, en 802,
nous devons assigner à la mort de Métilius, le fils tant pleuré de Marcia,
la date de 799. Mais Metilius était mort très jeune; Sénèque parle
de lui comme d'un tout jeune homme, qui rougissait quand les
femmes remarquaient sa beauté; quoique marié et père (3), il ne devait donc guère avoir dépassé vingt à vingt-deux ans.

Marcia avait en outre encore deux filles, toutes les deux mariées et
ayant chacune un enfant; elles étaient donc bien jeunes aussi, puisqu'à
Rome on mariait généralement les filles à peine nubiles. Marcia elle-
même ne pouvait donc guère avoir plus de quarante ans, quarante-cinq

---

(1) Tac. *Ann.* I, 6. III, 30. — (2) Seneca, Consolat. ad Marciam, VI. — (3) Cons
ad Marc. XVI.

tout au plus, et d'ailleurs Sénèque ne lui parle pas comme à une femme âgée; notons qu'à la mort de son père Aulus Cremutius Cordus, en 778, elle était encore à la maison de ses parents. Elle devait donc avoir huit à dix ans à la mort de Fabius Maximus, qui lui-même était alors un personnage âgé, ayant déjà été deux fois consul. Il avait donc épousé Marcia enfant, comme on le faisait alors souvent à Rome pour obéir à la lettre de la loi *Pappia Poppæa* et en éluder l'esprit; cela explique aussi pourquoi Marcia n'eut pas d'enfant de son premier mariage. Or, peut-on supposer qu'un grave personnage, un consulaire, âgé d'une soixantaine d'années au moins (1), aille faire des confidences politiques à une petite fille de huit à dix ans? Peut-on supposer ensuite qu'une enfant de cet âge ait pu être admise dans l'intimité de la vieille impératrice Livie? Notons encore que Pline parle des soupçons qu'Auguste avait eus que Fabius aurait trahi ses secrets; mais il ne dit pas un mot ni de la mort de Fabius Maximus, ni de Marcia, qui en aurait été la cause (2). Comme toute la famille Claudia, Livie était orgueilleuse, ambitieuse, ferme et persévérante. Le caractère sombre de la famille devint chez elle une simplicité sévère, une froide dignité; ambitieuse et intelligente, elle n'eut aucun des défauts, mais aussi aucune des qualités de son sexe; son calme olympien, sa superbe indifférence, son abord froid, l'absence chez elle de tout sentiment tendre, frappaient les contemporains. Elle était froide — on la crut cruelle, et en voyant la mort faucher tout ce qui était jeune dans la famille d'Auguste, et ouvrir ainsi au fils de Livie le chemin du pouvoir, on l'accusa d'avoir aidé le destin, d'être le mauvais génie de la famille Julia, d'avoir été « mère funeste de la République, marâtre plus funeste encore de la maison des Césars » *gravis reipublicæ mater, gravior domui Cæsarum noverca*, selon la belle et énergique expression de Tacite. Malheureusement pour l'histoire, le portrait de Livie, comme la plupart des portraits de Tacite, brille plutôt par la beauté de la peinture que par la vérité. Livie n'était pas la lady Macbeth que Tacite nous décrit et que Rome croyait voir, mais elle était une digne fille des Claudii et la digne mère de Tibère.

Tout autres étaient, au physique comme au moral, les Julii et les Octavii. Les Claudii, nous l'avons dit, étaient des oligarches, sombres, orgueilleux et sévères; les Julii étaient des grands seigneurs, élégants, aimables, bienveillants, aimant le luxe, les arts, les plaisirs. Entichés de leur noblesse, fiers de leur naissance, de leur haut rang, les Claudii professaient les convictions les plus patriciennes; les Julii, au contraire, se distinguaient par ce scepticisme aimable et élégant, ce mépris des choses sérieuses, des questions morales, des convictions politiques, que nous sommes habitués à regarder comme le propre des aristocraties italienne et française du dernier siècle. Les Claudii étaient haïs du peuple; les Julii étaient les favoris de la foule; leur générosité, leur prodigalité, leur luxe, un certain libéralisme, résultat non des convictions, mais de l'insouciance et d'une certaine facilité de caractère, l'absence de morgue aristocratique et de préjugés nobiliaires, leur bienveillance, leur acquirent à Rome une grande popularité. Beaux, élégants, éloquents, brillants et dépravés, les Julii étaient les dignes descendants de Vénus, dont i s prétendaient tirer leur origine, comme les sombres Claudii Nérones 'étaient de Nérione, épouse du dieu de la guerre.

Ces différences de caractère des deux familles, nous les retrouvons au plus haut point chez les deux fils de Livie. Tibère, dès la première enfance, s'est montré d'un caractère sombre, sérieux (Auguste l'avait même surnommé à cause de cela « petit vieillard »), froid et peu expansif; le sang des Claudii ne dégénéra pas en lui. « Tibère est imbu du vieil orgueil héréditaire des Claudii », disait-on de lui à Rome (1); sa désignation comme successeur à l'empire avait même été expliquée par l'égoïsme du vieil empereur Auguste, lequel, « connaissant l'orgueil et la cruauté de Tibère, voulait par ce contraste se montrer sous un jour plus favorable et se faire regretter (2) ». Et pourtant Tibère, détesté d'Auguste jusqu'aux dernières années, humilié, exilé et en disgrâce, n'avait certainement pas beaucoup d'occasions de faire voir son orgueil. Pendant de longues années il avait été absent de Rome; il s'était tenu loin de la cour, du pouvoir et des honneurs, renonça même aux habits romains et adopta le manteau grec; mais, malgré toutes les humiliations qu'il eut à supporter, il resta fidèle au sang et aux vieilles traditions de sa race. Disgracié, exilé, dépouillé des honneurs qui avaient été la juste récompense de ses brillants services administratifs et militaires, déchu de son rang, humilié, menacé de mort enfin, il garda le vieil orgueil nobiliaire des Claudii; il ne rechercha jamais la popularité, ne prit jamais le masque libéral, ne chercha jamais à se rapprocher du parti démocratique.

Tel était Tibère en public, tel il était dans sa famille, sombre, altier,

(1) TACIT. Ann., I. — (2) Ibid.

peu expansif. Il aimait tendrement son fils Drusus, et pourtant il le traitait avec une froide retenue, et la mort de ce fils tant aimé, mort qui bouleversa tout son être et fit, au dire de Tacite lui-même, de l'homme froid peut-être, mais vertueux et intègre, de cette haute intelligence, ce vieillard cruel, altéré de sang, comme veut nous le représenter le grand historien; à cette mort, disons-nous, il affecta de garder son impassibilité glaciale, sa hautaine indifférence répondant aux compliments de condoléance par de froids sarcasmes. Plus jeune, il avait tendrement aimé son frère Drusus Germanicus; mais à la mort de ce frère il ne voulut pas permettre à l'armée des expressions exagérées de douleur, et rappela aux légions qui pleuraient la perte de Drusus que le soldat appartient non au général, si aimé que soit celui-ci, mais à Rome, qui est immortelle.

Il faut avouer que la vie avait été dure pour Tibère. Orgueilleux, il dut subir toutes les humiliations, et cela pendant de longues années; d'un caractère sérieux, froid, il est élevé par une mère sévère et un beau-père qui le déteste, qui ne lui épargne pas les railleries et les sarcasmes, qui l'humilie à plaisir, tandis que les autres enfants au Palatin sont choyés, caressés, aimés; il ne peut donc que devenir plus sombre encore. Il est ambitieux comme tout Romain l'était; son nom, sa naissance lui ouvrent la carrière des honneurs, ses talents administratifs et militaires, sa haute intelligence, ses vertus lui assurent une place éminente dans l'État, et il se voit dépouillé de tous ses honneurs, forcé à s'exiler, à s'humilier, et son sort, sa vie à lui, un Claudius, un imperator, un triomphateur, dépendent du caprice d'un garçon de vingt ans, son beau-fils Caïus César, fils de Julie.

Cet homme si froid, si sombre aimait tendrement son frère; ce frère meurt jeune, et sa mémoire est exploitée contre Tibère; on lui oppose toujours Drusus comme terme d'humiliantes comparaisons. Il aimait sa femme Vipsania Agrippina, la seule femme qu'il ait aimée dans sa vie, et dut se résigner à la répudier, à la voir épouser un autre, et cela pour épouser lui-même une femme qui s'était rendue célèbre par ses débordements, par ses débauches publiques, et qui le couvre d'opprobre et de honte. Il ne lui reste dorénavant que deux personnes chères dans la vie, son fils Drusus et son ami Séjan, qu'il avait tiré du néant pour en faire le premier personnage de la République. Il perd son fils, et il sait que Rome, que le monde entier s'en réjouissent dans leur amour imbécile pour la race de Germanicus (1), pour ce Caïus Cali-

(1) TACIT. *Ann.*, IV, 12.

gula qu'il connaissait si bien; et au milieu de son chagrin il apprend encore que ce fils qu'il pleure, que c'est son ami qui l'avait tué après l'avoir déshonoré en séduisant sa femme. Ayant appris à connaître les hommes, ne voyant autour de lui que lâcheté, crime, bassesse, malveillance et hypocrisie, il se prend de mépris et de dégoût pour Rome. « Oh! hommes nés pour la servitude! » disait-il souvent en sortant du sénat. Et l'on s'étonne que ce vieillard de soixante-cinq ans n'ait pour réponse à des condoléances hypocrites qu'une froide raillerie (1)?

L'extérieur de Tibère répondait bien à son caractère. Grand, sec, musculeux, fort, il était beau; mais l'expression de son visage, toujours sombre et sévère, déplaisait à Auguste et au peuple romain. Sa présence mettait fin à toute conversation gaie et badine, même chez Auguste (2). Sa parole lente, embarrassée, obscure (il aimait à employer des archaïsmes, des expressions hors d'usage, des vieux mots), accompagnée d'une gesticulation lourde et désagréable, produisait l'impression la plus pénible. « Pauvre peuple romain, disait Auguste, quelle mâchoire lourde va le broyer » (3). Ce manque d'éloquence, si rare dans les grandes familles romaines, paraît avoir été héréditaire; Drusus César, fils de Tibère, n'était pas non plus orateur.

Décimus Drusus Claudius Nero Germanicus, deuxième fils de Livie, était tout l'opposé de son frère Tibère. Gai, élégant, spirituel, d'un caractère ouvert et bienveillant, aimant les arts, les plaisirs, la société, père affectueux, orateur brillant, il était le favori d'Auguste et du peuple romain. A Rome il jouait le rôle dont se chargent volontiers les princes proches du trône, rôle joué par Philippe d'Orléans pendant quelque temps sous Louis XVI, par son fils Louis-Philippe du temps de Louis XVIII et Charles X, par le prince Napoléon sous l'empire, faisant de l'opposition dynastique et modérée, du libéralisme à peu de frais, qui procure toujours une popularité flatteuse et exempte de dangers. Quelle exception étrange, singulière dans une famille comme celle des Claudii, inexplicable si Drusus eût été réellement fils de Tibère Claude Néron, et toute naturelle s'il était fils d'Auguste, comme le pensaient les contemporains.

Drusus ressemblait-il à Auguste de figure, comme il lui ressemblait

---

(1) Plusieurs mois après la mort de son fils Drusus une députation de Troyens était venue lui présenter des compliments de condoléance; Tibère répondit que lui de son côté regrette aussi beaucoup la perte qu'ils avaient faite dans la personne d'un de leurs concitoyens les plus distingués, Hector, fils de Priam, tué par Achille. SUET. Tib., LII. — (2 et 3) SUET. Tib., XXI.

de caractère, d'inclinations et de goût? La ressemblance qu'on constate dans quelques-unes de leurs images peut très bien n'être qu'une flatterie des artistes, mais il est difficile d'expliquer par une flatterie du sculpteur une certaine ressemblance qu'on peut constater entre les portraits de l'empereur Claude et ceux d'Auguste. Si l'on compare le buste (n° 2) d'Auguste avec les bustes de Claude (n° 12) et de Caïus Caligula (n° 11) à la *Sala degl' imperatori* du *Museo Capitolino* à Rome (et au buste de Germanicus (n° 9), aurions-nous dit, si le nez de ce dernier n'était restauré), le buste de Caligula (n° 61) aux *Uffizi* de Florence; si l'on compare ensuite les camées n° 103 (Drusus Germanicus) et n° 104 (Caïus Caligula), au cabinet des gemmes et pierres gravées des *Uffizi* de Florence, avec le sardonix à deux couches du cabinet de France représentant le portrait d'Auguste (1), il est impossible de ne pas être frappé par une certaine ressemblance, un certain air de famille que tous ces portraits présentent à un degré plus ou moins prononcé. Cette ressemblance de la postérité de Drusus Germanicus avec Auguste est tellement prononcée, que Ch. Lenormant avait pu la constater même chez Britannicus (2), sans se rendre pourtant compte de l'importance de cette observation.

Les deux frères, Drusus et Tibère, ressemblaient à leur mère, mais ne se ressemblaient nullement entre eux. Tibère avait le visage maigre, les yeux caves, les pommettes saillantes, la mâchoire anguleuse et lourde, le nez busqué (3). Le visage plein de Drusus, au contraire, son nez droit, le bas de la figure arrondi, la mâchoire petite, rappellent indubitablement les traits d'Auguste.

Notons encore une circonstance, très importante pour la question qui nous occupe, qui n'a pas jusqu'à présent attiré l'attention des historiens, et qui ne peut certainement pas être l'effet du hasard. Nous savons qu'Auguste avait *les jambes faibles et maladives* et qu'il boitait même (4). Drusus Germanicus père était mort des suites *d'une fracture de la jam'.* (5) ; il avait deux fils, dont l'aîné, Germanicus, avait *les jambes grêles et faibles*, et les fortifia par l'habitude qu'il avait adoptée de monter à cheval après le repas (6); le cadet, l'empereur Claude, avait *la démarche chancelante, les genoux faibles et trem-*

(1) CH. LENORMANT, *Iconographie des empereurs romains*, planche V, n° 3. — (2) *Ibid.*, p. 27, 6. — (3) Il ressemblait beaucoup à sa mère; cette ressemblance est surtout frappante sur le magnifique camée n° 98 des *Uffizi* (cabinet des gemmes et pierres gravées) qui présente les têtes conjuguées de Tibère et de Livie. — (4) SUET. Aug. LXXX. — (5) TIT. LIVIUS. Epitom. libr. CXL. — (6) SUET. Gaius III.

blants, ce qui lui rendait même la marche parfois difficile (1). Chez
Caïus Caligula, fils de Germanicus, *les jambes sont remarquablement
grêles, et il lui arrive d'y avoir une telle faiblesse, qu'il ne peut ni marcher, ni rester debout* (2). Néron, fils d'une fille de Germanicus et
neveu de Caïus Caligula, a le cou épais, le ventre gros, une constitution robuste et les *jambes grêles* (3).

Autre circonstance qui prouve la parenté de sang de Drusus Germanicus et de sa race avec Auguste : on savait qu'Auguste avait l'estomac
faible (4) ; sa fille Julie faisait un usage journalier de l'*inula* pour fortifier
son estomac délicat (5). Les anciens regardaient l'équitation comme très
utile à l'estomac — *Equitatio stomacho utilissima,* dit Pline (6) ; or nous
savons que Germanicus, fils de Drusus, montait beaucoup à cheval
pour sa santé (7), et l'empereur Claude, autre fils de Drusus, était
sujet à de fortes douleurs d'estomac (8). Les Claudii n'ont jamais été
très féconds (9). Livie avait eu de deux maris deux fils ; Tibère eut de
sa première femme Vipsania Agrippa un fils, Drusus César, et de Julie
un enfant mort au berceau. Ce peu de fécondité vient bien de Tibère
et ne peut dépendre ni de Vipsania, ni de Julie ; le père de Vipsania,
M. V. Agrippa, outre cette fille, avait eu encore de Julie cinq enfants ;
Vipsania elle-même eut des enfants d'Asinius Gallus, qu'elle avait
épousé après avoir été répudiée par Tibère. Drusus César, fils de Tibère, avait eu une fille, Julie, qui épousa d'abord Néron Germanicus,
puis Rubellius Blandus (10), et deux fils jumeaux, dont l'un mourut âgé
de quatre ans, et l'autre, Tiberius Gemellus, fut tué par ordre de Caïus
Caligula. Les enfants d'Auguste eurent, au contraire, une postérité
très nombreuse. Julie eut de deux maris six enfants ; Drusus, au lieu
d'être peu prolifique, comme un Claudius, comme l'étaient sa mère,
son frère et toute la postérité de ce dernier, fut au contraire encore
plus fécond que Julie, et les deux fils qu'il laissa eurent : l'un, Germanicus, neuf enfants, l'autre, Claude, cinq.

Quant à l'objection qu'Auguste n'aimait pas Drusus, elle est fausse :
il l'aimait beaucoup, lui destinait son héritage et avait fait adopter
par Tibère son fils. Pourquoi, au lieu de marier sa fille Julie au vieux
M. V. Agrippa, ensuite à Tibère, qu'il détestait, ne l'avait-il pas mariée
à Drusus, son favori ? La raison est simple ; quoique portant officielle-

---

(1) SUET. Claud. XXX. — (2) SUET. Caius, L. — (3) SUET. Nero, LI. — (4) SUET.
Aug., LXXVI et LXXVII. — (5) PLIN. *Hist. nat.,* XIX, 29. — (6) *Hist. nat ,* XXVIII,
14. — (7) SUET. Caius, III. — (8) SUET. Claud. XXXI. — (9) DRUMANN, *Geschichte
Rom's Claudii.* — (10) TACIT. *Ann.,* VI, 27.

ment le nom de Claudius, il était fils d'Auguste et par conséquent frère de Julie.

Enfin, dernière et suprême preuve : si quelqu'un pouvait connaître la vérité sur la naissance de Drusus, et de quel père il était le fils, c'est certainement Octavien Auguste. Il était amoureux de Livie ; sous l'empire de cet amour pour la mère, et heureux d'avoir d'elle un fils, *il reconnut officiellement Drusus pour son fils* (1), en l'élevant de terre quand le nouveau-né fut déposé à ses pieds, et ce n'est que quelques jours plus tard, quand le premier moment de joie était passé, qu'il se ravisa et, obéissant à des considérations de décorum, de convenances, du qu'en-dira-t-on, renvoya Drusus à Tibérius Néron, comme il lui avait déjà renvoyé le petit Tibère.

Il est difficile de dire quelque chose de positif sur Drusus Germanicus sous le rapport psychologique. Il n'avait pas joué un rôle important dans l'histoire et habitait même assez peu Rome, où, du reste, il était très aimé pour sa bienveillance et ses belles qualités, qui faisaient un contraste heureux avec l'humeur sombre et sévère de son frère aîné. On louait beaucoup son libéralisme, ses talents militaires, ses qualités aimables, mais au fond on le connaissait peu. Il avait choisi la carrière exclusivement militaire, ce qui le retenait loin de Rome ; aussi en dehors de ses campagnes en Germanie et en Rhétie, avons-nous peu de renseignements sur lui. Résumons d'abord la chronologie de sa biographie.

Années de Rome.	Consuls.	
710	{ Appius Claudius Pulcher, C. Norbanus Flaccus.	Naissance de Drusus (2).
739	{ M. Livius Drusus Libo L. Calpurnius Piso.	Drusus, âgé de 23 ans, fait ses premières armes contre les Rhétiens et Vindeliciens (3), sous la direction de son frère Tibère (4).
741	{ M. Licinius Crassus Cn. Cornelius Lentulus	Il fait une campagne sur le Rhin (5).

(1) D. CASS. XLVIII, 44. — (2) Il est né l'année de la naissance de Julie, du divorce d'Octavien avec Scribonia et de son mariage avec Livie. SUET. Aug. LXII et LXIII. Claud. I. TACIT. Ann. I, 10. VEL. PATERC. II, 79, D. CASS. XLVIII, 44. — (3) SUET. Claud. I. VELL. PATERC. II, 95. FLOR . IV, 12. D. CASS. LIV, 22, 23. HORAT. l. IV, od. 4. — (4) VELL. PATERC. I , 95 l. IV, od. D. ASS. LIV, 31, 32. FLORUS IV, 12. VEL. PATERC. II, 17.

742	{ T. Claudius Nero. { P. Quintilius Varus.	Expédition contre les Germains. Il s'avance jusqu'à l'île des Bataves et fait une incursion chez les Sicambres (1).
		En automne il retourne à Rome, et quoique ayant le rang de préteur, est nommé édile (2). Il prononce du haut de la tribune aux harangues l'éloge d'Octavie, sœur d'Auguste (3).
743	{ Q. Aelius Tubero. { Q. Fabius Maximus.	Campagne en Germanie; il s'avance jusqu'au Visurgis (4).
744	{ Jules Antonius. { Q. Fabius Maximus.	Victoire sur les Cattes et autres peuples Germains. Il reçoit les ornements triomphaux, le rang proconsulaire et est fait préteur. Les soldats l'acclament *imperator* (5).
745	{ Drusus Claudius Nero. { P. Quinctius Crispinus.	Il reçoit le consulat, fait encore une campagne en Germanie, s'avance jusqu'à l'Elbe et meurt au camp d'été (6).

En comparant le début dans la carrière des deux frères, nous constatons une grande différence. Tibère est envoyé à dix-neuf ans faire ses premières armes loin d'Italie, dans la partie la plus sauvage et la plus reculée de l'Espagne, contre les Cantabres, le peuple le plus farouche et le plus indomptable, et il fait la campagne en qualité de tribun militaire, comme tous les jeunes gens de son rang. Drusus est envoyé à l'âge de vingt-trois ans faire ses premières armes à deux pas d'Italie, dans le Trentin actuel, et avec rang de préteur, c'est-à-dire d'officier supérieur, — il débute donc non comme un noble, mais comme un prince.

Sans être un grand stratégiste comme son frère, Drusus était un excellent général, un brave soldat et un administrateur capable. Non content de remporter une victoire, ou même de faire une campagne heureuse, il prenait les mesures nécessaires pour conserver les pays conquis; ainsi il creusa en Germanie un immense canal, qui portait son nom, pour joindre la Saône à la Moselle et unir ainsi la Méditerranée et l'Océan, fit élever une digue pour contenir l'Océan (7), construisit plus de cinquante forteresses pour les garnisons romaines sur

---

(1) VELL. PATERC. II, 17 — (2) D. CASS. LIV; 32. — (3) *Ibid.* 35. — (4) *Ibid.* — (5) D. CASS. LIV, 33. — (6) D. CASS. LV, 1, 2. SUET. Claud. I. VELL. PATERC. II, 97. FLORUS. IV, 12. — (7) SUET. Claud. I. TACIT. Ann., XIII, 53. Histor. V. 19. D. CASS. I. c.

le Rhin, deux ponts, à Bonn et à Gelduba (1), etc; enfin, tout jeune
qu'il était, Drusus a fait preuve de grands talents militaires et administratifs. A Rome le peuple l'aimait, non seulement comme il aime toujours tout prince brave, brillant et victorieux — il l'aimait encore
pour son affabilité et son libéralisme. On disait qu'il respectait les lois
autant qu'il aimait la gloire (2), qu'il voulait même rétablir la liberté (3), et qu'il ne s'en cachait pas (4). Il écrivit même une lettre à
son frère Tibère en ce sens, lettre dans laquelle il lui proposait de
forcer Auguste à restituer la liberté au peuple romain — « *prodita ejus
epistola*, dit Suétone, *qua secum de cogendo ad restituendam liber-
tatem Augusto agebat* » (5). A quelle époque Drusus avait-il écrit cette
lettre, et quelle est cette liberté dont il parle? Nous l'ignorons, mais,
considérant qu'il était prince de sang, qu'il ne refusa ni l'adoption
d'Auguste, ni les honneurs qu'il avait reçus bien avant l'âge fixé par
les lois — ces lois qu'il respectait autant qu'il aimait la gloire, à en
croire les jobards de Rome — il est permis de douter que Drusus eut
attaché au mot *libertas* le même sens qu'y avaient attaché dans le
temps Marcus Junius Brutus, Caïus Cassius Longinus, ou même plus
tard Aulus Cremutius Cordus et Pœtus Thraseas.

Aimé du peuple et des légions, pleuré de l'empereur et de l'empire
entier, Drusus ne laissa pas une trace bien profonde dans l'histoire ;
mais il faut dire aussi qu'il était mort jeune, à peine âgé de trente ans.
Nous avons peu de détails sur sa personnalité. Il paraît avoir été un
jeune homme brillant, richement doué par la nature, d'un caractère
aimable, chaste et vertueux (6), à en croire les historiens, mais, peut-
être, un de ces hommes qui font espérer plus qu'ils ne peuvent accom·
plir. « Il aurait été un grand prince, il était déjà un grand capitaine,
dit de lui Sénèque (7). Il avait pénétré jusqu'au fond de la Germanie
et planté les enseignes romaines là où l'on connaissait à peine l'existence des romains. Il mourut victorieux pendant la campagne, et les
ennemis même le respectèrent malade en concluant une trêve avec
nous et en n'osant souhaiter un malheur, pour eux si avantageux. A la
gloire de cette mort, reçue pour la République, s'étaient joints les regrets unanimes des citoyens, des provinces, de l'Italie entière, qui vit
tous les municipes et toutes les colonies lui prodiguer leurs lugubres
devoirs, et ses funérailles entrer triomphalement dans Rome ». « Ce

(1) FLORUS, IV, 12. (2) SUET. Claud. I. — (3) TACIT. Ann., I, 33. — (4) SUET. Claud. I.
— (5) SUET. Tib. L. — (6) VALER. MAX, IV, 3. De abstinentia, 3. — (6) Consol. ad
Marc. III.

jeune homme possédait tout ce que la nature accorde aux mortels ou ce que leur donne l'éducation, dit de lui Velleius Paterculus (1); il est difficile de dire s'il fut plus grand comme capitaine ou comme homme d'état. Mais ce qu'on peut affirmer, c'est qu'il joignait à ses talents militaires ou administratifs, un caractère aimable, des mœurs douces, une grâce inimitable à maintenir dans ses relations avec ses amis une noble égalité. » Valère Maxime (2) l'appelle « splendide gloire de la famille Claudia, ornement précieux de la patrie, digne émule des deux princes augustes, son beau-père et son frère. » Il était aimé non seulement de sa famille, de son père (3), de son frère (4), de sa femme (5), non seulement du peuple romain, de l'Italie et des provinces (6), mais aussi de l'armée, malgré les durs travaux qu'il faisait exécuter aux soldats et la discipline sévère qu'il leur imposait dans les camps. Ainsi il était mourant, quand Tibère arriva en toute hâte, après avoir fait à cheval, suivi d'un guide seulement, en vingt-quatre heures 270 kilomètres et avoir traversé les Alpes et le Rhin (7). Malgré son extrême faiblesse et se trouvant déjà à l'agonie, Drusus donna néanmoins les ordres nécessaires pour que les légions aillent à la rencontre de Tibère, le saluant du titre d'imperator, qu'on lui dresse une tente prétorienne, qu'on lui rende enfin tous les honneurs qui lui étaient dus comme à un consulaire et un *imperator*.

Drusus, nous l'avons dit, désirait le rétablissement de la liberté, mais, étant si près du trône, il ne fit rien pourtant pour réaliser ce désir, aucun acte qui prouverait son républicanisme. Il fit à Tibère une proposition très libérale sans doute, mais de retour à Rome et ayant reçu l'ovation et les ornements triomphaux, on ne le voit rien entreprendre pour mettre son plan à exécution. Pour nous l'histoire de Drusus Germanicus ne présente qu'une seule circonstance réellement remarquable, mais aussi est-elle d'une importance capitale. *Il eut une vision*, identique à celle qu'avait eu le malheureux Charles VI. Se trouvant un jour dans une forêt en Germanie, il vit *une sorte de femme barbare d'une taille surhumaine* (species barbaræ mulieris humana amplior (8)), qui lui défendit de poursuivre les Germains plus loin (9). Cette circonstance nous fournit un renseignement précieux

---

(1) II, 97. — (2) l. c. — (3) SUET. Claud. I. — (4) PLIN. *Hist. nat.* VII, 20. VAL. MAX. V, 5. De benevolentia fraterna, 3. D. CASS. LV. I, 2. — (5) VAL. MAX, IV, 3. De abstin., 3. — (6) SUET. Claud. I. SENECA. Cons. ad Marc. III. D. CASS. LV, passim FLORUS. IV, 12. — (7) C'est le voyage le plus rapide qui ait été fait dans l'antiquité. Voy. PLIN. *Hist. nat.*, VII, 20. VALER. MAX. V, 5. De benevolentia fraterna, 3. — (8) SUET. Claud. I. — (9) D. CASS. LV. I.

sur la personnalité psychologique de Drusus et sur la vie psychique de la famille d'Auguste.

Nous avons dit que la personne et la vie de Drusus Germanicus ne nous donnent que peu d'indications, à les examiner séparément; mais si nous englobons Drusus dans un examen général de la famille d'Auguste, en le rattachant aux autres membres de la maison des Césars, en lui rendant sa place entre Auguste son père d'un côté, et ses fils et leurs descendants de l'autre, sa personnalité reçoit immédiatement un grand relief médico-psychologique et une importance capitale sous le rapport du diagnostic. L'analyse de cette personnalité, ainsi que de celle de Germanicus, fils de Drusus, présente une difficulté qui, malheureusement, n'est que trop fréquente dans l'histoire, et rend une appréciation juste et impartiale extrêmement difficile. Si nous n'avons que peu de détails sur Drusus père, nous n'en manquons certainement pas sur Germanicus, son fils, mais ces renseignements nous sont fournis par leurs partisans, leurs admirateurs, et se rapportent moins à la personnalité elle-même qu'aux sentiments qu'elle inspirait aux contemporains, moins aux faits positifs qu'à l'impression qu'ils produisaient. Ces sentiments, ces impressions dépendent, nous le savons, moins des qualités personnelles de l'homme haut placé qui en est le sujet, que de sa position politique et sociale, de ce qu'on peut en espérer ou en craindre, enfin bien souvent du contraste qu'il semble présenter avec la personne qui se trouve au moment donné au pouvoir. Nous voyons Drusus et son fils Germanicus à travers le prisme de l'attachement, des espérances et des regrets du peuple romain. Tacite fait de cette famille l'héroïne de ses *Annales*, et la postérité, entraînée par l'éloquent écrivain, par ce grand coloriste, comme l'avait appelé Napoléon Ier, avait adopté ses opinions, épousé ses amitiés et ses haines. Beulé dans son étude sur les Césars a caractérisé très justement et avec beaucoup de finesse la position de Drusus et de son fils Germanicus à Rome, et donné une explication, frappante de vérité, de l'auréole dont les avaient entourés les contemporains d'abord, la postérité ensuite.

« Un proverbe grec dit que le plus heureux des hommes est celui qui n'est pas encore né; on pourrait affirmer de même que le meilleur des princes est celui qui n'a jamais régné! Il y a deux secours merveilleux pour ceux qui se trouvent à côté de la puissance sans espoir permis de l'obtenir. D'abord, sous les mauvais souverains le peuple a besoin de se créer une chimère; il cherche des consolations, se leurre,

caresse une idole; comme les natures romanesques, froissées, souf-
frantes, il revêt cette idole de toutes les perfections. Ensuite le souffle
populaire soutient une âme douée de qualités brillantes, qui a de
l'honneur, sinon de l'ambition; il lui donne des ailes et une sorte de
virginité jalouse. Le sentiment de la conquête, une ardeur qui ressemble à celle de l'amoureux, l'auréole qui ajoute au front la légèreté
et l'allégresse, tout rend l'homme meilleur, les intentions plus pures,
la modération plus facile. Telle a été la condition non seulement de
Germanicus, mais de son père Drusus, qu'on appelait Drusus l'Ancien
(Priscus), et qui a exercé sur la destinée de son fils une influence plus
considérable que les historiens ne le disent. Le père et le fils appartiennent à cette famille universelle des princes qui promettent beaucoup avant de régner, qui tiennent moins qu'ils n'ont promis quand ils
règnent, et qui ne conservent le cœur de leurs contemporains qu'à la
condition de ne pas être mis à l'épreuve, et de s'en tenir à un amour
platonique de la liberté. Quand on connut à Rome la fameuse lettre de
Drusus, sa mémoire devint sacrée aux Romains. Personne ne douta de
la vérité de cette révélation posthume. On disait que si Drusus avait
vécu, *il aurait restitué à Rome la liberté*, et en regrettant le père,
Rome se prit à espérer tout du fils (1). »

Les exemples des temps modernes confirment cette appréciation si
juste et si fine de Beulé. Louis-Philippe n'était-il pas regardé du
temps de Louis XVIII et de Charles X non seulement comme un libéral
très avancé, mais comme un républicain dangereux, et il avait fallu les
répressions de Lyon, de Paris, de Saint-Etienne, pour faire oublier
Jemmapes et le club des Jacobins dont il avait été le censeur. Lucien
Bonaparte, la cheville ouvrière du 18 brumaire, n'avait-il pas passé
pour un républicain convaincu ? Tacite a créé à Germanicus fils une
position exclusive, unique dans l'histoire. Sa mémoire, ainsi que celle
de son père, est sacro-sainte pour tout libéral, pour toute âme romanesque, pour tout cœur sensible, et les soumettre à l'analyse médico-
psychologique semblerait un sacrilège. Leur piédestal, élevé par les espérances chimériques et les regrets romanesques du peuple romain,
par la haine des ennemis de Tibère, l'attachement rien moins que
désintéressé des partisans d'Agrippine, a été cimenté par dix-huit
siècles d'adoration de la postérité, et nous regardons encore les deux
Germanicus actuellement avec les yeux de Tacite, des libéraux romains

(1) BEULÉ. Le sang, de Germanicus. Paris, Michel Lévy, 1867, pp. 4-6.

et des partisans de la branche julienne de la maison des Césars. Tâchons pourtant, autant qu'il est possible de le faire, de laisser de côté les idées préconçues, et tentons une analyse médico-psychologique de Drusus.

Nous voyons tout d'abord chez lui un mélange singulier de qualités brillantes et d'impuissance morale, d'aspirations à la liberté et d'habitudes et de goûts princiers, de bravoure comme soldat et de lâcheté comme citoyen, de hardiesse de pensée et de manque de volonté et de décision dans l'exécution. Doué de capacités brillantes, il ne laisse pas de trace dans l'histoire de son pays; regrettant la république, désirant la « restitution de la liberté », lui, préteur, consul, triomphateur, César et *imperator*, fils adoptif et naturel du maître du monde, élevé par son affection au premier poste de l'État, auteur de la fameuse lettre, lui, le général en chef de la principale et de la meilleure armée de la République, armée qui lui est dévouée corps et âme, il ne fait pas la moindre tentative de mise en exécution de ses nobles désirs. Républicain par conviction, il trouve moyen de gagner l'amour du despote, accepte les honneurs qui lui sont décernés comme au fils du chef de l'État, suit sans hésiter la route qui mène au trône, et la mort seule l'arrête en chemin. On aurait pu croire que c'était une nature faible, inconsistante, ayant des désirs sans la volonté, des aspirations sans la décision, nature pauvre malgré son éclat apparent, ou un de ces hommes dont le fond est mensonge et comédie, qui cherchent à cumuler les jouissances d'une haute position sociale à celles de la popularité, à concilier l'amour du peuple et les petites intrigues de palais. Mais un jugement aussi vague et sommaire, aussi peu précis, excluant toute personnalité propre et tout élément d'anomalie psychique, serait évidemment injuste et insuffisant. Ce n'est pas une personnalité banale, à peindre en deux mots, que Drusus Claudius Nero Germanicus; il n'est pas le premier venu, ce fils d'Auguste, ce père du grand Germanicus, de la criminelle Livilla, de l'imbécile Claude, ce grand-père de l'épileptique Caïus Caligula, des prostituées incestueuses Drusilla, Julia Livilla et Agrippine, cet arrière grand-père de Néron. Cette personnalité énigmatique vaut la peine qu'on s'y arrête. La *vision* que Drusus avait eue dans les forêts de la Germanie indique chez lui une anomalie psychopathique, et l'analyse morale de sa personnalité devient ici un examen médico-psychologique.

Nous savons que les familles entâchées du vice phrénopathique présentent toujours non seulement des cas d'aliénation mentale, mais encore une longue série d'anomalies, tant psychiques que somatiques, des singularités intellectuelles et morales, l'ivrognerie, la débauche, le crime, le suicide, les formes les plus diverses des affections cérébrales et nerveuses, l'épilepsie, la paralysie générale, l'imbécillité, l'idiotie, le rachitisme, la scrophule, les anomalies du squelette, les vices de conformation, etc. La famille dégénère de plus en plus, et après un plus ou moins petit nombre de générations, elle s'éteint complètement. Mais la dégénérescence est loin de commencer toujours par des cas de folie; l'aliénation mentale n'apparaît souvent que comme un des chaînons, et bien des fois chaînon terminal, d'une longue suite d'anomalies psychiques, douteuses d'abord, singularités insaisissables et indéfinissables, auxquelles on n'attache aucune importance peut-être, mais qui prennent toujours un caractère de plus en plus tranché, finissent par devenir des cas de folie nettement caractérisée, qui ne laissent plus le moindre doute sur leur triste signification. Les formes les plus curieuses, les plus énigmatiques des troubles intellectuels et psychiques qui accompagnent la dégénérescence, se voient surtout alors que la famille, par suite de conditions physiques et morales particulières, dégénère peu à peu, d'une façon continue, sans présenter d'abord de troubles profonds, graves, sans que la dégénérescence se manifeste violemment, brutalement, et qu'elle ne *débute*, mais finit, au contraire, par l'aliénation mentale, qui est alors non le point de départ, mais une des formes ultimes, terminales, de la dégénérescence. Nous disons *une des formes*, parce qu'alors elle est toujours accompagnée d'autres affections ou anomalies somatiques ou psychiques, telles que l'alcoolisme, le crime, le suicide, les phrénopathies et les névropathies, les vices de conformation, les maladies constitutionnelles, etc. Nous verrons que la famille d'Auguste se trouve précisément dans ce cas.

Mais quelle que soit la marche suivie par la dégénérescence, les cas de folie, d'idiotie, d'épilepsie, même les plus évidents et les plus caractéristiques, que l'on voit dans les familles atteintes du vice phrénopathique, présentent ordinairement quelque chose de particulier, d'indéfinissable, qu'il est presque impossible de décrire, mais qui saute aux yeux de l'homme le moins observateur. Ce ne sont plus les formes franches, classiques, que nous voyons dans les asiles; elles sont compliquées ici d'un élément particulier, plus facile à constater qu'à décrire, et qui est l'*élément héréditaire de la dégénérescence*. Cet élément est tellement prononcé, il donne à tel point aux cas de phréno-

pathies une couleur spéciale, une forme et une expression *sui generis*,
que M. Morel (1) a fait des cas de folie à élément héréditaire une
classe à part, celle de folie héréditaire, dans sa classification des maladies mentales. Nous retrouvons cet élément chez ceux même des
membres des familles frappées, qui paraissent avoir échappé à l'influence funeste de l'hérédité morbide. Il s'y présente même quelquefois à un degré encore plus prononcé, n'étant ni masqué, ni relégué
au deuxième plan par des affections nerveuses franches et évidentes,
par des phrénopathies déclarées et nettement définies. Cet élément
morbide n'exclut pas, tant s'en faut, les qualités brillantes de l'esprit,
les talents hors ligne; il semble même contribuer à leur genèse et leur
développement. Nous aurons encore l'occasion de parler du rapport
intime qui existe entre les talents exceptionnels, les hautes intelligences, le génie, et la dégénérescence, les troubles intellectuels et
moraux, les affections graves ou légères du système nerveux, etc.,
rapport que les travaux des aliénistes modernes ont mis en lumière.
Pour le moment nous nous bornerons à rappeler au lecteur le beau
livre de M. Moreau (de Tours) sur la psychologie morbide dans
ses rapports avec l'histoire. Traiter la question que nous venons
d'aborder serait dépasser de beaucoup les bornes de ce travail; nous
nous contenterons donc d'indiquer en peu de mots quelles sont les
particularités que l'on remarque chez les sujets appartenant aux
familles frappées du vice phrénopathique, ou en voie de dégénérescence.

Ce qui frappe en eux tout d'abord et le plus l'homme le moins observateur, c'est un mélange singulier, une réunion bizarre des qualités
et des défauts les plus opposés; ce sont les contrastes les plus frap-
pants de l'esprit et du caractère, des idées et des actes. Ils étonnent
par l'éclat de leur esprit brillant et primesautier, mais aussi par l'incapacité la plus singulière à méditer, à juger et à apprécier les choses
les plus évidentes; par une activité fiévreuse, et à côté de cela par la
paresse la plus absolue, par la hardiesse et l'originalité de leurs conceptions et la stérilité de leur esprit, par une perspicacité extraordinaire
et une incurie extrême. Ils font des projets grandioses, et ne savent
pas faire le premier pas pour les exécuter; violents et opiniâtres, ils
manquent complètement de volonté; ils présentent un mélange singulier de sensibilité presque maladive, et de sécheresse de cœur allant

(1) L. c.

jusqu'à la cruauté ; de courage et de lâcheté, de susceptibilité et d'insouciance ; ils ont le talent de saisir et de mettre en lumière le côté
comique et ridicule des hommes et des événements, et se mettent
eux-mêmes dans les positions les plus fausses, les plus étranges, les
plus absurdes.

Quel homme était Drusus Germanicus ? Était-ce une nature molle,
inconsistante, lâche et incapable de tout effort ? Non. C'était un général
remarquable, un soldat courageux, qui poursuivait dans la mêlée les
généraux ennemis pour orner le temple de Jupiter Férétrien de dépouilles opimes nouvelles (1). La lettre dans laquelle il proposait de
forcer Auguste à restituer à Rome la liberté, lettre tout intime, nullement destinée à être publiée, était l'expression réelle, sincère de sa
pensée. Était-il un de ces misérables intrigants de haut parage, qui
font du libéralisme, la bouche ouverte sur le pouvoir, selon l'expression si pittoresque de Séjan ? Non évidemment. La contradiction absurde de ses aspirations platoniques avec sa position officielle, les
qualités brillantes de son esprit et sa stérilité, s'expliquent par la
dégénérescence, qui se fait déjà jour dans la première génération de la
famille d'Auguste et lui imprime son funeste cachet. Ce n'est pas de
notre part une hypothèse, une supposition gratuite, avancée pour les
besoins de la cause, c'est un diagnostic psychiatrique, prouvé de la
façon la plus évidente, la plus éclatante, la plus indubitable par l'hallucination de Drusus d'abord, hallucination qui indique chez lui la
présence de l'élément névropathique, ensuite par le caractère, les
troubles nerveux et le sort de ses descendants. Si notre diagnostic est
exact, si Drusus se trouve déjà sous l'influence de la dégénérescence
de sa race, quelles anomalies ses descendants doivent-ils présenter ?

Les familles en voie de dégénérescence s'éteignent, en partie par
suite d'excès et de vices tels que : alcoolisme, débauche ; en partie
par le suicide, le crime, mais surtout par suite de défaut de vitalité,
défaut qui se manifeste par la stérilité, par une grande mortalité des
enfants en bas âge, et par des cas nombreux de mort prématurée en
général, de sorte que des nombreux enfants — on constate ordinairement chez les membres de ces familles, à côté de la stérilité des uns,
une grande fécondité des autres — il ne reste en vie que deux ou
trois, les autres mourant en bas âge ou dans l'adolescence.

Drusus est atteint d'un trouble mental, — son hallucination le

_____

(1) SUET. Claud. I.

prouve, — mais il pourrait, tout en présentant ce symptôme, ne pas présenter de dégénérescence. En la supposant chez lui, nous devons forcément nous attendre à la trouver encore plus prononcée chez ses descendants. Si la dégénérescence n'est pas assez avancée pour que sa race s'éteigne avec lui, il aura probablement beaucoup d'enfants, mais ne pourra pas les conserver, et la plupart de ces enfants mourront en bas âge. Les générations suivantes doivent présenter des cas de singularité psychique, d'aliénation mentale, de troubles graves du système nerveux, de vice et de crime (dégénérescence morale), de troubles somatiques, des maladies constitutionnelles, des défauts et des vices de conformation, tels que rachitisme, scrophules, anomalies de squelette, etc.

Suétone dit (1) : « Il (Drusus) avait eu d'Antonia la jeune *beaucoup d'enfants, mais n'en laissa que trois,* Germanicus, Livilla et Claude. » Comme Drusus était mort à l'âge de *vingt-neuf ans,* il est de toute évidence que ses enfants mouraient en bas âge, et mouraient de maladie, et non d'accidents, que Suétone n'aurait pas manqué autrement de mentionner, ainsi qu'il le fait pour le fils de l'empereur Claude par exemple. Les trois enfants qui survécurent à leur père prouvent à l'évidence la dégénérescence de la race. Des neuf enfants de l'aînée (Germanicus), *deux meurent en bas âge, deux autres meurent jeunes* et sans enfants, après avoir présenté des symptômes évidents de dégénérescence morale; un fils est épileptique; trois filles se livrent à la débauche la plus effrénée, ont des liaisons incestueuses avec leur frère, et l'une d'elles étonne même ses contemporains par sa dépravation et finit par provoquer son propre fils à l'inceste. Claude, l'autre fils de Drusus, est rachitique et imbécile; Livilla, débauchée et adultère, empoisonne son mari, et sa fille Julie marche sur les traces de sa mère. Peut-il y avoir encore un doute sur le diagnostic? Nous ne le pensons pas.

L'examen médico-psychologique de la première génération de la famille d'Auguste est terminé; en voici les conclusions. Les deux femmes d'Auguste lui avaient donné : 1° une fille, cyniquement débauchée, incapable de maîtriser ses instincts sexuels; elle tombe dans la prostitution la plus abjecte, se livre à ses amants sur la place publique, se vend aux passants, et se laisse entraîner dans un complot contre son père; 2° un fils, doué de qualités brillantes, mort jeune,

(1) SUET. Claud. I.

présentant déjà les symptômes de dégénérescence (son caractère, sa descendance) et de phrénopathie (son hallucination); 3° un enfant né avant terme et non viable.

Passons maintenant à la génération suivante.

CHAPITRE IV

Julie, fille d'Auguste, avait été promise d'abord à *Anthylus*, fils de M. Antoine le triumvir, puis à *Cotison*, roi des Gètes, — du moins M. Antoine l'assure. Elle fut mariée à *Marcus Claudius Marcellus*, fils de *M. Claudius Marcellus Aeserninus* et d'Octavie, sœur d'Auguste. Marcellus étant mort à dix-huit ans, Auguste maria sa fille à *M. Vipsanius Agrippa*, marié en premières noces à *Pomponia*, sœur du célèbre *Pomponicus Atticus*, en secondes à *Marcella* (la cadette) (1), fille d'Octavie et de M. Claudius Marcellus Aeserninus, et par conséquent sœur du jeune Marcellus; « *Auguste persuada à sa sœur*, raconte naïvement Suétone, *de lui céder son gendre* » (2). Agrippa avait eu de Pomponia une fille, *Vipsania Agrippina*, qui épousa d'abord *Tiberius Claudius Néro* (l'empereur Tibère), dont elle eut le César *Drusus Claudius Néro*, ensuite *Asinius Gallus Saloninus*, dont elle eut (3) : a) *Cajus Asinius Saloninus* mort avant son père; b) *Asinius Gallus*, qui complota contre l'empereur Claude; c) *C. Asinius Pollio*, consul en 776; d) *M. Asinius Agrippa*, consul en 778; e) *Asinius Celer*. Julie donna à M. Vipsanius Agrippa cinq enfants : 1) *Caïus César*; 2) *Lucius César*, 3) *Julia*, mariée à *Lucius Aemilius Paulus*, fils de *Paulus Aemilius Lepidus*, qui avait été censeur avec L. Munacius Plancus, et de *Cornelia* (4); 4) *Agrippine*, mariée à Germanicus; 5) *M. Agrippa Posthumus*, nommé ainsi parce qu'il était né après la mort de son père. Restée veuve, Julie épousa Tibère, dont elle eut un fils, né à Aquilée et mort au berceau (5).

(1) DRUMANN (*Geschichte Roms*, etc., t. II, Marcelli) dit que c'est Marcella l'aînée qui avait été mariée M. Vipsanius Agrippa. — (2) SUET. Aug. LXIII. — (3) DRUMANN, *l. c.*, t. II, Asinii. — (4) SUET. Aug. XIX, LXIV; PROPERT. IV, II; D. CASS. LV. DRUMANN, *l. c.* t. I, Aemilii. — (5) SUET. Tib. VII.

Drusus (Decimus) Claudius Néro Germanicus avait été marié à *Antonia*, fille cadette d'Octavie sœur d'Auguste, et de son deuxième mari, M. Antoine le triumvir. Il avait eu, comme nous l'avons déjà dit, beaucoup d'enfants (1), dont trois seulement lui survécurent, tous les autres étant morts en bas âge. Les trois survivants étaient : a) *Germanicus*, marié à Agrippine, fille de Julie et de M. Vipsanius Agrippa; b) *Tibérius Claudius Néro* (l'empereur Claude) qui prit le surnom de *Germanicus*, quand son frère passa par adoption dans la famille Julia (2), puis celui de *Britannicus;* il avait été fiancé d'abord à *Aemilia Lépida*, fille de *Julie* petite-fille d'Auguste, et de *Lucius Aemilius Paulus*, puis à *Livia Médullina (Camilla)*, de l'antique race du dictateur (3), et épousa *Plautia Urgulanilla*, puis *Aelia Petina*, ensuite *Valeria Messalina*, fille de *M. Valerius Messala Barbatus* (fils de *Marcella* dont il a été question plus haut, et de Valérius Messala) et de *Lépida* (4), enfin sa nièce *Agrippine*, fils de Germanicus et veuve de Cn. Domitius Ahenobarbus; c) *Livilla*, mariée d'abord à Caïus César, fils de Julie et d'Agrippa, ensuite à Drusus, César, fils de Tibère.

Examinons cette deuxième génération de la famille d'Auguste, c'est-à-dire les enfants de Julie et de Drusus Germanicus. Mais pour se rendre bien compte de l'influence que pouvait avoir sur eux l'élément pathologique héréditaire, et pour apprécier à sa juste valeur sa transmission directe par la mère chez les premiers, par le père chez les derniers, disons quelques mots de leurs autres parents dans la ligne ascendante, c'est-à-dire du mari de Julie et de la femme de Drusus, ainsi que de leurs familles.

Antonia, femme de Drusus Germanicus, était fille cadette de M. Antoine le triumvir, et d'Octavie, sœur d'Auguste. Nous avons déjà parlé des ancêtres d'Octavie à l'occasion de la famille d'Octavia; elle-même est restée dans l'histoire comme un modèle de douceur et de vertu. Mariée en premières noces à M. Cl. Marcellus Aeserninus, elle en eut un fils : 1), M. Claudius, qu'Auguste fiança à sa fille et désigna pour son successeur; et deux filles; 2) *Marcella* l'aînée, mariée d'abord à Sextus Apulejus, puis à Valérius Messala; et 3) *Marcella* la jeune, qui avait épousé en premières noces M. Agrippa, et en secondes Julus Antonius, fils du triumvir et de Fulvie (5).

---

(1) Suet. Claud. I. — (2) *Ibid.* II. — (3) *Ibid.* XXVI. — (4) Tacit. *Ann.* l. XI, 37. — (5) Drumann, (*Geschichte Roms*, etc., t. II, Marcelli), dans son tableau généalogique de la famille Claudia Marcella, dit que Marcella l'aînée avait été mariée successivement à : 1) M. Agrippa; 2) Julus Antonius (dont un fils, Lucius Antonius);

Le mari d'Octavie, M. Cl. Marcellus Aeserninus, mort, Auguste lui
fit épouser, toute enceinte qu'elle était (1), le triumvir M. Antoine.
Malgré les dédains de son mari, outragée comme épouse par sa liaison
avec Cléopâtre, elle avait fait néanmoins tout son possible pour récon-
cilier son frère et Marc Antoine (2), se montre envers ce dernier épouse
soumise et dévouée, et mère affectueuse pour les enfants qu'il avait eus
de Fulvie (3). Ainsi malgré l'inimitié d'Auguste et d'Antoine, elle sut
par ses prières et ses supplications fléchir son frère, qui finit par accorder d'importants secours en argent et en troupes, qu'Octavie fut
heureuse de porter elle-même à son mari (4). Vraie matrone romaine,
elle éleva elle-même ses filles, auxquelles Auguste, par amitié pour
sa sœur, remit une partie de la fortune de leur père (5), fortune qui
devait être confisquée, puisque Antoine avait été déclaré ennemi de
l'État. Répudiée par Antoine, elle se retira à Rome, où son frère,
qui avait pour elle une grande estime et une vive amitié (6), lui accorda les mêmes honneurs qu'à Livie : des statues, l'inviolabilité tribunienne, le droit de gérer ses affaires et de tester (7). Du temps du
triumvirat elle fit beaucoup de bien, aida bien des malheureux, sauva
des condamnés, sut arracher des grâces au féroce Octave (8), sur lequel elle avait acquis une grande influence. Mais la mort de son fils
Marcellus, jeune homme brillant, plein de talents et d'avenir, favori
d'Auguste et son successeur désigné à l'empire, lui brisa le cœur. Ce
fils paraît avoir été élevé loin d'elle (9), mais elle s'attacha à lui plus
qu'à aucun de ses autres enfants; elle était fière de lui, heureuse de
l'avenir brillant qui s'ouvrait à ce jeune homme; Marcellus était son
orgueil, son ambition et sa joie, aussi sa mort lui porta-t-elle un coup
terrible, dont elle ne put jamais se relever. Elle se mit à haïr toutes
les mères, et surtout Livie, dont le fils semblait hériter du bonheur
promis au sien (10). Elle se retira du monde, « vivant au milieu de ses
filles et de leurs enfants (11), fuyant les honneurs, les plaisirs, les

---

3) Sextus Apuleius (dont une fille Apuleia Varilia, dont parle TACIT. Ann. II, 50).
Marcelle la jeune aurait épousé Val. Messala Barbatus, mais il ajoute lui-même que
c'est très-douteux. Valeria Messalina était fille de Val. Messala Barbatus (SUET.
Claud. XXVI), mais sa mère se nommait Lepida (TAC. Ann., XI, 37).

(1) D. CASS. XLVIII. 31. — (2) Ibid., 54, PLUT. Ant. XXXII, XXXVI, LVI, etc. —
(3) PLUT. Anton, LVIII. — (4) D. CASS. XLIX, 33. PLUT. Anton. XXXVI, LVI. —
(5) Ibid., LI, 15. — (6) SUET. Aug. LXI, D. CASS. XLIX, 38, SENECA, Consol. ad Polyb. XXXIV. — (7) D. CASS. XLIX, 38. — (8) Ibid. XLVII, 7. — (9) VALER. MAX. M.
I. IX, c. xv. De his qui per mendaciam se in alienas familias inseruerunt. 2. —
(10) SENECA, Consol. ad Marc. II. — (11) Ibid.

fêtes de famille ; la fortune de son frère semblait même la blesser. Tout le reste de sa vie, elle le passa dans la solitude, pleurant son fils, et ne voulut ni jamais accepter de consolations, ni même se laisser distraire de son chagrin ; elle eût cru perdre encore une fois ce fils, si elle cessait de le pleurer (1). » Il est un moyen sûr d'épuiser le chagrin que cause la mort d'une personne chérie, de lui faire perdre son amertume et de le faire passer à l'état de douce mélancolie, c'est de l'aviver continuellement, de parler de la perte qu'on vient de faire, de s'entourer d'images et de souvenirs ; il n'y a pas de chagrin qui ne s'use et ne s'épuise vite à ce régime d'affliction bruyante et démonstrative, régime que Livie, en femme forte et pratique qu'elle était, et trouvant très justement un chagrin prolongé inutile, avait adopté après la mort de son fils Drusus (2). Or, jamais Octavie ne voulut qu'on lui parlât de Marcellus, ne voulut pas avoir de portraits de lui, refusa les vers composés pour célébrer sa mémoire (3) assertion de Sénèque, qui rend extrêmement improbable la scène si célèbre de Virgile lisant à Octavie le livre VI de l'Énéide.

> Heu, miserande puer ! Si qua fata aspera rumpas,
> Tu Marcellus eris (4).

Notons en passant que Sénèque qui était presque contemporain, tout en parlant longuement de la mort de Marcellus et du chagrin d'Octavie, non seulement ne fait aucune allusion au bruit qui aurait couru à Rome, selon Tacite et Don Cassius, que Marcellus aurait été empoisonné par Livie, mais il compare Octavie à cette dernière, et c'est Livie qu'il propose comme exemple à suivre à Marcia. Nous verrons du reste que la plupart des accusations contre Livie et Tibère avaient pris naissance bien après leur mort, et que leurs contemporains et la génération qui les avait immédiatement suivis, avaient sur la mère et le fils, ainsi que sur le *clément* Auguste, ce dieu « auquel on avait ouvert peut-être un peu gratuitement le ciel (5) », une opinion tout autre que celle qui a actuellement cours dans l'histoire.

Ajoutons enfin qu'Octavie était admirablement belle, à tel point que

(1) SENECA, Consol. ad Marc. II. — (2) *Ibid.* III. — (3) *Ibid.* — (4) AENEID. l. VI, v. 883. On serait tenté de répéter, en citant ce passage, les vers si connus de Heine sur les plaintes de Cérès :

> Declamierend jene Klagen,
> Die uns allen wohlbekannt.

(5) PLIN. *Hist. nat.* l. VII, 46.

ceux qui avaient vu elle et Cléopâtre, né pouvaient comprendre qu'Antoine l'ait délaissée pour l'Égyptienne (1). Cette dernière, du reste, rendait elle-même justice à sa rivale (2).

M. Antoine le triumvir, mari d'Octavie et père d'Antonia, s'est fait dans l'histoire une réputation pire qu'il ne méritait. Brave soldat, général de grand talent sans être un génie militaire, orateur remarquable, homme sans principes, sans convictions politiques, mais non sans honneur personnel, il est le type de ces condottieri, comme on en voit toujours dans les époques de troubles et de guerres civiles. Mais s'il n'avait pas été précisément un citoyen modèle, il serait néanmoins injuste de le regarder comme un méchant homme. Il était le produit logique, nécessaire de son époque, alors que le sentiment du devoir de citoyen, que les convictions politiques, l'amour de la patrie, le dévouement à l'État, avaient fait place à des considérations d'intérêt et de sympathie personnelles. Il était mauvais citoyen, pas plus mauvais du reste que l'immense majorité des hommes politiques de son temps, mais il n'était pas un malhonnête homme. S'il avait perdu les nobles et hautes vertus civiles, il avait conservé au moins la notion et les sentiments de l'honneur, les affections personnelles, de fidélité sinon aux principes, du moins aux personnes. L'inconstance politique n'exclut pas l'honneur personnel et les vertus privées, et aux époques de trouble et de guerre civile le niveau de l'honnêteté politique baisse rapidement, — nous rappellerons comme exemples les xv et xvie siècles en Italie, la Fronde en France. On peut regretter une pareille décadence, mais on n'a pas le droit de la reprocher à tel ou tel autre personnage exclusivement, d'en faire le bouc émissaire des crimes et des défaillances de son époque et de son pays. Quand une personnalité s'élève au-dessus de l'État, elle devient aux yeux de la foule la personnification de la patrie ; alors les idées sur l'honneur, la fidélité, l'honnêteté politique, se modifient et prennent pour objectif non plus la patrie, non une certaine forme de la vie politique du pays, mais cette personnalité même, ainsi que cela avait eu lieu du temps de Sylla et de Marius, de César et de Pompée à Rome, de Napoléon Ier en France. A l'antique dévouement romain à l'État s'était substitué la fidélité à la personne de l'ambitieux qui convoitait le pouvoir suprême ; M. Antoine n'avait pas été une exception à la règle générale, mais c'est tout. Il s'était donné à J. César, le servit non seulement avec fidélité, mais

(1) PLUT. Anton. — (2) *Ibid.*

avec abnégation, sacrifiant pour lui sa position, s'exposant aux plus grands dangers, risquant sa vie. Tribun, il annula de son *veto* la décision du Sénat, qui enlevait à César le commandement de son armée, et fut forcé de fuir Rome. Resté une autre fois à Rome seul dépositaire du pouvoir, il le remit fidèlement au dictateur; c'est encore lui qui avait essayé de poser sur la tête de Jules César le bandeau royal, quoique la restauration de la royauté ne pouvait que l'abaisser, lui, M. Antoine. Le dictateur mort, il le vengea, quoiqu'il dut pour cela aller contre le Sénat. On lui reprocha son inconstance envers Auguste. Mais J. César mort, Antoine ne devait rien ni à Rome, ni à ce écolier, qui d'ailleurs avait encore tenté de l'empoisonner. Condottiere par métier et par goût, il ne rechercha alors le pouvoir que pour lui-même.

Mais on reproche à Antoine moins sa vie politique que sa vie privée. Il faut convenir que les hommes, comme les livres, ont leur destinée — *habent sua fata*, et que cette destinée est quelquefois bien singulière. Antoine vivait avec sa femme Fulvie jusqu'à la mort de cette dernière, quoiqu'elle ne se distinguât pas précisément par la beauté, et encore moins par une bonté de cœur excessive ou par une grande facilité de caractère. Il ne voulut jamais répudier cette Xantippe, quoique le mariage avec Octavie, qu'il épousa après la mort de Fulvie, lui présentât d'immenses avantages politiques, et que les divorces à cette époque eussent été à l'ordre du jour à Rome, « alors que les femmes les plus illustres et les plus nobles comptaient leurs années non par les consuls, mais par leurs maris (1) », de sorte que s'il eût répudié Fulvie, personne n'aurait songé à l'en blâmer. Octavie, nous l'avons déjà dit, était une femme noble et vertueuse, mais M. Antoine l'avait épousée par politique et nullement par inclination. Il ne l'aimait pas; c'était assurément un très grand malheur pour elle, mais il est difficile d'en faire un crime à son mari. L'histoire répète encore les sottes calomnies sur ses débauches avec Cléopâtre, calomnies répandues par Auguste, frère d'Octavie, l'épouse répudiée d'Antoine, et lui-même ennemi personnel de ce dernier, par conséquent doublement intéressé à présenter M. Antoine sous un jour défavorable. M. Antoine vivait maritalement avec Cléopâtre, il est vrai, mais à tous les reproches à ce sujet il répond par une seule phrase, qui met fin à toutes

(1) « Nunquid jam ulla repudio erubescit, postquam illustres quædam ac nobiles feminæ, non consulum numero, sed maritorum annos suos computant? » SENECA, *De beneficiis*, liv. III, XVI.

les récriminations : « *uxor mea est* », écrit-il de Cléopâtre à Auguste :
« *elle est ma femme, et cela depuis neuf ans.* » Voici un homme qui
vit de longues années avec une femme, *qui est la sienne*, qui, pour
l'épouser, quitte une épouse qu'il n'avait jamais aimée, qui lui avait
été imposée par les dures nécessités de la politique; voici un ambitieux, qui, pour faire un mariage d'amour, rompt une alliance politique
d'une importance capitale, et sacrifie ainsi à son amour les plus grands
intérêts, ce qu'on lui reproche constamment, risque sa position politique, et cela à tel point, qu'on le croit ensorcelé par la femme qu'il
aime. Voici un Romain qui renonce à sa patrie, au titre d'*imperator*,
à la gloire qu'il s'était conquise, aux mœurs et aux idées dans lesquelles il avait été élevé, qu'il était habitué à respecter, qui se fait
gymnasiarque (!), adopte l'habit, les coutumes, les titres orientaux,
si méprisés de ses concitoyens, et naguère encore de lui-même; voici
un général célèbre, le chef d'un grand parti politique, un soldat vaillant, qui abandonne son armée et sa flotte au moment critique d'une
bataille décisive, et tout cela pour ne pas se séparer de la femme
aimée, *qui est la sienne;* voici enfin un homme qui se perce de son
épée pour ne pas survivre à sa bien-aimée qu'il croit morte, qui offre
de se livrer à son ennemi pour sauver la couronne à cette femme, un
homme dont la dernière volonté est d'être enseveli dans le tombeau de
cette épouse tant aimée, pour que la mort même ne l'en sépare pas (!)
— cet homme, on nous le présente comme un débauché !! Et l'histoire
répète pendant dix-neuf siècles les calomnies de son ennemi mortel,
et ne veut pas entendre la justification de l'accusé ! En effet, qui donc
fait courir tous ces bruits sur les débauches et les débordements
d'Antoine ? Quelle ironie ! C'est le *chaste* et le *vertueux* Octavien,
celui-là même qui se fait amener par ses esclaves les épouses des personnages les plus illustres et les plus respectés de Rome, qui passe en
revue les vierges que ses amis font venir pour lui, qui répudie sa
femme immédiatement après ses couches, parce qu'elle se plaignait
de ses infidélités, et qui la calomnie encore pour s'en débarasser plus
vite, qui enlève Livie à son mari et l'introduit enceinte dans sa maison et dans son lit, et a encore l'impudence de demander aux pontifes
s'il peut l'épouser sans violer les lois et les coutumes. L'homme qui
sut forcer la fière Livie non seulement à fermer les yeux sur ses infidélités, mais à lui fournir encore des vierges, — les vierges, c'est son

(1) Plutarch. Anton. D. Cass. l. L, 3: LI, 8.

faible à cet homme si austère et si moral, — qui, en reprochant à Antoine de vivre maritalement avec sa' femme, se trouve être en même
temps l'amant « et de Tertulla, et de Terentilla, et de Rufilla, et de
Salvia Titisenia. » L'impudence est une condition importante de réus-
site, une grande chance de succès, et le précepte « calomniez, calomniez, il en reste toujours quelque chose, » paraît avoir été connu bien
avant Beaumarchais. Antoine, qui aimait sa femme, à laquelle il sacrifia pouvoir, patrie, gloire, position politique, vie enfin, figure dans
l'histoire comme un débauché, et Auguste, l'infâme et féroce triumvir,
le débauché cynique, qui a un faible prononcé pour les vierges, est
passé à la postérité comme le modèle du souverain, de l'homme et de
l'époux, et cela parce que, en fait de moralité sexuelle, il avait toujours
été très sévère... pour les autres.

Rappelons pourtant un grand défaut d'Antoine : il aimait trop le vin.
Ce défaut était, comme on sait, très répandu à cette époque dans la
ville éternelle, et les Romains du temps des triumvirs et des premiers empereurs ne brillaient pas par la sobriété. Mais il paraît
qu'Antoine s'est fait sous ce rapport une sorte de célébrité parmi ses
contemporains. Il faut ajouter du reste que c'est lui-même qui s'est
fait cette réputation ; nous savons qu'il était trop jaloux de sa supériorité sur les autres à porter le vin, et que peu de temps avant Actium il publia un mémoire sur ses talents œnologiques (1). N'était-ce
pas tout simplement une fanfaronade de vice ? ce qui serait tout à fait
dans le caractère du triumvir. Pour choquer les idées reçues, et par
ostentation de luxe, ne se fit-il pas faire des pots de chambre en or,
déclarant, lui soldat, ne pouvoir se servir d'autres vases de nuit (2) ?
Ne se fit-il pas traîner dans un char attelé de lions ? (3) Ne fit-il pas
parade de sa liaison avec la courtisane Cytharis (ou Lycoris) (4) ?

Analysant la vie de M. Antoine et sa personnalité physique et morale, nous ne voyons pas le moindre indice, nul symptôme de quelque
élément pathologique, et encore moins d'un élément névropathique.
Antoine est un spécimen splendide de la race romaine — beau, brave,
intelligent, doux de caractère, bon, clément, généreux (Plutarque en
donne des preuves à chaque page de la vie d'Antoine) excellent général, orateur brillant, père d'enfants nombreux, dont aucun n'est mort
en bas âge ; il ne pouvait donc que transmettre à sa postérité une cons-

---

(1) PLIN. *Hist. nat.*, liv. XIV, c. XXVIII. — (2) *Ibid.* — (3) *Ibid.* l. VIII, c. XVI. CICER.
Epist. XIII, (l. X). — (4) CICER. *Epist. ad Att.* liv. X, c. XI, *et passim.* PLUT. *l. c.*

titution forte et saine, un esprit bien équilibré, et si nous voyons l'élément névropathique, absent chez sa fille Antonia, frapper d'une façon si terrible son petit-fils et sa petite-fille, ainsi que leurs enfants, nous ne pouvons en bonne logique que le supposer transmis par le mari d'Antonia, et il se trouve précisément que ce mari est halluciné, et sa sœur à peu près nymphomane. Du reste, Antoine ne paraît pas avoir exercé une influence héréditaire bien forte sur les enfants et les descendants d'Antonia, sa fille ; l'hérédité morbide venant d'Auguste avait été si forte, si énergique, qu'elle avait, pour ainsi dire, annulé l'hérédité plus heureuse venant d'Antoine. Ainsi la postérité commune d'Auguste et d'Antoine rappelle par les traits de visage, par certaines particularités physiques, telles que faiblesse des jambes, maladie d'estomac etc. l'ancêtre paternel, jamais l'ancêtre maternel. Nous avons au musée du Vatican un buste splendide d'Antoine, et tous ses nombreux portraits sur les monnaies et les médailles présentent une particularité (le profil applati, l'arête du nez descendant brusquement, la mâchoire inférieure proéminente (1)), que nous retrouvons aussi chez son frère Lucius Antonius (2) et chez ses fils Anthyllus (3) et Julus (4). Cette particularité des traits de sa figure est tellement prononcée, qu'on reconnaît immédiatement et sans la moindre hésitation les plus mauvais portraits d'Antoine, comme on reconnaît ceux de Pertinax, de Nerva, de Caracalla etc. Or, aucun membre de la nombreuse postérité d'Antonia ne présente rien qui puisse rappeler, même de loin, le profil si caractéristique d'Antoine et de la famille Antonia en général.

Antonia, digne fille de sa mère, avait hérité des vertus d'Octavie ; épouse fidèle et aimante, elle se retire du monde après la mort de son mari, quitte la scène de l'histoire, et jusqu'à sa mort, c'est-à-dire pendant un demi-siècle, on n'en entend plus parler : « la meilleure femme est celle dont on ne parle pas. » La destinée ne lui a réservé que ses rigueurs. Mère aimante, de ses nombreux enfants elle n'en conserve que trois, tous les autres meurent en bas âge. Des trois qui lui restent, l'aîné, Germanicus, meurt jeune, loin d'elle et de Rome ; son

(1) Voy. LENORMANT. Iconographie des empereurs romains, pl. III. VISCONTI. Iconographie romaine, art. M. Antoine, pl. VII. Eckhel, l. c, etc. Nous avons pu nous en convaincre en étudiant la collection si riche du cabinet des monnaies et médailles aux Uffizi de Florence. — (2) Voy. le denier d'argent décrit chez Visconti, (pl. VII. n. 4). — (3) Voy. le denier d'or chez Visconti (n. 3). — (4) Voy. le denier d'argent portant d'un côté l'effigie de Julus Antonius, de l'autre celle de Ptolémée assimilé au soleil (n. 3 du cabinet des médailles aux Uffizi de Florence). Sur la signification de la tête radiée, Voy Dion Cassius, l. XLIX, c. c. 32 et 40.

autre fils, Claude, est imbécile ; sa fille, Livilla, débauchée, adultère et criminelle, est convaincue d'avoir empoisonné son mari de concert avec son amant. Épouse dévouée, elle perd son mari à peine âgé de vingt-neuf ans. « Antonia, supérieure en vertu aux hommes qui ont illustré sa famille, répondit à l'amour de son mari par la plus chaste fidélité ; elle demeura veuve à la fleur de l'âge et dans tout l'éclat de sa beauté ; elle vieillit sans autre société que celle de la mère de son mari, et le même lit vit s'éteindre l'époux dans sa jeunesse et vieillir l'épouse dans un veuvage austère (1). Après la mort de son mari, elle se retira dans sa belle villa de Baules, loin du palais et de Rome, des splendeurs et des plaisirs de la capitale, refusant de se remarier, comme Auguste l'en pressait (2), et, jeune et belle, se consacra entièrement à l'éducation de ses enfants qu'elle avait nourris elle-même (3). Mais bientôt les enfants durent aller à Rome, où elle les suivit d'abord, pour retourner bientôt de nouveau dans sa solitude. Elle y vécut, aimée et honorée de la famille impériale et du peuple, faisant le bien, mais voyant peu le monde ; comme les âmes blessées, elle préférait la solitude ; dans son tranquille asile de Baules, son seul plaisir était de s'entourer d'animaux ; elle avait entre autres une murène apprivoisée, qu'elle orna de boucles d'oreilles en or passées dans les ouïes (4). L'empereur Tibère professait une grande estime pour la haute intelligence et la noblesse d'âme de sa belle-sœur, et lui témoigna toujours la plus grande déférence et la plus tendre amitié (5). Sombre et malade lui-même, il quittait souvent son rocher solitaire de Caprée et venait passer quelques jours chez Antonia. Celle-ci profitait de cette amitié du vieil empereur pour intercéder auprès de lui en faveur des malheureux, lui demandant des secours aux nécessiteux, la grâce des condamnés, comme jadis Octavie sa mère profitait de l'amitié d'Auguste pour faire le bien. Comme sa mère aussi, Antonia avait été l'ange de la concorde dans la maison si divisée des Césars (6), et son souvenir resta cher à tous les membres de la famille ; ainsi Claude, qui pour-

---

(1) VALER. MAX. l. IV, c. III. De abstinentia et continentia 3. « Antonia, aussi célèbre par sa beauté que par sa vertu, » dit PLUTARQUE, (Ant. XCV). — (2) FLAV. JOSEPH. Ant. Jud. l. XVIII, c. 13. — (3) Ibid. c. 12. — (4) PLIN. Hist. nat., l, IX, 81. — (5) VAL. MAX. l. c. — (6) Ainsi nous voyons sur un grand nombre de médailles et de monnaies frappées en honneur d'Antonia et portant son effigie avec l'exergue ANTONIA AVGVSTA, le revers présenter Antonia assimilée à la Concorde, la corne d'abondance à la main, et un denier d'or (cabin. des médailles aux Uffizi de Florence, n° 373), porte en outre l'exergue : CONCORDIA (domûs) AVGVSTI.

tant était loin d'avoir été son favori (1), arrivé à l'empire, fit décerner à sa mémoire tous les honneurs qui avaient été accordés à Livie, tels que : char traîné par des éléphants (2), un temple à Rome même, célèbre par un tableau d'Appelès (3) etc.

Le malheur poursuivit l'infortunée Antonia jusqu'à la fin de sa trop longue vie. Amie de Tibère, elle lui découvrit la conjuration de Séjan (4) et l'empoisonnement de Drusus César, fils unique de l'empereur; or, l'enquête démontra que c'était sa fille Livilla, maîtresse de Séjan, qui avait empoisonné Drusus, et la malheureuse mère, pour la sauver d'un supplice terrible et public, dut la laisser mourir de faim dans sa maison (5). Elle s'attacha aux enfants de Germanicus, ses petits-fils, se chargea de leur éducation, et quand les Césars Nero et Drusus, héritiers présomptifs de l'empire, furent envoyés à Rome, elle garda auprès d'elle ses petites filles et le plus jeune de ses petits-fils, Caius (6); bientôt elle eut la douleur d'apprendre l'exil du César Néron, l'aîné, puis sa mort, ensuite celle du César Drusus, et enfin un jour elle trouve le jeune Caius, à peine nubile, commettant un inceste avec sa sœur Drusilla (7). Arrivé au principat, Caius, pour se faire bien voir à Rome, où Antonia jouissait de l'estime générale, lui fit décerner d'abord de grands honneurs (8), lui donna le titre d'Augusta, le rang de Vestale, et la nomma prêtresse d'Auguste (9); mais bientôt, impatienté de quelques remontrances qu'elle lui avait faites (10), la traita de la façon la plus indigne, affecta de ne la voir que devant témoins (11), et l'abreuva de tant de chagrins et de dégoûts, qu'elle en mourut (12) ou se laissa mourir de faim (13), à moins qu'elle n'ait été empoisonnée par son ordre (14). Toute la vie si longue de cette vertueuse femme ne fut qu'une suite de malheurs et de chagrins.

Les nombreux portraits que nous possédons d'Antonia, statue et buste au Louvre, bustes aux Uffizi de Florence et au Musée Capitolin (salle des empereurs), le camée 206 du cabinet des médailles à la Bibliothèque Nationale à Paris, et enfin les nombreuses monnaies et médailles, nous montrent une femme idéalement belle, mais d'une beauté douce, tranquille, véritablement féminine.

Nous voyons qu'Antonia n'avait pas pu apporter à la famille de

---

(1) SUET. Claud. III. — (2) Ibid. XI. — (3) PLIN. Hist. nat. l. XXXV, c. 36. — (4) FLAV. JOSEPH, Antiq. Iudaïc. l. XVIII, c. 13. — (5) DION CASS. l. LVIII, 11. — (6) SUET. Caïus, X et XXIV. — (7) Ibid. XXIV. — (8) Ibid. XV. — (9) DION CASS. LIX, 3. — (10) Ibid. — (11) SUET. Caïus. XXIII. — (12) Ibid. — (13) DION CASS. LIX, 3. — (14) SUET. Caius, XXIII.

Drusus Germanicus aucun élément pathologique, et si leurs descendants présentent des anomalies somatiques et psychiques, ces anomalies ne peuvent évidemment provenir que de l'influence pathologique de la ligne ascendante masculine, c'est-à-dire de Drusus Germanicus père. En effet, l'empereur Claude, leur fils, était très scrofuleux, son fils Britannicus présente le type scrofuleux le plus accentué,
ainsi que l'empereur Néron, arrière-petit-fils de Drusus Germanicus
et d'Antonia; enfin nous voyons la scrophule envahir leur postérité,
preuve indubitable de la dégénérescence de la race, tandis qu'Antonia
se distinguait précisément par le peu d'abondance de sécrétion de ses
muqueuses : on sait qu'elle ne crachait jamais (1), chose extrêmement
rare à son époque.

Passons maintenant à la famille de Julie.

M. Vipsanius Agrippa, le deuxième mari de Julie, d'une naissance
obscure (2), avait été destiné dès son enfance au métier des armes (3).
Il avait été le compagnon d'enfance d'Auguste, et la mort du dictateur
les surprit tous les deux faisant leurs études à Apollonia. Agrippa accompagna son ami en Italie, contribua à lui gagner les vétérans qui
avaient servi sous le grand César (4), prit part à la guerre de Pérouse,
fut fait préteur à l'âge de vingt-cinq ans, fit une campagne brillante
dans les Gaules, et battit ensuite Sextus Pompée sur mer et sur terre
avec une armée et une flotte qu'il avait organisées lui-même. Sur le
désir d'Auguste il accepta, après avoir été consul, l'édilité, et enrichit Rome d'aqueducs, de fontaines, de thermes et de temples, mais
dut bientôt prendre les armes pour combattre M. Antoine. Nommé général en chef des armées de terre et de mer, il prit Méthone, rem-
porta ensuite la victoire d'Actium, qui mit fin aux guerres civiles, et
donna l'empire à Auguste.

Auguste n'avait pas hérité des talents militaires, de la bravoure et de
l'activité du dictateur; aussi se déchargea-t-il sur Agrippa de l'organisation des armées et des flottes, et de la conduite des guerres nombreuses qui eurent lieu sous son principat. Aussi voyons-nous Agrippa
tantôt remportant des victoires navales sur Sextus Pompée, sur Q. Na-
sidius, sur Sossius, sur M. Antoine, tantôt battant les ennemis de l'em-

---

(1) Plin. *Hist. nat.* VII, 18. — (2) (Tacit. *Ann.* I, 3. Vell. Paterc. II, 127.

(3)   Matrisque sub armis
                       Miles Agrippa suæ (*Manilius*, l. I, v. 795).

(4) Vell. Paterc. II, 59.

pire dans les Gaules et en Asie, en Espagne et en Pannonie, toujours courant d'un bout à l'autre de l'empire, organisant les troupes, inspectant l'administration des provinces, vrai lieutenant général de l'empire et collègue de l'empereur.

Auguste ne lui marchanda pas les honneurs : consulats, couronne murale, couronne rostrale en or, étendard couleur de mer, cas unique dans toute l'histoire romaine, puissance tribunienne, qui rendait sa personne inviolable, censure, rien ne lui manqua. L'empereur l'investit en outre de la toute-puissance impériale pendant son absence de Rome, lui fit épouser sa nièce Marcella, et, étant tombé gravement malade, lui remit le sceau de l'empire, le nommant ainsi son héritier, à l'exclusion de son neveu et favori le jeune Marcellus. Il l'éleva si haut que, après la mort de Marcellus, Mécène conseilla, dit-on, à l'empereur ou de faire tuer Agrippa, ou d'en faire son gendre. Auguste lui fit en effet épouser sa fille Julie, restée veuve, adopta leurs enfants, les déclara héritiers de l'empire, et quand Agrippa mourut, fit placer ses cendres dans le tombeau qui avait été préparé pour Auguste lui-même et les membres de la famille impériale.

Soldat brave et infatigable, un des généraux les plus illustres de Rome, excellent administrateur, Agrippa était pour Auguste ce que M. Antoine avait été pour Jules César, un *alter ego*, un auxiliaire sûr et capable, un ami fidèle. Mais il y a progrès en tout, même en servitude; aussi Agrippa n'est-il pas seulement le compagnon dévoué, l'aide instruit, intelligent et sûr, comme l'avait été M. Antoine pour le dictateur; il est encore l'humble et loyal serviteur d'Auguste, et cela aussi bien dans sa vie privée que dans sa vie politique. Sur un ordre d'Auguste il répudie sa femme Pomponia, qui lui avait déjà donné une fille, Vipsania, et épouse Marcella, nièce de l'empereur. Mais les combinaisons politiques changent; Auguste lui fait répudier aussi Marcella enceinte, et cela sans attendre même ses couches, et épouser Julie. Cette dernière se livre à la débauche la plus effrénée et le couvre de honte; mais elle est fille du maître, et Agrippa non seulement se tait, mais il vit avec elle maritalement et en a des enfants, qui sont bien de lui, puisqu'ils lui ressemblent (1). Elle compte ses amants par douzaines, mais pour Agrippa elle est la fille de son em-

(1) MACROB. Saturn. II, 5.

N° 208 du cabinet des pierres gravées (Uff. Florence), portraits des Césars Caius et Lucius, peut-être les seuls authentiques, et en tout cas trop peu connus.

pereur, avant d'être sa femme adultère; il lui fait un train royal, lui
rend les honneurs comme à une princesse de sang, il met, ainsi que
nous l'avons dit plus haut, à l'amende des villes pour avoir ignoré
l'arrivée de la fille du prince.

Mais ce n'est pas seulement dans ses relations personnelles qu'A-
grippa se montrait serviteur dévoué d'Auguste. Toute sa vie politique
porte le même cachet d'assujettissement et de courtisanerie. Il disait
souvent à ses amis « que les princes ne veulent jamais être surpassés
en gloire par qui que ce soit, que toute gloire leur porte ombrage,
tout nom trop brillant leur est suspect, que par conséquent un
homme prudent doit agir de façon à faire rejaillir la gloire de ses
entreprises sur le prince, se réservant les travaux et les dangers, et
dans ses succès même ne jamais perdre de vue l'amour-propre du
maître, ne jamais remporter des victoires décisives, mais les préparer
seulement, réservant au prince les succès faciles et brillants (1). »
Ainsi on disait qu'Agrippa n'avait pas voulu profiter de la victoire
de Mylae et anéantir, comme il le pouvait, la flotte de Sextus
Pompée (2); que dans d'autres occasions il ménageait les ennemis,
pour ne pas remporter des succès trop éclatants. Il est certain qu'il
refusa trois fois le triomphe (3) que le sénat lui avait accordé, pour ne
pas offusquer, en s'élevant trop haut, l'amour-propre d'Auguste. Il
évita de même de donner son nom aux constructions splendides dont il
avait orné Rome, gloriole dont les Romains avaient été de tout temps
très jaloux, et en référa l'honneur à l'empereur. *Aqua Julia, Septa
Julia*, bâties par Agrippa, portent le nom d'Auguste; le beau portique du Champ de Mars reçut le nom de portique de Neptune, etc.
« Surpassant tous les contemporains en mérites, en exploits militaires
et en services rendus à l'État, il s'effaçait volontairement devant Auguste » dit de lui Dion Cassius : « En laissant celui-ci recueillir les
fruits de ses travaux militaires et administratifs..... il ne lui porta pas
ombrage et n'excita pas sa jalousie (4) ».

Mais Agrippa était, peut-être, indifférent à la gloire? Serait-il par
hasard un de ces hommes sublimes, qui ne connaissent que les joies
austères du devoir accompli, des services rendus à leur pays, auxquels
la conviction d'avoir été utiles, d'avoir fait le bien, serait la meilleure
récompense de leurs travaux, et qui, heureux de cette conviction intime, sûrs du verdict de l'histoire et de l'estime de la postérité, font

(1) D. Cass. XLIX, 4. — (2) *Ibid.* — (3) *Ibid.* XLVIII, 49: LIV, 14, 24. — (4) *Ibid.*
LIV, 29.

peu de cas de la gloire éphémère du présent et de l'opinion de leurs
contemporains? Loin de là! Agrippa était un ambitieux assez vulgaire.
Ainsi, de basse naissance et admis, comme collègue et gendre de
l'empereur, dans la haute aristocratie de Rome, il avait la petitesse
d'être honteux de son humble origine, et voulait faire oublier le nom
plus que modeste de sa famille; sur les monnaies, les médailles, les
statues, dans les actes officiels, comme dans les salutations, il se fait
appeler par son prénom *Marcus* et son surnom *Agrippa*, en faisant
omettre son nom, — *son nom!* — *Vipsanius*. Auguste, se croyant près
de mourir, lui remet le sceau de l'empire; le jeune Marcellus s'en
montre tellement offusqué, qu'Auguste, après sa guérison, pour le
ménager, mit quelque réserve dans ses relations avec Agrippa.
Celui-ci, blessé et furieux, quitte la cour, se retire à Mytilène, boude
l'empereur, son compagnon et son ami d'enfance, qui l'avait traité
avec froideur, lui, le grand général, l'homme indispensable, le serviteur zélé et loyal, pour faire plaisir à un jeune homme, qui n'a
d'autres titres à l'affection du maître que d'être son neveu et son
gendre.

Mais Marcellus meurt la même année encore, Auguste appelle
Agrippa à Rome pour lui faire épouser la veuve de son ennemi, la
peu chaste Julie (1), et Agrippa accourt, répudie sa femme enceinte,
et est très heureux, très honoré de devenir le mari d'une prostituée
qui lui apporte en dot l'empire. Quant à son républicanisme et le conseil qu'il aurait donné à Auguste de rétablir l'ancien ordre des
choses (2), c'est là un de ces récits de fantaisie, dont la critique historique a démontré la fausseté. Son discours, que Dion Cassius trouve
le moyen de rapporter, est une de ces amplifications de rhéteur, comme
il s'en composait tous les jours dans les écoles de déclamation (3). Ce
n'est certainement pas l'assassin juridique de C. Cassius (4) qui l'aurait prononcé. D'ailleurs Dion a l'habitude de prêter ses propres élucu-
brations aux grands hommes du passé; ainsi il donne une longue harangue de Cicéron au Sénat contre Antoine, tandis que nous possédons
le texte même des philippiques du grand orateur.

Agrippa ne serait-il alors qu'un valet misérable et servile, toujours

---

(1) VELL. PATERC. II, 93. — (2) D. CASS. l. LII, 2-13.

(3)   Et nos
             Concilium dedimus Syllæ, privatus ut altam
                    Dormiret (*Juvenal. Sat.* I).

(4) VELL. PATERC. II, 69.

prêt à ployer l'échine, rampant devant les puissants et mendiant leurs bonnes grâces? Non certainement. C'est un ambitieux, qui veut bien obéir au maître, mais à lui seul, et encore à condition de commander aux autres, *parendi, sed uni, scientissimus, aliis sane imperandi cupidus*, dit de lui Velleius Paterculus (1). Serviteur zélé et loyal, il obéit aveuglément au maître, mais l'empereur a-t-il l'air de lui préférer son neveu, Agrippa boude et s'éloigne; il veut bien se contenter de la seconde place dans l'État, mais ne se résigne pas à la troisième; obéissance, dévouement, amitié d'enfance, tout cesse et s'efface devant l'ambition. Auguste voudrait laisser le pouvoir à Marcellus, mais « il n'est pas sûr qu'Agrippa laisse ce dernier en jouir paisiblement (2). »

Nous avons dit qu'Agrippa était pour Auguste ce qu'Antoine avait été pour le grand dictateur. En effet, leurs rôles sont analogues, mais leurs personnalités ne se ressemblent guère. Tous les deux étaient le produit de leur temps, mais l'époque du grand dictateur, époque de luttes gigantesques entre la liberté et l'usurpation violente, est tout autre que l'époque d'Auguste, époque de guerres toutes personnelles d'abord, ensuite de despotisme tranquille, quasi légal, accepté sans résistance, presque sans protestation. Antoine est un vassal, un soldat, qui sert fidèlement son suzerain et son chef, mais qui a son amour-propre, sa dignité personnelle, qui est avide de gloire pour son compte. Agrippa est déjà un courtisan qui cherche à plaire au maître et à gagner ses bonnes grâces. Il est le représentant du type si commun du courtisan du temps de Louis XIV et des règnes suivants, mais dans sa plus belle et plus haute expression. Beau, vigoureux, infatigable, très intelligent, lettré (3) et savant (4), d'une éducation brillante, de talents hors ligne, il est le plus bel exemplaire de ces courtisans hommes politiques. Tout ce qu'il y a de bon en lui lui appartient en propre, tout ce qui est mauvais est le produit de son époque. Courtisan de l'empereur, il lui obéit docilement, et attend patiemment le pouvoir suprême, qu'il croira être le faîte de la félicité humaine; héritier du trône, il ne fait pas du libéralisme, comme Germanicus, ne recherche pas la popularité, il ne veut que gagner et conserver les bonnes grâces du prince. Il est logique, conséquent, aussi ne se met-il pas dans une position absurde et comique, et ne joue pas le rôle indigne et misérable d'un libéral sur les marches du trône, comme le fait Germanicus.

(1) VELL. PATERC. II, 79. — (2) *Ibid.* 93. — (3) PLIN. *Hist. nat.* l. VII, 46. — (4) *Ibid.* l. III, 3.

Nous possédons de nombreux portraits d'Agrippa en bustes, médailles et monnaies; les plus beaux, sans contredit, sont les bustes du Louvre et des Uffizi de Florence, et la médaille de bronze moyen modèle, présentant la tête d'Agrippa, ceinte de la couronne navale, avec la légende M. AGRIPPA. L(ucii) F(ilius). cos. III, et au revers la figure de Neptune debout, un trident à la main, et les sigles S. C. Cette médaille est décrite par Morellius (1) et E. Q. Visconti (2), mais les dessins ne donnent aucune idée du profil si caractéristique d'Agrippa, profil qu'on retrouve sur tous ses portraits, même les plus médiocres, même les plus petits — ce front sourcilleux, *torvitas* dit Pline (3) — qui donne à l'œil et à toute la physionomie un caractère farouche et morne, rappelant le taureau, auquel Pline applique le même terme, *torvo fronte* (4). Cette particularité frappante des traits d'Agrippa, il l'avait transmise, nous le savons, à ses enfants.

Beau, intelligent, actif, vigoureux, infatigable, très instruit, grand général, excellent administrateur, Agrippa présente une réunion rare de belles qualités physiques et morales, et peut être regardé comme un exemplaire splendide de l'espèce humaine. Il n'a donc pu transmettre à ses enfants et à sa postérité qu'une vigoureuse santé, tant somatique que psychique, et si nous trouvons quelque élément pathologique dans sa postérité, cet élément ne pouvait venir que de Julie; et l'influence du père, loin d'y avoir contribué, devait lutter contre lui, l'affaiblir et en retarder le développement.

Agrippa avait eu de sa première femme Pomponia une fille, Vipsania Agrippina, mariée à Tibère, auquel elle avait été fiancée au berceau (5). Nous n'avons sur elle que très peu de renseignements. Son mariage avec Tibère avait été heureux; ils eurent un fils, Drusus, et Vipsania était enceinte pour la seconde fois, quand Tibère reçut d'Auguste l'ordre de la répudier pour épouser immédiatement Julie (6). Cette séparation fut un grand chagrin pour les deux époux. Malgré la beauté de Julie, malgré son amour (du vivant encore de son mari Agrippa, Julie avait fait, nous l'avons déjà dit, des avances très significatives au beau, illustre et aristocratique Tibère Claudius (7), celui-ci conserva un sentiment très vif pour Vipsania, et l'ayant rencontrée un jour dans la rue, la regarda avec tant d'amour, les yeux gonflés de

(1) *Thesaur. famil. roman.* fam. VIPSANIA, n. 4. -- (2) *Iconographie romaine,* pl. VIII, nn. 4 et 5. — (3) *Hist. nat.* XXXV, 9. — (4) *Ibid.* VIII, 70. — (5) CORNEL. NEPOS, *Vita T. Pomponii Attici,* c. XIX. — (6) SUET. Tib. VII. D. CASS. LIV, 31. — (7) SUET. Tib. VII.

larmes — *tumentibus oculis* — qu'Auguste jugea nécessaire de faire prendre des mesures pour empêcher dorénavant de telles rencontres (1). On ignore ce qu'était devenu le deuxième enfant dont Vipsania était enceinte quand elle fut répudiée.

Vipsania épousa dans la suite C. Asinius Gallus (2), dont elle eut (3) : 1) *C. Asinius Saloninus*, mort avant son père sous le consulat de C. Sulpicius Galba et de Q. Haterius Agrippa; il avait été fiancé à une petite-fille de Tibère (4); 2) *Asinius Gallus*, dont on ignore le prénom, et qui avait comploté contre l'empereur Claude (5). 3) *C. Asinius Pollio*, consul en 776 avec L. Antistius Vetus, puis proconsul en Asie. 4) *M. Asinius Agrippa*, consul en 778 avec C. Cornélius Lentulus Cossus, mort en 780. 5) *Asinius Celer*, consulaire, dont parle Pline l'ancien (6).

Nous devons placer ici une remarque concernant cette famille Asinia.

Plusieurs collections possèdent les portraits d'un personnage inconnu, au front fortement bombé, aux traits durs, d'un âge mûr. Ces portraits, chef-d'œuvres de la lithoglyptie, faits par Dioscoride et par Solon, ne portent aucune indication, de sorte qu'aucune conjecture même n'était possible. Prenant la signature de l'artiste pour le nom du personnage, on avait cru les cornalines (7) de la collection Farnèse, du musée de Naples et du cabinet Poniatowsky (8), être le portrait de Solon, le législateur athénien; mais le cabinet de France possède une améthyste gravée avec le portrait, signé Dioscoride, de ce même personnage, mais dans un âge beaucoup plus avancé. Il est donc évident que cet inconnu était un contemporain de Dioscoride, et comme ce dernier est mort sous le principat d'Auguste, le personnage en question était déjà très vieux à cette époque. Philippe d'Orléans, régent de France, fit remarquer que la tête d'un personnage du temps d'Auguste, gravée par les plus excellents lithoglyptes de son siècle, si elle n'est pas celle d'Agrippa, doit être celle de Mécène, d'autant plus que cet ami de l'empereur parvint à un âge avancé (9). » Bau-

(1) Suet. Tib. VII. — (2) Tacit. *Ann* I, 12, IV, 61. D. Cass. LVII, 2, LVIII, 3. — (3) Drumann, *Geschichte Rom's*, t. II. Asinii. — (4) Tacit. *Ann*. III, 75. — (5) Suet. Claud. XIII. D. Cass. LX, 27. — (6) *Hist. nat.* IX, 31. — (7) Visconti. *Iconographie romaine*. Milan 1819, p. 401 et suiv. pl. XIII. Lenormant. *Iconographie des empereurs romains*, p. 8, pl. IV, 7, 8 et 9. — (8) Où elle a passé de la collection Ricciardi de Florence. — (9) Mécène est appelé *Senex* dans l'élégie sur sa mort, attribuée à Pedo Albinovanus (vers. 2 et 8) et le vers 3 fait aussi allusion à son grand âge. Voy. Visconti, *l. c.*

delot, qui fit part à l'académie des inscriptions et belles-lettres de la
conjecture du prince, « n'a pu l'appuyer d'aucune autre preuve (1). »
Visconti croirait plutôt que ces portraits sont ceux de l'orateur *C. Asinius Pollio*, consul, triomphateur, un des premiers personnages de
son temps, protecteur des arts et des lettres, fondateur de la première
bibliothèque publique à Rome, ami de Horace et de Virgile. On ne
doit pas douter, dit Visconti, que son portrait n'eût été exécuté par
d'habiles artistes. Toutes ces considérations sembleraient devoir nous
porter à regarder le portrait en question plutôt comme celui de Pollion que comme celui de Mécène (2). » Visconti se range néanmoins
à l'avis du régent, et cela pour deux raisons, que M. Ch. Lenormant
trouve très ingénieuses et sans réplique : 1) Mécène avait le goût des
pierres précieuses, Auguste (3), Pline (4), Mécène lui-même (5) le
disent; « on peut donc penser, dit Visconti, que les pierres gravées
formaient un des objets de son luxe; Pollion, au contraire, qui avait
eu le goût des arts, a pu négliger ce petit genre. » Mais faire faire son
portrait ne suppose nullement un goût très prononcé pour les arts, et
ceux qui se font peindre ne sont pas tenus pour cela à avoir des gale-
ries de tableaux. D'ailleurs une cornaline gravée est évidemment non
une pierre précieuse, mais un objet d'art; c'est donc plutôt Pollion
qui aurait eu ce goût-là que Mécène. Nous ne connaissons pas les
goûts de Pollion en détail, mais comme il aimait les arts et protégeait
les artistes, il n'y a rien d'illogique à supposer qu'il ait fait graver sur
pierre son portrait, les pierres gravées ayant été alors des objets d'art
très estimés. Par contre, nous connaissons la personnalité morale de
Mécène : c'était un efféminé qui aimait la musique, la poésie, les parures, les pierres précieuses, qui avait plutôt des goûts féminins (6),
et nous ne trouvons nulle part qu'il ait jamais aimé les arts plastiques.
Ainsi des deux suppositions de Visconti, l'une (que Pollion avait pu
négliger ce petit genre) est tout à fait gratuite, d'autant plus que la

---

(1) Visconti. p. 405. — (2) *Ibid*. p. 408. — (3) Macrob. *Saturn*. l. II, c. iv. —
(4) *Hist. nat*. l. II; l. XXXVII. — (5) Visconti, p. 408-9, note (1). — (6) « On
connaît la vie de Mécène, son allure en marchant, sa mollesse, son désir d'être en
vue. Son style est tout aussi prétentieux que sa parure, sa manière de vivre, sa
maison, sa femme. C'est bien là l'homme qui allait par la ville en tunique traînante, et, en absence de César, donnait même le mot d'ordre, étant habillé de cette
façon; qui, pendant les guerres civiles, quand toute la ville était en armes, se faisait escorter par deux eunuques, plus hommes toutefois que lui. On lui accorde
une grande mansuétude; il ne tira pas le glaive; s'abstint de verser le sang, et ne
montra son pouvoir que par la licence, etc. Seneca, Epist. ad. Lucil. CXIV.

lithoglyptie était loin d'être un petit art ; l'autre (que Mécène pouvait avoir fait collection de pierres gravées) est complètement inadmissible, puisque autrement quelque auteur en aurait fait mention. 2) Mécène ne paraissait jamais en public, même au tribunal, aux rostres, dans les assemblées, que la tête enveloppée d'un manteau (*pallio relaretur caput*), laissant libres seulement les oreilles, comme on représente les esclaves fugitifs dans la comédie *Les Riches* (1). Or, raisonne Visconti, si Mécène se couvrait la tête, c'est probablement qu'il était chauve et qu'il voulait le cacher, et comme les portraits en question représentent un homme chauve, cet homme ne peut être que Mécène. Mais Sénèque dit positivement qu'il se couvrait la tête en public par affectation de mollesse (il ne craignait rien autant que de laisser le public ignorer ses vices, dit encore Sénèque de Mécène quelques lignes plus haut) et puis s'il avait voulu cacher ce petit défaut physique, il ne l'aurait certainement pas fait immortaliser par Dioscoride et Solon.

Nous croyons donc qu'il n'y a pas la moindre apparence de raison pour supposer que les portraits qui nous occupent soient ceux de Mécène. Bien plus, s'il faut choisir entre lui et Pollion, nous n'hésitons pas à reconnaître précisément ce dernier.

C. Asinius Pollio, d'une naissance obscure (2), était parvenu par ses talents aux premières dignités de l'Etat. Général habile, il avait tenu tête, comme préteur, à Sextus Pompée en Espagne (3), battu les Dalmates (4), retenu longtemps la Vénétie au pouvoir de M. Antoine, et s'était couvert de gloire à Altinum (5). Consul (6) triomphateur, homme d'Etat, diplomate (il avait été un des négociateurs de la paix de Brindes), un des premiers orateurs de Rome (7), avocat célèbre, un des sénateurs les plus influents (8), écrivain de grand talent (9), historien (10), il avait joué un très grand rôle pendant les guerres-civiles du temps du dictateur et du deuxième triumvirat. Il protégeait les arts et les lettres, sauva la vie de Virgile et l'encouragea dans ses premiers essais, fut l'ami d'Horace, fonda la première bibliothèque publique à Rome et l'enrichit de dépouilles étrangères (11), orna la ville d'édifices splendides (12), enfin c'était un des personnages les plus

---

(1) SENECA. *Ibid.* — (2) VELL. PATERC. II, 73. — (3) *Ibid.* — (4) *Ibid.* FLORUS. IV, 12. — (5) VELL. PATERC. II, 76. — (6) Avec Cn. Domitius Calvinus en 714. — (7) SENECA. Epist. ad Lucil. 100. VELL. PAT. *l. c* FLORUS. IV, XII. etc. — (8) HORAT. Od. I. II, X. — (9) VIRGIL. Bucol. III. VELL. PAT. II, 13. — (10) SUET. *De Grammaticis*, X, *Div. Jul.* XXX. TAC T. *Ann.* IV, 34. HORAT. Od. II, x. — (11) PLIN. *Hist. nat.* VII, 31. XXXV, 2. — (12) SUET. Aug. XLIII. PLIN. *Hist. nat.* XXXVI. 4

marquants de son temps; il n'y a donc rien d'étonnant à ce que ses traits aient été reproduits en sculpture (1) et en lithoglyptie.

Si nous comparons la personnalité morale de C. Asinius Pollio à celle de Mécène, la probabilité que les portraits en question sont ceux de Pollion devient presque une certitude absolue, et le doute n'est alors guère possible. En effet, nous avons vu que Mécène était un efféminé, menant une vie molle et désœuvrée, et affectant de faire voir cette mollesse dans tout son extérieur, robe traînante, parure de femme, air langoureux; enfin il ressemblait moins à un homme que les deux eunuques dont il se faisait suivre comme une femme d'Orient. Les traits de son visage, déjà amollis par sa vie paresseuse et désœuvrée, devaient encore être allanguis par l'insomnie, dont il souffrait pendant de longues années (2). Pollion, au contraire, était un homme dur, violent (*fuit acris vehementiæ*, dit de lui Pline l'Ancien) (3), orgueilleux (4), d'un caractère décidé et ferme (*firmus proposito*, assure Vellejus Paterculus) (5). Il a traversé le temps si difficile des guerres civiles en gardant son indépendance vis-à-vis non seulement des chefs de son parti, mais aussi du vainqueur, et plus tard du tout-puissant Auguste. Comblé de bienfaits par M. Antoine, il lui prouva sa reconnaissance en lui amenant sept légions et lui gagnant Cn. Domitius, qui commandait la flotte (6). Ayant rompu avec M. Antoine, il ne se jeta pas, comme tant d'autres, dans le parti d'Octavien, ne se rangea pas du parti du plus fort, refusa d'accompagner son ancien ennemi à Actium, et répondit aux instances d'Octavien : « J'ai rendu à Antoine de trop grands services, et les bienfaits dont il m'a comblé sont trop connus, je ne prendrai parti pour aucun des deux, je serai la proie du vainqueur (7). »

Octavien revint à Rome maître absolu de la République; tout rampe et s'abaisse devant lui; au Sénat on n'entend que motions serviles, flatteries et bassesses. L'orgueilleux, le violent Pollion est à peu près seul à lui faire opposition. Auguste *invite* les particuliers, et ces sortes d'invitations sont des ordres, à orner la ville de beaux édifices, Pollion fait comme les autres. Mais un édifice bâti par Pollion doit être quelque merveille, digne de l'admiration de Rome, et digne surtout de son auteur (8); il fait donc élever un portique splendide et lui donne, rail-

---

(1) Buste au Capitole. Visconti. *Iconographie romaine*, pl. XII, un autre trouvé à Carseoli, celui du Louvre. — (2) Plin. *Hist. nat.* VII, 52. Seneca. De Provid. III. Vell. Paterc. II, 88. — (3) *Hist. nat.* XXXVI, 4. Tacit. *Ann.* I, 12. — (4) *Ibid.* — (5) II, 63. — (6) *Ibid.* II, 76. — (7) *Ibid.* — (8) Plin. *Hist. nat.* XXXVI, 4.

lerie sanglante après Actium, le nom d'Atrium de la Liberté (1). Auguste aime les jeux troyens, et encourage les jeunes gens de la haute aristocratie à y prendre part; Pollion saisit le prétexte de l'accident arrivé à son neveu Marcellus Aeserninus, et porta des plaintes si amères et si vives au sénat qu'il les fit abolir (2). Fidèle à sa politique, Auguste fit contre lui une épigramme et l'engageait à lui répondre; Pollion s'y refusa en disant qu'on ne répond pas par des épigrammes à qui peut proscrire. Horace, l'ami et le courtisan d'Auguste, l'engageait à écrire l'histoire des guerres civiles (3); Auguste comptait évidemment que le livre de Pollion, qui avait rompu avec Antoine, après avoir été son partisan le plus zélé, serait un factum contre ce dernier, et par conséquent un panégyrique du vainqueur. Pollion écrivit en effet cette histoire, et y porta aux nues Brutus et Cassius (4), les meurtriers du dictateur et ennemis d'Auguste. Il s'était brouillé avec l'historien Timagène, ami du prince, mais Timagène se permit des indiscrétions sur l'empereur, sa femme et toute sa famille; chassé du Palatin, il se déclara publiquement ennemi d'Auguste, et brûla l'histoire de son principat, qu'il avait déjà écrite. Pollion lui ouvrit immédiatement sa maison et lui rendit son amitié (5).

On avait dit que le style c'est l'homme; jamais, peut-être, cet adage ne s'est trouvé si juste que par rapport à Mécène et Pollion. « Le style de Mécène est aussi affecté, aussi prétentieux que sa personne, son entourage, sa maison et sa femme. Il avait porté jusque dans sa manière de s'exprimer la licence de ses mœurs. Son éloquence est pareille à un homme ivre, vague, titubante et licencieuse. Quel autre que lui avait pu dire : *la femme aux boucles frisées, dont les lèvres se pigeonnent (labris columbatur)*? Ces phrases si mal formées, si négligemment jetées, placées d'une façon si contraire à l'usage reçu, » sont un indice des mœurs non moins dépravées, relâchées et singulières. La monstrueuse mignardise de ses écrits trahit plutôt la mollesse que la bonté, ce que prouvent encore ces expressions si recherchées, cette éloquence si entortillée, ces idées, souvent grandes, mais énervées par la manière dont elles sont présentées (6). » Auguste aussi se moquait toujours de la recherche mignarde du style de Mécène, et ne cessait de railler « ses tresses parfumées (7). »

Tout autre est l'éloquence de Pollion; comme sa personnalité

(1) SUET. Aug. XXIX. — (2) *Ibid.* XLVI. — (3) HORAT. Od. I. II, X. — (4) TACIT. Ann. IV, 34. — — (5) SENECA. *De iræ,* I. III, XXIII. — (6) SENECA, Epist. ad. Lucil. CXIV. — (7) SUET. Aug. LXXXVII.

« elle est rocailleuse, heurtée; il coupe sa phrase au moment où l'on s'y attend le moins. Les périodes se terminent chez Cicéron, elles tombent chez Pollion (1) ». Or, quel est le caractère du personnage dont les portraits nous occupent? C'est une physionomie dure, farouche, aux traits heurtés et fortement accentués, au front menaçant, à la chevelure inculte et négligée. Auquel des deux peut-elle appartenir, à l'efféminé, au délicat Mécène, si langoureux, si recherché dans sa mise, ou au dur, âpre et violent C. Asinius Pollion? En vérité, le doute n'est guère possible.

Enfin une dernière considération. L'améthyste gravée par Dioscoride nous présente le portrait d'un vieillard décrépit, arrivé à la dernière limite de l'âge. Mécène est mort en 746 (2), par conséquent vingt-trois ans avant Auguste. Il était son aîné, mais la différence d'âge ne pouvait être très grande, puisqu'ils s'étaient liés en Grèce, pendant qu'ils y faisaient leurs études; admettant le maximum possible — dix ans — il faudra supposer qu'il mourut à l'âge de soixante-trois ans, et, son portrait fut-il fait dans la dernière année de sa vie, on ne comprend pas qu'un homme puisse arriver à une pareille décrépitude à un âge aussi peu avancé, tandis que Pollion étant mort à l'âge de quatre-vingts ans (3), cet aspect décrépit est tout naturel, si c'est son portrait que Dioscoride avait fait.

Nous possédons donc non le portrait de Mécène, comme on l'avai supposé, mais celui de C. Asinius Pollio, et c'est très heureux pour nous, puisqu'il nous donne, comme nous allons le voir, une preuve positive, immédiate et anatomique d'un point historique et médico-psychologique extrêmement important.

Nous avons présenté C. Asinius Pollion tel que l'avaient peint les auteurs, dont plusieurs l'avaient connu personnellement. Analysons maintenant sa biographie et tous les renseignements que nous possédons sur sa personnalité morale.

Au début des guerres civiles, Asinius Pollion s'était rangé d'abord du côté de Pompée; nous le trouvons plus tard en Espagne, luttant avec succès contre Sextus Pompée, et pendant les guerres du deuxième triumvirat il est fidèle partisan du parti julien et adversaire du parti pompéien (4). » Comblé de bienfaits par Antoine, il lui rend, ami fidèle et partisan dévoué, les plus grands services; nous le voyons ensuite

(1) Seneca. Ep. C. — (2) D. Cass. LV. 7. — (3) Suet, Deperditorum librorum reliquiæ. Ed. Teubneri. Lipsiæ. MDCCCLXV. p. 289. — (4) « Julianis partibus fidus, Pompeianis adversus. » Vell. Pater. II, 63.

rompre avec lui et le retrouvons plus tard parmi les intimes d'Auguste. Changeait-il de parti selon les besoins du moment, se rangeant du parti du plus fort? Non, c'est un honnête homme, et un homme indépendant; ce n'est pas son intérêt, ce sont ses convictions qui le guident. Il est, nous l'avons dit, ami fidèle, partisan dévoué, incapable de ces palinodies dont ces temps funestes ne présentent que trop d'exemples. Il est *firmus proposito*, seulement ses convictions changent, les faits le prouvent, avec une déplorable facilité; on peut compter fermement sur la noblesse et l'indépendance de son caractère, on ne peu faire aucun fond sur la stabilité de ses idées. Après Actium, Auguste devient seul maître absolu et incontesté de la République, tout se courbe devant lui, se tait ou le flatte; on dirait une épidémie de lâcheté et de bassesse. Mais ici encore le caractère de Pollion ne se dément pas. Nous retrouvons le grand orateur dans l'opposition. Mais de quelle nature est l'opposition que fait cet homme d'État, ce consulaire, cet oracle du Sénat (1)? Auguste désire qu'il orne la ville de quelque édifice magnifique; Pollion bâtit un portique, et lui donne le nom d'*Atrium de la Liberté*. Le despotisme du prince le révolte; il est indigné de devoir bâtir *par ordre*, mais s'étant mis à l'œuvre, il oublie le point de départ, oublie ses convictions républicaines, se pique d'amour-propre. Il veut qu'un monument érigé par Pollion soit le plus bel ornement de la ville éternelle, soit digne de Pollion. L'usurpateur lui fait comprendre par une ode d'Horace qu'on serait content au Palatin s'il écrivait l'histoire des guerres civiles. Pollion, pour faire pièce au maître redouté du monde, glorifie Brutus et Cassius, personnification de la liberté étouffée dans le sang. Il fait acte de républicanisme, mais il obéit au prince. Auguste aime les jeux troyens, il saisit le premier prétexte et les fait interdire par le sénat, acte d'opposition dont on dut bien rire au Palatin. L'empereur chasse Timagène, il l'accueille, se réconcilie avec lui, l'introduit dans sa maison, et le lendemain il s'en va au Palatin porter des explications embarrassées et offrir de mettre son protégé à la porte. Il est violent, opiniâtre; il ne cédera pas à la pression, à la menace; il se révolte, et il se trouve, qu'il avait fait ce qu'on voulait de lui. Mais en cédant sur le fond, cet homme d'État, ce chef de parti, se rattrape sur la forme et croit de bonne foi faire de l'opposition avec toutes ces puérilités. Son éloquence est une image très exacte de son esprit, de son caractère, de toute sa personnalité

---

(1) « Et consulenti, Pollio, curiæ. » VIRGIL. Bucol. III.

morale; il est rude, rocailleux, cahoté, violent, comme sa phrase, véhément et emporté, comme elle; comme elle aussi, « il tombe au moment où l'on s'y attend le moins. » Au résumé c'est un homme énergique de forme, faible et sans consistance au fond, opiniâtre sans fermeté, violent, mais sans énergie, sans convictions bien nettes; il change d'idées, subissant les influences les plus contraires, flottant entre les partis les plus extrêmes, très entier dans son idée d'aujourd'hui, sans se douter que demain il tiendra tout aussi fermement à l'idée contraire. Au fond, c'est un des types les plus répandus de ces caractères névropathiques qui côtoient déjà l'aberration psychique; qui se trouvent sur cette zone neutre où le *moi* n'est plus physiologique, mais n'appartient pas encore à la pathologie. C'est ici que les portraits de Pollion, gravés par des artistes différents, à diverses époques de sa vie, viennent confirmer d'une façon éclatante notre diagnostic. En effet, ces portraits frappent du premier coup d'œil par la forme pathologique du crâne, qui est bombé, le front surplombant la face, comme si le cerveau débordait; on dirait un crâne hydrocéphalique. Cette particularité, frappante déjà sur les portraits gravés par Solon, est encore plus évidente sur celui gravé par Dioscoride; sur cette tête décharnée de vieillard décrépit, les muscles amincis, le tissu adipeux disparu, font ressortir d'autant plus le développement anormal, monstrueux du cerveau et du crâne. C'est cette anomalie, c'est ce crâne pathologique qui nous expliquent définitivement la famille Asinia et le caractère des enfants de C. Asinius Gallus et de Vipsania.

Nous avons dit plus haut que Tibère fut forcé de répudier sa femme enceinte (1) pour épouser Julie. Vipsania de son côté épousa C. Asinius Gallus, qui fit courir le bruit, dit-on, qu'elle était enceinte de ses œuvres quand Tibère la répudia, et que le premier enfant même de Vipsania, Drusus, était non le fils de Tibère, mais le sien (2). Est-ce bien vrai? Nous n'hésitons pas à répondre négativement. Tibère était un homme soupçonneux, méfiant, qu'il n'était pas facile à tromper. Il vivait avec Vipsania non au Palatin (3), mais dans une maison particulière, d'abord dans le quartier des Carènes, où il habitait la maison de Pompée, confisquée sur Sextus Pompée par Antoine (4), et sur ce dernier par Auguste; ensuite aux Esquilies, dans les jardins de Mécène (5). Il menait une vie simple, bourgeoise, voyant peu de monde,

(1) SUET. Tib. VII. — (2) D. CASS. LVII, 2. — (3) D. CASS. LVII, 2. — (4) La *domus Tiberiana* du palatin fut bâtie beaucoup plus tard. — (5) VELL. PATERC. II, 60 et 77.

n'ayant qu'un cercle d'amis très restreint, ce qui convenait à ses goûts, à son caractère, et surtout à sa position politique. Pour le tromper, Asinius Gallus avait dû être un de ses peu nombreux amis, ce qu'il n'avait jamais été, nous le savons. Asinius Gallus était un misérable; Tacite rapporte qu'il avait trouvé le moyen de se distinguer, au milieu de la turpitude générale, par des flatteries les plus méprisables envers Auguste et Tibère. On peut donc, sans risque de commettre une injustice, le croire capable de cette ignoble calomnie, d'abord pour expliquer son mariage avec Vipsania, et aussi, peut-être, pour se rendre agréable à Auguste, lequel à cette époque, tout en élevant Tibère, par égard pour Livie, aux plus hautes dignités de l'État, le détestait cordialement. Aussi cherchait-il à l'humilier en public, à le présenter dans ses harangues au Sénat et au Forum sous un jour ridicule ou odieux, et le poursuivait dans l'intimité des sarcasmes les plus insultants. On peut s'imaginer quelles gorges chaudes, quelles plaisanteries aurait faites Auguste qui savait manier l'arme du ridicule, sur les malheurs domestiques et les mésaventures conjugales de Tibère. Cette supposition d'une nouvelle infamie de Gallus n'aurait rien d'improbable au point de vue psychologique, mais elle se trouve démentie par des faits historiques et des preuves positives. Ces misérables commérages sur Vipsania et Asinius Gallus sont cités par Dion Cassius, qui écrivait sous le règne d'Alexandre Sévère, tandis que ni Tacite, ni Suétone n'en disent mot — et on sait à quel point ce dernier aime les anecdotes cancanières et les bruits scandaleux. Dans la biographie de Claude il n'a pas manqué de mentionner ce qui se disait à Rome sur la liaison de Livie avec Auguste (1); dans celles de Tibère, le tendre intérêt que lui avait porté Julie (2); dans celle de Galba, non seulement les avances qu'avait faites à ce dernier Agrippine (3), mais jusqu'aux bonnes fortunes de son père (4). Il serait donc bien étonnant qu'il n'eût pas mentionné un tel bruit, lui qui tient à faire connaître à ses lecteurs toute la chronique scandaleuse de la ville. Tacite, qui avait fait une étude spéciale de l'époque de Tibère, parle plusieurs fois dans ses Annales des rapports d'Asinius Gallus avec Tibère, et semble ignorer complètement les bruits que rapporte D. Cassius. D'ailleurs, et c'est là une preuve positive, incontestable, Drusus ressemblait beaucoup à son père Tibère, quoique très en laid. Auguste enfin, qui devait certainement con-

.(1) I. — (2) VII. — (3) V. — (4) III.

naître la vérité, n'avait jamais douté de ce que Drusus soit fils de Tibère, et dans son testament il le traite comme tel (1).

Fils d'Asinius Pollion, C. Asinius Gallus ne s'était acquis aucune espèce d'illustration personnelle, ni aux camps, ni au barreau, mais sa grande fortune et la gloire de son père lui avaient créé à Rome une haute position politique et sociale. Il était très écouté au Sénat, et il y prenait volontiers la parole, pour être toujours en vue et faire parler de lui. Vain, orgueilleux et d'humeur intraitable, comme son père (2), avec plus d'ambition (3) et moins de qualités, il avait tout aussi peu que Pollion d'esprit de conduite et de suite dans ses idées. Sa personnalité était vague, flottante, allant toujours aux extrêmes; comme son père, il ne savait jamais suivre la ligne de conduite qu'il se traçait; se posant un but, il faisait les plus grands sacrifices pour l'atteindre, et puis l'abandonnait dans un moment d'emportement ou séduit par quelque chimère. Il y avait néanmoins entre lui et son père une différence capitale sous ce rapport. Pollion était un républicain, un oligarque orgueilleux, qui avait ses moments de défaillance; son fils Gallus, au contraire, était un vil flatteur, un courtisan souple et rampant, qui avait des velléités de républicanisme et de révolte contre le pouvoir impérial. Dès le commencement du principat de Tibère, Gallus trouva le moyen de se distinguer au Sénat, au milieu de l'abjection générale, par les flatteries les plus éhontées à l'adresse d'Auguste et de Tibère. Ainsi il proposa, à la séance du Sénat où l'on discutait le cérémonial des funérailles du prince défunt, de faire passer le convoi funèbre sous l'arc de triomphe (4). Dans l'affaire Libon il proposa, après le suicide de ce dernier, de déposer des offrandes dans les temples de Jupiter, de Mars et de la Concorde, et de fêter les ides de septembre, jour auquel Libon s'était tué (5), renchérissant ainsi encore sur la lâcheté sanguinaire du Sénat. Il opinait toujours pour les arrêts les plus rigoureux dans les procès de lèse-majesté et dans ceux où l'on pouvait croire que l'empereur désirait la perte de l'accusé, de sorte qu'il était arrivé bien des fois à Tibère de contenir le zèle immodéré du trop fougueux impérialiste. Ainsi dans l'affaire Sosia Galla, il ne se contenta pas de la faire condamner à l'exil, mais proposa encore de confisquer, au mépris de la loi, la moitié de la fortune de l'accusée, et ce n'est que grâce à Lépide que la loi ne fut pas violée et que les enfants du Sosia reçurent

---

(1) D. CASS.) l. LVI, 32. — (2) TACIT. Ann. 1, 12. — D. CASS. l. LVII, 2. — (3) TACIT. Ann. 1, 13. — (4) Ibid. 1, 8. — (5) Ibid. II, 32.

les trois quarts de la fortune maternelle (1). Dans le procès révoltant de Vibius Serenus il voulait reléguer le condamné à l'île de Gyare, ou à celle de Donusa, et Tibère dut s'y opposer, faisant très justement remarquer qu'une fois qu'on accordait la vie, il fallait rendre la vie possible, tandis que ces deux îles étaient incultes et manquaient d'eau (2). Nous savons aussi qu'il recherchait les bonnes grâces de Séjan, le flattait, ne s'arrêtant devant aucune bassesse pour être honoré d'un regard bienveillant du favori; qu'il intrigua pour être envoyé comme un des délégués du Sénat vers l'empereur Tibère (3), honneur qui lui fut si fatal. Mais ce courtisan si dévoué, cet homme si méprisable, sans honneur, sans dignité personnelle, ignoble et féroce, ce misérable flatteur qui rampe dans la boue, se trouve avoir les visées les plus ambitieuses. Il aspire lui-même à l'empire (4); il y aspire assez platoniquement, il faut l'avouer, et en attendant le principat traîne son nom et son honneur dans la boue sanglante des procès politiques; mais enfin il se pose en rival éventuel du redouté Tibère. L'occasion de s'emparer du pouvoir ne se présentant pas, il veut au moins limiter la puissance impériale, et ose faire au Sénat, en présence de l'empereur, des propositions tendant à rendre les magistrats indépendants du prince, en les désignant pour cinq ans d'avance. Mais son courage ne va pas jusqu'à faire franchement une motion aussi subversive; il croit être très habile, croit pouvoir tromper Tibère en donnant un air anodin à sa proposition; mais toutes ces finasseries sont facilement déjouées par le vieil empereur (5). Croyant Tibère intéressé à l'acquittement de Cn. Pison, accusé d'avoir fait périr Germanicus, il refuse de le défendre, et, quoique lié d'amitié avec ce malheureux, ne veut même pas dire quelques mots en sa faveur au Sénat (6). Mais le même Cn. Pison ayant proposé que les magistrats continuent leurs fonctions en absence de l'empereur, pour ne pas arrêter la marche des affaires, Gallus s'y opposa, disant que la présence du prince donnait seule aux actes publics l'éclat qui convient à la majesté de l'empire (7). Enfin il ose même attaquer l'empereur en personne, et s'il ne se risque pas à le faire directement, il profite de l'occasion pour le prendre au mot, le faire renoncer, croit-il, au pouvoir suprème et le faire descendre au rang d'un simple magistrat. Au fond ce n'était qu'une de ces puérilités oppositionnaires, alors que les gauches croient avoir remporté une grande victoire sur le gouvernement, si elles

(1) Ibid. IV, 20. — (2) Ibid. 30. — (3) D. Cass. l. LVIII, 3. — (4) Tac.t. Ann. I, 13. — (5) Ibid. II, 36. — (6) Ibid. III, 11. — (7) Ibid. II, 35.

avaient réussi à le mettre devant le parlement dans une position fausse ou embarrassée. Tibère, comme on sait, ne voulait pas accepter d'abord le pouvoir suprême après la mort d'Auguste; malgré les supplications du Sénat, il refusait la toute-puissance, dont il ne pouvait se charger, disait-il, à cause de sa vieillesse, de ses infirmités et surtout de la difficulté de la tâche. « Appelé par Auguste à partager les soins du gouvernement, il avait appris à connaître par expérience combien était lourd et périlleux le fardeau du principat. La République comptant dans son sein assez d'hommes illustres, il ne fallait pas charger de tout une seule personne; si l'on répartissait les travaux entre plusieurs, l'État sera mieux et plus facilement gouverné (1). » En conséquence, il proposait soit de remettre le pouvoir à un comité, ou du moins de lui adjoindre quelques sénateurs formant une sorte de ministère, qui gouvernerait alors la République de concert avec l'empereur; soit de diviser le gouvernement en trois départements : Rome et l'Italie, les légions, les provinces, et de charger deux délégués du Sénat de deux de ces départements, en lui laissant le troisième (2). Tandis que « tout le Sénat se jetait aux genoux de Tibère, levait les mains vers les images des dieux et d'Auguste (3), » le suppliant d'accepter le pouvoir suprême dans toute son étendue et toute sa plénitude, Asinius Gallus, comptant évidemment faire quelque chose d'extrêmement habile (4), et de prendre Tibère au mot, lui dit : « Choisis donc la part qui te convient. » Tibère, surpris de cette brusque apostrophe, resta un moment interdit (5), puis, se remettant, répondit qu'il ne convenait pas que la même personne fasse le partage et choisisse sa part (6). Gallus, après s'être permis cette incartade, prend peur, tout comme son père Pollion dans l'affaire de Timagène, retire sa question, balbutie des explications embarrassées, assurant qu'il voulait faire voir que la République ne forme qu'un corps et doit être gouvernée par un seul, et, ressource trop vulgaire, se répand en louanges à Auguste et rappelle à Tibère ses victoires et sa longue et glorieuse administration. « Mais il n'apaisa pas la colère de Tibère, qui le haïssait depuis longtemps, dit Tacite : *En épousant Vipsania, fille de M. Agrippa, et qui aurait été femme de Tibère, il semblait vouloir s'élever au-dessus de la*

---

(1) *Ibid.* I, 11. — (2) D. CASS. LVII, 2. — (3) TACIT. Ann. I, 12. — (4) D. CASS. LVII, 2. — (5) TACIT. Ann. I, 12. — (6) D. CASS. LVII, 2. La réponse de Tibère, telle que la rapporte Tacite, est un non-sens. Du reste, toute cette scène, que Tacite cherche à présenter sous un tout autre jour, serait complètement incompréhensible, si nous n'avions pas eu le récit de Dion Cassius.

condition de simple citoyen. » D. Cassius ajoute, comme une des causes
de la haine de Tibère, que Gallus, en épousant Vipsania, aurait dit que
Drusus était son fils, à lui et non celui de Tibère.

Il est évident que si Tibère haïssait réellement Asinius Gallus —
n'oublions pas que Tacite est toujours suspect quand il parle de Tibère
— ce n'était pas comme amant de sa femme, ainsi que le prétend
Dion Cassius, mais comme prétendant du pouvoir (1), comme rival politique, au même titre enfin que Lucius Aruntius, désigné par Auguste
lui-même éventuellement comme un compétiteur dangereux (2). En
effet, leurs rapports ultérieurs prouvent jusqu'à l'évidence que si le vieil
empereur soupçonnait même Gallus de visées ambitieuses, il n'avait
contre lui aucune haine personnelle. Tibère avait l'habitude de faire
dans ses harangues et dans ses lettres au Sénat des insinuations et des
menaces indirectes contre ses ennemis; or jamais il n'en avait fait
contre Gallus. Ainsi, à l'occasion d'une inondation des parties basses
de la ville par le Tibre, Gallus proposa de consulter les livres sybillins,
mais Tibère fit simplement prendre les mesures nécessaires pour prévenir de pareils désastres, sans que cette divergence d'opinions ait été
suivie du moindre dissentiment personnel (3). Un jour qu'il avait été
question au Sénat du droit des préteurs de battre de verges les
histrions, Gallus et le tribun Q. Haterius Agrippa eurent une discussion très vive; Tibère y assista en silence, et ne voulut prendre parti
pour aucun des deux (4). Dans la question des lois somptuaires Gallus,
ayant fait voir dans une longue harangue le rapport intime entre l'augmentation de la richesse et du luxe des particuliers et l'agrandisse-
ment de l'État, se prononça très catégoriquement contre toute loi res-
trictive (5), et Tibère se rangea à son avis (6). Une autre fois Gallus
proposa au Sénat d'inviter l'empereur à nommer les personnes contre
lesquelles il avait des griefs personnels, ainsi qu'à faire connaître le
sujet de ses craintes et de ses appréhensions. Cette proposition mé-
contenta Tibère, mais son dépit n'était évidemment pas bien violent ni

---

(1) Tacit. *Ann.* 1, 13. — (2) *Ibid.* — (3) *Ibid.* 1, 76. — (4) *Ibid.* 77, — (5) Il prê-
chait *pro domo sua*, ayant affiché lui-même le luxe le plus extravagant; à cette
époque les tables en bois de *citrus* étaient à la mode, et on les payait un prix insensé;
mais Gallus, toujours vain et recherchant la gloriole, surpassa tous les prodigues de
Rome en payant la sienne 1,100,000 sesterces (275,000 francs). C'était la table la
plus chère de Rome après celle de la famille des Cethegus, qui fut payée 1,100,000
sesterces (350.000 francs). Plin. *Hist. nat.* 1. XIII, c. XXIX. — (6) Tacit. *Ann.*
11, 33.

bien profond, puisque Séjan put le calmer et persuader à l'empereur
de ne pas en vouloir à Gallus (1).

Si le mariage de Vipsania avec Gallus avait d'abord indisposé
Tibère contre ce dernier, il est évident que ce sentiment de dépit et
de jalousie ne pouvait se conserver indéfiniment dans le cœur de
l'empereur. Tant d'années et tant d'événements le séparaient de cette
époque de sa vie, qu'elle se perdait dans un passé lointain et oublié ;
une circonstance nous le prouve : Caïus Asinius Saloninus, le fils aîné
d'Asinius Gallus, avait été fiancé avec une des petites-filles de Tibère,
et la mort seule empêcha ce mariage (2). Gallus n'avait pas été inquiété
lui-même pendant *dix-sept ans*. Il fut arrêté enfin, (son arrêt de mort
avait été prononcé au Sénat au moment même où il se trouvait à dîner
chez Tibère (3) mais cela arriva non-seulement bien après que tous les
ennemis de l'empereur eussent déjà péri, mais encore quand le Sénat
avait frappé un grand nombre de personnages tout à fait indifférents à
Tibère. Ce fut l'amitié de Séjan qui le perdit. L'affaire n'alla pourtant
pas plus loin, Tibère ne laissant pas exécuter l'arrêt du Sénat (4). Asinius
Gallus vécut encore *trois ans* (5) et mourut dans son lit, à un âge très
avancé (6) ; on avait même cru, sans en donner du reste aucune preuve,
qu'il se laissa mourir volontairement de faim (7). ce qui est d'autant
plus probable que Gallus avait déjà voulu mourir en apprenant sa
condamnation (8). Tibère, auquel sa famille demanda la permission
de célébrer les funérailles avec la pompe usitée, l'accorda, en regrettant que Gallus soit mort avant d'avoir été jugé (9).

Il est de toute évidence que Tibère n'avait aucune haine personnelle
pour Gallus, et qu'il se rassura complètement en le voyant se conduire
en courtisan flatteur, et nullement en prétendant au pouvoir ou en
rival politique. Plus tard, après la mort de Gallus et d'Agrippine, et pour
flétrir la mémoire de cette dernière, il les accusa d'avoir entretenu
des rapports adultères (10), mais cette accusation, qui était évidemment
dans la pensée de Tibère une arme politique contre le parti d'Agrippine, et ne peut en tout cas être considérée comme l'expression de sa
haine posthume contre Gallus, pourrait bien être parfaitement vraie et
juste, la pauvre Agrippine, la chaste épouse et la veuve inconsolable de
Germanicus, ayant très vivement ressenti les inconvénients amoureux
du veuvage (11).

(1) *Ibid*. IV. 71. — (2) *Ibid*. III, 75. — (3) D. Cass. I. LVIII, 3. — (4) *Ibid*. —
(5) Tacit. Ann. VI, 23. — (6) *Ibid*. — (7) *Ibid*. — (8) D. Cassius. — (9) Tacit. *l. c.*
— (10) Tacit. VI, 25. — (11) *Ibid*. IV, 53.

Il faut avouer que si Gallus avait réellement été l'amant de Vipsania, Tibère, le cruel et tyrannique Tibère, aurait fait preuve à son égard d'une mansuétude et d'une longanimité étonnantes, singulièrement contradictoires avec tout ce que nous rapportent Tacite et Dion Cassius. Ce serait d'autant plus étonnant, qu'il avait agi tout autrement avec Sempronius Gracchus, amant de Julie, sa seconde femme. Relégué par Auguste dans l'île Cercina, Sempronius y vivait depuis quatorze ans quand Tibère monta au principat. Un des premiers ordres donnés par le nouvel empereur avait été de le faire mettre à mort. Les soldats envoyés pour l'exécuter, trouvèrent le condamné sur le promontoire de l'île. « Sempronius leur demanda seulement quelques moments de sursis pour écrire une lettre à sa femme, puis tendit sa gorge aux meurtriers, et mourut avec une fermeté digne du nom des Sempronius qu'il avait deshonoré pendant sa vie (2). » Et pourtant Tibère haïssait Julie, qui l'avait couvert de honte et fut la cause principale de son exil à Rhodes, et il aimait passionnément Vipsania. Il devait donc se sentir certainement plus outragé par l'infidélité de cette dernière que par celle de la prostituée impériale qui lui avait été imposée pour épouse. Non, Vipsania n'avait pas trahi ses devoirs, et toute cette histoire d'adultère n'avait été inventée que plus tard, peut-être pour expliquer ce mariage, et certainement par un sentiment de malveillance et de haine posthume pour la mémoire de Tibère.

Nous avons dépeint, autant que faire se pouvait, la personnalité d'Asinius Gallus et celle de son père Asinius Pollio. Gallus avait hérité des défauts de son père, mais non de ses talents, ce qui fait de lui une personnalité terne et effacée, dans laquelle il est plus difficile de saisir les anomalies. D'ailleurs nous n'avons sur lui que peu de détails, et les contradictions que nous avons constatées chez lui auraient pu passer inaperçues, si elles ne lui eussent été transmises par son père. La nullité de Gallus aurait pu le sauver, pour ainsi dire, du diagnostic médical; mais le médecin psychologiste reconstruit, sur un nombre très restreint de données, toute la personnalité de l'individu, comme le paléontologiste reconstruit, sur des débris d'os, la faune disparue.

Des cinq fils de Gallus et de Vipsania, l'aîné, C. Asinius Saloninus, mourut jeune, et nous avons vu que les cas de mort prématurée ont une grande importance sous le rapport du diagnostic des névropathies

---

(1) *Ibid.* I, 53.

héréditaires. Un autre, Asinius Gallus (on ne connaît pas son prénom) était *petit de taille, contrefait et tellement laid,* qu'il était l'objet des railleries de la ville. Il conspira néanmoins contre l'empereur Claude, dans l'intention de le détrôner et de s'emparer du pouvoir; mais c'était une conspiration platonique, et d'une espèce tout à fait particulière. « Gallus ne cherchait pas de partisans, ne recrutait pas de troupes, n'amassait pas d'argent et d'armes, mais croyait fermement qu'un beau jour, les romains, pénétrés de respect pour sa haute origine et ses mérites, lui offriront de leur plein gré le principat. Du reste, il était tellement méprisé et ridicule, que Claude ne put le prendre au sérieux, lui et ses projets, et se contenta de l'exiler de Rome » (1). C'était un dégénéré paranoïaque. Enfin, Asinius Celer, consulaire, se distingua, au milieu de ce débordement de luxe effréné, de cette orgie de prodigalités qui avaient régné à Rome sous Caligula et Néron, par des dépenses tellement exagérées, par une ostentation de luxe tellement insensée, qu'il s'est fait sous ce rapport une célébrité peu enviable. Son nom, immortalisé par Pline l'Ancien, est arrivé jusqu'à nous, et tandis que les noms de tant de grands hommes, de savants, d'artistes, de bienfaiteurs de l'humanité, sont oubliés ou restent inconnus, le nom de ce consulaire, dont le seul mérite est d'avoir payé 20 000 francs un poisson (2), se conservera dans le souvenir de la postérité la plus éloignée, aussi longtemps que l'érudition et la science historique existeront sur la terre. Asinius Celer doit être rangé dans la catégorie des Marcus Apicius, des Vedius Pollion, des Néron, des Héliogabale, de tous ces individus qui sont, pour ainsi dire, les personnifications, exagérées jusqu'à la caricature, des vices de leur siècle; or, toute exagération du vice est suspecte au médecin aliéniste, et une analyse attentive lui fait presque toujours trouver au fond de ces exagérations, de ces originalités, l'élément névropathique héréditaire.

Pour en finir avec la famille de M. Agrippa, père des enfants de Julie, disons quelques mots de Drusus César, fils de Tibère et de Vipsania. Nous avons pu constater les anomalies somatiques et psychologiques chez les enfants de Vipsania et d'Asinius Gallus, et nous les

(1) D. CASS. l. LX, 27. SUET. Claud. 13. — (2) PLIN. Hist. nat. l. IX, c. XXXI. *Mirabilia piscium relipa.* « Autrefois, ajoute mélancoliquement Pline, en déclamant contre le luxe, on se plaignait d'en être arrivé à payer un cuisinier plus cher qu'un cheval; maintenant un cuisinier coûte autant qu'un triomphe, un poisson autant qu'un cuisinier, et nul esclave ne se vend plus cher, que celui qui connaît le mieux l'art de ruiner son maître. » (*Ibid.*).

avons rattachées à l'existence d'un élément névropathique dans la famille Asinia, en faisant voir leur transmission héréditaire d'Asinius Pollion à son fils Asinius Gallus, et de celui-ci à ses enfants, qui sont ceux de Vipsania. Pour faire ressortir d'une façon encore plus évidente cette hérédité pathologique dans la ligne paternelle, et en même temps pour compléter le tableau psychologique de la famille Vipsania, nous analyserons ici la personnalité de Drusus César. Petit-fils de M. Vipsania Agrippa, le père des enfants de Julie, le grand-père des enfants de Germanicus, Drusus est encore le père de Julia, fille de Livilla et femme de Néron César ; aussi, quoiqu'il ne se rattache pas directement à la famille Julia, nous devons donner à l'analyse de sa personnalité un certain développement.

On présente Drusus ordinairement, nous ne savons **trop** pourquoi, probablement sur la foi de quelques mots que dit de lui Suétone (1), comme un personnage assez nul. Il n'en est rien. Tacite parle peu de ce jeune homme, et encore le fait-il avec une malveillance évidente, comme de tout ce qui touche de près ou de loin à Tibère, mais ce peu nous fait voir chez Drusus les traits principaux du caractère de sa race : grands talents militaires, haute intelligence politique, l'orgueil, la violence des Claudii, mais aussi leur honnêteté administrative, leur justice incorruptible dans les tribunaux, une grande sûreté de jugement, un esprit posé et réfléchi.

On ne connaît pas au juste l'année de la naissance de Drusus César, mais on ne risque guère de se tromper en disant qu'il avait dû naître en 740 ou 741. En effet, on ne peut pas admettre qu'il soit né avant 739, et en 743 Tibère avait déjà répudié Vipsania enceinte pour épouser Julie, et dans cet intervalle Tibère avait toujours été absent de Rome, excepté en l'année 740, année de son premier consulat. Drusus avait donc de sept à huit ans, lorsque son père se retira à Rhodes, le laissant à Rome (2). Nous n'avons pas de renseignements sur son enfance pendant l'exil de son père, mais quand Tibère revint à Rome, il s'occupa lui-même de l'éducation de Drusus et le fit débuter très jeune au Forum (3). Après la guerre de Dalmatie, Drusus, âgé de vingt-deux ans, fut admis au Sénat, et y vota après les préteurs sortis de charge (4), distinction qui lui fut accordée en considération des exploits de son père. Il fut désigné consul en 765 pour l'année 768, sans avoir passé par la préture. En 707 il prononce du haut des rostres

(1) Suet, Tiber. LI. — (2) *Ibid.* X. — (3) *Ibid.* XV. — (4) D. Cass. LVI, 17.

l'éloge funèbre d'Auguste (1), et Tibère le charge de lire son discours
au sénat à la première séance (2), convoquée par lui après la mort
d'Auguste en vertu de sa puissance tribunienne (3), avant qu'il eût
pris possession de l'empire. On voit que Drusus avait commencé de
bonne heure son apprentissage d'homme d'État, mais aussi il fit preuve
dès sa première jeunesse de beaucoup d'esprit de conduite, d'un caractère ferme et décidé, d'une haute intelligence politique et d'un
grand sens pratique dans les affaires les plus difficiles et les plus sérieuses. A l'avènement de Tibère au principat, les légions pannoniennes et germaniques s'étaient révoltées simultanément; l'empereur
envoya aux premières Drusus, sans lui donner d'instructions précises,
et le laissant libre d'agir selon les circonstances (4); il avait alors
vingt-six ans. « Drusus agit avec une sévérité antique, sut apaiser,
avec une hardiesse qui n'était pas sans danger pour lui-même, cette
rébellion, aussi périlleuse par elle-même que dangereuse par l'exemple, et tourna contre les mutins eux-même les glaives qui le menaçaient (5). » Ainsi parle Vellejus Paterculus. Mais on assure que c'est
un flatteur qui n'a que de l'admiration pour les Césars; voyons donc
ce qu'en dit Tacite, lui qui, certes, n'est pas un flatteur ou un complaisant de la famille de Tibère. Il raconte tout au long la révolte des
légions pannoniennes (6), les périls qu'avaient courus Drusus et son
escorte, l'habileté avec laquelle le jeune César sut profiter d'une
éclipse de la lune pour frapper l'esprit superstitieux des soldats; la
fermeté dont fit preuve ce jeune homme, toute sa conduite digne et
franche. Sous ce rapport il est curieux de comparer l'histoire de la révolte des légions germaniques, qui se trouvaient sous les ordres de
Germanicus, avec celle des légions Pannoniennes, et surtout le récit
qu'en fait Tacite. Cette comparaison suffit à elle seule pour apprécier
à sa juste valeur non la véracité du grand historien, véracité qui
est au-dessus de tout soupçon, mais son impartialité et son fameux *sine ira et studio*. Tandis que Germanicus ne peut réprimer la
révolte des troupes sous ses ordres d'abord qu'à l'aide d'une fausse
lettre de Tibère, ensuite par des concessions et des promesses, qu'il
ne pouvait ni ne voulait tenir, enfin par deux massacres, et, malgré
l'amour que lui portaient les légions, eut à essuyer des insultes et de
mauvais traitements de la soldatesque, Drusus César, tout jeune

(1) SUET. Aug C. D. CASS. LVI, 31. — (2) SUET. Tiber. XXIII. — (3) TACIT. Ann.
I, 7. SUET. l. c. — (4) TACIT. Ann. I, 24. — (5) Vellejus Paterculus. l. II, 125.
— (6) Ann. I, 25-30

homme, sut par sa fermeté calme, sans toutes ces harangues ridicules et singulièrement déplacées de Germanicus, faire rentrer dans le devoir les soldats révoltés, et cela sans concessions humiliantes pour le pouvoir, sans promesses trompeuses, mais aussi sans massacrer les égarés et sans s'exposer aux insultes. Tandis que le doux, l'humain Germanicus provoque à deux fois en secret des massacres et fait couler des flots de sang romain, le sévère et « *cruel* » Drusus fait amener dans sa tente et ordonne la mort de *deux* des plus coupables, Porcenius et Vibulenus, le premier un cabotin, qui avait apporté au camp la faconde, la turbulence et le désordre des coulisses, le second qui ameutait les soldats contre le légat en l'accusant d'avoir fait assassiner son frère tandis qu'après plus ample informé il s'est trouvé qu'il n'avait jamais eu de frère. Le récit de D. Cassius est identique (1) à celui de Tacite ; seulement il insista beaucoup plus encore que Tacite sur les dangers qu'avait encourus Drusus.

Nommé à vingt-sept ans consul avec C. Norbanus Flaccus, Drusus ne jouit pas seulement, à la manière des princes, des honneurs de sa charge, mais en remplit les devoirs multiples et difficiles avec le plus grand zèle et la plus grande assiduité. Il ne profita jamais de sa position de fils du chef de l'état pour se mettre en quoi que ce soit au-dessus de son collègue, ni pour prendre le pas sur lui (2). Au sénat, il votait souvent le dernier, pour ne pas influencer les votes des autres sénateurs, mais bientôt il n'eût même plus besoin de prendre cette précaution, à tel point on s'habitua à l'indépendance du vote (3). A l'âge de trente ans Drusus fut nommé au commandement des légions germaniques, en place de Germanicus, envoyé en Orient. A son départ de Rome il reçut les instructions de son père, qui connaissait bien les Germains, ayant fait contre eux neuf campagnes. Tibère répétait toujours à Germanicus qu'avec ces barbares il fallait employer plutôt l'adresse et l'habileté politique que la force des armes, et surtout s'abstenir de ces incursions, ces razzia, qui ne faisaient qu'irriter l'ennemi sans l'affaiblir ; mais, amour-propre ou inhabilité, Germanicus continuait l'ancien système, qui lui réussissait si peu. Malheureux dans plusieurs de ses incursions, au delà du Rhin, il avait dans d'autres battu les Germains, mais ces victoires même, selon l'expression très juste de Tibère, restaient stériles, et la guerre traînait en longueur, malgré les flots de sang versé des deux côtés. L'arrivée de Drusus

---

(1) L. LVII, 4. — (2) *Ibid*. 14. — (3) *Ibid*. 7.

changea immédiatement la face des choses. Il sut semer la discorde
parmi les Germains, exciter les tribus les plus puissantes les unes
contre les autres, les battre séparément, et amener enfin l'ennemi le
plus dangereux de Rome, qui avait fait trembler Auguste, Rome et
l'Italie, et dont on disait au sénat : « Philippe n'a jamais été si dangereux aux Athéniens, Pyrrhus et Antiochus aux Romains, que ne l'é-
tait actuellement Marobaduus » (1) à demander à Rome asile et refuge.
Cette conduite habile de Drusus termina la guerre et lui valut le triomphe; mais comme entre temps était survenue la mort de Germanicus,
il renonça à cet honneur suprême, et entra à Rome sans éclat. On sait
quelle idée de grandeur et de gloire attachaient les romains au triomphe et à l'ovation, distinctions qui restaient un titre de gloire pour
toute la famille. L'entrée triomphale à Rome avait certainement plus
d'attraits encore pour un jeune homme; Drusus fit donc preuve en refusant cet honneur, d'un grand sens politique et d'un tact rare, en refusant de triompher, lui, le fils de Tibère, quand la mort de Germanicus était encore toute récente (2). Cette mort le mettait d'ailleurs
aussi dans une position fausse et pénible. Lui et Germanicus avaient
été liés d'une amitié réellement fraternelle; la mort de ce dernier lui
causa un chagrin profond; il le pleura sincèrement, et voilà que l'on
accuse son père d'avoir fait empoisonner le malheureux Germanicus.
Cn. Pison, cet infortuné, que d'injustes accusations et la haine absurde,
aveugle et injuste de la populace forcèrent plus tard au suicide, qui
mourut, abhoré pour un crime qu'il n'avait pas commis, abandonné par
sa femme, qui connaissait pourtant son innocence, déshonoré par la calomnie, et avec la crainte d'entraîner encore ses enfants dans sa chute,
avait demandé à Drusus une entrevue. Drusus le reçut en présence de
nombreux témoins, et lui dit : « Pison, si les accusations portées contre
toi sont justes, tu n'auras pas de plus grand ennemi que moi; mais je
désire de tout mon cœur que cela ne soit que mensonge et calomnie,
et que la mort de Germanicus ne devint funeste à personne. » Jeune
homme étourdi et imprudent, il fit dans cette occasion preuve d'une
prudence de vieillard, dit Tacite (3). Dans la même année, il eut aussi
l'occasion de faire voir dans une affaire judiciaire un esprit mûr, un
profond sentiment d'équité, et une grande indépendance de caractère.
Lépida, appartenant à la plus haute aristocratie de Rome, avait épousé

(1) TACIT. Ann. I, 63. VELL. PATERC. l. II, 108. 110 et 110. — (2) TACIT. Ann. III,
II, 56. — (3) Ann. III, 8.

Publius Sulpicius Quirinus, consulaire décoré des insignes triomphaux et très riche. Ils n'avaient pas eu d'enfants ; d'ailleurs les débauches de Lépida forcèrent bientôt son mari à la répudier. Bien des années après cette malheureuse, vieillie, perdue de débauches et très probablement ruinée, déclara avoir eu de P. Quirinus un enfant. L'affaire fut portée au sénat, où elle eut pour défenseur le sénateur Marcus Lépide, son frère. Son mari l'accusait non seulement de supposition d'enfant, mais encore d'adultère, d'empoisonnement et enfin de lèse majesté, puisqu'elle avait consulté les astrologues sur la destinée des Césars. Tibère fit écarter ce dernier chef d'accusation, ne permit même pas qu'on interrogea ses esclaves sur ce qui touchait la famille impériale, et ne voulut pas que Drusus, quoique consul désigné, opinât le premier. Lépida, profitant des jeux qui suspendirent le cours du procès, se présenta au théâtre de Pompée, escortée d'une foule de dames du plus haut rang. Toute en pleurs, elle invoqua ses ancêtres, les mânes du grand Pompée, son bisaïeul, dont le théâtre même était l'ouvrage et dont les images s'y voyaient de tous côtés ; elle réussit à exciter un tel attendrissement que les assistants fondirent en larmes et chargèrent d'imprécations Quirinus, « ce vieillard de naissance obscure, auquel serait sacrifiée cette femme, destinée jadis à être l'épouse de Lucius César. » Toute la ville prit parti pour Lépida, qui était alliée à toute la haute aristocratie de Rome, et quoique les dépositions des esclaves et toute l'instruction ne laissaient même aucun doute sur la culpabilité, le sénat, sous la pression de l'opinion publique, hésitait de la frapper. Mais Rubellius Blandus, homme doux d'ailleurs, proposa de lui interdire l'eau et le feu, et Drusus, malgré l'opposition d'un grand nombre de sénateurs, se rangea à cet avis et insista pour qu'il fût adopté par le sénat. Lépida fut donc condamnée à l'exil pour supposition d'enfant et adultère, mais sans confiscation de ses biens ; alors Tibère, qui s'était tû pendant le procès, ne voulant pas accabler la malheureuse, fit connaître au sénat les dépositions des esclaves de Quirinus, qui prouvaient les tentatives de Lepida d'empoisonner son mari (1).

« Son second consulat, où il eut son père pour collègue, Drusus géra seul, portant ainsi seul, et pendant toute l'année le poids des affaires, Tibère s'étant retiré dès le commencement de l'année en Campanie. Une affaire, peu importante, mais qui donna lieu à des débats passionnés au sénat, fournit à Drusus l'occasion d'acquérir la faveur

(1) TACIT. Ann. III. 22-23.

publique. Domitius Corbulon, ancien préteur, se plaignit au sénat de ce que Lucius Cornelius Sulla, jeune patricien, avait refusé de lui céder sa place à un spectacle de gladiateurs. Cette affaire passionna le sénat. Corbulon avait pour lui son âge, la coutume des ancêtres, la faveur des vieillards; Sulla était soutenu par Mamercus Scaurus, L. Aruntius et d'autres parents. Les débats furent très vifs; on citait d'anciens décrets qui punissaient rigoureusement les jeunes gens pour manque de respect aux vieillards » (1). Un discours habile de Drusus calma les esprits; il sut persuader à Mamercus Scaurus, oncle et beau-père de l'inculpé, de faire des excuses à Corbulon, et celui-ci de s'en contenter.

Drusus, en sa qualité de consul, eut à se prononcer encore dans deux autres cas, touchant tous les deux la question de l'interprétation de la loi de lèse-majesté. A cette époque la bassesse du sénat et la servilité des grands avaient déjà créé le culte de la personne sacrée du prince, culte qui allait très loin, grâce aux délateurs, et menaçait de devenir une sorte de calamité publique. Non seulement on était tenu envers la mémoire d'Auguste à plus de respect et de piété qu'envers les dieux même, mais comme le prince régnant devait être déifié après sa mort, on le traitait déjà presque en dieu encore de son vivant. Ainsi on faisait un crime capital d'avoir battu un esclave ou changé d'habits près de la statue d'Auguste, d'avoir été aux latrines ou au lupanar avec une bague ou une monnaie portant son effigie (2); il n'était pas permis de prendre un pot de chambre si l'on avait au doigt une bague avec le portrait du prince régnant (3), de comprendre dans la vente d'une propriété son image ou celle d'Auguste (4), de convertir en monnaie une statue en argent de l'empereur (5). Les plus vils scélérats, armés de l'image du prince, pouvaient outrager impunément les honnêtes gens; les affranchis et les esclaves même profitaient de ce moyen pour menacer du geste et de la voix leurs maîtres; le dernier des misérables venait jusqu'aux portes du Sénat outrager les sénateurs, et on ne pouvait l'arrêter s'il opposait une monnaie à l'effigie de l'empereur (6). C'était un crime de lèse-majesté que de ne pas jurer par le nom d'Auguste ou par la fortune du prince, et un plus grand encore d'avoir violé un pareil serment. Tibère s'était toujours opposé à ce culte de la personne du chef de l'État (7) et profes-

---

(1) *Ibid.* 31. — (2) Suet. Tiber. LVIII. — (3) Seneca. *De venefic.* III, 26. — (4) Tacit. Ann. I, 73. — (5) *Ibid.* III, 70. — (6) *Ibid.* 37. — (7) Suet. Tib. XXVI et XXVII.

sait le plus profond mépris pour toutes ces tentatives de déification (1); il dé.endait positivement de lui élever des temples et des statues (2), ne voulut pas qu'on jurât par sa fortune et ne permettait pas qu'on poursuive ceux qui s'étaient parjurés de cette façon (3). Il détestait la flatterie en général (4), mais surtout cette sorte de flatterie, et si dans la conversation ou dans un discours il arrivait à quelqu'un d'employer des expressions emphatiques, ou cette phraséologie du culte de la personne du chef de l'État, il interrompait l'orateur et lui faisait changer d'expression (5). Il ne voulut pas admettre longtemps les accusations de lèse-majesté (6), disant que dans un État libre la parole et l'esprit devaient être libres (7), opinait au Sénat pour l'abandon de l'accusation ou l'acquittement de ceux que les délateurs accusaient de cette sorte de crime (8), et allat quelquefois jusqu'à faire poursuivre les accusateurs eux-mêmes (9). A la proposition du Sénat, qui voulait changer le nom du mois de septembre en celui de *Tiberius*, en son honneur, comme on avait déjà donné le nom d'*Augustus* au mois *Sextilis*, Tibère répondit par un refus net et catégorique (10), demandant aux sénateurs comment vont-ils faire pour le treizième empereur (11). Drusus, qu'on disait si orgueilleux, fit voir que sous ce rapport il était en complète communauté d'idées avec son père. Annia Rufilla, accusée par le sénateur C. Cestius de faux, l'avait insulté en plein Forum et le poursuivit jusqu'aux portes du sénat en l'accablant d'outrages et d'invectives, sans qu'il eût osé la faire arrêter ou lui répondre, parce qu'elle lui opposait le portrait de l'empereur. Drusus fit mander Rufilla devant un tribunal, et, après avoir constaté le fait, la fit mettre en prison à la satisfaction générale (12). Dans l'affaire Magius Cœcilianus, accusé de lèse-majesté, il vota pour la punition rigoureuse des accusateurs (13). Une autre fois encore, alors que Drusus, nommé au poste de préfet de Rome pendant les fé-

---

(1) Tacit. *Ann.* IV, 38. — (2) D. Cass. l. LVII, 9. Tacit. *Ann.* IV, 37. Suet. Tib. XXVI. — (3) D. Cass. l. LVII, 8. — (4) Suet. Tib. XXVII, — (5) Il ne permit jamais qu'on l'appelât *dominus*. (Suet. Tib. XXVII), ou même *imperator*, disant qu'il était le *maître* (*dominus*) pour ses esclaves, empereur pour ses soldats, tandis que pour les citoyens il n'était que premier sénateur *princeps senatus* ou simplement *princeps*, (par corruption prince). D. Cass. l. LVII, 9. — (6) D. Cass. LVII,9. — (7) Suet. Tib. XXVIII. — (8) Tacit. *Ann.* l. I, 74. (*affaire Granius Marcellus*); II, 50 (*Apuleja Varilia*); III, 37 (*Magius Cœcilianus*); *ib.* (*C. Lutorius Priscus*). *ib.* 69. (*C. Junius Silanus*) *ib.* 70 (*Cœsius Cordus*); IV, 51 (*C. Cominius*); *ib.* 36. (*Sextus Marius*) etc. — (9) ainsi Considius Æquus, Cœlius Cursor, Culpurnius Salvianus, etc. (Tac. *Ann.* III, 37; IV, 38). — (10) Suet. Tib. XXVI. — (11) D. Cass. LVII, 17. — (12) Tacit. *Ann.* III, 36. — (13) *Ibid.* 37.

ries latines, prenait possession de la charge, un misérable, Calpurnius Salvianus, vint, sans égard même pour la sainteté du jour, dénoncer devant son tribunal Sextus Marius; le jeune César fut si révolté, qu'il cita immédiatement en justice l'accusateur lui-même et le fit condamner à l'exil (1). Ayant reçu la puissance tribunienne, qui était la reconnaissance officielle de la qualité d'héritier de l'empire, Drusus en remercia le Sénat par une lettre modeste et pleine de convenance (2). Tacite lui fait un crime de n'être pas venu rendre personnellement grâce au Sénat; mais il oublie que c'est Tibère qui demanda cet honneur pour son fils et que Drusus se trouvait à ce moment en Campanie, à une soixantaine de lieues de Rome.

Nous avons vu Drusus dans sa vie politique; voyons-le maintenant dans sa vie privée.

Tibère, en partant pour Rhodes, laissa Drusus à Rome; nous n'avons pas de renseignements sur l'enfance de Drusus depuis 748 jusqu'à 751, quand Tibère retourna de son exil. Disgrâcié, tenu loin des affaires et des honneurs, Tibère, à son retour, s'occupa beaucoup de l'éducation de son fils et le fit, comme nous l'avons dit plus haut, débuter bientôt au Forum. Mais adopté en 756 par Auguste, reconnu héritier de l'empire et collègue de l'empereur, il est bientôt complètement absorbé par les soucis du pouvoir; d'ailleurs il est envoyé la même année encore en Germanie, où il resta pendant huit ans, ne faisant que de courtes apparitions à Rome. Il avait donné à Drusus, peu de temps après son retour de Rhodes, la maison qu'il avait occupée aux Carènes, et alla se loger lui-même sur l'Esquilin, dans les jardins de Mécène, pour faire voir à Auguste qu'il voulait se tenir loin des affaires. La maison au quartier des Carènes, qui avait appartenu dans le temps à Pompée, convenait parfaitement à un jeune homme; se trouvant à proximité du Forum, il pouvait plus commodément suivre les séances des tribunaux et faire son apprentissage de la vie politique. Malheureusement si cette maison se trouvait tout près des temples, du Comice et de la Curia Hostilia, elle avait aussi dans son voisinage la Suburra et les lupanars du Coelimontium, endroits que Drusus visitait, paraît-il, non moins assidûment que le Forum (3). Le fait est que le jeune homme eut sa liberté beaucoup trop tôt. Il se lia avec une bande de jeunes gens, débauchés et dissipateurs, qui l'entraî-

(1) *Ibid.* IV, 36. — (2) *Ibid.* III, 59. — (3) SUET. Tib. LII, D. CASS. LVIII, 13; TACIT. *Ann.* II, 44, III, 37.

nèrent dans toutes sortes d'excès, vin, (1), théâtres, (2) et femmes (3). Ces jeunes gens appartenaient probablement non à la haute aristocratie, qui tenait quelque peu rigueur au Palatin, mais à la haute domesticité et à la cour du vieil empereur; c'était les fils de ces créatures et de tous ces magistrats qui entouraient Auguste, et tout en n'ayant que des charges subalternes, étaient les vrais détenteurs du pouvoir. On y voyait tout d'abord Lucius Aelius Sejanus, le célèbre Séjan, fils de C. Sejus Strabo, préfet des cohortes prétoriennes, mais adopté dans la famille Aelia. C'était ensuite Aelius Gallus, probablement son frère adoptif, et qui périt avec lui (4); c'était un autre Lucius Séjan, proche parent de Séjan, un de ces farceurs effrontés que rien n'arrête dans leurs plaisanteries, ni le respect, ni la crainte. Étant préteur, il eut l'idée de tourner Tibère en ridicule et de faire rire la ville à ses dépens; le vieil empereur étant chauve, ce qu'on regardait comme un défaut corporel, honteux, surtout pour un César (5), Lucius Séjan imagina de faire faire tout le service des *floralia*, depuis le matin jusqu'au soir, exclusivement par des chauves, et le soir, pour donner plus d'éclat à sa farce, il fit éclairer la sortie du théâtre par 5 000 esclaves portant des torches (6). Cette plaisanterie, faite par un haut magistrat, par un homme d'âge mûr, un père de famille, et cela au moment où l'on sévissait contre les parents et les amis de Séjan, donne une idée de ce qu'avait dû se permettre ce même Lucius Séjan, étant jeune et faisant partie d'une bande de jeunes gens riches, débauchés, impudents, et auxquels tout était permis puisque précisément le magistrat chargé de la police de la ville était père de l'un d'eux, oncle d'un autre, parent de presque tous.

De toute cette bande c'est surtout Séjan, le futur favori redouté de Tibère, qui était le plus lié avec Drusus et qui avait eu sur lui le plus d'influence. Compagnon d'enfance de Caïus César (7), le fils adoptif et héritier présomptif d'Auguste, il était déjà un jeune homme quand Drusus sortait à peine de l'enfance; beau, vigoureux, d'une santé de fer, d'un esprit enjoué, d'un caractère gai (8), amant de toutes les grandes dames de Rome (9), jetant l'or à pleines mains (10), fanfaron

---

(1) *Ibid.* — (2) Tacit. *Ann.* 1, 76. — (3) Suet. *l. c.* D. Cass. *l. c.* Tacit. *l. c.* — (4) Tacit. *Ann.* V, 8. — (5) Tacite assure que Tibère s'était retiré à l'île de Caprée en partie pour cacher aux Romains sa calvitie (*Ann.* IV, 57. V. aussi Suet, *Cajus César,* L). — (6) D. Cass. LVIII, 19. — (7) Tacit. *Ann.* IV, 1. — (8) Vell Paterc. II, 127. Tacit. *Ann.* IV, 1. — (9) D. Cass. LVIII, 3. — (10) Tacit. *Ann.* IV, 1.

du vice (1), il devait nécessairement séduire l'imagination d'un garçon de dix-sept ans. Drusus chercha à l'imiter, se jeta à corps perdu dans la débauche et se lia aussi avec le vieux et ignoble Marcus Apicius, fameux gourmand, qui attirait la jeunesse chez lui, tenait une sorte d'école de gloutonnerie, et infecta le siècle de sa doctrine (*disciplina sud sæculum infecit* (2), inventeur du foie gras (3), de plusieurs autres plats (4), qui firent fureur à Rome, il affectait de mettre la plus grande recherche dans toutes sortes de vices, proposait des prix pour l'invention d'assaisonnements nouveaux (5), et, vieux, riche, sceptique et débauché, se plaisait à guider la jeunesse dans la carrière du vice. Après avoir mangé une fortune colossale, criblé de dettes, et, tout compte fait, se trouvant encore possesseur de 10 000 000 de sestèrces, il s'empoisonna pour ne pas mourir de faim, assurait-il. On comprend qu'un tel fanfaron du vice devait nécessairement séduire la eunesse désœuvrée et débauchée de la ville et avoir sur elle une grande influence. Séjan, qui avait été le mignon de M. Apicius (6), avait donc attiré le jeune Drusus chez cet ignoble vieillard (7); on y passait les jours en banquets, les nuits en débauches, mais ces excès, que l'âge plus avancé et la constitution athlétique de Séjan lui faisait supporter facilement, eurent une influence désastreuse sur la santé de Drusus; heureusement pour lui, il ne tomba pas au moins dans le vice, si répandu à cette époque, de débauches contre nature. Séjan, qui avait lui même servi de mignon dans sa première jeunesse, affichait encore, malgré ses bonnes fortunes aristocratiques, et pour ne manquer d'aucun vice, le goût des amours infâmes. Il y avait à cette époque à Rome un certain Caius Lutorius Priscus, chevalier, sorte de bel-esprit, qui faisait des vers de circonstances que les princes et les grands lui payait généreusement (8). Séjan se prit d'un amour passionné pour son esclave, l'eunuque Paezontus, et le lui acheta au prix exhorbitant de 50 000 sestèrces (9), ce qui occupa quelques jours l'attention de la ville. Drusus, qui semble avoir pris Séjan pour modèle, acheta aussi un eunuque d'une grande beauté, le fameux Lygdus, qui lui fut si fatal; mais là se borna son imitation, et aucun des his-

---

(1) Plin. *Hist. nat.* VII, 40. — (2) Seneca, *Consol. ad Helviam*, X. — (3) Plin. *Hist. nat.* VIII, 77. — (4) Mulle au *garum sociorum* (Plin. *Hist. nat.* IX, 30), ragoût aux langues de phénicoptères (*Ibid.* X, 68), etc. — (5) Plin. *Hist. nat.* IV, 30. — (6) Tac. *Ann.* IV, 1. D. Cass. LVII, 10. — (7) Plin. *Hist. nat.* XIX, 41. — (8) D. Cass. LVII, 20; Tacit. *Ann.* III, 49. — (9) Plin. *Hist. nat.* VII, 40.

toriens, même ceux qui lui sont le plus hostiles, ni Tacite, ni Dion Cassius, ne lui reprochent des amours infâmes.

L'âge, et surtout son mariage, détachèrent Drusus de ses compagnons de débauche. Il épousa Livilla, sœur de Germanicus, son frère adoptif, se rapprocha de ce dernier, et bientôt une amitié vraiment fraternelle lia ces deux jeunes gens, malgré le contraste de leurs caractères, et malgré leur position dans l'État. En effet, Germanicus, devenant par adoption fils de Tibère, comme l'aîné de Drusus est naturellement désigné pour succéder à son père. Ainsi l'avait entendu Auguste en demandant à Tibère cette adoption; ainsi l'entendait, en partie au moins, Tibère lui-même. Immédiatement à son avènement au principat il demanda le pouvoir proconsulaire pour Germanicus, et ne le demanda pas pour Drusus (1); en rendant compte de la révolte des légions Pannonniennes et de celles de Germanie, il mit en avant Germanicus et le loua au Sénat beaucoup plus que Drusus, quoique ce dernier ait indubitablement agi mieux que son frère (2). Germanicus eut le triomphe pour ses victoires en Germanie, quoique la guerre ne fût même pas finie (3), tandis que Drusus, qui l'avait terminée, n'eut que les insignes triomphaux; enfin la puissance tribunienne n'avait été accordée à ce dernier qu'après la mort de Germanicus, et quand il était resté de fait héritier unique de l'empire (4). De son vivant Germanicus représentait en quelque sorte la descendance directe d'Auguste, surtout parce que sa femme Agrippine en était la petite fille, et par conséquent leurs enfants avaient dans les veines le sang du divin Jules et du divin Auguste. « L'origine de Germanicus du côté maternel était supérieure à celle de Drusus; il avait Marc Antoine le triumvir pour aïeul et Auguste pour grand oncle, tandis que le bisaïeul de Drusus, Pomponius Atticus, avait été simple chevalier, et son image semblait déplacée parmi celle des Claudius. Enfin, Agrippine, femme de Germanicus, était supérieure à Lévilla, femme de Drusus, et comme naissance, et comme fécondité (5). » Aussi la cour et la ville étaient divisées en deux partis politiques, le parti Julien, représenté par Germanicus, et surtout par Agrippine sa femme, et le parti Claudien, représenté par Drusus (6). Des deux côtés les partisans tâchaient d'allumer la rivalité entre les frères, les opposant l'un à l'autre, et escomptant d'avance les avantages qu'ils re-

_____

(1) Tacit. *Ann.* I, 14. — (2) *Ibid.* 52. — (3) *Ibid.* 55; II, 41. — (4) *Ibid.* III, 56-57. — (5) *Ibid.* II. 43. — (6) *Ibid.* l. c. IV, 17 et passim.

tireraient à l'avènement au principat du chef de leur parti. Drusus avait
le grand tort d'être le fils de l'empereur; d'ailleurs il ne savait, ni ne
voulait rechercher la popularité, ne jouait pas au libéralisme et à
l'opposition, comme Germanicus. L'empereur lui-même était un prince
sévère, peu aimable; il ne gaspillait pas l'argent de l'État en distributions au peuple et en spectacles, tandis que son frère, Drusus
Germanicus, le père de Germanicus, dont nous avons déjà parlé, avait
été très populaire à Rome, surtout après sa mort, et quand on connut
sa fameuse lettre, dans laquelle il disait vouloir rétablir la république. Ce que le père n'avait pas fait, on l'attendait maintenant du
fils. Le parti Julien était, peut-être, plus nombreux, en tout cas plus
remuant, plus intriguant, et ses partisans cherchaient par tous les
moyens à rompre l'amitié qui unissait les deux frères, et surtout à allumer la jalousie et le dépit dans le cœur de Drusus. Ils affectaient
de le comparer à son frère et de louer l'affabilité de ce dernier, de
soupçonner l'empereur son père et lui-même de sentiments bas et haineux pour Germanicus, ils témoignèrent hautement leur chagrin quand
Livilla, femme de Drusus, accoucha de deux garçons jumeaux, fait
qui avait naturellement beaucoup réjoui Drusus et son père (1), etc.
Toutes ces petites infamies ne produisirent sur le cœur droit et aimant de Drusus aucun effet; il garda pour son frère adoptif le plus
grand attachement, Tacite lui-même est forcé d'en convenir dans plusieurs passages de ses annales (2). Même après la mort de Germanicus, tout en sachant que son père était accusé de l'avoir empoisonné, sachant qu'on désirait sa mort à lui et celle de son fils pour
que le chemin du pouvoir soit ouvert aux enfants de Germanicus, non
seulement il n'eut pour eux aucun sentiment de dépit, mais il continua
à les aimer, à les protéger et à les pousser dans la carrière des honneurs (3).

Nous avons dit que l'exemple de Germanicus et l'amitié de Drusus
pour lui, probablement aussi les remontrances de ce dernier comme
ami, et surtout comme frère de sa femme Livilla, avaient fini par dé-
tacher Drusus de ses compagnons de débauche et lui faire changer
de genre de vie; mais c'est certainement son mariage qui avait le plus
contribué à ce changement. Drusus avait épousé Livilla par ordre de
son père, qui croyait par cette union fondre en une seule famille les
deux branches de la maison Julia-Claudia, et mettre fin aux rivalités

(1) *Ibid.* II, 84. — (2) *Ibid.* I, 43; II, 51, 53 et passim. — (3) *Ibid.* IV, 4.

et à tous ces partis qui divisaient la cour et la ville. Livilla avait été
assez laide dans sa première jeunesse, et ce n'est que plus tard qu'elle
devint une des plus belles femmes de Rome (1). On peut donc supposer
que l'amour n'avait pas été très grand d'abord entre les époux ; aussi
voyons-nous que Drusus, quoique s'abstenant déjà des débauches, menait une vie très mondaine, passant son temps dans les plaisirs, aux
banquets, aux théâtres (2). Mais peu à peu il s'attacha à sa femme,
surtout quand elle lui donna des enfants, devint mari tendre et aimant, et ne voulut plus quitter sa famille. Envoyé en province, il voya-
geait ordinairement avec sa femme et ses enfants, et avoua au Sénat
qu'il se déciderait difficilement à aller en province s'il lui fallait
quitter les siens, et s'il n'avait pas · le bonheur de se reposer auprès
d'eux des soucis et des travaux du gouvernement (3). Il paraît néanmoins que le goût des plaisirs, un certain raffinement gastronomique,
la passion des théâtres, lui était restés. Sa table était servie avec recherche, et il perdit l'habitude des mets simples, des légumes grossiers et communs, qui composaient le menu chez son père. Marcus
Apicius lui avait fait prendre en dégoût le chou, par exemple, légume
favori des romains (parce qu'il est le plus économique ainsi que le
remarque Pline l'Ancien), ce dont son père, qui était lui-même très
simple et très sobre dans sa nourriture, le réprimandait vivement (4).
En tout cas l'empereur Tibère crut devoir l'envoyer à l'armée, en
partie pour lui faire étudier l'art militaire, le faire connaître aux légions, et parce qu'il était généralement de bonne politique que les
deux principales armées de la république aient pour commandants les
deux fils du chef de l'État, mais surtout pour l'éloigner des plaisirs et
des tentations de la capitale (5).

Les historiens reprochent à Drusus l'orgueil, la sévérité et même la
cruauté de son caractère ; à quel point ces reproches sont fondés ? Pour
ce qui regarde l'orgueil, nous avons vu qu'il n'avait jamais profité de
sa position de fils de l'empereur et d'héritier de l'empire pour se mettre
au dessus de son collègue au consulat. Quelqu'un lui ayant légué sa
fortune, il suivit, quoique étant consul à cette époque, à pied le convoi
funèbre du donataire (6). Tacite lui-même, qui est seul à parler de
son orgueil, dit dans un autre endroit de ses Annales (7), qu'il vivait à
Rome non comme un prince, mais comme un homme privé, entretenant

---

(1) *Ibid.* IV, 3. — (2) *Ibid.* III, 37. — (3) *Ibid.* III, 34. — (4) PLIN. *Hist. nat.*
XIX, 41. — (5) TACIT. *Ann.* II, 44. — (6) D. CASS. LVII, 14. — (7) l. III, 37.

des relations sociales sur un pied d'égalité complète avec les particuliers, assistait aux assemblées, visitait les réunions, se mêlait aux entretiens, et « étudiant ainsi l'opinion publique, adoucissait la sévérité de son père (1). »

Du reste toute sa vie, que nous venons de passer en revue, prouve au contraire une absence complète d'orgueil et de morgue, ce qui s'accorde aussi avec le caractère de Tibère (2) et avec l'éducation qu'il en avait reçue. Les reproches de sévérité et de cruauté ne sont guère plus justes; Tacite dit à propos de l'exécution de deux instigateurs de la révolte des légions en Pannonie que « Drusus était naturellement enclin à la rigueur » (3), oubliant que ce justicier si rigoureux ne fit mettre à mort que *deux soldats*, tandis que son héros Germanicus, dont il ne peut assez célébrer l'humanité, ordonna *deux massacres*, dans lesquels périrent des milliers de malheureux. Dans l'affaire d'Annia Rufilla, affaire que nous avons rapportée plus haut, Drusus, Tacite l'avoue lui-même — avait jugé d'une façon qui lui avait fait le plus grand honneur, et si Rufilla fut mise en prison, ce sont les sénateurs eux-mêmes qui avaient supplié Drusus de la punir sévèrement (4). Tacite dit qu'on lui reprochait d'aimer trop les jeux de cirque, et le plaisir avec lequel il regardait couler le sang des gladiateurs, bien que ce soit un sang vil, alarma le peuple (5); mais pour un Romain il n'y avait aucune cruauté à prendre plaisir à ces spectacles; on faisait même un mérite à Auguste de les aimer et on reprochait à Tibère, au dire de Tacite lui-même, de ne pas aimer le cirque; on y voyait une preuve d'un esprit chagrin, d'un naturel sombre, d'un caractère féroce et haineux, qui ne savait trouver ni joie, ni plaisir. Dion Cassius rapporte, comme une preuve de la cruauté de Drusus, que les glaives très tranchants étaient appelés en son honneur *drusiens* (6); il faut avouer que cette preuve est bien peu concluante. Qui sait quelle circonstance fortuite avait pu donner naissance à cette expression *d'épées drusiennes*, et pour nous, qui avons étudié la vie entière de Drusus et toute sa personnalité morale, il faut d'autres preuves que ça pour nous faire croire à ce reproche de cruauté, que pas un fait ne vient confirmer, et que tout contredit.

Il est un autre défaut que les historiens reprochent à Drusus, mais celui-là, on aurait pu affirmer à priori qu'il devait l'avoir; ce défaut

(1) *Ibid.* — (2) Suet. Tib. XXXI-XXXII. — D. Cass. LVII, 7-11. Tacit. Ann. IV, 6, 7. — (3) Ann. I, 20. — (4) *Ibid.* III. 36. — (5) *Ibid.* I, 76. — (6) LVII, 13.

c'est l'emportement (1). Fils de l'empereur investi de la toute-puissance, lui-même héritier du pouvoir, vivant au milieu d'une société lâche, servile, il ne pouvait avoir aucune raison, aucun motif à maîtriser sa colère, à imposer un frein à son dépit et à en contenir les manifestations. Ainsi il s'emporta un jour jusqu'à bâtonner un chevalier (2), une autre fois il donna un soufflet à Séjan lui-même (3), ce qu'il paya de sa vie. Tibère avait vainement cherché à corriger Drusus de ce défaut ; il l'avait même menacé de le déshériter, s'il n'apprenait pas à se maîtriser (4), regardant avec raison l'emportement comme incompatible avec l'exercice régulier du pouvoir suprême, — tout fut inutile.

Nous avons dit plus haut que Drusus avait à peu près rompu avec ses anciens compagnons de jeunesse, et notamment avec Séjan. L'âge, l'expérience, la pratique des hommes lui avaient peu à peu ouvert les yeux sur ce dernier. Il apprit à le connaître, il vit sous ses dehors séduisants, sous sa gaîté, insouciante et frivole, la sécheresse de cœur, l'ambition froide de cette âme haineuse et perverse. Nommé collègue de son père dans le commandement des cohortes prétoriennes, bientôt seul préfet du prétoire, après la nomination de Sejus Strabo au poste de préfet de l'Égypte (5), Séjan sut capter la bienveillance et la confiance de l'empereur au point de devenir presque son collègue, et de rejeter Drusus au second plan. On voyait ses images honorées à l'égal de celles du prince au théâtre, au Forum, à la tête des légions (6) » Le Sénat lui décernait une statue au théâtre de Pompée, qui venait de brûler et que l'empereur faisait rebâtir (« C'est bien maintenant que le théâtre de Pompée périt véritablement », avait remarqué Crémutius Cordus (7). L'empereur lui accorda le rang de préteur, honneur inouï et sans exemple (8), et l'appelait dans ses discours et ses lettres au Sénat et au peuple « son cher Séjan, compagnon de ses travaux », etc. Drusus se plaignait hautement de la trop grande faveur du préfet du prétoire, qui semblait jusqu'à un certain point lui prendre sa place dans l'État et le supplanter dans l'affection de son père (9). Les relations étaient donc froides et tendues entre les deux anciens amis, mais ils se voyaient néanmoins, puisque Séjan, qui avait l'habitude agréable et habile de séduire les femmes mariées pour les faire servir ensuite à son ambition, devint l'amant de

---

(1) Dion Cass. LVII, 14. Tacit. Ann. IV, 3. — (2) D. Cass. l. c. — (3) Tacit. Ann. IV, D. Cassius (LVII, 22) dit que dans la querelle qu'ils eurent c'est Séjan qui donna un soufflet à Drusus. — (4) D. Cass. LVII, 13. — (5) Ibid. 19. — (6) Tacit. Ann. IV, 2. — (7) Seneca Consol. ad Helv. XXII. — (8) D. Cass. LVII, 19. — (9) Tacit. Ann. IV, 7.

Livilla, et de concert avec elle et son médecin Eudemus, fit empoisonner le malheureux Drusus par l'eunuque Lygdus, son favori. Le poison fut choisi tel que son action lente simulât une maladie naturelle ; Drusus succomba sans que sa mort ait réveillé le moindre soupçon, et ce n'est que huit ans plus tard qu'on apprit la vérité par Apicata, femme de Séjan (1).

Les portraits de Drusus César, bustes et médailles (2), le représentent ressemblant à son père, mais plus encore peut-être, à son oncle Drusus Germanicus. Il est beau aussi, mais non plus de la beauté fine, nerveuse et si élégante de Tibère. Les traits sont alourdis, le visage est plein, presque gras, le nez un peu fort, la bouche élégante, spirituelle et un peu sensuelle ; l'expression du visage est tranquille et même un peu paresseuse. Le camée n° 211 du cabinet des pierres gravées aux Uffizi, qui est un chef-d'œuvre de la lythoglyptie, le représente beaucoup plus jeune, aux traits fins et élégants, à l'air éveillé et souriant, en somme un visage charmant, jeune, beau, très intelligent, gai, respirant la bonté et la franchise.

L'analyse de la personnalité de Drusus César nous l'a fait connaître comme un jeune homme heureusement doué sous le rapport de l'esprit et du cœur, mais trop ami des plaisirs. En tout cas nous n'avons vu en lui rien d'anormal, rien de pathologique. Notons encore qu'il avait laissé trois enfants de sa femme Livilla, tandis que le César Caïus, premier mari de Livilla, n'avait pas eu d'enfants d'elle. Ceci prouve encore une fois l'absence totale de tout élément névropathique dans la famille de M. Vipsanius Agrippa, mari de la grande Julie. S'il nous arrive de découvrir dans sa descendance quelque indice, quelque symptôme d'un vice psychologique héréditaire, il ne pourra pas être imputé à la famille Vipsania, et nous devrons le considérer comme provenant exclusivement de la famille Octavia-Julia.

(1) D. Cass. LVII, 22. Tacit. Ann. IV, 3, 8 et 11. Suet. Tiber. 62. — (2) Ainsi les bustes n° 7 à la salle des empereurs du Musée Capitolin et n° 57 aux Uffizi de Florence, le denier d'argent aux effigies de Tibère au recto et de Drusus au verso, analysé par Eckhel et représenté chez Lenormant (n° 10, pl. X) et deux bronzes moyens de coins différents.

CHAPITRE V

La deuxième génération de la famille d'Auguste, génération que nous allons maintenant passer en revue, est représentée par les enfants de la grande Julie et par ceux de Drusus Germanicus l'ancien.

I) *Julie* avait eu de
   A) *M. Vipsanius Agrippa*
      1) *Caïus César*
      2) *Lucius César*
      3) *Agrippine*
      4) *Julie*
      5) *M. Agrippa Posthumus*
   B) *Tiberius Claudius Nero*
      6) Un enfant mort au berceau.

II) Dec. Drusus Claudius Nero Germanicus avait eu de sa femme Antonia la cadette, fille de M. Antoine le triumvir et d'Octavie, beaucoup d'enfants (1) qui meurent en bas âge sauf trois qui survécurent :
Ce sont :

    1) .... Claudius Nero Germanicus, connu sous le nom de Germanicus tout court (2).
    2) Tiberius Drusus Claudius Nero Germanicus (l'empereur Claude).
    3) Livia (Livilla).

Nous n'avons que très peu de chose à dire sur les Césars Caïus et Lucius, morts très jeunes tous les deux. Favoris et héritiers présomptifs d'Auguste, qui les avait adoptés par l'as et la balance (3), princes

(1) Suet. Div. Claud. 1. — (2) On ne connaît pas au juste le prénom de Germanicus ; quelques auteurs modernes lui donnent celui de Tiberius, mais c'est une erreur ; c'est son frère Claude qui avait eu ce prénom. — (3) Suet. Aug. LXIV.

de la jeunesse, désignés consuls avant d'avoir revêtu la toge virile — à quoi Auguste, tout en le désirant ardemment, avait fait semblant de s'opposer(1). — Ils étaient dès leur naissance désignés comme les maîtres futurs de la République. Le Sénat mit le jour de naissance de Caïus au nombre des grandes fêtes de l'État. Le peuple, auquel on les montrait tantôt conduisant, comme princes de la jeunesse, les jeux troyens au cirque, tantôt assis dans la loge impériale à côté et comme égaux du triomphateur Tibère (2), les accueillait au théâtre avec des salutations et des applaudissements (3). Tibère écrivait de Rhodes à l'empereur qu'il s'était retiré pour qu'on ne puisse pas le soupçonner de rivalité envers les jeunes Césars Caïus et Lucius, mais que maintenant (à l'expiration de la puissance tribunnienne qui lui avait été conférée pour cinq ans), *que leur position à la deuxième place de l'État était consolidée* (4), il demandait à revenir à Rome.

Nous avons dit que ces enfants avaient été les favoris de leur aïeul; dans sa vieillesse solitaire Auguste s'attacha à eux avec toute la tendresse faible et déraisonnable d'un grand-père, se départant à leur égard de la ligne de conduite qu'il s'était tracée, sacrifiant à leurs demandes enfantines, à leurs fantaisies juvéniles les questions les plus graves de la politique intérieure. Lui, qui avait toujours eu tant à cœur d'éviter toute apparence de royauté et de domination, qui ne voulait permettre aucun luxe dans sa maison, aucune distinction princière à sa famille, éleva ces deux garçons au Palatin en vrais princes, dans cette atmosphère malsaine de la flatterie et de la cour, inséparable de la toute-puissance (5). Il leur donna lui-même les premières leçons de lecture et d'écriture (6); quand ils furent en âge d'étudier plus sérieusement, il leur donna pour précepteur un des premier savants de Rome, le grammairien M. Verrius Flaccus qui tenait école, et dont les cours étaient très suivis. Il lui fit une pension de cent mille sesterces, et pour épargner aux jeunes Césars la peine de se rendre aux cours, fit transporter toute l'école de Flaccus au Palatin (7). Un jour Lucius, salué d'applaudissements par les spectateurs à son entrée au théâ'   '   'dressa au peuple et lui demanda que son frère Caïus, qui portait encore la prétexte, soit désigné consul. Auguste en fut d'abord extrêmement irrité, et répondit qu'il implorait les dieux de ne

---

(1) TAC. *Ann.* I, 3. SUET. Aug. LXIV; D. CASSIUS LV, 9 et 10. — (2) D. CASS. LIV, 27. — (3) SUET. Aug. LVI, D. CASS. LV, 9. — (4) SUET. Tib. XI; VELL. PATERC. II, 99. — (5) D. CASS. LV, 9. — (6) SUET. Aug. LXIV. — (7) SUET. *De Grammat.* XVII. — (8) SUET. Aug.. LVI.

jamais permettre le retour des jours funestes où Rome avait un consul âgé de moins de vingt ans. Pour consoler ses petits-fils de ce refus, il revêtit même Caïus du sacerdoce, lui permit de venir au Sénat, de prendre place parmi les sénateurs au théâtre (1), et néanmoins la même année encore non seulement Caïus, mais Lucius lui-même étaient désignés consuls, et Auguste, contre son habitude, demanda lui-même le consulat pour la treizième fois, pour avoir le plaisir de leur ouvrir la carrière des honneurs. (2) Tibère, disgracié, ayant demandé à retourner à Rome, Auguste laissa Caïus décider du sort de son beau-père (3).

Il n'était certainement pas difficile de prévoir les fruits que devait nécessairement porter une pareille éducation. Entourés de flatteurs (4), portés aux honneurs, salués par le peuple comme ses maîtres futurs, faisant toutes leurs volontés, habitués à la vie molle et luxueuse, les deux garçons étaient orgueilleux, insolents au grand chagrin d'Auguste, qui s'étonnait dans sa tendresse aveugle de grand-père de ne pas trouver chez eux la modestie et la simplicité qu'il aurait désirées (5). Cela ne changea pourtant en rien la vie de ces deux garçons, auxquels le faible Auguste continua à prodiguer les honneurs, et qu'il laissa mener une vie molle et oisive; aussi aux plaisirs de leur âge s'ajouta bientôt la débauche (6), et probablement la débauche contre nature, puisque Caïus avait eu Séjan pour compagnon d'enfance (7). La santé des jeunes gens s'en ressentit cruellement; fils du vigoureux et infatigable Agrippa et de la belle et forte Julie, ils sont faibles, maladifs, Caïus surtout (8), sur lequel nous avons le plus de renseignements.

Mais si belle et si commode qu'ait été la vie de jeunes gens au Palatin, il fallait la changer; ils étaient arrivés à l'âge où il ne suffisait plus de recevoir les honneurs, mais où il fallait encore les mériter (9). Jusqu'alors ils avaient assisté aux séances du Sénat, fait quelques petits voyages dans les provinces voisines (10), mais les héritiers de l'empire, pour commander aux armées, devaient avoir le titre d'*imperator*, qui ne s'obtenait que sur les champs de bataille. Les troubles en Arménie arrivèrent très à propos. Caïus César avait là une occasion excellente de se distinguer sans danger, de cueillir des lauriers faciles. Auguste envoya donc son petit fils aîné en Orient comme proconsul,

---

(1) D. Cass. LV, 9. — (2) Suet. Aug. XXVI. — (3) Suet. Tiber XIII. — (4) Vell. Paterc. II, 102. — (5) D. Cass. LV, 9. — (6) *Ibid.* — (7) Tacit. *Ann.* IV, 1. — (8) D. Cass. LV, 11. — (9) Suet. Aug. LVI. — (10) D. Cass. LV, 11.

après lui avoir fait épouser Livilla (1), sœur de Germanicus, qui épousa plus tard en secondes noces le César Drusus, fils de Tibère. Il donna à ce proconsul de dix-huit ans un gouverneur, le fameux M. Lollius, qui était chargé de conduire les négociations et de commander les troupes, mais qui devait s'arranger de façon à laisser tout l'honneur du succès au jeune César. Le voyage de Caius ne ressemblait en rien à celui d'un magistrat allant à son gouvernement. C'était en réalité une tournée que faisait le fils du maître du monde, l'héritier de l'empire, pour faire connaissance avec ses sujets futurs. (2) Entouré d'un luxe princier, d'une cour de jeunes gens de plus hautes familles de Rome (3), il avait dans sa suite des savants, comme le géographe Dyonisus (4), des personnages consulaires, des triomphateurs, comme Publius Sulpicius Quirinus (5). En Grèce, en Syrie, en Palestine, partout il est reçu avec les plus grands honneurs, comme fils du chef de l'État. Tibère, déjà alors général illustre, revêtu de la puissance tribunienne, vient de Rhodes à Samos (6) le saluer à son passage. Outre les conseils de son gouverneur, M. Lollius, il reçoit encore fréquemment des lettres de l'empereur lui-même (7), qui lui dictait sa conduite; ses lettres à lui sont lues officiellement au Sénat par son frère Lucius (8), et son grand-père ne tarit pas en éloges au Sénat sur son habileté, sa prudence, et cela à propos des choses les plus simples, par exemple pour n'avoir pas sacrifié à Jérusalem (9). Il désirait ardemment voir l'Arabie ; mais comme une expédition dans ce pays présentait des dangers sérieux, on lui fit faire une petite excursion, dans laquelle naturellement « il se couvrit de gloire, » et pour satisfaire sa curiosité, le roi Juba écrivit et lui dédia un grand ouvrage sur le pays (10). La ville Artagyra, assiégée, s'étant rendue, il reçut le titre d'*imperator*, qui n'était accordé qu'à un général en chef ayant battu complètement l'ennemi en bataille rangée.

Telles étaient les conditions dans lesquelles avaient été élevés et avaient vécu les Césars Caius et Lucius; voyons maintenant ce qu'ils étaient devenus.

Marcus Lollius, le gouverneur de Caius, se trouvait être un ennemi

(1) TACIT., *Ann.*, IV, 40. — (2) ZONOR. Exc. D. CASS., LV. — (3) SUET., Nero, V. — (4) PLIN. *Hist. nat.* l. VI. 31. — (5) TACIT. *Ann.* III. 48. — (6) SUET., TIB. XII. ZONORAS, exc. D. CASS. LV dit que Caius César se trouvait alors à Chios; Vellejus Paterculus (II, 101) assure que c'est Caius qui vint à Rhodes saluer son beau-père; mais c'est inexact. — (7) QUINTILLIEN., I, 6. AULU-GELL. l. XV, 7. PLIN., *Hist. nat.*, XVIII, 38. — (8) D. CASS., LV, 11. — (9) SUET., Aug. XCIII. — (10) PLIN., *Hist. mundi*, XII, 31; XXXII, 4.

de Tibère, beau-père de son élève; il l'indisposa contre lui, et quand
Tibère, déjà disgracié, exilé, vint le voir à Samos, Caius non seulement
reçut mal son beau-père, mais délibéra même avec ses jeunes compagnons de débauche s'il ne convenait pas *de le tuer* (1); il avait alors à
peine dix-huit ans. Nous avons dit qu'il était parti pour l'Orient avec
toute une cour de jeunes gens de la haute aristocratie de Rome, ses
compagnons de plaisir et de débauche, et une suite immense. Tout ce
monde s'abattit comme des sauterelles sur les malheureuses provinces
qu'il visitait, pillant les villes et les particuliers, s'enrichissant par des
concussions les plus éhontées, et cela depuis M. Lollius lui-même jusqu'aux derniers domestiques (2). Caius lui-même, entouré de flatteurs
et de complaisants, s'adonnait à tous les vices (3) et à tous les excès.
Le trait suivant donnera une idée du genre de vie qu'il menait, et des
mœurs de toute sa cour. Cn. Domitius Ahenobarbus, son compagnon,
voulut forcer un affranchi à s'enivrer pour amuser la société, et comme
celui-ci refusait, *il le tua* (4). Le précepteur du jeune César et
quelques-uns de ses serviteurs profitèrent d'une maladie qui lui était
arrivée pour commettre des concussions. *Ils furent noyés* (5). Le roi
des Parthes informa Caius des actes d'indélicatesse de M. Lollius, son
gouverneur, et celui-ci *meurt* immédiatement après; on ignore, ajoute
malicieusement Vellejus Paterculus, s'il était mort volontairement ou
non (6). Pendant ce voyage de Caius en Orient son frère Lucius, envoyé
à l'armée d'Espagne, tombe malade à Marseille et meurt à l'âge de dix-
sept ans; mais cette mort ne semble pas avoir affligé son frère outre
mesure (7); il continua sa vie de débauche et de plaisir. Vellejus
Paterculus parle de ses *vices* « *vitia* » (8) et doit convenir que dans
tout son voyage, qui avait duré près de quatre ans, sa conduite avait
été singulièrement inégale, et qu'il offrait à la fois ample matière aux
éloges, et une non moins grande au blâme (9); or nous avons déjà vu
plus haut que cette inégalité de conduite est un symptôme très caractéristique de la dégénérescence.

Blessé traîtreusement dans une conférence qu'il avait imprudemment
acceptée (10), Caius tomba dans un découragement complet, se dégoûta
des honneurs, perdit toute énergie, ne voulut plus s'occuper des affaires,
et finit par tomber dans une apathie et une prostration qui étonnaient

(1) Suet., Tib XIII. — (2) *Ibid.*, Aug. LXVII. — (3) Vell. Paterc., II, 102. —
(4) Suet.; Nero, V. — (5) *Ibid.*, Aug. LXVII. — (6) II, 102. — (7) Seneca., *Consol.
ad Polyb.* XXXIV. — (8) I, II, 102. — (9) *Ibid.*, 101. — (10) *Ibid.*, 102. D. Cass., LV,
11, 12. Florus, IV, XI.

ses compagnons et faisaient le désespoir d'Auguste. Le vieil empereur s'en plaignait hautement au Sénat, exhortait son petit-fils à prendre courage, à revenir à la vie active, et enfin, pour le piquer, lui signifia que, puisqu'il ne pouvait ou ne voulait pas exercer le pouvoir, il devait renoncer aussi au titre et aux honneurs qui y étaient attachés. Caius, loin de s'en sentir blessé, le prit au mot, déposa immédiatement non seulement la dignité proconsulaire, mais le titre même d'*imperator*, et se retira en Syrie, disant qu'il aimait mieux vivre ignoré dans un coin du monde que de retourner à Rome (1). Cette apathie, cette prostration s'aggravèrent progressivement, et Caius finit par tomber dans une sorte de stupeur et d'imbécillité (2). Auguste, effrayé, lui enjoignit de revenir au plus vite à Rome, ou du moins en Italie, lui promettant de le laisser libre de mener tel genre de vie qu'il lui plaira (3). Caius se mit en voyage, mais mourut en route.

Caius n'avait pas eu d'enfants de sa femme Livilla. Lucius avait été fiancé à Æmilia Lépida, mariée plus tard à P. Sulp. Quirinus, ensuite à Mamercus Scaurus (4) ; mais le mariage n'avait pas eu lieu, et Lucius mourut sans alliance.

Telles avaient été la personnalité et le sort des Césars Caius et Lucius. Nés de parents sains et vigoureux, ils sont maladifs et faibles de corps. Caius, le seul sur lequel nous ayons des renseignements psychologiques, se distingue par une indifférence et une insensibilité morales portées au plus haut degré, ce qui est extrêmement rare à son âge. La vie de son beau-père, de son gouverneur, n'ont aucune valeur à ses yeux ; la mort de son frère ne l'émeut pas beaucoup plus. Mais il ne faut pas s'y tromper : cette indifférence, cette impassibilité superbe n'est pas le fait d'une âme forte et inébranlable, c'est le triste privilège de certaines natures déshéritées, frappées du vice névropathique, qui ne sont pas capables de ressentir l'amour, la pitié, l'émotion, privilège auquel la science a donné un nom terrible, celui d'*idiotie morale*. L'hérédité morbide, l'influence dissolvante de la toute-puissance, la débauche, la vie princière, molle, oisive, inutile, l'adulation, ont eu vite raison de la constitution affaiblie, de l'esprit inconsistant, du moral sans énergie de Caius. Sa personnalité vague, molle, sans ressort, vacillante, était, pour ainsi dire, dans un équilibre instable, et il avait suffi d'un accident pour le faire crouler. Ce jeune homme, si super-

---

(1) VELL. PATERC., II, 102. — (2) D. CASS., l. c. — (3) *Ibid.* — (4) TACIT., *Ann.* III, 22, 23.

bement indifférent quand il s'agissait de la vie des autres, prend peur, perd tout courage, tombe dans la prostration, dès que sa vie à lui est en danger, et le coup de poignard qui le cloue au lit, en blessant son corps, tue son moral. La continence, le repos forcé, l'absence des stimulants habituels, ont suffi pour briser le ressort de cette âme lâche, de ce *moi* faible et inconsistant ; l'esprit, qui n'est plus sollicité par les impressions de la vie active, qui est abandonné à ses propres ressources, cesse d'agir, comme une mécanique dont la force motrice est épuisée ; il baisse, il faiblit, et cet affaiblissement une fois commencé, continue avec une effrayante rapidité ; rien ne l'arrête plus dans sa chute ; l'apathie fait place à la stupeur, la paresse d'esprit à l'imbécillité, et la personnalité intellectuelle et morale finit par la plus terrible et la plus misérable banqueroute.

On sait que les enfants d'Agrippa ressemblaient à leur père, et nous avons dit plus haut, en analysant la personnalité d'Agrippa et celles des membres de sa famille, qu'il ne pouvait transmettre à ses enfants qu'un esprit sain, un moral fort et énergique, une âme vigoureuse et fortement trempée, et que par conséquent si ses descendants présentent un élément névropathique, il ne peut venir que de Julie. Or, voici ce que dit la science psychiatrique de l'hérédité névropathique : « Lorsque l'hérédité provient d'un seul côté, soit du père, soit de la mère, il semble prouvé que *l'hérédité du côté de la mère est la plus dangereuse.* Telle est l'opinion d'Esquirol (1) ; et Baillarger (2), à son tour, sur une statistique de 453 faits d'hérédité, a calculé que *l'influence maternelle prédominait dans les deux tiers des cas* (3). A la suite de recherches précises et nombreuses, Moreau (de Tours) (4) est arrivé à conclure *qu'il y a jusqu'à un certain point antagonisme entre la ressemblance des traits de la figure (hérédité de la physionomie) et l'hérédité psychocérébrale.* Ainsi dans une famille, où, comme dans celle d'Agrippa et de Julie, la mère est atteinte du vice névropathique et le père est sain d'esprit, les enfants qui ressemblent de figure au père, ont 75 chances sur 100 d'hériter l'affection psycho-cérébrale de la mère.

Caius et Lucius sont morts à dix-huit mois de distance (5), très jeunes

(1) « La folie est plus souvent transmissible par les mères que par les pères. » *Esquirol. Des maladies mentales.* Paris, 1838, t. I, 33. — (2) Recherches statistiques sur l'hérédité de la folie. *Annales médico-psych.* Mai 1844, p. 330 et suiv. — (3) MARCÉ. *Traité pratique des maladies mentales.* Paris, 1862 p. 103. V. aussi *Leidesdorf. Lehrbuch der psychischen Krankheiten.* Erlangen, 1865, p. 128. — (4) *Union médicale* 1852. MARCÉ. *Traité pratique,* p. 105.-- (5) SUET., Aug., LXV. Tib., XV. D. CASS., LV, 11.

tous les deux ; comme toujours dans les cas de mort prématurée dans les familles régnantes, on soupçonna qu'ils avaient été empoisonnés, et on accusa de ce crime naturellement Livie (1), qui semble avoir été le bouc émissaire de tous les malheurs de cette époque. Mais Tacite lui-même, qui accuse volontiers Livie et Tibère de tous les crimes possibles et même impossibles, n'émet ce soupçon que sous une forme très dubitative. La mort de Caïus surtout, précédée comme elle l'avait été d'une période de prostration intellectuelle et morale, produisit une grande sensation à Rome. On alla jusqu'à dire que le poison lui avait été administré dans un pansement de sa blessure. Ce soupçon d'empoisonnement des blessures n'est pas extrêmement rare dans l'histoire. Nous ne savons pas précisément quels sont les symptômes qui l'éveillent, mais en raisonnant à priori on peut supposer qu'il devait naître principalement alors que la blessure était plus ou moins légère (incision peu profonde des parties molles par exemple), et sans grande hémorragie, de sorte que la mort, survenant dans des cas de traumatisme aussi peu graves, devait paraître singulière et suspecte. Le soupçon devait naître d'autant plus facilement, si les symptômes de la maladie qui emportait le blessé, et le caractère de l'agonie, frappaient les personnes étrangères à la médecine par quelque particularité étrange et effrayante. On sait qu'un grand nombre de poisons provoquent des convulsions plus ou moins fortes, plus ou moins générales ; or les convulsions ont déjà en elles-mêmes quelque chose de terrifiant, et produisent sur les spectateurs l'impression la plus pénible. On peut donc supposer à priori que les cas où les personnes étrangères à la médecine soupçonnent l'empoisonnement de la plaie, doivent présenter à peu près les conditions suivantes : la blessure est légère ; le blessé va bien ; l'état général est satisfaisant ; tout à coup il survient un accès convulsif, mais, contrairement à l'accès épileptique, avec conservation complète de l'intelligence et de la sensibilité. Les convulsions commenceront par la contraction spasmodique des muscles masseters et temporaux, de sorte que le malade ne peut plus desserrer les dents ; le visage prend une expression effrayante de stupeur, qui devient encore plus horrible quand les convulsions se propagent aux muscles du globe de l'œil. Arrivent enfin les grandes convulsions générales, le tronc rejeté en arrière, les membres étendus deviennent rigides, et le malade éprouve des souffrances atroces, hors de toute proportion avec la légèreté de la bles-

(1) TACIT., *Ann*, I, 3. — D. CASS., XV, 11.

sure. Or il existe une maladie, maladie terrible, presque toujours mortelle, très rare heureusement, mais par suite de sa rareté même à peu près inconnue aux personnes étrangères à la médecine, et qui présente précisément tous les symptômes que nous avons décrits. Le lecteur comprend que nous voulons parler du *tétanos* qui peut, par infection, survenir après la blessure la plus légère, la plus insignifiante, et l'on croit que les impressions morales tristes et les refroidissements subits y prédisposent beaucoup. Nous avons vu dans quelle disposition d'esprit se trouvait Caius après qu'il avait été blessé, et il est certain qu'avec les habitations et les habits de cette époque un refroidissement de la blessure pouvait arriver très facilement, surtout en voyage.

Nous croyons peu à tous ces empoisonnements si nombreux, et c'est précisément le grand nombre de cas de mort prématurée dans la famille impériale, circonstance qui avait seule ou principalement éveillé les soupçons, qui nous fait rejeter cette supposition de poison. Il avait déjà été dit plus haut que la mort frappe dans les familles en voie de dégénérescence tout particulièrement les enfants et les jeunes gens. Jamais l'assassin, l'empoisonneur le plus hardi, le plus sûr de l'impunité, n'osera commettre toute une longue série de crimes, craignant avec raison que le grand nombre de victimes finira par éveiller les soupçons et provoquer une enquête qui peut faire découvrir le coupable. Drusus Germanicus l'Ancien avait eu beaucoup d'enfants, et il ne lui en resta que trois. Pourquoi ne pas soupçonner alors que ces enfants avaient aussi succombé au poison? Si Livie avait empoisonné les Césars Caius et Lucius, pourquoi s'était-elle arrêtée en route? C'est surtout quand il s'agit d'ouvrir le chemin du trône, de déblayer la route, en écartant les concurrents, qu'on aurait raison de dire que rien n'est fait tant qu'il reste quelque chose à faire. Pourquoi Livie n'avait-elle pas fait empoisonner Agrippa Posthumus? On objectera, peut-être, qu'il était exilé, en disgrâce, par conséquent, peu dangereux. Mais Auguste était allé le voir quelques mois à peine avant sa mort, ils eurent une entrevue très affectueuse; Auguste avait pleuré en l'embrassant, et pourtant quand il fallut *écarter* le jeune Agrippa, on lui envoie non l'empoisonneuse Martina, mais un tribun militaire. Germanicus, fils de Drusus l'Ancien, était un compétiteur encore plus dangereux; pourquoi ne l'avait-on pas empoisonné du vivant d'Auguste? A cette époque la mort naturelle ou violente avait décimé la maison des Césars; on avait accusé Livie et Tibère d'empoisonnement.

Pour juger de la valeur de ces accusations, rappelons les cas de mort dans la famille impériale depuis l'avènement de Tibère au principat :

M. *Agrippa Posthumus*, tué (1);
Julie, fille d'Auguste, morte de misère et de privations (2);
Germanicus;
Julie, fille d'Agrippa, petite-fille d'Auguste, morte en exil de mort naturelle (3);
Agrippine, femme de Germanicus, morte de faim (4);
Drusus, frère jumeau de Tibérius Gemellus, petit-fils de Tibère, mort en bas âge de mort naturelle (5);
Nero, fils de Germanicus, mort de faim (6);
Drusus, fils de Germanicus, mort de faim (7);
Livilla, femme de Drusus, fils de Tibère, morte de faim (8);
Drusus, fils de Claude, mort par accident (9).

Ainsi de dix cas de mort survenus pendant le règne de Tibère dans la famille impériale, un seul, la mort de Germanicus, avait paru suspect et avait donné naissance à des soupçons d'empoisonnement. L'empereur Caius Caligula avait, paraît-il, une vraie passion pour la toxicologie, et collectionnait les poisons dont il avait un coffre tout plein (10), et cependant quand il voulait se débarrasser de son frère adoptif Tibère Gemellus, de son beau-père, M. Silanus (11), de son cousin le roi Ptolémée, de Macron, d'Ennia (12), de tant d'autres, ce n'est pas au poison c'est au tribun Dexter (13) qu'il avait recours.

Le soupçon d'empoisonnement n'a pas d'autre raison (à part, peut-être, des convulsions chez Caius, convulsions qui ne seraient pas alors, autre chose que le tétanos), d'autre cause que la jeunesse des Césars morts. S'il y eut eu quelque preuve, ou au moins quelque indice, les historiens n'auraient pas manqué de les noter, comme ils l'ont fait en parlant de la mort de Germanicus, et le soupçon lui-même aurait pris une forme plus positive. Quand la nouvelle de la mort de Lucius, ensuite de celle de Caius arriva à Rome, le peuple n'a certainement pas manqué de trouver singulière cette simultanéité de la mort de deux

---

(1) TACIT., *Ann.* I, 6. SUET., Tib. XXII. D. CASS., LV, 32. VELL. PATERC., II, 112.
(2) TACIT., *Ann.* I, 53. D. CASS., LVII, 16. — (3) TACIT., *Ann.* IV, 71. — (4) *Ibid.*, VI, 25. SUET., Tib. LIII. — (5) *Ibid.*, IV, 15. D. CASS., LVII, 14. — (6) SUET., Tib. LIV. — (7) TACIT., *Ann.* VI, 23. SUET., Tib. LIV. — (8) D. CASS., LVIII, 11. — (9) Il mourut enfant, s'étant étouffé avec une poire qu'il faisait sauter en l'air et qu'il recevait dans sa bouche ouverte. SUET., Claud. XXVII (10) Suet., Caius, XLIX. D. CASS., LX, 4. — (11) SUET., Caius, XXIII. — (12) *Ibid* XXVI. — (13) SENECA, *Epist. ad. Lucil.* IV.

jeunes gens, et celle de Caius, succombant à une blessure peu grave,
avait dû sembler particulièrement suspecte.

On avait assurément trouvé très étonnant que le sort favorisât aussi
manifestement Tibère, et ce sont des considérations de cette nature qui
seules avaient fait naître les soupçons. Pour le médecin, au contraire,
la mort de Drusus Germanicus père, de Caius César, de Lucius César,
plus tard celle de Germanicus, de Drusus Gemellus, de Drusilla,
morts tous jeunes, s'explique tout naturellement, et d'autant plus naturellement que les cas de mort prématurée avaient été plus fréquents.
Sénèque, qui connaissait l'histoire intime de la maison des Césars, et
qui était un observateur et un philosophe, ne s'y trompa pas, et c'est,
peut-être, tous ces jeunes Césars, morts à la fleur de l'âge, qu'il avait
en vue, quand il dit : « quosdam autem quum in summum ambitionis
eniterentur, inter prima luctantes, ætas reliquit. » (1). Peut-on supposer que Livie, femme d'esprit, ambitieuse il est vrai, mais prudente,
ait pu recourir à des crimes incertains, aussi dangereux et qui devaient
inévitablement être découverts tôt ou tard, précisément à cause de leur
fréquence et de leur grand nombre ! Et si elle eût commencé, se serait-
elle arrêtée en route, rendant ainsi inutiles tous les crimes déjà
commis ?

Nous l'avons dit, l'empoisonnement n'était pas fréquent à cette époque. Agrippa Posthumus, Néron et Drusus, Livilla, Agrippine l'aînée,
n'étaient pas morts empoisonnés, quoique l'empoisonnement discret
eût été beaucoup plus avantageux pour Tibère, que le meurtre brutal.
L'empereur Claude et le jeune Britannicus son fils avaient été empoisonnés, mais aussi l'empoisonnement dans ces deux cas est évident, hors de doute ; c'était pourtant l'œuvre de Locuste, une savante,
une artiste (2), et non d'une Martino, qui n'était au bout du compte
qu'une empoisonneuse de province (3). Tous ces soupçons ne sont que
bruits oiseux sans la moindre preuve à l'appui, où plutôt ils n'ont
d'autre fondement que des circonstances, qui aux yeux des médecins
en sont la plus sûre réfutation. C'est le grand nombre, la fréquence et
la coïncidence des cas de mort prématurée, et non quelques particularités réellement suspectes qui avaient donné naissance à tous ces soupçons, qui sont tellement vagues du reste, que Tacite ne les mentionne que
sous une forme éminemment dubitative ; que Dion Cassius ne les rapporte

_____

(1) *De brev. vitæ*, XIX.— (2) SUET., *Nero*, XXXIII. TACIT., *Ann.* XIII, 15. (3) TA-
CIT., *Ann.*, II, 74.

que comme des on dit, et que Suétone n'en parle même pas du tout. Ces
sortes de bruits circulent toujours dans le peuple à l'occasion des cas
de morts dans les familles régnantes ; « le peuple est généralement enclin à voir le crime dans la mort des princes », dit Tacite lui-même.

Caius et Lucius morts, il ne reste des enfants de Julie et de
M. Agrippa que deux filles, Julie et Agrippine, et un fils, Marc Agrippa
Posthumus.

Julie suivit l'exemple et les traces de sa mère, dont elle avait hérité
le tempérament amoureux. En vain Auguste chercha-t-il à lui donner
une éducation sérieuse et sévère, s'occupant lui-même de ses leçons,
la faisant filer la laine, éloignant d'elle la société masculine (1), rien
n'y fit. Du reste, il ne faut pas perdre de vue que le vieil empereur
avait été beaucoup plus tendre et plus faible pour ses petits-enfants que
pour sa fille, — nous l'avons vu déjà par rapport aux Césars Caius et
Lucius. Julie, quoique moins favorisée, avait encore bénéficié de cette
faiblesse de son grand père. Auguste, on le sait, ne voulait pas per-·
mettre à sa famille un luxe trop éclatant ; néanmoins Julie s'était fait
bâtir une maison splendide, et l'avait décorée avec la plus grande
richesse (2). Auguste finit par la faire démolir, il est vrai, mais c'est
là un de ces actes de violence, comme en font toujours les gens
faibles, et cela seul que sa petite fille ait eu l'audace de bâtir une
telle maison, malgré la défense formelle de l'empereur, et qu'elle ait
eu le temps de la terminer et de la décorer, nous fait voir à quel point
les petits-enfants d'Auguste faisaient peu de cas de ses volontés. Nous
avons du reste un autre exemple. Auguste avait horreur des nains, et
généralement de toutes les difformités humaines, qu'il regardait
comme étant de funeste augure, et pourtant Julie avait toujours auprès
d'elle un nain difforme, qu'elle affectait d'aimer beaucoup, un certain
Canopus (3).

Mariée à Lucius Æmilius Paullus (4), le fils du censeur (5), qui
avait été proscrit par Auguste, à peine se sent-elle libre — parce que le
mariage pour les femmes de la famille impériale, c'était la liberté —
qu'elle s'adonne aux plaisirs, au luxe, et, digne fille de la grande Julie,
surtout à la débauche. Les Aemilii, comme les Claudii, comme Agrippa,
apprirent à leurs dépens ce que coûte l'honneur de l'alliance avec la

(1) Suet., Aug., LXIV. — (2) Ibid., LXXII — (3) Plin., Hist. nat., VII, 16. —
(4) Il avait été consul avec le jeune César Caius. — (5) Et de Cornelia. Suet., Aug.,
XIX, LXIV. Prospert., IV, II. Drumann. Geschichte Rom's. I Theil. I Aemilii.
A. Lepidi.

famille impériale. L. Paul-Emile supporta en silence les débordements de la fille, comme Agrippa avait supporté ceux de la mère, mais, peut-être, pour d'autres raisons.

Malgré le silence complaisant du mari, Auguste finit par apppendre la conduite déréglée de sa petite-fille, et, toujours sévère pour les autres, la punit cruellement. Julie fut reléguée à l'île Trimetus dans l'A-driatique « où elle passa vingt ans dans un exil dur et pénible, vivant des aumônes d'Augusta (1), » c'est-à-dire de Livie (2). Auguste refusa de reconnaître l'enfant dont Julie avait accouché après sa condamnation, et défendit de le nourrir (3). A juger d'après le châtiment, la faute devait être grave. Suétone dit que Julie était, comme sa mère, « omnibus probris contaminata, » et qu'Auguste lui-même appelait les deux Julie et son petit fils Agrippa Posthumus « tres vomicas aut tria carcinomata sua » (4). Effectivement, les déréglements de la fille avaient égalé au moins, sinon surpassé ceux de la mère ; chez toutes les deux ce n'était pas, comme nous l'avons déjà fait voir plus haut, le tempérament amoureux seulement, ce n'était pas l'immoralité élégante, la facilité des mœurs, comme on en voit si souvent dans les hautes classes de la société ; ce n'était même pas l'incontinence lourde et grossière de la toute-puissance, telle que nous l'avons constatée chez Auguste ; c'était la prostitution crapuleuse, la débauche de l'esprit aussi bien que du corps, qui se plaît à traîner dans la fange du ruisseau la dignité de princesse, d'épouse et de femme, à étaler au grand jour, aux yeux de la ville et du monde étonnés, une prostitution réellement impériale ; « la grandeur de l'infamie est pour les débauchés un plaisir de plus *magnitudo infamiæ apud prodigos novissima voluptas est,* » remarque Tacite (5).

Une circonstance cependant nous étonne à bon droit. Si Julie eût été réellement condamnée en vertu de la loi *Julia,* ses amants devraient être, comme complices et coupables eux-mêmes de lèse-majesté, frappés des mêmes peines. Connaissant la sévérité d'Auguste pour les crimes visés par la loi *Julia,* comment expliquer que Decimus Junius Silanus, un des amants de Julie, ne fut pas puni autrement que par la perte de l'amitié de l'empereur (6)? La mère de Julie avait été cruellement châtiée, mais beaucoup moins pour ses débauches, si honteuses

---

(1) TACIT., *Ann.,* IV, 71. — (2) Livia Drusilla, adoptée par Auguste son mari par testament, et passant ainsi dans la famille Julia, devait changer son nom, qu'elle portait comme fille d'un Livius Drusus, contre celui de Julia Augusta. — (3) SUET., Aug., LXV. — (4) Aug., LXXVI. — (5) *Ann.,* XI, 26. — (6) *Ibid.,* III, 24.

qu'elles aient été, que pour le complot dans lequel elle s'était laissée entraîner par son amant Jules Antoine. Si un amant de la seconde Julie en avait été quitte pour perdre les bonnes grâces de l'empereur, c'est que celui-ci n'attachait évidemment pas une importance extrême à la question de la moralité de sa petite-fille. Ce n'est donc pas en vertu de la loi *Julia* qu'elle avait été exilée. Rappelons que son mari L. Aemilius Paullus avait conspiré contre Auguste (1), et son fils Marcus contre l'empereur Caius (2). Si l'on suppose qu'elle avait pu prendre part au complot de son mari, comme sa mère à celui de son amant, sa punition si dure, si impitoyable et si prolongée, l'inexorabilité de son grand-père, la patience de son mari à supporter l'inconduite de sa femme, patience qu'un Claudius (Tibère) n'avait pas eue avec sa mère, qu'un Æmilius ne pouvait guère avoir non plus, et qui n'est bonne tout au plus que pour un Vipsanius, la clémence si singulière d'Auguste envers son amant Decimus Silanus, tout ce qui est si étrange, si inexplicable dans l'histoire de Julie, s'expliquerait très-simplement et très-naturellement, et compléterait en même temps la ressemblance si frappante de la personnalité et de la destinée de la fille avec celles de la mère, dont elle n'est dans l'histoire que la copie et la répétition.

Agrippine avait joué un rôle important dans l'histoire romaine. Femme de Germanicus, elle est devenu une sorte de personnage légendaire, — grâce à Tacite surtout, — la personnification de toutes les vertus, l'idéal de l'épouse et de la femme, mais de la femme forte et énergique, sans les faiblesses féminines, « *virilibus curis feminarum vitia exuerat* (3). Mais le récit de Tacite, lui-même, pour qui le lit « sans colère, comme sans partialité », *sine ira et studio*, sans prévention, sans idée préconçue ; pour qui demande à l'histoire non la beauté du style, mais la vérité historique ; pour qui sait, à travers la magnificence pompeuse du grand drame dont le grand écrivain déroule les tableaux splendides et fortement colorés, discerner la vérité des faits, montre Agrippine sous un tout autre aspect. C'est une femme hautaine (4), arrogante (5), ambitieuse, avide du pouvoir « (inhians dominatione » (6), « dominandi avida » (7), « æqui impatiens » (8) dit Tacite, violente, — « semper atrox » (9), —emportée (10) jusqu'à l'oubli non seulement des convenances, mais de la prudence la plus élémen-

---

(1) Suet., Aug. XIX, LXIV. Tacit., Ann., III, 24. D. Cass. LIV, 22. — (2) Suet., Caius, XXIV, XXXVI. Claud. IX. — (3) Tacit., Ann., IV, 25. — (4) *Ibid.*, IV, 12. — (5) *Ibid.*, V, 3. — (6) *Ibid.*, IV, 12. — (7) VI, 25. — (8) *Ibid.*, VI, 24. — (9) *Ibid.*, IV, 52 — (10) *Ibid.*, I, 33.

taire (1). Elle occupe, encombre plutôt, de sa personnalité remuante la scène de l'histoire, sème les dissensions et les haines dans la famille impériale et dans l'État, pousse ses fils, son favori surtout, l'aîné (2), à des imprudences absurdes. Elle voudrait effacer la vieille Augusta et dominer l'empereur Tibère lui-même, comme elle avait déjà effacé et dominé son mari. Elle voudrait même s'imposer aux légions; elle remercie officiellement les troupes de son mari de leur bravoure, passe en revue les manipules, parcourt les rangs et distribue les récompenses (3), — fait inouï et sans exemple dans l'histoire romaine, puisque rien que d'assister aux exercices militaires était déjà pour une femme « un oubli impardonnable des bienséances de son sexe » (4), dont Tacite, l'admirateur passionné d'Agrippine, blâme sévèrement Plancine, l'ennemie de sa héroïne. Cécina avait proposé au Sénat d'interdire aux femmes des gouverneurs de provinces de les suivre dans leurs gouvernements, disant que « leur sexe était naturellement enclin à devenir ambitieux, avide de pouvoir ; qu'on voyait les femmes se mêler aux soldats, donner des ordres aux centurions, qu'une femme avait naguère présidé aux exercices des légions, aux manœuvres des cohortes » (5). Comme il avait été légat de Germanicus à l'armée de Germanie, et n'avait que trop vu Agrippine au camp, il est plus que probable que c'est elle qu'il avait eu en vue dans son discours au Sénat. Nous ne parlerons ni de l'orgueil d'Agrippine, ni de son ambition, ni de ses petites faiblesses de femme, de sa vanité, de sa rivalité avec Plancine (6), avec Livie (7) et Livilla (8), rivalité dont Tacite lui-même est forcé de convenir. Quand à sa chasteté et sa fidélité conjugale, ses partisans lui avaient fait sous ce rapport une réputation universelle et quelque peu comique, il faut l'avouer; on dirait réellement qu'elle s'était fait de ces vertus une sorte de spécialité. La chasteté est certainement une qualité digne de tout respect, et les Romains l'estimaient très justement pardessus toute autre chez la femme; mais enfin Agrippine n'était pas la seule et unique épouse chaste et fidèle dans l'empire romain. Les historiens parlent dans ce sens de beaucoup de femmes, leur donnent des louanges méritées, mais ils le font en passant, sans y insister, et sans que le monde entier, sans que la postérité la plus reculée la fassent un sujet d'admiration — que dis-je, d'adoration. Mais dès qu'il s'agit d'Agrippine, la question

---

(1) Tacit., *Ann.*, IV, 12. — (2) *Ibid.*, IV, 59-60. — (3) *Ibid.*, I, 69. — (4) *Ibid.*, II, 55. — (5) *Ibid.*, III, 33. — (6) *Ibid.*, II, 55, 57, 71. D. Cass., LVIII, 21. — (7) Tacit., *Ann.*, I, 33, 34; IV, 12. — (8) *Ibid.*, II, 43.

change complètement. *Sa* chasteté et *sa* fidélité conjugale (vertus qui, par parenthèse, lui étaient d'autant plus faciles qu'à *vingt six* ans elle avait déjà eu *neuf* enfants,) sont glorifiées dans l'empire entier, depuis les bouches du Rhin jusqu'aux cataractes du Nil, depuis les Colonnes d'Hercule jusqu'à l'Arménie; les légionnaires en parlent dans les forêts de la Germanie (1), la populace romaine en cause au Forum (2), les matelots de la flotte mouillée dans la mer Phénicienne s'en occupent sur leurs vaisseaux; en un mot le monde entier est plein du bruit de ses vertus conjugales et n'a d'autre sujet de conversation que la chasteté d'Agrippine, sans compter sa fécondité, à laquelle on élève même des autels (3).

Nous ne rappellerons pas non plus de ses prétentions au pouvoir, affichées ouvertement, et que Germanicus à son lit de mort la suppliait de dissimuler mieux (4), dans l'intérêt même de leurs enfants, — prétentions que rien du reste ne justifiait, puisque Tibère, l'empereur légal, vivait encore. D'ailleurs il ne faut pas oublier que si Germanicus avait reçu par adoption certains droits éventuels, Tibère avait encore un fils, héritier plus direct, et que ce fils avait des enfants. Enfin, après la mort de son mari, Agrippine n'était plus que la veuve d'un neveu de l'empereur, et ses prétentions au pouvoir étaient d'autant plus absurdes et ridicules qu'elle ne pouvait, comme femme, être revêtue d'aucune des magistratures, recevoir aucune des prérogatives dont l'ensemble constituait la dignité impériale. Nous avons vu que l'orgueil et l'arrogance d'Agrippine passaient toutes les bornes, et Tacite lui-même est forcé d'en convenir (5). Ses intrigues avaient porté le trouble et les dissensions dans la famille des Césars et dans la République, et rempli à tel point le règne de Tibère, que Tacite, sans s'en rendre compte, en fait le sujet principal des livres II-VI de ses Annales. Encore du temps d'Auguste, tandis que Germanicus est envoyé en Germanie, elle reste à Rome (6) pour soigner leur popularité et préparer le terrain en vue de la mort probable du vieil empereur. Mais voyant que cette mort tant désirée tarde à venir, elle rejoint son mari, cherche à se concilier la faveur des légions, habille en légionnaire son fils cadet âgé de deux ans à peine, distribue de l'argent aux soldats, visite les blessés. Quand Germanicus est envoyé en Orient, Agrippine, enceinte et arrivée presque au terme de sa grossesse, à tel point qu'elle accouche en route (7),

(1) *Ibid.*, I, 41. — (2) *Ibid.*, III, 4. — (3) Suet., Caius, VIII. — (4) Tacit., Ann., II. 72. — (5) *Ann.*, I. 33; IV, 12, 52, 54; V, 3 et passim. — (6) Suet., Aug. LXXXVI. — (7) Tacit., Ann., II, 54.

tient à l'accompagner, parce que son mari est investi des pouvoirs les plus étendus et les plus exceptionnels, et que le voyage se fait dans des conditions particulières de pompe et d'éclat. A peine revenue à Rome après la mort de Germanicus, elle se crée un parti, qui se donne ouvertement le nom de parti d'Agrippine (1), profite de chaque occasion, bonne ou mauvaise, pour faire parler d'elle et pour provoquer des troubles et des scandales dans la ville. Elle veut tantôt descendre au Forum, se jeter aux pieds de la statue d'Auguste, tantôt s'adresser aux légions, (2), parle ouvertement de ses espérances à l'occasion de la mort du César Drusus, mort dont elle affecte de se réjouir (3). Ce sont là des défauts très blâmables, très peu sympathiques, disons plus — des vices, si l'on veut; ils prouvent bien qu'Agrippine était une nature *mauvaise*, pervertie par le voisinage du trône (4), mais ne prouvent pas qu'elle soit une nature *pathologique*, entachée du vice névropathique, qui seul a de l'importance pour nous. La moralité, les belles qualités ou les défauts du personnage nous importent peu ; médecin et non moraliste, nous n'avons pas à faire l'apprécation morale du personnage, nous n'avons qu'à faire l'examen médico-psychologique du sujet. La question est donc posée ainsi : Agrippine présente-t-elle quelque *singularité morale*, quelque *particularité de caractère*, quelque *anomalie psychique?* Ce sont encore les Annales de Tacite qui nous fournissent la réponse, et cette réponse est nettement affirmative.

Oui, Agrippine présente une singularité, une particularité de caractère très prononcée, trop prononcée, et cela à tel point que Tacite, l'admirateur passionné, le partisan de Germanicus et de sa famille, en parle à chaque page de ses Annales, et ne manque jamais de rappeler ce trait de son caractère chaque fois qu'il est question d'Agrippine. Cette particularité, cette anomalie consiste en *un manque absolu de possession de soi-même, en une incapacité évidente de se maîtriser et de contenir dans les bornes de la raison et de la prudence la plus élémentaire, les*

(1) TACIT., Ann.,IV, 17. — (2) Ibid., IV, 67. — (3) Ibid., IV, 12. — (4) M. STAHR, dans une série de publications (Bilder aus dem Alterthume I. Band. Tiberius, Leben, Regierung, Charakter. Berlin, 1873. 2ter Buch, 4 cap. Germanicus und Agrippina in Rom. — Germanicus' Sendung nach dem Orient, 5 cap. Germanicus und Agrippina im Orient. 6 cap. Germanicus' Tod. Aufregung und Umtriebe der Julischen Partei in Rom 3ter Buch. 2 cap. Neue Hoffnungen und Intriguen Agrippina's und ihrer Partei. III. Band. Römische, Kaiserfrauen. — Tacitus, Geschichte der Regierung des Kaisers Tiberius. Annalen. Buch, I-VI, ubersetzt und erklart. 1871, a mis très bien en relief les intrigues et l'ambition d'Agrippine, mais, étranger aux études médicales, il n'a pas fa t la part de l'élément psychopathique. A part cela, il a rendu avec beaucoup de vérité le caractère d'Agrippine.

manifestations de ses sentiments, ce qui est d'autant plus remarquable, qu'Agrippine sait très bien préparer de longue main ses intrigues et profiter de toute occasion pour en arriver à ses fins. La mort même de Germanicus, ce mari si tendrement aimé, si amèrement pleuré, elle sait l'exploiter dans l'intérêt de son ambition ; au milieu de sa douleur, elle n'oublie rien d'une belle mise en scène, et se compose un maintien à effet pour toucher le peuple (1). Rapportant les cendres de son mari à Rome, elle apprend en route qu'on s'assemble à Brundusium pour lui faire une réception solennelle ; alors elle s'arrête à Corcyre, en vue des côtes d'Italie, évidemment pour donner à ses partisans le temps de se préparer, inutilement du reste, puisqu'ils n'avaient pas pu s'entendre sur le cérémonial à suivre (2).

Eh bien, cette femme si prévoyante, qui sait si bien tirer parti des circonstances, et exploiter jusqu'à la mort de son mari, cette femme gâte par ses emportements et ses violences toutes les intrigues qu'elle avait eu tant de peine à ourdir, et, incapable de se contenir, de maîtriser l'expression de ses sentiments, quels qu'ils soient, joie, douleur ou colère, elle se laisse emporter au-delà de toutes les bornes. Ni les conseils de ses amis, ni la triste expérience du passé, ni le danger de ses enfants, rien ne peut arrêter ses violences ; elle s'y laisse aller, incapable de s'arrêter, ne se possédant pas, hors d'état de réprimer ses sauvages emportements.

Nous avons parlé plus haut de la signification pathologique de ce manque de possession de soi-même, qui prouve un *moi* faible et peu développé et une anomalie psychique grave. Nous avons expliqué aussi le mécanisme de la vie psychique, en vertu duquel les sensations et les perceptions tendent à se traduire en mouvements, en actes, et rencontrent à ce passage de l'état sensitif à l'état moteur le *moi* intellectuel et moral. L'homme ne se laisse donc pas aller à toutes ses sensations, à tous les mouvements de son âme ; il n'est pas le jouet de ses désirs et de ses impulsions ; il agit au contraire avec plus ou moins de réflexion, de discernement, de conséquence, parce que ses actions sont gouvernées principalement par son *moi*.

Le manque de cet élément régulateur, la soumission de l'homme à la sensation, au désir, à l'impulsion du moment, est une des propriétés les plus caractéristiques et les plus essentielles des natures pathologiques, anormales ; l'affaiblissement de cet élément est le phénomène

(1) Tacit., *Ann.*, II, 75 ; III. 1. — (2) *Ibid.*, III, 1.

initial le plus important des psychopathies. C'est précisément cette
absence de l'élément régulateur, cette incapacité absolue de se contenir
que nous constatons au plus haut degré chez Agrippine.

Dès qu'il est question d'elle, Tacite rappelle à chaque instant *son humeur indomptable, ses emportements, ses violences imprudentes de
paroles.* Germanicus, en mourant, la prie de contenir sa violence, *exueret
ferociam* (1), de modérer ses emportements, qui étaient assez notoires
à Rome pour que Tibère ait pu les lui reprocher au Sénat (2). Et Tibère
avait raison, — Tacite, Suétone rapportent des scènes, des faits qui le
prouvent. A la mort de César Drusus elle ne pouvait pas contenir sa
joie, parce que cette mort d'un ami de son mari, d'un protecteur de ses
enfants, la rapprochait du pouvoir. Elle manifestait hautement, bruyamment ses espérances, hâtant ainsi, dit Tacite, sa propre perte (3). Claudia
Pulchra, parente et amie d'Agrippine, est accusée par Domitius Afer
devant le Sénat de débauche, d'adultère avec Firmius, et enfin de tentatives d'empoisonnement sur la personne de l'empereur. Agrippine,
« toujours violente, *semper atrox* (4) », court chez Tibère, le trouve au
sacrifice, mais, sans s'arrêter pour si peu, trouble la cérémonie religieuse,
et « hors d'elle », l'accable de reproches et d'injures. Tibère, toujours
maître de lui, voyant cette femme furieuse et qui ne se possède plus, la
prend par la main et lui répond par un vers connu : « je crois, fillette,
que tu te crois offensée de ne pas régner (5). » Agrippine « en tomba
malade de fureur (6) » ; on peut juger de la violence de ses emportements. Tibère vint la voir ; « elle le reçoit en silence, verse longtemps
des larmes silencieuses », puis, au grand étonnement de Tibère et des
assistants, « éclate tout à coup en reproches entremêlés de prières ».
Et que demande-t-elle? Elle veut que Tibère « ait pitié d'elle, qu'il lui
donne un mari », trouvant qu'elle « était assez jeune pour cela (notons
que cette scène incroyable avait eu lieu six ans après la mort de son
mari, dont elle avait eu *neuf enfants*) et que le mariage est l'unique
consolation d'une femme honnête ». Il paraît, néanmoins qu'elle avait
trouvé plus tard des consolations en dehors du mariage, et que c'était
Caïus Asinius Gallus qui les lui avait données (7). On n'est pas impunément fille de la grande Julie, petite-fille d'Auguste, sœur de la seconde
Julie.

Il est certainement permis à une femme de désirer un mari, mais on

---

(1) Tacit., *Ann.*, II, 72. — (2) *Ibid.*, V, 3. — (3) *Ibid.*, IV, 12. — (4) *Ibid.*, 52. —
(5) *Ibid.*, Suet., Tiber. LIII. — (6) Tacit., IV, 53. — (7) *Ibid.*, VI, 25.

ne peut s'empêcher de trouver étrange que la veuve inconsolable de
Germanicus, que cette Agrippine, qui avait rempli le monde entier du
bruit de sa douleur et de sa chasteté, s'adresse avec des confidences et
des demandes de cette nature précisément à Tibère, qu'elle accuse
hautement de la mort de son Germanicus bien-aimé! Tibère paraît avoir
mal choisi l'heure de sa visite, et être venu juste au moment, quand
cette pauvre Agrippine ressentait le plus fortement l'aiguillon de la chair.
Elle est tourmentée de désirs amoureux; elle a besoin d'un mâle, et « ne
pouvant se contenir », « toujours violente », elle demande ce mâle tant
désiré à cors et à cris; elle attaque Tibère, lui réclame ce mâle, elle entend qu'il le lui fournisse. Cette scène inouïe était tellement inattendue,
que l'empereur ne trouva rien à répondre et voulut s'éloigner pour laisser
Agrippine se calmer et reprendre ses sens, mais elle ne le lâchait pas,
« réclamant avec instance une réponse (1). »

Quelques jours plus tard elle rencontra Domitius Afer, l'accusateur
de Claudia Pulchra; sachant qu'Agrippine avait fait de cette affaire une
question personnelle, et se sentant la cause de ses fureurs et de sa maladie, fureur et maladie qui avaient occupé toute la ville, il voulut s'esqui-
ver, prendre une autre rue; mais Agrippine l'arrêta, lui criant de loin
un vers de l'Iliade : « sois tranquille, ce n'est pas ta faute, c'est celle
d'Agamemnon (2). »

Une autre fois (3), à un grand banquet chez Tibère, et occupant la
place d'honneur près du prince, elle resta silencieuse, refusa de rien
manger, s'abstint de toucher à aucun mets, faisant voir avec affectation
la crainte d'être empoisonnée, quoiqu'il soit beaucoup plus simple,
plus logique, et surtout plus convenable et moins dangereux, de rester
chez soi, si l'on a réellement des soupçons de cette nature. Tibère le
remarqua, et voulant s'en convaincre, lui offrit des fruits; Agrippine les
accepta et sans y toucher les remit aux esclaves qui la servaient. Tibère
ne lui dit mot, mais, se tournant vers sa mère : « Voici Agrippine,
dit-il, qui veut me faire passer pour un empoisonneur. » Notons que
cette scène, jouée par Agrippine, était non seulement une injure sanglante à l'empereur, mais, encore une sorte de maléfice par lequel elle
appelait sur lui et sa maison la colère des dieux (4). »

Toutes ces scènes continuelles de scandale, de violence et d'injures
finirent par lasser la patience de Tibère même, si retenu, si maître

(1) *Ibid.*, IV, 53. — (2) D. Cass., LIX, 19. — (3) Suet., *Tiber.*, LIII; Tacit. *Ann.*,
IV, 54. — (4) Plin., *Hist. nat.*, XXVIII, 5.

de lui. On dit qu'un jour, alors qu'Agrippine, voulant recommencer une de ces scènes publiques de scandale, se mit à invectiver l'empereur, celui-ci donna au centurion de service l'ordre de la mettre à la porte. Agrippine et le centurion se colletèrent en présence de la cour, et dans l'ardeur du combat le centurion lui creva un œil (1). Tibère finit par la réléguer dans l'île Pandataria, où elle se laissa mourir de faim (2).

Nous verrons plus bas que ces emportements, cette violence de caractère, Agrippine les avait transmis à ses enfants. Elle en avait eu neuf, et, circonstance singulière, chez elle les garçons et les filles alternaient régulièrement (3).

Marc Agrippa Posthumus, dernier fils de Julie et de M. Vipsanius Agrippa, était né après la mort de son père (4), ainsi que l'indique son surnom. Grand, fort, vigoureux comme son père, il était doué d'une force musculaire peu commune (5), et le centurion envoyé pour le tuer eut de la peine à exécuter cet ordre (6). Mais cette force physique était son seul mérite, l'unique qualité dont il pouvait être fier. En effet il était « stupidement orgueilleux » (7), grossier, emporté plus encore que sa sœur Agrippine, féroce — « trux Agrippa, » disait-on de lui à Rome (8), — cruel, très bête (9) et complétement ignorant (10), malgré tous les soins d'Auguste et toutes les peines qu'il s'était données pour le dégrossir. Trop stupide pour vivre de la vie commune de sa famille, il passait tout son temps à pêcher, ce qui lui paraissait prouver indubitablement qu'il était fils du dieu Neptune (11). Auguste le regardait comme une plaie honteuse de sa race (12) et quand il revêtit la toge virile, ne lui accorda aucune des distinctions qu'il avait prodiguées à ses frères (13). Cependant après la mort de Caius et de Lucius, n'ayant plus d'autres fils de sa fille Julie, Auguste adopta la jeune Agrippa en même temps que Tibère ; mais il fut impossible de le garder au Palatin, dans la maison et la société du vieil empereur, auquel il se rendit odieux par son caractère bas et féroce — « ingenium sordidum ac ferox » (14) — et par la perversité extrême de son esprit et de son âme — « mira pravitas animi atque ingenii » (15). Ainsi, comme on ne lui donnait pas autant d'argent qu'il voulait, il

(1) SUET., Tib., LIII. — (2) TACIT., Ann., VI, 25 ; D. CASS., LVIII, 22 ; SUET., Tib., LIII. — (3) PLIN., Hist. nat., VII, 11. — (4) D. CASS., LIV, 29. — (5) TACIT., Ann., I. 3. — (6) Ibid., 6. — (7) Ibid., 3. — (8) Ibid., 4. — (9) SUET., Aug., LXV. — (10) TACIT., Ann., I, 3. — (11) D. CASS., LV, 32. — (12) SUET., Aug., LXXVI. — (13) DION CASS., LV, 21. — (14) SUET., Aug., LXXVI. — (15) VELL. PATERC., II, 112.

invectivait publiquement sa mère et l'empereur son grand-père, les accusant de lui avoir volé sa fortune, qui lui revenait de son père (1). Ce mécontentement du jeune Agrippa était connu à Rome ; Junius Novatus voulut en profiter, et fit circuler dans la ville un pamphlet contre Auguste, comme étant d'Agrippa (2) ; mais personne ne s'y trompa, la stupidité et l'absence absolue de toute instruction du jeune Agrippa rendant la supercherie trop évidente. Auguste cassa l'adoption et envoya Agrippa à Surrentum ; cet exil, loin de le corriger, le rendit de plus en plus féroce, de sorte qu'il dut bientôt être rélégué dans une île, loin de la société des hommes, sous la surveillance des soldats. Ce nouveau malheur de la maison d'Auguste avait fait une vive impression à Rome, et il paraît qu'on en comprenait la triste signification pathologique : l'exil du jeune Agrippa, et surtout la cause de cet exil, étaient regardés généralement comme une honte pour la famille impériale, « pudenda Agrippæ oblegatio (3) ».

Le caractère d'Agrippa Posthumus a une importance diagnostique très grande pour l'appréciation médico-psychologique de la race d'Auguste. Il est le premier chez lequel nous trouvons non plus des singularités, des particularités psychopathiques, des anomalies pathologiques, mais une décadence mentale positive, directe, indubitable, un affaiblissement évident de l'intelligence. Toute la famille d'Auguste se distinguait par un esprit brillant, par des capacités hors ligne, de grands talents ; tous les membres de cette famille, y compris jusqu'à l'imbécile Claude lui-même, avaient reçu une instruction littéraire remarquable, tandis qu'on n'avait pu rien enseigner à Agrippa, qui resta toute sa vie une brute ignorante et stupide.

Le diagnostic de l'état mental d'Agrippa Posthumus est extrêmement simple et ne présente pas la moindre difficulté. C'était un demi-idiot dans le sens médical, pathologique du mot, incapable de toute instruction, de toute éducation, méchant, brutal, violent, ayant des accès de colère aveugle, de fureur maniaque, symptôme très caractéristique, qui accompagne, dans l'immense majorité des cas, l'état d'idiotie et de demi-idiotie, mais qu'on trouve encore fréquemment dans les familles en voie de dégénérescence, et cela même chez ceux de leurs membres, qui paraissent avoir échappé complètement à l'influence du vice phrénopathique, ou qui présentent des affections psychopathiques et névropathiques autres que l'idiotie ; ainsi nous venons de le constater chez Agrippine, quoique à un degré moindre que chez son frère.

(1) D. Cass., LV, 32. — (2) Suet., Aug., LI. — (3) Plin., *Hist. nat.*, VII, 46.

CHAPITRE VI

Suite de la deuxième génération de la famille d'Auguste. — Enfants de Drusus Germanicus l'Ancien et d'Antonia. — Germanicus. — Livilla. — Claude.

Decimus Drusus Germanicus l'Ancien avait eu d'Antonia *beaucoup d'enfants*, mais trois seulement lui survécurent : Germanicus, Livilla et Claude (1)

Germanicus, le héros des Annales de Tacite, s'était acquis un tel renom de libéralisme, de républicanisme, de bonté, de douceur et généralement de toutes les vertus, tant politiques que privées, et sa mort prématurée, ainsi que les bruits d'empoisonnement qui avaient couru à cette occasion, imprimant à toute sa vie un cachet tragique, avaient contribué à entourer sa personnalité d'une auréole si éclatante, qu'on n'ose réellement toucher à ce favori du peuple romain qu'avec une pieuse vénération. La réputation universelle de Germanicus, le jugement si élogieux que les historiens romains avaient porté sur lui, et que la postérité avait ratifié, sembleraient ne pouvoir être, pour qui lit l'histoire sans s'arrêter trop aux détails, et accepte sans beaucoup de contrôle les opinions des auteurs, que l'expression exacte de la vérité. Mais ce renom, tous ces éloges, doivent à priori paraître quelque peu suspects au médecin, au médecin aliéniste surtout, trop habitué aux manifestations des lois inflexibles de l'hérédité morbide. Il n'acceptera que sous bénéfice d'inventaire ces éloges prodigués si libéralement au petit-fils d'Auguste, au fils de l'halluciné Drusus, au frère de la débauchée et criminelle Livilla et de l'imbécile Claude, au cousin de l'idiot Agrippa Posthumus, au père de l'épileptique et fou Caius Caligula, des incestueuses Drusilla, Julia et Agrippine, au grand père de Néron. Pour nous éclairer à ce sujet, pour faire une analyse et arriver à une appréciation juste et impartiale de la personnalité de Germanicus, tenons-nous-en exclusivement aux faits, et comme la source

(1) Suet., Claud. 1.

principale à laquelle nous les puiserons ne peut être que les *Annales* de Tacite, que personne ne soupçonnera certainement de lui être hostile, et de vouloir le présenter sous un jour défavorable, nous n'avons à nous mettre en garde que contre les exagérations d'une admiration trop enthousiaste. Mais comme l'analyse des faits et de la personne de Germanicus peut nous amener à une appréciation plus ou moins différente de l'opinion généralement acceptée, citons d'abord celle-ci.

Germanicus était, nous dit-on, beau, bien fait, très instruit, un des orateurs les plus remarquables de son temps, brave soldat, grand capitaine, républicain convaincu, ennemi de l'absolutisme et de l'arbitraire impérial, enfin un homme simple dans sa vie, modeste dans ses goûts, d'une grande bonté d'âme, d'une pureté de mœurs extrême, généreux et clément envers les vaincus, — qualité qu'on assure être complètement étrangère au monde antique, qui rapprocherait Germanicus plutôt des chrétiens et en ferait, en quelque sorte, le précurseur de la société moderne et des idées nouvelles. Telle est l'opinion généralement adoptée sur Germanicus. Les historiens anciens, qui jugeaient les hommes sous bien des rapports autrement que nous, n'ont aussi que des louanges enthousiastes pour Germanicus. Tacite est son admirateur ardent. Dion Cassius en parle avec les plus grands éloges. Le jugement de Suétone sur Germanicus peut à bon droit passer pour un panégyrique : « Germanicus, dit-il (1), possédait à un degré que personne n'avait jamais atteint, toutes les qualités du corps et de l'esprit : grande beauté, bravoure extrême — le plus brave des guerriers, dit de lui Dion Cassius (2) — talent brillant pour les lettres et l'éloquence grecques (3) et latines, bonté d'âme admirable, le plus grand désir de plaire et le plus grand talent pour y réussir. La maigreur des cuisses était le seul défaut corporel qui déparât sa beauté, mais il y remédia par l'habitude de monter à cheval après les repas (4). Il tua plusieurs ennemis de sa main, plaida devant les tribunaux même après son triomphe. Il était également affable dans sa vie privée et dans sa vie politique, entrait sans licteurs dans les villes libres et alliées (ainsi à Athènes (5) par exemple et en Égypte) (6), honorait les tombeaux des grands hommes, recueillit de ses mains et enferma dans un sépulcre les

---

(1) SUÉT., Caius, III, IV, V. — (2) L. LVII, 18. — (3) « Il nous reste de lui des comédies grecques. » SUÉT., III. « Pour honorer la mémoire de son frère, l'empereur Claude fit représenter à Naples une de ses comédies, qu'il couronna d'après l'avis des juges. « (*Ibid.*, Claud. XI.) — (4) « *Equitatio coxis utilissima* » PLIN., *Hist. nat.*, XXVIII, 14. — (5) TACIT., *Ann.*, II, 53. — (6) *Ibid.*, 59.

ossements des soldats tombés dans la défaite de Varus. Il n'opposait que la douceur à ses ennemis et à ses envieux, quelque outrage qu'il en reçût. Il ne témoigna de ressentiment à Pison, qui avait révoqué ses décrets et maltraité ses clients, que lorsqu'il se vit en butte à ses maléfices, et alors même il se contenta, selon l'ancienne coutume, de renoncer publiquement à son amitié et de confier aux siens le soin de le venger, s'il lui arrivait malheur. Tant de vertu porta sa récompense. Il était tellement estimé et aimé de ses parents, qu'Auguste, sans parler des autres, balança longtemps s'il ne le choisirait pas pour son successeur, et le fit adopter par Tibère. Il jouissait à tel point de la faveur populaire que, d'après plusieurs auteurs, chaque fois qu'il arrivait ou qu'il partait, il courait risque d'être étouffé par la foule. Quand il revint de Germanie, après avoir apaisé la sédition de l'armée, toutes les cohortes prétoriennes allèrent au-devant de lui, bien qu'il n'y eût que deux de commandées, et le peuple romain, hommes et femmes, vieillards et enfants, se répandit sur sa route jusqu'au vingtième milliaire. De plus grands témoignages d'affection éclatèrent après sa mort. On jeta des pierres contre les temples, on renversa les autels des dieux; quelques particuliers jetèrent dans la rue leurs pénates; d'autres exposèrent leurs enfants nouveau-nés (1). On dit même que les Barbares, alors en guerre avec nous ou entre eux, consentirent à une trêve, comme dans une calamité universelle; que quelques rois se coupèrent la barbe et firent raser la tête de leurs femmes en signe de grand deuil, et que le roi des rois s'abstint de chasse, et n'admit point les grands à la table, ce qui chez les Parthes équivaut à la clôture des tribunaux chez nous. »

Germanicus était très beau en effet (2). Qu'il ait été orateur de talent, nous le savons par une décision du sénat, qui fit placer son image parmi les portraits des grands orateurs, et lui décerna même un médaillon plus grand et plus riche, mais Tibère s'y opposa, et insista sur ce que son médaillon soit exactement pareil aux autres, disant que l'éloquence ne dépend pas du rang, et qu'il était déjà assez glorieux pour Germanicus que son image soit placée parmi celles des grands orateurs (3). Quels que puissent avoir été les motifs secrets de Tibère, il faut convenir qu'il avait agi ici avec tact et dignité, et l'idée même d'honorer Germanicus d'un médaillon plus grand et plus riche

---

(1) TACITE rapporte aussi des scènes analogues à Rome. Ann., II, 82. — (2) TACIT., Ann., II, 75. SUET., Caius, III. D. CASS., l. LVII, 18. (3) TACIT., Ann., II, 83.

que ceux de Cicéron, d'Hortensius, de tant d'autres, fait supposer que le Sénat décernait cet honneur moins à l'orateur, qu'au César, fils du chef de l'État. Nous savons aussi qu'il écrivait avec facilité en grec et en latin, qu'il fit des pièces de théâtre (1) et des poésies (2).

Germanicus avait été un époux modèle, et pendant ses démêlés avec Pison en Orient, ses partisans insistaient particulièrement sur ce qu'il avait toujours été fidèle à sa femme et qu'il n'avait pas de bâtards (3). Il était brave, ceci est encore hors de doute. Mais voyons à quel point les autres belles qualités qu'on lui attribue sont justifiées par les faits.

Germanicus nous est représenté comme un homme éminemment bon. Tacite dit que les peuples et les rois étrangers l'avaient pleuré, tant il était bienveillant avec les alliés, humain et clément avec les ennemis (4). Dion l'appelle le plus doux des hommes (5), Suétone parle du deuil des rois orientaux. On cite encore comme preuve de la grande bonté d'âme de Germanicus l'amour du peuple et l'attachement des légions, qui se seraient même révoltées pour le faire monter au pouvoir en place de Tibère. Analysons ce point.

Le deuil des rois orientaux ne prouve pas grand'chose. Germanicus était consul, césar, *imperator,* fils du maître du monde, revêtu d'un pouvoir exceptionnel et presque illimité. Toutes ces manifestations exagérées de douleur officielle ne peuvent, par conséquent, entrer en ligne de compte. On sait quelles flatteries, quelle adulation avaient les rois orientaux non seulement pour les grands personnages comme Germanicus, non seulement pour les proconsuls et pour les préteurs, mais pour le plus mince magistrat que Rome leur envoyait. Que les peuples orientaux l'aient pleuré, nous le croyons encore ; chez eux aussi il avait recherché la popularité, comme il l'avait recherchée partout et toujours, à Rome, à l'armée. On sait qu'il aimait la popularité avec passion, — Suétone et Tacite nous le disent, — et qu'il faisait tout pour l'obtenir. Pendant son voyage en Orient, partout sur son passage, il diminuait les impôts (6), et en Égypte il fit baisser le prix des grains en ouvrant les magasins publics (7), ce qui lui coûtait d'autant moins, qu'en agissant ainsi il lésait les intérêts de l'État et non les siens. Il se rendit en outre cher au commun du peuple en adoptant le costume grec et renonçant aux licteurs, à l'exemple de Publius Scipion (8) ; rappelons pourtant que c'est précisément ce qu'on avait le plus amèrement reproché à

---

(1) SUÉT., Caius, III. Claud., XI. — (2) OVID., Fast., I, 24. — Pont., VI, Ep. 8, 67. — (3) TACIT., Ann., II, 73. — (4) Ibid., II, 72. — (5) L. LVII, 18. — (6) TACIT., Ann., II, 71. — (7) Ibid., 59. — (8) Ibid.

Marc-Antoine comme insulte à la majesté de Rome. Enfin en Orient il avait su gagner l'amour des peuples et des rois; mais nous nous permettrons de mettre fortement en doute que les Germains aient aussi regretté sa mort comme une calamité universelle, et Suétone a raison de ne parler de ces regrets que sous une forme éminemment dubitative. Germanicus aimait la guerre, qui lui donnait un pouvoir immense et de la gloire dans le présent, et lui ouvrait le chemin du principat dans l'avenir; sa façon d'agir en Germanie prouve jusqu'à l'évidence qu'il avait en vue sa renommée, et non l'intérêt de la République, et Tibère avait raison de dire que ses victoires même étaient inutiles et stériles. Esprit politique profond, homme d'État d'une expérience rare, connaissant à fond la Germanie, — il y avait été neuf fois — Tibère lui donnait dans ses lettres d'excellents conseils sur la ligne de conduite à suivre; mais Germanicus ne voulait rien écouter et prolongeait la guerre, qu'il eût été si facile de terminer, ainsi que l'avait prouvé le César Drusus en suivant les sages conseils de son père. Tacite et Suétone parlent de son humanité envers les ennemis; nous mettrons en regard de cette assertion quelques faits puisés dans les Annales mêmes de Tacite.

« *Pour étendre le ravage*, Germanicus divise les légions en quatre corps, *et met à feu et à sang cinquante milles de pays. On n'épargna ni le sexe, ni l'âge, ni le sacré, ni le profane.* Les nôtres n'eurent pas un blessé; *ils n'avaient eu qu'à égorger des hommes à moitié endormis, sans armes et dispersés* (1). » — « Il surprit les Cattes à l'improviste, *et tout ce que l'âge ou le sexe rendait incapable de résistance fut pris et aussitôt massacré.* Les jeunes gens avaient traversé l'Ardana à la nage et voulurent empêcher les Romains d'y jeter un pont; repoussés par nos machines et nos flèches, *ils tentèrent vainement d'entrer en négociation.* César, après avoir brûlé Mattium, capitale de ce peuple, ravagea le plat pays (2). » — « Les restes de l'armée germaine furent massacrés, surtout au passage de Visurgis, où nos traits, la violence du courant, la précipitation des fuyards et l'éboulement du rivage, firent périr un grand nombre. Plusieurs cherchèrent refuge dans les arbres et se cachèrent entre les branches; *nos archers s'amusèrent à les percer de flèches* (3). » — « Après la bataille, Germanicus, ayant ôté son casque pour être mieux reconnu, *criait aux siens : tuez tout, ne faites pas de prisonniers, la guerre ne finira que par l'extermination de la nation*

---

(1) Tacit., *Ann.*, I, 51. — (2) *Ibid.*, 56. — (3) *Ibid.*, II, 17

entière. Le soir il retira du combat une légion pour travailler au camp ; toutes les autres se rassasièrent jusqu'à la nuit du sang des ennemis (1). »

Telle avait été l'humanité de Germanicus envers les vaincus ; il est fort douteux que les Germains aient pleuré un ennemi aussi clément, et qu'ils aient regardé sa mort « comme une calamité universelle. » Et qu'on n'objecte pas que tels étaient les mœurs du temps ; à part quelques cas exceptionnels, jamais les guerres des peuples civilisés en Europe n'avaient présenté une pareille férocité. Carthage, Numance, dont la destruction est une tache pour le nom romain, n'avaient pas été traitées avec une telle barbarie. Mais admettant même que Germanicus n'ait pas été plus cruel que bien d'autres généraux, on se demande que pourrait-il faire de plus, comment aurait-il pu agir plus inhumainement, que de *n'épargner ni le sexe, ni l'âge, de ne pas faire de prisonniers, de mettre la contrée à feu et à sang, de donner l'ordre d'exterminer toute la nation, de faire massacrer des hommes désarmés et à moitié endormis?* Où est-elle donc ici, cette clémence tant célébrée envers les vaincus, cette grande bonté d'âme?

Et quand on pense qu'il était si facile d'arriver à des résultats beaucoup plus solides par les négociations et un peu d'habileté. Germanicus pouvait le faire aussi bien que Drusus, et Arminius n'était certainement pas plus dangereux que Maroboduus.

Mais peut-être Germanicus gardait-il sa grande bonté d'âme, son extrême douceur pour le peuple romain, pour les soldats des légions sous ses ordres? On le croirait en voyant les historiens modernes affirmer que les légions germaniques s'étaient révoltées pour le porter au pouvoir. Voyons donc ce qui en est.

La révolte des légions germaniques avait eu lieu simultanément avec celle des légions pannoniennes ; la seule et unique cause de la révolte des deux armées, selon Tacite lui-même, était la position misérable du soldat et la cruauté des centurions, son seul but — une diminution de la durée du service et une augmentation de la paye. « Les soldats avaient des prétentions exagérées, raconte de son côté Suétone ; ils voulaient surtout avoir la même paye que les prétoriens. »

La sédition commença en l'absence de Germanicus par le massacre des centurions, « de tout temps l'objet de la haine du soldat et ses premières victimes. » La révolte était plus générale dans les légions germaniques, et d'ailleurs « les soldats se flattaient que Germanicus, trop fier pour

(1) *Ibid.*, 21.

souffrir un maître, se donnerait aux légions et par là entraînerait tout l'empire (1). » Ils lui disaient que « s'il voulait l'empire, ils étaient prêts à le lui donner. » Blessé de cette proposition séditieuse, il répondit qu'il mourrait plutôt, tira son épée et fit mine de vouloir s'en frapper; les soldats, peu touchés de cette tragi-comédie, crièrent : eh bien, qu'il se tue, et un certain Calusidius lui présenta même son épée, ajoutant qu'elle était mieux affilée (2). À l'Autel-des-Ubiens les soldats brisèrent dans la nuit la porte de Germanicus, l'arrachèrent de son lit, le forcèrent avec des menaces de mort à leur livrer le vexillum (3), *le maltraitèrent lui-même*, et s'emparèrent de sa femme enceinte et de son fils Caius, qu'ils retinrent comme otages (4). Tout cela ne prouve pas, comme on le voit, un attachement bien fort, un amour bien dévoué des soldats à leur général, et encore moins que le but de la révolte ait été de le porter au pouvoir. Ce but, les soldats l'avaient si peu, que plus tard Caius Caligula, parvenu à l'empire, avait eu l'intention de faire massacrer ces légions « *pour venger son père* (5). »

Germanicus accorda aux soldats tout ce qu'ils demandaient; il sacrifia les centurions, diminua la durée du service, distribua aux légions les legs d'Auguste en les doublant, et comme il n'avait pas le droit de faire de telles concessions et que les soldats n'auraient pas eu confiance en sa parole, il déclara faussement avoir reçu une lettre de Tibère qui l'autorisait à promettre tout cela aux troupes. Les soldats rentrèrent dans le devoir, — après avoir obtenu toutefois tout ce qu'ils réclamaient, congés, gratifications et legs d'Auguste, — que fait alors Germanicus, si renommé par sa clémence, sa bonté, son humanité? Les soldat « courent arrêter les plus séditieux et les conduisent liés devant C. Cetronius, légat de la première légion, qui les fait juger et punir de cette manière : les légions, l'épée nue, entouraient le tribunal; chaque prisonnier y était amené successivement; un tribun le montrait aux soldats; s'ils le déclaraient coupable, on le précipitait en bas où il était massacré. *Les légionnaires répandaient ce sang avec joie*, croyant y laver leur crime, *et Germanicus ne s'y opposait pas, content qu'on ne pût lui imputer une rigueur, dont tout l'odieux retombait sur le soldat lui-même* (6). »

La sédition de la cinquième et de la vingtième légion fut apaisée d'une façon encore plus radicale. « Germanicus écrivit à Cecina, qui les com-

---

(1) TACIT., *Ann.*, I, 31. — (2) *Ibid.*, 35. D. CASS., LVII, 5. — (3) TACIT., I, 39. — (4) D. CASS., LVII, 5. — (5) SUÉT., Caius, XXXIX. — (6) TACIT., *Ann.*, I, 44.

mandait, qu'il arrive avec des forces imposantes et que *si les soldats ne préviennent pas sa justice par le supplice des coupables, il n'épargnera personne.* Cecina rassemble secrètement les aquilifères, les signifères leur lit la lettre et *les exhorte à sauver l'armée de l'infamie et eux-mêmes de la mort.* En temps de paix, disait-il, on pèse les fautes et les services; une fois la guerre commencée, l'innocent et le coupable périront également. »

Ceux-ci ayant sondé prudemment les esprits et s'étant assurés de la fidélité (ne faudrait-il pas dire plutôt de la complicité?) d'un grand nombre de soldats, *fixent d'accord avec le légat un jour pour massacrer les plus turbulents. Au signal convenu ils se jettent dans les tentes, surprennent leurs victimes, les égorgent sans peine,* et personne, excepté ceux qui étaient du complot, ne savait ni la cause, ni le terme du massacre. *Nulle guerre civile n'avait présenté un spectacle aussi horrible;* ce n'était pas une bataille entre deux armées. *Dans la même tente des amis, qui la veille s'étaient assis à la même table, qui la nuit avaient partagé le même lit, maintenant s'attaquent et s'égorgent.* Les traits volent, on entend les cris, on voit le sang et les blessures, et personne ne connaît la cause; le sort conduit tout. *Beaucoup d'innocents périrent,* parce qu'à la fin les coupables, comprenant à qui on en voulait, prirent les armes. *Ni le légat, ni les tribuns n'interposèrent leur autorité; on permit au soldat de se rassasier de meurtre et de vengeance jusqu'à la fatigue* (1). »

Quand tout fut terminé, Germanicus, arrivé au camp, affecta une grande douleur, versa des larmes et fit rendre aux morts les derniers honneurs (2). Ce récit de Tacite confirme ce que dit Suétone : « Germanicus recherchait la popularité et la faveur populaire avec passion (3). »

En effet, une fois que les circonstances lui semblent réclamer des mesures sévères, il ne s'arrête pas devant le plus effroyable, le plus lâche massacre, quitte à verser ensuite des larmes hypocrites. Il s'arrange de façon à rejeter tout l'odieux de cette boucherie, qu'il avait ordonnée, sur les soldats eux-mêmes, et puis visite les blessés, distribue de l'argent, recourt enfin à toutes ces banalités qui procurent la popularité dans l'armée, « *ad concilianda vulgi studia,* (4) » dit Tacite. Que le lecteur compare la répression de cette sédition avec celle de la révolte des légions pannoniennes, et qu'il décide lui-même lequel des deux, de

(1) *Ibid.,* 48-49. — (2) *Ibid.,* 49. — (3) SUET., Caius, III. — (4) TACIT., *Ann.,* I, 41.

Drusus ou de Germanicus, avait agi avec plus de dignité, de fermeté et d'humanité. Le premier fit mettre à mort *deux soldats*, instigateurs de la révolte; l'exécution est précédée d'un jugement, elle est le châtiment légal du crime, et cependant Tacite trouve que Drusus avait agi avec sévérité; Germanicus sacrifie les centurions aux révoltés, flatte et trompe les soldats, les pousse à la trahison, et finit par provoquer à deux fois un terrible massacre, dont il se lave ensuite les mains et pleure hypocritement les victimes, ce qui ne l'empêche pas de conserver sa réputation de loyauté, de clémence et de bonté.

On sait que Germanicus était très aimé du peuple, et que sa mort fut un deuil pour Rome et la République, cela prouverait au moins qu'il avait été bon pour les Romains; disons donc quelques mots sur ce sujet.

Germanicus avait su acquérir la faveur du peuple, et cela non par des actes, mais par certaines qualités personnelles; il était poli, bienveillant, d'un abord facile, comme son père, ce qui disposait en sa faveur les Romains, que Tibère n'avait pas gâtés sous ce rapport. Il donnait des jeux magnifiques. On sait que c'était là un moyen sûr de se concilier la faveur de la plèbe, surtout si les jeux présentaient quelque chose de nouveau, et Germanicus précisément avait su s'arranger de façon à offrir au peuple romain des spectacles nouveaux pour lui. Ainsi, aux jeux qu'il avait donnés en honneur de son père Drusus, il y eut un combat d'un éléphant contre un rhinocéros, et, spectacle encore plus attrayant, un chevalier très riche descendit dans l'arène et combattit comme un vil gladiateur (1). Aux jeux martiaux il produisit dans le cirque deux cents lions (2). Une autre fois il fit voir, après le combat des gladiateurs, des éléphants qui exécutèrent avec des mouvements grossièrement cadencés une espèce de danse (3). Il sut aussi flatter le sentiment d'égalité du peuple en paraissant au Forum, en plaidant devant les tribunaux, se faisant surtout l'avocat des accusés devant le tribunal d'Auguste. Il plaida même étant consul (c'est tout ce qu'il fit de remarquable du reste durant son consulat) (4), et jusqu'après son triomphe (5), se mettant ainsi, malgré sa position de fils du chef de l'État et les hautes distinctions dont il avait été honoré, au niveau d'autres jeunes nobles, recherchant les applaudissements de la multitude au Forum, quêtant ses suffrages. Dans la question de politique intérieure, il était toujours pour les mesures libérales, comme le sont presque

---

(1) D. Cass., LV, 27. — (2) *Ibid.*, LVI, 27. — (3) Plin., *Hist. nat.*, VIII, 2. — (4) D. Cass., LVI, 26. — (5) Suet., Caius, III.

toujours les héritiers éventuels du pouvoir, et l'on peut supposer même qu'il laissait volontiers comprendre qu'il blâmait la manière d'être sombre et sévère de Tibère (1), et son administration économe des deniers de l'État, ennemie du faste, de la gloriole des grandes bâtisses à Rome, ruineuses et inutiles, et des expéditions militaires à l'extérieur, brillantes peut-être; mais à coup sûr très nuisibles à la république, à laquelle ces faciles lauriers coûtaient beaucoup de sang et créaient des ennemis. Germanicus avait enfin pour lui le libéralisme bien connu de son père, Drusus Germanicus l'Ancien, libéralisme qui n'avait pas coûté bien cher à ce dernier, rien que deux lignes dans une lettre à son frère.

Nous avons vu Germanicus à l'armée germanique ruser et manœuvrer de façon à faire croire aux soldats qu'il n'était pour rien dans les mesures atroces, prises pour réprimer leur révolte. Il déplora pu-

---

(1) Il faut remarquer néanmoins que, du temps de Germanicus, Tibère n'était pas encore le personnage sombre et énigmatique qu'il est devenu, à en croire les historiens, après la mort de son fils Drusus. On ne veut pas croire Velleius Paterculus, qu'on dit être un flatteur, mais voici Suétone, Dion Cassius, voici Tacite lui-même, qui conviennent qu'il avait été jusqu'alors un prince vertueux et intègre, plein de sollicitude pour les intérêts de la République, bienfaisant pour les malheureux. Il distribuait généreusement des secours dans les malheurs publics, méprisait la flatterie, refusait les vains honneurs que le Sénat décernait tant à lui qu'à sa famille, faisait des choix excellents de gouverneurs de provinces et des magistrats de la ville; enfin, c'est Tacite lui-même qui est forcé d'en convenir, il n'avait jamais en vue dans ses actions ni son intérêt personnel, ni celui de sa dynastie ou de sa famille, ni une vaine gloire, ni la popularité et l'amour du peuple, mais toujours l'intérêt de l'État et le bien général. « Les affaires publiques et les affaires particulières les plus importantes se traitaient dans le Sénat; les premiers sénateurs motivaient librement leurs avis, et quand l'adulation s'y mêlait, il la réprimait lui-même. Dans la distribution des honneurs, il considérait la naissance, les services militaires, les talents civils, et il est certain qu'on ne pouvait faire de meilleur choix. Le consulat, la préture conservaient leur éclat, et les moindres magistrats l'exercice de leurs fonctions; quant aux lois, on en faisait un bon usage. Les approvisionnements des grains, la perception des impôts et des autres revenus publics étaient confiés à des compagnies de chevaliers romains. Il était arrivé à la vérité que le peuple avait souffert de la cherté des grains; mais ce ne fut point la faute du prince, qui n'épargna ni soins, ni dépenses, pour remédier autant que possible à la stérilité de la terre et aux accidents de la mer. Il ne permettait pas de charger les provinces de nouveaux impôts, ni que les anciens fussent aggravés par l'avarice ou la cruauté des magistrats; il n'y avait ni punitions corporelles, ni confiscations. Les domaines du prince en Italie étaient peu étendus, ses affranchis peu nombreux, ses esclaves sans insolence. S'il lui survenait des discussions avec des particuliers, les tribunaux et les lois décidaient. » (Tacit., Ann., IV, 6-7). « Parmi beaucoup d'honneurs éclatants qu'on lui offrit, il n'accepta que les moindres et en petit nombre; il ne voulut ni temples, ni flamines, défendit qu'on lui dressât des statues, s'opposa à ce qu'on jurât par ses actes, refusa le prénom d'Imperator et le surnom de Père de la Patrie. Il

bliquement les deux massacres, qu'il avait ordonnés en secret, versa des larmes, fit d'honorables funérailles aux malheureux qu'il avait fait égorger par leurs camarades, et s'appliqua même à ce moment à flatter la soldatesque et à se ménager sa faveur. Quand les soldats maltraitèrent les députés, envoyés par le Sénat — crime dont les Barbares même seraient incapables, dit Tacite — Germanicus arrive au camp, et du haut du tribunal, blâme cette rage fatale, *fatalem increpans rabiem*, mais se garde bien d'en punir les coupables. « Il accuse la colère des dieux bien plus que celle des soldats ! » Pour un peu, il accuserait les députés eux-mêmes, pour se ménager les soldats (1). Ses amis blâmaient sa molle condescendance, qui avait enhardi les mutins, et lui conseillaient de se retirer à l'armée du haut Rhin, restée fidèle (2). Mais Germanicus préférait un massacre, dont il pouvait rejeter la responsabilité sur d'autres, à des mesures énergiques et franches qui

avait une telle aversion pour la flatterie qu'il ne permit jamais à aucun sénateur d'accompagner sa litière, etc. — Insensible aux propos injurieux et aux vers diffamatoires, il disait souvent que dans un État libre la langue et la pensée devaient être libres. — Il n'eut point d'affaire, petite ou grande, dont il ne rendît compte au Sénat. Il le consultait sur tout, sur les impôts, sur les monopoles, etc. Il ne manifestait jamais de dépit lorsqu'on décidait quelque affaire contrairement à son avis, ce qui arrivait fréquemment. Toutes les affaires se réglaient par les magistrats et selon les lois. L'autorité des consuls était si respectée que les ambassadeurs de l'Afrique leur portèrent plainte contre le prince qui traînait leur procès en lenteur. Il réprimanda les consulaires qui commandaient les armées de ce qu'ils n'écrivaient pas au Sénat pour lui rendre compte de leurs actions. Il n'intervint, de son autorité, que pour empêcher les abus. S'il apprenait qu'on voulait employer la faveur pour obtenir une décision favorable des magistrats, il paraissait tout à coup au tribunal et rappelait aux juges les lois et leur caractère sacré. (SUET., *Tib.*, XXVI-XXXIII). A propos de ce dernier point, — les soins de Tibère à maintenir l'équité des sentences et à réprimer la vénalité des tribunaux, — Tacite, qui en convient aussi bien que Suétone, ajoute une remarque qui peint en une phrase sa partialité et son désir de rabaisser le caractère et les actions de Tibère. Voici ce qu'il en dit : Tibère assistait aux jugements, assis dans un coin du tribunal, afin de ne pas déplacer le préteur de sa chaise. Sa présence fit échouer bien souvent la brigue et les sollicitations des grands. *Cela rétablissait la justice, mais détruisait la liberté !* » (TACIT. *Ann.* I, 75). La liberté de la brigue, la liberté d'influencer les magistrats et de leur faire rendre des arrêts iniques! Voy. aussi DION. CASS., liv. LVII, 7-12. On peut consulter avec fruit sur le caractère et le gouvernement de Tibère jusqu'à son départ définitif pour Caprée, DURUY, *De Tiberio imperatore*. Lutetia, MDCCCLIII. SALVATORE BETTI. *Scritti varii. Firenze* 1856 et A. STAHR, *Tiberius Leben, Regierung, Charakter*, Berlin, 1873. Nous croyons que ces auteurs avaient été moins heureusement inspirés dans leur manière d'envisager et de juger Tibère à Caprée, époque de sa vie, qui ne peut être élucidée et expliquée qu'à l'aide de la psychiatrie. Sous ce rapport on peut répéter avec M. Duruy : *Nocuit tamen tyrannus insulæ, insula tyranno.* (De Tib. imp. § 1, 1.)

(1) TACIT., *Ann.*, 1, 39. — (2) *Ibid.*, 40.

auraient pu lui aliéner le cœur de l'armée. Il hésita même à renvoyer
sa famille, toujours de crainte d'offenser les légions, et, général en chef
ayant droit de vie et de mort, il fait jouer à sa femme une scène senti-
mentale et ridicule.

Il veut toucher ses soldats en leur faisant voir des larmes de femmes
et des scènes de famille. « L'épouse du général se sauvait du camp,
portant son enfant dans les bras, et autour d'elle se lamentaient les
épouses des amis de Germanicus, également forcées de partir. On
aurait cru être non au camp d'un César, mais dans une ville vaincue.
Les gémissements, les lamentations frappent les oreilles et les regards
même des soldats. Ils sortent de leurs tentes, demandent ce que signi-
fient ces cris, s'il est arrivé quelque malheur. Ils voient une troupe de
femmes du plus haut rang ; pas un centurion, pas un soldat pour les
escorter ; la femme de *l'imperator*, sans suite, sans appareil de son
rang, se réfugie chez des étrangers, chez des Trévires » (1). Les soldats, assure Tacite, furent touchés, et se rendirent auprès de Germanicus, le priant de garder sa femme au camp. Germanicus leur répondit par une longue harangue, dans laquelle, tout en leur reprochant
leurs crimes, il les flatte encore. Il leur déclare que certainement il
sacrifierait volontiers sa femme et son fils à leur gloire, et s'il renvoie
sa famille, ce n'est pas pour la sauver, — oh, non ! — c'est pour
épargner un crime aux légions ! Il veut que son sang à lui, Germanicus, soit versé seul pour expier leur faute. Tacite (2) avoue lui-
même que les concessions que Germanicus avait faites aux révoltés, et
qu'il avait fallu nécessairement étendre aux légions pannoniennes,
concessions si lourdes pour la République, lui concilièrent l'amour
des soldats. Arrivé avec l'armée à la forêt de Teutobourg, sur le
champ de bataille où les légions de Varus furent massacrées, il rassemble de ses mains les ossements et pose le premier gazon du tombeau,
sous prétexte d'honorer les morts (3), mais en réalité pour s'attacher
encore les troupes par cet hommage éclatant rendu à leurs camarades. Tibère l'en avait blâmé, et avec raison. Germanicus, en assistant
à la sépulture, et surtout en touchant des cadavres, avait violé les
prescriptions les plus formelles de la religion, qui défendait expressément à un augure, à un pontife, la vue même des morts, règle que
Tibère et Auguste avaient toujours scrupuleusement respectée.

Sous le rapport de la recherche de la popularité, Germanicus avait

(1) *Ibid.*, 11. — (2) *Ibid.*, 52. — (3) *Ibid.*, 62.

été fortement secondé par Agrippine sa femme, que nous avons déjà vue prodiguer aux soldats des secours et même des récompenses, assister aux manœuvres des légions, et se mêler activement à la vie militaire. Tibère (1) avait donc raison de dire que c'est dans le but de s'attacher les soldats en les flattant que Germanicus habillait son petit fils Caius, à peine âgé de deux à trois ans, en légionnaire, et lui faisait porter les *caligæ*, et d'ailleurs Tacite dit positivement que Germanicus le faisait pour se concilier la faveur de la populace *ad concilianda vulgi studia* (2).

À Rome sa ligne de conduite avait été la même. Nous l'avons vu oublier sa haute position et paraître dans le Forum, plaider devant les tribunaux, affecter l'affabilité, la bienveillance envers le peuple, l'absence de toute morgue, de toute fierté, et surtout un grand amour pour la liberté. Invoquant habilement le souvenir de son père Drusus et toutes les légendes qui avaient couru sur son républicanisme, il sut réveiller des espérances qu'il n'était nullement disposé à réaliser, mais qui le rendirent cher aux Romains. Entrant dans Rome à son retour de Germanie, il prit avec lui, contre tous les usages, dans son char triomphal toute sa famille, cherchant à toucher le peuple par la joie de ses enfants, comme il avait touché les soldats par les larmes de sa femme. Il y réussit pleinement. La vue de l'appareil guerrier, de ces légionnaires bardés de fer, accompagnant le char triomphal tout rempli de petits enfants, toucha vivement le peuple, dit Tacite. On le voit, Germanicus s'en tient toujours au même procédé, qui lui avait déjà si bien réussi : affectation de simplicité et de douceur, que faisait ressortir encore par un heureux contraste sa pourpre impériale ; tableau touchant de bonheur domestique au milieu de la solennité guerrière du triomphe, comme autrefois tableau non moins touchant d'une jeune femme tout en larmes, portant un enfant dans ses bras, au milieu des légions révoltées. Il faut avouer que Germanicus était un vrai artiste sous ce rapport, et qu'il comprenait la mise en scène.

Suétone l'avait dit : Germanicus avait un talent particulier à se concilier l'amour du peuple. Après sa mort on disait à Rome qu'il avait péri pour avoir aimé la liberté et pour avoir voulu, comme son père Drusus, la restituer à la République (3). Ces regrets, que Tacite nous a transmis, font voir suffisamment quelle avait été la ligne de conduite que Germanicus avait adoptée. Mais désirait-il réellement le réta-

---

(1) Tacit., *Ann.*, 60. — (2) *Ibid.*, I, 41. — (3) *Ibid.*, 33 ; II, 82. D. Cass., LVII, 8.

blissement de l'ancien ordre des choses, le retour à l'antique constitution républicaine, et la chute du pouvoir impérial? Ses admirateurs
se chargent eux-mêmes de répondre à cette question. Germanicus avait
débuté dans la carrière des honneurs en exerçant la questure cinq ans
avant l'âge légal, et le consulat immédiatement après (1), sans avoir
passé par la préture (2). N'étant encore que questeur, il obtint déjà le
commandement d'une armée, avec laquelle il fut envoyé en Dalmatie (3). Auguste hésita longtemps s'il ne le désignerait pas pour son
successeur; il préféra à la fin Tibère, dont il se rapprocha dans les
dernières années de sa vie, et dont il apprit à connaître et à apprécier l'esprit politique profond, les talents militaires et les grandes
capacités d'administrateur, mais il lui enjoignit d'adopter Germanicus.
Malgré toute une série de fautes qu'il avait commises en Dalmatie,
malgré les pertes que son armée avait essuyées à Rhœtinum par son
imprévoyance, c'est encore lui qui est envoyé à Rome porter la nouvelle
de la victoire (4). Un des premiers actes de Tibère à son avènement
au pouvoir avait été de demander au Sénat pour Germanicus le pouvoir proconsulaire perpétuel (5), ce qu'il ne fit point pour son fils
Drusus. Germanicus ne refusa pas ce nouvel honneur, honneur tout
princier cependant, comme il n'avait pas refusé la questure et le consulat, illégalement accordés, comme il ne refusa pas ensuite le
triomphe pour sa campagne en Germanie, triomphe que le Sénat lui
avait décerné quoique la guerre ne fût pas terminée (6), ce qui
était bien l'illégalité la plus flagrante. Plus tard il obtint encore un
autre triomphe pour avoir donné un roi aux Arméniens, parce
que Drusus, son frère adoptif, l'avait obtenu aussi (7); mais ce dernier avait terminé une guerre sanglante et périlleuse, et avait amené
Maroboduus, l'ennemi le plus dangereux de Rome, à demander asile
aux Romains (8), tandis que Germanicus n'avait eu qu'à accomplir la
formalité de couronner Zenon, que les Arméniens avaient déjà choisi
pour roi, et qu'à sanctionner ce choix au nom du peuple Romain (9).
On voit donc qu'il avait toujours occupé une place privilégiée dans
l'État, et il est fort douteux qu'il eût désiré rétablir l'ancienne constitution républicaine, qui aurait *ipso facto* aboli tous les privilèges dont il
jouissait.

Les légions germaniques avaient pensé que Germanicus désirait le

---

(1) Suet., Caïus, I. — (2) D. Cass., LVI. 26. — (3) *Ibid.*, LV, 31. — (4) *Ibid.*, LVI,
17. — (5) Tacit., Ann., I, 14. — (6) *Ibid.*, 55. — (7) *Ibid.*, II, 64. — (8) *Ibid.*, 62-63.
— (9) *Ibid.*, 56.

JACOBY.   13

pouvoir suprême, et en cela elles ne s'étaient pas trompées. Mais ce pouvoir, il préférait l'obtenir sans risque, sans entrer en lutte avec Tibère; il préférait attendre, ce qui semblait être d'autant plus raisonnable qu'à cette époque il avait à peine trente ans, et Tibère en avait soixante. Attendant ce pouvoir, il voulait le conserver dans toute sa plénitude, toute son intégrité, sans l'affaiblir d'avance en encourageant la révolte. « Plus il était près du pouvoir suprême, dit Tacite, plus il s'efforçait d'y affermir Tibère » (1). Il fit aux légions deux harangues, dont le fond, sinon la forme, est rapporté par Tacite. De quoi parle aux soldats ce républicain, dans les mains duquel se trouvait alors le sort du monde, qui pouvait, à son choix, ou rétablir l'ancien ordre des choses, ou affermir le nouveau? Il fait tout d'abord prêter aux troupes serment de fidélité à Tibère, dont il glorifie les victoires et les triomphes; dans sa deuxième harangue il reproche amèrement aux soldats, non d'avoir ouvert aux Barbares les frontières de la République, d'avoir violé les lois, porté atteinte à la majesté du Sénat et du peuple romain, de menacer la patrie; non, il leur reproche *d'avoir entouré, les armes à la main, le fils de leur empereur*, c'est-à-dire d'avoir méconnu sa position dynastique. « Et toi, première légion, qui avais reçu tes enseignes de Tibère, toi, vingtième, sa compagne dans tant de combats, est-ce là la reconnaissance dont vous payez votre chef? » Les révoltés l'ayant maltraité et menacé sa famille, il leur fait un crime, non d'avoir porté la main sur leur général, mais d'avoir *attenté à la vie de l'arrière-petit-fils d'Auguste et de la bru de Tibère* Et ce républicain leur rappelle, dans un magnifique mouvement oratoire, que le divin Jules avait apaisé la sédition de son armée en appelant les rebelles *Quirites,* c'est-à-dire, *citoyens romains,* et non soldats

> ….. discedite castris,
> Tradite nostra viris, ignavi, signa, Quirites, (2).

Ce jeune homme, animé de l'esprit d'égalité, à en croire Tacite, insiste non sur l'obéissance que les légions lui doivent comme à leur général, nommé par le Sénat et représentant le pouvoir de Rome elle-même, mais sur le pieux respect qu'elles doivent porter au descendant du divin Jules, du divin Auguste, au fils de leur prince (3). On le voit, il se pose sur le terrain purement dynastique.

(1) TACIT. *Ann.* I, 34. — (2) LUCAN., *Phars.* l. V, v. 370. — (3) TACIT. *Ann.* I, 34-12.

Ce républicain si amoureux de la liberté, si désireux do rétablir l'antique constitution républicaine, avait alors, avons-nous dit, dans ses mains le sort de Rome et l'avenir du monde entier. Les légions germaniques avaient eu le courage de se révolter « parce qu'elles constituaient à cette époque la seule grande armée de la République ; elles le savaient, » comme le savait également Germanicus, comme ne le savait que trop Tibère. Ce dernier refusa longtemps le pouvoir suprême, n'osant non seulement l'accepter ouvertement, mais en user même temporairement. « Il mettait partout en avant les consuls, comme aux temps de l'ancienne République, et comme s'il doutait d'être empereur ; l'édit même, qui convoquait les sénateurs à la curie, il ne le signa qu'en vertu de la puissance tribunitienne qu'il avait reçue d'Auguste. Son principal motif était la crainte que Germanicus, chef de tant de légions et d'une armée immense d'auxiliaires, adoré du peuple, n'aimât mieux s'emparer du pouvoir que de l'attendre » (1) Tibère connaissait bien son neveu, et savait à quoi s'en tenir quant à son libéralisme. Il ne craignait nullement que Germanicus ne rétablisse l'ancien ordre des choses, qu' « il ne restitue à Rome la liberté », là dessus il était parfaitement tranquille ; il ne craignait qu'une chose, c'est que ce républicain ne manquât de patience, et qu'il ne se décidât à obtenir le pouvoir par la force, « il voyait en lui un rival dangereux ». (2) Et le rusé vieillard « feignit d'être malade, afin que Germanicus attendît plus patiemment ou une succession prochaine, ou du moins son association au principat » (3).

Germanicus était-il aussi grand capitaine que ses amis le proclamaient? Cette question n'a pour nous qu'une importance très secondaire. Rappelons cependant les faits principaux de sa carrière militaire. Sa première campagne en Dalmatie avait été heureuse et lui donna dès son début une certaine célébrité. Mais à la prise de Rhœtinum, seul fait militaire considérable, Germanicus donna tête baissée dans un piège grossier que l'ennemi lui avait tendu, et son armée, qui était déjà à deux doigts de sa perte, ne dut son salut qu'à un heureux hasard (4). A Arduba il ne sut rien faire, fut réduit à l'impuissance et tenu en échec par un ennemi de beaucoup inférieur en nombre (5). En Allemagne il traîna la guerre en longueur, se refusant obstinément à suivre le système conseillé par Tibère, et qui avait si bien réussi au jeune Drusus ; il ne le trouvait pas assez brillant. La guerre, comme il l'entendait,

---

(1) *Ibid.*, I, 7. D. Cass. LVII, 3-4. — (2) D. Cass., LVII, 13. — (3) Suet., Tib., XXX. — (4) D Cass., LVI, 11. — (5) *Ibid.*, 15.

était une guerre de sauvages, telle qu'elle est faite aux frontières des
États civilisés par les tribus guerrières des peuples barbares, comme
elle était faite par les Arabes aux Français, par les Circassiens aux
Russes, comme elle est faite encore par les Peaux-Rouges en Amérique.
Avec son système d'agir sans plan et sans but, avec ses excursions
sur le territoire ennemi, où il brûlait et massacrait tout ce qu'il pouvait
atteindre, il versait des flots de sang, exposait ses troupes, perdues
dans les forêts et les marais de la Germanie, à subir le sort des légions
de Varus, mais il ne gagnait et ne pouvait gagner rien. Après chaque
razzia il fallait revenir sur l'autre bord du Rhin, harcelé dans cette
retraite par un ennemi exaspéré, compléter et réorganiser les troupes;
et chaque fois tout était à recommencer.

Toutes ces courses, qui coûtaient si cher aux légions, n'avaient aucun
but positif, n'étaient dictées par aucune idée, et quand Ségeste,
le fidèle allié de Rome, fut assiégé et réduit à la dernière extrémité
par Arminius, il lui fallut envoyer une députation à Germanicus pour
le presser de venir à son secours, à tel point Germanicus ignorait ce
qui se passait en Germanie. Les résultats de ses campagnes sanglantes
avaient été complètement nuls; il ne soumit aucune peuplade, aucun
territoire nouveau; au contraire, il abandonna la ligne de défense
tracée par les forts que son père Drusus avait bâtis, et recula la frontière jusqu'au Rhin. Tout ce que Rome avait gagné aux flots de sang
qu'il avait versé, c'est la remise des enseignes de Varus, aussi en
fit-on grand bruit, pour donner le change à l'opinion publique et dé-
gager l'amour-propre du jeune César. Arcs de triomphe, médailles,
monnaies, tout portait le « *signis receptis* », deux mots qui constituent tout le gain d'une guerre longue et sanglante.

Les grandes campagnes en Germanie de Drusus Germanicus son père,
celles surtout de Tibère son oncle, campagnes stratégiques si habilement combinées et si fécondes en résultats, excitaient l'émulation et l'envie de Germanicus. Il veut aussi faire une grande campagne stratégique,
combiner les mouvements de plusieurs corps d'armées, mais cela ne lui
réussit guère, et paraît être au-dessus de ses capacités. Ainsi pendant la
retraite depuis la forêt de Teutoburg, il ordonna à Cecina de prendre
une ancienne route, connue sous le nom de Ponts-Longs, qui n'était qu'une
étroite chaussée traversant un immense marais; aussi cette partie de
l'armée, quatre légions, sans compter les alliés et les milices germaniques, attaquée par les Germains, fut défaite et faillit périr à cause
des inconvénients tactiques de la localité. Le reste de l'armée devait

regagner la Gaule par mer, mais Germanicus ayant mal calculé les moyens de transport, dut faire débarquer deux légions et les envoya par terre sous les ordres de P. Vitellius; il leur prescrivit une route telle, que les deux légions perdirent non seulement leurs bagages, mais encore un grand nombre de soldats, et faillirent se noyer. Cette campagne fut tellement désastreuse, qu'on avait cru un moment que toute l'armée avait été enveloppée par les Germains, qui menaçaient déjà l'empire, et les Gaules, les Espagnes et l'Italie s'empressèrent de faire les plus grands sacrifices pour réparer les pertes. A peu près le même malheur arriva aux troupes alliées, aussi par la faute de Germanicus, comme Tacite en convient lui-même. Enfin dans sa dernière campagne, il envoya l'armée par mer pendant la mauvaise saison. La flotte, qui la portait, fut battue par la tempête et dispersée; une partie des vaisseaux périt; d'autres allèrent s'échouer sur des îles lointaines, où les soldats, mourant de faim et de fatigue, n'eurent pour toute nourriture que les cadavres de chevaux rejetés sur le rivage. L'armée perdit tous ses bagages, beaucoup d'armes, de chevaux, de bestiaux de toute sorte, une grande partie de son effectif, et ne put être rassemblée qu'à grand peine.

On parle beaucoup aussi de l'amour que lui portaient les légions. Or, le titre d'*imperator*, il le reçut non par acclamation des soldats, non après quelque bataille brillamment gagnée, mais ce titre lui fut décerné par ordre de l'empereur Tibère (1), et cela pour avoir battu les sujets révoltés d'un petit chef germain, Ségeste, expédition qu'Arminius, au dire de Tacite, avait appréciée à sa juste valeur, en s'écriant : « *Magnum imperatorem! fortem exercitum! Quorum tot manus unam mulierculam* (parmi les prisonniers se trouvait la femme d'Arminius, alors enceinte) *avexerint* » (2).

Nous ne discuterons pas à fond la question si Germanicus était mort de maladie ou de poison, question qui n'a aucune importance pour l'appréciation médico-psychologique de sa personnalité. Mais comme la mort prématurée de Germanicus a une certaine signification diagnostique, et qu'elle rentre, pour ainsi dire, dans le programme de la dégénérescence de la race, nous indiquerons brièvement quelques-unes des considérations qui nous font rejeter la supposition d'empoisonnement. Rappelons d'abord que la mort de Germanicus avait soulevé contre le malheureux Pison des haines implacables; le peuple, le

(1) Tacit., *Ann.*, 1, 58. — (2) *Ibid.* 59. *Sur les campagnes de Germanicus en Germanie*, Dion Cassius, *l. c.*, mais surtout le premier livre des *Annales* de Tacite.

Sénat, les accusateurs, tous le poursuivaient avec un acharnement qui contredit singulièrement ou la haine supposée de Tibère contre son neveu, ou la tyrannie et la cruauté du vieil empereur. En effet, ce n'étaient certainement pas les sénateurs de cette époque, sénateurs qui indignaient et écœuraient Tibère par leur lâcheté et leur servilité (1), qui auraient poussé le courage et l'amour de la justice jusqu'à poursuivre avec cet acharnement l'assassin de Germanicus, s'ils eussent pensé réellement que Pison avait agi d'après les ordres du maître. Les plaignants avaient porté contre Pison, en ce qui regarde Germanicus personnellement, deux chefs d'accusation, l'*empoisonnement* et les *maléfices*. Or, malgré toute la haine pour Pison, malgré le parti pris de le condamner, l'accusation d'empoisonnement avait été écartée comme tout à fait insoutenable dès le début du procès, et Pison n'eut pas de peine à la réfuter (2). Quant aux faits cités par Tacite et Dion Cassius, tels que : membres arrachés des cadavres humains, que l'on trouvait par terre et sur les murs, disques de plomb avec le nom de Germanicus et des imprécations qui le vouaient aux dieux infernaux, cendre ensanglantée (3), ils se rapportent précisément aux maléfices, et non à l'empoisonnement. La seule preuve qu'on ait donnée de cette dernière accusation consiste en ce que le cœur n'avait pas été brûlé avec le corps, et qu'il fut retrouvé intact dans la cendre du bûcher (4). Cette preuve, on le comprend, n'en est certainement pas une pour nous, et même à cette époque on ne la regardait pas comme concluante. Citée par Vitellius comme fait à charge, cette circonstance servit d'argument à la défense, puisque Germanicus était mort de maladie *cardiaque*, qui, selon les idées du temps, rendait le cœur incombustible (5). D'ailleurs les faits contredisent évidemment la supposition d'empoisonnement. Cn. Calpurnius Piso, aristocrate de vieille roche, était un homme fier, orgueilleux et violent (6), qui ne se croyait en rien inférieur à l'empereur Tibère lui-même (7), dont il avait été le collègue au consulat; on comprend donc qu'il ne pouvait supporter patiemment l'humiliation d'une position inférieure, et de se voir subordonné, lui vieillard, à un jeune homme. Cette jalousie, envenimée encore par une misérable rivalité de femmes et par de trop zélés amis, donna naissance d'abord à des dissensions sérieuses, et finalement à une haine profonde entre le jeune César et le vieux proconsul. Germanicus, déjà malade, nerveux,

---

(1) TACIT., *An.*, III, 65. — (2) *Ibid.*, 14. — (3) *Ibid.*, II, 69. D. CASS., LVII, 18. — (4) SUET., *Caius*, I. — (5) PLIN., *Hist. nat.*, XI, 71. — (6) SENECA, *De ira*, I, 16. — (7) TACIT., *Ann.*, II, 43.

impatient, s'irritait des critiques que Pison, son subordonné, se permettait sur son administration, sur la pompe vraiment royale qu'il déployait, sur la lenteur de son voyage, dont il avait fait une tournée de plaisir, tandis que les circonstances réclamaient impérieusement des mesures promptes et énergiques. Mais ce qui l'irritait plus encore, c'est la fierté de Pison (1), l'orgueil de sa femme Plancine, qui éclipsait Agrippine par son luxe; c'était l'attachement des légions, qui appelaient Pison leur père. Les amis de Germanicus, qui n'étaient que des courtisans de l'héritier présomptif du pouvoir, l'aigrissaient encore, lui rapportant tout ce qu'avait dit Pison, et ne se faisaient pas faute d'ajouter de leur cru et de calomnier Pison, Plancine et leurs enfants (2). Une entrevue qu'ils eurent ne fit qu'envenimer les choses; Germanicus ne sut pas maîtriser sa colère, et ils se séparèrent la haine dans le cœur. Le jeune César faisait à Pison de sanglants affronts, *hinc graves in Pisonem contumeliæ* (3), persécutait ses protégés (Vonon par exemple) (4) et l'accusait ouvertement de l'avoir rendu malade par le poison ou les maléfices. Il serait assez étonnant que Pison ne lui eût pas rendu la pareille, qu'il ne se fût ouvertement réjoui des progrès de la maladie de son ennemi; mais cette haine franche du vieux proconsul, ses imprudences, ses excès de paroles, toutes ces manifestations bruyantes de son animosité, prouvent plutôt son innocence que sa culpabilité. Coupable, il aurait certainement agi d'une façon toute différente, et n'aurait pas affiché ainsi sa haine (5).

Pour Tibère la mort de Germanicus ne présentait aucun avantage, sa vie aucun inconvénient; il ne craignait pas son fils adoptif, lequel avait trop bien prouvé à l'occasion de la révolte des légions germaniques sa *loyalty*; il craignait encore moins le partage du pouvoir entre lui et Drusus, puisqu'il le partagea entre ses deux petits-fils, Tiberius Gemellus, fils de Drusus, et Caius, fils de Germanicus. Il n'avait pas non plus de haine personnelle contre Germanicus, fils d'un frère qu'il avait tendrement aimé; il avait toujours été pour son neveu un parent affec-

---

(1) *Ibid.*, 57. — (2) *Ibid.*, — (3) *Ibid.*, 69. — (4) *Ibid.*, 58. — (5) Voy. sur cette questin de Pison le livre de *Stahr. Tiberius Leben*, etc., livre II, chap v, quoique certains détails de cette étude nous semblent être sujets à caution. Ainsi par exemple nous ne voyons aucune raison de douter de la véracité de Sénèque sur Pison (*De ira*, II, 16), et ce que l'auteur dit des Calpurnii et des Claudii — die vielhundertjährige Vergangenheit, in welcher die Calpurnier hoch über den Claudiern standen, und die Julier kaum als ihres Gleichen ansahen — nous paraît être en désaccord complet avec l'histoire Les Claudii avaient joué un rôle éminent pendant la période républicaine, et comme illustration étaient bien supérieurs aux Calpurnii.

tionné, Tacite lui-même le prouve à chaque page de ses Annales. Il lui
reproche de n'avoir pas témoigné de chagrin à la mort de Germanicus,
mais Sénèque (1), qui avait été contemporain de Tibère, dit au contraire positivement que cette mort l'avait profondément affligé, et s'il
avait gardé son air impassible, il ne faut pas oublier que c'était là un
des traits distinctifs de Tibère ; il avait gardé la même apparence calme
et froide à la mort de son fils unique (2), et répondit par un sarcasme
aux compliments de condoléance des députés troyens. Cette mort le
frappa cruellement cependant, et fit de ce vieillard intelligent et *vertueux* (Tacite lui-même est forcé d'en convenir) (3) de ce prince intègre,
de cet homme de bien, à en croire Tacite, le solitaire de Caprée que
l'on connaît. Rappelons enfin qu'Antonia mère de Germanicus, resta
toute sa vie l'amie la plus dévouée du vieil empereur, qui fut la seule
personne qu'elle voyait dans la solitude,

La mort prématurée de Germanicus est un événement naturel, logique
dans cette famille en voie de dégénérescence, et le poison qui l'avait tué
venait non de Pison son ennemi, non de Martina l'empoisonneuse,
mais de son père Drusus l'halluciné, de son grand-père Auguste le tout-
puissant.

Il nous reste maintenant à faire l'appréciation de la personnalité de
Germanicus. Au premier abord il semble présenter une grande analogie avec son père, mais cette analogie pourrait bien n'être qu'apparente. Drusus Germanicus désirait véritablement « la restitution de la
liberté » à la République, quoique ce *désir* soit resté chez lui à l'état
platonique, et ne devint jamais une *volonté*. Germanicus, au contraire,
adopte complètement le point de vue dynastique, témoin sa harangue
aux soldats révoltés, et se permet seulement de faire un peu de libéralisme anodin, pour acquérir la popularité qu'il recherchait avidement. Drusus avait eu une *vision*, une *hallucination*, qui constate chez
lui de la façon la plus positive et la plus indubitable l'existence d'une
anomalie psychique, que nous n'avons plus à prouver, et dont il ne
nous reste par conséquent qu'à déterminer la *forme*, à *poser le diagnostic*. Germanicus ne présente rien de pareil, et nous n'avons pas le
moindre fait qui eût indiqué chez lui un trouble mental quelconque.
Il a des prédispositions héréditaires désastreuses, ceci est hors de
doute, mais l'hérédité pathologique ne frappe pas inévitablement *tous*
les membres de la famille atteinte ; elle peut en épargner quelques-

---

(1) *Consol. ad. Marciam.*, XV. — (2) TACIT., *Ann.*, IV, 8. — (3) *Ibid*, VI, 51.

uns, ou plutôt elle peut rester chez eux à l'état latent, et ne se manifester que chez leurs descendants. Nous croyons que c'est précisément
ce qui avait eu lieu pour Germanicus. L'hérédité funeste de la psychopathie pèse lourdement sur sa famille; elle frappe la race d'Auguste
avant Germanicus dans la personne de son père et de sa tante, à côté
de lui dans la personne de son frère, de sa sœur, de ses cousins Caius
César M. et Agrippa Posthumus, de ses cousines Agrippine et Julie;
par dessus sa tête, pour ainsi dire, elle frappe ses enfants, ses descendants, mais elle semble l'avoir épargné. Nous n'avons aucune raison de
lui supposer un trouble mental, et par conséquent il faut admettre
qu'il avait été un homme normal et sain d'esprit, malgré l'hérédité
psychopatique qui pèse sur toute sa race. Mais s'il avait vécu plus
longtemps, qui sait si cette hérédité morbide ne se serait pas mani-
festée chez lui aussi?

Germanicus était un vrai petit-fils d'Auguste, et les analogies que
présente sa personnalité avec celle du chef de sa race, sont une preuve
de plus que Drusus Germanicus était bien le fils du deuxième mari de
Livie. Sans parler de sa ressemblance physique, dont il avait déjà été
question plus haut, rappelons que Germanicus avait les jambes grêles
et faibles, et qu'Auguste souffrait de douleurs et de faiblesse aux
jambes, faiblesse qui allait jusqu'à la claudication et avait nécessité une
cure spéciale. La personnalité morale de l'aïeul et du petit-fils présente
des similitudes et des analogies encore plus frappantes, sauf, bien entendu, les modifications apportées par la différence de position politique. Germanicus, comme Auguste, a toutes sortes de talents; il est
éloquent, il écrit avec élégance et facilité, il aime les arts, la littérature, fait des vers. Dans la vie privée il affecte la simplicité, la bienveillance, l'affabilité, ce qui lui concilie l'affection de la populace. Il
paraît même avoir eu de grandes capacités administratives, à en croire
Dion Cassius au moins (1), quoiqu'il soit difficile de citer quelque fait
à l'appui de cette assertion. Mais, ce qui frappe tout lecteur des Annales de Tacite et de l'Histoire de Dion Cassius, tout esprit non prévenu, c'est son incapacité militaire absolue. Cette incapacité, si rare
dans l'aristocratie romaine, qu'une éducation guerrière préparait aux
hautes positions dans l'armée, est d'autant plus significative que nous
la retrouvons à un haut point chez Auguste.

Un autre point de ressemblance entre l'aïeul et le petit-fils, c'est

(1) Liv. LVII, 18.

cette recherche de la popularité, cette *captatio benevolentiæ*, qui leur fait porter pendant de longues années le masque d'affabilité; et pourtant, tout comme Auguste, Germanicus trouve tout naturel de verser le sang à flots. Cependant, tout en s'y décidant très facilement, — trop facilement, — il n'adopte jamais franchement le parti de la rigueur, et s'arrange de façon à en faire retomber tout l'odieux sur d'autres, toujours comme son aïeul. Il est même curieux que Tacite, en parlant de ce trait de caractère de Germanicus, se sert précisément de la même expression, de la même phrase que Dion Cassius, quand il parle du même trait de caractère d'Auguste, à propos d'un impôt très impopulaire, et auquel s'opposait le Sénat (1).

À Rome on reprochait à Auguste, et les historiens se sont fait l'écho de ce reproche, de s'être laissé dominer par sa femme Livie. Germanicus aussi s'est laissé dominer toute sa vie par sa femme, ses démêlé avec Pison en font foi. Mais il paraît qu'il n'est pas permis de regarder cette similitude comme une analogie de caractère, spéciale à ces deux personnages, et qu'à Rome, — comme ailleurs du reste, — la domination de la femme dans le ménage n'était pas une exception; ce n'est pas pour rien que le poète donne au Tibre l'épithète d'*uxorius*.

Germanicus « avait le plus grand désir de plaire » et recherchait ardemment la popularité.

Mais était-ce bien réellement rien qu'un « désir de plaire », sans but et sans arrière-pensée? Auguste était très attaché à Germanicus comme il l'avait été à son père; mais Drusus n'avait jamais flatté le vieil empereur, n'avait pas cherché à gagner à tout prix ses bonnes grâces; nous savons au contraire qu'il avait même eu l'intention de le *forcer* à rendre à Rome l'ancienne constitution républicaine. Auguste non seulement l'aimait tendrement, il l'estimait encore comme un excellent général, qui avait rendu de grands services à l'État. Germanicus, au contraire, avait mis tout en œuvre pour se concilier l'affection de son grand'père. Dans un moment de défiance Auguste l'envoie en Dalmatie surveiller son oncle Tibère, et Germanicus n'a garde de refuser; le cheval favori d'Auguste meurt, Germanicus adresse à son grand'père de jolis vers pour le consoler de cette perte (2); pour un peu il aurait écrit un sonnet « sur la fièvre qui tient la princesse Uranie. »

Au début de sa carrière militaire, nous l'avons vu commettre les fautes les plus grossières, faire subir à son armée des pertes immenses,

(1) Liv. LVI, 28. — (2) PLIN., *Hist. nat.*, VIII, 64.

et néanmoins en être récompensé comme s'il avait rendu les plus grands services; ce n'était certainement pas le commandant du siège de Rhætinum, le vaincu d'Ardaba, qu'on récompensait en sa personne; c'était bien le petit-fils favori de l'empereur et son espion auprès du général en chef.

Auguste l'aimait, dit-on, au point d'avoir hésité longtemps s'il ne le déclarerait pas son successeur; s'il ne l'avait pas fait, c'est qu'il voyait bien que Germanicus était plutôt un homme agréable en société qu'utile à l'État, juste le contraire de Tibère, et il adopta ce dernier, que ce soit sous l'influence de Livie, comme l'assurent ses historiens, ou dans l'intérêt de la République, comme il l'avait publiquement déclaré lui-même (1). Tant que cette adoption n'avait pas encore eu lieu, et le premier temps après, quand Auguste semble avoir été mal disposé envers Tibère, Germanicus pouvait se regarder raisonnablement comme le successeur de son aïeul. A cette époque il était encore à un âge où l'on ne prend guère de masque, et d'ailleurs sa position d'héritier presque déclaré du pouvoir lui rendait toute dissimulation, toute hypocrisie inutiles. Était-il alors aussi affable, aussi bienveillant qu'il s'est montré plus tard? Jouissait-il de l'amour du peuple, de l'affection des soldats? Rêvait-il, comme son père, le rétablissement de la liberté? Loin de là. Il était connu à Rome, tout jeune qu'il était, pour un ambitieux avide de pouvoir; on lui reprochait des inclinations tyranniques; on allait même jusqu'à prédire qu'il opprimerait la République, et qu'il finirait par la démembrer (2).

Mais Tibère s'affermit de plus en plus dans sa position d'héritier du pouvoir; Auguste l'apprécie tous les jours davantage, et il n'est plus guère probable qu'il casse l'adoption et qu'il remette le principat à Germanicus. C'est alors que dut se faire cette transformation de ce dernier en libéral recherchant la popularité. Il n'était pas sûr que Tibère, quoique l'ayant adopté, ne l'écartât pas du pouvoir, et, peut-être, l'ambitieuse Agrippine ne voulait pas se résigner au partage de la toute-puissance. Il fallait donc se créer à tout hasard un parti, et dans ce but il change toute sa manière d'être, se pose en républicain, fait courir le bruit que, s'il arrive au pouvoir, il rétablira l'ancienne constitution, comme son père l'avait voulu avant lui. Mais ce masque n'était pas si bien attaché, cette transformation n'était pas si complète, pour tromper ceux qui le connaissaient de près, quoi qu'en disent les

(1) VELL. PATERC., II, 104. — (2) TACIT., Ann., I, 4.

historiens. Il était aimé à Rome, où il n'était jamais, et où ses partisans agissaient pour lui ; mais à l'armée, nous avons vu les soldats révoltés le tirer demi-nu de sa chambre à coucher, le maltraiter, le forcer à leur livrer le vexille, et, quand il voulut jouer au tribunal du camp la comédie du suicide, lui crier : « Eh bien, qu'il se tue ! » et lui tendre un glaive plus affilé. Nous avons vu aussi que le titre d'*imperator*, si flatteur pour un général, précisément parce qu'il était décerné par acclamation de l'armée, il ne le reçut pas de ses légions, mais du Sénat, et sur l'ordre de l'empereur. En Orient, du temps de ses démêlés avec Pison, ce dernier avait un parti presque aussi nombreux que celui de Germanicus, et cela même dans les troupes qui se trouvaient sous ses ordres. Après sa mort, Pison ne s'était pas emparé, de son propre mouvement, du pouvoir, mais y avait été poussé par les centurions accourus vers lui, et qui l'assuraient du dévouement des légions (1).

Tel avait été Germanicus, ce héros de Tacite, cette dernière espérance du peuple romain, celui qui, « arrivé au *pouvoir* devait rétablir la *liberté* » (2). On le voit, c'est le type de l'intrigant politique, du plus vulgaire ambitieux, qui n'a pas de droit direct au trône, mais pour lequel le pouvoir suprême n'est pas non plus inaccessible ; qui se fait du libéralisme un marchepied. Germanicus conserva son auréole, parce qu'il avait eu la chance de mourir jeune ; le temps lui avait manqué pour tromper l'attente et les espérances du peuple romain, comme il avait manqué, peut-être, à ses mauvais instincts et au germe psychopathique pour se développer. Sa mort prématurée avait conservé à l'histoire un héros, épargné au monde une désillusion, à lui-même, peut-être, des souffrances morales inutiles.

Livia (Livilla), sœur de Germanicus, avait été d'abord d'une figure peu agréable dans sa première jeunesse, mais plus tard, peut-être après la maladie qu'elle avait faite à l'époque de la mort d'Auguste (3), elle devint une des plus belles femmes de son temps (4). Mariée d'abord à Caius César, elle épousa après sa mort le César Drusus. Cette dernière union aurait pu être heureuse. Drusus s'attacha de tout son cœur à sa jeune femme, qui l'avait rendu père, et, pour ne pas s'en séparer, il l'amenait avec lui dans les voyages qu'il était forcé de faire. Mais Livilla n'était pas femme à vivre tranquillement, se contentant de l'amour de son mari et de l'attachement de ses enfants. Drusus en voulait à L. Ælius Séjanus, préfet du prétoire ; il y eut entre eux des

_____

(1) Tacit., *Ann.* II, 76. — (2) *Ibid.*, I, 33. — (3) Suet., Aug. XCIX. — (4) Tacit., *Ann.*, IV, 3.

querelles, des scènes violentes ; Drusus alla jusqu'à menacer Séjan de
la main ; ce dernier fit un geste pour se défendre et reçut un soufflet.
Tacite raconte que pour se venger, Séjan séduisit Livilla. Il est beaucoup plus probable que leur liaison adultère avait précédé l'insulte.
Séjan, ancien compagnon de plaisir de Drusus, venait certainement le
voir, et avait ainsi l'occasion d'approcher de Livie, ce qui lui eût été
difficile après cette scène violente. Drusus se plaignait hautement de
l'ambition et des intrigues du favori, et comme il avait une certaine
influence sur l'esprit de son père, l'intérêt personnel, d'accord avec la
haine et le désir de vengeance, devait pousser le prétorien à se débarrasser de son ennemi. Après avoir trahi son mari, Livilla embrassa les
intérêts de son amant, lui rapportait tout ce que disait ou faisait
Drusus (1), et finit par prendre la part la plus active au complot contre
la vie de son mari : « Ayant entraîné Livilla par les apparences d'une
passion violente à faire le premier pas dans la voie du crime -- et une
femme qui avait perdu la pudeur est capable de tout — Séjan lui
inspira le désir et l'espérance de l'épouser, de partager avec lui le
pouvoir suprême et d'assassiner dans ce but son mari. » (2) Il est
difficile d'admettre que l'ambition ait pu être le motif qui avait poussé
Livilla au crime. Elle était épouse de l'héritier du principat ; le pouvoir
devait, tôt ou tard, passer inévitablement à son mari par transmission
régulière ; pourquoi aurait-elle sacrifié le certain à l'incertain ? Tibère
pouvait refuser, comme il le fit réellement, sa main à Séjan ; ce dernier pouvait ne pas arriver au principal. Enfin, pour ce motif ou pour
un autre, mais « la petite-fille du divin Auguste, la belle-fille de Tibère,
la mère des enfants de Drusus, couvrit de honte ses ancêtres, ses descendants et soi-même, en se prostituant à un provincial (3), en sacrifiant un présent honorable à des espérances criminelles et incertaines.
Ils mirent du complot Eudème, ami et médecin de Livilla, auquel sa
position permettait de la voir souvent en secret. Séjan répudia sa femme
Apicata, dont il avait déjà eu trois enfants, pour ôter tout ombrage à sa
maîtresse. Cependant le projet de Séjan fut laissé longtemps sans exécution, tant la grandeur du crime effrayait les conjurés » (4) ; mais
comme le mécontentement de Drusus augmentait, qu'il ne se gênait pas
pour le manifester, et qu'il pouvait finir par ruiner Séjan dans l'esprit de
son père, les amants se décidèrent à en finir avec le mari. » Séjan choi-

---

(1) *Ibid.*, IV, 7. -- (2) *Ibid.*, 3. — (3) Séjan était originaire de Vulcinies. — (4)
Tacit., Ann., IV, 3.

sit un poison dont l'action lente et insensible simulait les effets d'une maladie, et le fit donner à Drusus par son eunuque Lygdus (1). »

Telle est l'histoire de l'adultère et du crime de Livilla, comme nous la lisons dans les Annales de Tacite. Mais Tacite se trompe dans son récit, peut-être parce que Livilla est la sœur de Germanicus, son héros. A en croire le grand historien, Livilla, fascinée par le beau Séjan, entraînée par la passion, trahit ses devoirs conjugaux, et n'a plus rien ensuite à refuser à son amant. Dans son amour aveugle, elle sacrifie à l'ambition de son amant la vie de son mari et son propre avenir. Mais la réalité n'a pas été si romanesque que ça ; les femmes de la famille des Césars comprennent l'amour d'une tout autre façon, et ne se sacrifient jamais à leurs amants.

Livilla n'a pas du tout été la femme malheureuse, dominée par une passion funeste, qui se serait emparée de tout son être. C'était tout simplement une courtisane impériale comme sa tante Julie, comme Julie la cadette sa cousine, comme ses nièces Drusilla, Livilla et Agrippine. Elle avait eu une multitude d'amants (2), et son choix n'a pas toujours été très heureux, si tant est qu'elle choisissait. Tacite lui reproche de s'être donnée à un *provincial*. Elle en a fait bien d'autres ! Très éclectique, elle s'était prostituée à une foule de gens des conditions les plus diverses. Elle eut, entre autres, pour amant ce même Eudème (3), qui l'avait servie ensuite ou, peut-être, en même temps, dans ses relations avec Séjan, et lui avait donné le poison pour Drusus. C'était un grec, celui-là, un *græculus*, pas même un provincial par conséquent, mais un étranger et, ce qui pis est, un affranchi ! Mais c'est si commode que d'avoir son médecin pour amant. Elle s'était prostituée à Mamercus Scaurus (4), porteur indigne d'un des plus beaux noms de Rome, l'arrière-petit-fils de M. Æmilius Scaurus, le célèbre prince du sénat, consul en 639 (5). Ce Mamercus Scaurus était le plus ignoble vieux débauché de Rome ; son immonde impudicité et son cynisme abject avaient étonné ses contemporains, qui cependant ne s'étonnaient pas facilement. « Un jour, raconte Sénèque (6), trouvant Asinius Pollion couché, il lui proposa, en usant du mot obscène, de lui faire ce qu'il aimerait beaucoup mieux souffrir, et, voyant Pollion

(1) Tacit., *Ann.*, IV. — (2) D. Cass. LVIII, 24. — (3) Plin., *Hist. nat.*, l. XXIX, 1, 8. — (4) Tacit., *Ann.* VI, 29. D. Cass., LVIII, 24. — (5) M. Salvatore Betti en parlant de la mort de Mamercus Scaurus, dit : « O meglio per essergli apposto d'aver violato Livilla, nuora dell' imperatore (*Scritti vari*, Firenze, 1856). Mais nous ne trouvons rien de pareil ni chez Tacite, ni chez Dion Cassius. — (6) *De beneficiis*, IV, 31.

froncer le sourcil : — si j'ai dit quelque chose de mal, dit-il, et bien, que ce mal me soit fait à moi. » Ce vieux satyre, « dont la bouche impure recueillait avidement les menstrues de ses servantes » (1), était ignoble, mais il était riche (2); or, un amant riche n'est pas à dédaigner, même pour la femme d'un César. Livilla n'a donc pas été *séduite et entraînée* par Séjan, comme le présente Tacite, et cet adultère n'a pas été *son premier pas dans la voie du crime.* Elle s'était prostituée à l'élégant L. Ælius Séjan (3), comme elle s'était prostituée au savant Eudème, au riche Scaurus, à une multitude d'autres (4), comme elle se serait prostituée au beau Lygdus, s'il n'avait été eunuque. Et si elle avait épousé si chaudement la querelle de son amant, si elle avait empoisonné son malheureux mari, ce n'est certes pas qu'elle eût été entraînée par la passion, c'est tout simplement parce que le beau prétorien, qui exploitait ses maîtresses et s'en servait dans l'intérêt de son ambition (5), la tenait par la crainte sous sa domination. Une autre femme, tout en trompant son mari, aurait reculé avec horreur devant l'assassinat, et, poussée à bout par son amant, aurait préféré se jeter aux pieds du mari et lui avouer son crime. La sœur de Germanicus n'a pas de ces scrupules ; empoisonner le père de ses enfants ne lui répugne pas assez pour qu'elle s'y refuse au risque d'être punie d'après la loi *Julia.* Mais, par exemple, ce qui lui répugne, c'est « de sacrifier un présent honorable à des espérances criminelles et incertaines. » Elle veut être sûre de ne rien perdre en assassinant son mari, et son amant doit lui donner des gages ; il répudiera sa femme et demandera sa main à l'empereur.

Livilla ne se borna pas à l'adultère, à la prostitution et à l'assassinat ; elle engagea encore sa fille Julie, mariée à Néron, fils de Germanicus, à espionner son mari, à trahir tous ses projets, toutes ses espérances, tout ce qu'elle pourrait surprendre, jusqu'aux paroles qui pourraient lui échapper en rêve (6), et le rapportait à Séjan, qui avait résolu, après la mort du César Drusus, de perdre successivement tous les fils de Germanicus, pour se frayer ainsi le chemin du pouvoir. Il réussit à faire périr les Césars Néron et Drusus, les deux fils aînés de Germanicus, mais il tomba, entraînant sa complice dans sa chute, et

---

(1) *Ibid.* — (2) Cœcilia, femme de M. Æmilius Scaurus, prince du Sénat, et mère de M. Scaurus, grand père de celui-ci, ayant épousé en secondes noces Sylla le dictateur, s'était enrichie pendant les proscriptions. — (3) D. Cass., LVII, 22 ; Suet., *Tib.,* LXII, Tacit., *Ann.,* IV, 3, 7, 8. — (4) D. Cass., — LVIII, 24. — (5) *Ibid.,* 3. — (6) Tacit., *Ann.,* IV, 60

les crimes de Livilla ne rapportèrent à cette dernière que la honte et
la mort. D'abord son mariage avec Séjan n'eut pas lieu, l'empereur
Tibère ayant refusé net au beau prétorien la main de sa belle-fille.
Plus tard, après la chute du favori, sa femme Apicata se vengea de sa
rivale : avant de se donner la mort, elle dénonça, par une lettre à l'empereur, l'empoisonnement du César Drusus, et nomma les complices (1). Par égard pour sa vieille amie Antonia, Tibère ne voulut
pas livrer Livilla au bourreau, et la fit remettre à sa mère, dans le
palais de laquelle la malheureuse dut se laisser mourir de faim (2).

Tiberius Claudius Drusus (l'empereur Claude) est le dernier membre
de la deuxième génération de la dynastie Julienne. Voyons quelle espèce
d'homme était ce petit-fils d'Auguste, ce fils du républicain Drusus,
ce frère du célèbre Germanicus. Tibère Claude naquit à Lyon, aux
calendes d'août, cruelle plaisanterie du sort, jour consacré à Mars et à
l'Espérance (3). Son frère Germanicus passant par adoption dans la
famille Julia, il prit à son tour le surnom de *Germanicus,* héréditaire
dans sa famille depuis Drusus (4).

Nous avons heureusement toutes les données nécessaires pour une
analyse médico-psychologique de la personnalité de Claude, et nous sommes en mesure de poser le diagnostic le plus clair, le plus indubitable.
Sa biographie par Suétone pourrait servir de modèle aux descriptions
médico-psychologiques, et les plus belles pages d'Esquirol, cet artiste
en psychiatrie, n'égalent peut-être pas l'étude si vigoureuse, si colorée de
l'historien romain, étude tellement complète sous le rapport médico-
psychologique, qu'en vérité elle laisse bien peu à désirer au médecin
aliéniste. Grâce à Tacite et à Suétone, en partie à Dion Cassius, nous
avons un tableau si complet de la personnalité physique, intellectuelle
et morale de Claude, qu'il peut se passer de commentaires médico-
psychologiques.

« Claude avait passé son enfance et sa jeunesse dans des maladies
fréquentes et opiniâtres, qui le rendirent si faible de corps et d'esprit
qu'on le regarda dès lors comme incapable de toute fonction publique (5). » Sa santé était très mauvaise jusqu'à son avénement au
principat ; elle s'améliora depuis, mais il avait néanmoins des douleurs
d'estomac tellement violentes et intolérables, qu'il eut bien des fois
l'idée de se donner la mort (6). Rappelons qu'Auguste et sa fille Julie

---

(1) TACIT., *Ann.,* IV, 11; D. CASS., LVIII, 11. — (2) D. CASS., *l. c.* — (3) SUET.,
Claud. II, D. CASS., LX, 5. — (4) SUET., *l. c.* — (5) *Ibid.,* « Il avait été maladif dès
l'enfance, » dit aussi DION CASSIUS, LX, 2. — (6) SUET., Claud., XXXI.

avaient aussi souffert de la même maladie, évidemment héréditaire dans la famille, ce qui prouverait encore une fois que Drusus, père de Claude, était bien réellement fils d'Auguste.

Son aspect n'avait rien d'agréable. Une petite tête sur un grand corps, le front et le menton fuyants, rappellent le type microcéphale. Son cou, gros, rond et comme enflé (1), lui donne un aspect scrofuleux justifié d'ailleurs par les maladies de son enfance. Le pli naso-labial fortement prononcé, et que l'on constate sur tous ses portraits, lui faisait un sourire niais, qui semblait figé sur ses lèvres, et des tumeurs charnues injectées de sang dans les angles internes des yeux (2) — signe de méchanceté, dit Pline l'Ancien (3) — donnaient à sa figure quelque chose de repoussant. Il avait une voix sourde et peu intelligible (4), et sa prononciation, vicieuse et tremblotante, le tiraillement convulsif du cou, le branlement de la tête (5), indiquent clairement chez lui une anomalie nerveuse. Sa bouche, grande et large, s'étirait convulsivement, ce qui rendait son rire niais et repoussant, et sa colère dégoûtante, et cela d'autant plus, qu'elle faisait couler de sa bouche une salive écumante et des mucosités liquides du nez (6), tableau bien connu, symptômes familiers aux médecins des asiles d'aliénés. Ses mains étaient agitées d'un tremblement continuel (7), le bras droit presque paralysé (8), et généralement tout son corps était faible (9). La partie supérieure de son corps était bien bâtie, mais il avait les jambes faibles et tremblantes, ce qui le faisait paraître plus beau assis que debout (10) et ce qui lui donnait une démarche chancelante et ridicule (11). Cette faiblesse des jambes, était, comme nous l'avons vu, héréditaire dans la famille; Auguste avait les jambes faibles et maladives; Drusus Germanicus mourut d'une fracture de la cuisse; ses deux fils Germanicus et Claude ont les jambes faibles; Caius Caligula, fils de Germanicus, et Néron son petit-fils par sa mère Agrippine, ont les jambes grêles et faibles. La vieillesse, lui donnant des cheveux blancs, toujours beaux et respectables (12), et ce calme sénile, que l'on prend volontiers pour de la dignité, changea à son avantage l'extérieur de Claude, mais ne le changea pas moralement.

(1) Ibid., XXX,. — (2) PLIN., Hist. nat., XI. 54. — (3) Ibid., XI, 114. — (4) SENECA, Apokolokyntosis. V. D. CASS., LX, 2. — (5) Juvenal, sat. VI, vers: 622. — SUET. Claud., XXX. D, CASS., l. LX, 2. — (6) SUET., Claud., XXX, Juvenal., sat. VI, vers, 623. — (7) D. CASS., LX, 2. — (8) SENECA, Apok., V. — (9) D. CASS., LX, 2; FLAV. JOSEPH., Antiq. Jud, XIX, 3. — (10) SUET., Claud. XXX. — (11) Ibid., XXI. — (12) Ibid., XXX, III.v D. Cass. LX, 2.

Claude présentait au plus haut degré les particularités caractéristiques d'une certaine classe d'anomalies psychiques : une gloutonnerie dégoûtante, une passion effrénée pour toutes sortes de spectacles, pour les jeux de hasard, des accès de colère sans raison et sans motif, la paresse, la lubricité. Non seulement il aimait les banquets, les dîners, comme des plaisirs, mais il s'adonnait avec passion, gloutonnement, à l'acte même du manger, et « était prêt à manger et à boire à quelque heure et dans quelque lieu que 'ce fût. Un jour, siégeant au tribunal au forum d'Auguste, il fut frappé de l'odeur d'un repas qui se préparait pour les saliens dans le temple voisin de Mars ; il abandonna immédiatement le tribunal et alla se mettre à table avec eux (1). » Claude avait l'habitude de se remplir le ventre jusqu'à perte de connaissance, et restait pendant un certain temps dans un état de torpeur. « Jamais dans sa jeunesse, comme dans son âge mûr, il ne sortait d'un repas que gonflé de nourriture et de boisson ; il se couchait ensuite, s'endormait la bouche ouverte, et alors on lui enfonçait une plume dans la gorge pour le soulager en le faisant vomir (2). » Au repas Claude perdait le souvenir des affaires et des événements les plus importants, les plus récents, absorbé qu'il était alors par l'acte de manger. Sa gloutonnerie grossière, bête, animale, était aussi éloignée de la gastronomie, que la débauche crapuleuse de Caligula et de Néron l'était du libertinage élégant de Jules César. Claude s'emplissait de nourriture comme une outre, et tombait ensuite dans un état d'assoupissement et de torpeur, comme un boa, ou comme les idiots, les déments et les paralytiques généraux, s'ils ne sont pas assez soigneusement surveillés.

Claude était sujet à des accès de colère, accès inattendus, sans aucun motif plausible, insensés et dégoûtants, qui lui survenaient en public, au tribunal, au sénat, provoquant le rire et le dégoût des spectateurs. « *Immodica ira gignit insaniam* », remarque Sénèque, qui avait beaucoup connu Claude. Ce dernier savait du reste lui-même qu'il n'était pas beau dans ses emportements, avec sa bouche écumante, sa tête branlante, ses cris stupides et ses invectives absurdes et insensées. Il publia même un édit là-dessus, « promettant que sa colère sera courte et point nuisible, ou du moins qu'elle ne sera pas injuste (3). »

« Il porta l'amour des femmes jusqu'à l'excès, mais il n'eut jamais d'amours infâmes (4). Sa passion pour les femmes était grossière, bes-

---

(1) Suet., XXXIII. D. Cass., *l. c.* — (2) *Ibid.* — (3) *Ibid.*, XXXVIII. — (4) *Ibid.*, XXXIII,

tiale, indifférente sur le choix de la femme ; jamais chez lui elle n'avait été ennoblie, voilée au moins, par un semblant de sentiment, par une inclination pour telle femme en particulier ; elle n'allait pas au delà d'un besoin impérieux, d'une passion effrénée pour l'acte sexuel en lui-même, indifférente quant à la personnalité de la femme, particularité caractéristique, et un des traits les plus pathognomiques de l'idiotie et de l'imbécillité congénitale. Autre particularité : « dans cette passion des femmes, comme dans sa gloutonnerie, il était insatiable, et en en profitant, son entourage pouvait le pousser à tout (1). » Ainsi, outre sa femme Messaline, qui cependant pouvait tenir tête à n'importe quel partenaire, puisqu'elle avait rivalisé sous ce rapport avec la plus célèbre prostituée de Rome et en avait triomphé, ayant soutenu vingt-cinq assauts dans une nuit (2), il avait toujours auprès de lui des courtisanes, et, dans son voyage à Ostie, il se fit accompagner par deux prostituées, dont le grave historien Tacite nous a conservé les noms (3). Nous avons déjà dit qu'il n'était guère plus mesuré dans son ivrognerie, et il lui arrivait souvent d'être emporté du triclinium dans un état d'ébriété complète (4).

Claude avait été fiancé dans sa jeunesse à Æmilia Lepida, petite nièce d'Auguste, puis à Livia Medullina, descendante du célèbre dictateur Camille. Il répudia la première, encore vierge, quand ses parents encoururent la disgrâce d'Auguste, et la seconde mourut le jour même fixé pour le mariage. Il épousa dans la suite Plautia Urgulanilla, petite-fille d'Urgulania, favorite de Livie, et qui avait joué un certain rôle sous Tibère (5). Il la répudia à cause de ses impudicités, auxquelles s'ajoutait le soupçon d'un meurtre, épousa Ælia Pétina, qu'il répudia encore, et cela pour des motifs assez légers, et prit pour femme la célèbre Messaline, fille de son cousin Valerius Messala Barbatus (6) et de Lepida, qui fut accusée de prostitution, de magie et de d'inceste avec son frère Domitius Ænobarbus. Nous parlerons plus bas de ce mariage ; rappelons seulement que malgré les affronts, les outrages sanglants que Messaline lui avait infligés, malgré le mariage qu'elle osa contracter avec Caius Silius, Claude inclinait déjà au pardon. « Adouci par les plaisirs de la table, et le vin commençant à échauffer ses sens, il donna l'ordre d'avertir *là pauvrette* de présenter sa justification. A ces mots on vit que sa colère commençait à s'amortir, que

---

(1) D. Cass., LX, 2. — (2) Plin., *Hist. mundi.*, X, 83. — (3) *Ann.*, XI, 29, 30. — (4) D. Cass., LX, 31. Suet., Claud., X Tacit. *Ann.*, I, XI-XII. — (5) Tacit., *Ann.*, II, 31. — (6) Suet., Claud., XXVI.

l'amour revenait, et que si l'on tardait davantage, la nuit et le ressouvenir du lit conjugal étaient à craindre. Narcisse sort donc brusquement et court donner aux centurions et au tribun de garde, au nom de l'empereur, l'ordre de tuer Messaline (1). » Claude s'engagea par serment, qu'il fit aux prétoriens, de garder le célibat, puisque le mariage lui réussissait si mal, consentant à mourir de leurs glaives s'il violait son serment (2). « Cependant immédiatement après la mort de Messaline le palais fut bouleversé par les intrigues des affranchis, qui se disputaient à qui choisirait une épouse à Claude, qui, habitué au joug conjugal, ne supportait pas le célibat (3). » L'affranchi Calixte proposait Lollia Paulina ; Pallas, — Agrippine, fille de Germanicus ; Narcisse, — Ælia Pétina, que Claude avait déjà répudiée une fois. Claude, qui n'avait besoin que de la femme, et qui au fond était parfaitement indifférent sur le choix de l'épouse, pourvu qu'il ait le droit légal et la commodité d'accomplir l'acte vénérien, « penchait successivement pour chacune des femmes proposées, toujours docile aux dernières impulsions (4) », mais, séduit et entraîné par sa nièce Agrippine, qui profitait de la familiarité autorisée par les liens de sang, et usant de son droit aux baisers et aux caresses — « jus osculi et blanditiarum » — l'eut bientôt captivé, il la préféra à ses rivales (5). N'étant pas encore épouse, Agrippine exerçait déjà toute la puissance et tous les droits de l'épouse (6), et certainement en remplissait aussi les devoirs.

Les Romains aimaient, comme on sait, les spectacles, mais Claude étonnait ses contemporains eux-mêmes par sa passion pour les spectacles de toute sorte (7), particularité que nous retrouvons presque toujours chez les imbéciles. Trop faibles d'esprit pour pouvoir occuper eux-mêmes leur intelligence, ils en ressentent néanmoins péniblement le vide, et recherchent avidement les impressions, les impressions visuelles surtout, plus simples, plus conformes par conséquent à leur misère intellectuelle. « Dans les spectacle des gladiateurs il faisait égorger tous ceux qui tombaient, même par hasard, surtout les rétiaires, dont il aimait à contempler le visage pendant l'agonie. Deux gladiateurs s'étant enferrés mutuellement, il se fit fabriquer des couteaux avec les lames de leurs épées. Quand le peuple s'en allait dîner, il restait au cirque pendant l'entr'acte et faisait combattre, sous les plus légers prétextes, ceux des employés qui se trouvaient présents, pour

(1) Tacit., Ann., XI, 37. — (2) Suet., Claude, XXVI. — (3) Tacit., Ann., XII, l. — (4) Ibid., — (5) D. Cass., LX, 31. Tacit., Ann, XII, 3. Suet., Claud., XXVI. — (6) Tacit. l. c. — (7) D. Cass., LX, 13.

peu qu'une toile ou une machine eut manqué son effet. Il força même un jour un de ses nomenclateurs à descendre dans l'arène et à combattre, tel qu'il était, en toge, sans lui donner le temps de changer d'habit (1). — « Le spectacle est interrompu ; que dans l'entr'acte des hommes s'égorgent, cela fait toujours passer le temps » — *intermissum est spectaculum : interim jugulentur homines, ne nihil agitur* (2). Un autre de ses passe-temps à cette heure d'interruption du spectacle était de voir des bêtes féroces déchirer des hommes. Pour avoir des condamnés, il fit faire des enquêtes sur des crimes et des délits commis sous les règnes précédents, et livra, par exemple, aux bêtes tous les esclaves et tous les affranchis qui avaient servi de témoins à charge contre leurs maîtres ou leurs patrons sous Tibère et Caius. La quantité de mourants aux jeux était si grande, qu'on ne crut pas pouvoir faire couler tout ce sang devant la statue d'Auguste, et il fallut la voiler ou la transporter ailleurs. On se moqua à cette occasion de Claude, qui n'étant jamais rassasié lui-même de ce spectacle, croyait devoir l'épargner à une statue insensible (3). Suétone attribue cette passion de Claude à sa cruauté et à un naturel sanguinaire, mais en cela il se trompe. Claude aimait tout simplement les spectacles, quels qu'ils fussent, mais, insensible, comme tous les idiots, à la vue des souffrances, il ne voyait dans les tortures, l'agonie, la mort, que des scènes amusantes et à effet. Au fond il n'était pas positivement méchant ; il avait donné de nombreuses preuves de bonté et d'indulgence (4), et néanmoins il trouvait le plus grand plaisir à assister aux tortures et aux exécutions. Ainsi il eut un jour à Tibur l'envie de voir un supplice d'après l'ancienne coutume, et déjà les coupables étaient attachés au poteau, lorsqu'il se trouva que le bourreau était absent, Claude attendit jusqu'au soir qu'on en fit venir un de Rome (5). Ce n'était pas de la cruauté, ce n'était qu'une passion idiote pour toute sorte de spectacle, jointe à une absence complète de sensibilité morale, ce que nous retrouvons chez les imbéciles et les déments, et associée dans ce cas à la patience de la brute, celle de la bête féroce guettant une proie.

Claude aimait à la passion les jeux de hasard (6) ; il n'était pas cupide, et s'il aimait le jeu, ce n'est pas pour le gain, mais pour les émotions qu'il donne. « Très appliqué au jeu des dés, il jouait même en voyage,

---

(1) SUET., Claud., XXXIV. — (2) SENECA, *Epist. ad Lucil.* VII. — (3) D. CASS., LX, 13. — (4) D. CASS., LX, 12. TACIT., *Ann.*, XI-XII. SUET., Claud., passim. — (5) SUET., Claud., XXXIV. — (6) *Ibid.*, V.

et ses voitures étaient faites de façon à ce que le mouvement n'empê-
chât pas le jeu (1). »

Dès sa première enfance Claude montra une grande faiblesse d'esprit, qui ne fit que croître avec l'âge, et finit par prendre le caractère
d'idiotie. Dans la famille on était d'accord à le regarder comme un
imbécile, dont il était impossible de rien faire de bon. Sa mère Antonia, qui l'avait nourri elle-même (2), et qui, par conséquent, avait
dû s'attacher à lui plus qu'à ses autres enfants, l'appelait avorton,
ébauche non réussie d'homme, et voulant exprimer le dernier degré
de bêtise disait : « Un tel est plus bête que mon fils Claude ». Sa
grand'mère Livie le traitait avec le dernier mépris et lui adressait
même rarement la parole. Sa sœur Livilla, ayant entendu dire qu'il
pourrait un jour être empereur, plaignit tout haut le peuple romain
d'être réservé à une destinée aussi injuste et indigne (3). Sorti de
tutelle, il fut laissé sous la direction d'un précepteur, ancien chef des
conducteurs de bêtes de somme, homme grossier et brutal, qui le
rouait de coups et lui faisait souffrir (sans raison ni motifs, assure
Claude lui-même dans ses mémoires) toute sorte de mauvais traitements (4). Auguste et toute la famille tâchaient de le tenir éloigné de
la cour et du peuple, le produisaient le moins possible, ne désirant
rien autant que de le faire oublier. Quand il fut en âge de prendre la
robe virile, on le porta en litière au Capitole, la nuit et sans aucune
solennité. Après la mort de Drusus Germanicus il dut donner au
peuple, au nom de son frère et au sien, des jeux au Cirque, et comme
il était impossible de ne pas l'y produire, puisqu'il devait les présider,
il y parut, mais contre l'usage, palliolé (5). Suétone rapporte des
lettres d'Auguste, adressées à Livie, qui font voir l'opinion qu'on avait
de Claude au Palatin. « J'ai consulté Tibère, comme tu l'avais voulu,
ma chère Livie, sur ce qu'il convenait de faire de ton neveu Tibère
(Claude) aux fêtes de Mars. Nous avons été tous les deux d'avis de
prendre une fois pour toutes une décision positive à son égard. S'il
est dans un état normal, pourquoi hésiterions-nous à le faire passer
par les mêmes honneurs que son frère. Si, au contraire, nous sommes
bien convaincus que son esprit est aussi faible que son corps, il ne faut
pas nous exposer, ni l'exposer lui-même, aux railleries qu'on ne man-
quera pas de faire. Si nous ne nous décidons pas définitivement à
adopter un parti quelconque au sujet de Claude, il faudra délibérer,

(1) SUET., *Claud.*, XXXIII. — (2) FLAV. JOSEPH. *Antiq Jud.*, XVIII, 13. — (3)
SUET., *Claud.* III. — (4) *Ibid.*, II. — (5) *Ibid.*

chaque fois, s'il est capable de remplir telle ou telle fonction, à exercer tel emploi. En tout cas, je crois qu'on peut lui permettre de présider la table des pontifes aux fêtes de Mars, pourvu qu'il ait auprès de lui le fils de Silanus, son parent, qui ne le laissera faire rien de déplacé ou de ridicule. Mais je ne voudrais pas qu'il assistât aux jeux du Cirque, placé sur le pulvinar, ce qui l'exposera aux regards des spectateurs. » Dans une autre lettre il dit : « Pendant ton absence, j'inviterai tous les jours le jeune Tibère à souper, afin qu'il ne soit pas toujours seul avec son Sulpicius et son Athénodore. Je voudrais que le pauvre malheureux choisisse moins follement et avec plus de discernement ses amis, et qu'il prenne un meilleur modèle à imiter dans sa démarche et dans toute sa tenue. Il a l'intelligence bien obtuse; cependant lorsque son esprit n'est pas égaré, il peut quelquefois rappeler sa naissance. » Dans une troisième lettre Auguste dit : « J'ai entendu avec plaisir haranguer ton neveu Tibère, ma chère Livie, et je ne reviens pas de ma surprise; comment peut-il parler si clairement en public, lui, qui a si peu de suite dans ses entretiens (1)? »

Auguste prit enfin une résolution; il ne donna à Claude que l'augurat, le nomma dans son testament au troisième rang, presque parmi les étrangers, et cela seulement pour le sixième de la succession ; enfin il ne lui laissa que 800 000 sesterces (2). L'empereur Tibère son oncle lui accorda les ornements consulaires, et lorsqu'il insista pour obtenir le consulat effectif, se contenta de lui répondre dans un billet : « Je t'envoie quarante pièces d'or pour les saturnales et les sigillaires » (3). En effet, Claude n'eut jusqu'à son consulat aucune magistrature (4).

Éloigné de la cour, privé des honneurs, auxquels lui donnait droit sa naissance, « Claude finit par renoncer à toute ambition, s'abandonna à l'oisiveté et vécut retiré tantôt dans sa maison suburbaine, tantôt dans sa villa en Campanie, entouré de la plus vile canaille, et joignant à sa bêtise l'infamie de l'ivrognerie et du jeu (5). » On lui rendit cependant, comme à un parent des princes Tibère et Caïus, et membre de la famille impériale, certains honneurs et des marques publiques de respect. L'ordre des chevaliers le choisit deux fois pour chef d'une députation, d'abord pour demander aux consuls l'honneur de porter sur leurs épaules le corps d'Auguste à Rome, ensuite pour les féliciter de la chute de Séjan. Lorsqu'il arrivait au spectacle, on se levait et on ôtait les manteaux. Le sénat voulut l'adjoindre aux prêtres d'Auguste,

(1) SUET., Claud., IV. — (2) Ibid., — (3) Ibid., V. — (4) D. CASS., LX, 2. — (5) SUET., Claud., V.

désignés par le sort, rebâtir aux frais de l'État sa maison, qui brûla dans un incendie, et lui donner le droit de voter avec les autres consulaires, mais Tibère fit révoquer ce décret, alléguant l'*imbécillité* (*imbecillitas*) de Claude, et promit de l'indemniser lui-même des pertes qu'il avait subies (1). Sous son neveu Caius il obtint enfin le consulat et fut même son collègue pendant deux mois (2).

Mais ces honneurs et ces respects n'étaient que des convenances strictement indispensables; la servilité du Sénat et la bassesse de l'ordre des chevaliers n'auraient jamais osé les refuser même à un idiot, comme Claude, si cet idiot était proche parent du prince. Personnellement Claude était méprisé de tout le monde. Au Sénat on l'interrogeait le dernier, après tous les autres consulaires, pour le mortifier; le préteur admit une accusation de faux contre un testament qu'il avait signé comme témoin. Quand, obligé de dépenser pour les frais de son sacerdoce huit millions de sesterces, il ne put acquitter ses obligations envers le trésor, ses biens furent mis en vente et confisqués par un édit du préteur, en vertu de la loi hypothécaire (3). En justice on le traitait comme un simple particulier; un édile mit à l'amende ses fermiers et fit battre de verges son intendant. Dans les procès ses adversaires ne manquaient pas de l'invectiver devant le tribunal, de sorte que plus tard, arrivé au principat, Claude exila le greffier d'un questeur, qui l'avait traité par trop sans ménagement (4). Après le procès de Pison il fut décidé au sénat que Tibère, Augusta (Livie), Antonia, Agrippine et Drusus recevraient des actions de grâce pour avoir vengé la mort de Germanicus, et dans cette liste des membres de la famille impériale le Sénat omit le nom de Claude. Lucius Asprenas demanda à Valérius Messalinus, auteur de cette proposition, si cette omission était volontaire, et alors seulement le nom de Claude fut inscrit à côté des autres (5). Le pauvre imbécile était si peu considéré que Tibère fiança son fils à la fille de Séjan — un provincial! — ce qui indigna le peuple, peu au courant des relations intimes et de la valeur personnelle des membres de la famille impériale. Pendant tout le règne de Tibère et celui de Caligula il fut toujours traité avec mépris (6). Tibère se contentait de le tenir loin de la cour, mais du temps de Caius il vint à Rome et fut reçu au Palatin, où il devint le bouffon du prince et de son entourage, l'objet des railleries et des plaisanteries les plus insultantes. S'il arrivait trop tard pour souper, on

(1) Suet., *Claud.*, VI, — (2) *Ibid.*, VII. — (3) *Ibid.*, IX — (4) *Ibid.*, XXXVIII. — (5) Tacit., *Ann.* III, 18. — (6) D. Cass., LX, 3.

ne le recevait qu'avec peine, et après lui avoir fait faire le tour du triclinium à chercher une place libre. S'il s'endormait après le repas, comme il en avait l'habitude, on lui jetait des noyaux d'olives et de dattes, ou bien les plaisants se faisaient un plaisir de le réveiller à coups de fouet ou de férule. Quand il ronflait, on le réveillait en sursaut, après lui avoir mis aux mains la chaussure crottée de quelqu'un des assistants, afin qu'il s'en frottât le visage (1). Lorsqu'il fut envoyé en Germanie auprès de Caius Caligula pour le féliciter de la découverte du complot de Lépide, Caius, le voyant au nombre des députés, s'en indigna et le fit jeter tout habillé dans le Rhin (2). Il le soufffletait souvent et le rouait de coups lui-même (3).

La bêtise de Claude était de notoriété publique à Rome, et on prit à tel point l'habitude de le traiter en conséquence, que même après son avènement au principat on ne changea pas de manière d'être à son égard, et l'on continua à le traiter, malgré sa toute-puissance et la majesté de son rang, comme le dernier des imbéciles. Non seulement les personnes de son entourage, mais jusqu'aux inconnus, jusqu'aux plaideurs à son tribunal, jusqu'aux accusés dont il instruisait le procès, tous lui faisaient les plaisanteries les plus audacieuses, et le trompaient d'une façon si grossière, si insolente, qu'on est réellement tout surpris de leur témérité. Il aimait à rendre justice, à siéger au tribunal ; c'était encore une sorte de spectacle qu'il se procurait, de passe-temps qui flattait ses goûts littéraires et sa manie de l'éloquence ; il s'y adonnait avec passion, passait quelquefois toutes ses journées, en juillet et en août — la plus chaude époque de l'année — à juger sur la place publique, devant le temple d'Hercule (4). Non content de son tribunal à lui, il venait encore à celui des consuls, des préteurs, etc., et en arriva avec sa passion de juger à accaparer tous les procès de la ville, ne laissant plus rien à faire aux autres juges. Il ne voulait même pas donner vacance aux tribunaux, et siégea jusqu'aux jours des fêtes de famille, et même pendant les noces de ses deux filles (5). Aussi son règne fut-il le siècle d'or, les saturnales perpétuelles pour les avocats, et le siècle de fer pour les jurisconsultes (6). Son tribunal était un des endroits singuliers et les plus gais de Rome. Les avocats et les plaideurs le traitaient comme ils n'auraient jamais osé traiter un autre magistrat ; les accusés, et tous ceux qui étaient mécontents de ses décisions, l'invectivaient, l'insultaient en face ; les avocats le rete-

---

(1) SUET , Claud., VIII. — (2) Ibid., IX. — (3) SENECA, Apokolok. XIV, XV. —
(4) Ibid., VII. — (5) D. CASS., LX, 4. SUET., Claud., XIV. — (6) SENECA, Apokolok, XII.

naient par les habits pour le forcer de rester au tribunal, quand il
voulait lever la séance. D'autres le saisissaient par une jambe pendant
qu'il descendait les marches de la chaire, de sorte que le pauvre Claude
dégringolait l'escalier (1). Un plaideur cita un témoin en sa faveur, et
comme Claude le pressait de le produire, il répondit d'abord que ce
témoin était en province, mais qu'il allait arriver tout à l'heure, et,
après l'avoir fait attendre et perdre le temps, déclara qu'il était mort,
et eut l'impudence d'ajouter : « Je crois que cela lui est permis ». Un
autre se mit à le remercier chaleureusement de ce qu'il avait permis
à un accusé de se défendre, « comme cela se fait du reste toujours »,
dit-il. Un Grec se laissa tellement entraîner par la chaleur de la discussion, qu'il l'appela en face « vieil imbécile ». Un chevalier, poursuivi
injustement par la haine de ses ennemis, se voyant confronté avec des
prostituées, reprocha amèrement à Claude sa cruauté et sa bêtise
(stultitia), finit par lui jeter à la figure les tablettes et le style, et le
blessa grièvement à la joue (2).

Claude était tellement méprisé, que Sénèque discute très sérieusement si l'on peut accepter ses bienfaits, et décide qu'on le peut, mais
à condition de n'en ressentir aucune reconnaissance, comme pour les
dons de l'aveugle fortune, et l'orateur Crispus Passienus disait qu'il
préférait certainement l'estime d'Auguste à celle de Claude, mais qu'il
préférait les bienfaits de ce dernier, précisément parce qu'on n'est pas
tenu à la reconnaissance (3).

La bêtise, la stupidité de Claude étaient tellement connues, que son
entourage y comptait comme sur une chose sûre, et l'on ne se trompait
pas. Les décisions dans les questions les plus importantes, comme dans
les plus futiles, dans les affaires de l'État, comme dans celles qui ne
regardaient que Claude personnellement, étaient prises non seulement
sous l'influence, mais, on peut le dire, sous la pression directe et immédiate des affranchis, de sa femme, de ses concubines, de quelques
courtisans. « Livré à ses affranchis et à ses femmes, il était plutôt
esclave que prince. Ses actions étaient inspirées plutôt par la volonté
de ses femmes et de ses affranchis que par la sienne; toujours et partout il n'agissait que d'après leur intérêt ou leur caprice », dit de lui

---

(1) Il paraît que c'était le plus grand affront qu'on pouvait faire à un magistrat.
Ainsi C. Silius Albutius, auquel on l'avait fait dans sa ville natale, abandonna la magistrature dont il était revêtu, renonça à la carrière des honneurs, quitta sa patrie
et vint à Rome, où il se fit avocat. Suet., *De claris Rhetoribus* VI. — (2) Suet , Claud.
XV. — (3) Seneca, *De beneficiis*, I, 15

Suétone (1). » « Aucun prince n'avait jamais été aussi dominé par les femmes et les esclaves. » — « Il était devenu à tel point un instrument dans les mains de son entourage, qu'on craignait beaucoup moins de l'offenser, lui personnellement, que de mécontenter un de ses affranchis, et lorsqu'il arrivait d'être invité en même temps par lui et par son affranchi, on allait toujours chez l'affranchi. » — « Le peuple était mécontent de ce qu'il était à tel point esclave de Messaline et de ses affranchis », dit de Claude Dion Cassius (2). Comme on le voit, c'est à lui surtout, beaucoup plus qu'à Sextus Pompée, que peut s'appliquer le mot de Vellejus Paterculus : « *Libertorum suorum libertus, servorumque servus.* »

Le principat de Claude était donc le règne de ses femmes et de ses affranchis. Ils gouvernaient la République, géraient les affaires de l'État. Les honneurs, les commandements, les grâces, les châtiments, tout dépendait d'eux, tout se distribuait à leur profit ou selon leur caprice (3), souvent à l'insu, ou même contre la volonté formelle de Claude. Ainsi il se piquait de n'accorder que très difficilement le titre de citoyen romain, et d'être très sévère sur le choix, non seulement en refusant ce titre aux solliciteurs, mais en l'ôtant même à ceux qui le possédaient, s'il ne les en jugeait pas dignes, par exemple s'ils ne parlaient pas latin. Mais en même temps Messaline et les affranchis prodiguaient ce titre à tel point, qu'un proverbe du temps disait qu'on devenait citoyen romain pour quelques morceaux de verre cassé (4). La vente du droit de cité était un des petits profits de la domesticité du palais (5). Les affranchis de Claude révoquaient les dons qu'il avait faits, cassaient ses jugements, supposaient des brevets ou changeaient publiquement les siens (6), et cela sans se donner la peine d'inventer des prétextes ou des explications. On le trompait de la façon la plus grossière, la plus impudente ; on disposait arbitrairement non seulement de son nom, mais de sa volonté même. Et ce n'est pas seulement les personnes de son entourage qui, le connaissant bien et comptant effrontément sur sa bêtise, auraient pu s'y prendre adroitement, qui le faisaient. Non, des gens qui ne l'avaient jamais vu, qui ne le connaissaient que de réputation, se permettaient de lui jouer des tours d'une effronterie, d'une impudence vraiment surprenantes, à tel point sa bêtise était de notoriété publique. La révolte de Furius Camillus Scribonianus, légat en Dalmatie, n'ayant pas réussi, celui-ci écrivit à

(1) Claud., XXV et XXIX. — (2) LX. 2 et 28. — (3) SUET., Claud., XXIX. D. CASS., LX, 16. — (4) D. CASS., l. c. — (5) SENECA, *Apokoluk* IX, — (6) SUET., l. c.

Claude une lettre injurieuse et menaçante, dans laquelle il lui ordonnait de déposer le pouvoir et de vivre désormais en particulier. Cette mystification eut plein succès : Claude assembla ses principaux conseillers et délibéra sérieusement avec eux s'il ne devait pas obéir à cette injonction (1). Un plaideur, qui avait un procès pendant à son tribunal, lui raconta avoir rêvé qu'on l'assassinait, et quand son adversaire se présenta, il feignit de reconnaître en lui l'assassin du rêve. Claude fut tellement effrayé, qu'il fit saisir le malheureux et le traîner immédiatement au supplice, comme s'il eût été surpris en flagrant délit (2). Ce même moyen fut employé pour lui faire condamner à mort Appius Silanus, le beau-père de sa fille, qui s'attira la haine de Messaline en refusant son amour. Messaline et l'affranchi Narcisse, qui avaient formé le complot, s'étaient partagé les rôles. Narcisse entra de grand matin dans la chambre à coucher de l'empereur, et lui raconta d'un air effrayé qu'il avait rêvé que Silanus attentait à la vie de Claude. Messaline, affectant la surprise, dit que, depuis plusieurs nuits, elle faisait le même rêve. A ce moment on annonça l'arrivée au palais d'Appius Silanus, que Messaline avait mandé la veille au nom de l'empereur. Claude, épouvanté par le récit des rêves de sa femme et de son affranchi, et persuadé que Silanus venait dans l'intention de l'assassiner réellement, le fit saisir aussitôt et mettre à mort. Le lendemain il rendit au Sénat compte de toute l'affaire, et remercia publiquement son affranchi de veiller sur sa vie même en dormant (3).

Une députation avait été envoyée auprès de Claude par la province de Bythinie pour porter plainte contre le gouverneur Junius Cilo, qu'ils accusaient de toute sorte de malversations. Comme on faisait du bruit pendant l'audience, Claude, n'entendant pas distinctement, demanda à Narcisse de quoi il s'agissait. Celui-ci répondit que les députés venaient remercier l'empereur de leur avoir donné un gouverneur aussi honnête et intègre, et Claude décida que la Bythinie le gardera encore pendant deux ans (4).

Messaline convoitait les splendides jardins de Valerius Asiaticus, qui avaient appartenu à Lucullus, et qu'Asiaticus avait embellis avec la plus grande magnificence. Pour s'en emparer, il fallait faire périr le propriétaire et confisquer ses biens. Elle déchaîna donc contre lui son agent Suilius et un certain Sosibius, précepteur de Britannicus. Après avoir effrayé préalablement Claude, en lui présentant Asiaticus comme pré

---

(1) Suet., Claud., XXXV. — (2) Ibid., XXXVII. — (3) Dion Cass., LX, 14; Suet., Claud. XXXVII. — (4) D. Cass., LX, 33.

parant une révolte, ils l'accusèrent de corruption de soldats, d'adultère avec Poppæa et de prostitution infâme. Claude, sans plus d'examen, « et se figurant déjà que la guerre civile va éclater, » envoie le préfet du prétoire arrêter immédiatement Asiaticus, qui se trouvait alors à Baïes, et le ramener, chargé de chaînes, à Rome. Sans daigner même informer le Sénat, on le transporta au Palatin, et son procès s'instruisit dans la chambre à coucher de Messaline et en sa présence. Asiaticus prouva sans peine toute l'inanité de l'accusation, d'autant plus que les témoins à charge, payés par Messaline, se trouvèrent ne pas même connaître l'accusé de vue, et un soldat, que Valerius Asiaticus aurait cherché à corrompre, mais qui ne l'avait jamais vu, et savait seulement qu'il était chauve, indiqua par erreur, en faisant sa déposition, un chauve de la suite de l'empereur, ce qui provoqua un rire général (1). Quant à l'accusation de débauches efféminées, Asiaticus y répondit en conseillant à son accusateur Suilius d'interroger ses fils, qui étaient en mesure de le renseigner s'il était un homme. En effet, Suilius Cæsoninus, impliqué dans l'affaire du mariage de Messaline avec Silius, fut gracié à cause de son infamie même, ayant joué le rôle de femme dans l'orgie qui avait eu lieu dans les jardins de Lucullus (2). Ayant prouvé son innocence, Valerius Asiaticus, qui était un des plus grands orateurs de son temps, parla d'une façon si touchante, que Messaline elle-même en est émue jusqu'aux larmes; elle sort pour les essuyer, tout en recommandant à Vitellius de ne pas laisser échapper l'accusé. Claude, convaincu, allait absoudre Asiaticus, mais Vitellius, voyant la tournure que prenaient les choses, se met à faire en pleurant l'apologie de sa victime, parle de la vieille amitié qui les liait, rappelle la bienveillance dont les avait honorés Antonia, mère du prince, les services qu'Asiaticus avait rendus à la République, ses exploits récents contre les Bretons, tout ce qui pouvait lui concilier la pitié, et conclut en implorant l'empereur de laisser à l'accusé le choix du genre de mort, grâce que Claude, qui était cependant sur le point d'absoudre Asiaticus, trouva raisonnable de lui accorder. Suilius impliqua dans l'accusation deux chevaliers romains du plus haut rang, les frères Petra, qui avaient prêté leur maison aux entrevues de Poppæa et d'Asiaticus. Ce fut la vraie cause de leur mort, mais on prit pour prétexte un songe, où l'un d'eux avait vu en rêve Claude couronné d'épis renversés, ce qui présageait la famine; d'autres disent que la couronne était de pampres flétris, ce qui présageait la

(1) D. Cass., I.X. 29. — (2) Tacit., Ann., XI, 36

mort du prince pour l'automne. Ce qui n'est pas douteux, c'est que les deux frères furent condamnés à mort pour un songe, quel qu'il fût (1).

Jusqu'à quel point les contemporains méprisaient Claude et comptaient sur sa stupidité, sur son incapacité foncière de comprendre les choses les plus simples, on peut en juger par ce fait que Messaline eut l'audace et l'impudence d'épouser ouvertement et officiellement son amant. « Elle s'était prise pour Caius Silius, jeune homme d'une grande beauté, d'une passion si violente, qu'elle le força à chasser de son lit son épouse Junia Silana, femme du plus haut rang. Silius ne se faisait pas d'illusion ni sur le crime, ni sur le péril, mais s'il refusait l'amour de Messaline, sa perte était certaine, tandis qu'il pouvait tromper Claude, et alors de grands avantages l'attendaient dans l'avenir. Pour Messaline, elle bravait tout ; elle ne quittait plus la maison de son amant, le suivait en public, traînant toute sa suite avec elle, lui prodiguait honneurs et richesses ; enfin, comme si l'empire eût déjà appartenu à Silius, il reçut les esclaves du prince, ses affranchis, et jusqu'aux ornements de son palais. Silius comprenait bien que cette situation ne pouvait durer indéfiniment, et ne voyait d'autre moyen d'en sortir qu'en payant d'audace. Il était d'avis de ne plus garder de ménagement, disant qu'ils étaient allés trop loin pour se résigner à attendre tranquillement la mort de Claude, et que d'ailleurs lui-même n'ayant pas d'enfants, il était prêt à épouser Messaline et à adopter Britannicus. Messaline, qui trouvait l'adultère usé et insipide, n'avait que trop de penchant aux voluptés extraordinaires ; elle craignait bien que plus tard, arrivé au principat, Silius ne la méprisât, mais le mariage la tenta par la grandeur du scandale, car l'excès de l'infamie est un attrait de plus aux gens blasés. On attendit le départ de Claude pour Ostie, et l'on célébra le mariage de la femme de l'empereur et du consul désigné avec la pompe la plus solennelle. Je ne me dissimule pas, remarque Tacite, que ce fait paraîtra fabuleux. On ne voudra jamais croire que dans une ville où tout se sait, où l'on parle de tout, un citoyen, et d'autant plus un consul désigné, eût l'impudence de s'unir publiquement avec la femme de son empereur ; que leur union ait été annoncée d'avance, consignée dans les actes, comme pour assurer la légitimité des enfants, consacrée par des auspices, par des cérémonies religieuses, par un sacrifice solennel ; qu'elle fût suivie d'un banquet où, au milieu des convives, les nouveaux

(1) TACIT., *Ann.*, XI, 1-4 ; D. CASS., LX, 29.

époux s'embrassaient, se caressaient, et qu'enfin ils aient passé la nuit dans toutes les libertés conjugales (1). »

Mais ce scandale, qui eut pour témoin la ville entière, ne suffit pas à Messaline. Elle voulait pousser l'audace et l'impudence jusqu'aux dernières limites du possible, témoigner d'une façon plus éclatante encore son mépris pour le mari outragé. Elle sut lui persuader de signer comme témoin son contrat de mariage avec C. Silius, et Claude le *signa réellement, le signa en connaissance de cause, sachant bien que c'est le contrat de mariage de sa femme avec un autre qu'il signe, mais on lui fit croire que c'était nécessaire* (2). Du reste Messaline se faisait un plaisir particulier d'étaler son infamie non seulement aux yeux de Rome entière, mais encore et surtout aux yeux de son mari, et elle s'arrangeait toujours de façon à lui faire jouer un rôle ridicule dans ses débauches. Un jour elle eut un caprice pour Mnester, célèbre pantomime et favori du peuple romain ; mais devenir l'amant de la femme du prince, c'était jouer gros jeu, surtout pour un histrion, qui ne pouvait y gagner les honneurs et les distinctions qu'un Silius pouvait attendre. Aussi Mnester, malgré toute son impudence (3), se refusa énergiquement aux désirs de l'impératrice ; les promesses, les menaces, les verges même, rien ne pouvait le décider à obéir (4). Alors Messaline s'en plaignit à Claude lui-même, et arrangea les choses de façon que ce dernier fit venir Mnester et lui ordonna de se rendre aux désirs de Messaline, et de ne rien lui refuser, quoi qu'elle lui demande. L'histrion n'eut qu'à s'incliner et à obéir de son mieux (5). Cette manière de se procurer des amants plut à tel point à Messaline, que dès qu'elle voyait hésiter l'homme, sur lequel elle avait jeté les yeux, elle recourait immédiatement à Claude, le faisant ainsi son entremetteur (6). Pour Mnester, elle l'accapara à tel point que le peuple, dont il était fort aimé, le réclama un jour à grands cris au théâtre, et c'est à Claude lui-même qu'il s'adressa (7), — détail qui fait voir l'opinion qu'on avait du prince et la façon dont on le traitait.

Quand on apprit, et surtout quand on eut expliqué à Claude les débauches de sa femme, et, ce qui le touchait beaucoup plus, le danger dont le menaçait le mariage de Messaline, « Claude fut saisi d'une telle frayeur, qu'il ne cessait de demander s'il était encore maître de l'empire, si l'on n'avait pas déjà proclamé Silius. Tantôt il s'emportait contre

(1) *Ann.*, XI, 12, 26, 27. D. CASS., LX, 31. — (2) SUET., Claud., XXIX. — (3) D. CASS., LX, 28. — (4) TACIT., *Ann.*, XI, 36. — (5) D. CASS. LX, 22. TACIT., *l. c.* — (6) D. CASS., LX, 22. — (7) *Ibid.*, 28.

les dérèglements de sa femme, tantôt s'attendrissait au souvenir de
leur union et de leurs enfants en bas âge (1). » Le fait est que les ennemis de Messaline étaient allés trop vite en besogne, et n'avaient pas
assez soigneusement dosé l'émotion et la frayeur que pouvait supporter
sans fléchir l'esprit faible de l'empereur. « Claude était très lâche et
extrêmement peureux, en partie par caractère, en partie par suite de
l'éducation qu'il avait reçue. Il manquait complétement de force d'âme,
de virilité, qui est l'apanage de l'homme libre, et le maître du monde
était lui-même esclave; aussi une fois effrayé, il perdait complétement
la tête, et n'était plus capable non seulement d'une décision, mais de
la plus simple réflexion (2). » Voyant la perplexité dans laquelle se
trouvait le malheureux César, « songeant à son imbécillité, à l'empire
de sa femme sur lui, à tous les meurtres qu'elle avait commis », les
affranchis prirent peur. D'un autre côté l'absence de toute volonté chez
l'empereur leur donnait l'espoir que s'ils pouvaient frapper son esprit
par l'atrocité des crimes de Messaline, ils la feraient condamner sans
jugement. Mais le point capital était « d'empêcher que sa défense ne
fût entendue, et de faire qu'elle trouvât son mari sourd *à ses aveux
même* (3). » « Il fallait donc l'isoler et que personne autre ne puisse
lui parler (4), » ce qui était d'autant plus difficile, que Messaline sut
par ses prières et ses instances mettre dans ses intérêts Vibidia, la plus
ancienne des vestales, et le grand pontife lui-même. Narcisse, le principal accusateur de Messaline, connaissant le bureaucratisme de Claude,
sa manie imbécile de traiter chaque affaire dans les formes officielles,
sa passion des minuties bureaucratiques, prit place dans sa voiture à
leur retour d'Ostie à Rome, prévenu qu'il était que Messaline viendra
au devant de son mari, et quand cette dernière parut et demanda à
grands cris que son mari écoute sa défense, il répondit par de plus fortes
clameurs, parlant de Silius et de son mariage. En même temps, pour
distraire l'attention de Claude, il lui donna un mémoire sur les débauches de sa femme. C'était le coup de grâce pour la malheureuse;
Claude, voyant un mémoire détaillé, une liste minutieusement dressée, se plongea dans la lecture et n'écouta plus l'accusée (5). Plus
tard, tranquillisé sur sa sécurité personnelle, ayant pris du repos,
bien mangé et copieusement bu, Claude, « dont le vin échauffait les
sens, fit dire à la pauvrette (*misera*) de préparer sa défense, qu'il
allait l'entendre. A ces mots Narcisse sort et signifie au tribun de

(1) TACIT., *Ann.*, XI, 31, 34. — (2) D. Cass., LX, 2. — (3) TACIT., *Ann.*, XI, 83. —
(4) D. Cass., LX, 31. — (5) TACIT., *Ann*, XI, 34.

garde d'aller tuer Messaline. Claude était encore à table lorsqu'on vint lui annoncer la mort de sa femme, sans lui dire si elle avait péri de sa main, ou de celle d'un autre. Il ne s'en informa point, demanda à boire, et acheva son repas comme d'habitude. Les jours suivants il ne donna non plus aucun signe ni de haine, ni de joie ou de tristesse, d'aucune émotion, pas même en voyant l'allégresse des accusateurs et la douleur des enfants (1). » Le Sénat ayant fait ôter de partout, des lieux publics et des habitations privées, le nom et les portraits de Messaline, Claude finit par oublier complètement toute cette histoire, et un jour, en se mettant à table, il se rappela qu'il avait eu une femme, et envoya demander pourquoi elle ne venait pas à dîner (2).

Après la mort de Messaline tout l'entourage de l'empereur se mit aussitôt en campagne pour lui procurer une femme. Les affranchis s'agitent à l'envie autour de Claude ; les femmes n'intriguent pas moins, Narcisse, — *un affranchi !* — *protège* (1) Aelia Pétina, de la famille des Tuberons ; *l'affranchi* Pallas *protège* Agrippine, fille de Germanicus ; Callixte, encore *un affranchi*, appuie Lollia Paulina, petite-fille du fameux M. Lollius et veuve de l'empereur Caïus. Comme on ne pouvait pas arriver à se mettre d'accord, Claude les assemble tous les trois en conseil privé, et leur fait exposer, chacun à son tour, leur avis motivé. La scène avait dû être bien curieuse : ce tournoi d'éloquence, ces affranchis choisissant une épouse à leur souverain et protégeant les femmes les plus haut placées à Rome, et, brochant sur le tout, ce maître du monde, imbécile au point de ne savoir pas se choisir une femelle, car on ne peut vraiment pas donner un autre nom à la femme que l'on veut mettre ainsi dans le lit d'un idiot de soixante ans, — qui s'érige en juge de camp, et écoute gravement la discussion qui doit décider quelle sera la femme, avec laquelle il aura le droit légal de se livrer à l'acte sexuel.

« Narcisse alléguait en faveur de Pétina son ancien mariage avec le prince, qui en avait déjà une fille (Antonia), ajoutant que rien ne changera au Palatin avec son entrée, et que Claude était déjà habitué à sa personne. Callixte proposait Lollia Paulina, laquelle n'ayant pas d'enfants, servirait de mère à ceux du prince. Pallas, amant d'Agrippine, recommandait sa maîtresse, insistant sur sa fécondité éprouvée et sur ce qu'elle ne portera pas ainsi dans une autre famille l'illustration des Césars (3). »

Cette scène nous peint bien Claude. A soixante ans il ne sait pas se

(1) *Ibid.* 37, 38. — (2) Suet., Claud , XXXIX. — (3) Tacit., *Ann.* XII, 2.

choisir une femme, mais il aime le formalisme, le bureaucratisme dans les affaires, il veut qu'on traite la question de son mariage dans les formes habituelles de discussion parlementaire, comme on traiterait une affaire d'État au Sénat.

Ce qui frappe surtout chez Claude, c'est sa nullité morale complète, impossibilité absolue de résister aux suggestions, aux conseils, aux désirs des autres. Avec lui le dernier qui parle a toujours raison, et des arguments qu'il avait entendus les derniers lui paraissent toujours sans réplique. Ainsi au tribunal il condamnait régulièrement les absents, quelle que soit la cause de leur absence, et cela non qu'il ait eu pour principe de donner tort à ceux qui font défaut, mais parce que les raisons de la partie adverse lui semblaient tellement concluantes, qu'il était inutile à son avis d'écouter leur réfutation. Quelqu'un s'écria dans sa plaidoirie, comme façon de parler et pour présenter son adversaire sous un jour défavorable, que son argument était faux et que la loi ordonnait de couper les deux mains aux faussaires; Claude fit venir immédiatement le bourreau avec son couperet et son billot (1). « Rien ne paraissait difficile avec un prince qui n'avait ni affections, ni haines, que celles qui lui étaient suggérées ou prescrites (2). » En effet, avec lui tout était possible, tout était facile. L'affranchi Pallas, ayant lié un commerce adultère avec Agrippine, la nouvelle impératrice, protégeait son fils Domitius. Claude avait lui-même un fils, Britannicus, mais Pallas lui persuada d'adopter Domitius et de le désigner comme son successeur. Claude aimait son fils, mais les raisons de Pallas lui parurent tellement concluantes, qu'il fit comme on lui conseillait, et « répéta au Sénat les raisons que son affranchi venait de lui donner (3). » Il s'en repentit bientôt, naturellement, ce qui ne l'empêcha pas cependant de faire prendre à Domitius Néron la toge virile un an avant l'âge, et même aux fêtes qui eurent lieu à cette occasion, Néron parut en public en habit triomphal, et Britannicus en prétexte; le peuple était prévenu ainsi d'avance du sort qui attendait les deux enfants (4).

Mais il y avait au Palatin tout un parti qui tenait pour Britannicus, et ce parti était d'autant plus à craindre qu'il comptait beaucoup de militaires; puis Britannicus avait des précepteurs fidèles, des affranchis dévoués. Il fallait donc les écarter, ainsi que les tribuns et les centurions qui s'intéressaient au fils de Messaline, mais sous quel

---

(1) Suet., Claud., XV. — (2) Tacit., Ann., XII, 3. — (3) Ibid., 25. — (4) Ibid., 41; D. Cass., LX, 33.

prétexte? Agrippine se décida à saisir la première occasion, bonne ou mauvaise, pour isoler le rival de son fils, et voici celle dont elle profita. Un jour Britannicus, rencontrant Néron, le salua par mégarde de son ancien nom de Domitius. Agrippine va s'en plaindre avec beaucoup d'emportement à Claude, accuse Britannicus, *alors âgé de douze ans*, « de se jouer de l'adoption, d'annuler dans l'intérieur du palais un acte autorisé par le Sénat et ordonné par le peuple, et déclare que si l'on ne punit pas les précepteurs indignes qui avaient inculqué à son beau-fils cet esprit de haine et de révolte, c'en est fait de la République. Claude s'indigne de crimes aussi odieux et condamne sur le champ à mort ou à l'exil les meilleurs précepteurs de son fils, que la marâtre remplaça par ses créatures à elle. On ne donna à Britannicus qu'une éducation défectueuse et incomplète, comme s'il n'appartenait pas à la famille impériale, et depuis on le tint même éloigné de son père, qu'il ne voyait pour ainsi dire jamais (1).

Cette absence complète chez Claude de toute opinion personnelle, l'impossibilité morale où il se trouvait d'apprécier ou d'examiner celles qui lui étaient suggérées, de résister à toute suggestion, étaient certainement très commodes pour son entourage. Mais cela rendait en même temps toute influence sur lui incertaine et instable, et la position de ses favoris très peu sûre, puisqu'il suffisait qu'un ennemi ou un envieux pénétrât à leur insu jusqu'à l'empereur, pour lui faire changer complètement de sentiment. Ainsi le sénateur Junius Lupus accusa se-majesté Vitellius, vil flatteur, agent de la famille impériale dans les affaires inavouables, alors dans tout l'éclat de sa faveur et d'une vieillesse qui touchait à la décrépitude. Junius Lupus l'accusait de convoiter l'empire! Et Claude se laissait déjà persuader, quand Agrippine « par des menaces plutôt que par des prières », lui fit au contraire interdire à l'accusateur l'eau et le feu, seule punition qu'avait exigée Vitellius (2).

Nous avons dit que Messaline une fois morte, Claude l'oublia complètement. Ce fait n'était pas une exception chez lui. Il signa l'arrêt de mort de *trente-cinq* sénateurs et de plus de *trois cents* chevaliers, sans compter une quantité d'autres personnes moins haut placées, avec tant de légèreté, qu'il oubliait le lendemain la mort de ses victimes (3). Il lui arrivait d'inviter à souper les gens qu'il avait fait exécuter la veille, et comme ils ne venaient pas, il s'indignait de leur nonchalance

(1) TACIT., *Ann.*, XII. 41; D. CASS., LX, 31, 32. — (2) TACIT., *Ann.*, XII, 42. — (3) SUET., Claud., XXIX, SENECA, *Apokol.*, XIV.

et de leur paresse(1). Quelques jours après la mort de l'oppæa Sabina, tuée par son ordre, il demanda à son mari Scipion, pourquoi sa femme n'était pas venue avec lui au Palatin? « Son sort s'est accompli », répondit Scipion (2). Claude, nous l'avons dit, n'était pas d'un naturel foncièrement méchant, mais une fois que les femmes et les affranchis l'avaient habitué à verser le sang, il le fit avec une déplorable facilité. A son début au principat, Messaline et Narcisse l'avaient épouvanté par le récit de leurs rêves, et lui firent ordonner la mort d'Appius Silanus; depuis, chaque fois qu'il était effrayé, il donnait un ordre d'exécution (3), phénomène d'automatisme cérébral que l'on constate ordinairement dans l'épilepsie, l'idiotie, la démence, et généralement dans tous les états d'affaiblissement intellectuel.

Par malheur pour Rome et pour Claude lui-même il avait eu, lui qui était toujours esclave de son entourage, pour épouses Messaline et Agrippine, femmes d'une férocité vraiment monstrueuse, et qui l'avaient habitué à tel point aux exécutions, qu'il avait fini par n'y attacher aucune importance; trop paresseux pour parler, souvent il ne se donnait même pas la peine d'en donner l'ordre, il se bornait à faire de la main le geste de couper le cou (4).

En analysant les renseignements nombreux que nous possédons sur Claude, on est frappé chez lui de l'absence complète de sentiments de mesure en quoi que ce soit, ce qui s'explique par l'automatisme de son esprit. Comme l'homme normal dans le sommeil, il accepte toute suggestion, ce qui le rend, intellectuellement même, esclave de son entourage. Mais que l'idée qui s'était emparée de son esprit, qui s'était implantée dans son cerveau, soit suggérée ou lui appartienne en propre, elle règne sans partage sur cette intelligence misérable et impuissante à réagir. Incapable de corriger, de modifier par d'autres idées l'idée dominante, incapable de s'arrêter dans son raisonnement, dans le développement de cette idée, il ne recule devant aucune conséquence, devant l'absurde et l'odieux. Ainsi par exemple on se plaignait de son temps du peu d'assiduité des sénateurs aux séances; il voulut frapper sévèrement les négligents, mais, incapable de proportionner la peine au délit, il prononça des condamnations tellement atroces, qu'un grand nombre de sénateurs durent, pour s'y soustraire, *se donner la mort*, et cela pour avoir manqué une séance (5)!

(1) Suet., Claud., XXXIX. — (2) Tacit., Ann., XI, 2. — (3) D. Cass., LX, 14. — (4) Seneca, Apokolok, VI. — (5) D. Cass., LX, 14.

On était tellement habitué à Rome à considérer Claude comme étant
par son imbécillité en dehors des conditions morales ordinaires de
l'homme, et à le traiter différemment des autres, à lui appliquer une
autre mesure, un autre criterium, qu'on le lui faisait voir tout naïvement à lui-même. Le mariage de Messaline avec Silius avait épouvanté
l'entourage de Claude. « Quand un histrion (Mnester) souillait le lit
du prince, disait-on au Palatin, c'était une honte sans doute, mais du
moins il n'y avait pas de danger, tandis que maintenant l'attentat de
Silius, qui joint à la beauté, à la naissance, à l'énergie de caractère,
les pouvoirs du consulat, annonçait les plus hautes espérances (1). »
Narcisse, appelé auprès du prince pour confirmer les accusations
contre Messaline, raconte au mari outragé tous les adultères de sa
femme, ses débauches honteuses, lui nomme ses amants, et puis ajoute
naïvement qu'il ne lui aurait pas parlé non plus de Silius, comme il
lui avait tû les Titius, les Vetius, les Plautius et tant d'autres amants
de Messaline, s'il ne s'agissait que des palais, des esclaves et des trésors du prince, dont Silius dispose. » Qu'il les possède, si bon lui
semble, termina-t-il, mais qu'il rende au moins à l'empereur sa femme,
qu'il brise les tablettes nuptiales (2). » Et Narcisse avait raison.
« Claude surmonta l'amour ardent qu'il avait pour Messaline moins
par le sentiment des outrages sanglants qu'elle lui avait faits, que par
la crainte que l'empire ne passât à Caïus Silius », dit Suétone (3).
Du reste cet amour si ardent n'était pas bien profond, comme nous
l'avons vu.

Il faut convenir que les paroles et les actes de Claude justifiaient
complètement l'opinion qu'on avait généralement sur son compte.
Claude était un imbécile dans toute la force du terme, et un imbécile
lettré, c'est-à-dire le pire et le plus insupportable des imbéciles. Il
s'entourait de savants et d'écrivains, qui l'aidaient dans ses composi-
tions, pour lesquelles il était singulièrement passionné. Avec leur aide,
puis tout seul, il écrivit un grand nombre d'ouvrages historiques, dont
il forçait son entourage à subir la lecture. Dans sa jeunesse il essaya
d'écrire l'histoire de Rome, encouragé par Tite-Live et aidé par Sulpicius Flavus, et en fit la lecture devant un auditoire nombreux, mais
il eut beaucoup de peine à l'achever. Le banc s'étant rompu sous un
des auditeurs, homme extrêmement gras et gros, ce petit accident fit
rire tout le monde. Mais bien après que cette hilarité fût apaisée,

(1) TACIT., Ann. XI, 28. — (2) Ibid., 30. (3) Claud., XXXVI.

Claude ne pouvait s'empêcher encore de rire de temps en temps, ce qui interrompait la lecture et ennuyait l'assistance (1). Il avait écrit entre autre en grec l'*Histoire des Carthaginois* et celle des Tyrrhéniens (2), des mémoires en latin, une autobiographie, « plutôt bête qu'inélégante », dit Suétone (3), ce que nous croyons d'autant plus volontiers que Claude, malgré sa stupidité, avait la parole facile et ne manquait pas d'éloquence.

Durant son principat Claude avait eu le privilège très peu enviable d'égayer la ville, de fournir des sujets aux racontars de Rome, d'être enfin le héros d'une foule d'anecdotes les plus comiques et les plus incroyables. Trouvé au palais après l'assassinat de Caïus Caligula, caché derrière un rideau, il fut d'abord pris pour un voleur, mais un soldat le reconnut et le salua empereur (4). Porté en triomphe au camp des prétoriens, il ne pouvait pas croire lui-même à son élection, et avait l'air tellement effrayé, triste et abattu, que les passants, le voyant en cet état au milieu de soldats, le plaignaient et déploraient son sort, croyant qu'on le menait à la mort (5). Son avènement au principat était si incroyable que, se trouvant déjà au camp des prétoriens, Claude fut sommé par un tribun du peuple de venir, comme consulaire, au Sénat, pour donner son avis sur la question du rétablissement de l'ancienne constitution républicaine. Le maître tout-puissant du monde répondit piteusement qu'il se rendrait bien volontiers à la Curie, mais qu'il était retenu de force au camp (6).

Il lui arrivait de s'oublier dans ses paroles et dans ses actions, au point que souvent il paraissait ne plus savoir qui il était, ni avec qui et où il parlait (7), d'oublier qu'il était prince, empereur, et de se croire encore le misérable et dédaigné Tibère Claude d'autrefois. Il avait, comme nous l'avons dit, la passion des spectacles et des jeux, et pour avoir une bonne place, il venait au cirque dès le point du jour (8), même pour les spectacles qui ne commençaient qu'à midi. Cette habitude, il la conserva aussi après son avènement au principat, quoiqu'il n'eût plus à craindre de manquer de place ou d'en avoir une mauvaise. Les habitants d'Ostie lui demandaient un jour publiquement une grâce; il la leur refusa et, s'emportant tout à coup, se mit à crier du haut du

---

(1) Suet., Claud., XLI. — (2) *Ibid.*, XLII. — (3) *Ibid.*, XLI. — (4) L'histoire nous a transmis le nom de ce soldat, auquel le monde doit d'avoir été gouverné pendant treize ans par un idiot. Ce soldat s'appelait Gratus. Flav. Joseph., *Antiq. Jud.*, XIX, 3. — (5) Suet., Claud., X. — (6) *Ibid.*, X; D. Cass, LX, 1; Flav. Joseph., *Ant. Jud.*, XIX, 3. — (7) Suet., Claud., XL. — (8) *Ibid.*, XXXIV.

tribunal « qu'il n'avait aucune raison de les obliger, que personne ne pouvait l'y forcer, qu'il était libre comme tout autre d'obliger ou de ne pas obliger les gens. » Une autre fois ayant fait paraître une femme en témoignage dans le Sénat, « cette femme, s'adressa-t-il à l'auguste assemblée, avait été l'affranchie et la femme de chambre de ma mère, mais elle m'a toujours regardé comme son maître. Je le dis parce que dans ma maison il y a des gens qui ne me regardent pas comme leur maître. » Présentant au Sénat un candidat à la questure, il motiva son choix en disant que le père du candidat lui avait donné une fois très à propos de l'eau froide pendant une maladie qu'il avait faite. Un jour on discutait au Sénat des mesures administratives touchant les bouchers et les marchands de vin ; au milieu de la discussion Claude s'écrie tout à coup, en s'adressant aux sénateurs : « Qui de vous peut donc vivre sans potage ? » — et se met à parler de l'abondance qui régnait autrefois dans les boutiques, quand il allait lui-même chercher son vin. Il demandait à tout moment à son entourage si l'on ne voyait pas en lui un Théogonius (1), et autres choses semblables, indécentes même chez un particulier, et à plus forte raison chez un prince, qui ne manquait ni d'éducation, ni de savoir, et qui cultivait même les lettres, remarque naïvement Suétone (2). « Dans la discussion d'une affaire politique il écrivit qu'il était de l'avis de ceux qui avaient raison, et cette conduite lui attira le mépris général (3). » Comme Sancho Pança, il avait la manie des proverbes, grecs surtout, et comme il n'en faisait pas toujours ni un choix très judicieux, ni un usage heureux par l'à propos, même au Sénat il provoquait souvent un rire général à ses dépens (4). Ayant envie de voir les jeux séculaires, il prétendit qu'Auguste les avait avancés, oubliant qu'il avait prouvé lui-même dans ses mémoires qu'Auguste les avait placés à leur véritable époque, d'après un calcul très exact des années, où ils avaient été interrompus. Aussi se moqua-t-on de l'annonce du crieur public, lorsqu'il invitait les citoyens, d'après la formule usitée, à des jeux qu'aucun d'eux n'avait vus et ne reverrait, tandis qu'il y avait encore beaucoup de spectateurs et

---

(1) D'autres textes portent : *Théogonus, Telegonus, Telegenius.* Theogonius ou Theogonus donneraient à peu près le sens que leur attribue La Harpe et qui s'accorde avec tout le chapitre. Cette question, répétée à chaque instant, : « Vois-tu en moi un fils de Dieu ? » serait réellement un exemple de la bêtise de Claude, comme veut la présenter Suétone. *Telegonus* donnerait encore le même sens ; c'est le nom d'un fils d'Ulysse, et par conséquent Claude demanderait si l'on ne voyait pas en lui le fils d'un demi-dieu, célèbre par sa sagesse. — (2) Claud., LX. — (3) *Ibid.*, XV. — (4) D. Cass., LX, 16.

même quelques acteurs (1) qui y avaient assisté. A la naumachie qu'il
donna sur le lac Fuccin avant d'en ouvrir l'issue, les combattants l'ayant
salué, d'après la formule consacrée : « Salut, César, ceux qui vont
mourir te saluent, » l'imbécile, habitué à la politesse, répondit par une
salutation qui était un souhait de prospérité physique. et par conséquent
de la part du prince une parole de grâce aux condamnés ; aussi aucun
d'eux ne voulut plus combattre (2).

Claude avait un talent tout particulier de faire toute chose mal à
propos. Sur le point de contracter avec Agrippine un mariage, qui
était un inceste d'après les idées romaines, et qu'il avait fallu légi-
timer par un décret spécial du Sénat (3), il ne cessait de l'appeler
dans ses discours sa fille, sa pupille, née dans sa maison et élevée
dans ses bras, comme pour rappeler et faire ressortir plus vivement
encore le caractère illégitime, incestueux de cette union (4). Le jour
même de ce mariage Lucius Junius Silanus, accusé d'inceste avec sa
sœur Junia Calvina, se donna la mort, et Calvina fut chassée d'Italie.
Claude fit faire par les pontifes les sacrifices expiatoires, selon les rites
du roi Tullius ; on comprend que ces expiations et cette punition d'un
inceste dans un moment pareil furent un sujet de plaisanteries et de
rapprochements peu flatteurs pour lui dans la ville (5). En adoptant
Domitius, fils d'Agrippine, il ne cessait de se vanter que personne n'é-
tait jamais entré par adoption dans la famille Claudia. « Comme si ce
n'était pas déjà une assez grande bêtise d'adopter le fils de sa femme,
lorsque le sien était déjà grand, » remarque avec raison Suétone (6).

Une des occupations favorites de Claude était le travail stupidement
bureaucratique et abrutissant des écritures, comme de dresser des
listes ou de publier des édits. Il publiait ces derniers en quantité incroyable, une vingtaine par jour! Et quels édits! Ainsi dans l'un il
avertissait que le vin sera abondant dans l'année, par un autre il faisait savoir *urbi et orbi* que le suc de l'if était un remède souverain
contre la morsure des vipères (7), etc. Ayant appris qu'un de ses convives avait été malade pour s'être retenu, il fit un édit pour permettre
de lâcher des vents à sa table ; heureusement il s'était trouvé une bonne
âme pour lui déconseiller cette homérique naïveté (8). Étant censeur,
il se mit au travail de révision avec beaucoup de zèle et d'ardeur, et

---

(1) Ainsi Stéphanion, qui vécut encore longtemps après. Plin., *Hist. mundi*, VII,
48. — (2) Suet., Claud., XXI. — (3) *Ibid.*, XXVI; Tacit., *Ann.* XII, 7. — (4) Suet.,
Claud., XXXIX. — (5) Tacit., *Ann.*, XII, 8. — (6) Claud., XXXIX. — (7) *Ibid.*, XVI. —
(8) *Ibid.*, XXXII.

nota une foule de personnes, mais le travail préparatoire des examinateurs avait été fait avec une telle négligence que, à sa honte, toutes ses notes furent reconnues fausses. Ceux à qui il reprochait le célibat, ou la stérilité de leurs femmes, ou le défaut de biens, se trouvèrent être mariés, pères de famille et riches. Un chevalier accusé d'avoir attenté à sa vie et de s'être blessé, ôta ses habits et fit voir qu'il ne portait aucune marque de blessure (1).

Aux yeux de ses contemporains et de la postérité Claude avait toujours passé pour le type, le modèle le plus achevé de la bêtise, de la stupidité la plus colossale, la plus idiote, et il faut avouer que cette réputation n'avait rien de surfait. C'était bien réellement un imbécile, un idiot, dont la bêtise homérique est trop évidente pour qu'il soit nécessaire de la prouver. Mais il est pour nous de la plus haute importance de nous rendre bien compte du caractère psychologique de cette bêtise et du cachet qu'elle imprimait à la personnalité morale et intellectuelle de Claude. L'analyse psychologique ne présente pas de difficulté sous ce rapport, et si Suétone, si Tacite, D. Cassius, si les historiens avaient pu s'étonner des contrastes étranges qu'ils voyaient chez Claude, des éclairs d'un esprit supérieur au milieu des ténèbres de la stupidité, pour nous, qui avons dans ce labyrinthe psychologique le fil conducteur de la médecine et de la psychiatrie, ces contradictions ne sont que des symptômes très clairs, très évidents, pathognomiques presque, d'un certain état mental que nous essayerons d'indiquer.

Claude était-il un sot, un imbécile dans le sens exact et précis de ces termes, considérés comme synonymes du manque d'esprit et d'intelligence? Les contemporains le regardaient comme tel. Tibère rappelle au Sénat l'imbécillité, *imbecillitas*, de Claude (2). Quand il s'agissait de désigner le successeur de Tibère, dont la famille ne comptait que des enfants, Claude, le seul homme d'âge mûr, fut écarté à cause de son « *immunita mens* (3). » Sénèque le philosophe ne l'appelle pas autrement que *fou*, *imbécile* (4). Mais ces termes n'impliquent pas seulement une certaine dose de bêtise; ils supposent encore cette bêtise toujours égale, continue, chronique. Le sot est également sot à tous les moments de sa vie, il sera demain aussi imbécile qu'il l'est aujourd'hui, qu'il l'avait été hier, et sa bêtise est d'autant plus frappante, son insuffisance intellectuelle est d'autant plus évidente, que les questions qu'il lui arrive de traiter, les conditions dans lesquelles

(1) *Ibid.*, XVI. — (2) *Ibid.*, XXVII. — (3) TACIT, *Ann.* VI, 46. —(4) *Apokolok. passim*

il doit agir, sont plus difficiles et plus compliquées. D'un autre côté la
bêtise d'un imbécile n'est pas la négation absolue de l'intelligence,
une absence complète de tout processus mental, elle n'est que leur insuffisance. Le sot a des idées à lui, des opinions, des convictions, qui
sont stupides certainement, mais qui lui appartiennent en propre, et
auxquelles il tient d'autant plus qu'il avait dû faire de grands efforts
intellectuels, faire travailler péniblement sa pauvre intelligence, pour
les créer ou se les approprier. Enfin l'homme le plus bête a ses affections, ses attachements et ses haines, ses sentiments personnels, des
sentiments aussi simples surtout que l'amour pour une femme, c'est-à-
dire la préférence d'une femme à toute autre, la jalousie, le sentiment
de l'outrage par suite de l'infidélité de l'épouse, etc. Tel était-il, ce
Claude que nous connaissons?

Ce qui frappait chez lui les contemporains et les historiens, c'est
l'absence d'une personnalité stable et fixe, de toute indépendance intellectuelle et morale; non seulement un manque complet d'idées et
de sentiments qui lui appartiendraient en propre, mais l'acceptation
immédiate, sans critique ni contrôle, des idées, des opinions, des conseils du premier venu, une docilité psychique étonnante, l'impuissance
évidente à résister à toute suggestion. Les historiens appuient surtout
sur cette particularité de Claude qui « n'a d'affections ni de haines que
celles qui lui sont suggérées ou prescrites » et qui est tout à fait incapable de présenter la moindre résistance morale à toute influence, à
toute suggestion. Cette « *impuissance morale,* » si singulière aux yeux
des personnes étrangères aux études médicales, est un phénomène
bien connu des médecins aliénistes; elle constitue un des traits les
plus saillants de toute une classe des psychopathies, et caractérise un
certain état mental anormal, pathologique, tandis qu'on ne la trouve
jamais dans la bêtise saine, physiologique. Associée, comme chez
Claude, à l'indifférence psychique dans la sphère affective, à « l'*idiotie
morale* » — expression si profondément juste — elle a une importance capitale pour le diagnostic, et indique chez le sujet un trouble
psychique grave, dont nous analyserons plus tard la nature.

La bêtise de Claude était tellement grande, tellement en dehors de
ce qu'on est habitué de voir dans le monde normal, que le mot de
bêtise ne semble plus suffisant. L'imbécile le plus stupide se fâche, si
l'on s'avise de lui tirer la jambe et de lui faire dégringoler un escalier,
si l'on l'invective en public, si l'on lui jette quelque chose à la figure
et qu'on le blesse jusqu'au sang. Mais comme tout cela se faisait au

tribunal, au milieu d'occupations sérieuses, en traitant des affaires importantes, et que les plaisants effrontés qui lui jouaient ces tours gardaient un air sérieux et affairé, la chose se présentait à Claude sous un tout autre aspect. Si bête que soit un homme, on se décidera difficilement à le tromper, à le mystifier d'une façon aussi grossière et primitive, que Messaline et Narcisse l'avaient fait avec Claude dans l'affaire de l'accusation d'Appius Silanus; en tout cas jamais on n'aura l'audace de répéter ce tour plusieurs fois de suite, et l'on se mettra certainement en frais d'imagination pour trouver quelque chose de nouveau. Mais avec Claude cette mystification, toute grossière, toute stupide qu'elle est, réussit à tout coup. On aurait pu penser que Claude n'était pas même un imbécile, mais un vrai idiot, et nous avons employé nous même plusieurs fois ce terme en parlant de lui. Mais le mot *idiot*, employé dans la conversation comme superlatif d'*imbécile* a dans la science une signification très précise. L'indifférentisme moral, le penchant et de la capacité pour les occupations sédentaires, un certain talent esthétique (élégance et même éloquence de la parole et du style écrit), les accès de colère avec l'écume à la bouche et mucosités coulant du nez, tout cela rapproche Claude en effet puisqu'à un certain point de l'état que nous appelons *idiotie* dans la médecine mentale. Mais ce serait une erreur que d'en conclure pour Claude à l'idiotie pure et simple. Notons d'abord que Claude se rendait compte de la faiblesse de son intelligence, symptôme si familier aux médecins aliénistes et si caractéristique de certaines formes du trouble mental. Il cherchait à cacher cette infirmité de son esprit, ou du moins à donner le change sur sa véritable nature. Ainsi à son avènement au principat il prétendit assurer que sa faiblesse d'esprit n'était qu'une feinte, qu'il avait crue nécessaire sous le règne de Caïus, pour échapper à la cruauté de ce prince et pour en venir à ses fins; il l'affirma même en plein Sénat (1), voulant établir ainsi une analogie entre lui et le premier Brutus, mais il ne put persuader personne, bien entendu, et peu de temps après il parut même sous le titre de « *guérison des fous* » un livre, ayant pour but de prouver que personne ne contrefaisait la folie. Claude n'avait d'ailleurs qu'à suivre jusqu'au bout l'exemple de Brutus, et, le danger une fois passé, faire voir son intelligence; s'il avait réellement feint d'être imbécile, il n'avait qu'à cesser de l'être.

D'un autre côté Claude n'était pas toujours et uniformément stupide;

(1) Suet., Claud., XXXVIII; D. Cass., LX, 3.

Suétone remarque que, malgré sa bêtise, il montrait parfois un esprit réellement supérieur (1), une finesse de jugement surprenante, et cite, ainsi que Tacite et Dion Cassius, une série de réponses, de reparties, de mots, de décisions, qui prouvent souvent une intelligence bien au-dessus du vulgaire, beaucoup de bon sens, parfois une grande rectitude de jugement, et même un esprit politique profond (2). Nous possédons même les discours qu'il avait prononcés au Sénat dans plusieurs occasions ; ils sont empreints d'un grand bon sens politique, et quelques-uns dénotent une hauteur de vue qu'on ne trouve pas souvent chez les hommes d'État les plus éminent de l'époque impériale. On dit que les discours rapportés par Tacite sont de Tacite ; c'est possible quant à la forme, et encore on pourrait en douter ; les discours des princes, sténographiés probablement (3), se conservaient certainement aux Archives du Sénat, puisque le Sénat en faisait graver les principaux sur des tables d'airain ou d'argent, et les faisait placer dans la Curie. En tous cas si la *forme* est de Tacite, le *fond* est sûrement de Claude, d'autant plus que plusieurs discours, sur l'admission de la noblesse de la Gaule chevelue au Sénat de Rome par exemple, contiennent des idées et des arguments en désaccord complet avec les idées de Tacite et de son époque. D'ailleurs les historiens s'accordent à dire que son esprit, ordinairement « obtus et extravagant, était quelquefois pénétrant et circonspect, » (4) « qu'il était intelligent (5) » (malheureusement par accès seulement) et qu'il agissait souvent avec beaucoup de prudence et de sens (6). Auguste dit aussi dans la lettre citée plus haut que « lorsque l'esprit de Tibère Claude n'est pas égaré, il rappelle quelquefois sa haute origine », et dans une autre lettre il s'étonne d'avoir écouté avec un vrai plaisir un discours de Claude. « Comment peut-il parler si bien en public, lui qui a si peu de suite dans ses conversations ? » se demande Auguste tout surpris. Enfin on était généralement d'accord que Claude n'était pas un sot chronique, toujours également et uniformément imbécile, mais que parfois, « quand son esprit n'était pas égaré », « il rappelait son origine. »

Nous avons déjà parlé plus d'une fois des contrastes psychiques si singuliers, si étonnants aux yeux des personnes étrangères à la méde-

---

(1) Claud. XV. Voyez aussi D. Cassius, LX, 2 et 3. — (2) Tacit., *Ann.* XI, 7. 13. 23-25 ; XII, 11. *Histor.* I, 48 ; Suet Claud., XIV-XVI, XX, XXI ; D. Cass., LX, 6, 10, 11, 16, 28, 29, etc. — (3) On sait que la sténographie avait été inventée encore du temps des guerres civiles ou du premier triumvirat par *M. Tullius Tyro, affranchi de Cicéron. — (4) Suet., Claud., XV. — (5) D. Cass., LX, 2. — (6) *Ibid.*, 3.

cine mentale, comme d'une particularité pour ainsi dire pathognomique
de certains états morbides, et qui caractérisent les sujets appartenant
aux familles entachées du vice névropathique héréditaire. Outre ces
contrastes si surprenants de l'esprit et de l'âme, nous avons indiqué
encore, comme symptômes constants de l'hérédité névropathique et de
la dégénérescence les anomalies suivantes : les difformités physiques,
vices de conformation, les paralysies, la faiblesse des extrémités,
les névroses légères polymorphes, les contractures, les accès convulsifs,
les tics musculaires, enfin les affections nerveuses graves, certaines
dyscrasies, particulièrement les scrofules, etc., et dans la sphère
psychique et morale la folie, l'excitation maniaque, périodique ou constante, un esprit brillant mais superficiel, peu sérieux, ordinairement
stérile, des talents, des capacités spéciales hors ligne, puis toutes les
formes de la décadence intellectuelle, la bêtise simple, l'idiotie, l'imbécillité, la faiblesse d'intelligence, les troubles purement moraux,
enfin l'ivrognerie, le crime, la cruauté, l'indifférence affective (idiotie
morale), la débauche, le suicide, la mort prématurée et la stérilité.

Claude est le modèle achevé, le type de la décadence d'une famille
naguère brillante et richement douée, mais marquée de la tache névropathique, frappée de l'hérédité morbide, et en voie de dégénérescence. Sujet précieux au point de vue de la psychiatrie, il présente un
assemblage rare des traits les plus caractéristiques de la décadence
cérébrale, intellectuelle et morale.

« Les maladies longues et opiniâtres de son enfance et de sa jeunesse, » un cou gros et gonflé à sillons intermusculaires effacés, indiquent un état scrofuleux fortement développé. En fait de symptômes
somatiques nous trouvons encore chez lui la faiblesse générale du
corps, et surtout celle des bras. En fait d'anomalies il en présente la
plus importante, une mauvaise conformation de la tête. L'os frontal
fuyant et aplati, la courbure frontale peu prononcée, les *tubera fron-
talia* effacés, par conséquent la boîte crânienne étroite, puisque la tête
ne présente de renflement notable ni des pariétaux, ni même de l'occi-
pital. L'étirement convulsif de la bouche, une prononciation embarrassée, indistincte, le tremblement continuel de la tête, la contraction
convulsive des muscles du cou, les insomnies, les douleurs nerveuses
de l'estomac, toutes ces névropathies multiples prouvent l'existence
d'un trouble profond du système nerveux. La décadence physique de
la race se manifeste chez lui de la façon la plus évidente par le phénomène si caractéristique de l'écume à la bouche et de l'écoulement

des mucosités par le nez. Dans la sphère psychique nous retrouvons chez lui tous les phénomènes cardinaux de la dégénérescence de la race : une faiblesse d'intelligence, une imbécillité portée au plus haut degré, mais traversée par des éclairs d'un esprit au-dessus du vulgaire, qui rappellent la race brillante et richement douée à laquelle il appartient et « font souvenir de son origine, » des accès de colère sans motif et sans sujet, vrais accès de manie (« *ira furor brevis* », disaient les Romains), l'indifférentisme moral, qui prouve l'absence complète de sentiments affectifs, l'impuissance à résister à toute suggestion, la passion pour les femmes ou plutôt pour l'acte sexuel, l'ivrognerie, la gourmandise, l'insensibilité — le tableau de la dégénérescence est complet, et Claude peut être considéré sous ce rapport comme un sujet rare et précieux, un type pathologique comme on n'en voit pas tous les jours.

CHAPITRE VII

Troisième génération de la famille d'Auguste. — Elle est réduite à quatre lignées. — 1º Lignée de Julie : les Æmilii et les Junii Silani. — 2º Lignée de Livilla. Julia et les Rubellii; les jumeaux Tiberius Gemellus et son frère. — 3º lignée de Claude : Drusus, Antonia, Octavia, Britannicus. — 4º Lignée de Germanicus et d'Agrippine : Nero, Drusus, Caïus (Caligula). — L'épilepsie et son influence psychopatique. — Julia Drusilla, fille de Caïus. — Drusilla. — Julia Livilla. — Agrippine. — Les Domitii Ahenobarbi. — Cneius Domitius, mari d'Agrippine. — Lucius Domitius leur fils (l'empereur Néron). — Claudia Augusta, fille de Néron. — Extinction de la race d'Auguste.

Passons maintenant à la génération suivante, qui est la troisième de la famille d'Auguste. La première, nous l'avons vu; ne comptait que deux membres, la grande Julie, fille de Scribonia, et Drusus Germanicus l'Ancien, fils de Livie.

JULIE avait eu de :
* MARCUS VIPSANIUS AGRIPPA.

1. CAIUS CÉSAR, marié à LIVILLA, fille de Drusus Germanicus l'Ancien. — Caractère névropathique; stérilité (1); mort d'une affection nerveuse.

2. LUCIUS CÉSAR .... Mort jeune.

3. JULIE, mariée à L. ÆMILIUS PAULUS, dont elle eut : — Célèbre par ses impudicités et ses débauches.
   a. MARCUS ÆMILIUS LEPIDUS.
   b. ÆMILIA LEPIDA.

4. AGRIPPINE, mariée à Germanicus............. — Ambitieuse, violente, emportée, ne se possédant pas dans ses accès de colère.

5. MARCUS AGRIPPA POSTHUMUS.................. — Faible d'intelligence, incapable d'instruction, brutal, violent, féroce, stupidement orgueilleux, sujet à des accès de fureur au point de ne pouvoir vivre de la vie commune.

(1) Il faut chercher la cause de la stérilité du mariage de Caïus et de Livilla dans

** Tibère Claude Néron (l'empereur Tibère).
    0. N. Un fils dont on ne connaît pas le nom, né à   Mort au berceau.
    Aquilée.

Ainsi des six enfants de Julie l'un *meurt en bas âge*, un autre *meurt jeune et sans alliance*, le troisième *meurt jeune*, probablement *d'une affection nerveuse (tetanos), et ne laisse pas d'enfants* ; le quatrième est *un imbécile, brutal, féroce, sujet à des accès de fureur* ; l'une des deux filles *est célèbre par ses débauches et ses dérèglements*, l'autre est *violente au point de ne se posséder plus dans ses accès de colère. De ces six enfants les deux filles laissent seules de la postérité.*

Drusus Claudius Nero Germanicus l'Ancien avait eu de sa femme Antonia (la jeune), fille de M. Antoine le triumvir, *beaucoup d'enfants, mais n'en laissa que trois; tous les autres moururent en bas âge.* Les trois survivants sont :

A. Germanicus, marié à Agrippine, fille de Julie et de   Meurt jeune.
    M. Vips. Agrippa; il eut d'elle :
    1. Tiberius............................ ......   Mort en bas âge.
    2. N. Un fils.............................. ....   Mort en bas âge.
    3. Caius.............................. ....   Mort au sortir de l'enfance.
    4. Néro.
    5. Drusus.
    6. Caius (Caligula).
    7. Agrippine.
    8. Drusilla.
    9. Julia Livilla.
B. Livia (Livilla), mariée à   Débauchée, adultère; empoisonne son mari et pousse sa
    * Caius César, petit-fils d'Auguste.   fille à trahir le sien; pas d'enfants de cette union.

    ** Drusus César, fils de l'empereur Tibère ; elle eut de lui :
    1. Julia................................. ....   Aide l'amant de sa mère à faire périr son mari; débauchée, adultère.

    2. Tiberius Gemellus.

le mari, puisque la femme, devenue veuve, ayant épousé le César Drusus, fils de l'empereur Tibère, *un homme, par conséquent n'appartenant pas à la famille d'Auguste, avait eu de lui des enfants.*

3. N. GEMELLUS............................	Mort à l'âge de quatre ans.
C. TIBERIUS CLAUDIUS DRUSUS GERMANICUS BRITAN-NICUS (l'empereur Claude), marié à :	Imbécile, « esprit égaré », maladif, gourmand, ivrogne; présente des troubles nerveux multiples et des anomalies psychiques graves.
* PLAUTIA URGULANILLA, dont il eut :	
1. DRUSUS, mort d'accident.	
2. CLAUDIA, probablement fille non de Claude, mais de l'affranchi Boter.	
** ÆLIA PETINA.	
3 ANTONIA.	
*** VALERIA MESSALINA.	
4. OCTAVIA, mariée à Néron....................	Stérile.
5. BRITANNICUS..........................	Débauches contre nature; épilepsie.
**** AGRIPPINE, fille de Germanicus..............	Pas d'enfants de cette alliance.

Nous ne connaissons pas au juste le nombre des membres que comptait cette troisième génération de la famille d'Auguste; des considérations chronologiques font supposer qu'il devait être de douze à quinze, mais la mort prématurée (au berceau, dans l'enfance et dans la jeunesse), la stérilité, le crime, frappent la famille, de sorte que cette nombreuse génération ne laisse que quatre lignées, qui sont : 1° Les enfants de *Julie* (la jeune) et de *L. Æmilius Paulus*; 2° les enfants d'*Agrippine* (l'aînée) et de *Germanicus*; 3° les enfants de *Livilla* et du César *Drusus*; 4° les enfants de *Claude*. La lignée de Germanicus et d'Agrippine est la seule qui continue la postérité mâle de la dynastie, et par conséquent la seule qui ait une importance historique; aussi la connaissons-nous mieux et plus complètement. Les autres lignées étant féminines, passent dans d'autres familles et s'y perdent, laissant peu de traces dans l'histoire. Nous les mentionnerons d'abord, et passerons ensuite à l'étude médico-psychologique détaillée de la personnalité des enfants et des descendants de Germanicus.

Julie, mariée à Lucius Æmilius Paulus, petit-fils du censeur (1), eut un fils, *Marcus Æmilius Lepidus*, et une fille, *Æmilia Lepida*; un troisième enfant, dont elle accoucha en exil, n'avait pas été reconnu, et Auguste défendit de l'élever. Marc Émile Lepide sut par ses flatteries, par ses bassesses, et surtout par ses débauches, gagner et conserver les bonnes grâces de Caïus Caligula et obtenir son amitié, qui

(1) SUET., Aug., XIX, LXIV; TACIT., *Ann.*, l. III, 24; N., 71.

commença entre eux par des amours infâmes ; il réussit même à inspirer à Caligula un amour passionné (1). Il épousa ensuite Drusilla,
sœur de l'empereur, déshonorée par sa liaison incestueuse avec son
frère, commit en outre, sur l'ordre de Caïus Caligula, l'adultère avec
les deux sœurs de sa femme (2), et partagea cette dernière avec Caligula (3), qui affichait pour elle un amour passionné. Ces faits peignent
assez l'homme.

Æmilia Lepida, fille de Julie, mariée d'abord à Claude, qui la
répudia encore vierge (4), épousa ensuite *Appius Junius Silanus*. La
famille *Junia* était une des plus anciennes et des plus illustres de
Rome, et la branche des *Silanus* remontait aux guerres puniques. A
l'époque du mariage de Julie cette branche était représentée à Rome
par plusieurs personnages illustres. *Marcus Junius Silanus*, consulaire, un des orateurs les plus éloquents et les plus écoutés du Sénat (5), où il avait joué un certain rôle sous Tibère (6), était un jurisconsulte savant et intègre, très respecté pour la noblesse de son caractère ; les consuls, pour lui témoigner l'estime dont il jouissait au
Sénat, commençaient par lui la votation, et l'empereur Tibère n'admettait pas qu'on en appelle de ses sentences, et renvoyait à lui-
même les mécontents (7). *Domitius Silanus* son frère avait été l'a-
mant de la jeune Julie, petite-fille d'Auguste, mais telle était l'estime
dont jouissait cette famille, que l'empereur se borna à rompre toute
amitié avec lui et à lui faire comprendre qu'il eut à quitter Rome, et
Tibère le fit même revenir (8). *Caius Junius Silanus*, proconsul en
Asie, avait été accusé de concussion, ce qui était le péché mignon de
l'aristocratie romaine ; on regardait la concussion comme un crime administratif, une sorte d'abus de pouvoir, qui n'avait rien de déshono-
rant pour le coupable personnellement ; d'ailleurs Caius Silanus avait
parcouru brillamment la carrière des honneurs et avait rendu de
grands services à la République ; aussi ne fut-il, pour toute punition,
que relégué dans l'île de Cythnos, une des plus belles de l'archipel grec
et voisine de l'Attique (9).

Sa sœur *Silana Torquata* était une vestale très respectée pour ses
vertus et une pureté de mœurs (Tacite se sert même du mot *sancti-*

---

(1) SUET., Caius, XXXVI; DION CASS., LIX, 11, 22. — (2) DION CASSIUS, LIX, 22.
Voir aussi TACIT., Ann., l. XIV, 2. — (3) DION CASSIUS, LIX, 11. — (4) SUET., Claud.,
XXVI. — (5) TACIT., Ann., l. III, 21. — (6) TACIT., Ann , l. III, 57, 59 et passim. —
(7) DION CASSIUS, LIX, 8. — (8) TACIT., Ann., l. III, 24. — (9) TACIT., Ann., l. III, 69.

monia) digne des temps antiques (1). Enfin *Appius Junius Silanus*, le mari d'Æmilia Lepida, consul, sénateur et gouverneur de l'Espagne, avait une telle réputation de savoir et d'honnêteté, que Claude, à son avénement au principat, le fit venir de la province pour en faire son conseiller et se prit pour lui d'une grande amitié. Comme Silanus était veuf à cette époque, il lui fit même épouser *Lepida*, mère de Messaline sa femme (2), et fiança son fils *Lucius Junius Silanus* à Octavie, sa fille à lui (3). Messaline voulut avoir Appius Silanus pour amant. Consentir, c'était tromper son ami Claude et se rendre coupable d'adultère et d'inceste, se déshonorer et commettre un crime; mais refuser l'amour de Messaline, s'attirer sa haine, c'était se condamner sûrement et irrévocablement à mort. Appius Silanus préféra la mort au déshonneur et au crime (4).

Voyons maintenant ce que devint cette famille, vertueuse et respectée, après qu'elle eût mêlé à son sang celui de la postérité d'Auguste, et pour cela passons en revue les enfants d'Appius Silanus, cet honnête homme, et d'Æmilia Lepida, descendante d'Auguste, petite-fille de la grande Julie, fille de Julie la cadette.

Appius Silanus et Æmilia Lepida eurent : *Lucius Jun. Silanus*, qui avait été fiancé à la fille de Claude; *Marcus Jun. Silanus*, proconsul en Asie, qui fut empoisonné par ordre d'Agrippine (5), fille de Germanicus; *D. Junius Silanus Torquatus; Junia Calvina; Lepida*. L'influence funeste du sang d'Auguste leur imprima son cachet fatal. Marcus Silanus était un homme sans esprit, sans énergie, sans caractère, complétement nul sous tous les rapports, et tellement méprisé, que Caius Caligula lui donna le surnom de *pecus aurea*, brebis d'or (6). Lucius Jun. Silanus, fiancé à Octavie, fille de l'empereur

----

(1) Tacit., *Ann.*, l. III, 69. — (2) Dion Cassius, LX, 14. — (3) Suet., Claud., XXIV Dion Cassius, LX, 5. — (4) Suet., Claud., XXXVII; Dion Cassius, LX, 14. — (5) Dion Cassius identifie par erreur ce M. Jun. Silanus, avec le sénateur du même nom, qui avait vécu sous Tibère et dont il a été question plus haut, et cette erreur a passé dans un grand nombre de tables généalogiques. M. Silanus, le jurisconsul, était un des membres les plus âgés du Sénat (Dion Cassius, LIX, 8), du temps de Tibère; M. Silanus, fils d'Appius, était, au contraire, un homme jeune encore à l'époque de Claude, puisqu'il était né dans l'année de la mort d'Auguste (Plin., *Hist. mundi*, l. VII, 11). Junia Claudilla, première femme de Caius Caligula, morte en couches (et non répudiée, comme le prétend Dion Cassius, LIX, 8), ne pouvait donc être sa fille. Elle était fille de M. Silanus le jurisconsulte, et ce mariage, fait par Tibère, s'explique par la haute estime que l'empereur portait à l'éminent magistrat. — (6) Tacit., *Ann.*, l. XIII, 1; Dion Cassius, LIX, 8.

Claude, qui le décora, malgré sa jeunesse, d'insignes triomphaux (1),
aima d'un amour incestueux sa sœur Junia Calvina ; accusé de ce crime,
il se donna la mort pour échapper à la honte du châtiment (2). Sa sœur
Junia Calvina, belle et impudique, avait été mariée au fils de Vitellius,
agent des infamies et des crimes de Messaline ; répudiée pour ses débauches, elle eut un commerce incestueux avec son frère Lucius (3) ;
« tout le monde l'appelait Vénus à cause de sa beauté, remarque Sénèque, mais son frère voulut la traiter en Junon (4). » Exilée de Rome
à l'époque du mariage de l'empereur Claude avec Agrippine (5), elle
fut graciée par Néron, et retourna à Rome (6), où elle vivait encore
en 823 d. R., l'année de la mort de Vespasien (7). D. Jun. Silanus
Torquatus, ambitieux, très borné, prodigue et vain, faisait avec une
telle ostentation étalage de sa richesse et de l'illustration de sa famille,
donnant à sa domesticité les titres réservés aux serviteurs de l'empereur au palais, s'entourant d'un luxe fastueux, qu'il fut accusé d'aspi-
rer à l'empire et se donna la mort (8). Lépida, mariée à Caïus Cassius,
n'ayant pas d'enfants, prit chez elle le petit Lucius Silanus son neveu,
resté orphelin après la mort de son père Marcus. Elle et son mari éle-
vèrent cet enfant comme leur fils, mais à peine entra-t-il dans l'adolescence (9) que, débauchée et adultère, elle lia avec lui un commerce
incestueux (10). Ce Lucius Junius Silanus, élevé comme un fils par C.
Cassius, ainsi que nous l'avons dit, déshonora son bienfaiteur par son
adultère incestueux avec sa tante. Prodigue, fastueux et vain comme
son oncle Torquatus, il aspira comme lui à l'empire. Tacite dit que
cette accusation était fausse, parce que le malheur de son oncle *avait
dû* l'avertir, mais il avoue lui-même, dans son récit de la conjuration de
Pison, que L. Jun. Silanus se posait en candidat au principat, et que
Pison refusa de tuer Néron dans sa maison, précisément parce qu'il
craignait que L. Silanus ne s'emparât du pouvoir (11). Condamné d'a-
bord à l'exil, L. Silanus fut enfermé à Barium, « où il supportait en
sage l'indignité de son sort, » lorsqu'il voit un jour arriver un centurion chargé de le tuer. Celui-ci lui conseillait de se laisser ouvrir les
veines, mais Silanus, peut-être le seul des victimes de ces temps né-

---

(1) Tacit., *Ann.*, l. XII, 3 ; Dion Cassius, LX, 5, 31 ; Suet., Claud., XXIV, XXVII.
— (2) Suet., Claud., XXIX ; Tacit., *Ann.*, l. XII, 4, 8. — (3) Tacit , *Ann.*, l. XII, 4.
— (4) *Apokolokyntosis*, X. On sait que Junon était femme et sœur de Jupiter. —
(5) Tacit., *Ann.*, l. XII, 8. — (6) *Ibid.*, XIV, 12. — (7) Suet., Vespas., XXIII. —
(8) Tacit., *Ann.*, l. XV, 35 ; Dion Cassius, LII, 27. — (9) En effet, son père M. Jun.
Silanus naquit en 766 et mourut en 808 ; l'accusation fut portée en 810. — (10) Tacit., *Ann.*, l. XV, 52, XVI, 8, 9. — (11) *Ibid.*, XV, 52.

fastes, qui, à la grande indignation de Tacite, se laissaient docilement égorger ou poussaient même la résignation ou la complaisance jusqu'à se charger eux-mêmes de la besogne du bourreau, pour épargner à leurs assassins la peine de les tuer, selon l'expression si pittoresque de la vieille Scribonia, répond que la mort ne l'effraye pas, mais que jamais un bourreau n'aura l'honneur de le tuer. « Quoique sans armes, il ne cessa de se défendre contre les soldats qui l'attaquaient, les frappant eux-mêmes, jusqu'à ce que le centurion le fît tomber enfin comme dans un combat, couvert de blessures reçues toutes par devant (1). » Junia Silana, mariée à C. Silius, qui la répudia pour épouser Messaline (2), avait été célèbre dans sa jeunesse par sa beauté et ses débauches (3). L'âge lui enleva la beauté, sans lui donner plus de retenue, « *impudica et vergens annis,* » elle était à la recherche d'amants et de maris. « Iturius et Calvisius, après avoir mangé toute leur fortune, se prostituèrent pour dernière ressource à la vieillesse de Silana (4), » qui cherche en même temps à se faire épouser par Sextius Africanus, jeune homme appartenant à la haute aristocratie de Rome, mais Agrippine, mère de Néron, n'eut pas de difficulté de le dégoûter de cette « *vieille débauchée* (5). » Silana, pour s'en venger, accusa faussement Agrippine d'attenter à la vie de Néron, mais la calomnie ayant été reconnue, elle fut exilée et mourut à Tarente (6).

Lucius Jun. Silanus, D. Jun. Silanus Torquatus, Junia Silana, Junia Calvina et Lépida *n'eurent pas d'enfants.* Marcus eut un fils, Lucius, ambitieux, adultère et incestueux; *il mourut sans enfants, et avec lui s'éteignit la postérité de Julie.*

Ainsi voilà une famille remontant à l'origine de Rome, plus ancienne même que la ville éternelle peut-être (elle prétendait descendre d'un compagnon d'Énée), illustre entre toutes, ayant donné — honneur insigne, — son nom à un mois de l'année (7); famille respectée, dans laquelle les talents, l'honneur, l'honnêteté, les vertus étaient héréditaires. Mais elle a le malheur de s'allier à la famille *Julia,* naguère encore si brillante, si déchue maintenant, de mêler son sang si pur à celui de la postérité maudite du vainqueur d'Actium, et ne tarde pas à recueillir les fruits amers de cette alliance princière. La fille de la grande Julie et de M. Agrippa, de cet illustre général, du grand homme d'État, entre dans la famille *Æmilia* et lui apporte, dans la personne de son fils Marcus, l'infamie, le déshonneur et la

(1) *Ibid.,* XVI, 9. — (2) *Ibid.,* XI, 12. — (3) *Ibid.,* XIII, 19 — (4) *Ibid.,* 21 — (5) *Ibid.,* 19. — (6) *Ibid.,* 22; XIV, 12. — (7) *Ibid.,* XVI, 12.

honte. Sa fille, sœur de Marcus, entre dans la famille *Junia Silana*, et lui inocule, osons-nous presque dire, le virus du sang dynastique des *Julii*. Elle a trois fils et trois filles. L'un des fils est un homme nul et méprisé, un autre nul et vain, un troisième débauché et incestueux, et deux sur trois finissent par le suicide. Toutes les trois filles font la honte de leur famille par leurs débauches et leur impudicité qui passent toutes les bornes; l'une, vieille et flétrie, ne veut pas renoncer à la galanterie et s'achète des amants, et deux sur trois sont incestueuses. De ces six enfants d'Æmilia Lépida *cinq sont stériles*, et Marcus, le seul qui laisse de la postérité, a un fils unique, ambitieux et vain comme son oncle Torquatus, incestueux comme son oncle Lucius et ses deux tantes; *il meurt sans enfants*, et l'antique famille Junia Silana, si vertueuse, si honorable, si respectée, s'éteint dans la fange de la débauche et de l'inceste, pour avoir souillé son sang de citoyens par le sang impérial des *Julii*. C'est que l'hérédité névropathique a des lois de fer, lois inflexibles et inexorables, et toute famille qui a le malheur de s'allier à la race maudite, se condamne fatalement par cette alliance aux difformités physiques et morales, à la dégénérescence, à la stérilité, au malheur et à la honte, et finalement à l'extinction et à la mort de la race.

Livilla, fille de Drusus Germanicus l'Ancien, et sœur de Germanicus, avait d'abord été mariée à Caïus César, fils de la grande Julie et de M. V. Agrippa; elle n'eut pas d'enfants de cette alliance. Après la mort de Caïus elle épousa le César Drusus, fils de l'empereur Tibère. Nous avons déjà dit plus haut qu'elle s'était jetée dans la débauche, avait eu une foule d'amants, et enfin, devenue maîtresse de Séjan, empoisonna son mari de concert avec son amant et avec l'aide d'un autre amant. De son mariage avec Drusus elle eut une fille, *Julie*, et deux fils jumeaux. Julie était la digne fille de sa mère, par la beauté (1) aussi bien que par l'impudicité; mariée au jeune Néron, fils aîné de Germanicus, elle se rangea du côté de l'amant de sa mère, prit une part active au complot de Séjan contre son mari, espionnait ce dernier jour et nuit, épiant non seulement ses actes et ses paroles, mais jusqu'à « ses insomnies, ses rêves, ses soupirs, et les rapportant à sa mère Livilla, et celle-ci à Séjan (2). » Leurs manœuvres et leurs intrigues eurent plein succès; relégué d'abord dans l'île Pontia, Néron mourut bientôt après. Devenue veuve, Julie épousa en secondes noces

(1) Dion Cassius, LX, 8. — (2) Tacit., *Ann.*, I. IV, 60.

C. Rubellius Blandus, mésalliance que Tacite compte parmi les malheurs de cette époque. En effet, C. Rubellius Blandus, quoique sénateur (1), était d'une origine plus que modeste, puisque son grand-père paternel était un chevalier de Tibur (2). Comme presque toutes les femmes de la famille d'Auguste, et comme toutes celles qui portèrent le nom de Julie, elle se jeta dans la débauche, eut des amants, entre autres le grand philosophe moraliste Sénèque (3). Elle voulut en outre séduire le vieil imbécile Claude son oncle, et, profitant des droits que lui donnait la parenté, restait volontiers seule avec lui. Son intention était de lui faire répudier Messaline, qu'elle traitait en inférieure, et de se faire épouser. Mais Messaline prit ses mesures; elle lui fit faire son procès pour adultère et débauches (4), et Julie fut exilée en vertu de la loi *Julia ;* plus tard elle fut mise à mort (5).

Julie eut de C. Rubellius Blandus un fils, *Rubellius Plautus*. C'était un homme de mœurs austères et chastes, d'un extérieur sévère, professant les principes de la philosophie stoïque, menant une vie retirée, autant par conviction et par goût que par prudence, pour ne pas porter ombrage à Néron (6). Une anecdote, rapportée par Dion Cassius, nous apprend qu'il avait un grand nez (7). Relégué d'abord dans ses terres en Asie, il fut mis ensuite à mort par ordre de Néron sur l'instigation de Tigellinus, qui l'accusait « de ne pas daigner, malgré ses grandes richesses, feindre du moins du goût pour la vie tranquille, mais de se poser au contraire en imitateur des anciens Romains, et d'avoir pris toute l'arrogance et tous les principes de la secte stoïcienne, qui ne fait que des intrigants et des séditieux. » Prévenu du sort qui l'attendait par son beau-père et par un affranchi dévoué, qui lui conseillaient la résistance et la révolte, Plautus préféra se résigner et attendre la mort. Il se laissa égorger sans résistance (8) sous les yeux de sa femme Antistia Pollutia, qui reçut dans ses bras la tête sanglante de son mari. Elle conserva pieusement ses vêtements ensanglantés et, veuve inconsolable, passa le reste de sa vie dans la douleur, ne prenant des aliments que juste assez pour ne pas mourir. Quand son père fut condamné à mort, elle se tua avec lui (9).

Le mariage de Rubellius Plautus et d'Antistia Pollutia fut stérile; ils moururent sans enfants (10).

(1) *Ibid.*, III, 23, 51; — *Ibid.*, IV, 27. — (2) *Ibid.*, VI, 27. — (3) Dion Cassius, LX, 8, 18; Tacit., *Ann.*, l. XIII, 42, 43. — (4) Dion Cassius, LX, 8, 18. — (5) Suet., *Claud.*, XXIX; Dion Cassius, LX, 8, 18. — (6) Tacit., *Ann.*, l. XIV, 22. — (7) Dion Cassius, LXII, 14. — (8) Tacit., *Ann.*, l. XIV, 58, 59. — (9) *Ibid.*, XVI, 10, 11. — (10) Les petits-fils de Lucius Antistius Vetus, père d'Antistia Pollutia et beau-père de

La naissance de deux garçons jumeaux (l'un reçut le prénom de Tiberius, on ignore le prénom de l'autre), causa une telle joie à l'empereur Tibère, qu'il en fit part au Sénat, se félicitant d'un bonheur que les dieux n'avaient encore accordé à aucun Romain de son rang (1). Aussi fut-il très affligé de la mort de l'un des jumeaux, qui n'avait vécu que quatre ans (2). Suétone dit que plus tard, ayant appris l'empoisonnement de son fils Drusus par Livilla et la liaison adultère de cette dernière avec Séjan, il prit en haine le jeune Tiberius Gemellus, le soupçonnant de n'être pas fils de Drusus (3), mais c'est une erreur. On sait en effet que les dernières années de sa vie il s'était attaché, au contraire, à cet enfant, qu'il hésitait s'il ne lui laisserait pas le pouvoir suprême sans partage, et qu'il pleurait (4), lui, le Tibère que nous connaissons, en pensant avec inquiétude (5) aux dangers qui attendaient son petit-fils après sa mort, dangers qui lui avaient été prédits (6) par Thrasylle probablement. Le testament de Tibère, dans lequel il instituait son petit-fils son héritier conjointement avec Caïus, témoigne aussi contre Suétone. D'ailleurs cet historien parle lui-même de la préférence que témoignait le vieil empereur à Tiberius Gemellus vis-à-vis des enfants de Germanicus (7). Nous n'avons aucun renseignement sur la personnalité de Tiberius Gemellus; il avait été tué (8) très jeune (à l'âge de dix-huit ans) — ou plutôt forcé au suicide (9) — par ordre de Caïus Caligula.

Claude avait eu des enfants de trois de ses femmes : de *Plautia Urgulanilla* il eut *Drusus* et *Claudia*; d'*Ælia Petina* il eut *Antonia*; de *Valeria Messalina*, *Octavia* et *Tiberius Britannicus*. Drusus mourut encore enfant à Pompéï, s'étant étranglé avec une poire qu'il faisait sauter en l'air et qu'il recevait dans la bouche (10). Il avait été fiancé peu de jours auparavant à la fille de Séjan, ce qui rend assez surprenant le bruit que l'on avait fait courir que Séjan aurait été l'auteur de sa mort (11). Claudia fut exposée par ordre de Claude à la porte de sa mère comme fruit de l'adultère de Plautia Urgulanilla avec l'affranchi Boter, quoiqu'elle fût née cinq mois après le divorce,

Rebellius Plautus, étaient les enfants d'un fils, et non de Pollutia; l'un d'eux, Caius, fut consul avec C. Valens, l'année de la mort de Domitien (847 d. R.).

(1) TACIT., Ann., II, 84. — (2) Ibid., IV, 15. — (3) SUET., Tiber., LXII. — (4) TACIT., Ann., l. VI, 46. V. aussi FLAV. JOSEPH., Antiq. jud., l. c. — (5) SUET., Caius, XIX. — (6) DION CASSIUS, LVIII, 23. — (7) SUET., Tiber., LV; Caius, XIX. — (8) SUET. Caius, XIX, XXIX. DION CASSIUS., LIX, 1, 8. — (9) PHILON., Legat, ad Caïum, p. 996. — (10) SUET., Claud., XXVII. — (11) TACIT., Ann., l. III, 29. — SUET., Claud., XXVII; DION CASSIUS, LX, 32.

et que Claude l'eût acceptée d'abord comme sa fille (1). Antonia épousa d'abord Cnelus Pompéius Magnus, ensuite Faustus Cornelius Sulla; son premier mari fut tué par ordre de Claude, et le second, exilé d'abord à Massilia, mis à mort par ordre de Néron. Antonia elle-même avait été impliquée dans la conjuration de Pison, et fut tuée plus tard pour avoir refusé d'épouser Néron (2).

Octavia, fiancée d'abord à Lucius Junius Silanus, fut mariée, sur les instances d'Agrippine, à Néron. Le sort de cette malheureuse femme avait été des plus tristes; Néron, habitué aux débauches honteuses avec des jeunes gens et des prostituées, non seulement n'avait pas d'amour pour Octavie, mais lui témoignait encore un dégoût positif (3), qui finit par devenir de la haine, et une haine tellement violente, qu'il voulut plusieurs fois l'étrangler. Comme ses amis lui reprochaient de dédaigner sa femme, il répondit que les ornements matrimoniaux (uxoria ornamenta) étaient bien suffisants pour elle, et qu'elle ne devait prétendre à rien de plus (4). En effet, il lui préféra l'affranchie Acté, puis Poppaea Sabina, et même ses compagnons Othon et Senecion (5). D'ailleurs, — symptôme de la plus haute importance pour nous — *Octavie était stérile*, et Néron la répudia à cause — ou sous prétexte — de cette stérilité (6), et épousa Poppaea Sabina, une prostituée de haute volée, qu'il avait enlevée à Othon, et qui avait d'abord été sa maîtresse. Le malheur avait mûri de bonne heure l'esprit et le caractère d'Octavie et lui donna une grande possession de soi-même; très jeune, elle apprit à dissimuler, à cacher ses sentiments et ses émotions sous un air tranquille et un visage riant. Il paraît cependant que ce talent de dissimulation tenait en partie à une insensibilité morale, à un manque de sentiments affectifs, particularité psychique qui n'était chez Octavie que la manifestation de l'élément morbide, héréditaire dans sa famille, et qui avait frappé si cruellement son père. Ainsi quand son frère Britannicus, empoisonné par Néron, tomba mort au milieu du banquet, Octavie, très jeune encore, garda un air gai et enjoué, assista à la fête jusqu'à la fin, et ne parut pas avoir été bien vivement impressionnée par cette mort, tandis que l'entourage de Néron, tandis qu'Agrippine elle-même, cette femme souillée de toutes les débauches et de tous les crimes, et qui n'était que la marâtre de

---

(1) Suet., Claud., XXVII. — (2) Tacit., Ann., XV, 53; Suet., Nero XXXV. — (3) Tacit., Ann., XIII, 12. — (4) Suet., Nero, XXXV. — (5) Dion Cassius, LXI, 7; Tacit., Ann., XIII. 12. — (6) Suet., Nero, XXXV; Tacit., Ann., XIV, 60.

Britannicus, ne purent réprimer l'indignation et l'horreur que leur causait ce fratricide (1).

« A peine mariée, Poppaea Sabina avait résolu de faire périr sa rivale. Elle la fit accuser, par un serviteur de sa maison, d'adultère avec un esclave égyptien, Eucerus, joueur de flûte. On mit à la question les servantes d'Octavie, mais la plupart persistèrent à affirmer la vertu de leur maîtresse; l'une d'elle, Pythias (2), pressée par Tigellinus, lui répondit que les parties génitales d'Octavie étaient plus pures que sa bouche à lui. Néanmoins Octavie fut répudiée, et bientôt après reléguée dans la Campanie, sous la garde de quelques soldats. Le peuple indigné fit éclater souvent et publiquement ses murmures, et força ainsi Néron à rappeler Octavie, ce qu'il fit par crainte, et nullement par repentir. Le peuple, transporté de joie à cette nouvelle, monte au Capitole pour rendre grâce aux dieux, abat les images de Poppée, porte en triomphe celles d'Octavie, les couvre de fleurs et les place au Forum et dans les temples, se répand même en éloges du prince, demande à le voir, et déjà la foule remplissait les cours du palais, lorsque Néron ordonne aux soldats de la disperser avec le fouet et le glaive. On défit alors tout ce qui avait été fait dans la sédition, et les statues de Poppée furent replacées. Cette révolte et les discours artificieux de Poppée épouvantèrent et irritèrent Néron, mais l'accusation d'adultère avec un esclave n'obtenant pas de crédit, on cherche à avoir les aveux de quelque personnage qu'on pourrait accuser encore de projets séditieux, et l'on jeta les yeux sur Anicetus, l'assassin d'Agrippine, qui commandait la flotte de Misène. On lui promit une récompense considérable, quoique secrète, en le menaçant de mort s'il refusait. Le malheureux fit, en présence de quelques courtisans, tous les aveux qu'on voulait, allant même au-delà de ce qui lui avait été demandé. Néron accusa en conséquence dans un édit Octavie d'avoir séduit le commandant de la flotte dans un but de rébellion, et la fit reléguer dans l'île Pandataria, où quelques jours plus tard elle reçut l'ordre de mourir (3). »

Octavie gênait en effet Néron, et surtout Poppée (4), qui ne se sentait pas sûre de sa position tant que vivait la femme, qui avait apporté à Néron l'empire en dot, comme disait Afranius Burrhus; mais il ne faut pas oublier non plus qu'Octavie était un grand danger politique. Son nom et sa personne étaient un drapeau dynastique entre les mains

---

(1) TACIT., Ann., XIII, 6. — (2) DION CASSIUS, LXII, 13. — (3) TACIT., Ann., XIV, 60-63. — (4) Ibid., 1.

d'Agrippine, et celle-ci avait l'intention bien arrêtée de s'en servir comme d'une arme puissante contre son fils (1), qui n'était qu'un intrus dans la maison Julia-Claudia; Rome était tombée assez bas pour attacher la plus grande importance à la question de la légitimité dynastique. « Jamais une exilée ne présenta à la pitié un spectacle plus attendrissant. On se rappelait Agrippine, reléguée par Tibère, plus récemment Julie, exilée par Claude; mais ces deux femmes n'étaient plus jeunes, elles avaient connu des temps heureux, dont le souvenir adoucissait les rigueurs de leur situation, tandis que pour Octavie le jour même du mariage fut un jour de deuil. Elle entrait dans une maison où elle n'avait vu que des malheurs, où fut empoisonné son père, puis son frère. Voici une jeune femme, à peine âgée de vingt ans, entourée de centurions et de soldats; dans les angoisses d'une fin prochaine, elle ne vit plus, sans jouir du repos de la mort. Enfin arrive pour elle l'ordre de mourir. Elle a beau rappeler qu'elle est veuve (2), qu'elle n'est que la sœur de Néron, invoquer les noms des Germanicus, leurs aïeux communs, celui d'Agrippine même, qui, tant qu'elle avait vécu, avait empêché sinon qu'elle fût malheureuse, du moins qu'on attentât à sa vie. On la lie, on lui ouvre les veines des bras et des jambes, et comme le sang, glacé par l'épouvante, coulait lentement, on l'étouffa dans les vapeurs d'un bain chaud. Pour comble d'atrocité sa tête fut coupée et envoyée à Rome, où Poppée voulut la voir (3). »

« Les noms d'*Octavie* et d'*Antonia* portaient malheur dans la famille d'Auguste. »

Tiberius Claudius Nero Britannicus, né le vingtième jour du principat de son père et pendant son consulat, porta d'abord le surnom de Germanicus, héréditaire dans sa famille, et ne reçut celui de Britannicus que plus tard (4). Il était le favori de Claude, qui ne cessait de le recommander au peuple et aux soldats, et paraissait souvent en public avec cet enfant dans les bras (5), ce qui, du reste, ne l'empêcha pas d'adopter le jeune Domitius, de le rapprocher du trône, et de lui témoigner même officiellement la préférence. Le peuple, l'opinion publique virent avec indignation ces changements au Palatin — Rome s'était pénétrée déjà d'idées dynastiques et d'attachement aux princes légitimes — et la pitié, l'amour pour Britannicus ne firent que grandir

---

(1) *Ibid.*, XIII, 18. — (2) De Lucius Junius Silanus. — (3) TACIT., *Ann.*, l. XIV, 64. — (4) DION CASSIUS, LX, 12, 22; SUET., Claud., XXVII. — (5) SUET., Claud., XXVII.

quand on apprit à connaître Néron. On attribuait à Britannicus toutes sortes de qualités ; « on prétend qu'il ne manquait pas d'esprit et de courage, soit qu'il en eût réellement, soit que ses malheurs seuls aient accrédité cette opinion avant qu'il pût la justifier, » dit Tacite (1). Le peu que nous savons sur Britannicus fait supposer qu'en effet cet enfant ne manquait pas d'intelligence ; âgé de dix ans quand son père adopta le jeune Domitius, non seulement il comprenait, mais encore il ressentait très vivement le tort qu'on lui faisait en l'éloignant du pouvoir, et tournait en dérision les soins et les caresses de sa marâtre, dont la tendresse hypocrite ne l'abusait pas (2). Une fois — il avait alors treize ans — « pendant les saturnales les enfants avaient tiré au sort à qui d'entre eux serait roi. La royauté échut à Néron. Celui-ci, après avoir donné aux autres des ordres dont ils pouvaient s'acquitter sans embarras, ordonne à Britannicus de s'avancer au milieu de la salle, et là, bien en évidence, de chanter quelque chose, comptant faire rire aux dépens d'un enfant qui n'avait pas l'habitude des banquets et des réunions nombreuses. Mais Britannicus, sans se déconcerter, chanta des vers dont le sens rappelait qu'il avait été exclu du trône et privé du rang de son père. On s'attendrit, et l'émotion fut d'autant plus visible, que la nuit et la licence avaient banni la dissimulation (3). »

Britannicus n'échappa point à l'influence névropathique : nous savons que, malgré son âge, *il était déjà adonné à la débauche infâme* (4), et en outre — fait de la plus haute importance — *il était épileptique* (5) comme son cousin Caius Caligula ; nous avons encore à parler plus loin de la gravité de cette terrible affection et de son importance extrême chez les membres d'une famille pour le diagnostic de l'hérédité névropathique. Il faut noter en plus que l'opinion publique, si bien disposée d'abord en faveur de Britannicus, finit par se détourner de lui à mesure qu'il avançait en âge et qu'on apprit mieux à le connaître ; à Rome on disait qu'il était non seulement épileptique, mais encore *insensé* (6).

Il paraît cependant que Britannicus possédait réellement des qualités qui le faisaient aimer de son entourage. Ses précepteurs, ses affranchis, ses esclaves lui étaient sincèrement dévoués (7) ; il eut même des partisans fidèles dans les hautes classes de Rome, comme le

---

(1) Tacit., *Ann.*, XII, 26. — (2) *Ibid.* — (3) *Ibid.*, XIII, 15. — (4) *Ibid.*, 17. — (5) *Ibid.*, 16 ; Suet., Nero, XXXIII ; Dion Cassius (Zonoras), LX, 33. — (6) Dion Cassius, LX, 33. — (7) Tacit., *Ann.*, XII, 41

chevalier Julius Densus, par exemple (1), à moins toutefois que ce n'ait été un dévouement dynastique. L'empereur Titus, élevé avec lui, l'aimait beaucoup; il lui érigea dans la suite une statue d'or dans son palais, et une autre, équestre, en ivoire, qu'il fit placer parmi les images des dieux, et qu'on portait encore du temps de Suétone en procession avec les autres aux jeux du cirque (2).

On sait que Britannicus mourut empoisonné par Néron. Nous possédons plusieurs monnaies et médailles à l'effigie de Britannicus, mais elles sont pour la plupart trop petites et trop frustes pour donner une idée nette de la physionomie. Le grand bronze à son effigie en buste et l'inscription TI. CLAVDIVS. CAESAR. AVG. F. BRITANNICVS est suspect aux numismates, et des considérations iconographiques très sérieuses ne permettent que difficilement d'admettre que ce soit là le portrait de Britannicus. Le petit portrait en camée, n° 107 du cabinet des gemmes et pierres gravées, et le beau buste n° 60 du premier corridor des Uffizi de Florence donnent, croyons-nous, la vraie physionomie de Britannicus dans sa première enfance. Ces deux portraits produisent une singulière impression. Les traits bouffis, quelque chose d'indéfinissable, de vague dans les yeux, quoique sans pupille, un air de stupeur et de tristesse répandu sur toute la figure, le crâne large et grand du buste, tout rappelle l'habitus de l'hydrocéphalie chronique, et la qualité du marbre choisi pour le buste, d'un blanc livide et qui semble être légèrement translucide, confirme encore cette impression. Il est indubitable en tout cas que ces deux portraits, et surtout le buste, portent le cachet évident de quelque chose de morbide, de pathologique, et cela surtout dans la sphère nerveuse et intellectuelle, ce qui s'accorde complètement avec l'existence chez Britannicus du mal comitial et d'un trouble psychopathique profond. Ajoutons encore qu'il était de haute taille (3) et avait une belle voix, plus belle en tout cas que celle de Néron (4).

« Germanicus et Agrippine sa femme avaient eu neuf enfants; deux d'entre eux moururent en bas âge (l'un s'appelait Tibère, on ne connaît pas le prénom de l'autre), et un troisième, Caius, bel et aimable enfant, favori de Livie et d'Auguste, mourut au sortir de l'enfance. Les autres survécurent à leur père; c'étaient trois filles, Agrippine, Drusilla et Julia Livilla, et trois fils, Néron, Drusus et Caius » (5), ce der-

---

(1) *Ibid.*, XIII, 10. — (2) SUET., Titus, II. — (3) SUET. Claud., XLIII. — (4) *Ibid.*, Nero, XXXIII. — (5) *Ibid.*, Caius, VII et VIII.

nier appelé ainsi en souvenir de son frère. Les garçons et les filles
alternaient régulièrement (1) chez Agrippine.

Néron était beau ; sa figure respirait une noblesse imposante, qu'il
s'était composée devant son miroir, ainsi que l'air de modestie timide
qu'il prenait en paraissant en public (2) ; nous reconnaissons là le fils
de Germanicus. Néron n'était pas moins ambitieux que son père, mais
il n'avait ni sa prudence, ni son esprit de conduite ; Tacite lui-même,
partisan fidèle de la famille de Germanicus, avoue que « Néron oubliait
trop souvent les ménagements que réclamaient les circonstances (3) »
et « se permettait des discours hautains et inconsidérés (4) ». Tibère
avait d'abord été bien disposé à son égard ; il avait demandé au Sénat
de le dispenser du vigintivirat et de l'autoriser à solliciter la questure
cinq ans avant l'âge prescrit par la loi ; le Sénat l'accorda, en ajoutant
de son propre mouvement encore le pontificat, et le jour où Néron fit
sa première entrée au Forum on distribua le *congiarium* au peuple (5).
Peu de temps après Tibère le fiança à sa petite-fille Julie, fille du César
Drusus son fils (Néron avait d'abord été fiancé à la fille de Créticus
Silanus (6), mais ce mariage n'avait pas eu lieu). Drusus, son frère, fut
fiancé à peu près à la même époque à une autre petite-fille de l'empereur, fille de Lucius Salvius Otho, fils naturel de Tibère (7), et les
deux frères reçurent le titre de Césars. Un petit détail de la vie publique à Rome à cette époque nous fait voir mieux que de longs développements la haute position des deux fils de Germanicus : le fameux
corbeau parlant du Capitole saluait tous les matins du haut de la tribune, à titre égal, l'empereur Tibère et les deux Césars Néron et Drusus,
et ensuite le peuple romain (8). Comme preuve de la haine secrète que
Tibère aurait portée à Néron et à Drusus, en leur qualité de fils de
Germanicus, on rapporte qu'il fut très mécontent que les pontifes, en
offrant officiellement des vœux pour la prospérité de la République et
l'empereur, aient aussi recommandé aux dieux Néron et Drusus. Mais
si Tibère eut réellement haï ces deux jeunes gens, rien ne le forçait
de leur prodiguer les honneurs, de leur ouvrir le chemin du trône, et
de désigner enfin officiellement Néron pour son successeur, d'autant
plus que, de l'aveu même de Tacite, on trouvait généralement à Rome
qu'il leur accordait trop d'honneurs et de distinctions, ce qui fut même

(1) PLIN., *Hist. mundi*., VII, 11. — (2) TACIT., *Ann*., IV, 15. — (3) *Ibid*., 36. —
(4) *Ibid*., 59. — (5) *Ibid*., III, 29 ; SUET., Tiber., LIV. — (6) TACIT., II, 43. — (7) SUET.,
Otho, I. — (8) PLIN., *Hist. mundi*., l. X, 60.

un sujet de plaisanteries (1). Tibère était généralement très modéré
quant aux honneurs qui lui étaient décernés, ainsi qu'à sa famille ; il
avait refusé des autels, des temples et des titres pour lui-même, ce
qu'on lui reprochait, Tacite comme les autres, comme manque de
noble ambition ; il refusa plus tard les honneurs exceptionnels que le
Sénat avait votés à sa mère Livie et à son fils Drusus. Quant à Néron
et Drusus, il avait parfaitement raison de recommander à l'avenir
« qu'on se gardât bien d'exalter par des honneurs précoces les esprits
mobiles d'une jeunesse présomptueuse (2), » et que c'étaient là des distinctions qu'il fallait réserver au mérite et à la vieillesse (3) ; Auguste
avait agi de la même façon dans une circonstance analogue : le César
Caïus, qu'il aimait beaucoup cependant, ayant été placé au théâtre à côté
de Tibère, Auguste, craignant précisément que les honneurs prématurés
et non mérités n'exaltassent la vanité et l'orgueil du jeune homme, témoigna
son mécontentement de ce fait et le défendit à l'avenir (4). D'ailleurs
Néron se posait déjà beaucoup trop en héritier du pouvoir suprême, et,
dans son entourage, il était même question de s'en emparer sans attendre la mort du vieil empereur. Ses affranchis, ses esclaves, impa-
tients de jouir des avantages qu'a toujours la domesticité du prince, le
poussaient à la révolte (5) et Néron ne s'y refusait pas. Séjan sut
profiter habilement de la vanité et de l'ambition du jeune homme ; il
apposta auprès de lui des agents provocateurs, qui maintenaient Néron
dans ces dispositions, lui conseillaient de s'emparer par un coup de
main du pouvoir ou de provoquer une révolte, soit à Rome, soit à
l'armée de Germanie (6). Ces excitations eurent plein succès. Néron,
vaniteux, mais sans énergie, tout en reculant devant l'action, se com-
promettait par des discours imprudents (7). D'ailleurs Agrippine,
dont il était le favori (8), intriguait de son côté, enrôlant des partisans
dans l'aristocratie de Rome et dans l'armée, et suscitant des ennemis à
Tibère. Tout le parti s'agitait, et toutes ses intrigues aboutirent enfin à
l'affaire Titius Sabinus, affaire qui était bien un complot très sérieux,
quoi qu'en dise Tacite, qui avoue du reste lui-même que le parti d'A-
grippine ne se bornait nullement à un mécontentement anodin et à des
regrets platoniques (9). Néron, simple instrument dans les mains de sa

(1) TACIT., *Ann.*, l. III, 29. — (2) *Ibid.*, IV, 17. — (3) SUET., Tiber., LIV. — (4) DION
CASSIUS, LIV, 27. — (5) TACIT., *Ann.*, IV, 59. — (6) *Ibid.*, 67. — (7) *Ibid.*, 59. —
(8) *Ibid.*, 60. — (9) Voir sur l'affaire de C. Silius et celle de Titius Sabinus, ainsi que sur
les intrigues ambitieuses dont Néron était le centre, STAHR, *Tiberius*, *Buch.* III, cap.
II. — *Buch.* IV, cap. III.

mère, mais vaniteux et orgueilleux, excité d'ailleurs par les flatteries de sa domesticité, prenait déjà d'avance un ton et un maintien qui ne convenaient en aucune façon à sa position, et ne savait pas retenir sa langue; or tout ce qu'il disait était rapporté à Séjan par ses espions (1), au premier rang desquels il faut citer Julie (2), femme de Néron.

Drusus, deuxième fils de Germanicus, prit part au complot de Séjan contre Néron, tenté par l'appât du pouvoir suprême qui devait lui échoir s'il réussissait à faire périr son frère aîné. D'un caractère emporté, fougueux, brutal, irrité par l'ambition et la jalousie, il haïssait son frère, qui lui barrait le chemin du trône, *atrox Drusi ingenium, super cupidinem potentiæ et solita fratribus odia... præferocem et insidiis magis opportunum.* Il aida Séjan à préparer la perte de Néron, ne comprenant pas que le prétorien n'avait nullement pour but de l'élever, lui Drusus, à l'empire, que celui-ci n'avait aucune raison de le préférer à son frère, et que la perte de Néron serait nécessairement suivie de la sienne. Aussi Séjan se ménageait-il les moyens de perdre Drusus; « il savait que ses emportements le livraient facilement aux coups qu'il lui réservait (3) », et sut profiter habilement des défauts et des vices des fils de Germanicus. Les poussant, l'un à la révolte, l'autre au fratricide, il réussit à indisposer contre eux le vieil empereur, et surtout à l'effrayer (4). Ajoutons que les deux frères étaient extrêmement débauchés, et surtout adonnés aux amours infâmes (5), qui deviennent déjà une habitude constante de la famille des Césars et entrent dans les mœurs du Palatin.

Violents, hautains, ambitieux, se haïssant mutuellement, adonnés à un vice infâme, Néron et Drusus eurent aussi un sort analogue. Entraînés par le perfide prétorien dans des conspirations du parti Julien, ils furent jugés et condamnés par le Sénat, qui les déclara ennemis du peuple romain, formule ordinaire pour le crime de haute trahison. Néron fut d'abord relégué dans l'île Pontia; on lui envoya ensuite le bourreau avec les instruments de supplice, ce qui l'effraya tellement qu'il préféra se laisser mourir de faim (6). Drusus se réjouissait de la mort de son frère, mort qui lui ouvrait, croyait-il, le chemin du pouvoir suprême, mais bientôt vint son tour. Poussé par de faux amis, appostés par Séjan, trahi par sa femme Lépida, qui fut pour lui une

_____

(1) Tacit., *Ann.*, l. IV, 59. — (2) *Ibid.*, 60. — (3) Tacit., *Ann.*, l. IV, 60. — (4) *Ibid.*, 70. — (5) *Ibid.*, V, 3; VI, 24. — (6) Suet., Tiber., LIV.

accusatrice acharnée (1), il fut condamné par le Sénat comme ennemi
de la République, comme l'avait été son frère: Enfermé dans les caves
du Palatin, sous le cep de vigne du centurion Accius, sous le bâton de
l'affranchi Didyme, brutalisé par des esclaves, il comprit enfin que la
mort de son frère, qu'il avait complotée avec Séjan, devait fatalement
être suivie de la sienne, et que ce n'est pas dans son intérêt à lui,
Drusus, que travaillait le perfide prétorien. Il mourut de faim (2),
après neuf jours de souffrances, ayant essayé de manger la bourre de
son matelas (3).

Néron, nous l'avons dit plus haut, avait été fiancé à la fille de Créticus Silanus; il épousa plus tard Julie, fille du César Drusus fils de
Tibère. Drusus, fiancé d'abord à la fille de L. Salv. Otho, qui était fils
naturel de Tibère, épousa Lépida, fille du sénateur Lépide dont il est
si souvent question sous le principat de Tibère, et dont Tacite parle
avec éloge. Ces unions furent stériles, et les deux frères moururent
sans enfants.

Caïus César, surnommé Caligula, du nom d'une chaussure de soldat
(caliga), que le libéral Germanicus son père lui faisait porter au camp,
pour flatter les légionnaires et dans l'intérêt de sa popularité, — *ad
concilianda vulgi studia* — occupe dans l'histoire une place tout à fait
exclusive. Beulé l'appelle *la fantaisie sur le trône*, et, à ne le considérer que du point de vue de la bizarrerie et de l'excentricité de ses
actes, il faut avouer que cette épithète ne manque pas de justesse. Mais
une épithète, si pittoresque et si juste qu'elle soit, ne peut nous suffire;
nous devons rechercher la cause des singularités de Caïus, le mot psychologique — ou psychiatrique — de cette énigme. Recourons donc à
notre fil conducteur, à la médecine mentale; un examen médico-psychologique de la personnalité de Caïus Caligula, et l'analyse psychiatrique
de ses idées bizarres, de ses actes singuliers, nous donneront l'explication des faits qui avaient étonné à bon droit les contemporains, et qui
étonnent encore la postérité.

Commençons d'abord par le portrait physique et l'étude somatique
du sujet.

(1) TACIT. *Ann.*, l. VI, 40. — (2) *Ibid.*, 23, 24; SUET., Tiber., LIV. — (3) « Dello
morti di Nerone et di Druso nipoti suoi (di Tiberio), sentenziati già dal Senato per
nemici del Popolo Romano, fu egli (Tiberio) autore non tanto per una tremenda ra-
gione di Stato, quanto per la ferocia di quegli e per le mali arti del delatori. Io non
lo diffenderò. Dirò solo che Tiberio aveva in ogni occasione mostrato a que' giovani
un gran affetto, fino a raccomandarli con viva istanza al Senato. » SALV. BETTI.
Scritti vari, Firenze 1856, p. 23-24.

Caïus était de taille haute, mais mal bâti. Il paraît que le défaut héréditaire de la famille·d'Auguste — faiblesse des jambes — ne faisait qu'augmenter dans la descendance mâle. Drusus Germanicus l'Ancien ne l'avait qu'à un degré très modéré; ce défaut était déjà beaucoup plus prononcé chez son fils Germanicus, mais ce dernier se 'fortifia les jambes en montant à cheval après le repas. Tous les deux, le père et le fils, étaient du reste très bien bâtis, et cette faiblesse des jambes ·tait chez eux plutôt physiologique qu'anatomique, quoique, d'après Suétone, les jambes grêles de Germanicus déparaient sa beauté. Nous avons vu que Claude avait les genoux tellement faibles, que sa démarche en était chancelante, et que souvent il était obligé de s'asseoir, ne pouvant plus ni marcher, ni même se soutenir. Ce défaut, beaucoup plus prononcé encore chez Caïus Caligula, constitue déjà chez lui une véritable difformité : « il avait le corps énorme, les jambes extrêmement grêles *corpori enormi, gracilitate maximâ crurum*, dit Suétone (1), « les jambes menues, les pieds énormes » *exilitatem crurum et enormitatem pedum*, dit Sénèque (2). Notons que son neveu Néron, fils de sa sœur Agrippine, avait « le cou épais, le ventre gros, la constitution robuste, mais *les jambes menues* ».

Caïus était pâle de visage; un front saillant « large et menaçant, » sillonné de rides, surplombant la figure; les yeux caves, à l'expression farouche, au regard fixe et terrible, que les plus braves ne pouvaient supporter (3), donnaient à sa physionomie un caractère sinistre, que rehaussaient encore les saillies des muscles de la face, les tempes creuses, les lèvres minces fortement serrées, convulsivement contractées, dirait-on presque. Il avait le cou mince, sec, décharné, aux muscles saillants, la tête chauve, le sommet complètement dégarni et couvert à grand peine de peu de cheveux ramenés des tempes, la nuque couverte de rares poils rudes et hérissés, le corps très velu. » Son visage était naturellement affreux et hideux « *vultum vero natura horridum ac tetrum* dit Suétone; Sénèque, en parlant de sa figure, se sert du mot *deformitas* (4).

Caïus ne se faisait pas illusion sur son extérieur; il ne demandait pas si on le prenait pour un Théogonius, pour le fils d'un dieu. Il se savait affreux, et ne pouvant se faire beau, voulut rendre sa physionomie plus effrayante encore, s'étudiant devant un miroir à donner à

(1) SUET., Caïus, L. — (2) *De Constant.*, XVIII. — (3) Des quarante gladiateurs qu'il entretenait auprès de sa personne deux seulement, les plus braves, pouvaient le regarder sans baisser les yeux. --(4) SUET., Caïus, L. SENECA, *de Constant.*, XVIII.

son visage une expression terrible, pour inspirer l'effroi et l'horreur, ce qui n'excluait pas cependant chez lui une certaine coquetterie. Il portait quelquefois une perruque pour cacher sa calvitie, mais, fidèle à son caractère, que nous allons étudier, il ne cherchait pas autant à cacher le manque de cheveux, qu'à arriver à ce que personne ne se permette de le voir et de constater. Ainsi c'était un crime capital de le regarder d'un lieu élevé, de la terrasse d'une maison par exemple, quand il passait dans la rue, ou de prononcer le mot de *chèvre* pour quelque raison que ce soit.

« Il n'était sain ni d'esprit ni de corps, » dit Suétone. En effet, *il était épileptique dès sa naissance* (1), et nous rappelons encore une fois que l'épilepsie est un fait de la plus haute importance sous le rapport du diagnostic dans la question de l'hérédité névropathique et de la dégénérescence, et a une influence capitale sur le sujet lui-même. « Sur 339 femmes épileptiques, observées à Charenton, Esquirol en a trouvé 12 *monomaniaques*, 30 *maniaques avec penchant au suicide*, 34 *furieuses*, 145 *en démence*, 8 *idiotes*, 50 *ont des idées exaltées ou du délire fugace et toutes ont de la tendance vers la démence*, 60 seulement n'ont aucune aberration de l'intelligence, *mais elles sont d'une très grande susceptibilité, irascibles, entêtées, difficiles à vivre, capricieuses, bizarres; toutes ont quelque chose de singulier dans le caractère*. Ainsi près de *cinq sixièmes des épileptiques sont aliénés*; *un sixième seulement conserve l'usage de la raison, mais quelle raison!* (2) »

Outre les grands accès complets Caïus était encore sujet au « *petit-mal* », à des accès fréquents de vertige épileptique; « il lui prenait des faiblesses subites, de sorte qu'il ne pouvait ni marcher, ni se tenir debout, et perdait connaissance (3). » Or les médecins aliénistes savent bien que *le petit-mal épileptique* et ces accès de vertige ont pour l'état mental du malade — nous ne discuterons pas si cette importance est de nature étiologique ou symptomatique — beaucoup plus grande encore que les grands accès convulsifs. « Caïus sentait lui-même son mal, se rendait compte de l'altération de sa raison, et recourait souvent aux remèdes *pour se purger le cerveau, purgare cerebro,* » ce que la médecine antique faisait avec des sternutatoires et des parfums de fleurs (4).

---

(1) Suet. Caius., L. — (2) Esquirol, *Maladies mentales*. Paris, 1838, t. I. *De l'épilepsie*, p. 142. — Hoffmann (*Beobachtungen über Seelenstörung und Epilepsie*, 1859), n'a constaté l'intégrité de la raison que chez *deux* malades sur *trente-trois*. — (3) Suet., Caius, L. — (4) Plin., *Hist. mundi.*, 1. XXI, c. 73 et 83.

Il était tourmenté surtout par des insomnies; jamais il ne dormait plus
de trois heures dans la nuit, et encore d'un sommeil inquiet et troublé
par des fantômes et des rêves bizarres. Aussi la plus grande partie de
la nuit, las de veiller dans son lit, il errait sous les longs portiques du
palais, attendant et invoquant le jour (1).

Nous devons distinguer chez Caïus deux éléments pathologiques, qui
avaient influé sur son caractère, *l'hérédité psychopathique* et *l'épilepsie*. Nous avons déjà parlé plus d'une fois dans le cours de cet ouvrage de l'influence de l'hérédité morbide sur la personnalité intellectuelle et morale, et nous nous sommes attachés surtout à faire ressortir
les contrastes bizarres, les singularités de caractère, et, dans les plus
heureux, l'intelligence hors ligne, mais peu profonde, les capacités
brillantes mais stériles, que l'on trouve fréquemment dans les familles
atteintes du vice névropathique héréditaire. Rappelons maintenant
quelle influence exerce l'épilepsie sur l'intelligence et le caractère des
malades. Notons tout d'abord qu'Esquirol indique une tête volumineuse
et des jambes grêles comme des anomalies particulièrement fréquentes
chez les épileptiques; or nous savons que Caïus présentait précisément
ces deux particularités à un haut degré.

L'épilepsie imprime-t-elle quelque caractère particulier à la vie
psychique du malade?

« Les épileptiques, se demande M. Jules Falret (2), sont-ils, oui, ou
non, sains d'esprits dans l'intervalle de leurs accès? Cette question,
très souvent posée, a été diversement résolue; cependant *tous les auteurs sont d'accord pour reconnaître que la plupart des épileptiques
présentent, à divers degrés, des troubles de l'intelligence et du caractère dans le cours habituel de leur existence,* en dehors de leurs attaques convulsives. *On ne discute que sur la valeur de ces anomalies de
l'esprit et du sentiment et sur le degré de leur fréquence. Les uns
veulent que tous les épileptiques, sans exception, soient considérés
comme des aliénés;* les autres, au contraire, tout *en reconnaissant
l'extrême fréquence de ces perturbations psychiques,* admettent que
plusieurs d'entre elles ont peu d'importance et ne se produisent que
rarement chez certains épileptiques... Quoi qu'il en soit de cette question générale, qui ne peut être tranchée d'une manière absolue dans
l'état actuel de la science, *personne ne conteste aujourd'hui que les
épileptiques présentent très fréquemment des altérations de l'esprit*

(1) Suet., Caius., L. — (2) Jules Falret, de l'état mental des épileptiques. *Arch.
génér. de médecine,* décembre 1860, janvier 1861.

et du caractère dans l'intervalle de leurs attaques, alors même qu'il ne peuvent être considérés comme aliénés. Il importe donc de décrire rapidement les troubles habituels observés chez ces malades avant de parler des accès de délire plus caractérisés, qui méritent spécialement le nom de *folie épileptique.*

« *L'irascibilité constitue le trait dominant du caractère habituel des épileptiques.* Ces malades sont généralement *soupçonneux,* querelleurs, *disposés à la colère et aux actes violents pour les plus légers motifs, souvent même sans motifs appréciables.* Ces colères passagères, que tous les auteurs ont constatées chez les épileptiques, ne doivent pas être confondues avec les accès de fureur instinctive, également de courte durée, dont nous parlerons plus loin. *Ces dispositions à la colère sont souvent remplacées par des dispositions précisément inverses,* dont le contraste avec les précédentes est très important à signaler. Tous ceux qui ont vécu avec les épileptiques ont fait la remarque que les malades sont ordinairement *timides, craintifs,* cauteleux, obséquieux jusqu'à la bassesse, caressants et complimenteurs. Ces tendances alternent souvent avec la tristesse, la morosité et le découragement, ou bien au contraire avec *la malveillance, les récriminations violentes et injustes,* et les emportements subits portés jusqu'à la violence, et cette alternative constitue le fond du caractère épileptique, ainsi que l'ont déjà signalé plusieurs auteurs, et en particulier M. Morel (1).

« Ce que l'on doit surtout remarquer dans le caractère comme dans l'état intellectuel des épileptiques, c'est l'*extrême variabilité de leur humeur et de leurs dispositions mentales,* selon les moments où on les observe. Tantôt en effet on les voit tristes, maussades, découragés et comme sous le coup de la douleur ou de la honte que leur fait ressentir leur affreuse maladie; tantôt, au contraire, ils ont un sentiment intérieur de bien-être et de satisfaction *qui les porte à nourrir de vastes projets,* ou à concevoir des espérances les moins réalisables dans leur triste position. *Tantôt ils sont taquins, disposés* à la controverse, à la discussion, *aux querelles, et même aux actes de violence;* tantôt, au contraire, ils montrent une douceur, une bienveillance, une affectuosité, des sentiments religieux de soumission et d'humilité aussi exagérés et aussi peu motivés que l'étaient précédemment les manifestations opposées.

(1) *Études cliniques,* 1853, t. II. *Traité des maladies mentales,* 1860.

« Les mêmes contrastes que l'on observe dans leurs sentiments, on les constate dans le degré de leur intelligence et dans la nature des idées qui les préoccupent. Rien n'est plus mobile que la disposition d'esprit et le niveau de leur intelligence. Tantôt les épileptiques ont l'intelligence confuse, la mémoire affaiblie, l'attention et la compréhension difficiles. Ils éprouvent une grande difficulté à réunir leurs pensées, *et ont eux-mêmes conscience de l'obtusion de leur intelligence et de la confusion de leurs idées. Tantôt, au contraire, ils présentent une activité intellectuelle, une circulation rapide des idées, qui correspond à un certain degré d'excitation cérébrale.* Ils peuvent alors se livrer à un travail suivi, dont ils seraient incapables dans d'autres moments, et se rappeler certains faits ou certaines idées, que dans d'autres instants ils semblaient avoir complètement oubliés.

« Cette irrégularité qui existe dans leurs sentiments et dans le degré de leur intelligence, se reflète nécessairement dans leurs paroles et dans leurs actes. Aussi leur conduite et leur manière d'être avec les personnes qui les entourent sont-elles essentiellement variables. Pendant certaines périodes de leur existence ils se montrent laborieux, actifs, attentifs à leurs travaux, soumis et dociles. Dans d'autres moments la conduite de ces malades se modifie tout à coup et présente les plus grandes irrégularités. Ils deviennent négligents, paresseux, indolents, passent leur temps dans l'inaction ou *errent çà et là sans but, sans direction et ils constatent eux-mêmes le vague et la confusion de leurs idées.* On voit en même temps se développer chez eux les plus fâcheuses tendances et les plus mauvais penchants : *ils deviennent taquins, menteurs, ils cherchent querelle à tous ceux qui les entourent, se plaignent de tout et de tous, s'irritent avec une grande facilité pour les plus légers prétextes, et se portent même fréquemment à des actes violents, le plus souvent sans provocation aucune de la part de ceux qui en sont les victimes.* « L'intermittence dans les phénomènes psychiques, soit dans l'ordre des sentiments et du caractère, soit dans celui des facultés intellectuelles, est donc le trait dominant du caractère des épileptiques. C'est la loi générale qui règle tous les phénomènes de cette affection, qui imprime son cachet aussi bien aux symptômes moraux qu'aux symptômes physiques de cette maladie essentiellement périodique... *Sous l'influence de cet état (petit-mal) les malades quittent leurs occupations ou leur domicile pour errer à l'aventure dans les rues ou dans les campagnes.* Ce besoin de marcher au hasard est presque constant dans cette situation d'esprit et mérite au plus haut degré d'être signalé. En proie à une vague anxiété, à un profond dégoût de la vie, à une terreur instinctive et non motivée, à un besoin de mouvement automatique et indéterminé, ces pauvres malades marchent sans but et sans direction. Ils se sentent horriblement malheureux. Ils se croient victimes et persécutés par les membres de leur famille ou par leurs amis. Ils accusent tous ceux avec lesquels ils ont été en rapport. S'ils ont nourri précédemment des sentiments de haine et de vengeance, ces sentiments se trouvent ranimés par la maladie et élevés tout à coup à un degré de vivacité qui les fait passer immédiatement à l'action... « *Le calme des mouvements, la lucidité partielle des idées, les apparences de raison en un mot, que l'on observe chez les épileptiques atteints du petit-mal* contrastent au plus haut point avec l'agitation maniaque qui accompagne le grand mal. »

« L'intégrité parfaite de l'intelligence et du sentiment chez les épileptiques, dit un autre aliéniste (1), est un fait extrêmement rare. Tous les médecins qui ont vu de près les épileptiques savent qu'à quelques exceptions près ces malades deviennent très vite *irritables, soupçonneux*, querelleurs; on les entend se plaindre de tous ceux qui les entourent, critiquer d'une manière agressive ce qui se passe devant leurs yeux, et présenter une versatilité de goûts et d'humeur qui est un trait caractéristique de leur situation mentale; tantôt ils sont gais, pleins d'entrain, et offrent même un léger degré d'excitation intellectuelle qui rend leur imagination plus féconde et plus vive, tantôt, au contraire, préoccupés de leur affreuse maladie, poursuivis par des idées hypocondriaques, ils se montrent tristes, moroses, déprimés, incapables d'un travail soutenu, et se laissent aller à tous les mauvais penchants. Ces inégalités de caractère influent singulièrement sur leurs actes et sur leurs allures : *autant* dans *certains moments ils sont taquins, querelleurs, irascibles, autant* dans une période nouvelle, *ils se montrent humbles, craintifs, soumis.* »

Tous les auteurs ont indiqué en outre deux particularités propres aux épileptiques, c'est qu'ils sont fantasques et cruels. Le premier état s'explique en partie par l'inconstance de leur humeur, mais en dehors même de cette inconstance, l'esprit et le caractère des épileptiques présentent quelque chose d'étrange et de singulièrement inégal. Dans la sphère intellectuelle, s'ils ne présentent pas de décadence positive et cette stupeur qu'on regarde comme pathagnomique de l'épilepsie,

---

(1) MARCÉ, *Traité pratique des maladies mentales*, Paris, 1862, p. 531

ils se distinguent par des idées étranges, originales, tout à fait en
désaccord avec les idées généralement acceptées, par l'association des
images les plus hétérogènes, les plus disparates. Dans la sphère affective ils sont privés de ce régulateur moral qui rend l'homme plus ou
moins égal dans toutes les circonstances de la vie, qui l'empêche de
franchir certaines limites et de tomber dans les extrêmes. L'épileptique s'abaisse devant le plus fort, devant toute personne qui lui est
nécessaire ou qu'il craint. Avec les autres il sera de l'humeur la plus
inconstante, et la singularité de son esprit se retrouve aussi dans son
caractère. Il associe facilement les sentiments les plus contradictoires,
l'affection et la tendresse avec la cruauté, la bienveillance avec la malice et la méchanceté, l'arrogance sans limites, l'insolence la plus hautaine, avec une lâcheté sans pudeur. Une autre particularité du caractère épileptique est la cruauté, qui se manifeste dans les conditions
ordinaires de la vie par de la méchanceté, le désir de faire du mal,
des désagréments aux personnes qui entourent le malade, de les mettre
dans des positions pénibles et humiliantes, et qui va, quand les
circonstances le permettent, jusqu'à la férocité la plus sanguinaire,
— nous ne parlons pas, bien entendu, de la fureur consécutive ou vica-
riante des accès de haut-mal. On ne connaît cela que trop bien dans
les asiles; aussi les épileptiques y sont-ils regardés avec raison comme
les plus redoutables des aliénés, d'autant plus dangereux qu'il est impossible de prévoir leurs actes de violence, qu'ils commettent tantôt
brusquement, sans motif aucun, tantôt avec préméditation, prenant
hypocritement un air de bienveillance et témoignant à la victime qu'ils
se sont choisie les sentiments les plus affectueux.

Notons enfin que les épileptiques sont particulièrement sujets aux
hallucinations, qui prennent chez eux un caractère étrange et effrayant.

Ce tableau de l'état mental des épileptiques nous servira de guide
dans l'analyse du caractère et des actes de Caïus Caligula, et nous
donnera la clef de l'énigme des singularités et des bizarreries qui
étonnaient ses contemporains, ses historiens, et qui étonnent encore la
postérité.

Caïus, à peine âgé de deux ans, rejoignit son père au camp de
l'armée de Germanie, où il passa sa première enfance (1); il accompagna aussi Germanicus dans son voyage en Orient. A son retour il

(1) SUET., Caius, VIII.

demeura chez sa mère, et lorsqu'elle fut exilée, chez Livie, veuve d'Auguste; après la mort de cette dernière il vécut chez sa grand'mère Antonia. Il avait vingt et un ans quand l'empereur Tibère le fit venir à Caprée et lui fit prendre la toge virile et raser la barbe, mais sans aucun des honneurs qui furent rendus à ses frères. Revêtu encore de la prétexte, il prononça du haut des rostres l'éloge funèbre de sa bisaïeule Livie (1). A Caprée il sut échapper à tous les pièges qu'on lui tendait; on chercha en vain à lui arracher des murmures. Il ne parut pas s'apercevoir ni de la mort malheureuse de ses frères (2), ni des dangers qui menaçaient sa propre vie (3), et dévorait les affronts avec une dissimulation incroyable. Sa complaisance pour Tibère et pour ceux qui l'entouraient était telle que l'orateur Crispus Passienus, son beau-frère, disait de lui « qu'il n'y eut jamais de meilleur serviteur et de plus mauvais maître (4). » Cette dissimulation est le trait dominant du caractère de Caïus, non seulement du vivant de Tibère, mais aussi pendant les premiers mois de son règne. « Après avoir prononcé l'éloge funèbre de Tibère en versant beaucoup de larmes, il se hâta d'aller aux Iles Pandataria et Pontia recueillir les cendres de sa mère et de ses frères, et, pour faire montre de piété, choisit pour ce voyage la saison la plus défavorable, rassembla lui-même les cendres, les mit dans les urnes, et les fit porter avec la plus grande pompe à Ostie, et de là à Rome par le Tibre. Il établit en honneur de ses frères et de sa mère des sacrifices annuels et des jeux de cirque, appela le mois de septembre du nom de Germanicus, fit décerner par un sénatus-consulte à son aïeule Antonia tous les honneurs que Livie avait eus, et se choisit pour collègue au consulat son oncle Claude, alors simple chevalier. Il adopta son frère Tibère (Gemellus) le jour où ce dernier prit la robe virile, et lui donna le titre de prince de la jeunesse. Il voulut qu'on mit dans tous les serments cette formule : « *Caïus et ses sœurs me sont aussi chers que moi-même et mes enfants,* » et cette autre dans les actes des consuls : « *pour la prospérité de Caïus César et de ses sœurs* (5). Caïus savait que la haine que se portaient les membres de la famille impériale, et surtout celle de Germanicus; les intrigues et les crimes des uns envers les autres avaient excité l'indignation des Romains, pour lesquels les liens de famille étaient

---

(1) TACIT., *Ann.*, l. V, 1; SUET., Caius, X. — (2) TACIT., *Ann.*, l. VI, 20, SUET., Caius, X. — (3) Séjan avait voulu le tuer, et choisit même pour cet assassinat un ancien préteur, Sextus Paconianus. TACIT., *Ann.*, l. VI, 3. — (4) SUET., Caius. X. TACIT., *Ann.*, l. VI, 20. — (5) SUET., Caius, XV; DION CASSIUS, LIX, 3, 8, 9.

sacrés. Il savait aussi que Germanicus et sa famille avaient été les favoris, l'espoir du peuple romain, que la mort des membres de cette famille avait été regardée comme un malheur public, et il comprenait que plus il témoignerait d'affection à ses parents vivants, et surtout de pieux souvenirs aux morts, plus il gagnerait l'amour du peuple. En rendant des honneurs aux cendres de sa mère et à la mémoire de son père, il se mettait pour ainsi dire sous leur protection, et bénéficiait de leur passé et de leur popularité.

D'ailleurs il continuait réellement les traditions de libéralisme et de moralité de sa famille. Un des premiers actes de son règne avait été d'accorder ce que l'on pourrait appeler la liberté de la presse. « Il fit rechercher les ouvrages de Titus Labienus, de Cremutius Cordus, de Cassius Severus, que le Sénat avait supprimés; il en permit la lecture comme étant lui-même intéressé à ce que l'histoire fût fidèlement écrite. » Il publia les *rationes imperii,* comme le faisait Auguste, laissa aux magistrats une juridiction indépendante, n'admettait pas d'appel à son autorité de leurs décisions, dispensa de le saluer du geste et de la parole dans la rue, de sorte que les passants pouvaient vaquer à leurs affaires sans s'occuper de lui (1), voulut même rétablir les comices et le droit de suffrage (2), passa la revue des chevaliers sans trop de sévérité (3), fit parade enfin de ce libéralisme anodin, de tradition dans sa famille, qui semble donner satifaction aux aspirations et aux désirs du peuple, sans affaiblir le pouvoir. Mais ce libéralisme banal et vide semblait déjà être le nec plus ultra du républicanisme et de la liberté aux yeux des Romains, qui avaient supporté patiemment pendant près de soixante-dix ans les principats d'Auguste et de Tibère.

Dans les dernières années qui précédèrent l'avènement de Caïus, les délations et les accusations de lèse-majesté avaient tenu Rome entière dans l'épouvante et causé la mort ou l'exil d'une multitude de citoyens. Le jeune César réhabilita les condamnés, fit revenir les bannis, et accorda une amnistie générale. La famille de Germanicus ayant été poursuivie et condamnée, tous ceux qui y avaient pris part, comme accusateurs, juges ou témoins — et presque tout le Sénat se trouvait dans ce cas — attendaient avec un effroi facile à comprendre ce qu'en décidera le nouveau maître. Caïus fit porter sur la place publique tous

---

(1) Dion Cassius, LIX, 7. — (2) Dion Cassius, LIX, 9, dit qu'il les avait rétablis.
—. (3) Suet., Caius, XVI.

les mémoires relatifs à la procédure faite contre sa mère et ses frères,
et après avoir juré qu'il n'en avait lu aucun, les fit brûler tous, afin
qu'ils ne pussent inspirer aucune alarme aux accusateurs et aux
témoins (1). Léon Gozlan donne aux princes, dans une nouvelle fantaisiste intitulée. « Émotions de Polydore Marasquin chez les singes »
un moyen très simple de se concilier l'affection de leurs sujets et de se
rendre populaires ; le prince n'a, assure-t-il, qu'à faire tout juste le
contraire de ce que faisait son prédécesseur. Il allait à cheval — promenez-vous à pied, dit Gozlan ; il allait à pied — promenez-vous à cheval. Il avait été fier — soyez affable ; il avait été affable — soyez fier.
Il était causeur — soyez taciturne ; il était taciturne, — soyez causeur,
etc. Caïus Caligula, sans avoir lu Gozlan, avait employé son moyen avec
un succès éclatant. Tibère, assurait-on, s'adonnait pendant les dernières années de sa vie à des débauches monstrueuses — Caïus fut tellement vertueux qu'il bannit de Rome les inventeurs de ces débauches
et qu'on eut même beaucoup de peine à obtenir qu'il ne les fit point
noyer dans le Tibre (2). Tibère était d'un caractère sombre, méfiant,
misanthrope, — Caïus se montra affable et bienveillant ; il refusa de lire
un mémoire qu'on lui présentait un jour comme intéressant sa vie, et
répondit qu'il n'avait rien fait qui pût lui mériter la haine de qui que ce
soit, et qu'il n'avait pas d'oreilles pour les délateurs(3). Tibère, sans être
cupide — Tacite lui-même lui rend cette justice — était ménager des
deniers de l'État ; il n'accordait pas facilement l'exemption de l'impôt,
avait cassé le testament de Livie pour n'avoir pas à payer ses legs, et
cherchait en général à remplir les coffres du trésor public. Caïus, au
contraire, paya immédiatement et intégralement non seulement tous les
legs portés sur le testament de Tibère, quoique ce testament eut été
annulé par le Sénat, mais encore ceux du testament de Livie que Tibère
avait cassé. Il remit en outre aux peuples d'Italie l'impôt sur les ventes ;
en rendant les royaumes aux rois que Tibère en avait dépouillés, il
restitua aussi les revenus qui avaient été perçus pendant la suspension
de leur pouvoir, et rendit à Antiochus, roi de Comagène, une confiscation de cent millions de sesterces. Tibère ne donnait pas de fêtes, Caïus,
au contraire, les multipliait à l'infini (4), etc.

Cette manière d'agir eut plein succès. Sur Caïus se concentra, s'ac-
cumula pour ainsi dire, tout l'attachement que les Romains avaient

---

(1) SUET., Caius, XV. DION CASSIUS, LIX, 3, 4, 6. — (2) SUET., Caius, XVI.
— (3) Ibid., XV. — (4) Ibid., XVI.

porté aux membres de la famille de Germanicus. « Il fut porté à l'empire par les vœux de tout le peuple romain, ou; pour mieux dire, de tout l'univers, dit Suétone (1). L'armée et les provinces lui étaient dévouées pour l'avoir vu enfant, Rome aimait en lui le fils de Germanicus, le dernier survivant d'une famille qui lui était chère (2). Du consentement unanime du Sénat et du peuple il fut reconnu seul maître de l'État, malgré le testament de Tibère, qui lui donnait pour cohéritier le jeune Tibère Gemellus. La joie publique fut si grande qu'en moins de trois mois on égorgea plus de cent soixante mille victimes. Peu de jours après son arrivée à Rome, comme il dût aller aux îles voisines de la Campanie, on fit des vœux pour son retour, tant on cherchait les occasions de témoigner l'intérêt qu'on prenait à sa santé. Il tomba malade. Le peuple passait la nuit autour de son palais, et plusieurs citoyens firent vœu de combattre dans l'arène ou même de s'immoler pour son rétablissement. A son arrivée à Rome de Misène, quoiqu'il suivît le convoi funèbre de Tibère en habit de deuil, le peuple lui fit un accueil enthousiaste; on dressait des autels, on faisait des sacrifices sur toute la route, et la foule remplie de joie lui donnait les noms les plus affectueux, l'appelant *son astre* (sidus), *son petit* (pullus), *son poupon* (pupus), *son élève* (alumnus) (3). Dans son allégresse, Rome ne savait plus quels honneurs, quels titres inventer pour lui témoigner son attachement; Caïus reçut une multitude de surnoms, tels que celui de *Pieux* (Pius), de *Fils des camps* (Castrorum Filius), de *Père des armées* (Pater exercituum), et même de *César très bon et très grand* (Cæsar optimus maximus) (4), comme Jupiter Capitolin lui-même C'était la lune de miel de Caligula et de Rome.

Nous venons d'exposer le tableau, pour ainsi dire officiel, des huit premiers mois du principat de Caïus, le côté apparent, public du règne. Passons maintenant derrière les coulisses, examinons de plus près le jeune César si bon, si moral, si clément, si sobre, voyons un peu Caïus Caligula non sur la place publique, non au Sénat, mais dans sa maison, dans sa vie intime.

Nous avons déjà dit qu'après l'exil de sa mère il vécut auprès de sa bisaïeule la vieille Augusta, ensuite auprès de sa grand'mère Antonia. Il portait encore la robe prétexte quand il ravit la virginité à sa sœur Drusilla, et l'on racontait qu'Antonia les avait surpris un jour en in-

---

(1) *Ibid.*, XIII. — (2) FLAV. JOSEPH., *Antiq. jud.*, l. XVIII, 13. — (3) SUET., Caïus, XIII. — (4) *Ibid.*, XXII.

ceste. Il abusa aussi de ses deux autres sœurs, Agrippine et Julia
Livilla (1). Malgré toute la retenue et toute la prudence qu'il devait
apporter à sa conduite à Caprée, quand il vivait auprès de Tibère, ses
mœurs étaient tels que Cotta Messalinus l'appelait non plus *Caïus*,
mais *Caïa*, et lui reprochait de dénaturer son sexe (3) ; las de la dissimulation, il se déguisait la nuit, mettait une perruque, et courait les
tavernes et les mauvais lieux (3). Tibère l'approchait du trône par
degré, hésitant encore s'il le nommerait son héritier. Pour parvenir
plus sûrement au pouvoir, Caïus, ayant perdu sa première femme
Junia Claudilla, fille de Marcus Junius Silanus le sénateur, morte en
couches (4), et non répudiée, comme le prétend Dion Cassius (5), séduisit Ennia, femme du préfet du prétoire Macron, et lui promit par
écrit le mariage s'il parvenait à l'empire, mettant ainsi sa maîtresse
et le mari de celle-ci dans les intérêts de son ambition. En effet, Macron l'aida puissamment à arriver au pouvoir suprême, et, peut-être,
lui sauva la vie (6) ; l'année suivante Caïus le fit mettre à mort, ainsi
que sa maîtresse Ennia.

Notons cependant que Tacite et Dion Cassius prétendent que Macron,
pour se concilier la faveur de Caïus dans les derniers temps de la vie
de Tibère, et quand on s'attendait d'un moment à l'autre à la mort du
vieil empereur, entraîna lui-même le jeune César à une liaison adultère
avec sa femme (7) ; Philon (8) prétend que Macron ne savait rien de
la liaison de Caïus avec Ennia sa femme.

Nous avons dit que du vivant de Tibère, Caligula tâchait de se contraindre, de dissimuler ses vices. « Il cachait son caractère féroce
sous une feinte douceur, jamais il ne dit un seul mot de l'exil et de la
mort ni de sa mère, ni de ses frères. Chaque jour il se composait
son humeur et son maintien sur ceux de Tibère ; c'était le même
extérieur et presque les mêmes paroles (9). » Il sut échapper ainsi
aux pièges que lui tendait Séjan, et quant aux affronts qu'il eut à
essuyer, il faisait mine de ne pas s'en apercevoir (10). Mais le vieux
Tibère avait trop d'expérience et de connaissance des hommes pour
être dupe du jeune Caligula ; il disait souvent « je laisse vivre Caïus
pour le malheur des autres et le sien ; j'élève un serpent pour

(1) DION CASSIUS, LIX, 3 ; SUET., Caius, XXXIV. — FLAV. JOSEPH., *Antiq. jud.*, XIX,
2. — (2) TACIT., *Ann.*, l. VI, 5. — (3) SUET., Caius, XI. — (4) TACIT., *Ann.*, l. VI,
45. SUET., Caius, XXIV. — (5) L. LIX, 8. — (6) PHILON, *Legat ad Caium*, p. 997-
1000. — (7) TACIT., *Ann.*, l. VI, 45. DION CASSIUS, LVIII, 28. — (8) *Legat ad Caium*,
p. 997. — (9) TACIT., *Ann.*, l. VI, 20. — (10) SUET., Caius, X.

le peuple romain et un Phaéton pour l'univers (1). » Un jour que Caïus plaisantait sur L. C. Sylla le dictateur, Tibère lui prédit qu'il aura tous ses vices et aucune de ses vertus. Une autre fois le vieil empereur, embrassant avec des larmes le jeune Tibère Gemellus son petit-fils, surprit le regard féroce et haineux que Caïus jetait à ce dernier, et lui dit : « tu le tueras, mais tu seras tué aussi (2). » Il était du reste prévenu que Caïus n'attendait que sa mort pour se débarrasser par l'assassinat de son cousin et cohéritier Tibère Gemellus (3).

Caïus était encore trop jeune, trop peu maître de soi, pour pouvoir garder toujours son masque. A Caprée, malgré toute sa dissimulation, « il ne pouvait cacher ses inclinations basses et cruelles. Un de ses plus grands plaisirs était d'assister au supplice des malheureux auxquels on appliquait la question, et ses nuits, il les passait dans la débauche la plus crapuleuse. Comme il avait la passion de la danse théâtrale et de la musique, Tibère le laissait s'y livrer, espérant que les arts finiraient par adoucir son caractère féroce (4). » Le vieil empereur, on le voit, ne se faisait pas d'illusion sur son petit-fils. Le connaissant si bien, il n'est pas étonnant qu'il ne l'ait guère aimé; il hésitait même s'il ne l'écarterait pas du pouvoir, mais il n'avait personne autre à qui remettre son héritage. Claude était un imbécile, Tibère Gemellus un enfant, et remettre le principat à quelqu'un n'appartenant pas à la famille d'Auguste, il ne croyait pas en avoir le droit : Auguste lui avait remis le pouvoir suprême comme un dépôt qu'il devait transmettre à quelque membre de la famille de Drusus Germanicus l'Ancien. Après de longues hésitations, vieux, malade, fatigué, Tibère, se sentant incapable de prendre une décision, s'en rapporta au sort et à la volonté des dieux (5).

Telle était l'opinion des personnes bien renseignées sur Caligula pendant son séjour à Caprée, que Lucius Arruntius, impliqué dans l'affaire d'Albucilla, résolut de prévenir par une mort volontaire la honte de la condamnation — et aussi pour conserver sa fortune à ses héritiers. — Ses amis lui conseillant de temporiser, de traîner le procès en longueur, comme le faisaient Cn. Domitius et Vibius Marsus, ses coaccusés, il répondit « qu'il lui était facile sans doute de traverser les derniers jours d'un prince mourant, mais comment échapper, dit-

---

(1) *Ibid.* XI. — (2) TACIT., *Ann.*, l. VI, 46. — DION CASSIUS, LVIII, 23. — (3) FLAV. JOSEPH., *Antiq. jud.*, l. XVIII, 13. — (4) SUET., Caius, XI. — (5) TACIT., *Ann.*, l. VI, 46. FLAV. JOSEPH., *Antiq. jud.*, l. XVIII, 13; PHILO, *Légat ad Caïum*, p. 997-1000. SUET., Tiber, LXII.

il, au jeune tyran qui menaçait l'empire. Si Tibère, malgré sa longue expérience, n'avait pas pu résister à l'enivrement du pouvoir, qui change et bouleverse les âmes, que fallait-il attendre de Caïus, à peine sorti de l'enfance, ignorant de toute chose, et déjà vicieux? Il prévoyait un esclavage plus dur encore, et préférait chercher dans la mort un refuge à la fois contre le passé et contre l'avenir (1). »

Nous avons dit que le jeune César pleurait en prononçant l'éloge funèbre de son aïeul. Mais comment était mort Tibère? On ne put jamais le savoir au juste. Les uns affirmaient que Caïus avait donné à son aïeul, de concert avec Macron, un poison lent; d'autres disaient qu'on lui refusa la nourriture quand la fièvre était tombée, de sorte, qu'il serait mort d'inanition; une autre version encore est qu'il fut simplement étouffé sous un coussin quand, revenu d'une syncope, il redemanda l'anneau avec le sceau de l'empire, qu'on lui avait ôté pendant sa défaillance. Sénèque avait écrit que, sentant sa fin approcher, il avait ôté son anneau comme pour le donner à quelqu'un, et après l'avoir tenu quelques instants, l'avait remis au doigt et resta longtemps immobile, tenant la main gauche fermée; qu'il avait appelé ensuite ses esclaves, et personne ne venant, il s'était levé, mais alors les forces lui manquèrent, et il tomba mort auprès de son lit (2). Tacite raconte que Tibère étant tombé en faiblesse, on le crut mort et les courtisans l'abandonnèrent pour aller complimenter Caïus. A ce moment on vint dire à ce dernier que l'empereur était revenu à la vie et qu'il demandait à manger pour réparer ses forces. A cette nouvelle tous s'épouvantent et se dispersent; Caïus attendait déjà dans un morne silence le supplice au lieu de l'empire, mais Macron fit jeter des couvertures sur le mourant et l'étouffa (3). Suétone dit que Caïus, ayant gagné Macron, empoisonna Tibère; que l'empereur respirait encore, quand il lui fit enlever l'anneau de l'empire, et comme le mourant voulait le retenir, il le fit étouffer sous un coussin, ou, selon quelques-uns, l'étrangla de ses propres mains, et un affranchi s'étant récrié sur l'atrocité de cet acte, il le fit mettre en croix. Caïus se vantait du reste lui-même sinon d'avoir commis ce parricide, du moins de l'avoir tenté. Il disait être entré un jour dans la chambre à coucher de Tibère avec un poignard, pour venger sa mère et ses frères, mais voyant le vieillard endormi, il n'eut pas le courage de le frapper et jeta son arme; Tibère

(1) TACIT., *Ann.*, l. VI, 48; DION CASSIUS, LVIII, 27. — (2) SUET., Tiber., LXXIII — (3) TACIT., *Ann.*, l. VI, 50.

se serait même réveillé et l'aurait vu, mais n'aurait pas osé sévir contre lui (1). Dion Cassius (2) raconte que Caïus, d'accord avec Macron, priva Tibère malade de nourriture, et l'étouffa ensuite, avec l'aide du préfet du prétoire, sous des couvertures.

Pendant les premiers mois de son principat, le César Caïus continua, ainsi que nous l'avons déjà dit, à jouer le rôle d'un jeune homme vertueux, du digne fils de Germanicus. Mais ce rôle était pour le public, tandis qu'au Palatin il se livrait aux orgies et à tous les excès. Il en tomba dangereusement malade, et c'était là cette célèbre maladie, qui avait tant affligé et effrayé le peuple romain. Caïus se rétablit, mais Rome ne vit plus le vertueux, le bon, le clément César, qui était devenu le Caligula que nous connaissons. « J'ai parlé jusque-là d'un prince, je vais parler maintenant d'un monstre, » dit l'impassible Suétone lui-même. Quelle était la cause de ce changement, ou plutôt pourquoi leva-t-il si audacieusement le masque? Était-il las de la contrainte, de la dissimulation qu'il s'était imposée jusque-là, et, assuré de l'affection du peuple romain, crut-il inutile de se contenir plus longtemps? Ou la maladie avait-elle réellement produit chez lui un changement complet de son être? Des considérations médicales nous font supposer avec une probabilité touchant presque à la certitude que ce changement, qui avait étonné si fort les Romains, du moins ceux qui n'étaient pas dans le secret de ce qui se passait au Caprée et au Palatin, fut l'effet de la maladie.

Le médecin aliéniste admettra difficilement qu'un épileptique, craintif et lâche — et nous savons que Caligula l'était au plus haut degré — se décide tout à coup à lever si audacieusement le masque. Nous savons que la débauche, que les excès de tout genre ont la plus grande influence sur la marche de l'épilepsie, en augmentant la fréquence, la force et la durée des accès, et par conséquent l'intensité du trouble psychique et mental du malade. Caïus avait dû, bien malgré lui, mener du vivant de Tibère une vie plus ou moins réservée, et il est possible qu'il ne se jeta pas dans la débauche et les excès dès le premier jour de son avènement au principat, soit qu'il eut gardé quelque reste de respect humain, soit, ce qui est beaucoup plus probable, qu'il n'eut pas encore su d'abord ce que peut se permettre un empereur. Lâche, il n'osa pas se dévoiler tout d'un coup, et par peur au moins crut devoir dissimuler et se contenir. Ensuite vint l'habitude de

---

(1) SUET., Caïus, XII. — (2) I. LVIII, 28.

sa haute position, qui ne lui imposait plus; assuré de l'impunité, ne trouvant nulle part ni résistance, ni blâme, voyant la bassesse du Sénat et des magistrats, l'amour imbécile du peuple, il comprit enfin que son pouvoir était sans limites. Pourquoi feindre alors, pourquoi se contraindre, garder des ménagements? Il se lance dans les excès, dans la débauche la plus effrénée — qu'il n'ose cependant pas encore rendre publique — et sa maladie empire, les accès se multiplient, leur intensité, leur violence augmentent. Sa femme Cæsonia lui donna dit-on, un philtre amoureux, — *medicamentum amatorium* dit Suétone, — un aphrodisiaque évidemment « qui n'eut d'autre effet que de le rendre furieux, » qui lui aurait enlevé la raison et lui aurait fait commettre tous ses crimes (1). Cæsonia lui administra-t-elle un philtre, et de quelle nature? Nous n'en savons rien. L'indication de l'hippomanes comme aphrodisiaque n'a pas de sens pour nous, et le fait même de l'administration d'un philtre n'est pas aussi important qu'on pourrait le croire. Que Cæsonia ait été capable de faire prendre un aphrodisiaque à son mari, qu'elle ne tenait que par les sens, cela ne souffre pas le moindre doute, mais l'accès de fureur dont parle Suétone s'explique suffisamment par la maladie de Caligula et la marche qu'elle avait dû prendre par suite d'excès de tout genre, sans qu'il soit nécessaire de recourir à la supposition d'un aphrodisiaque. Enfin — et c'est là un argument sans réplique — Caïus n'avait épousé Cæsonia que plus tard. La fureur — *furor* — dans laquelle était tombé Caligula, n'était qu'un accès de délire furieux, de manie aiguë, phénomène très ordinaire dans le cours de l'épilepsie. Le délire furieux *suit* souvent l'attaque épileptique, quelquefois il la *remplace*, et présente précisément le tableau de la fureur par excellence. Les accès de manie épileptique ne sont que trop connus des médecins aliénistes et

(1) SUET., Caius, L; FLAV. JOSEPH., *Antiq. jud.*, l. XIX, 2.

Et furere incipis, ut avunculus ille Neronis
Cui totam tremuli frontem Caesonia pulli
Infundit.
Ardebant cuncta et fracta compage ruebant.
Non aliter quam si fecisset Juno maritum
Insanam.
. . . .
Haec poscit ferrum atque ignes, haec potio torquet,
Haec lacerat mixtos equitum cum sanguine patres
Tanti partes equae, tanti una venifica constat.
JUVENAL, Sat. VI.

des infirmiers des asiles; ils ont un type particulier, un caractère de fureur aveugle tellement effrayante, tellement terrible, qu'il est tout aussi impossible de les méconnaître quand on les a vus, que de se les figurer si l'on a eu le bonheur de n'en avoir jamais été témoin. Le César Caius Caligula avait eu précisément un ou plusieurs accès de folie furieuse de nature épileptique; l'aphrodisiaque de Cæsonia, qui était elle-même un aphrodisiaque à haute dose, aurait pu certainement déterminer l'accès, hâter l'explosion du délire, mais le jeune César pouvait tout aussi bien avoir cet accès par suite des progrès de sa maladie, sans aucun aphrodisiaque, et simplement comme résultat de huit mois de débauche et d'excès en tout genre.

Mais quel avait été l'état mental de Caligula après l'accès? Si l'on ne peut avoir le moindre doute sur la nature épileptique de sa *fureur*, on peut également affirmer avec une probabilité bien proche de la certitude que le changement moral qui avait étonné « la ville et le monde » n'était que la conséquence du délire furieux. Les accès de manie ne passent que très rarement sans laisser de traces; si les guérisons complètes et immédiates, qu'on pourrait réellement qualifier de restitution ad integrum, ne sont pas très fréquentes après les maladies graves, elles le sont encore moins dans la médecine mentale, et Griesinger avait l'habitude de dire qu'un aliéné guéri (dans le sens que la maladie mentale n'ait laissé ni trace, ni prédisposition) est le merle blanc de la psychiatrie. Dans l'immense majorité des cas ces accès laissent une trace profonde dans le mécanisme moral et intellectuel des malades, un trouble plus ou moins durable dans l'activité psychique, et cela encore plus dans la sphère affective, peut-être, que dans la sphère purement intellectuelle, en affaiblissant la volonté et le *moi* moral, qui constitue la personnalité de l'homme, règle ses idées et ses actes, tient en bride les instincts et les désirs. Cet affaiblissement du *moi* brise la résistance que l'homme oppose aux sollicitations des sensations internes et externes, le rend le jouet de ses propres impressions, de ses passions, de ses désirs, affaiblit le modérateur moral que nous appelons possession de soi-même. Enfin ces accès influent aussi sur la mémoire, qu'ils affaiblissent, et cela particulièrement par rapport aux événements récents.

Telle précisément paraît avoir été l'influence de l'accès de manie épileptique sur la personnalité du César Caius. Cet accès avait brisé sa force morale, anéanti sa puissance de dissimulation; il lui enleva la possession de soi-même, et lui arracha ainsi le masque qu'il tâchait encore de garder, le forçant à se montrer au monde tel qu'il était réellement, et non tel qu'il voulait paraître.

Voilà de quelle nature devait être, quel avait été le changement opéré dans la personnalité de Caius par sa maladie, changement qui étonna Rome et le monde, et qui déroute encore les historiens, énigme dont il fallait chercher le mot dans la médecine mentale.

Ayant ainsi mis en lumière la nature de l'affection cérébrale de Caius, nous devons nous attendre à ce que sa personnalité présente les particularités intellectuelles et morales, les traits saillants du caractère épileptique. Mais nous savons en outre qu'il appartenait à une famille richement douée sous le rapport intellectuel. Caius lui-même était très intelligent, spirituel, éloquent, instruit; il avait un esprit brillant, des talents. N'oublions pas non plus que l'épilepsie chez lui n'était pas une affection primaire, indépendante, accidentelle, — elle était le produit terrible du vice névropathique, héréditaire et en voie de progrès continuel dans sa famille, la manifestation suprême du trouble cérébral et nerveux, arrivé à son maximum de puissance et d'intensité. Cette hérédité morbide devait donc, de son côté, imprimer aussi à son esprit et à son caractère un cachet particulier, spécifique. Enfin un épileptique sur le trône, un épileptique revêtu de la toute-puissance, d'un pouvoir sans limites ni contrôle, maître absolu de millions d'hommes, doit nécessairement différer du pauvre épileptique, enfermé dans l'asile d'aliénés. Examinons donc de plus près cette curieuse personnalité psychique.

Nous avons dit que la malveillance, la méchanceté, le désir de faire le mal, constituent une des particularités les plus caractéristiques de l'épileptique. On comprend que le mal que peut faire le malade dépend nécessairement de sa position sociale, du pouvoir dont il est armé, des moyens dont il dispose, enfin de la puissance qu'il possède encore à se contenir, à se contraindre, et de la nécessité où il se trouve de faire usage de cette puissance.

Rappelons encore que la cruauté est, comme nous l'avons déjà dit, une des particularités morales que l'on trouve fréquemment chez l'épileptique.

Caius Caligula n'aimait pas ses parents et ses proches; il y avait pour cela deux causes : il était César, il était épileptique. Nous avons vu quelle affection, quelle piété il avait d'abord témoignées à ses parents, aux vivants comme aux morts. Dans ce qu'il avait fait sous ce rapport il était guidé non par un sentiment d'amour ou de respect, mais par des considérations politiques ; cela n'a pas duré longtemps. Il fit mettre à mort Marcus Junius Silanus son beau-père, Tibère Gemellus son cousin, qu'il avait même adopté, son autre cousin Ptolemée, fils de Juba, Ennia sa maîtresse et Macron, qui l'avaient si puissamment aidé à parvenir au principat. Ses deux sœurs Agrippine et Julia Livilla, qui avaient été ses maîtresses, qu'il avait prostituées lui-même à ses mignons, sont condamnées comme complices de Lépide et comme adultères (!!!) (1), et en les envoyant en exil il leur rappela qu'il avait à sa disposition non seulement des îles, mais encore des glaives (2), et, trouvant l'occasion bonne, confisqua encore leurs biens, ainsi que ceux de leurs enfants, de sorte que le petit Domitius, fils d'Agrippine, serait resté sur le pavé, si sa tante Domitia ne l'eût recueilli (3). Il n'épargna son oncle Claude que pour en faire son jouet, la risée de ses mignons et de ses compagnons de débauche, et le plastron des plus indignes plaisanteries. Élevé par son aïeule Antonia, il conserva longtemps pour elle un vague respect et une déférence involontaire ; aussi n'osa-t-il pas la tuer, mais l'abreuva de tant d'insultes et de dégoûts, qu'elle en mourut de chagrin ou se laissa mourir de faim, s'il ne l'empoisonna pas, comme le bruit en avait couru. En tout cas il ne lui rendit aucun honneur après sa mort, et c'est de sa salle de festin qu'il regarda brûler son bûcher (4). Notons — et ceci est un point d'une importance capitale dans l'analyse de la personnalité psychique de Caius — que presque tous ses crimes lui étaient tout à fait inutiles. Silanus, Ptolémée, Antonia, ses deux sœurs, ne pouvaient d'aucune façon lui être dangereux, ni même gênants. En faisant mourir les uns, en exilant les autres, il ne cédait pas à quelque nécessité, il n'était pas poussé par son intérêt, non, il commettait tout simplement des crimes inutiles, absurdes, sans but ni raison. Il ne suivait pas quelque plan réfléchi, il ne faisait qu'obéir à un désir instinctif, irraisonné, de faire le mal, désir qui n'était qu'une manifestation de sa maladie.

Romain, Caius avait été élevé dans le respect religieux des antiques institutions romaines. On sait à quel point les Romains étaient conservateurs, s'il est permis de leur appliquer ce terme de la politique moderne. Caius voyait que pour tout son entourage, que pour tout Romain, les institutions anciennes, les formes antiques, les magistratures

(1) Dion Cassius, LIX, 3; Suet., Caius, XXIV. — (2) Suet., Caius, XXIX. — (3) Ibid., Nero, VI. — (4) Dion Cassius, LIX, 3; Suet., Caius, XXIII.

pompeuses, les formules même, étaient inviolables et sacrées, qu'on
n'avait qu'à s'incliner devant elles avec un pieux respect, comme devant
des symboles révérés de la religion et de la patrie. Mais Caius se savait trop bien le maître absolu et tout-puissant de la République pour
ne pas voir le vide, la fausseté de ces vaines apparences, et, à l'opposé
d'Auguste, il était d'un caractère trop inquiet, trop malicieux et taquin
pour respecter par habitude ou par politique des formules devenues
fausses et mensongères. S'il n'eut pas été un esprit malade, que le
vice phrénopathique héréditaire et l'épilepsie avaient frappé de stérilité, il aurait, peut-être donné à l'État d'autres institutions, d'autres
formes, trouvé d'autres formules, plus conformes aux conditions nouvelles de l'époque, à la vie politique et sociale et aux idées du temps.
Mais, si intelligent qu'il ait été, *il ne le pouvait pas;* l'hérédité morbide et l'épilepsie lui interdisaient absolument toute création. Esprit
malade, inquiet et stérile, inhabile à rien produire, à rien édifier, il
se contentait du rôle de destructeur. Mais, intelligence superficielle,
incapable de réflexion tranquille et abstraite, qui donne seule les idées
larges et suivies, qui seule peut créer un système coordonné, il était
stérile même dans la destruction. Revêtu d'un pouvoir absolu, il était
moralement et intellectuellement, impuissant à renverser un ordre de
choses établi, et ses tendances destructives s'émiettaient en taquineries puériles, en outrages à tout ce qu'on était habitué à regarder
comme respectable et sacré, en politique comme en religion. Nous
avons vu que la malice, la taquinerie, la méchanceté sont le propre du
caractère épileptique. Mais Caligula n'était pas un de ces pauvres et
humbles épileptiques qui peuplent nos asiles, — il était César, maître
du monde; aussi ses taquineries devaient nécessairement présenter un
caractère exceptionnel de cruauté fantasque, d'arbitraire sans limites,
de mépris insolent des hommes et des choses. Tout ce qui était reli-
gieusement respecté des Romains, tout ce qu'ils entouraient d'une
pieuse vénération, il l'avait traîné dans la boue, l'avait avili, ridiculisé,
et cela non en paroles seulement, mais par des actes publics, auxquels
il forçait ses victimes même à prendre part.

L'habit avait, dans les idées romaines, une importance politique
très sérieuse. La toge était non seulement le vêtement national, elle
était le symbole de la nationalité même, des droits du citoyen romain, et l'insigne de sa haute position dans l'empire. Mettre le manteau grec, c'était s'abaisser, indiquer que l'on renonçait aux affaires
de l'État, aux droits politiques du citoyen romain, c'était abdiquer sa

part de la royauté collective dont Rome était revêtue. Tibère prit l'habit grec à Rhodes pour faire voir ainsi à Auguste'sa renonciation à la politique; on le mettait aux banquets pour montrer que l'on laissait pour le moment de côté les affaires sérieuses, les graves soucis de l'État, pour se livrer à la joie et au plaisir; les Romains s'appelaient *gens togata*. Caius renonça à la toge, à la chaussure romaine, « seule digne du citoyen, » remarque Suétone; il ne portait même pas l'habit grec, que les lettrés, les philosophes mettaient fréquemment à Rome, et choisit la robe asiatique, le vêtement le plus méprisé, le symbole de l'avilissement, de la servitude perse — *persica servitus* — de la corruption, de l'infamie, de la lâcheté, de tout ce qui distinguait, selon les Romains, les Asiatiques. « Il portait souvent une tunique peinte et couverte de pierreries, avec des manches et des bracelets, paraissait en public en robe de soie, avec des parures de femme, la chaussure théâtrale, des brodequins couverts de perles; quelquefois même il s'habillait en femme, en robe transparente (1). » Ainsi son costume à lui seul était déjà un outrage pour Rome, dont le maître, le premier personnage, revêtu des plus hautes magistratures, la personnification de l'État, en s'habillant en roi oriental, en histrion et en femme, insultait ainsi dans sa personne la majesté du peuple Romain, la dignité du citoyen, et jusqu'à la virilité de l'homme. Mais cela ne lui suffisait pas. Le métier de gladiateur étant infâme, c'était une honte et une infamie pour de simples chevaliers même que de descendre dans l'arène, et ni Auguste, ni Tibère ne voulaient permettre aux amateurs d'émotions fortes d'avilir ainsi la dignité de citoyen. Quant à faire l'histrion sur la scène théâtrale, jamais un Romain n'eut même cette idée, et il avait fallu toute la férocité des triumvirs pour faire voir un chevalier sur le théâtre. Le César Caius descendit plusieurs fois comme gladiateur dans l'arène, joua même la tragédie et dansa sur la scène (2).

Les Romains portaient un profond respect à la naissance, au nom, à l'ancienneté et à l'illustration de la famille, à la position sociale des ancêtres, aux honneurs qui leur avaient été décernés. Caius enleva aux plus illustres familles les décorations gagnées par leurs aïeux, aux Torquatus leur collier, aux Cincinnatus leurs cheveux bouclés, aux Pompée le surnom de Grand (3), et rabaissa même sa propre naissance, prétendant dans une lettre au Sénat que l'aïeul maternel de

---

(1) SUET., Caius., LII; DION CASSIUS, LIX, 5, 26; PLIN., *Hist. mundi.*, l. XXXVII, 6. SENECA, *De Constant.*, XVIII; *De Benefic.*, l. II, 12; FLAV. JOSEPH., *Ant. Jud.*, XIX, 1. — (2) D. CASS., LIX, 5. — (3) SUET., Caius, XXXV.

Livie était un décurion de Fundi, « tandis qu'il est certain que cet aïeul, nommé Aufidius Lurco, avait exercé la magistrature à Rome (1). Il cherchait également à humilier les sénateurs, les chevaliers, les magistrats, et jusqu'aux prétoriens qui gardaient sa personne. » Il invectivait le Sénat en pleine assemblée, appelant les sénateurs clients de Séjan, leur reprochant d'avoir été les accusateurs de sa mère et de ses frères, montrant des mémoires qu'il avait feint d'avoir brûlés, et excusant les cruautés de Tibère, justifiées par tant d'accusations (2). Il forçait les sénateurs, décorés des plus hautes magistratures, à venir à pied et en toge au devant de son char à plusieurs milles, à rester debout à ses pieds pendant son repas, retroussés comme des esclaves (3). Ayant grâcié le sénateur Pompeius Pennus, qu'il avait d'abord condamné à mort, quand le vieillard vint l'en remercier, il lui tendit son pied gauche à baiser (4); c'était du reste assez son habitude de tendre sa main, ou même son pied, aux sénateurs qui venaient le saluer (5). Il invectivait publiquement tout l'ordre des chevaliers comme passionnés pour le cirque et le théâtre, qu'il aimait avec non moins de passion (6). Les consuls ayant négligé d'annoncer par édit l'anniversaire de sa naissance, il les destitua et laissa pendant trois jours la république privée de ses premiers magistrats. Son questeur ayant été impliqué dans une conjuration, il le fit battre de verges, lui arracha lui-même ses habits et le fit mettre dessus, pour qu'il fût plus commode aux soldats de le frapper (7). Ayant trouvé de la boue dans la rue, il se fit amener l'édile et ordonna aux soldats de le couvrir de cette boue; l'édile ainsi traité fut plus tard empereur; c'était Flavius Vespasien (8). Le tribun de la garde prétorienne, Cassius Chéréa, s'était illustré dès sa jeunesse par sa bravoure et son caractère ferme et décidé. Resté fidèle à son devoir pendant la révolte des légions germaniques, il se fraya un chemin avec son glaive à travers les mutins pour rejoindre son général Germanicus; depuis il reçut un grand nombre de récompenses et de distinctions militaires, et vieux déjà, maintenant, était généralement respecté. Caïus se fit un jeu de l'insulter chaque fois qu'il le voyait; il feignait de ne pas croire à sa virilité, lui reprochait de dénaturer son sexe, lui présentait sa main à baiser avec un geste obscène, choisissait pour mot d'ordre, quand Chéréa était de service, les noms

(1) Suet., XXIII. — (2) Ibid., XXX; Dion Cassius, LIX, 16. — (3) Suet., Caïus, XXVI. — (4) Seneca, De Benef., l. II, 12. — (5) Dion Cassius, LIX, 27. — (6) Suet., Caïus, XXX. — (7) Ibid., XXVI. — (8) Ibid., Vespas., V; Dion Cassius, LIX, 12.

de Vénus, de Priape, etc. (1). Il se mit à rire à un festin, et comme un des consuls, qui assistaient aussi au repas, lui demanda le sujet de son hilarité, il répondit qu'il riait en songeant que d'un signe de tête il pouvait les faire égorger tous les deux (2). Il se plaisait à exciter des querelles entre l'ordre des chevaliers et les plébéiens, faisait commencer les jeux plus tôt que de coutume, afin d'humilier les chevaliers, qui trouvaient leurs places prises par les premiers venus (3), et l'on sait que les Romains attachaient aux places dans les spectacles une grande importance comme distinction honorifique, à tel point que la distribution en était réglée par des lois spéciales. Lui-même venait au spectacle, souvent plus tôt, et faisait commencer immédiatement les jeux, pour en priver ceux qui venaient à l'heure annoncée; d'autres fois il arrivait beaucoup plus tard, faisant attendre les spectateurs (4). Une nuit il fit appeler en toute hâte les principaux sénateurs, comme s'il s'agissait de quelque affaire de la plus haute importance, et quand ils s'assemblèrent au palais, il dansa devant eux au son des flûtes et les congédia ensuite (5). Rappelons enfin son fameux cheval *Incitatus*, auquel il donna des esclaves, des affranchis, un service de maison complet; il invitait les premiers personnages de Rome, en son nom, à des repas magnifiques, jurait par sa fortune, et voulait même le nommer consul (6).

« Sa méchanceté envieuse et son orgueil cruel s'attaquaient, pour ainsi dire, aux hommes de tous les siècles, dit Suétone. Il fit renverser et dispersa les statues des personnages illustres, qu'Auguste avait transportées du Capitole au Champ de Mars, et donna l'ordre d'effacer ou d'enlever les inscriptions, de sorte que plus tard, quand on voulut les rétablir, il ne fut plus possible de savoir quels étaient les personnages que ces statues représentaient. Il voulut même abolir toute jurisprudence et tous les tribunaux de Rome, disant que désormais il n'y aura plus d'autre juge que lui (7). »

Du reste sa méchanceté s'en prenait aussi bien aux petits qu'aux grands, aux plus humbles comme aux plus illustres personnages. Impatienté pendant la nuit par le bruit que faisait la foule en se pressant pour occuper les places gratuites au cirque, il la fit chasser à coups de bâton; le tumulte fut tel que plus de vingt chevaliers et au-

---

(1) Dion Cassius, LIX, 29; Suet., Caius, LVI; Seneca, *De Consol.*, XVIII; Flav. Joseph., *Antiq. jud.*, XIX, 1. — (2) Suet., Caius, XXXII. — (3) *Ibid.*, XXVI. — (4) Dio Cassius, LIX, 13. — (5) *Ibid.*, 5; Suet., Caius, LIV. — (6) Suet., Caius, LV; Dio Cassius, LIX, 14. — (7) Suet., Caius, XXXIV.

tant de matrones périrent écrasés, sans compter une quantité d'hommes du peuple. Il s'amusait souvent à jeter du haut d'une terrasse de l'argent à la foule, et quand le tumulte et la presse devenaient très grands, il faisait lancer au milieu de la bagarre des morceaux de fer à pointes aiguës, de sorte que beaucoup de personnes étaient grièvement blessées et même tuées (1). Pendant les spectacles il faisait enlever les voiles qui garantissaient les spectateurs des rayons ardents du soleil, et défendait de quitter le cirque. Comme le peuple romain était passionné pour les combats de gladiateurs et de bêtes, il s'amusait souvent à ne faire entrer dans l'arène que des bêtes épuisées, des gladiateurs vieux et malades, et même des pères de famille affligés de quelque infirmité (2). Rencontrant des gens à beaux cheveux, il leur faisait raser la nuque. Un certain Esius Proculus, fils d'un centurion, et connu à Rome à cause de sa grande taille et de sa beauté, assistait aux jeux; Caligula l'ayant aperçu, le fit saisir et le força à combattre sur-le-champ dans l'arène, d'abord un gladiateur armé à la légère, ensuite un autre armé de toutes pièces. Proculus ayant vaincu ses deux adversaires, Caligula le fit garrotter, promener ignominieusement par la ville, et ensuite le fit mettre au supplice (3). A la dédicace de son fameux pont de Baïes, il fit jeter dans la mer une grande quantité de spectateurs de cette solennité, et fit noyer à coup de rames et d'aviron ceux qui s'accrochaient aux navires. Un gladiateur, faisant des armes avec lui, se laissa volontairement tomber, comme flatterie et hommage à son habileté; Caïus le perça de son épée. En faisant un sacrifice, il leva la massue, et au lieu de frapper la victime, assomma le sacrificateur (4). Il se donnait quelquefois le plaisir de fermer les greniers publics pour annoncer et produire une famine à Rome (5).

Il se fit également un jeu de tourner en dérision la guerre, les expéditions militaires des Romains, leurs victoires, leur gloire guerrière, leurs triomphes. Dans les idées romaines le principat n'était ni une magistrature, ni une institution comme la royauté, c'était une réunion, un cumul de plusieurs magistratures. Le prince était le chef suprême de l'armée, et tous les généraux n'étaient que ses lieutenants; mais il fallait pour cela qu'il eût le titre d'*imperator*, qui ne s'obtenait qu'après une expédition heureuse et une victoire, après laquelle l'armée

---

(1) Dio Cassius, LIX, 25. — (2) Suet., Caius, XXVI. — (3) *Ibid.*, XXXV — (4) *Ibid.*, XXXII. — (5) *Ibid.*, XXVI.

acclamait le prince de ce titre. Caïus résolut de battre les Germains et d'en triompher, comme son père, son grand-père et son grand-oncle. « Sans perdre un moment, il fait venir de tous côtés des légions, des troupes auxiliaires, de nouvelles levées, faites avec la plus grande rigueur, fit des approvisionnements immenses, et se mit en marche si rapidement, que les cohortes prétoriennes furent obligées, pour le suivre, de mettre leurs enseignes sur des bêtes de somme. Arrivé au camp, il voulut faire montre d'une grande exactitude et de beaucoup de sévérité, à l'imitation des grands généraux romains de l'antiquité, renvoya ignominieusement les légats arrivés après lui, et cassa un grand nombre de centurions. Au reste ses exploits se bornèrent à recevoir dans son camp Adiminius, fils de Cynnobellinus, roi des Bretons, chassé par son père, et qui était venu chercher un refuge auprès des Romains. Cependant Caïus expédia à cette occasion au Sénat des courriers porteurs de lettres fastueuses, et qui ne devaient descendre que sur le Forum, à la porte de la Curie, ne remettre les lettres qu'aux consuls dans le temple de Mars, en présence de tout le Sénat assemblé... Ensuite, ne sachant à qui faire la guerre, il envoie sur l'autre bord du Rhin quelques Germains de sa garde, leur ordonnant de se cacher et de n'apparaître qu'à un signal convenu. Après son dîner on vint en tumulte lui annoncer que l'ennemi s'était montré; aussitôt il s'élance dans la forêt voisine avec ses compagnons de table et la cavalerie prétorienne, coupe des branches, qu'il fait porter comme des trophées, et revient aux flambeaux de cette expédition. Il reprocha même à ceux qui ne l'avaient pas suivi leur paresse et leur lâcheté, et distribua à ceux qui avaient pris part à sa victoire des couronnes d'un nouveau genre, qu'il appela exploratoires, et sur lesquels étaient représentés le soleil, la lune et les étoiles. Une autre fois il fit enlever secrètement les jeunes otages qui se trouvaient à l'école voisine, et qui étaient ainsi censés s'être enfuis. On le lui annonce, par son ordre, pendant son repas; il monte immédiatement à cheval, se met à la poursuite des faux fugitifs, suivi de toute sa cavalerie, les rejoint et les fait charger de chaînes. Revenu au camp, il invita à sa table les cavaliers de son escorte tels qu'ils étaient, armés et cuirassés, leur citant ce vers de Virgile,

Durarent, secundisque so rebus servarent.

et reprocha durement par un édit au Sénat et au peuple romain de passer leur temps dans la mollesse, les festins et les plaisirs, pendant que lui s'exposait à de si grands dangers dans les combats... Enfin, comme pour terminer la guerre, il met l'armée en ordre de bataille le long du rivage de l'Océan et dispose les machines de siège et les balistes comme s'il s'agissait d'une entreprise militaire importante. Personne ne comprenait ce qu'il voulait ; il donne cependant l'ordre de marcher en avant, et quand l'armée s'avança sur la plage, il ordonna aux soldats de ramasser des coquillages. C'étaient, disait-il, les dépouilles opimes de l'Océan. Il fit bâtir en mémoire de cette victoire une tour très haute et distribua aux soldats cent sesterces par tête (environ vingt-cinq francs), leur disant : « allez-vous-en joyeux et riches ». comme s'ils les avait récompensés avec la plus grande libéralité... Préparant ensuite son triomphe, et manquant de prisonniers germains, il choisit des Gaulois de très haute taille — de taille triomphale, disait-il — et les força à se teindre les cheveux en roux et à prendre des noms barbares. En les expédiant à Rome, il écrivit à ses intendants de lui préparer le triomphe le plus magnifique, mais en même temps le moins coûteux, vu qu'ils pouvaient disposer des biens de tout le monde... Avant de quitter les Gaules, il conçut un projet abominable, celui de massacrer les légions qui s'étaient autrefois révoltées et avaient tenu assiégé son père Germanicus. Les ayant fait assembler désarmées, il les fit cerner par sa cavalerie, mais les soldats se doutèrent de son dessein et s'échappèrent pour prendre des armes. Il eut alors une telle peur, qu'il prit immédiatement la fuite et retourna directement à Rome, tournant toute sa fureur contre le Sénat, se plaignant surtout que l'auguste assemblée ne lui eut pas décerné le triomphe, tandis que peu de temps auparavant il avait défendu sous peine de mort de lui rendre aucun nouvel honneur (1).

Non content de triompher des Germains — c'est-à-dire des Gaulois déguisés en Germains — il voulut encore triompher de la mer, imiter Xerxès traversant l'Hellespont, et « effrayer par une entreprise grandiose les Bretons, auxquels il avait l'intention de faire la guerre. » Il fit rassembler tous les navires, tous les bâtiments de transport qu'on put se procurer (de sorte que le commerce maritime fut arrêté, le transport du blé pour Rome suspendu, ce qui occasionna une grande cherté des vivres) (2) les fit ranger de façon à faire un pont qui traversait le

(1) Suet., Caius, XLIII-XLVIII. — (2) Seneca, De Brevitate vitæ, XVIII ; Dion Cassius, LIX, 17.

détroit de Baïes, les couvrit de terre, donnant au pont l'aspect de la voie Appienne, et le parcourut en triomphe précédé des otages, qui étaient censés être des prisonniers faits sur l'ennemi vaincu, et suivi de ses amis à cheval et des prétoriens en armes (1). Une autre fois il fit assembler une armée immense, plus de 200 mille hommes, et sans faire d'expédition, sans avoir livré aucune bataille, se fit acclamer sept fois de suite *imperator* (2).

Débauché jusqu'aux excès les plus inouïs, il y portait la même méchanceté, la même malice, le mépris le plus insolent des sentiments les plus naturels de l'homme; humiliant ses proches et les personnes de son entourage, les outrageant dans leur dignité, leurs sentiments les plus intimes, s'abaissant volontairement et de parti délibéré lui-même, pour avilir dans sa personne la plus haute magistrature de l'État, la dignité de citoyen romain, l'homme même; bravant non seulement l'opinion publique, mais encore toutes les lois religieuses et civiles. Il enleva sa sœur Drusilla à son mari et, non content de l'aimer d'un amour incestueux, la traita publiquement comme sa femme, et quand elle mourut, afficha une douleur, qui était un outrage de plus à la morale et à la religion, et un prétexte pour lui à de nouvelles folies et à de nouveaux crimes. Il laisse croître ses cheveux et sa barbe en signe de deuil, parcourt comme un insensé les rivages de l'Italie et de la Sicile, fuit la vue de Rome et des Romains, rend à Drusilla non seulement les plus grands honneurs, mais l'élève au rang de déesse, sous le nom de Panthéa, lui dédie des temples, des autels, paye un sénateur, Livius Geminus, pour qu'il déclare sous serment avoir vu Drusilla monter au ciel. Rome et le monde durent porter le deuil de la maîtresse incestueuse de Caligula; ce fut un crime capital d'avoir donné un repas, de s'être baigné, d'avoir même mangé en famille; un cabaretier fut mis à mort comme coupable de lèse-majesté pour avoir vendu de l'eau chaude pendant que l'empereur était si affligé. Mais ce deuil était un prétexte à faire le mal, à commettre de nouvelles cruautés, et cela en mettant les gens dans l'impossibilité d'éviter le crime de lèse-majesté divine ou humaine. Il punissait également de mort et ceux qui ne pleuraient pas Drusilla, sœur et maîtresse chérie du prince, et ceux qui la pleuraient, puisque c'était un outrage à la religion que de pleurer une déesse. Du reste ce chagrin si violent n'était ni bien profond — il l'oubliait en jouant aux dés — ni bien long, puisque peu de

---

(1) SUET., Caius, XIX; DIO CASSIUS, LIX, 17. — (2) DIO CASSIUS, LIX, 22.

jours après la mort de Drusilla il épousa Lollia Paulina, qu'il enleva à son mari (1).

Outre Drusilla il commit aussi l'inceste avec ses deux autres sœurs Julia Livilla et Agrippine, mais comme il n'avait pas pour elles le même amour, il les prostituait souvent à ses compagnons de débauche et à ses mignons (2). Eutrope dit même qu'il avait eu une fille de l'une de ses sœurs, et qu'il l'avait même reconnue (*stupra sororibus intulit, ex unâ etiam natam filiam cognovit*, phrase que quelques auteurs expliquent en accusant Caligula d'inceste avec cette fille), mais c'est une erreur; non seulement aucun autre historien, plus en mesure de connaître les faits, ne mentionne cette circonstance, trop grave cependant pour être omise, mais tous s'accordent à dire que Caïus n'avait eu qu'un seul enfant, et cela de Milonia Cæsonia.

Invité au festin nuptial de C. Pison, qui venait d'épouser Livia Orestilla, il emmena la nouvelle mariée chez lui et l'épousa lui-même, faisant savoir le lendemain par un édit qu'il s'était marié comme Romulus et Auguste. Du reste il répudia Orestilla quelques jours après, lui défendant d'avoir des relations avec son premier mari, et l'exila deux ans plus tard, ayant appris qu'elle avait contrevenu à cet ordre. Ayant entendu que l'aïeule de Lollia Paulina, femme du consulaire C. Memmius, qui commandait alors une armée en Asie, avait été très belle, il fit venir immédiatement Lollia Paulina de sa province, l'épousa, forçant encore son mari à la doter, « *pour obéir à la loi* » disait-il, et la répudia bientôt après, lui interdisant également d'avoir jamais commerce avec un homme (3). Il aima d'un amour infâme le pantomime Mnester (4) et quelques otages; Valérius Catullus, jeune homme d'une

---

(1) SUET., Caius, XXIV; DIO CASSIUS, LIX, 10; 11. SENECA, *Consol. ad Polyb.*, XXXVI; *Apokolok.*, I; FLAV. JOSEPH., *Antiq. jud.*, XIX, 2. — (2) SUET., Caius, XXIV-XXXVI. DIO CASSIUS, LIX, 3; FLAV. JOSEPH., *Antiq. jud.*, XIX, 2; EUTROP., *Brev. Hist. Rom.*, VII. — (3) SUET., Caius, XXV; DIO CASSIUS, LIX, 8, 12. — (4) Ce malheureux pantomime eut un sort réellement tragique. Victime de la lubricité impériale, il fut aimé comme femme par l'empereur Caius, puis comme homme par l'impératrice Valeria Messaline. Il se refusait d'abord à souiller la couche de l'empereur Claude, mais Messaline le fit battre de verges jusqu'à ce qu'il ait consenti à devenir son amant, et enfin porta plainte à son mari même de l'entêtement de Mnester. Claude le fit venir et lui ordonna de ne rien refuser à sa femme, quoi qu'elle lui demande, et de se prêter à tous ses désirs. Plus tard, après la mort de Messaline, il eut beau rappeler à Claude que c'est par son ordre qu'il devint l'amant de sa femme, et lui montrer les traces des verges dont Messaline l'avait fait battre, il fut condamné à mort. Claude, touché de ses plaintes, penchait déjà vers la clémence, mais les affranchis insistèrent sur la peine de mort, disant que du moment que tant de personnages illustres étaient punis, peu importait qu'un histrion se fût rendu coupable de son

famille consulaire, lui reprocha d'avoir abusé de lui jusqu'à lui fati-
guer les reins. Il eut aussi des amours infâmes mutuelles avec M. Lépide, le mari de sa sœur Drusilla (1). « Il avait une passion bestiale
pour les femmes, et n'en respecta pas même les plus illustres, et jusqu'aux épouses des premiers personnages de la République. » Auguste
aussi l'avait fait, mais cette indigne violence même présente une différence essentielle et de la plus haute importance psychique chez
l'aïeul et l'arrière-petit-fils. Auguste était un débauché brutal, qui ne
regardait la femme que comme un instrument de plaisir. Désirant une
femme il se la faisait amener sans être arrêté par l'idée qu'il faisait
un outrage indigne à elle et à son mari. Caius tenait moins au plaisir
sensuel de la jouissance, qu'au plaisir moral d'humilier la femme, de
couvrir de honte le mari, d'outrager dans leurs personnes la sainteté du
mariage, la dignité de la magistrature, l'honneur du citoyen. Souvent il
invitait les dames les plus illustres à souper au Palatin avec leurs maris, les
examinait en détail comme des esclaves au marché, leur relevant le menton avec la main quand la pudeur leur faisait baisser la tête. Puis,
ayant fait son choix, il emmenait la femme de la salle du festin, et, rentrant avec des traces toutes récentes de la débauche, louait ou critiquait
à haute voix, en s'adressant au mari lui-même, ce que sa personne ou sa
manière d'être dans les bras d'un homme avaient d'agréable ou de défectueux (2). » Il ne s'attacha qu'à une seule femme, Milonia Cæsonia,
sœur de l'infâme Suillius et de l'illustre Corbalon (3), qui n'était ni
jeune ni belle, et avait déjà trois filles d'un autre lit, mais qui était
d'une lubricité extrême — *sed luxuriæ ac lasciviæ perdita.* — Il la
faisait souvent voir aux soldats en costume de Minerve, vêtue de la
chlamyde et portant le casque et le bouclier, et nue à ses amis. Il l'é-
pousa quand elle fut enceinte, et lorsqu'elle accoucha d'une fille, il se
vantait d'être devenu époux et père en si peu de temps (4).

    Caius était très cruel, mais sa cruauté aussi avait le même carac-
tère bizarre, fantasque et pathologique. Ce n'était pas l'inflexibilité
hautaine de Tibère, pas même la férocité sanguinaire du triumvir Octavien, c'était une cruauté bouffonne, insultante pour les victimes, in-

plein gré ou non, et « *Mnester fut raccourci par respect pour les convenances, —
quem Claudius decoris causâ minorem fecerat,* » remarque plaisamment Sénèque.
(*Apokolok.*, XIII.)

   (1) SUET., Caius, XXXVI; DIO CASSIUS, LIX, 11. 22. — (2) DIO CASSIUS, LIX, 8.
SUET., Caius, XXXVI; SENECA, *De Const.*, XVIII. — (3) PLIN., *Hist. mundi.*, l. VII.
De homine generando, 3. — (4) SUET., Caius, XXV; DIO CASSIUS, LIX, 23.

génicuse et plaisante pour Caïus. Ses violences les plus sanglantes portaient l'empreinte de la taquinerie railleuse que nous avons constatée dans tous ses actes. Pendant les spectacles du cirque il faisait saisir des spectateurs sur leurs bancs et les faisait jeter aux bêtes ; s'ils criaient, il leur faisait arracher d'abord la langue (1). Pendant sa maladie un chevalier, Atanius Secundus, fit vœu de combattre comme gladiateur dans le cirque, si l'empereur guérissait, un autre, Publius Afranius Potitus, de mourir pour lui ; il força le premier à descendre dans l'arène, assista au combat, et ne le renvoya que victorieux, et encore après beaucoup de supplications. Le second fut orné par son ordre de bandelettes et de rameaux sacrés, comme une victime destinée au sacrifice, et promené par toute la ville, suivi d'une troupe d'enfants qui lui rappelaient son vœu, jusqu'à ce qu'il se fut précipité enfin du haut des remparts (2). Il forçait les pères à assister au supplice de leurs fils ; l'un ayant demandé la permission de fermer au moins les yeux, il le fit mettre immédiatement à mort aussi ; un autre s'excusant sur sa santé, il lui envoya sa litière. Après le supplice Caïus invitait encore le père de la victime à un festin, le mettait auprès de lui et l'engageait à boire, à rire et à plaisanter (3). Ayant trouvé le fils du chevalier Pastor trop recherché dans sa mise, il le fit mettre en prison ; le père eut l'imprudence de demander la grâce de son fils ; Caïus, feignant d'avoir compris que Pastor le priait de faire périr le malheureux jeune homme, ordonna à l'instant même son supplice. Il invite le père le soir même à souper au Palatin, lui fait mettre une couronne sur la tête, le fait parfumer, l'excite à boire, « et le goutteux vieillard se livra à tous les excès, à peine pardonnables à la naissance d'un fils, et ne trahit en rien sa douleur. Savez-vous pourquoi ? Il avait un autre fils », ajoute Sénèque (4). Un chevalier fut accusé d'avoir, du temps de Tibère, insulté Agrippine ; Caius le condamna à combattre comme gladiateur dans le cirque, et quand il sortit vainqueur du combat, le fit mettre à mort ; son père, qui n'était pas même accusé, fut mis dans une cage, où il mourut (5). Du reste c'était assez son habitude, s'il avait condamné à mort le fils, de faire tuer aussi le père, par humanité, assurait-il, « pour ne pas lui faire porter le deuil de son enfant. » Ayant condamné au cirque une foule de citoyens, et même de chevaliers, il prit un tel goût à répandre le sang, qu'il ne pouvait se rassa-

---

(1) Dio Cassius, LIX, 10. — (2) Suet., Caius, XXVII; Dio Cassius, LIX, 8. — (3) Suet., Caius, XXVII; Dio Cassius, LIX, 25. — (4) De irae, l. II, 33. — (5) Dio Cassius, LIX, 10.

sier de ce spectacle (1). Aussi le sang coulait-il à flots pendant son
principat (2), et non seulement celui des personnages haut placés,
mais aussi celui des hommes les plus infimes. Ainsi il ordonna de
nourrir les bêtes qu'on entretenait pour le cirque non de viande, ce
qui coûtait cher, mais de condamnés, et comme il n'y en avait pas assez, il alla visiter lui-même les prisons, fit passer les détenus devant
lui, pendant qu'il se tenait sous le portique, et, sans examiner ni la
culpabilité, ni même la cause de la détention, les condamna tous en
masse, « d'un chauve à l'autre, » employant une formule vulgaire et
comique, comme pour faire mieux ressortir encore avec quelle abominable légèreté il prononçait ses arrêts de mort. La vue des supplices et
des exécutions capitales devint bientôt son passe-temps favori ; il faisait
appliquer la question ou trancher les têtes pendant ses repas ou quand
il faisait la débauche. Blasé bientôt sur ce spectacle, pour varier ses
plaisirs il faisait marquer au fer chaud et livrer aux bêtes un grand
nombre de citoyens les plus distingués, en faisait scier d'autres par le
milieu du corps, d'autres étaient enfermés par son ordre dans des
cages, où ils étaient obligés de se tenir à quatre pattes comme des animaux, et tout cela pour n'avoir pas loué un spectacle qu'il avait donné,
ou pour n'avoir pas juré par son génie. Mécontent d'un vers dans une
comédie atellane, il fit brûler non la pièce, mais l'auteur, et cela sur
la scène même (3). On ne voyait que tortures, brasiers, fer chaud sous
son règne, dit Sénèque (4). S'étant fait amener un intendant de ses
spectacles et de ses chasses, qu'il voulait faire punir en sa présence,
il eut l'idée ingénieuse de le faire battre non de verges, mais des
chaînes même qu'il portait ; il trouva un tel plaisir à voir cette exécution, qu'il donna l'ordre de la continuer sans interruption pendant plusieurs jours, et ne fit mettre le malheureux à mort que lorsqu'il se
sentit incommodé par l'odeur infecte de ses plaies gangrénées (5). Un
ancien préteur, qui se trouvait à Anticyre pour sa santé, lui ayant demandé de prolonger son congé, Caius le fit tuer, disant qu'une saignée
lui fera sûrement du bien. Ayant condamné à mort des Gaulois et des
Grecs, il se vantait d'avoir subjugué la Gallo-Grèce (6). Exilant sa sœur
Agrippine, il ordonna de lui faire tenir sur les genoux pendant tout
le voyage l'urne contenant les cendres de son amant Lépide (7). Il aimait beaucoup Apellès, acteur tragique, dont il faisait sa société habi-

---

(1) SENECA, *De Beneficiis*, l. IV, 01 ; DIO CASSIUS, LIX, 10. — (2) DIO CASSIUS,
LIX, 13. — (3) SUET., Caius, XXVII. — (4) *Quest. nat.*, l. IV, *Praefat.* — (5) SUET.,
Caius, XXVII. — (6) *Ibid.*, XXIX. — (7) DIO CASSIUS, LIX, 22.

tuelle, et qui l'accompagnait même aux réceptions officielles (1), à la
Curie et au Forum, ce qui était une insulte au peuple romain. Un jour,
se trouvant avec lui au Temple, devant la statue de Jupiter, il lui demanda lequel des deux, de lui, Caius, ou de Jupiter, lui semblait le
plus grand, et comme Apellès, déconcerté, ne savait que répondre, il
le fit battre de verges, et écoutant ses cris, louait sa voix, douce, assurait-il, jusque dans les gémissements (2). Non content de condamner
à mort, il faisait encore périr ses victimes à petits coups, disant au
bourreau : « tue-le, mais qu'il se sente mourir (3). »

Nous avons indiqué bien des fois, et avons même longuement insisté
sur les contradictions singulières dans le caractère et les idées, sur
l'association des sentiments les plus opposés, des idées les plus disparates, que présentent les membres des familles atteintes du vice névropathique héréditaire, et spécialement les épileptiques. Cette singularité, nous la retrouvons à un haut degré chez Caius Caligula. L'homme
que nous avons vu si féroce, si sanguinaire, qui voulait affamer Rome,
« faire périr tout ce qu'il y avait d'illustre dans les deux premiers ordres de l'État, massacrer les légions ; pour lequel la vue du sang, des
supplices et des tortures était un amusement, cet homme, disons-nous,
se prenait parfois de pitié en voyant couler le sang le plus vil, celui
des gladiateurs. » Un jour qu'il assistait aux jeux, cinq rétiaires s'a-
vouèrent vaincus sans avoir résisté à leurs adversaires, les cinq mirmillons. Le public prononça leur arrêt de mort ; mais alors un des rétiaires se releva, saisit son trident, et égorgea tous les vainqueurs. Ce
massacre parut si affreux à Caius, qu'il le déplora par un édit et chargea d'imprécations les spectateurs qui avaient prononcé l'arrêt de
mort (4). Depuis ce temps les combats de gladiateurs furent rares
sous son règne, surtout ceux des rétiaires contre les mirmillons (5).
Toutes les fois qu'il embrassait sa femme ou sa maîtresse, il disait :

(1) Ibid., 5. — (2) Suet., Caius, LIX XXII. Il trouvait un plaisir particulier, puéril et cruel, à mettre les gens dans une position fausse ou difficile, à les embarras-
ser, ne leur laissant que des issues également dangereuses. Ainsi il punissait, nous
l'avons déjà dit, et ceux qui pleuraient la mort de Drusille, et ceux qui ne la pleuraient pas, leur laissant l'alternative ou d'offenser une déesse, ou d'insulter au chagrin du prince Un jour il s'adressa à Crispus Passienus et lui demanda s'il avait
aussi une sœur pour maîtresse. La réponse affirmative, comme la négative, étaient
également dangereuses. Crispus Passienus s'en tira très ingénieusement ; « non, pas
encore », répondit-il. Une autre fois Caius demanda à Lucius Vitellius s'il le voyait
dans les bras de la Lune ; Vitellius répondit à voix basse, et avec tous les signes du
respect religieux : « il n'est donné qu'à vous autres dieux de vous voir. » — (3) Suet.,
Caius, XXX. — (4) Ibid., XXXI. — (5) Seneca, De Provident., IV.

« Cette belle tête tombera quand je voudrai, » et, étant amoureux de Cæsonia, il eut le projet de lui faire appliquer la question pour savoir d'elle pourquoi il l'aimait tant (1). « Il se contredisait toujours, et en tout, dit Dion Cassius (2); il avait horreur de la débauche et de la cruauté de Tibère, et lui-même le surpassa de beaucoup dans l'une comme dans l'autre, et ce qu'il louait dans Tibère, il ne l'imita pas. Il parlait de lui avec mépris et indignation, ce qui encourageait les autres à le faire aussi pour faire leur cour à Caius; puis il se mit à le louer, et traduisit même devant les tribunaux ceux qui s'étaient permis de parler irrespectueusement de l'empereur défunt. Il haïssait les uns comme ennemis de Tibère, les autres comme ses amis. Ayant aboli les accusations de lèse-majesté, il punit néanmoins de mort un grand nombre de personnes comme coupables de ce crime. Il défendit sévèrement d'abord de lui élever des statues, et plus tard fit rendre à ses images des honneurs religieux comme à ceux d'un dieu. Tantôt il ne se plaisait que dans la foule, entouré d'une cour nombreuse, tantôt recherchait la solitude et ne voulait voir personne. Il se fâchait si on lui présentait des suppliques, et se fâchait également si on ne lui en présentait pas. Il se mettait ardemment à chaque travail, et un moment après il s'en dégoûtait. Prodiguant l'argent de la façon la plus folle, il l'amassait par les moyens les plus honteux. Il détestait et aimait en même temps et les flatteurs, et les hommes sincères et indépendants. Il laissait souvent impunis les plus sanglants outrages, et mettait à mort des gens auxquels il n'avait rien à reprocher. Tantôt il louait d'une façon excessive des personnes de son entourage et leur témoignait la plus grande amitié, tantôt les invectivait et ne leur témoignait que haine et mépris. Personne ne savait comment il fallait parler et agir pour lui plaire, et si quelques-uns eurent ses bonnes grâces, ils le devaient au hasard et à la fortune, non à leur habileté. » — « C'est à l'aliénation de son esprit, dit Suétone (3), qu'il faut attribuer les défauts les plus contradictoires, l'excès de confiance et l'excès de crainte. Cet homme, qui méprisait tant les dieux, fermait les yeux et se couvrait la tête au moindre éclair, au plus léger coup de tonnerre, et si l'orage éclatait, il se cachait sous le lit. Pendant son voyage en Sicile il se moquait des miracles dont se vantaient quelques villes, et s'enfuit la nuit de Messine, effrayé par le bruit et la fumée de l'Etna. Malgré ses grandes menaces aux barbares, un jour qu'il se trouvait

---

(1) SUET., Caius, XXXIII. — (2) L. LIX, 4. — (3) Caius, LI.

sur la rive germanique du Rhin, engagé avec ses troupes dans un chemin étroit, quelqu'un fit la remarque que si l'ennemi apparaissait, il y aurait un désordre épouvantable. Il fut tellement effrayé par ces mots qu'il monta immédiatement à cheval et s'enfuit vers les ponts, mais, ne pouvant les passer à cause des bagages qui les encombraient, il se fit transporter à bras par les valets de l'armée sur l'autre rive. Une autre fois, apprenant qu'une révolte avait éclaté en Germanie, il fit préparer des vaisseaux pour s'enfuir dans les provinces d'outre-mer comme dans son seul asile, disait-il, si les révoltés s'emparaient des Alpes comme les Cimbres et de Rome comme les Gaulois. »

Extrême en tout, dans ses affections comme dans ses haines, Caius présentait aussi sous ce rapport cette exagération en tout, ces sentiments extrêmes, ces engoûments et ces haines sans motif, qui sont le propre du caractère épileptique. « Il embrassait publiquement Mnester le pantomime, et si quelqu'un faisait le moindre bruit pendant que celui-ci dansait, il fouettait le coupable de sa main. Des deux partis des gladiateurs il favorisa l'un jusqu'à choisir dans son sein des chefs de sa garde germaine, et persécuta l'autre, les mirmillons, au point de lui ôter une partie de l'armure, pour diminuer ses chances de victoire. Un gladiateur de ce dernier parti, Columbus, étant vainqueur et légèrement blessé, Caius fit mettre du poison dans sa plaie. Il était tellement attaché à la faction verte des conducteurs de chars, qu'il mangeait et couchait souvent avec eux à leur écurie (1). »

On cite comme une des plaisanteries les plus singulières, les plus extravagantes de Caius son idée de se proclamer dieu. Cette idée, si étrange qu'elle puisse nous paraître, n'était cependant pas aussi extravagante alors qu'elle le serait maintenant, et le ton même, avec lequel les historiens en parlent, prouve qu'ils la blâment certainement, mais plutôt dans ses exagérations que dans son principe, et qu'en tous cas ils n'en sont pas étonnés outre mesure. En effet, cette idée pouvait ne pas paraître absolument absurde à un Romain. Une décision du Sénat, l'apothéose, l'inscription du nom dans l'hymne salien, élevaient le simple mortel au rang des êtres divins; c'était un honneur, une haute récompense, et équivalait à peu près à notre canonisation actuelle. Il est vrai qu'on ne l'accordait qu'après la mort, comme de notre temps on n'érige qu'aux morts des statues; en élever une sur la place publique à un homme vivant peut certainement paraître singulier et contraire

(1) SUET., Caius, LV; DIO CASSIUS, LIX, 5.

aux usages reçus, mais ne serait nullement absurde. D'ailleurs si cet honneur ne se rendait jamais à un vivant à Rome, dans les provinces on élevait fréquemment des temples aux proconsuls chargés du gouvernement, et Auguste avait des temples de son vivant en Orient et en Espagne. Notons que les anciens admettaient entre les mortels et les dieux une classe d'êtres intermédiaires, les demi-dieux et les héros, et c'est à cette catégorie qu'appartenaient les mortels divinisés; d'ailleurs le principe de la divinisation et du culte rendu à un mortel était tout à fait d'accord avec les idées des anciens sur les âmes des morts, qui étaient déjà (eo ipso) *les dieux mânes*. Quant à la divinisation de Caius, elle différait essentiellement même de l'apothéose, et n'était que l'exagération d'une coutume très répandue. Sans faire de l'homme précisément un dieu, on pouvait ou l'assimiler à une divinité, ou le présenter en quelque sorte comme une incarnation de cette divinité. Ainsi les statues, les médailles, les camées, etc., nous présentent souvent l'image de tel ou tel autre personnage réel, mais avec les attributs d'une divinité avec laquelle il aurait, comme l'artiste veut le faire comprendre par cette flatterie fine et délicate, une certaine analogie. Ainsi la célèbre sardoine à trois couches du cabinet impérial de Vienne représente Livie, femme d'Auguste, avec les attributs de Cybèle et de Cérès, ce qui rappelle le titre de *mère de la patrie* qui lui avait été décerné par le Sénat, les bienfaits qu'elle est censée avoir répandus sur Rome, et enfin contient une allusion délicate à sa fécondité de femme. Le portrait de la même Livie, mais casqué, l'assimile à la déesse Rome, rappelant ainsi son union avec Auguste. Les exemples de ces assimilations sont très fréquents, et l'on voit souvent les portraits des grands personnages avec les attributs des divinités auxquelles ils sont assimilés; pour les hommes ce sont ordinairement Apollon, le soleil, Hercule, etc., pour les femmes, Cybèle, Cérès et les divinités d'ordre moral, *Pudicitia, Salus Augusta, Concordia*, etc. Caius commença d'abord par une assimilation de ce genre, paraissant en public tantôt avec la foudre, tantôt avec le caducée ou le trident à la main, c'est-à-dire s'assimilant à Jupiter, à Mercure ou à Neptune (1). Cette fiction prit plus tard un caractère plus positif, sans jamais sortir cependant — point de la plus haute importance — de l'assimilation. Il ne se faisait jamais appeler *Divus Caius*, ne s'érigeait pas de temples sous ce nom, mais s'assimilait seulement à diverses divinités, particulière-

_____

(1) SUET., Caius, LII; DIO CASSIUS, LIX, 26; FLAV. JOSEPH., *Antiq. jud.*, XIX, 1.

ment à Jupiter, et se faisait saluer même du nom de *Jupiter latin*, paraissant ainsi non comme un dieu nouveau, mais comme une incarnation de Jupiter, ce qui, au bout du compte, est beaucoup plus modeste que l'apothéose ou l'inscription du nom dans l'hymne salien. On peut donc reprocher à Caius non une extravagance positive, mais un manque de modestie tout au plus. Il se fit bâtir un temple, il est vrai, constitua pour le culte un collège de pontifes, où n'étaient admis que les plus hauts personnages de Rome, qui payent cet honneur un million et demi de sesterces; il nomma comme membres de ce collège sa femme Cæsonia, son oncle Claude, soi-même, — et aussi son cheval Incitatus (1), se faisait offrir les victimes les plus rares, transforma le temple de Castor et Pollux en vestibule du sien, y paraissait assis entre les deux dieux et recevait les adorateurs, mais il le faisait toujours en s'assimilant à une divinité, et jamais en qualité de dieu Caius. Du reste cette idée d'une divinisation plus positive et poussée aussi loin ne venait même pas de lui, mais de Lucius Vitellius, père de l'empereur Aulus Vitellius, grand homme d'État, paraît-il, puisque le Sénat lui érigea une statue devant la tribune rostrale avec cette inscription : *pietatis immobilis ergo principem*, et fit faire ses funérailles aux frais de l'État. Ce même L. Vitellius plaça les images en or de Narcisse et de Pallas, affranchis tout-puissants de l'empereur Claude — de leur vivant bien entendu — parmi ses dieux domestiques. C'était une flatterie fine et adroite, et nullement une absurdité, aussi n'étonna-t-elle personne. L. Vitellius se couvrit d'infamie, il est vrai, et s'attira le mépris général, mais ce n'est pas pour avoir divinisé l'empereur, pas même pour avoir adoré des affranchis, mais « pour sa passion honteuse pour une affranchie, dont il avalait publiquement la salive mêlée avec du miel comme remède contre le mal de gorge (2). »
À quel point Caligula prenait-il lui-même au sérieux sa divinité? D'une part on pourrait admettre, par analogie avec son système de ridiculiser, d'avilir et d'outrager tout ce qui était respecté et révéré du peuple romain, et avec le mépris qu'il professait pour les dieux, que cette divinisation n'était à ses yeux qu'une bouffonnerie nouvelle ayant pour but de tourner en dérision l'apothéose, l'élévation des mortels au rang des dieux, mais, d'un autre côté, on peut supposer avec Suétone qu'il

---

(1) Suet., Caius, XXII; Dio Cassius, LIX, 28. — (2) Suet., Vitellius, II-III; Dio Cassius, LIX, 27, 28. Du reste la salive de la femme à jeun était un remède très efficace, selon la médecine antique, surtout si la femme s'était aussi abstenue la veille de tout aliment. Plin., *Hist. mundi.*, l. XXVIII, 22.

n'était arrivé à se diviniser que peu à peu, à mesure qu'il se rendait
de plus en plus compte de l'immensité de son pouvoir. On sait qu'il
cherchait à faire parade de son autorité, qu'il affectait de se poser
en maître absolu de la vie, de l'honneur et de la fortune des citoyens
— et il l'était en effet. Il abusait de sa toute-puissance et la faisait
sentir durement au peuple romain, à son entourage et à ses parents.
Lâche envers les ennemis, il était hautain et insolent avec ses sujets —
autre trait du caractère épileptique que nous avons déjà signalé plus
haut. « L'atrocité de ses paroles rendait plus odieuse encore l'atrocité
inouïe de ses actes, dit Suétone (1). Son aïeule Antonia lui faisant
quelques remontrances, Caius, non content de n'y avoir aucun égard,
lui répondit : « *Souviens-toi que tout m'est permis et envers. tous.* »
Donnant l'ordre de tuer son frère (Tibère Gemellus), qu'il croyait
s'être muni de contre-poison « *un antidote*, dit-il, contre César! » Un
jour que plusieurs rois, venus à Rome pour affaires, disputaient entre
eux sur la préséance, il s'écria : « Il n'y a qu'un maître, qu'un roi, »
et fut sur le point de prendre le diadème et les insignes de la royauté;
on ne le fit renoncer à cette idée qu'en l'assurant qu'il était trop au-
dessus des autres rois. Alors il commença à prétendre aux honneurs
divins (2). Si la conscience et l'assurance du pouvoir absolu qu'il
exerçait étaient allées chez lui toujours en augmentant, on peut admettre qu'il était arrivé peu à peu à l'idée de se mettre au-dessus de
l'humanité, à l'appui de quoi il faut citer le raisonnement curieux qui
l'aurait amené, à en croire Philon, à diviniser sa personne. « Le pasteur de bêtes, raisonnait-il, n'est pas une bête, mais un homme, un
être supérieur aux bêtes par sa nature; par conséquent le pasteur
d'hommes ne peut pas être un homme, mais un être supérieur à l'humanité, c'est-à-dire un dieu. » Ce raisonnement jette un grand jour
sur la question, en faisant voir que cette divinisation était moitié sérieuse, comme exaltation du sentiment de la personnalité, moitié bouffonne, comme une insulte et une raillerie nouvelles qu'il jetait à la
face du peuple romain et du monde. Il est donc inutile de recourir à
l'hypothèse de la monomanie des grandeurs, et d'autant plus à celle
d'une folie partielle de nature spéciale, du « *délire impérial,* » —
Kaiserwahnsinn des Allemands. D'ailleurs un médecin aliéniste ne
peut guère discuter sérieusement cette théorie, au moins singulière,
dont les auteurs n'avaient évidemment pas saisi la valeur psychiatri-

---

(1) Suet., Caius, XIX. —(2) *Ibid.*, XXII.

que des faits. D'abord la science mentale n'admet plus ces folies partielles, ces monomanies spéciales, indiquées par Pinel (1) et Prichard (2), introduites dans la science par Esquirol (3) et soutenues par
le talent et la grande autorité de Guislain (4), qui avait pu les faire
admettre un moment et à une époque où les principes de la médecine
mentale n'étaient pas encore fixés. Cette théorie de la monomanie,
basée sur la distinction du délire en délire général et délire circons-
crit (délire général et délire partiel de Ferrus) (5), a dû nécessairement mener à une spécialisation de plus en plus étroite du délire, des
monomanies, et elle a créé effectivement les monomanies intellectuelles
et les monomanies impulsives, la monomanie homicide, suicide, la
kleptomanie, etc., distinctions exclusivement psychologiques, sans aucune signification pathologique et médicale. D'ailleurs, d'une importance beaucoup plus grande sous le rapport médico-légal (6) que pathologique, elle fut combattue en Allemagne d'abord par Henke,
ensuite par l'école somatique, Griesinger (7), Leidesdorff (8), Solbrig (9), etc., et en France par Falret (10), Morel (11), J. Falret (12),
Barriod (13), etc. On trouvera le résumé des opinions de la plupart des
aliénistes français sur ce sujet dans les discussions sur la monomanie
qui avaient eu lieu dans la société médico-psychologique de Paris (14),
discussions qui n'ont abouti d'ailleurs à aucun résultat. Les mêmes
arguments avaient été reproduits, portant principalement sur l'élément psychologique et métaphysique, sur la solidarité nécessaire ou
une certaine indépendance possible des facultés de l'âme. « En dépit
de seize mois d'éloquence et d'érudition, la société, prise en masse, ne

(1) *Traité médico-philosophique sur l'aliénation mentale.* Paris, 1808. — (2) *Trea-
tise of insanity and other desorders affecting, the mind.* London, 1835, — (3) *Les
maladies mentales considérées*, etc. Paris, 1838. — (4) *Leçons orales sur les phrénopathies. Gand*, 1852. — (5) *Leçons professées à Bicêtre.* V. *Gazette des hôpitaux*, 1838.
— (6) GEORGET, *Discussion médico-légale sur la folie*, suivie de l'examen du procès
criminel d'Henriette Carnier. Paris, 1826. C. C. H. Marc, *Consultation médico-légale
pour Henriette Carnier. — De la folie considérée dans ses rapports avec les questions
médico-judiciaires.* Paris, 1840. — (7) *Pathologie und Therapie der psychischen Krankheiten fur Aerzte und Studierende.* Stuttgart 1861. — (8) *Lehrbuch der psychischen
Krankheiten.* Erlangen, 1865. — (9) *Allgem. Zeitschrift f. Psychiatrie*, XIV, p 292.
Verbrechen und Wahnsinn. München, 1867. — (10) *Leçons cliniques et considérations
générales. Des mal. ment. et des asiles d'aliénés.* Paris, 1864. — (11) *Études cliniques.
Traité théorique et pratique des maladies mentales.* Nancy et Paris, 1862. *De la monomanie. Discours sur la folie raisonnante. Ann. méd.-psychol.*, 1868, juillet, p. 106.
— (12) *Discours sur la folie raisonnante. Ann. méd.-psychol.*, 1868, mai, p. 382. —
(13) *Études critiques sur les monomanies.* Paris, 1852. — (14) *Annales médico-psychologiques*, 1854, 1866-1867.

possède pas de convictions définies, arrêtées, » écrivait à ce sujet Berthier (1). A cette époque déjà, Griesinger faisait remarquer que « la
théorie des monomanies est actuellement, même en France, en voie de
décomposition complète, et peut-être n'y a-t-il pas un seul aliéniste
français qui leur conserve toute leur signification primitive. » En effet,
c'est un fait significatif que, malgré qu'un certain nombre d'aliénistes
français acceptaient les monomanies en théorie, il n'y en a pas un seul
qui, dans ses rapports sur l'état mental des accusés qu'il avait été
chargé d'examiner, ait posé le diagnostic pur et simple de monomanie;
tous ont cherché, au contraire, à prouver l'existence d'un état pathologique en dehors des idées ou des impulsions monomaniaques, et qui
les expliquerait. C'est que les *monomanies* ne sont que l'expression et
les manifestations de la dégénérescence. Mais si leur *existence* est un
fait d'ordre médical, leur forme et leur caractère peuvent être des faits
d'un ordre psychologique, et comme tels, présenter un grand intérêt
pour l'analyse *psychologique* de l'individu.

La *monomanie* ne présente actuellement qu'un intérêt purement
historique. Le *Kaiserwahnsinn* n'est qu'un mot à effet, sans portée
médico-psychologique ; d'ailleurs il est au moins singulier de penser
qu'on explique la folie d'un empereur en disant que c'est la *folie impériale;* c'est là une tautologie qui peut aller de pair avec la *vis dormativa*
et la *vis purgativa* des médecins de Molière. Un terme, si savant ou si
pittoresque qu'il soit, n'est pas une explication, et Méphistophelès prétend
même qu'on a toujours des *mots* quand les *idées* manquent. « Denn wo
uns die Begriffe fehlen, da stellt ein Wort zur rechten Zeit sich ein. »

La question de la monomanie — fut-elle la *monomanie impériale!*
(Sébastomanie serait un joli terme à introduire dans la science)
écartée, — lequel des deux motifs indiqués plus haut faisait agir
Caius? Tous les deux probablement. En disant qu'il cherchait à
avilir, à tourner en dérision les institutions romaines, les formes politiques et les formules religieuses de Rome, nous ne supposons
nullement chez Caius un système mûrement réfléchi de scepticisme
politique, religieux et social. S'il outrageait la République dans ses
institutions fondamentales, s'il ridiculisait les expéditions lointaines,
la gloire militaire, la solennité du triomphe ; s'il avilissait les magistratures, le Sénat, les institutions antiques et révérées, c'est qu'il en
connaissait bien le vide, qu'il voyait la fausseté et le mensonge des

_____

(1) Lettre au rédacteur des *Annales. Annales méd.-psychologiques*, 1867, juillet,
p. 219.

formules, la vanité des noms, le ridicule des grands mots appliqués
aux petites choses, mais de là à un système de négation philosophique il y a loin. Esprit stérile et superficiel, il ne pouvait pas s'é-
lever à une conception de cette nature, et son humeur changeante et
inquiète ne lui aurait pas permis en tout cas de suivre une ligne de
conduite aussi nettement tracée. Le motif qui le faisait agir était beaucoup moins élevé, et surtout il était d'une tout autre nature, et ce
n'est pas dans la philosophie, c'est dans la médecine qu'il faut le chercher. Épileptique, Caius s'amusait puérilement à humilier, à faire le
mal, à taquiner, à outrager. C'était là le motif principal, mais il n'é-
tait pas le seul. Tout en raillant les formes politiques, et surtout en insultant à la majesté du peuple romain, à la gloire de Rome, à la dignité
de la République, Caius profitait en même temps de l'occasion pour
mettre un habit magnifique, donner une fête splendide, étonner et
éblouir par son luxe et sa magnificence, et c'est aussi à ce point de vue
puéril, enfantin, qu'il tenait au triomphe, à l'expédition militaire,
à la chevauchée sur le pont de Baïes, comme l'enfant tient à une
fête, à un plaisir. Il est possible que la divinisation ait aussi eu
pour lui ce double caractère, d'un côté comme taquinerie, avilissement de Rome, outrage à la religion, aux croyances antiques, de
l'autre comme prétexte aux fêtes et aux plaisirs. Elle flattait enfin sa
conscience du pouvoir absolu et sans limites dont il jouissait, son orgueil, en montrant ce qu'il pouvait se permettre, et à quel point il était
au-dessus de l'humanité. Les idées byzantines du caractère sacré du
pouvoir et de la personne des gouvernants mûrissent vite ; treize ans
après l'épileptique Caius, Sénèque, un philosophe, un stoïcien, écrivait à son élève Néron : « Tu as été choisi parmi les mortels pour représenter les dieux ; tu peux à ton gré fonder et anéantir les villes ; toi
seul peux tuer et grâcier sans violer la loi. » Et les discours de Thraséas
au Sénat ! Et cependant il passait pour un républicain farouche, pour
l'ennemi personnel de l'empereur ! Caligula se plaisait au luxe, aux
entreprises chères et dispendieuses. Sans parler du pont de Baïes, des
galères en bois de cèdre garnies d'or et de pierreries, avec des vignes
et des jardins sur le pont, des perles de grand prix qu'il faisait dis-
soudre dans le vinaigre, des soupers où non seulement la vaisselle,
mais les mets, le pain, tout était en or, il jetait encore du haut de la
basilique de Jules César de l'argent au peuple, disant qu'il fallait être
ou économe, ou César. Mais en dehors de ces folies coûteuses, il dépensait encore des sommes immenses à des travaux inutiles et qui sem-

blaient impraticables, jetant des digues dans une mer orageuse et profonde, faisant fendre et tailler les roches les plus dures, mettre des plaines au niveau des montagnes et aplanir les montagnes au niveau des plaines, et toujours avec une vitesse incroyable; le moindre retard était puni de mort (1). Comme les enfants, comme beaucoup de déments, il ne savait pas attendre. Ayant dépensé en moins d'une année l'immense trésor amassé par Tibère, il se trouva à court d'argent. Il fallut recourir aux expédients, aux exactions, aux rapines et aux impôts. Alors commença, à Rome d'abord, dans les provinces ensuite, la chasse aux riches. Les personnages connus comme possesseurs de grandes fortunes furent mis en coupe réglée; on accusait les uns de lèse-majesté ou de complot et de projets de révolte, d'autres furent traduits devant les tribunaux comme ayant attenté à la vie de l'empereur, ou comme accusateurs de sa mère ou de ses frères; tous étaient régulièrement condamnés à mort et leurs biens confisqués (2). Mais jusque dans ces exactions, Caius apportait le même procédé de raillerie et d'outrage à ses victimes, faisant ressortir de la façon la plus insultante, la légèreté avec laquelle il ordonnait ses cruautés. Apprenant que le préteur Junius Priscus, mis à mort comme possesseur d'une grande fortune, s'était trouvé être pauvre, il s'écria : « Cet homme m'a trompé, il est mort innocent (3). » Une autre fois, comme il avait ordonné la mort d'un personnage, le tribun chargé de l'exécution, se trompa et tua un autre citoyen; « cela ne fait rien, dit Caius en apprenant cette erreur, celui-ci l'avait mérité tout autant (4). » Montant au tribunal, il fixait la somme qu'il entendait « gagner », et quand les confiscations qu'il avait prononcées arrivaient au chiffre fixé, il levait la séance. Un jour il alla, dans sa hâte d'en finir au plus vite, jusqu'à condamner par un seul et même arrêt plus de quarante accusés poursuivis pour des délits différents, et se vanta, le soir, d'avoir gagné une grosse somme d'argent pendant que sa femme Caesonia faisait sa sieste (5). Une autre fois, jouant aux dés, il remit sa partie à l'un des joueurs pour faire un tour dans l'atrium; voyant passer dans la rue deux chevaliers très riches, il les fit arrêter sur-le-champ, les condamna à mort, confisqua leurs biens, et retournant au jeu, déclara avoir fait un coup de dés splendide (6). Ayant perdu un jour tout son

---

(1) SUET., Caius, XXXVII; DIO CASSIUS, LIX, 9; SENECA, Consol. ad Helviam, IX, etc. — (2) SUET., Caius, XXXVIII, XLI et passim; DIO CASSIUS, LIX, 11, 14, 18, 21; SENECA, passim. — (3) DIO CASSIUS, LIX, 18. — (4) SUET., Caius, XXX. — (5) SUET., XXXVIII. — (6) Ibid., XLI.

argent au jeu, il se fit apporter la liste des Gaulois les plus fortement imposés et condamna les plus riches à mort et à la confiscation de leurs biens, disant à ses compagnons de débauche : « Vous jouez là pour gagner quelques deniers, et moi, je viens de gagner d'un seul coup 150 millions. Parmi les condamnés se trouvait Julius Sacerdos; il n'était pas riche, mais Caligula le condamna par la même occasion et le fit mettre à mort avec les autres, « à cause de son nom », dit-il (1). Caius était certainement un homme d'esprit, mais son intelligence, fortement influencée par les deux facteurs morbides tels que l'épilepsie et l'hérédité névropathique, resta stérile et superficielle. Elle eut un caractère puéril, enfantin, comique, qui étonnait les contemporains, et qui constitue une particularité psychique, dont il a déjà été plusieurs fois question dans cet ouvrage. En inventant de nouveaux impôts et de nouvelles exactions, Caius n'avait qu'un but, l'argent, et cependant ce qui frappe le plus dans ces impôts, c'est leur caractère comique, puéril, taquin, qui prouve encore une fois l'incapacité foncière de Caius à la réflexion sérieuse et suivie, et sa passion pour les gamineries d'écolier. Il cassait les testaments des citoyens, s'il se trouvait quelqu'un qui prétendit savoir que le testateur avait eu l'intention de faire un legs à César. L'alarme s'étant répandue, les pères de famille, pour ne pas laisser dépouiller leurs enfants, s'empressèrent de le nommer dans leurs testaments au même rang que leurs enfants et leurs amis; mais alors il prétendit que c'était se moquer de lui que de s'obstiner à vivre après l'avoir nommé son héritier, et envoya des gâteaux empoisonnés aux testateurs (2). Il allait faire visite aux personnes riches et âgées, les appelait « mon père », « ma mère », « mon grand-père », et une fois la parenté ainsi établie, assurait être en droit d'hériter d'elles en qualité de proche parent (3). Ayant annoncé une vente, il fit assembler tout ce qui restait de matériel et de gladiateurs des spectacles qu'il avait donnés, en fixa lui-même le prix, et le fit acheter de force à plusieurs citoyens, qui furent ainsi complètement ruinés et se donnèrent la mort. S'il arrivait que dans le nombre des gladiateurs de rebut il s'en trouvait de bons, qui pouvaient servir encore aux spectacles, il les vendait aux préteurs, et une fois vendus, les faisait empoisonner (4). Un ancien préteur, Aponius Saturninus, s'étant endormi à l'une de ces ventes, Caius dit au crieur de faire attention

(1) Dio Cassius, LIX, 22. — (2) Suet., Caius, XXXVIII. — (3) Dio Cassius, LIX, 15. — (4) Suet., Caius, XXXIX; Dio Cassius, LIX, 14.

aux mouvements de tête du dormeur, qui avait évidemment l'intention de surenchérir, et le malheureux vieillard à son réveil se trouva avoir acheté treize gladiateurs pour neuf millions de sesterces. Ayant vendu dans les Gaules à un prix énorme les bijoux, les meubles, les esclaves, et même les affranchis de sa famille et de ses sœurs exilées, séduit par le gain, il fit venir de Rome les meubles, les bijoux, les objets d'art de la vieille cour, tout ce qui avait quelque valeur, intrinsèque ou historique, et les vendit lui-même à la criée, disant à chaque objet mis en vente, pour en rehausser le prix : « Ceci avait été apporté par mon bisaïeul Marc-Antoine d'Égypte », « ceci avait été conquis par Auguste. » Telle chose devait se vendre cher parce qu'elle avait appartenu à son père, telle autre à sa mère ou à son aïeule, et les malheureux acheteurs devaient payer les souvenirs historiques. Pour transporter ces objets de Rome dans la Gaule, il s'empara de tous les chevaux de louage, des ânes et des mulets qui faisaient marcher les moulins, de toutes les voitures de transport, en sorte que le pain manqua à Rome, et que la plupart des plaideurs perdirent leurs procès faute d'avoir pu se trouver à l'assignation (1).

« Il créa de nouveaux impôts en telle quantité et de nature si diverse, qu'il n'y eut plus aucune personne ni aucun objet qui ne fût imposé. Il exigea des plaideurs le quarantième des sommes en litige, et ce fut un crime de transiger ou de renoncer à l'affaire. Les portefaix durent lui payer le huitième de leur gain journalier, les prostituées furent taxées selon le prix auquel elles se vendaient, et les entremetteuses eurent à payer un droit fixe. » Ce dernier impôt lui donna la brillante idée d'organiser un lupanar dans son palais. « Il fit arranger de petites chambres richement ornées, selon la dignité du lieu » — *distinctis et instructis pro loci dignitate compluribus cellis*, dit Suétone. Il y plaça des matrones et, pour satisfaire à tous les goûts de sa pratique, des jeunes gens de bonnes familles, et envoya des esclaves nomenclateurs par les rues et sur les places publiques, inviter les passants, vieillards et jeunes gens. A ceux qui n'avaient pas d'argent avec eux pour payer leurs plaisirs, il en prêtait à usure, et des employés à la porte du palais prenaient les noms des arrivants, pour les remercier ensuite d'avoir augmenté les revenus de César ». Il ne dédaignait pas non plus de tricher au jeu (2).

(1) SUET., Caius, XXXIX; DIO CASSIUS, LIX, 21. — (2) SUET., Caius, XLI; DIO CASSIUS, LIX, 28.

Les nouveaux impôts ayant été établis, mais non publiés, comme il se commettait beaucoup de contraventions par ignorance, Caïus, cédant aux instances du peuple, fit afficher l'édit, mais il le fit écrire en caractères si petits et le fit suspendre si haut, qu'il était impossible de le lire (1).

A la naissance de sa fille Julia Drusilla, il assura être trop pauvre pour pouvoir suffire aux dépenses de l'empire et aux charges de la famille, et voulut que Rome lui donnât les moyens d'élever et de doter sa fille. Il déclara qu'à cet effet il recevra au nouvel an les étrennes de ceux qui voudraient bien les lui donner, et effectivement le jour des calendes de janvier, il se tint dans le vestibule du palais, recevant l'argent des gens de toute condition qui venaient le lui donner (2).

Nous avons étudié le César Caius Caligula dans ses actes ; ajoutons, pour compléter le tableau, quelques détails sur sa personnalité morale, détails que les historiens nous ont transmis.

Nous avons vu qu'il était d'une cruauté féroce, sanguinaire, mais en même temps puérile, taquine et insultante. Cette cruauté, poussée à un degré qui étonnait à bon droit les historiens romains, même après les Néron, les Domitien, les Commode et les Caracalla, n'est, ainsi que nous l'avons déjà dit, que l'exagération, l'expansion libre, non comprimée par les circonstances, des penchants méchants de l'épileptique, revêtu ici encore de la toute-puissance impériale. L'orgueil, l'arrogance de Caius, ainsi que sa lâcheté, sont également les résultats de sa funeste maladie et des troubles profonds qu'elle avait produits dans une intelligence et un caractère déjà foncièrement névropathiques. C'est encore l'épilepsie, mais surtout la névropathie héréditaire dans sa famille, qui expliquent les contradictions de son caractère et l'étrangeté de ses idées, singularité qui étonnait à un haut point ses contemporains et les historiens (3).

En parlant du caractère épileptique, nous avons signalé plusieurs fois la susceptibilité de ces malades, leur méfiance, leur penchant à voir partout des malveillants qui leur en veulent, qui ont l'intention de les outrager. Ce trait de caractère, nous le retrouvons poussé à un très haut point chez Caius. Il était susceptible, soupçonneux, méfiant, voyait partout des conspirateurs, trouvait des allusions insul-

---

(1) SUET., *Ibid.*, DIO CASSIUS; *Ibid.* — (2) SUET., Caius, XLII. — (3) SUET., Caius, *passim*; DIO CASSIUS, *passim*; FLAV. JOSEPH., *Ant. Jud.*, XIX, 2; PHILO, *passim*, etc.

tantes dans les choses les plus indifférentes (1). Il avait été déjà question de sa lâcheté, que les auteurs sur la psychiatrie constatent comme une des particularités les plus saillantes du caractère épileptique. Enfin tous les auteurs ont noté que l'humeur sombre, farouche, méchante des épileptiques fait place quelquefois à la disposition contraire, et que ces malades ont des heures et des jours où ils étonnent leur entourage par leur douceur, leur bonté, une bienveillance touchante; or, nous savons précisément que Caïus Caligula avait des jours pareils, et que celui même de sa mort en était un (2).

Très intelligent, appartenant à une race richement douée, instruit, bon orateur en grec et en latin, à la parole abondante et facile, critique sévère en littérature, connaisseur en beaux-arts (3), il n'est cependant qu'une intelligence stérile, sans élévation, sans suite dans les idées, un esprit méchant et puéril, que le progrès de la maladie et les excès en tout genre amenèrent finalement à la folie positive, nettement caractérisée. Mais, phénomène d'une haute importance psychiatrique, Caïus se rendait compte de l'aberration de son esprit et de l'atrocité de ses crimes; il sentait que sa maladie mentale (4) le mettait en dehors de l'humanité. De même qu'au physique se sachant repoussant, il s'étudiait à se rendre terrible, au moral également, ayant la conscience de l'aliénation de son esprit et de l'horreur de ses actes, il s'étudiait à paraître plus atroce encore. « Qu'il me haïsse, pourvu qu'il me craigne (5) », disait-il du peuple romain (Tibère, lui, disait : « Qu'il me haïsse, pourvu qu'il m'estime ») et regrettait souvent que le peuple n'eût pas qu'une tête qu'on pourrait abattre d'un seul coup (6). Il se plaignait souvent que son principat n'ait été marqué par quelque grande calamité, comme celui d'Auguste par la défaite de Varus, celui de Tibère par la catastrophe de Fidènes, et appelait sur la République le massacre de ses armées, la famine, la peste, les incendies et les tremblements de terre (7).

Notons enfin que Caïus Caligula avait, symptômes de la plus haute importance pathognomique d'un trouble cérébral grave, *une mémoire faible, des insomnies, des terreurs nocturnes et des hallucinations.*

---

(1) SUET., Caius, XXXV, L, etc.; DIO CASSIUS, LIX, 13, 23; FLAV. JOSEPH., XIX, 2; SENECA, *De Constant.*, XVIII, etc. — (2) FLAV. JOSEPH., *Antiq. jud.*, XIX, 2. — (3) SUET., Caius, LIII, LIV; FLAV. JOSEPH., *Antiq. jud.*, XVIII, 13; XIX, 2; SENECA, DIO CASSIUS, *passim*; PLIN., *Hist. mundi*, XXXV, 6; TACIT., *Ann.*, XIII, 3. — (4) SUET., Caius, L; SENECA, *De Iræ*, III, 19. — (5) SUET., Caius, XXX; DIO CASSIUS, LIX; SENECA, *De Iræ* I, 16. *De Clement.*, I, 12, II, 2. — (6) SUET., Caius, XXX; DIO CASSIUS, LIX. — (7) SUET., Caius, XXXI.

La nuit, il voyait des fantômes, croyait entendre la mer lui parler, la statue de Jupiter converser avec lui, la lune venir partager sa couche, etc. (1).

Tacite (2), Suétone (3), Dion Cassius (4), Sénèque (5), Flavius Josèphe (6), tous les historiens s'accordent à le traiter d'*insensé* et à parler de *sa folie*, de *l'aliénation de son esprit*, de sa maladie mentale.

Caius Caligula fut tué à l'âge de vingt-neuf ans ; avec lui périt aussi sa fille Julia Drusilla, à laquelle les conjurés brisèrent la tête contre le mur. Rien ne lui prouvait mieux que cette enfant était réellement sa fille, assurait-il, que la férocité précoce de son caractère, et qui était telle qu'elle se jetait avec fureur sur les enfants qui jouaient avec elle, cherchant à leur crever les yeux et à leur égratigner le visage (7). Il n'eut jamais d'autres enfants ni de ses nombreuses épouses, ni de ses maîtresses plus nombreuses encore. Du temps de Néron il s'était bien trouvé un certain Nymphidius (8), fils d'une prostituée, qui prétendait avoir l'empereur Caius pour père, mais il est plus que douteux que cette assertion ait été vraie.

Julia Drusilla, fille de Germanicus et sœur du César Caius Caligula nous est très peu connue. Son enfance et sa première jeunesse s'étaient passées dans la maison de son aïeule, qui la recueillit après l'exil de sa mère Agrippine. Mais ni l'exemple de la vertueuse Antonia, ni l'éducation sérieuse qu'elle avait reçue, ni le milieu honnête et moral dans lequel elle avait vécu, ne purent annuler l'influence du sang impérial. Drusilla se laissa débaucher par son frère Caius Caligula, plus jeune qu'elle, lui sacrifia sa virginité et devint sa maîtresse (9). Tibère la maria à Lucius Cassius Longinus ; mais son frère, arrivé au principal, l'enleva à son mari, qu'il fit mourir plus tard (10), et vécut maritalement avec elle, la traitant publiquement comme sa femme légitime (11), l'institua même son héritière, et voulut que les femmes jurassent par son nom comme les hommes juraient par le sien (12). Il la maria ensuite à Marcus Æmilius Lepidus son cousin. Drusilla mourut bientôt après, et nous avons déjà dit comment elle avait été pleurée par son frère et amant. Déifiée après sa mort sous le nom de Panthea, elle eut des

(1) Suet., Caius, XXII, L; Dio Cassius, LIX, 26, 27. — (2) Ann., XIII, 3. — (3) Caius, L, LI. — (4) LIX, 4, 23, 26. — (5) De Constant., XVIII, et passim. — (6) Antiq. jud., XVIII, 14; XIX, 1. — (7) Suet., Caius, XXV. — (8) Tacit., Ann., XV, 72. — (9) Suet., Caius, XXV ; Dio Cassius, LIX, 3, 11; Flav. Joseph., Antiq. jud., XIX, 2. — (10) Suet., Caius, LVII. — (11) Ibid., XXIV — (12) Dio Cassius, LIX, 11.

temples, des statues, tous les honneurs divins, un culte, un collège de pontifes, dont faisaient partie les premiers personnages de Rome, l'empereur lui-même, Claude son oncle, et aussi son cheval Incitatus. *Elle n'eut pas d'enfants ni de ses deux mariages, ni de sa liaison avec son frère.*

Julia Livilla, autre fille de Germanicus, n'a joué aucun rôle dans l'histoire; aussi n'avons-nous sur elle que bien peu de renseignements. Comme ses deux autres sœurs, elle avait été la maîtresse de son frère Caius; mais celui-ci ne l'aimait pas comme sa sœur Drusilla, et la prostituait souvent à ses mignons et ses compagnons de débauche (1). Maîtresse de son beau-frère Lépide, mari de sa sœur Drusilla et mignon de Caius Caligula, elle prit part au complot de son amant contre son frère (2), et prépara même, paraît-il, des poignards pour assassiner ce dernier. Le complot fut découvert. Caius lut au Sénat et publia les lettres de Livilla, qu'il réussit à se procurer, lettres extrêmement compromettantes et qui dévoilaient les débauches, le libertinage de Livilla et ses intrigues, tant politiques qu'amoureuses. Accusée comme débauchée, adultère et complice de Lépide, elle fut exilée à l'île Pontia, et ses biens furent confisqués. A son avènement au principat, Claude la fit revenir à Rome et lui rendit sa fortune; mais Valéria Messalina, sa femme, voyant la beauté de Julia Livilla, et, paraît-il, les privautés qu'elle se permettait avec son oncle Claude, la fit mourir (3). Elle avait été mariée à Marcus Vicinius, *mais elle n'eut pas d'enfants* ni de lui, ni de son frère Caius Caligula, ni de Lépide, ni de ses nombreux amants.

Julia Agrippina était née dans la cité des Ubiens, qui reçut plus tard une colonie de vétérans et fut nommée en son honneur *Colonia Agrippina* (4) (Cologne). Sa mère Agrippina l'aînée s'y retire enceinte, fuyant l'armée révoltée de Germanicus son mari, lors de l'avènement de Tibère au principat. Elle quitta le camp pendant l'hiver 767-768, ce qui nous donne une date à peu près certaine pour la naissance d'Agrippina la jeune. A l'âge de treize ans elle épousa N. Domitius Ahénobarbus (5), dont elle eut Lucius Domitius (Néron) après neuf ans de mariage (en dé-

---

(1) SUET., Caius, XXIV; DIO CASSIUS, LIX. 3, 11; FLAV. JOSEPH., *Antiq. Jud*, XIX, 2. — (2) DIO CASSIUS, LIX, 22; SUET., Caius, XXIV. — (3) SUET., Caius, XXIV, XXIX; DIO CASSIUS, LIX, 3, 22, 27; SENECA, *Apokolokynt.* X. — (4) TACIT., *Ann.*, XII, 27. — (5) *Ibid.*, IV, 75.

cembre790) (1). Elle était une toute jeune femme (elle avait vingt-deux
ans à peine) quand son frère Caius, à son avènement au principat, abusa
d'elle comme de ses deux autres sœurs; cependant, malgré la grande
beauté d'Agrippine (2), il ne s'attacha pas à elle comme à Drusilla, et la
prostitua souvent, comme il l'avait fait avec Livilla, à ses compagnons
de débauche (3). Une petite-fille de la grande Julie n'avait pas besoin
d'incitations aussi énergiques pour tomber dans la dépravation la plus
abjecte. Agrippine prit part à toutes les orgies de Caius Caligula, éta-
lant sa liaison incestueuse avec son frère, prit l'habitude de se
griser (4) et comptait ses amants par dizaines, et cela non successivement, mais simultanément. Ainsi, se prostituant à Caius, et à ses mignons, et à ses favoris, elle avait en même temps pour amant en titre
M. Aemilius Lepidus (5), son beau-frère et cousin. Elle conspira même
contre la vie de son frère et amant Caius Caligula avec cet autre amant,
qui était le mignon de ce frère, mari d'une de ses sœurs et amant de
l'autre, — on le voit, Agrippine n'était pas très difficile et n'avait pas
de scrupules exagérés — et prépara même, paraît-il, l'arme dont Caius
devait être frappé. Le complot découvert et Lépide mort, Agrippine fut
exilée à l'île Pontia, et dut tenir sur ses genoux pendant tout le voyage
l'urne funéraire contenant les cendres de son amant. A son départ
Caius lui dit pour tout adieu d'un ton de menace qu'elle eût à se souvenir qu'il avait à sa disposition non seulement des îles, mais encore
des glaives (6). Il publia aussi ses lettres, dévoilant ainsi devant Rome
et le monde entier l'infamie et les turpitudes d'Agrippine.

Sa liaison avec son frère, ses débauches, les orgies au Palatin,
avaient habitué Agrippine à n'attacher aucune importance aux liaisons
passagères, et à regarder les plaisirs de l'amour comme des caprices
ne tirant à aucune conséquence. Pour elle, la nuit et le lit présentaient
le temps et le lieu les plus commodes pour causer tranquillement d'affaires avec un homme; aussi avait-elle pour amants tous ceux qui, à
un moment donné, pouvaient lui être de quelque utilité : son frère
Caius, son beau-frère Lépide, l'acteur tragique Appelès, favori de
l'empereur, Mnester, un histrion, autre favori et mignon de Caius,
beaucoup de ses compagnons de débauche, l'affranchi Pallas, favori
de l'empereur Claude, Sophonius Tigellinus (7), Sénèque le philo-

1) Suet., Nero VI. — (2) Dio Cassius, LIX, 31. — (3) Suet., Caius, XXIV; Dio
Cassius, LIX, 3, 11; Flav. Joseph., Antiq. jud., XIX, 2. — (4) Dio Cassius, LIX, 12.
— (5) Dio Cassius, LIX, 22; Tacit. Ann., XIV, 2; Suet., Caius, XXIV. — (6) Suet.,
aius, XXIV, XXIX ; Dio Cassius, LIX, 22. — (7) Dio Cassius, LIX, 23.

sophe (1), Fenius Rufus (2), probablement Aulus Plautius (3), et tant d'autres.

Claude, parvenu au principat, fit revenir Agrippine à Rome. Elle ne s'y plut pas. Son mari, mort pendant qu'elle était en exil, ne lui laissa qu'un tiers de sa fortune, qui n'était pas considérable, de sorte qu'elle ne put mener un train de vie conforme à sa naissance, à sa position sociale, et surtout à son ambition. Mais elle était belle, appartenait à la plus illustre famille de Rome, était nièce de l'empereur; elle résolut donc de faire un mariage brillant. Tout d'abord elle s'adressa à l'empereur son oncle lui-même, et, sous prétexte de parenté, se permettait avec lui, dans l'espoir d'entraîner le vieil imbécile à une liaison incestueuse qu'elle aurait fait aboutir à un mariage, des privautés telles que Valéria Messalina, femme de Claude, en prit ombrage. Force fut donc à Agrippine de tourner ses vues d'un autre côté. A cette époque se trouvait à Rome Sergius Sulpicius Galba, le futur empereur, personnage très riche et appartenant à la plus haute aristocratie de Rome. Il était marié à Lépida et avait d'elle deux filles, mais Agrippine résolut néanmoins de se faire épouser par lui. Elle lui fit des avances tellement impudentes que la mère de Lépida, l'ayant rencontrée dans un cercle de matrones, le lui reprocha publiquement et alla même jusqu'à la battre (4). Elle jeta alors les yeux sur Crispus Passienus, célèbre orateur, un des hommes les plus spirituels de Rome, possesseur d'une immense fortune, mais déjà très âgé. Elle l'épousa, sut l'amener à faire un testament en sa faveur, et ne tarda pas à l'empoisonner (5), d'autant plus qu'à cette époque arriva la catastrophe de Messaline. Il était évident que Claude ne resterait pas longtemps veuf; les prétendantes à la succession de Messaline ne manquaient pas, et Agrippine avait hâte d'être libre pour se mettre sur les rangs.

Une fois veuve et Messaline morte, Agrippine recommença ses visites au Palatin, caressant le vieil imbécile en tête-à-tête, sous prétexte de parenté, et le tentant par sa beauté. Tout vieux et dégoûtant qu'il était, malgré son ivrognerie, sa gloutonnerie, son imbécillité, malgré la salive qui lui coulait de la bouche et les mucosités qui lui sortaient du nez, elle mit en œuvre toute sa coquetterie et usa de provocations si directes, qu'elle réussit à le séduire (6), et plus tard, enfin, à l'épouser. Le ma-

---

(1) DIO CASSIUS., LXI, 10. — (2) TACIT., Ann., XV, 50. — (3) SUET., Nero, XXXV. — (4) SUET., Galba, V. — (5) SUET., Deperditorum librorum reliqua. (C. SUETONII TRANQUILLI Opera omnia. Recensuit Carolus Ludovicus Roth. Lipsiæ. Sumptibus et typis B. G. Teubneri, MDCCCLXV, p. 290). — (6) TACIT., Ann., XII, 5.

riage de l'oncle et de la nièce était un inceste d'après les idées romaines, et pour le conclure, il avait fallu qu'une loi spéciale du Sénat l'autorisât; mais le vieil imbécile avait été *per jus osculi et blanditiarum occasiones pellectus in amorem* (1). Nous verrons plus bas à quel point Agrippine était peu délicate sur le choix des moyens de provocation amoureuse.

Mais séduire Claude ne suffisait pas; il fallait avoir encore auprès de lui quelqu'un d'influent qui lui parlât du mariage, qui insistât làdessus et qui le violentât, d'autant plus que les autres prétendantes avaient chacune un protecteur dans l'entourage intime de l'empereur. Les personnages les plus influents du palais étaient certainement les affranchis, — *libertorum suorum libertus, servorumque servus, speciosis invidens ut pareret humillimis,* tel était Claude — qui décidaient non seulement les affaires de l'État, mais tout ce qui touchait même à la vie intime du prince; il fallait donc s'en attacher un. Agrippine prend pour amant l'affranchi Pallas (2), et celui-ci se constitue son protecteur et réussit effectivement à lui faire épouser le César (3).

Agrippine arriva bientôt à dominer complètement son mari, ce qui n'était pas bien difficile du reste, comme nous l'avons vu. Elle éloigna Britannicus, que Claude avait eu de Messaline, le tint en charte privée, loin des yeux de son père, le faisant élever comme s'il n'appartenait pas à la famille impériale (4), fit adopter par le prince son fils à elle L. Domitius (Néron), et le maria à Octavie, fille de Claude. Mais cette dernière étant fiancée à Lucius Junius Silanus, Agrippine fit poursuivre celui-ci pour inceste avec sa sœur Junia Calvina. Le frère et la sœur étaient coupables en effet, mais ce n'était pas à la sœur et maîtresse de Caius Caligula, à la mère de Néron, à la nièce et maîtresse de Claude, à la femme de Cn. Domitius de provoquer l'enquête et de demander la punition de l'inceste. Agrippine fit périr ensuite Lollia Paulina, la femme répudiée de Caius Caligula, pour se venger de ce qu'elle lui avait disputé la main de Claude. Pour être sûre de la mort de sa rivale, elle donna l'ordre au tribun chargé de l'exécution de lui apporter à Rome la tête de Lollia, l'examina, lui ouvrit même la bouche avec le doigt pour la reconnaître à ses dents qui avaient quelque chose

---

(1) SUET., Claud., XXVI. Voy. aussi TACIT, Ann., XII, 3; DIO. CASSIUS, LX, 31; LXI, 11. — (2) TACIT., Ann., XII, 25, 65; XIV, 2. DIO CASSIUS, LXI, 3. —(3) TACIT. Ann. XII, 1, 2, 3. — (4) DIO CASSIUS, LX, 32, 34. TACIT. Ann. XII, 25, 26.

de particulier (1). Elle fit également exiler Calpurnia, dont Claude avait
loué la beauté « non en homme épris, mais indifféremment et par hasard dans une conversation (2) », et mettre à mort Domitia Lépida,
par rivalité de femme. Lépida, fille d'Antonia, nièce d'Auguste, cousine
d'Agrippine et sœur de Cn. Domitius se prétendait son égale. Et en
effet, il n'y avait pas entre elles grande différence de beauté, d'âge et
de richesse. Toutes les deux impudiques, déshonorées, violentes, elles
étaient rivales en vices aussi bien qu'en dons de la fortune Mais le
principal point était à qui, de la mère ou de la tante, aurait le plus
d'ascendant sur Néron. Lépida enchaînait son jeune cœur par des présents et par des caresses; Agrippine, au contraire, ne lui montrait
qu'un visage sévère et menaçant. Elle voulait bien donner le pouvoir à
son fils, mais ne pouvait souffrir qu'il en exerçât les droits (3).

Par ses intrigues, et grâce surtout au concours de son amant, l'affranchi Pallas, elle réussit à faire revêtir à Néron la toge virile un an
avant l'âge fixé par la loi pour le présenter au peuple comme majeur.
A cette occasion, elle fit destituer Lusius Geta et Suflus Crispinus, préfets des cohortes prétoriennes, qu'elle soupçonnait être dévoués à Britannicus, et exiler et mettre à mort ses instituteurs, entre autres Sosibius (4).

Épouse de l'empereur Claude, Agrippine eut bientôt plus de pouvoir
que son mari, dit Dion Cassius (5). A Rome le prince était, comme on
sait, un magistrat, revêtu d'un pouvoir illimité de fait, mais très limité
en théorie, et sa femme n'était et ne pouvait être rien dans la République. Agrippine fut la première qui donna au principat le caractère
de royauté orientale et qui conquit pour l'épouse du chef de l'État une
position politique. Elle obtint le titre d'Augusta (6), le droit de monter
au Capitole en carpentum, honneur réservé jusque là aux pontifes et aux
statues des dieux (7), prenait dans les occasions officielles, à la réception des ambassadeurs, au camp même, place sur le tribunal, sur un
siège élevé, à côté du prince (8), voulut que ses affranchis eussent les
ornements de la préture (9), qu'une colonie de vétérans fût fondée en
son honneur dans la ville barbare où elle était née (10), etc. En public
elle paraissait en chlamyde tissée en or fin (11), comme une reine

(1) Dio Cassius, LX, 32; Tacit., Ann., XII, 22. — (2) Tacit., Ann., XII, 22. —
(3) Ibid. 64. — (4) Dio Cassius, LX, 32; Tacit., Ann., XII, 42. — (5) LX, 34. —
(6) Tacit., Ann., XII, 26. — (7) Dio Cassius, LX, 33; Tacit., XII, 42. — (8) Tacit.,
Ann., VII, 37; Dio Cassius, LX, 33. — (9) Plin., Hist. mundi, XXXV, 58; Tacit.,
Ann., XII, 59. — (10) Tacit., Ann., XII, 37. — (11) Dio Cassius, LX, 33; Plin., Hist.,
mundi, XXXIII, 19; Tacit., Ann., XII, 56.

orientale et non comme la femme d'un empereur romain ; on lui envoyait des provinces les plus éloignées de l'empire tout ce qu'on pouvait y trouver de précieux ou de rare, une grive qui parlait (1), un rossignol blanc (2), etc. Très cupide — cupido auri immensa, dit Tacite (3) — tout moyen lui était bon pour obtenir de l'argent, tout gain, si mesquin, si honteux qu'il fut, était le bienvenu (4). Elle vendait les magistratures, les faveurs du prince, les grâces, faisait mettre à mort, pour confisquer leurs biens à son profit, les possesseurs des grandes fortunes, et fit périr ainsi une foule d'hommes et de femmes riches (5). Claude finit par apprendre ses dérèglements, et d'ailleurs les ennemis d'Agrippine ne manquèrent pas de lui ouvrir les yeux et de lui expliquer le tort qu'il faisait à son fils Britannicus en approchant du trône le fils de sa femme. Il se rapprocha de nouveau de Britannicus, fit comprendre qu'il cassera l'adoption de L. Domitius, et un jour il lui arriva, en parlant du procès d'une femme adultère qu'il avait jugée la veille, de dire que son sort à lui était d'avoir des épouses adultères et de les punir (6). Le danger devenait pressant pour Agrippine, il fallait aviser. La petite-fille d'Aug. ste ne pouvait pas hésiter ; elle prit bien vite son parti, et empoisonna son troisième mari Claude, comme elle avait déjà empoisonné son deuxième mari Crispus Passienus.

Après la mort de Claude et l'avènement au principat de son fils Néron, Agrippine jouit pendant quelque temps sans partage du pouvoir suprême, dont elle profita tout d'abord pour faire empoisonner Marcus Junius Silanus et faire mourir Narcisse (7). Les assassinats auraient continué si Burrhus et Sénèque, eux-mêmes créatures d'Agrippine, ne s'y fussent opposés. Ils combattaient sans relâche l'orgueil et la violence d'Agrippine, tourmentée de toutes les convoitises d'une domination perverse — cunctis malæ dominationis cupidinibus flagrans (8). On connaît la fin tragique de cette lutte, sourde d'abord, mais qui éclata bientôt au grand jour, entre la mère et les instituteurs du jeune César : Néron fit assassiner Agrippine, empoisonner Burrhus, et força Sénèque à s'ouvrir les veines.

Après l'apothéose de Claude, auquel Agrippine éleva un temple (9), le Sénat décerna à la veuve le titre de prêtresse du nouveau dieu, lui

(1) PLIN., Hist., mundi, X, 59. — (2) Ibid., 43. — (3) Ann., XII, 7. — (4) DIO CASSIUS, LX, 0, 02. — (5) DIO CASSIUS, LX, 32 ; TACIT, Ann., XII, 22, 59, etc. — (6) SUET., Claud. XLIII, XLIV ; TACIT , Ann., XII, 04, 66, 67 ; DION CASSIUS, LX, 34. — (7) DION CASSIUS, LIX, 6 ; TACIT., Ann., XIII, 1 — (8) TACIT., Ann., XIII, 2. — (9) SUET., Vespas., IX.

donna deux licteurs, fit frapper des monnaies à son effigie, s'assembla au Palatin pour qu'elle pût assister aux séances derrière un rideau, etc. Elle voulait même monter sur l'estrade impériale et siéger à côté du prince à la réception des ambassadeurs arméniens, mais Sénèque dit à Néron d'aller au-devant de sa mère, et de l'empêcher ainsi de faire cette insulte au peuple Romain (1). Agrippine allait du reste si loin dans ses idées orientales sur le pouvoir, qu'elle voulait même, à ce que disait Néron, que les cohortes prétoriennes, même le Sénat et le peuple Romain lui prêtassent serment d'obéissance (2).

Cependant le pouvoir d'Agrippine baissa sensiblement depuis que Néron s'éprit de l'affranchie Acté. Les amis les plus sévères même du jeune empereur ne cherchaient pas trop à combattre ce goût pour une maîtresse obscure, qui sans nuire à personne, satisfaisait les désirs du prince ; on craignait avec raison qu'il ne cherchât autrement à corrompre des femmes de familles illustres. Mais Agrippine, dans ses emportements de femme, se plaignait qu'on lui donnât une affranchie pour rivale, une servante pour bru. Au lieu d'attendre que le repentir ou la satiété de Néron viennent la débarrasser de cette femme, elle éclate en reproches, irritant ainsi la passion de son fils. Poussé par la violence de son amour, celui-ci perd tout respect pour sa mère et s'abandonne à Sénèque. Agrippine, changeant alors de plan, emploie pour arme les caresses, *offre à son fils son appartement et son lit pour cacher des plaisirs dont une première jeunesse et le rang suprême ne sauraient se passer.* Elle allait même jusqu'à s'accuser d'une sévérité déplacée, et, ouvrant son trésor, presque aussi riche que celui du prince, elle l'épuise en largesses, aussi exagérée dans ses basses complaisances, qu'auparavant dans ses rigueurs (3). Cluvius rapporte qu'entraînée par le désir de conserver le pouvoir, Agrippine en arriva à s'offrir au jeune Néron, quand la bonne chère et le vin allumaient ses sens, voluptueusement parée et prête à l'inceste. Déjà des baisers lascifs et des caresses, préliminaires du crime, étaient remarqués des courtisans, lorsque Sénèque chercha dans les séductions d'une femme un remède aux attaques de l'autre, et fit paraître l'affranchie Acté. Celle-ci, alarmée à la fois et pour elle-même, et pour Néron, l'avertit qu'on parlait déjà en public de ses amours incestueuses, que *sa mère s'en glorifiait,* et que les soldats ne voudront pas d'un empereur souillé de

(1) TACIT., *Ann.* XIII, 2, 5; DION CASSIUS, LXI, 3. — (2) TACIT., *Ann.*, XIV, 11. — (3) TACIT., *Ann.*, XIII, 12, 13.

ce crime. Selon Fabius Rusticus ce ne fut point Agrippine, mais Néron
qui conçut un criminel désir, et la même affranchie eut l'adresse d'en
empêcher le succès. Mais Cluvius est ici d'accord avec les autres historiens (1), et l'opinion générale penche pour son récit, soit qu'un si
monstrueux dessein fût éclos en effet dans l'âme d'Agrippine, soit que
ce raffinement inouï de débauche paraisse plus probable chez une
femme que l'ambition avait poussée à se prostituer, presque enfant, à
Lépide, ensuite à Pallas, et que le mariage avec son oncle avait fami-
liarisée avec toutes ces infamies (2). Suétone entre à ce propos dans des
détails qu'il est assez difficile de rapporter. Le *jus osculi et blanditia-*
rum fut de nouveau mis en œuvre par Agrippine avec son fils, comme
il l'avait été avec son oncle. De quelle nature étaient ces *blanditiæ*,
et comment elle usait de son *jus osculi*, le récit trop circonstancié de
Suétone ne laisse là-dessus aucun doute. « *Olim etiam quoties lectica*
cum matre veheretur, dit-il, *libidinatum inceste oc maculis vestis*
proditum affirmant (3).

« Le changement d'Agrippine n'abusa pas Néron. Ses amis le con-
juraient de se tenir en garde contre les pièges d'une femme toujours
cruelle, et maintenant encore perfide (4) ». « Les ennemis d'Agrippine
(Sénèque et Burrhus) détournèrent Néron, de peur que cette femme
impérieuse et violente n'*abusât de cette nouvelle faveur* (5) ». Ils n'ima-
ginèrent rien de mieux pour arrêter leur élève dans la voie de l'inceste
que de mettre dans son lit une courtisane qui ressemblait de visage à
sa mère (6). De la mère, du fils ou des précepteurs, on ne sait en
vérité à qui donner la palme de l'infamie. La lutte entre Agrippine
d'un côté, Sénèque et Burrhus de l'autre, lutte implacable mais sourde,
éclata à la destitution de Pallas, qu'Agrippine s'était attaché par l'adultère. La destitution d'un affranchi voleur fut le coup de grâce porté à
cette « fille, sœur, épouse et mère d'empereurs (7) ». « Elle arriva furieuse au Palatin et y éclata en menaces terribles, criant au prince lui-
même que Britannicus n'était plus un enfant, qu'il est le vrai fils de
Claude, le digne héritier de cet empire qu'un intrus, qu'un adopté re-
tient pour outrager sa mère ; qu'elle n'hésitera pas à dévoiler tous les
malheurs de cette maison infortunée ; qu'elle publiera tout, jusqu'à son
inceste, jusqu'au poison qu'elle avait fait prendre à Claude. Grâce aux

(1) En effet, Dion Cassius (LXI, 10) rapporte le fait tout comme Cluvius. —
(2) TACIT., *Ann.*, XIV, 2. — (3) SUET., Nero XXVIII. — (4) TACIT., *Ann.*, XIII, 13. —
(5) SUET., Nero, XXVIII. — (6) DIO CASSIUS, LXI, 11 ; SUET., Nero, XXVIII. —
(7) TACIT., *Ann.*, XII, 42.

dieux, elle avait encore conservé son beau-fils. Elle ira le présenter aux soldats; on entendra alors la fille de Germanicus, de l'autre l'estropié Burrhus et le rhéteur Sénèque. Elle accompagnait ces discours de gestes violents, accumulant les invectives, en appelant à la divinité de Claude, aux mânes infernaux des Silanus, et récapitulant tous les forfaits qu'elle avait inutilement commis (1). »

On reconnaît bien à cette sortie, aussi insensée que violente, la fille de la grande Agrippine, incapable de se contenir, et donnant elle-même dans ces accès furieux de folle colère des armes à ses ennemis. Cette violence, cette impuissance à se maîtriser, que nous avons déjà constatées chez la mère, nous les retrouvons maintenant aussi chez la fille. Les historiens parlent à chaque page de ses violences, de ses emportements (2). Elle demanda à l'empereur la grâce de son favori *plutôt avec des menaces qu'avec des prières — minis magis quam precibus;* les termes « *minæ ac violentia,* » « *violentia Agrippinæ,* » « *ferocia,* » « *ferox atque impotens mulier* » reviennent à chaque instant chez les historiens, dès qu'il est question d'Agrippine. Mais comme l'élément psychopathique était en voie de progrès dans la descendance d'Auguste, nous voyons entre la mère et la fille une grande analogie, une similitude complète de caractère, mais aussi une différence essentielle : malgré toute son ambition, ses emportements, malgré ses accès de colère aveugle et insensée, la mère était chaste et n'avait aucun crime positif à se reprocher, tandis que la fille est une prostituée perdue de débauches, souillée d'inceste et d'assassinat, de tous les vices et de tous les crimes.

La sortie furieuse et folle d'Agrippine ne tarda pas à avoir les suites qu'il était facile de prévoir. Britannicus fut empoisonné en sa présence même. « L'horreur, la consternation éclatèrent si visiblement sur son visage, qu'on vit bien qu'elle était innocente de ce crime, » dit Tacite (3). C'est bien à tort que le crime de Néron lui fit une telle horreur. En empoisonnant Claude, et en mettant son fils dans la confidence, elle montra à celui-ci comment les gens sans préjugés savent écarter les obstacles de leur chemin, et Néron ne fit que profiter de ses leçons. Elle avait empoisonné le beau-père de Néron à dîner, Néron empoisonna le beau-fils d'Agrippine, à dîner aussi; ils étaient manche à manche. « Néron donna l'exemple du fratricide, » dit encore Tacite.

---

(1) *Tacit., Ann.,* XIII, 14. — (2) Suet., Nero, XXVIII, XXXIV; Tacit., *Ann.,* XII, 41, 42, 64; XIII, 3, 13, 14; Dion Cassius, LXI, 7 — (3) *Ann.,* XIII, 16.

Non, l'exemple de ce crime avait été donné par d'autres que Néron, et bien avant lui. Livilla empoisonna son cousin Drusus ; Caius Caligula fit tuer Tibère Gemellus ; Drusus fils de Germanicus, contribua à la perte de son frère Néron ; Agrippine elle-même et sa sœur Julie avaient conspiré avec Lépide contre la vie de leur frère Caius ; le fratricide était entré depuis longtemps dans les mœurs et les traditions de la race d'Auguste et de la maison des Césars. La mort de Britannicus fut le signal d'une rupture définitive entre la mère et le fils. Des deux côtés on se prépara à la lutte, qui éclata bientôt : tentatives de complot de la part d'Agrippine, tentatives d'assassinat de la part de Néron. Après avoir vainement essayé de faire noyer sa mère, l'empereur donna à l'affranchi Anicetus l'ordre de la tuer. Les assassins la trouvèrent au lit. Voyant le centurion tirer son épée pour la frapper, elle découvrit son ventre : « frappe ici, s'écria-t-elle, il a porté Néron » et expira, percée de plusieurs coups. « On ajoute des circonstances atroces, dit Suétone (1) ; on raconte que Néron voulut voir le cadavre, le toucha, admira la beauté de certaines parties, critiqua d'autres, et dans l'intervalle demanda à boire. » Dion Cassius (2) raconte qu'après avoir examiné le cadavre d'Agrippine, Néron aurait dit : « Je ne savais pas que ma mère était si belle. »

Après la mort d'Agrippine, d'Antonia et d'Octavia, il ne resta comme représentant de la race d'Auguste que le seul Néron, un histrion monstrueux et infâme, atroce et abject, une personnalité comme il y en a peu dans l'histoire. Nous ne l'analyserons pas, d'abord parce que sa signification médico-psychologique est si claire, que tout commentaire sur ce sujet serait inutile ; ensuite parce qu'on pourrait nous objecter que Néron présente de tels antécédents héréditaires du côté paternel, qu'on ne peut pas le rattacher exclusivement sous ce rapport à la race d'Auguste. Le lecteur a pu remarquer que lorsque nous constatons des symptômes morbides chez quelque membre de la famille des Césars, nous avons toujours examiné soigneusement de quel côté le personnage en question avait pu hériter du vice ou de la prédisposition névropathique. Aussi à chaque mariage dans la famille d'Auguste avons-nous eu soin de rechercher quels étaient sous le rapport névropathique, somatique ou moral, non seulement l'époux qui s'alliait à la maison impériale, mais encore ses parents, ascendants, descendants et collatéraux. Néron se trouvait sous le rapport de l'hérédité morbide dans une situation excep-

---

(1) Nero, XXXIV. Tacit., Ann., XIV, 9. — (2) LXI, 14.

tionnellement déplorable. Chez tous les personnages de la race Julia-Claudia que nous avons analysés dans cet ouvrage, nous avons toujours pu signaler la filiation pathologique directe du vice névropathique héréditaire, filiation qui restait invariablement et exclusivement dans la descendance d'Auguste. Néron, au contraire, avait hérité le vice phrénopathique non seulement de sa mère, qui appartenait à la race Julia-Claudia, mais aussi de son père Cn. Domitius Ahenobarbus. La famille Domitia présentait des particularités morales très suspectes, qui peu à peu deviennent chez elle un vice psychopathique indubitable. Déjà son bisaïeul était un homme cruel, orgueilleux et violent; l'orateur Licinius Crassus disait qu'il n'était pas étonnant qu'il eût une barbe de cuivre (1), puisqu'il avait une bouche de fer et un cœur de plomb. Dur et emporté, il n'eut cependant ni de fermeté de caractère, ni de suite dans les idées, ni même beaucoup de courage. Son fils se rendit célèbre par les grands services qu'il rendit à M. Antoine le triumvir, dont il avait été le plus chaud partisan, et qu'il abandonna ensuite pour se ranger du côté d'Auguste. Il avait été d'une santé très faible. Le fils de celui-ci était fier, insolent, cruel et prodigue; il donna au peuple, dans le cirque et dans tous les quartiers de la ville, des combats de bêtes et de gladiateurs, mais qu'il avait organisés avec tant de barbarie, qu'Auguste, après le lui avoir inutilement reproché dans l'intimité, se vit forcé de le réprimander par un édit. Il eut d'Antonia l'aînée un fils, Cn. Domitius, qui fut père de Néron, et dont la vie fut abominable — *omni parte vitæ detestabilis*, dit Suétone — et deux filles, Domitia, empoisonnée par Néron, et Domitia Lépida, impudique et débauchée; nous avons déjà parlé d'elle à l'occasion de sa rivalité avec Agrippine, à laquelle, dit Tacite, elle ne cédait ni en beauté, ni en richesse, ni en vices. Cn. Domitius était un homme sombre et farouche, avare, cupide, féroce et sanguinaire. Il tua un affranchi qui ne voulait pas boire autant qu'il lui ordonnait, écrasa exprès un enfant sur la voie Appienne en lançant tout à coup ses chevaux au galop, arracha un œil à un chevalier romain avec lequel il s'était pris de

---

(1) La branche des Ahenobarbi de la famille Domitia descendait de L. Domitius, qui porte le premier ce surnom. Revenant un jour de la campagne, il rencontra deux jeunes gens d'une beauté céleste, qui lui ordonnèrent d'annoncer au sénat et au peuple une victoire qu'on regardait encore à Rome comme incertaine. Pour lui prouver leur mission divine, ils lui touchèrent les joues, et sa barbe, de noire qu'elle était, devint cuivrée. Ce signe se conserva chez ses descendants, qui eurent presque tous la barbe de cette couleur.

querelle sur le Forum. Cupide et malhonnête, il refusait de payer aux courtiers ce qui leur revenait sur les ventes qu'il faisait, et obligé de donner comme préteur des jeux, ne paya pas les prix aux vainqueurs des courses de char. Accusé vers la fin du règne de Tibère de crime de lèse-majesté, d'adultère et d'inceste avec sa sœur Lépida, il ne dut son salut qu'au changement de règne. Ayant épousé Agrippine, il n'eut pas d'enfants pendant les premiers neuf ans de leur mariage. Quand sa femme accoucha enfin de Lucius Domitius (Néron), il répondit à ses amis, qui le félicitaient sur la naissance de cet enfant, que de lui et d'Agrippine il ne pouvait naître qu'un monstre. Néron ayant tué d'un coup de pied dans le ventre Poppæa Sabina, le seul être au monde qu'il eût jamais aimé, on lui présenta, pour le consoler, un jeune garçon, Sporus, qui ressemblait de visage à la défunte. Néron le fit châtrer, l'épousa dans toutes les formes du mariage et le traita pendant quelque temps publiquement comme sa femme. A ce propos un plaisant remarqua que le genre humain serait bien heureux si son père Cn. Domitius avait eu une pareille femme.

Néron avait été marié à Octavia, à Poppæa Sabina et à Statilia Messalina, fille de ce Statilius Taurus qu'Agrippine avait forcé au suicide pour s'emparer de ses jardins, et femme du consul M. Jul. Vestinus Atticus, que Néron avait fait mettre à mort pour épouser sa veuve. De ces trois femmes et de ses nombreuses maîtresses la seule Poppæa Sabina lui donna un enfant, une fille, Claudia Augusta, morte à l'âge de quatre mois; avec elle s'éteignit la race d'Auguste.

Récapitulons maintenant en peu de mots tout ce qui a été dit dans notre travail sur la marche progressive du vice névropathique et de la dégénérescence dans la famille d'Auguste, et passons-la en revue à cet effet.

Julie, fille aînée d'Auguste, est une femme belle, intelligente, fière, mais *débauchée et impudique*.

Drusus Germanicus, fils d'Auguste, beau, bien fait, très intelligent, grand orateur, brave soldat, général habile; *il a une hallucination.* ¡ N... un enfant né *avant terme et non viable*.

Julie est mariée à : 1° *M. Claudius Marcellus*; 2° *M. Vipsenius Agrippa*.
3° *Tiberius Claudius Nero.*
Elle n'a pas d'enfants de son premier mari.

De *M. Vipsenius Agrippa* elle a cinq enfants, trois fils et deux filles. Le fils aîné, *Caius*, est *débauché, névropathique, singulier*; il meurt jeune et sans enfants. Le second fils, *Lucius*, meurt *jeune et sans enfants*. Le troisième, *M. Agrippa Posthumus*, est *bête, violent, emporté, incapable d'instruction, féroce, sujet à des accès de colère furieuse*; il ne peut être toléré ni au palais, ni dans la société des hommes en général. L'une des filles, *Julie*, est *débauchée* comme sa mère; en entrant dans la famille Æmilia, elle y apporte la honte et le malheur. Elle a un fils et une fille; le fils est une vile créature, *un débauché ignoble, qui se prostitue au prince, lui prostitue sa femme et commet par ordre l'adultère avec ses belles-sœurs. Il meurt sans enfants*. La fille a trois fils et deux filles. L'aîné *commet un inceste avec sa sœur; il se suicide et ne laisse pas d'enfants*. Le second est *d'une nullité complète d'esprit et de caractère*; il a un fils, *prodigue et vain, incestueux et stérile*. Le troisième fils est un ambitieux, *orgueilleux et vain; il se suicide et ne laisse pas d'enfants*. La fille aînée, très belle, *a une liaison incestueuse avec son frère; elle meurt sans enfants*. La fille cadette est *débauchée, adultère, incestueuse et stérile*. L'autre fille de Julie, *Agrippine*, est *emportée, violente, incapable de se contenir*.

De *Tibère Claude Néron* Julie a un fils *mort au berceau*.

Drusus Germanicus a beaucoup d'enfants, mais trois seulement lui survivent, *tous les autres meurent en bas âge*. L'aîné de ses deux fils, *Germanicus*, a beaucoup de qualités brillantes et ne présente aucun symptôme psychopathique. Le cadet, *Claude*, est un *imbécile à « esprit égaré, »* mais non sans éducation et sans talents; *ivrogne, glouton, sale, dégoûtant, sujet à des accès de colère insensée, il présente en outre des troubles nerveux graves et des signes non équivoques de dégénérescence physique*. La fille, *Livilla, débauchée, adultère, mauvaise mère, empoisonne son mari et pousse sa fille à comploter la perte du sien.*

De neuf enfants de Germanicus et d'Agrippine *trois meurent en bas âge*. Deux autres, *Néron et Drusus, ambitieux violents, orgueilleux, adonnés à des débauches infâmes, se haïssent mutuellement; ils meurent sans enfants*. Un troisième, *Caius* (Caligula) est *un fou épileptique et halluciné, sanguinaire, incestueux et adonné aux amours infâmes*. Les trois filles *commettent l'inceste avec leur frère*

et se prostituent à ses mignons ; l'une d'elles, *Drusilla, meurt jeune
et sans enfants ;* une autre, *Lirilla, meurt sans enfants ;* la troisième,
Agrippine, est *violente, incapable de se contenir, sujette à des accès
de colère furieuse comme sa mère, cupide et avare ;* elle se souille en
outre de toute sorte de crimes, *inceste avec son oncle et son fils, assassinats, empoisonnements.*

Livilla a trois enfants : un fils *meurt en bas âge ;* un autre fils,
Tibère Gemellus, est tué *jeune.* La fille, *Julia,* marche sur les traces
de sa mère : *débauchée, adultère, elle complote avec les amants de sa
mère la mort de son mari ; elle finit par le suicide.*

Claude a quatre enfants (nous ne comptons pas Claudia, fille de
Plautia Urgulanilla, que celle-ci avait eue de son amant l'affranchi
Boter), deux fils et deux filles. L'un des fils, *Drusus,* meurt en bas
âge ; l'autre, *Britannicus,* est *épileptique, adonné malgré son jeune
âge à un vice infâme ;* à Rome *on le croit fou ;* il meurt empoisonné.
Les deux filles sont stériles.

Le fils de Julie, fille de Livilla, est tué. La fille *unique* de Caius
Caligula, « *qui donnait déjà dès la première enfance des preuves de
sa férocité,* » est tuée. De toute cette génération il ne reste que *Néron,
débauché monstrueux, histrion sanguinaire, parricide et fou.* Sa fille
unique, Claudia Augusta, meurt au berceau, et avec elle s'éteint la
famille d'Auguste.

Notre étude est terminée, et tout lecteur impartial, qui ne veut
pas fermer de parti pris les yeux à l'évidence, conviendra qu'elle est
suffisamment démonstrative, suffisamment concluante. Voici une famille que la nature et le sort avaient traitée comme leur enfant favori.
Beauté, intelligence hors ligne, talents de toute sorte, militaires, ora-
toires, littéraires, artistiques, éducation brillante et solide, richesse,
haute position sociale, la nature et le sort lui avaient généreusement
prodigué leurs dons. Si la première génération n'est pas nombreuse,
— un fils et une fille — la seconde compte déjà de douze à quinze
membres. Quel avenir brillant pour la race! Eh bien, cette famille
si heureuse, cet enfant gâté du sort, n'est représentée dans sa quatrième génération que par un histrion monstrueux et grotesque,
abject et sanguinaire, souillé de tous les vices et de tous les crimes,

et dont la fille unique meurt au berceau. Et pour arriver à cet histrion, la famille passe par l'imbécillité, l'épilepsie, les névropathies, l'inceste, le parricide, le fratricide, l'impudicité, les débauches infâmes et monstrueuses, la férocité la plus sanguinaire, la stérilité, la mort prématurée, l'assassinat, l'empoisonnement, le suicide, l'ivrognerie, le malheur et la honte. La race d'Enée commence par *une déesse*, et par son fils, *un héros*, pour finir par *une prostituée incestueuse, souillée de tous les opprobres et de tous les crimes*, et par son fils, *histrion sanguinaire, parricide, infâme et fou*. Le premier de la race sauve son père, le dernier tue sa mère.

> « Quis neget Æneæ magna de stirpe Neronem?
> Sustulit hic matrem, sustulit ille patrem. »

Le premier est le « *pieux Enée*, » le dernier est « *un contempteur des choses saintes* » — *religionum contemptor* — qui n'a qu'un culte, celui de la déesse syrienne, et encore « *il la souille de son urine*, » « *urina contaminavit* » (Suétone). Le sort, qui est un grand artiste, se plaît à ces antithèses.

La démonstration *objective* terminée, concluons par les aveux *subjectifs* d'un homme bien placé pour apprécier en connaissance de cause l'influence funeste qu'exerce une position exceptionnelle. L'empereur Tibère, en refusant qu'on jurât par ses actes, répétait toujours *qu'un mortel ne peut jamais être sûr de lui-même, que plus la position est haute, plus elle est glissante*. A propos du temple que l'Espagne Ultérieure voulait lui ériger, et qu'il refusa également, il dit au Sénat : « La postérité ne fera que trop pour moi, si elle me juge digne de mes ancêtres, ferme dans les périls, prêt à supporter la haine pour le bien de la République. Voici les temples, voici les statues, voici les autels que j'ambitionne dans vos cœurs; ceux de pierre, si la haine de la postérité révoque l'apothéose, ne seront que de vils sépulcres. *Puissent donc les dieux m'accorder jusqu'à la fin de ma vie un esprit sain et capable de comprendre les lois divines et humaines et de leur obéir.* » Quand son entourage le pressait d'accepter le pouvoir que le Sénat lui offrait, il refusait, jouant peut-être la comédie du désintéressement, ou par crainte d'une guerre civile que Germanicus aurait pu provoquer, mais il lui échappa une exclamation qui prouve que l'esprit profond de Tibère entrevoyait au moins les dangers de la toute-puissance et ses conséquences funestes, probables sinon certaines. « *Ignoras*, répondit-il à ses amis, *quanta bellua esset imperium.* » Celle *bête féroce* — l'imperium — dévora, anéantit la famille d'Auguste, après avoir fait de la race sainte d'Enée, race intelligente, belle, richement douée par la nature, un ramassis d'ivrognes, de débauchés, de prostituées, de criminels, de suicides, d'assassins, d'incestueux, d'épileptiques, d'aliénés, et

Quidquid delirant reges, plectuntur Achivi.

CHAPITRE VIII

La dynastie d'Auguste présente un exemple frappant de dégénérescence et de décadence d'une famille brillante, mais frappée du vice phrénopathique, qui s'était développé sous l'influence pathogénique des conditions particulières dans lesquelles cette famille avait vécu. On peut objecter que l'histoire *d'une seule famille* ne peut pas prouver une *loi*, et qu'un exemple, si bien choisi, si frappant qu'il soit, ne peut être regardé comme une preuve suffisante. Cette objection, nous nous la sommes faite nous-mêmes, et nous ne pouvons pas nier qu'elle ne manque pas de justesse. Pour prouver que le cas particulier que nous avons analysé n'est pas un fait dû au hasard, mais qu'il est la manifestation d'une loi générale, il faut nécessairement démontrer que les mêmes conditions exercent toujours et partout les mêmes influences et produisent les mêmes effets, sauf modifications, bien entendu, sous l'influence d'autres conditions, qui peuvent compliquer celles que nous analysons. C'est donc à la statistique de décider en dernier lieu ce qu'il y a de vrai ou de faux dans notre manière de voir. Nous avons fait une étude médico-psychologique d'une famille, et nous avons cherché à faire voir au lecteur le progrès du vice prhénopathique qui se développe sous l'influence de certaines conditions particulières, et qui conduit à la dégénérescence, aux névropathies, à la stérilité, et finalement à l'extinction de la race. Changeons maintenant de méthode, et au lieu de l'analyse approfondie d'un cas, faisons une étude statistique de cette question, en prenant dans ce but, — *mais sans les choisir* — un certain nombre de dynasties. Si notre idée est juste, si la loi que nous cherchons à établir existe réellement, ces dynasties doivent présenter, à un degré plus ou moins prononcé, des troubles analogues à ceux que nous avons constatés dans la descendance d'Auguste : phrénopathies, névropathies, singularités et aberrations tant intellectuelles que morales, vices de conformation, stérilité, dégénérescence, mort prématurée, et enfin extinction de la race. Mais si nous choisissons les dynasties, on nous objectera que nous avons pris celles qui nous convenaient, à l'exclusion de toutes les autres. D'un autre côté il est matériellement impossible de passer en revue toutes les dynasties, de tous les temps et de tous les pays. Guidons-nous donc dans notre choix par quelque considération tout à fait étrangère à la médecine mentale; prenons les dynasties d'une certaine époque et de certains pays.

Puisque nous ne nous arrêtons pas cette fois à l'analyse médico-psychologique de la personnalité des membres de ces familles souveraines, l'élément psychologique doit forcément s'effacer dans cette partie de notre travail, et les faits de stérilité, de mort prématurée, plus évidents, de caractère plus statistique, doivent nécessairement occuper le premier plan.

Nous avons choisi pour cette étude statistique les grandes dynasties de l'Europe occidentale, du xiv° au xviii° siècle. Comme il fallait, ainsi que nous l'avons dit, se borner à quelque époque, nous avons préféré celle-ci, les époques antérieures n'étant pas assez bien connues sous le rapport des généalogies, surtout quant aux enfants morts en bas âge et aux membres de ces familles qui avaient donné naissance aux branches cadettes et collatérales. Ces mêmes considérations expliquent pourquoi nous nous sommes borné aux grandes dynasties, sans descendre aux familles ducales, comtales, etc., qui avaient régné souverainement dans l'Europe occidentale pendant les quatre siècles qui font l'objet de notre étude.

Les époques postérieures se prêtent difficilement à une étude purement statistique de la dégénérescence somatique et psychique. L'appréciation des personnages du xviii°, et surtout du xix° siècle, ne peut plus être faite en quelques mots ; elle demande de grands développements, une analyse approfondie des faits intellectuels et moraux, et pour arriver à une démonstration bien concluante, il faudrait examiner quelquefois les descendants les plus éloignés. Le vice phrénopathique, la dégénérescence, les anomalies somatiques et morales peuvent être dans certains membres de ces dynasties à l'état latent, ou si faiblement indiqués que ce n'est qu'à l'aide d'un examen médico-psychologique détaillé de leurs descen-

dants qu'on peut donner une appréciation juste et exacte de leur personnalité. Ce travail, nous l'avons réservé pour le volume suivant, qui
contiendra l'analyse médico-psychologique des dynasties impériales et
royales européennes, depuis le commencement du XVIII° siècle. Et maintenant nous allons passer en revue les familles qui avaient régné en
Italie (Savoie, Toscane, Naples-Sicile), en Espagne (Castille, Aragon),
en Portugal, en France et en Angleterre, — mais d'abord nous dirons
encore quelques mots sur les familles régnantes de l'antiquité.

La dynastie Julia-Claudia est la seule sur laquelle l'histoire fournit à
l'analyse médico-psychologique des données sûres et nombreuses. Nous
nous bornerons donc à quelques remarques sur quelques-unes des dynasties antiques qui nous sont le moins inconnues. Sans remonter jusqu'aux races royales de l'Orient, qui présentent à un haut degré la
dégénérescence avec toutes ses suites, mais sur lesquelles nous ne possédons pas assez de données pour une analyse médico-psychologique,
rappelons tout d'abord, pour l'empire romain, ce fait qui frappait
déjà si vivement les anciens, que tous les empereurs qui obtinrent la
pourpre par héritage avaient été des tyrans débauchés, extravagants et
lâches. Tels furent Domitien, Commode, Caracalla, Galien, les trois fils
de Constantin le Grand, les deux fils et les deux petits-fils de Théodose
le Grand; on peut y ajouter encore Héliogabale. En dehors de ceux-ci
nous ne trouvons que Titus et Julien qui aient eu le pouvoir suprême par
droit de naissance, car nous ne pouvons compter comme souverains les
Césars éphémères, élevés à ce titre par leurs pères et presque aussitôt
morts ou renversés, tels que les fils de Carus, celui de Philippe, et tant
d'autres. Pour Titus nous ferons observer qu'il était déjà homme fait, non
seulement à son avènement au principat, mais aussi à celui de son père,
et que c'est même lui qui donna l'empire à Vespasien, de sorte que
Beulé a raison de le regarder, lui et non son père, comme le fondateur
de la dynastie Flavienne. D'ailleurs il ne régna que deux ans, et la maladie nerveuse dont il fut atteint le dernier temps prit un autre caractère et n'eut pas le temps de se développer. Quant à l'empereur Julien,
ce cousin des trois fils imbéciles de Constantin, ce frère du lâche,
cruel et débauché César Gallus, il est à noter qu'il mourut à l'âge de
trente-deux ans sans postérité, et qu'avec lui s'éteignit cette nombreuse
famille.

L'histoire grecque nous présente aussi quelques généalogies très
instructives, tout imparfaites que nous les ayons. Nous trouvons
d'abord à Athènes, intimement liée pendant trois siècles à l'histoire de

la glorieuse cité, la noble famille des Alcméonides. Le chef de cette race, l'archonte Alcméon, vivait probablement au viii° siècle; le fameux Mégaclès, archonte en 612, chef du parti oligarchique, était son descendant en ligne directe. Son fils Alcméon se distingua comme commandant du contingent athénien dans la première guerre sacrée. Mégaclès son fils eut deux fils : l'aîné était le grand réformateur Clisthènès, dont la petite-fille Dinomaque fut la mère d'Alcibiade. Le cadet, Hippocratès, eut une fille, Agariste, mère du grand Périclès. Le fils légitimé de Périclès et d'Aspasie, qui portait le nom de son père, était encore un homme remarquable. Il était un des généraux vainqueurs aux Arginuses, et sa condamnation porta à la république un coup terrible, qui prépara sa chute de l'année suivante. Mais cette famille, qui avait brillé pendant trois siècles d'un éclat incomparable de vertus et de talents, qui avait donné à Athènes le législateur Clisthénès, fondateur de la démocratie athénienne, le grand Périclès, cette gloire de l'Hellade, finit misérablement dès qu'elle eut le pouvoir. Xantippe, le fils légitime du grand homme d'État, était débauché, incapable et crapuleux; avec lui cette grande race quitte la scène de l'histoire et s'éteint obscurément.

Sparte, comme on sait, avait une double royauté héréditaire, transmissible de père en fils dans ses deux familles des Proclides (Eurypontides) et des Agides, qui prétendaient descendre des deux fils de l'héraclide Aristodème. Or déjà au vi° siècle ces deux familles étaient représentées par Ariston, roi de race Proclyde, et par Anaxandride, roi de race Agide, tous les deux stériles. Démarate, qui succéda à Ariston, était un bâtard de la femme de ce dernier; traître à sa patrie, il alla mourir obscurément à la cour du plus grand ennemi de la Grèce. Anaxandride, après de longues années de stérilité, eut enfin quatre fils, dont les trois premiers ne laissèrent pas de postérité, et l'aîné, Cléomène, était en outre dipsomane et finit par devenir complètement fou, de sorte qu'en 520 le trône de Sparte était occupé par un bâtard traître et un dipsomane fou, qui représentaient les deux branches royales des Héraclides. Dans la branche Agide, Cléombrote seul, le cadet des quatre fils d'Anaxandride, continue la race, tandis que dans la branche Eurypontide le diadème passe après Démarate à Léotichidès, appartenant à une branche collatérale de cette famille. Léotichidès est déposé, et son fils Archidame I a deux fils, dont l'aîné, Agis, est stérile, et le cadet, Agésilas, contrefait.

Examinons encore une autre famille, sur laquelle nous avons un peu

plus de renseignements. En 405 un scribe, parvenu à force de ruse
et d'énergie à jouer un rôle important dans la république de Syracuse,
y usurpe le pouvoir suprême. Chassé bientôt après, il réussit à reconquérir la souveraineté. Il en jouit pendant dix ans, au bout desquels il
est chassé de nouveau, mais peu après il remonte encore au pouvoir
pour ne plus le quitter jusqu'à sa mort, arrivée en 367, après trente-
huit ans de tyrannie à peine interrompue deux fois pendant peu de mois.
Denys l'Ancien était le type de l'astuce, de l'énergie et de la persévé-
rance ; c'était un homme sans scrupule, guidé dans toutes ses actions
exclusivement par l'intérêt. Il est tantôt cruel jusqu'à la férocité, tantôt
généreux, selon les besoins de sa politique, mais toujours défiant, au
point de faire fouiller soigneusement ses propres enfants avant de les
laisser approcher de lui; c'est le tyran à la fameuse chambre acoustique,
et aux écorces de noix. Administrateur habile, politique prévoyant, général de talent, il faisait trembler Athènes, Rome et Carthage, et il
manqua de bien peu qu'il ne rendît la Sicile indépendante et qu'il ne
conquît le midi de l'Italie. Il mourut à l'âge de quatre vingts ans d'une
indigestion, en fêtant le succès d'une de ses tragédies, couronnée à
Athènes, à moins cependant qu'il n'ait été empoisonné par son fils.

Denys avait eu deux frères, tous les deux bons subalternes, capables
et actifs, et qui lui avaient rendu de grands services, ce qui prouve que
la famille entière était très heureusement douée par la nature; voyons
ce que va en faire le pouvoir.

Marié à trois femmes, Denys l'Ancien laisse trois fils et deux filles. L'aîné,
Denys II ou le Jeune, épousa une de ses sœurs, fille de Denys l'Ancien,
mais d'un autre lit. C'était le célèbre élève du grand philosophe Platon,
le tyran né dans la pourpre mourant maître d'école à Corinthe, homme
plus fantasque encore que sa destinée, capable des plus hautes inspi-
rations et retombant bientôt dans l'orgie crapuleuse, l'ivrognerie stupide. Ses deux frères n'avaient que ses défauts, sans avoir aucune de
ses qualités; tous les deux ayant joui pendant peu de temps de la
tyrannie à Syracuse, ne se signalèrent que par leur ivrognerie, leurs
fautes et leur incapacité, et périrent misérablement.

Une de leurs sœurs épousa Dion, un autre élève de Platon, qui s'empara aussi de la tyrannie à Syracuse, mais fut assassiné par Callippe.

Telle avait été la première génération de la descendance du tyran,
voyons maintenant la suivante.

Nous ne savons pas si les deux fils cadets de Denys l'Ancien laissèrent
de la postérité, nous ne connaissons que celle de Denys le Jeune et de ses

deux sœurs. Denys le Jeune épousa, ainsi que nous l'avons déjà dit, une de ses sœurs, et eut d'elle Apollocratès, cruel et débauché, assassiné à cause de ses vices à Locres pendant le règne de son père. L'autre sœur épousa Dion et eut de lui un fils, débauché et ivrogne, qui se tua dans un accès de fièvre chaude, en se jetant du haut du toit du palais. Ainsi finit la dynastie de Denys l'Ancien.

Nous avons peu de renseignements sur l'histoire et la généalogie des familles des tyrans en Grèce, mais presque toutes, autant que nous les connaissons, présentent des fait analogues et ont eu un sort tragique. Ainsi parmi les petits-fils de Kypsélos, tyran de Corinthe et père du célèbre Periandre, nous trouvons un Kypsélos imbécile, et un Lyco-phron, qui eut une aversion invincible pour son père.

Nous retrouvons le même fait de dégénérescence et de phrénopathie dans la famille royale de Macédoine. Philippe II est le quatrième fils d'Amyntas III, et il ne monte sur le trône que par suite de la mort de ses trois frères aînés Perdiccas III, Alexandre II et Ptolémée Alorites, dont un seul, Perdiccas, laisse un enfant (Amyntas IV). Philippe II est un des plus grands hommes de l'histoire, et s'il n'est pas suffisamment apprécié, c'est qu'il s'efface dans l'éclat incomparable de la gloire de son fils Alexandre le Grand. C'était un homme des plus hautes capacités, et comme politique, et comme administrateur, et comme organisateur militaire, et comme général ; mais en même temps il était féroce, fourbe, perfide, extrêmement débauché, de mœurs infâmes, ivrogne, — enfin, sous le rapport moral, c'était le type de la dégénérescence. Il eut : *Alexandre III le Grand, Cléopâtre, Thessalonique, Kynna* et *Arrhidée (Philippe IV)*. Alexandre le Grand était certainement le plus haut génie militaire de l'antiquité, et peut-être de l'histoire, mais, mal-gré quelques faits qu'on qualifierait de chevaleresques, c'était un vrai barbare, qui n'avait que le vernis de la civilisation grecque, cruel, per-fide, traître, sujet à des accès de colère aveugle et folle, ivrogne comme son père, mais très froid pour les femmes. Pendant les derniers mois de sa vie il était à peu près complètement fou, mais on a tort d'ex-pliquer par cette folie les meurtres de Clitus et de Parménion ; on oublie que ces meurtres n'étaient pas des faits isolés, comme on ne le représente que trop souvent, et d'ailleurs, tout jeune, il commença son règne par l'assassinat de son cousin Amyntas IV, que Philippe avait épargné, de son frère enfant (fils de Philippe II et de Cléopâtre), d'Attalos, etc.

Arrhidée, frère d'Alexandre le Grand, était faible d'intelligence, et en outre sujet aux mêmes accès de colère folle que son frère; Cléopâtre était une intrigante ambitieuse; Thessalonique, autre fille de Philippe II, ambitieuse comme sa sœur, eut de Cassandre deux fils, Antipater et Alexandre. Antipater tua sa mère et voulut aussi tuer son frère, mais celui-ci appela à son secours Démétrius Poliorcète et, tout en profitant de son aide, dressa des embûches pour le faire assassiner, mais il fut tué lui-même. Les deux fils d'Alexandre le Grand furent tués jeunes, et avec eux s'éteignit la famille royale.

On connaît le triste sort des dynasties qui avaient précédé Alexandre au trône de Perse; la première, fondée par le grand Cyrus, finit avec Cambyse, fou furieux; la seconde finit avec le bâtard Artaxercès III (Ochus), un misérable, et Darius III Codoman, un lâche. Les dynasties fondées par les « *diodochi* », les successeurs d'Alexandre, ne furent guère plus heureuses. L'histoire des Seleucides, dynastie royale de Syrie, n'est qu'une longue suite d'excès en tout genre, de débauches, de cruautés, de crime et de folie (Seleucus Cybiosactès, Démétrius Ier Soter, Démétrius II Nicator, Antiochus IV, dont on changea le surnom d'Épiphane, l'illustre, en Épimane, l'insensé, etc.) Les Lagides égyptiens vont encore plus loin dans la folie et le crime; déjà Ptolémée II reçut par dérision le surnom de Philadelphe, ayant fait tuer ses frères; Ptolémée IV Philopator tua son père; Ptolémée IX tua sa mère; Ptolémée VII se rendit odieux par ses crimes, ses débauches et ses cruautés au point de recevoir le surnom de *Kakergète* (malfaisant). Cléopâtre, fille de Ptolémée VI Philométor, poignarda elle-même son fils, une autre Cléopâtre tua sa sœur, — enfin tous les vices et tous les crimes, inceste, parricide, fratricide, débauches, lâcheté, etc., semblent s'être donné rendez-vous dans cette malheureuse famille. Jusqu'au petit royaume de Pergame qui se donne le luxe de rois débauchés, cruels et fous (Eumène I, Attale III, etc.)

Passons maintenant aux dynasties modernes.

ITALIE

Maison de Savoie-Sardaigne.

La dynastie de Savoie avait été fondée par *Humbert aux Blanches Mains* (mort en 1048), fils de *Beroald* ou *Berthold*, sur l'origine duquel les historiens ne sont pas d'accord. Humbert eut deux fils : *Amédée I la Queue* et *Eudes* ou *Otton*. Amédée épousa *Adélaïde* de Savoie, sa nièce, fille de son frère Otton, mais il n'eut pas d'enfants, et la couronne comtale de Savoie passa à la branche cadette, celle d'Otton.

Amédée II (mort en 1080), fils d'Otton, épousa *Jeanne*, fille de Gérold, comte de Genève, et eut d'elle trois enfants. *Humbert II le Renforcé, Constance*, femme de Boniface II, marquis de Montferrat, et *Lucrèce*, qui épousa André Visconti de Milan. Humbert II prit pour femme *Gisle* de Bourgogne, fille de Guillaume le Grand, et eut d'elle cinq fils et deux filles : *Amédée III*, comte de Savoie ; *Guillaume*, évêque de Liège ; *Humbert*, mort sans postérité ; *Guy*, chanoine de Liège ; *Renaud*, prévôt de Saint-Maurice ; *Alix*, femme de Louis le Gros, roi de France, puis de Mathieu Iᵉʳ de Montmorency ; *Agnès*, femme d'Archambaud VII, sire de Bourbon, surnommé *Noire-Vache*.

Vers le milieu du xivᵉ siècle (en 1334), la branche aînée de la maison de Savoie s'éteignait avec la fille d'*Édouard le Libéral*, *Jeanne*, femme de Jean III, duc de Bretagne, morte sans postérité, et *Amédée VI le comte Vert* (m. 1383) reste l'unique représentant de cette maison. Son fils unique, *Amédée VII le Roux*, épousa Bonne, fille de Jean, duc de Berry, et eut d'elle un fils, *Amédée VIII le Pacifique* (m. 1451), et deux filles : *Bonne*, femme de Louis de Savoie, comte de Piémont, prince d'Achaïe et de Morée ; et *Jeanne*, femme de Jean-Jacques Paléologue, comte d'Aquasana, puis marquis de Montferrat.

Amédée VIII, premier duc de Savoie, appartient ainsi à une branche collatérale de la dynastie, branche ayant pour chef un cadet issu de cadet, issu de cadet, de sorte qu'on peut, jusqu'à un certain point, considérer la famille ducale de Savoie comme une dynastie nouvelle.

Amédée VIII le Pacifique érigea le comté de Savoie en duché, lui rendit le Piémont, l'agrandit du Bugey et de Verceil, et donna un code de lois. Il avait été surnommé le Salomon de son siècle. Ayant perdu sa femme Marie, fille de Philippe le Hardi, duc de Bourgogne, il renonça au trône et entra en religion. Élu pape sous le nom de Félix V, il renonça encore de son propre gré à la tiare, pour mettre fin au schisme qui désolait l'Église. Il eut cinq fils et quatre filles :

I. AMÉDÉE, prince de Piémont et d'Achaïe..........	Mort jeune.
II. LOUIS I, duc de Savoie (v. plus bas)	
III. Philippe, comte de Genève..............	Mort sans alliance.
IV. Antoine ⎫	
V. Antoine ⎭ jumeaux...........................	Morts au berceau.
VI. MARIE, ép. PHILIPPE MARIE VISCONTI, duc de Milan; après la mort de son mari religieuse de Sainte-Claire.	Morte sans postérité; elle aimait tant son mari que du jour où il lui avait touché les mains elle ne voulut plus les laver.
VII. BONNE, fiancée à FRANÇOIS DE BRETAGNE, comte de Montfort.	Morte jeune.
VIII. MARGUERITE ....·......	Morte jeune.
IX. MARGUERITE, mariée trois fois, à :	
* LOUIS III d'Anjou, roi de Naples...............	Pas d'enfants de cette alliance.
* * LOUIS IV, comte palatin du Rhin; elle en eut un fils posthume :	
1) PHILIPPE L'INGÉNU, qui eut trois fils :	
A. ROBERT LE VERTUEUX, ép. ÉLISABETH, fille de GEORGES, duc de Bavière; il eut deux fils :	
a) OTTON-HENRI, ép. SUZANNE, fille d'ALBERT IV, duc de Bavière.	Mort sans enfants.
b) PHILIPPE LE GUERRIER...............	Mort sans enfants.
B. LOUIS III LE PACIFIQUE, ép. SYBILLE de Bavière.	Mort sans postérité mâle.
C. FRÉDÉRIC LE SAGE, ép. DOROTHÉE de Danemark, fille de CHRISTIERN I.	Mort sans enfants.
* * ULRICH V LE BIEN-AIMÉ, comte de Wurtemberg :	
2) ÉLISABETH, ép. FRÉDÉRIC, comte de Henneberg.	Quatre-vingts ans après sa mort la famille Henneberg s'éteignit avec George-Ernest.
3) HÉLÈNE, ép. CRATON, comte de Hohenlohe; ils eurent seize enfants :	
A. ALBERT..........................	Mort sans enfants.
B. CRATON-ULRICH	Mort jeune.

C. FRÉDÉRIC, chanoine de Mayence et de Spire. Mort sans alliance.

D. SIGISMOND, doyen de Strasbourg..... ... Mort sans alliance.

E. LOUIS, chanoine de Mayence, de Strasbourg Mort sans alliance.
et de Spire.

F. GEORGES.

G. PHILIPPE .... Mort jeune.

H. PHILIPPE .... Mort sans alliance.

J. JEAN......... .... Mort sans alliance.

K. ULRICH.
L. CHRISTIAN } Jumeaux................. Morts au berceau.

M. MARGUERITE ép. d'ALEXANDRE, comte palatin du Rhin.

N. HÉLÈNE, religieuse .... Morte sans alliance.

O. CATHERINE, religieuse....... .... Morte sans alliance.

P. ÉLISABETH; ép. GEORGES ARBOGAST, baron
de Dohenhoven.

Q. CLAIRE, religieuse.................... Morte sans alliance.

4) PHILIPPINE, ép. JACQUES II, comte de Horne;
elle en eut :

A. JEAN, prévôt de Liège, ép. ANNE D'EGMONT Mort sans enfants.

B. MARGUERITE, ép. EVRARD, comte de La
Mark.

C. JACQUES III, comte de Horne, cheval. de la Mort sans enfant; avec lui finit
Toison d'or. la branche aînée des comtes
de Horne.

Ainsi de *neuf* enfants d'Amédée VIII le Pacifique, sept font preuve d'un manque évident de vitalité : ils meurent jeunes ou sont stériles et ne laissent pas de postérité. Marguerite *n'a pas d'enfants* de son premier mari; elle *n'a qu'un* fils du deuxième, et la postérité de ce fils unique présente la même absence de vitalité, car de ses trois fils *deux ne laissent pas d'enfants*, et le troisième a *deux fils stériles*, qui meurent sans postérité. De son troisième mari, Marguerite *n'a que des filles*. Elle en a trois, et toutes les trois portent dans les familles auxquelles elles s'allient, la dégénérescence, la stérilité et la mort prématurée. Ainsi l'aînée, Élisabeth, épouse le comte de Henneberg, et à peine *quatre-vingts ans après, la famille Henneberg s'éteint*. La seconde, Hélène, a *seize enfants*, dont *treize meurent jeunes ou sans postérité, et de ses onze fils un seul laisse des enfants*. Enfin la cadette, Philippine, épouse le comte de Horne, et son alliance suffit pour que cette branche de la maison de Horne *s'éteigne avec ses deux fils, qui meurent sans enfants*.

Louis Ier, duc de Savoie (m. 1465), deuxième fils d'Amédée VIII, était un prince faible, sans énergie et sans caractère. Il épousa *Anne* *de Lusignan*, fille de Jean II roi de Chypre, qui avait été fiancée à son frère aîné Amédée. Il eut de cette union :

I. AMÉDÉE IX LE BIENHEUREUX (v. plus bas) — Faible d'esprit et de corps, épileptique, incapable de régner.

II. LOUIS, roi de Chypre par sa femme CHARLOTTE, fille de Jean II. — Eut un fils unique mort au berceau.

III. JANUS, comte de Genève, ép. :
* HÉLÈNE, fille de LOUIS DE LUXEMBOURG, comte de Saint-Paul. Il eut d'elle :
  1) LOUISE, ép. :
    * JACQUES-LOUIS DE SAVOIE, marquis de Gex. — Elle n'a pas d'enfants de cette alliance.
    ** FRANÇOIS DE LUXEMBOURG, comte de Martigues.
** MADELEINE, fille de JEAN DE BROSSE, comte de Penthièvre. Il eut d'elle :
  2) N.
  3) N. N.
  :
  :   .... — Plusieurs enfants, tous morts en bas âge.

IV. JACQUES, comte de Romont, ép. MARIE DE LUXEMBOURG, fille de Pierre II, comte de Saint-Paul. Il eut d'elle une fille unique :
  LOUISE FRANÇOISE de Savoie, ép. HENRI, comte de Nassau-Vianne. — Morte sans enfants.

V. PHILIPPE II SANS-TERRE, comte de Bugey, seigneur de Bresse, puis duc de Savoie (v. plus bas).

VI. AYMON..................................... — Mort au berceau.

VII. PIERRE, évêque de Genève, archevêque de Tarentaise. — Mort jeune.

VIII. JEAN-LOUIS, évêque de Maurienne, archevêque de Tarentaise, évêque de Genève — Mort sans alliance.

IX. FRANÇOIS, archevêque d'Auch, évêque de Genève; il eut un bâtard :
  JEAN-FRANÇOIS, bâtard de Savoie.............. — Mort sans alliance.

MARGUERITE, ép. :
* JEAN IV, PALÉOLOGUE, marquis de Montferrat.... — Pas d'enfants de cette alliance.
PIERRE II DE LUXEMBOURG, comte de Saint-Paul. Elle eut de lui :
  1) LOUIS..................................... — Mort jeune.
  2) CLAUDE.................................... — Mort jeune.
  3) ANTOINE.................................. — Mort jeune.
  4) MARIE, ép. :
    * JACQUES DE SAVOIE, comte de Romont; elle eut de lui :
      LOUISE-FRANÇOISE, ép. HENRI DE NASSAU-Vianne. — Morte sans postérité.
    ** FRANÇOIS DE BOURBON, comte de Vendôme.
  5) FRANÇOISE, ép. PHILIPPE DE CLÈVES-RAVENSTEIN. — Morte sans enfants.

XI. ANNE.................................... Morte jeune.

XII. CHARLOTTE, ép. LOUIS, dauphin de France (Louis XI); elle en eut six enfants. — Des six enfants trois meurent en bas âge, deux autres sans postérité. Une fille est contrefaite. La seule fille qui laisse de la postérité (Anne de Beaujeu), a un fils unique mort jeune.

XIII. BONNE, ép. GALEAZZO-MARIA SFORZA, duc de Milan.

XIV. MARIE, ép. LOUIS DE LUXEMBOURG, comte de Saint-Paul. Elle eut de lui :

    1) LOUIS, prince d'Altemure, duc d'Andrie et de Venouse; ép. ÉLÉONORE DE GUÉVARRE DE BEAUX. — Mort sans postérité.

    2) JEANNE DE LUXEMBOURG.................... Morte sans alliance.

XV. AGNÈS, ép. FRANÇOIS D'ORLÉANS, comte de Dunois.

XVI. JEANNE.................................... Morte sans alliance.

Amédée IX le Bienheureux, duc de Savoie (m. 1472), était épileptique et faible d'esprit et de corps. Son état de demi-imbécillité le rendait incapable de régner; aussi sa femme et son frère Philippe exercèrent le pouvoir en son nom; mais il était doué d'un caractère doux et de vertus privées, et mourut en odeur de sainteté. Il eut de sa femme *Yolande*, fille de Charles VII roi de France, dix enfants.

I. CHARLES de Savoie........................ Mort jeune.

II. PHILIBERT I LE CHASSEUR, duc de Savoie, ép. BLANCHE-MARIE SFORZA. — Mort jeune et sans enfants.

III. CHARLES I LE GUERRIER, duc de Savoie, ép. BLANCHE PALÉOLOGUE, fille de Guillaume, marquis de Montferrat. Il eut d'elle : — Humaniste remarquable, connaissant le grec et le latin, aimait les sciences et protégeait les savants.

    1°) CHARLES II (JEAN AMÉDÉE), duc de Savoie... Mort jeune.

    2°) YOLANDE-LOUISE, ép. PHILIBERT II LE BEAU, duc de Savoie. — Morte sans enfants.

IV. JACQUES-LOUIS, comte de Genève, marquis de Gex; ép. LOUISE DE SAVOIE, fille de Janus, comte de Genève. — Mort sans enfants.

V. BERNARD.................................... Mort en bas âge.

VI. CLAUDE GALÉAS............................ Mort en bas âge.

VII. ANNE, ép. FRÉDÉRIC D'ARAGON, roi de Naples. Elle eut de lui :

    1°) FERD'NAND, duc de Calabre............. Mort sans postérité.

    2°) CHARLOTTE, princesse de Calabre, ép. GUY XVI DE LAVAL. — Ses trois fils sont morts jeunes ou sans alliance, et avec eux s'éteignit cette branche de la maison de Laval.

VIII. MARIE, ép. PHILIPPE, marquis de Hochberg, comte souverain de Neufchâtel. Elle eut de lui :

    JEANNE DE HOCHBERG; ép. LOUIS I D'ORLÉANS, duc de Longueville.

IX. LOUISE, ép. HUGUES de CHALONS............. Morte sans enfants.

X. LOUISE, religieuse à Orbe. — Morte sans alliance.

Philippe II Sans-Terre (m. 1407), hérita de la couronne ducale de Savoie par l'extinction des branches aînées. Prince brillant, caractère inquiet et turbulent, il avait mené une vie très accidentée, s'était révolté contre son père et fut enfermé par Louis XI au château de Loches. Il passa ensuite au service de Charles le Téméraire, duc de Bourgogne, et ne prit possession du duché de Savoie qu'à l'âge de cinquante-huit ans. Ce prince avait été marié deux fois à :

* MARGUERITE DE BOURBON, fille de Charles, duc de Bourbon et d'Auvergne. Il eut d'elle :
    I. PHILIBERT II LE BEAU, duc de Savoie, ép. ... — Mort sans enfants.
      * YOLANDE-LOUISE, fille de Charles I duc de Savoie.
      ** MARGUERITE D'AUTRICHE, fille de l'empereur Maximilien I et veuve de Jean prince des Asturies.
    II. LOUISE. ép. CHARLES DE VALOIS, comte d'Angoulème; elle eut de lui : — Avare, avide et débauchée.
      A. FRANÇOIS I, roi de France .... — Sa postérité s'éteint avec la deuxième génération; phrénopathies, affections somatiques, débauche contre nature, crime.

      B. MARGUERITE DE VALOIS, duchesse de Berry, ép.
        * CHARLES, duc d'Alençon. — Pas d'enfants de cette union.
        ** HENRI II D'ALBRET, roi de Navarre.
** CLAUDINE DE BRETAGNE, fille de Jean de Brosse, comte de Penthièvre. Philippe II eut d'elle :
    III. CHARLES III, duc de Savoie (v. plus bas). — De ses neuf enfants, huit meurent en bas âge.

    IV. LOUIS, religieux .... — Mort jeune.
    V. PHILIPPE, évêque de Genève, duc de Nemours, marquis de Saint-Sorlin, tige des ducs de Nemours de la maison de Savoie. — La troisième génération de sa maison n'a qu'un seul représentant, Henri de Savoie, duc de Nemours, dont les quatre enfants meurent tous jeunes ou sans postérité.

    VI. ABSALON............................. — Mort jeune.
    VII. JEAN-AMÉDÉE .... — Mort jeune.
    VIII. PHILIBERTE, ép. JULIEN DE MÉDICIS... — Morte jeune et sans enfants.
  * N. concubine.
    IX. RENÉ, bâtard de Savoie, comte de Villars... — Sa postérité s'éteint dans la première et la deuxième génération.

    X. JEANNE, bâtarde de Savoie; ép. JEAN GRIMALDI, prince de Monaco.

XI PHILIPPINE, bâtarde de Savoie; ép. LAURENT Morte sans enfants.
LE MAGNIFIQUE DE MÉDICIS.
XII CLAUDINE, bâtarde de Savoie, fiancée à LUCIEN Morte jeune et sans alliance.
GRIMALDI.

Ainsi de cette grande et nombreuse maison de Savoie, une des familles les plus prospères, il ne reste, pour continuer la dynastie, que Charles III le Bon, deuxième fils de Philippe II Sans Terre, lequel n'est que le cinquième des neuf fils d'Amédée VIII ; tous les autres membres de la maison de Savoie sont stériles, ou bien leur postérité s'éteint dans la deuxième ou la troisième génération. Les filles de Savoie, en se mariant, apportent avec elles dans les familles dans lesquelles elles entrent, la dégénérescence, la stérilité et la mort prématurée, et ces malheureuses maisons s'éteignent, grâce à l'union qu'elles viennent de contracter ; tel avait été le sort des Henneberg, des Hohenlohe, des Laval, des Horne. L'étude de la généalogie est riche d'enseignements physiologiques comme d'enseignements sociaux. Il est un fait qui frappe le généalogiste et le médecin : plus la position sociale d'une branche de la famille est élevée, plus rapidement cette branche dégénère, s'abâtardit, et finit par la stérilité et les cas de mort prématurée, heureuse encore si elle échappe à la folie et au crime. Aussi voyons-nous continuellement les branches cadettes et bâtardes se substituer aux branches aînées et légitimes, et monter au trône à l'extinction de ces dernières. Mais une fois placées dans les mêmes conditions, ces branches parcourent le même cercle de transformations pathologiques, aboutissent au même résultat, et quittent la scène de l'histoire en cédant la place à d'autres dynasties, lesquelles, à leur tour, sont fatalement condamnées à descendre encore, et toujours, la pente pathologique.

Charles III le Bon (m. 1553), faible et indécis, mais animé de bonnes intentions, voulut mettre un terme aux différends de François Ier son neveu, et de Charles-Quint son beau-frère, mais n'arriva qu'à se faire maltraiter par tous les deux. Voyant son pays devenu le théâtre de la guerre et ruiné, Charles III, disent les historiens, *fut tellement accablé de chagrin qu'il en mourut,* miné par une fièvre lente. Il eut de sa femme *Béatrix,* fille d'Emmanuel roi de Portugal, six fils et trois filles. *De ces neuf enfants, huit moururent jeunes,* et le troisième, *Emmanuel-Philibert,* resta le seul représentant de la maison de Savoie. *Emmanuel-Philibert,* dit *Tête de Fer* (m. 1580), était un prince brillant, doué de grands talents. Nous avons signalé bien des fois déjà dans le cours de notre ouvrage cette particularité que dans les familles frappées du vice névropathique, l'incapacité, l'impuissance physique et morale, alternent souvent avec des esprits brillants, des talents hors ligne, qui font la gloire et l'orgueil de ces familles, et masquent ainsi aux yeux du vulgaire leur décadence.

Emmanuel-Philibert eut de ses nombreuses maîtresses plusieurs bâtards, tous morts sans postérité, et de sa femme *Marguerite de Valois*, fille de François Ier roi de France, il n'eut qu'un fils unique :

Charles-Emmanuel Ier le Grand (m. 1630), grand capitaine, politique profond, d'un esprit brillant, aimé des femmes qu'il aimait lui-même à la folie, d'un caractère insinuant et perfide, ambitieux et entreprenant, mais si dissimulé que l'on disait que « son cœur est plus couvert de montagnes que son pays ». Il était contrefait. Mort d'apoplexie. Il épousa *Catherine-Michelle d'Autriche*, fille de Philippe II d'Espagne, et roi eut d'elle dix enfants :

I.   PHILIPPE-EMMANUEL............................... Mort jeune et sans alliance.
II. VICTOR-AMÉDÉE I, (v. plus bas).
III. EMMANUEL PHILIBERT, prince d'Onéglia, vice-roi de   Mort sans alliance.
     Sicile.
IV. MAURICE, cardinal. Il épousa plus tard sa nièce LOUISE   Mort sans enfants.
     DE SAVOIE.
V.   THOMAS-FRANÇOIS, prince de Carignan; tige des
     princes de Carignan, comtes de Soissons, ducs de
     Savoie et rois de Sardaigne.
VI. MARGUERITE, ép. FRANÇOIS III DE CONZAGUE, prince
     de Mantoue.
VII. ISABELLE, ép. ALPHONSE D'ESTE, duc de Modène.
VIII. MARIE, religieuse............................... Morte jeune.
IX. FRANÇOISE CATHERINE, religieuse .... Morte jeune.
X.   JEANNE....................................... Morte en bas âge.

Ainsi de *dix* enfants de Charles-Emmanuel, *quatre seulement* laissent de la postérité.

Victor-Amédée Ier (m. 1637), duc de Savoie, deuxième fils de Charles-Emmanuel Ier, épousa *Christine*, fille de Henri IV roi de France, dont il eut *beaucoup d'enfants, tous morts jeunes*, excepté deux fils, *François-Hyacinthe*, qui ne régna que quelques mois et *mourut jeune* et *Charles-Emmanuel II*; et trois filles : l'une, *Louise-Marie-Christine*, mariée à Maurice de Savoie, *mourut sans enfants*; la seconde, *Marguerite-Yolande* mariée à Ranuce Farnèse II, eut deux fils stériles, avec lesquels s'éteignit la famille ducale de Farnèse, et le duché passa à la maison d'Espagne; la troisième, *Henriete-Adélaïde*, mariée à Ferdinand-Marie, duc de Bavière, eut quatre enfants : un fils et une fille morts sans postérité, une fille adonnée à l'amour lesbien, et dont les enfants sont malades de corps et d'esprit, et enfin un fils dont la postérité s'éteint dans la deuxième génération.

Charles-Emmanuel II avait été marié deux fois, savoir à :

* FRANÇOISE-MADELEINE, fille de Gaston duc d'Orléans. — Pas d'enfants de cette alliance.

** MARIE-JEANNE-BAPTISTE, fille de Charles-Amédée, duc de Nemours et d'Aumale; il eut d'elle :

VICTOR AMÉDÉE II, duc de Savoie roi de Sardaigne épouse : — Mort presque complètement fou.

* ANNE MARIE, fille de Philippe, duc d'Orléans; il eut d'elle :

A. MARIE-ADELAÏDE, ép. LOUIS duc de Bourgogne, fils de Louis le grand Dauphin. — Goitreuse et scrofuleuse; eut quatre enfants : un né avant terme et non viable, deux morts au berceau, le quatrième bizarre, névropathique, incestueux et crapuleux.

B. MARIE-LOUISE-GABRIELLE, ép. Philippe V roi d'Espagne. Elle eut : — Ambitieuse, violente et intrigante; morte à vingt-six ans de scrofules

1) LOUIS I, roi d'Espagne, ép. LOUISE-ÉLISABETH, fille de Philippe II, duc d'Orléans. — Mort sans enfants.

2) FERDINAND VI, roi d'Espagne; ép. MARIE MADELEINE-THÉRÈSE, fille de Jean V, roi de Portugal. — Faible et maladif, sombre et mélancolique, finalement tout à fait fou; mort sans enfants.

C. VICTOR-AMÉDÉE-JOSEPH-PHILIPPE, prince de Piémont. — Mort jeune.

D. N . . . . — Mort au berceau.

E. CHARLES-EMMANUEL III, duc de Savoie roi de Sardaigne. — Sa postérité s'éteint dans la deuxième génération.

F. EMMANUEL-PHILIBERT . . . . — Mort au berceau.

** La COMTESSE douairière DE SAINT-SÉBASTIEN (COMTESSE DE SOMMERIVE). — Pas d'enfants de cette alliance.

*** N. concubine. JEANNE-CONSTANCE D'ALBERT DE LUYNES, marquise DE VERRUE.

G. N . . . . — Mort au berceau.

H. N . . . . — Mort au berceau.

J. VICTOIRE FRANÇOISE, bâtarde de Savoie ép. VICTOR AMÉDÉE DE CARIGNAN.

La branche aînée de la maison de Savoie s'éteignit, comme nous venons de le dire, dans la deuxième génération de Charles-Emmanuel III (m. 1773), fils de Victor-Amédée III, avec Charles-Félix son petit-fils (m. 1831), et la couronne de Sardaigne passa à la branche cadette (Savoie-Carignan) issue de Thomas-François de Carignan, (m. 1656), fils de Charles-Emmanuel Ier duc de Savoie, dont nous avons déjà parlé. La maison de Savoie-Carignan se divisa en deux branches, l'aînée issue d'*Emmanuel-Philibert* (m. 1709), la cadette d'*Eugène-Maurice* (m. 1675), les deux fils de Thomas-François. Cette maison a présenté déjà des cas nombreux de *dégénérescence et de difformités physiques,* surdi-mutité, bégayement, gibbosité, et sa branche cadette, celle des comtes de Soissons, s'était éteinte avec sa troisième génération. La branche aînée aurait probablement eu le même sort, si le mariage de Victor-Amédée prince de Carignan (m. 1718), avec Victoire-Françoise, une bâtarde, n'en avait régénéré le sang. La couronne d'Italie appartient actuellement aux descendants d'un cadet de la branche cadette et d'une bâtarde. Mais le sang généreux que Victoire-Françoise avait apporté à l'organisme épuisé des Savoie-Carignan s'abâtardit et dégénère déjà, — faut-il rappeler les cas de surdi-mutité et d'autres affections analogues? — et le médecin prévoit dans une époque peu éloignée l'extinction de cette race antique, heureuse encore d'avoir plus ou moins échappé aux phrénopathies positives, qui frappent si cruellement les dynasties moins bien partagées.

Toscane. — Maison de Médicis.

Sans remonter jusqu'au temps de Charlemagne, à la cour duquel se serait trouvé un *Éverard de Médicis;* sans parler d'*Anselme de Médicis,* lequel, d'après Sardi, aurait défendu en 1168 Alexandrie contre Frédéric Ier, il faut dire néanmoins que la famille des Médicis était une des plus anciennes de l'Europe. Elle avait acquis d'immenses richesses dans le commerce, et jouait un grand rôle dans l'histoire de Florence. *Philippe de Médicis* était un des chefs du parti Guelfe à Florence; les Gibelins le chassèrent de la ville et voulurent même exterminer toute la famille de Médicis, mais furent battus, et l'Philippe revint à Florence, où il mourut en 1258. *Éverhard* avait été gonfalonier en 1314. Nous commencerons la généalogie de cette famille avec *Jean,* né en 1360, mort en 1428, surnommé *le Père des pauvres,* gonfalonier de Florence, et dont Machiavel parle avec éloge. *Jean de Médicis* laissa deux fils; *Cosimo Ier* et *Laurent,* tige de la branche cadette, celle des grands-ducs de Toscane.

Cosimo Ier, dit l'*Ancien* ou *Père de la Patrie* pour avoir nourri le peuple pendant une famine, succéda à son père dans la charge de gonfalonier de Florence. Exilé en 1433 par l'influence des Albizzi, ennemis de sa famille, il reprit dès l'année suivante une autorité presque absolue, dont il n'usa du reste que pour le bien du pays. D'une ambition ardente, qui lui faisait dire « meglio città guasta che perduta » et tenu pour prince souverain par l'Europe entière, au point que les cours étrangères et les républiques prirent le deuil à sa mort, il menait néanmoins la vie simple d'un particulier, et à Florence on le traitait familièrement. Protecteur éclairé des sciences et des arts, il fonda une bibliothèque et une académie pour l'enseignement de la philosophie. Il mourut en 1468, à l'âge de soixante-quinze ans. De sa femme, comtesse *Bardi de Vernio*, il eut deux fils :

I. Pierre I, gonfalonier de Florence
II. Jean, ép. Ginevra degli Alexandri, dont il eut :   Très capable, doué de grands talents.

  A. N.. ... Mort au berceau.

Pierre Ier de Médicis (m. 1472) n'avait pas les grands talents et l'intelligence brillante de son frère Jean; d'ailleurs il souffrait beaucoup de la goutte, qui le mit au tombeau à l'âge de cinquante-trois ans. « Piero gottoso ed attratto che non gli restava altro di libero che la lingua », dit l'historien de Florence Gino Capponi (1), et Sansovino (2), le généalogiste des maisons nobles d'Italie, dit de son côté : « Piero era in modo contratto che d'altro che della lingua non si poteva valere. » Il avait été marié à *Lucrezia Tornabuoni*, dont il eut deux fils et deux filles, et une troisième fille bâtarde, qu'il eut d'une concubine. Ce sont : 1° *Bianca*, mariée à *Guillaume Pazzi*, dont elle eut *Cosimo Pazzi*, archevêque d'Arrezo, puis de Florence, et *Alessandro Pazzi*, poète médiocre; 2° *Nannina*, mariée à *Bernardo Rucellaï*; 3° *Laurent le Magnifique*, dit le *Père des Muses*; 4° *Julien Ier*. Sa fille naturelle fut mariée à *Lionetto de' Rossi*, dont elle eut le fameux cardinal *Louis de' Rossi*, célèbre par ses débauches effrénées.

   Laurent Ier le Magnifique, le Père des Muses (m. 1492), prit un grand empire sur ses concitoyens par son éloquence entraînante, la

(1) Gino Capponi. *Storia della Repubblica di Firenze*. Firenze, 1876. — (2) Sansovino, *Delle origine e de' fatti delle famiglie illustri d'Italia*. Vinegia Altobello Salicato, MDLXXXII.

franchise et la noblesse de son caractère, le charme de ses manières et sa générosité sans bornes; la prise de Volterra révéla en outre chez lui de grands talents militaires. Il aima et cultiva les lettres dès sa première jeunesse, et l'on a de lui des vers amoureux qu'il avait écrits étant encore enfant; plus tard, il fut un des meilleurs écrivains de son temps, et ses poésies, les unes religieuses, les autres badines, sont remarquables par la grâce et l'élégance du style, et dénotent un grand poète. Il protégea les savants et les artistes, et était lié d'amitié avec Pic de la Mirandola, Ange Politien, Michel Ange, etc. La goutte le vieillit prématurément, surtout ses douleurs d'estomac, dont il eut beaucoup à souffrir, de sorte qu'à voir plusieurs de ses portraits, peints dans les dernières années de sa vie, on dirait un vieillard décrépit. « Visse ne gli ultimi tempi pieno d'affanni causati dalla mattatia che lo teneva afflitto perche era oppresso da intollerabili doglie di stomaco », dit Sansovino.

Julien Ier (m. 1472) s'adonnait aux plaisirs et prenait peu de part aux affaires; plus prudent ou moins engagé dans la politique active que son frère, il le prévenait à propos des outrages faits aux Pazzi : « Per voler delle cose troppo, ch'elle non se perdessero tutte. » Il fut assassiné dans la cathédrale, pendant la messe, par les Pazzi et les Salviati ; très aimé du peuple, il fut généralement regretté à Florence. Julien *n'eut pas d'enfants légitimes* et ne laissa qu'un bâtard, *Jules de Médicis*, qui fut pape sous le nom de Clément VII. C'était un homme maladif, lâche, d'un caractère hésitant et irrésolu, très intrigant et assez borné. Son pontificat fut une époque de malheur pour la papauté, qu'il amoindrit en voulant défendre son autorité (schisme de l'Angleterre), et pour l'Italie dont il voulait l'indépendance.

Cosimo Ier, le Père de la Patrie, Pierre Ier et Jean ses fils, Laurent *le Magnifique, le Père des Muses*, sans compter Jean, *le Père des Pauvres*, tel était le point de départ de la branche aînée des Médicis; il faut avouer qu'il est difficile d'en trouver un plus heureux. Beaux, braves, généreux, très instruits, esprits supérieurs, intelligences d'élite, talents militaires, administratifs et littéraires, caractères nobles et sympathiques, — voilà comment commence la race; nous allons voir comment elle finit.

Laurent Ier le Magnifique avait été marié deux fois, à :

* PHILIPPINE, bâtarde de Savoie, fille de Philippe II Pas d'enfants de cette alliance. Sans-Terre, duc de Savoie.

** CLARISSE ORSINI, fille de LATINUS, seigneur de
Laurentane, il eut d'elle :

I. PIERRE II (v. plus bas).

II. JEAN, cardinal, puis pape sous le nom de — Caractère névropathique; mort
Léon X (v. plus bas). sans postérité.

III. JULIEN, duc de Nemours, ép. PHILIBERTE — Faible et maladif; pas d'enfant
DE SAVOIE. Il eut un bâtard : de cette alliance.
   HIPPOLYTE DE MÉDICIS, cardinal(v. plus bas). Caractère éminemment névropathique.

IV. N une fille mariée à un TORNABUONI.

V. LUCREZIA, ép. JACQUES SALVIATI.......... De ses cinq fils, trois meurent sans
enfants, le quatrième a un fils
stérile, et Alaman Salviati est
le seul qui laisse de la postérité et continue la race.

VI. CONTESSINA, ép. PIERRE RIDOLFI, dont elle
eut :
   NICOLAS RIDOLFI, cardinal................ Mort sans postérité.

VII. MADELEINE, ép. FRANCESCHINO CIBO, fils du
pape INNOCENT VIII; elle eut de lui :
   A. INNOCENT CIBO, cardinal.............. Caractère énergique et résolu; il
refusa le pouvoir qui lui était
offert et donna la couronne
grand'ducale à Cosimo I, mort
sans postérité.

   B. LAURENT CIBO, marquis de Massa, ép.
   RICCIARDA MALASPINA.
   C. JEAN-BAPTISTE CIBO, évêque de Marseille. Mort sans postérité.
   D. CATHERINE, ép. JEAN-MARIE VERANO, Très énergique; «donna di grand'
   duc de Camerino, dont elle eut : anima e di valore.»
      JULIE............................. Morte sans enfants.
   E. HIPPOLYTE, ép. le comte de CAIAZZO.

Dans cette génération nous constatons déjà l'alternance d'esprits
brillants, de hautes intelligences, de talents hors ligne, et de nullités
complètes, d'incapacités notoires, — contraste singulier que nous
avons signalé bien des fois dans le cours de notre travail comme étant
particulier aux familles atteintes du vice névropathique. Ici, dans
cette génération de la maison des Médicis, nous en voyons les premières atteintes. Nous voyons cette belle et noble famille entrer dans
la voie de la dégénérescence morale et intellectuelle d'abord, physique ensuite. Les premiers indices de cet abâtardissement sont si
faibles, si peu perceptibles, qu'on pourrait les prendre pour de simples
variations, comme on en trouve toujours dans les familles, dont les
membres présentent ordinairement des degrés notablement différents
d'intelligence, d'énergie, de capacité et de talents. Mais pour le mé-

decin aliéniste, cette alternance étrange et frappante de talent et d'incapacité, d'énergie et de nullité, devient singulièrement significative. Ce fait, que les personnes étrangères à la médecine considèrent comme tout naturel, auquel elles ne font aucune attention et n'attachent aucune importance, est pour nous un symptôme grave et significatif.

Pierre II (m. 1503), fils aîné de Laurent le Magnifique et de Clarisse Orsini, lui succéda au trône de Florence, mais ne fit preuve que d'incapacité. Lors de l'invasion de Charles VIII, il laissa prendre Fivinzano et Sarzana, se rendit au camp du vainqueur pour traiter de la paix, lui céda encore Sarzanello, Pietrasanta, Pise, Livourne, et, de retour à Florence, fut chassé par les citoyens indignés. Il tenta en vain, par trois fois, de ressaisir le pouvoir, n'y réussit pas mieux avec l'appui de César Borgia, assista à la défaite de Garigliano, et se noya en vue de Gaête. Gino Capponi dit de lui : « Valente di corpo, aveva dura la fibbra, l'animo leggero, scarse l'ingegno et presontuoso, il consiglio subitaneo e temerario. »

Tout autre était le deuxième fils de Laurent le Magnifique, *Jean*. Cardinal à 13 ans, il succéda, à l'âge de 36 ans, sous le nom de *Léon X* (m. 1521) au pape Jules II. Il fut à la fois un pape zélé, un souverain habile, et un des plus ardents promoteurs du mouvement littéraire et artistique de l'Italie au xvie siècle. Dans les intérêts de la chrétienté, il chercha à réformer l'Église par les décrets du concile de Latran, remplaça en France la Pragmatique Sanction par le Concordat, et fit conclure à Cambrai contre les Turcs un traité d'alliance entre les quatre grandes puissances de l'Europe. Comme souverain, au milieu des rivalités des Espagnols et des Français, et malgré la fidélité souvent douteuse des feudataires du Saint-Siège, il sut non seulement conserver sans perte sa souveraineté temporelle, mais y ajouta encore Modène. Digne fils des Médicis, élevé au milieu des savants et des artistes les plus célèbres de son temps, il mérita par son amour pour les lettres et les arts l'honneur de donner son nom à cette époque brillante où l'Italie s'illustrait par Machiavelli, Guichardini, Arioste, Berni, Bibiena, Paul Jove, Sannazar, Vida, Sadolet, Bembo, Michel Ange, Raphaël, Léonard da Vinci, Titien, André del Sarto, Corregio, Bandinelli, Giulio Romano, etc. Mais à côté de qualités brillantes, nous voyons chez lui ces goûts crapuleux que l'on constate si fréquemment dans les familles en voie de dégénérescence. « Si dilettava nelle cene di buffoni e di parasiti, se stesso abbasando infino a riderne, e pigliandosi alle volte crudele sollazzo di agirare con le celie la testa dei semplici sino a

farli divenire mentecalli. » (Gino Capponi). Sa haute intelligence
même a un côté qui touche de bien près à la pathologie ; le contraste
qu'on était étonné de constater entre son esprit supérieur et sa vie
quotidienne, ainsi que certains de ses actes politiques, Gino Capponi
l'explique par une particularité psychologique de la plus haute importance, à notre point de vue : « Presto s'annoiava dei longhi pensieri. »
Rappelons enfin que Léon X était de grande et forte taille, mais avait
les jambes grêles, particularité que nous avons signalée chez plusieurs
membres de la famille d'Auguste.

Julien (m. 1516), troisième fils de Laurent le Magnifique, suivit
son père Pierre II dans l'exil, fut ramené à Florence et placé à la tête
du gouvernement par le pape Jules II, mais, faible de corps et maladif,
fut obligé d'abdiquer et céda le pouvoir à son neveu Laurent II. D'un
caractère tranquille, bon et généreux, il était très aimé à Florence. Il
épousa Philiberte de Savoie, tante du roi François Iᵉʳ, et reçut à cette
occasion le titre de duc de Nemours. Il n'eut pas d'enfants de sa femme,
et ne laissa qu'un bâtard, le cardinal *Hippolyte de Médicis* (m. 1535),
un des personnages les plus étranges et les plus originaux de l'histoire.
On disait que le chapeau rouge ne lui pesait pas, parce qu'il ne le
portait jamais. En effet, rien dans sa vie, dans son costume, ni dans ses
actes ne rappelait un homme d'Eglise. Il portait l'épée, passait toute
sa journée à faire des armes et à monter à cheval, ne portait l'habit de
cardinal qu'au consistoire, et il était plus facile de le voir à la chasse
ou au théâtre qu'à l'église. Envoyé comme légat en Allemagne au sujet
de la guerre de l'empereur Charles-Quint avec Solyman, il leva à ses
frais un détachement hongrois de huit mille fantassins et transforma sa
suite en escadron de chevau-légers. Charles-Quint ayant passé en
Italie, il le suivit habillé en général, et avec quelques gentilshommes
de sa suite devança l'empereur même, qui le fit arrêter d'abord, le
soupçonnant de quelque projet coupable, mais le fit relâcher cinq
jours après, voyant à quel individu il avait affaire. Ses exploits en
Allemagne et ses goûts militaires lui firent une réputation d'homme de
guerre sérieux et de capitaine de talent. Quand le corsaire Barbe-
rousse fit une descente en Italie et qu'il pilla quelques villes, le Sacré-
Collège, craignant pour Rome, qui n'avait alors que les deux cents
hommes de la garde du pape, envoya le cardinal Hippolyte défendre
les côtes les plus exposées. Heureux d'exécuter un ordre si conforme à
ses goûts, il partit sur-le-champ avec le peu de troupes qu'il avait pu
réunir en toute hâte. Les corsaires s'étant embarqués à son approche,

il eut la gloire d'avoir chassé l'ennemi. A Rome, le cardinal Hippolyte menait la vie la plus déréglée et la moins conforme à sa dignité de prince de l'Église, courant la nuit les rues avec un ramassis de scélérats, s'adonnant à la débauche et aux orgies. Sa maison était toujours remplie de refugiés florentins, ainsi que de bravi et de criminels de toute sorte et de tout pays, à tel point qu'on y parlait quelquefois jusqu'à vingt langues en même temps. Ambitieux à l'excès, il fut au désespoir que le pape Clément VII lui eût préféré son neveu Alexandre de Médicis, qui fut fait chef de la république de Florence, puis duc. Hippolyte voulut assassiner son rival, mais la conjuration fut découverte; épouvanté, il prit la fuite et mourut à Istri, empoisonné par Alexandre de Médicis. Il laissa un bâtard, *Asdrubal*, « honoratissimo cavaliere », dit Sansovino; ce bâtard *mourut sans enfants*, et avec lui s'éteignit la branche cadette de la postérité de Laurent le Magnifique.

Pierre II, fils aîné de Laurent le Magnifique, épousa *Alfonsine Orsini*, et eut d'elle deux fils et une fille :

I. LAURENT II LE JEUNE (v. plus bas).	
II. CLARISSE ép. PHILIPPE STROZZI. Elle eut de lui :	Femme altière et ambitieuse; son orgueil et son insolence contribuèrent beaucoup à provoquer l'insurrection contre les Médicis.
A. LAURENT STROZZI, cardinal, archevêque d'Aix.	Mort sans postérité.
B. ROBERT STROZZI, ép. MADELEINE DE MÉDICIS, dont il eut une fille unique :	
ALFONSINE; ép. SCIPION FIESQUE, comte de Lavagne.	Morte sans enfants.
C. LÉON STROZZI, prince de Capoue............	Brave et habile marin; mort sans alliance.
D. PIERRE STROZZI, maréchal de France; ép. LAUDAMIA DE MÉDICIS, dont il eut :	Connu par son athéisme dont il faisait parade.
1) PHILIPPE STROZZI, amiral	Un des plus grands capitaines du siècle; mort sans alliance.
2) CLAIRE; ép. HONORAT DE SAVOIE, comte de Tende.	
E. CONSTANCE; ép. LAURENT RIDOLFI.	
F. MADELEINE; ép. FLAMINIO ASTABA.	
III. COSIMO	Tué pour ses débauches.

Laurent II (m. 1519), fils aîné de Pierre II, rechercha d'abord la popularité, mais bientôt devint dur, cruel et insolent et se fit haïr à Florence pour son despotisme et ses exactions. Faible et maladif, il s'adonna aux plaisirs. La débauche ruina définitivement sa santé et

changea son humeur; il devint sombre, mélancolique, sauvage, ne
voulut voir personne autre que son beau-frère Philippe Strozzi et un
bouffon, qui seul assista à sa mort. Il mourut à l'âge de vingt-sept ans,
en ne laissant qu'une fille, *Catherine*, la célèbre reine de France, et
un bâtard, *Alexandre de Médicis*.

Alexandre de Médicis, bâtard de Laurent II et fils d'une esclave
maure, avait hérité de sa mère une couleur brune de la peau, de
grosses lèvres, les cheveux crépus et un sang africain. Imposé à Florence par les troupes réunies de Clément VII et de Charles-Quint, « *il
exerça la tyrannie avec une férocité comme on en voit peu dans l'histoire*. Il *désarma le peuple, fit empoisonner son cousin Hippolyte, et se
souilla des plus honteuses débauches*. Fier de sa force musculaire, *il
assommait par plaisanterie d'un coup de poing des passants dans la
rue*. Marié à Marguerite d'Autriche, fille naturelle de l'empereur
Charles-Quint, il n'eut pas d'enfants de cette alliance. Il légitima un
bâtard, *Jules*, qu'il eut d'une dame de la plus haute noblesse de Florence; mais ce fils, général des galères de l'Ordre de Saint-Étienne,
mourut sans postérité, et avec ces bâtards s'éteignit la postérité de
Cosimo.

> . . . . Chi avesso
> Detto a Lorenzo o al duca di Nemors,
> Al cardinal de Rossi e al Bibbiena,
> A cui meglio era esser rimasto a Torse,
> E detto a Contèssina o a Maddalena
> Alla nuora, alla suocera o a tutta
> Quella famiglia d'allegrezza piena :
> Tutti morrete!
>   (Arioste, sat. VII.)

Nous nous sommes astreints, dans cette revue des dynasties de l'Europe occidentale à l'étude généalogique pure et simple, presque sans
commentaires, ayant déjà longuement exposé, dans l'analyse médico-
psychologique de la descendance d'Auguste, tant le point de vue auquel
nous nous plaçons et la méthode d'analyse, que les principes généraux de la science mentale qui doivent guider dans cette application de la
médecine à l'étude de l'histoire. Nous nous sommes donc formellement
interdit les analyses détaillées de tel ou tel autre personnage, ce qui
d'ailleurs demanderait des volumes, car il n'y a pas de raison de s'arrêter
à un personnage et de passer sous silence un autre. Cette résolution,
dont les bornes de notre travail nous faisaient une loi, nous la regret-

tons presque, maintenant que nous sommes arrivés à Catherine de Médicis, une des personnalités pathologiques les plus curieuses de l'histoire, et un des types les plus complets et les plus instructifs de la dégénérescence partielle. Elle serait du plus haut intérêt pathologique et historique, l'étude médico-psychologique de cette femme étrange, qui présente tous les contrastes possibles. D'une intelligence supérieure, elle présente en même temps cette particularité affective à laquelle un aliéniste français avait donné le nom si vrai et si expressif d'*idiotie morale*. Tolérante dans la religion, elle est fanatique en politique. Ambitieuse jusqu'à la passion, jusqu'au crime, elle sait, se pliant aux circonstances, attendre vingt-cinq longues années dans le silence et l'obscurité. Principal auteur du colloque de Poissy, de l'édit de janvier, de la paix d'Amboise, de celle de Saint-Germain, elle l'avait été aussi de la Saint-Barthélemy. Pure elle-même, elle encourageait la débauche, le vice et la corruption chez les autres, pour s'en servir, et jusque chez ses propres enfants pour les gouverner. Nous trouvons chez elle les mêmes contrastes sous le rapport somatique. Faible, maladive, et scrofuleuse, elle vécut jusqu'à soixante-dix ans. Après dix ans de stérilité, elle eut dix enfants, qui sont la meilleure preuve de la dégénérescence de la race des Médicis.

Catherine de Médicis épousa Henri II, fils de François Ier, roi de France; elle eut de lui cinq fils et cinq filles :

I. FRANÇOIS II, roi de France; ép. MARIE STUART .. Faible d'esprit et de corps; maladif et très scrofuleux; mort jeune et sans enfants.

II. CHARLES IX, roi de France; ép. ÉLISABETH D'AUTRICHE. Il eut de sa maîtresse, MARIE TOUCHET : Débauché, perfide, cruel, halluciné; mort jeune et sans enfants légitimes.

    CHARLES, bâtard de Valois, comte d'Auvergne, duc d'Angoulème; ép. Escroc, faux-monnayeur, mais brave et spirituel.
       * CHARLOTTE DE MONTMORENCY, dont il eut :
         1) LOUIS-EMMANUEL DE VALOIS, duc d'Angoulème; ép. HENRIETTE DE GUICHE.
          a) MARIE-FRANÇOISE DE VALOIS; ép. LOUIS DE LORRAINE, duc de Joyeuse. Morte sans enfants.
         2) FRANÇOIS DE VALOIS, comte d'Alais; ép. LOUISE-HENRIETTE DE LA CHÂTRE. Mort sans enfants.
       ** FRANÇOISE DE NARBONNE .... Pas d'enfants de cette alliance.

III. HENRI III, roi de France; ép. LOUISE DE VAUDEMONT. Esprit brillant, mais superficiel, caractère névropathique. Brave et efféminé, adonné à un vice infâme, chevaleresque et assassin à la fois; mort jeune et sans enfants.

IV. FRANÇOIS-HERCULE, duc d'Alençon...............	Caractère faible, indécis et lâche; mort sans alliance.
V. LOUIS	Mort en bas âge.
VI. ÉLISABETH, mariée à PHILIPPE II, roi d'Espagne; dont elle eut :	
A. ISABELLE-CLAIRE-EUGÉNIE, ép. ALBERT archiduc d'Autriche, fils de l'empereur Maximilien II.	Morte sans enfants.
B. CATHERINE-MICHEL. ép. CHARLES-EMMANUEL Ier, duc de Savoie (v. Savoie-Sardaigne).	
VII. CLAUDE, ép. CHARLES II, duc de Lorraine, dont elle eut trois fils et quatre filles;	De ses sept enfants cinq meurent sans postérité; le fils aîné a deux filles, dont l'aînée, Nicolle, morte sans enfants, et la cadette, Claude, épouse Nicolas-François, duc de Lorraine, et sa postérité s'éteint dans la deuxième génération.
VIII. MARGUERITE DE VALOIS, ép. HENRI IV roi de France et de Navarre.	Esprit brillant, instruction hors ligne : débauchée ; morte sans enfants.
XI. VICTOIRE..	Morte jeune.
X. JEANNE	Morte jeune.

Folie, névropathies, débauches, vice infâme, cruauté, dissimulation, lâcheté, stérilité, mort prématurée, maladies constitutionnelles, tel est le bilan des dernières générations de la branche aînée des Médicis; passons maintenant à la branche cadette.

Nous avons déjà dit que cette branche était issue de *Laurent* (m. 1440), fils cadet de *Jean de Médicis*, et frère de *Cosimo l'Ancien* (le Père de la Patrie), tige de la branche aînée. *Laurent* épousa *Geneviève Cavalcanti*, dont il eut un fils, *Pierre-François Ier* (m. 1477), marié à *Laudamie Acciajoli*, dont il eut deux fils, *Laurent II* et *Jean* ou *Jourdain*.

Laurent II de Médicis, fils aîné de Pierre-François Ier, épousa *Sémiramis Appiano*, fille de Jacques Appiano, seigneur de Piombino. Il eut d'elle deux fils :

I. PIERRE FRANÇOIS II, gonfalonier de Florence; ép. MARIE SODERINI, dont il eut :	
A. LAURENT LE POPULAIRE (LORENZINO)	Assassina son parent Alexandre; mort sans enfants.
B. JULIEN, archevêque d'Aix	Mort sans alliance.
II. EVERARD, gonfalonier de l'Église.................	Mort sans enfants.

Avec Lorenzino, le héros du beau drame de Musset, son frère Julien et son oncle Éverard, s'éteignit la branche aînée de la postérité de

Pierre-François Ier, postérité qui n'est elle-même que la branche cadette (grand'ducale) de la maison de Médicis. Ici nous voyons encore une fois se répéter le fait de l'extinction des branches aînées, les plus proches du pouvoir, auxquelles se substituent les branches cadettes et bâtardes, qui, à leur tour, placées dans les mêmes conditions, ne tardent pas à dégénérer et à s'éteindre.

Jean ou *Jourdain de Médicis* (m. 1504), fils puîné de Pierre-François Ier et frère cadet de *Laurent,* eut de *Catherine Sforza,* veuve de Jérôme Riario, duc d'Imola et de Forli, un fils, *Jean de Médicis* (m. 1526). Condottiere au service de Florence et du Saint-Siège, célèbre par les cruautés qu'il commettait avec ses bandes, il fut surnommé par ses concitoyens *le Grand-Diable* ou *Jean des Bandes-Noires.* C'était un dégénéré psychique (1). Il épousa *Marie,* fille de Jacques Salviati, dont il avait déjà été question plus haut, et eut d'elle un fils, *Cosimo Ier* (m. 1574), qui fut élevé au pouvoir après la mort d'Alexandre de Florence et reçut du pape le titre de grand-duc. Tyran lâche et féroce, Cosimo se débarrassa par l'assassinat de ceux qui avaient contribué à sa fortune, s'acheta la protection de Charles-Quint en le laissant mettre des garnisons à Florence, Pise et Livourne, supprima les magistratures républicaines, ruina le commerce en s'en attribuant le monopole, et introduisit l'inquisition en Toscane. La vie privée de Cosme Ier était pire encore que sa vie politique. Ce n'était pas seulement un débauché, mais il y a lieu de croire qu'il *eut des liaisons incestueuses avec ses filles,* et l'on disait entre autre qu'ayant trouvé par hasard sa fille Isabelle endormie, *il la viola.* Il paraît aussi qu'*il poignarda son fils Garcias.*

COSME Ier, était marié à .

* ELÉONORE DE TOLÈDE, fille de Pierre de Tolède, marquis de Villafranca, vice-roi de Naples. Il eut d'elle :

I. FRANÇOIS Ier, grand duc de Toscane (v. plus bas),

II. FERDINAND Ier, cardinal, puis grand-duc de Toscane (v. plus bas).

III. PIERRE .... Mort jeune.

IV. ANTOINE .... Mort jeune.

V. JEAN .... Mort jeune.

VI. JEAN, cardinal de Médicis .... Aimé pour sa bonté et son esprit; mort à dix-neuf ans sans postérité.

(1) Voir sur lui une excellente étude historico-psychiatrique, très documentée, dans *Archivio di psichiatria e scienze carcerarie* (du prof. Lombroso), en 1902.

VII. GARCIAS	Emporté, brutal et jaloux; assassina son frère Jean qu'il haïssait.
VIII. ISABELLE, ép. PAUL JOURDAIN ORSINI, duc de Bracciano.	Morte jeune.
IX. LUCREZIA, ép. ALPHONSE II D'ESTE duc de Ferrare.	Morte sans enfants.
X. PIERRE, ép. ELÉONORE DE TOLÈDE, fille de Garcias de Tolède; il eut d'elle :	
N. un fils	Mort jeune.
XI. MARIE	Morte en bas âge.
XII. ANNE-VIRGINIE, ép. CÉSAR D'ESTE, duc de Modène.	Sa postérité s'éteint peu de temps après.
** CAMILLA MARTELLI	Pas d'enfants de cette alliance.

François-Marie Ier (m. 1587), grand-duc de Toscane, fils aîné de Cosme Ier, surpassa encore son père par ses vices et sa tyrannie. Il accabla le peuple d'impôts, vendit la justice, s'enrichit en confisquant les biens des grandes familles, et se laissa dominer par une intrigante, Bianca Capello, de Venise.

FRANÇOIS MARIE Ier, avait été marié à :

* JEANNE D'AUTRICHE, fille de Ferdinand Ier empereur d'Allemagne; il eut d'elle :	
I. COSME	Mort en bas âge.
II. COSME-PHILIPPE	Mort en bas âge.
III. MARIE DE MÉDICIS, ép. HENRI IV, roi de France, (passe dans la maison de Bourbon).	Scrofuleuse, très bornée, acariâtre, dévote et débauchée; il n'est pas douteux qu'elle avait trempé dans l'assassinat de son mari.
IV. ELÉONORE, ép. VINCENT DE GONZAGUE duc de Mantoue; elle eut de lui :	
A. FRANÇOIS II, duc de Mantoue	N'eut qu'un fils mort jeune.
B. FERDINAND, cardinal de Gonzague, duc de Mantoue; ép. CATHERINE DE MÉDICIS fille de Ferdinand Ier, grand duc de Toscane.	Mort sans enfants.
C. VINCENT II, duc de Mantoue	Faible et maladif; mort sans enfants.
D. GUILLAUME................................	Mort jeune.
E. MARGUERITE, ép. Henri, II duc de Lorraine; elle eut de lui :	
1) NICOLLE, ép. CHARLES III, duc de Lorraine.	Morte sans enfants.
2) CLAUDE, ép. NICOLAS-FRANÇOIS, duc de Lorraine.	Sa postérité s'éteint dans sa deuxième génération.
F. ELÉONORE, ép. FERDINAND II, empereur d'Allemagne.	
** BIANCA CAPELLO.	
V. ANTOINE (1), prieur de Pise..............	Mort sans alliance.

(1) Peut-être un enfant supposé.

Ainsi nous voyons déjà chez les douze enfants de Cosme Ier les contrastes moraux dont nous avons signalé bien des fois l'importance médico-psychologique (Jean, cardinal de Médicis, et son frère Garcias), mais surtout la cruauté, les vices, le crime, la stérilité et ce manque de vitalité qui fait que leur postérité s'éteint après peu de générations. La postérité mâle du grand-duc François Ier s'éteint aussi avec la première génération déjà, et la couronne grand'ducale passe à son frère, Ferdinand Ier, le seul qui continue la maison de Médicis.

Ferdinand Ier (m. 1609), fils puiné de Cosme Ier, grand-duc de Toscane et frère de François Ier, auquel il succéda, avait été d'abord cardinal, mais renonça aux ordres sacrés pour épouser *Christine*, fille de Charles II, duc de Lorraine. Il remit en vigueur les lois, fit refleurir le commerce, l'agriculture et les arts; on l'avait soupçonné cependant d'avoir empoisonné Bianca Capello, femme de son frère François-Marie Ier. Il eut de sa femme cinq fils et quatre filles :

I. Cosme II, grand-duc de Toscane (v. plus bas).
II. Charles, cardinal de Médicis, doyen du sacré-collège. — Mort sans alliance.
III. Philippe .... Mort en bas âge.
IV. Laurent .... Mort jeune.
V. Éléonore .... Morte jeune.
VI. François, prince de Capistran .... Mort sans enfants.
VII. Catherine, ép. Ferdinand de Gonzague, duc de Mantoue. — Morte sans enfants.
VIII. Claude, ép :
  * Frédéric-Ubaldo, duc de la Rovère, fils de François-Marie de la Rovère, duc d'Urbino. Elle eut de lui :
    1) Julie-Victoire, ép. Ferdinand II, grand-duc de Toscane (v. plus bas). — Faible d'esprit et d'une dévotion ardente.
  ** Léopold, archiduc d'Autriche, landgrave d'Alsace; elle eut de lui :
    2) Ferdinand-Charles, ép. Anne, fille de Cosme II de Médicis. — Mort sans enfants.
    3) Sigismond-François, ép. Marie-Hedwige de Sultzbach — Mort sans enfants.
IX. Madeleine .... Morte sans enfants.

Cosme II (m. 1621), fils et successeur de Ferdinand Ier, était un homme assez nul sous tous les rapports, comme intelligence et comme caractère. Il épousa *Marie-Madeleine d'Autriche*, fille de l'archiduc Charles, et eut d'elle :

I. Ferdinand II, (voir plus bas).
II. Jean-Charles, cardinal de Toscane .... Mort sans alliance.

III. LÉOPOLD, cardinal...................·.......... Mort sans alliance.
IV. MATHIAS .... Mort jeune.
V. FRANÇOIS .... Mort jeune.
VI. MARGUERITE, ép. ODOARD FARNÈSE, duc de Parme. Sa postérité s'éteint avec ses deux
                                                  petits-fils, morts sans enfants.
VII. MARIE, religieuse........................... Morte sans alliance.
VIII. ANNE, ép. FERDINAND-CHARLES D'AUTRICHE, archiduc Morte sans enfants.
    d'Inspruck.

De huit enfants de Cosme II, *six meurent sans enfants;* la postérité de sa fille Marguerite s'éteint dans la personne de ses deux petits-fils, et Ferdinand II continue seul la maison de Médicis.

Ferdinand II (m. 1670), fils de Cosme II, est le type de la dégénérescence physique et morale pure, sans rien de positivement pathologique; maladif et faible de corps, lâche envers les autres souverains, vindicatif envers ses sujets. Il prit à son service une bande de brigands, entre autres le fameux Fra-Paolo, gens sans aveux, et en fit les instruments de ses vengeances. Très instruit, il était doux et généreux tant que son intérêt immédiat n'était pas en jeu, et surtout tant que son amour-propre n'était pas blessé. Mais s'il avait à se plaindre de quelqu'un personnellement, il lâchait sa bande de sacripants, qu'il décorait du nom de *lancie spezzate,* et qui devaient se charger de ses vengeances. Son gouvernement fut donc assez doux pour le pays en général, comme il arrive souvent avec les mauvais princes. Vindicatif envers ceux qu'il pouvait atteindre, il était lâche et soumis envers les plus forts; ainsi il laissa le pape s'emparer du duché d'Urbino, héritage de sa femme, et persécuter Galilée, dont il était l'élève et l'ami. Du reste, il ne manquait pas de bonnes qualités; ainsi il était généreux, et, chose rare chez les Médicis, très attaché à ses frères.

Il avait épousé sa cousine, *Julie-Victoire de la Rovère,* dont il eut :

I. COSME III, grand-duc de Toscane.
II. FRANÇOIS-MARIE, ép. ELÉONORE DE GONZAGUE, fille de Mort sans enfants
    Vincent de Gonzague, duc de Guastalla.

Cosme III (m. 1723) était un prince *d'un esprit faible et égaré et d'un caractère violent, sombre et jaloux.* Pour soutenir son luxe extravagant, il accabla le pays d'impôts et ruina l'agriculture et le commerce. Marié à *Marguerite-Louise,* fille de Gaston, duc d'Orléans, il lui inspira une aversion invincible; il eut néanmoins d'elle deux fils et une fille.

François-Marie (m. 1711), deuxième fils de Ferdinand II et frère de Cosme III, entra dans les ordres et fut fait cardinal à l'âge de 28 ans. Dès l'âge de 45 ans *il était affligé d'une obésité monstrueuse et sa santé était complètement ruinée par les excès* auxquels il s'était livré. Quand il fut décidé qu'il devait déposer la pourpre romaine et se marier pour continuer sa race, *il tomba en mélancolie, suivie d'une maladie qui le conduisit aux portes du tombeau.* Il eut dans la vie conjugale un sort plus triste encore que son frère. Il épousa Éléonore de Gonzague, jeune fille d'une grande beauté, mais qui eut pour lui un dégoût tellement invincible, qu'elle ne le laissa jamais approcher de sa personne, et, malgré les instances de son père et de son confesseur, le mariage ne fut pas consommé. François-Marie retomba en tristesse et mourut deux ans après son mariage.

COSME III, avait eu de MARGUERITE-LOUISE D'ORLÉANS :
    I. FERDINAND, prince héréditaire de Toscane; ép.   Mort sans enfants.
      YOLANDE-BÉATRIX DE BAVIÈRE.
    II. JEAN-GASTON, grand-duc de Toscane, ép. ANNE   Mort sans enfants.
      MARIE-FRANÇOISE, fille de Jules-François, duc de
      Saxe-Lauenbourg.
    III. MARIE-ANNE-LOUISE, ép. JEAN-GUILLAUME DE NEU-   Dite la dernière des Médicis;
      BOURG, électeur palatin.   morte sans enfants.

Ferdinand (m. 1713), prince héréditaire de Toscane, fils de Cosme III, était un prince brillant, intelligent et très instruit, mais extrêmement débauché. A l'âge de 22 ans, il alla à Venise et y prit une maladie qui le rendit incapable d'avoir des enfants, ce qui ne l'empêcha pas de se marier. Il mourut à 50 ans, succombant, assurent les historiens, moins aux progrès de sa maladie qu'à l'ignorance de ses médecins.

Jean-Gaston (m. 1737), dernier grand-duc de la maison de Médicis, montra peu de goût pour le pouvoir suprême, et encore moins pour sa femme, qui était une grosse Allemande, sans grâce, sans esprit, sans éducation, ayant passé toute sa vie à la campagne, dans la société de ses palefreniers. Forcé, du vivant de son père, Cosme III, de vivre à Reichstadt, chez sa femme, il y périssait d'ennui, et finit par se sauver et revenir à Florence, où sa femme ne voulut jamais venir, craignant « le poison des Italiens ».

Ainsi la branche cadette de la maison de Médicis, après avoir succédé à la branche aînée, éteinte avec la célèbre Catherine de Médicis et le bâtard Alexandre, tyran féroce et débauché, s'éteignit à son tour avec un *insensé* (Cosme III), qui n'eut que des enfants *stériles*.

Naples. — Sicile.

Naples et la Sicile, tantôt séparés et formant deux royaumes distincts, tantôt réunis sous le même sceptre, n'avaient jamais eu de dynasties particulières, et c'étaient des branches des dynasties espagnole et française qui y avaient régné; leurs familles royales appartiennent par conséquent sous le rapport généalogique aux maisons royales de France et d'Espagne. Nous nous bornerons ici à indiquer brièvement celles de ces branches seulement qui avaient eu, pour ainsi dire, une existence généalogique distincte, indépendante des dynasties dont elles faisaient partie. Pendant que Naples avait dans les deux maisons d'Anjou, quoique faisant partie de la maison royale de France, une dynastie distincte, généalogiquement parlant, la maison d'Aragon régnait en Sicile, et ce n'est que depuis la réunion de Naples et de la Sicile en un seul royaume, sous Alfonse Iᵉʳ, en 1442, que la branche Napolo-Sicilienne de la maison d'Aragon devient une famille royale distincte et généalogiquement indépendante, et cela jusqu'à l'avènement au trône de Ferdinand le Catholique. Depuis cette époque jusqu'au xviiiᵉ siècle, Naples et la Sicile restèrent réunis sous le sceptre des rois d'Espagne.

I. Maison d'Anjou (Anjou-Tarente.)

Cette dynastie avait été fondée par Charles Iᵉʳ de France (m. 1285), comte d'Anjou et de Provence, roi titulaire de Jérusalem. Il était le cinquième fils de Louis VIII, roi de France, et de Blanche de Castille. C'était un prince brave et ambitieux, mais dur et féroce :

Charles Iᵉʳ avait été marié deux fois, savoir à :

* BÉATRIX DE PROVENCE, dont il eut :
    I. CHARLES II, LE BOITEUX, roi de Naples.
    II. PHILIPPE, roi de Thessalonique, prince d'Achaïe et
    de Morée; ép. ISABELLE DE VILLEHARDOUIN
    III. ROBERT .... Mort sans postérité.

IV. Louis .... Mort sans postérité.

V. Blanche, ép. Robert III de Béthune comte de Morte sans enfants.
Flandre.

VI. Béatrix, ép. Philippe I de Courtenay, empereur
titulaire de Constantinople.

VII. Élisabeth, ép. Ladislas IV le Cumain, roi de Morte sans postérité.
Hongrie.

** Marguerite de Bourgogne .... Pas d'enfants de cette alliance.

Charles II le Boiteux (m. 1309), roi de Naples, était un prince brave
et débonnaire, très aimé de ses sujets pour son humanité et sa justice.
Il avait été marié à *Marie*, fille de Henri V, roi de Hongrie, et eut
d'elle :

I. Charles Martel, roi de Hongrie ; ép. Clémence de
Habsbourg, fille de l'empereur Rodolphe.

II. Saint Louis de Sicile, évêque de Toulouse ...... Mort sans alliance.

III. Robert le Bon et le Sage, roi de Naples.

IV. Philippe I, prince d'Achaïe et de Tarente, empereur titulaire de Constantinople.

V. Raymond-Béranger V, comte de Provence ...... Mort sans alliance.

VI. Pierre, comte de Gravina (dit Tempête) .... Mort sans alliance.

VII. Jean, comte de Gravina, duc de Duras, prince de
Morée.

VIII. Jean .... Mort jeune.

IX. Tristan .... Mort jeune.

X. Louis .... Mort jeune.

XI. Marguerite, ép. Charles de Valois (v. Valois),

XII. Éléonore, ép :
      *) Philippe de Tocy.
      **) Frédéric II d'Aragon, roi de Sicile (v. Aragon).

XIII. Marie, ép. :   Morte sans postérité.
      *) Sancho d'Aragon, roi de Majorque.
      **) Jayme d'Aragon, seigneur de Xérica.

XIV. Béatrix, ép. :
      *) Azzo VIII d'Este.
      **) Bertrand de Baux, comte d'Andrie.

XV Blanche, ép. Jacques II, roi d'Aragon.

Ainsi Charles Ier, marié deux fois, n'eut des enfants que de sa première femme, et son second mariage fut stérile, et de ses sept enfants,
quatre meurent sans postérité. Son fils Charles II eut *quinze enfants*,
dont *dix fils* ; de ces *dix fils*, *six meurent* sans laisser de postérité, et
la maison d'Anjou-Tarente, qui promettait d'être si nombreuse, est réduite dès la deuxième génération à quatre branches.

Charles Martel (m. 1295), roi de Hongrie, avait eu de sa femme
Clémence de Habsbourg :

I. CHARLES ROBERT (CHAROBERT), roi de Hongrie.
II. CLÉMENCE ; ép. LOUIS X LE HUTIN, roi de France,
 dont elle eut :
    A. JEAN Ier............................... Mort au berceau.
III. BÉATRIX ; ép. JEAN II, dauphin de Viennois, dont elle
 eut :
    A. GUIGUES VIII ; ép. ISABELLE DE FRANCE, fille du Mort sans postérité.
      roi Philippe le Long.
    B. HUMBERT II ; ép. MARIE DE BAUX, fille de Ber-
      trand comte d'Andrie ; il eut d'elle :
        a) ANDRÉ............................. Fils unique, mort au berceau.
CHARLES ROBERT (CHAROBERT), roi de Hongrie, avait
 été marié à :
*) MARIE DE POLOGNE......................... Pas d'enfants de cette alliance.
**) BÉATRIX DE LUXEMBOURG.................... Pas d'enfants de cette alliance.
***) ÉLISABETH DE POLOGNE, dont il eut :
    A. LOUIS Ier LE GRAND, roi de Hongrie et de Po-
      logne ; ép. :
    *) MARGUERITE DE LUXEMBOURG.............. Pas d'enfants de cette alliance.
    **) ELISABETH, fille d'Étienne, Ban de Bosnie ; il
      eut d'elle :
      a) CATHERINE, fiancée à LOUIS DE FRANCE, Morte jeune et sans alliance.
        duc d'Orléans, fils du roi Charles V.
      b) MARIE, reine de Hongrie (le roi Marie) ; Morte sans postérité.
        ép. SIGISMOND DE LUXEMBOURG, plus tard
        empereur.
      c) HEDWIDGE ; ép. LADISLAS V JAGELLON, grand Morte sans postérité.
        duc de Lithuanie, roi de Pologne.
    B. ANDRÉ, roi titulaire de Naples, ép. JEANNE Ire Ivrogne violent et brutal ; carac-
    DE NAPLES, dont il eut :   tère névropathique.
      N. Un fils né posthume.................. Mort au berceau.
    C. ÉTIENNE, duc d'Esclavonie ; ép. MARGUERITE DE
      BAVIÈRE, fille de Louis de Bavière, empereur
      d'Allemagne ; il eut d'elle :
      a) JEAN, duc d'Esclavonie............... Mort au berceau.
      b) ELISABETH ; ép. PHILIPPE D'ANJOU, prince Morte sans postérité.
        de Tarente, empereur titulaire de Constan-
        tinople.
    D. CHARLES .... Mort jeune.
    E. LADISLAS............................. Mort jeune.
****) N. Concubine.
    F. COLOMAN, bâtard, évêque de Raab.......... Mort sans alliance.

On le voit, la première branche de la maison d'Anjou-Tarente, devenue maison royale de Hongrie, s'éteint dès la deuxième génération,

après avoir présenté un cas typique de névropathie (le roi André de
Naples).

Robert le Bon et le Sage (m. 1343), roi de Naples, était un homme
éclairé, et même savant, un prince peu guerrier, mais très adroit en
politique. Il avait été marié à :

*) YOLANDE D'ARAGON, fille du roi Pierre III.
**) SANCIE D'ARAGON, fille de Jacques Ier, roi de Ma- Pas d'enfants de cette alliance.
    jorque.

   De sa première femme Yolande d'Aragon il eut :
    A. CHARLES, duc de Calabre ; ép. :
       *) CATHERINE D'AUTRICHE, fille de l'empereur Pas d'enfants de cette alliance.
         Albert Ier.
      **) MARIE DE VALOIS, fille de Charles de France,
         comte de Valois ; il eut d'elle :
         a) CHARLES .... Mort en enfance.
         b) MARIE .... Morte en enfance.
         c) JEANNE Ire, reine de Naples.......... Caractère éminemment névropa-
                                  thique ; assassine son mari
                                  André avec une atrocité inouïe.
                                  Mariée quatre fois, elle n'eut
                                  que trois enfants, morts au
                                  berceau.

        d) MARIE, ép. :
           *) CHARLES DE DURAS, fils de Jean
              duc de Duras (v. plus bas).
           **) ROBERT DE BAUX, comte d'Avelino. Pas d'enfants de cette alliance.
          ***) PHILIPPE II DE SICILE, prince de Pas d'enfants de cette alliance.
              Tarente, empereur de Constanti-
              nople.
    B. LOUIS........................... Mort en bas âge.

Il est à peine nécessaire de parler de Jeanne Ire (m. 1382) et de sa
sœur Marie (m. 1366), la première, assassin de son premier mari André
et de son troisième mari Jacques ; la seconde, qu'on disait être digne
sœur de Jeanne. Le roi André était violent, brutal et ivrogne, et s'attira
la haine des barons napolitains ; Jeanne poussa son amant à l'assassiner, et tressa même la corde en or et soie avec laquelle son mari fut
étranglé ; elle fit décapiter aussi — du moins on l'en accusait — son mari
Jacques, dont elle avait découvert l'infidélité. Sa tyrannie l'avait fait haïr
à Naples et fut cause de sa chute et de sa mort. Cependant c'était une
femme d'un grand esprit politique ; elle était le principal soutien des
antipapes d'Avignon, joua un grand rôle dans l'histoire de son temps,
et en définitive sortit victorieuse de sa lutte contre Louis le Grand de
Hongrie, aidée, il est vrai, par la peste noire.

Jeanne Iʳᵉ avait été mariée quatre fois; à : 1° *André de Hongrie;* 2° *Louis d'Anjou-Tarente;* 3° *Jacques d'Aragon,* roi de Majorque; 4° *Othon de Brunswick-Grubenhagen. De ces quatre alliances elle n'eut que trois enfants, morts au berceau;* elle adopta son cousin Charles de Duras, qui la renversa du trône et la fit étouffer sous un lit de plumes. Avec elle s'éteignit dans sa deuxième génération la seconde branche de la maison d'Anjou-Tarente, branche qui avait commencé par Robert « *le Bon et le Sage* », et qui finit avec des personnalités aussi pathologiques que celles de Jeanne Iʳᵉ et de sa sœur Marie.

PHILIPPE Iᵉʳ DE SICILE (m. 1332), prince d'Achaïe et de Tarente, empereur de Constantinople, avait été marié deux fois, à :

   *) ITHAMAR COMNÈNE, fille de Nicéphore Anfle, despote d'Etolie; il eut d'elle :

     A. CHARLES DE TARENTE, prince d'Achaïe...... Mort sans postérité.

     B. MARGUERITE; ép. GAUTIER VI DE BRIENNE, Mort sans postérité.
     duc d'Athènes, connétable de France.

     C. BLANCHE; ép. RAYMOND-BÉRANGER D'ARAGON, comte de Prade.

   **) CATHERINE DE VALOIS, fille de Charles de France, comte de Valois. Il eut d'elle :

     D. ROBERT DE TARENTE, empereur de Constan- Mort sans enfants; cependant sa
     tinopls; marié à MARIE DE BOURBON, veuve femme avait eu un fils de son
     de Gui Lusignan. premier mari.

     E. LOUIS DE TARENTE, roi titulaire de Naples; N'eut que deux filles mortes au
     marié à JEANNE Iʳᵉ de Naples. berceau.

     F. PHILIPPE II DE SICILE, empereur de Constan- Mort sans postérité.
     tinople; marié à :

       *) MARIE DE SICILE, fille de Charles, duc de Calabre.

       **) ELISABETH DE HONGRIE, fille d'Etienne, duc d'Esclavonie.

     G. MARGUERITE DE TARENTE; ép. :

       *) EDOUARD BALIOL, roi d'Ecosse.......... Pas d'enfants de cette alliance.

       **) FRANÇOIS DE BAUX, duc d'Andrie, dont elle eut :

         1) JACQUES DE BAUX, duc d'Andrie, empe- Mort sans postérité.
         reur de Constantinople; ép. AGNÈS DE DURAS.

         2) ANTOINETTE DE TARENTE; ép. FRÉDÉ- Morte sans postérité.
         RIC III, roi de Sicile.

Ainsi la troisième branche de la maison d'Anjou-Tarente s'éteignit déjà dans sa première et sa deuxième génération, par stérilité et mort prématurée, c'est-à-dire par défaut de vitalité et épuisement de la race.

JEAN DE SICILE (m. 1335), comte de Gravina, duc de
Duras, prince de Morée, tige de la quatrième et dernière branche de la maison d'Anjou-Tarente, avait été
marié à :

   *) MATHILDE DE HAINAUT, fille de Florent, seigneur   Pas d'enfants de cette alliance.
   de Braine, prince d'Achaïe et de Chorée
  **) AGNÈS, fille d'Hélie, comte de Périgord ; il eut
   d'elle :
      A. CHARLES Iᵉʳ DE SICILE, duc de Duras.
      B. LOUIS DE DURAS, comte de Gravina et de
      Marrone.
      C. ROBERT DE SICILE, prince de Morée........   Mort sans alliance.

Charles Iᵉʳ de Sicile (m. 1348), duc de Duras et fils aîné de Jean de
Gravina, marié à *Marie de Sicile*, fille de Charles, duc de Calabre, fut
un des amants de sa belle-sœur la reine Jeanne Iʳᵉ de Naples, et un des
assassins d'André de Hongrie, assassinat que Louis Iᵉʳ, roi de Hongrie,
vengea en faisant mettre Charles Iᵉʳ à mort. Il eut de sa femme *Marie de
Sicile* :

A. LOUIS...   Mort au berceau.
B. JEANNE, duchesse de Duras, mariée à : ....   Morte sans postérité.
   *) LOUIS DE NAVARRE, comte de Beaumont-le-Royer.
  **) ROBERT D'ARTOIS, comte d'Eu.
C. AGNÈS, mariée à : ....   Morte sans enfants.
   *) CAN DE LA SCALA, prince de Vérone.
  **) JACQUES DE BAUX, prince de Tarente et d'Achaïe,
   empereur titulaire de Constantinople.
D. CLÉMENCE....................................   Morte sans alliance.
E. MARGUERITE, mariée à :
   *) CHARLES III DE DURAS, roi de Naples (v. ci-dessous).

Louis de Duras (m. 1362), comte de Gravina et de Morrone, deuxième
fils de Jean de Gravina, épousa *Marguerite de San-Severino*, fille
de Robert, comte de Corigliano ; il n'eut d'elle qu'un fils unique,
Charles III de Duras, surnommé *le Petit à cause de sa taille*. Élevé
parmi les Hongrois, il en adopta les mœurs et resta toute sa vie une
sorte de condottière, brave, mais cruel et brutal. Adopté par Jeanne Iʳᵉ,
il la renversa du trône et la fit assassiner, et ne se contentant pas
de la couronne de Naples, voulut s'emparer de celle de Hongrie,
mais fut trompé et assassiné par la veuve du roi Louis Iᵉʳ le Grand.
Marié à *Marguerite de Duras*, fille de Charles Iᵉʳ de Sicile, duc de Duras
(v. ci-dessus), il eut d'elle :

A. LADISLAS (LANCELOT) LE MAGNANIME ET LE VICTO-   Mort sans postérité.
   RIEUX; marié à :
       *) CONSTANCE DE CLERMONT, fille de Manfred, comte
       de Motica.
      **) MARIE, fille de Jacques Ier, roi de Chypre.
     ***) MARIE, princesse de Tarente, fille de Jean
       d'Enghien, comte de Leche, et veuve de Raymond
       des Ursins, prince de Tarente.
B. JEANNE II, reine de Naples; mariée à : ....   Morte sans postérité
      *) GUILLAUME L'AFFABLE, duc d'Autriche.
     **) JACQUES DE BOURBON, comte de la Marche.
C. MARIE..................................... ....   Morte jeune.

Ladislas (m. 1414), roi de Naples, était un prince brave, habile et
instruit, protecteur des lettres et poëte lui-même, mais en même temps
cruel, perfide et débauché. Sa sœur, Jeanne II (m. 1435), reine de
Naples, était une vraie Messaline, débauchée et crapuleuse, cruelle et
perfide. Ne se contentant pas de ses amants en titre, elle en cherchait
toujours de nouveaux, qu'elle prenait dans toutes les classes de la société, et qu'elle faisait assassiner quelquefois — Caraccioli par
exemple — et vécut ainsi dans la crapule jusqu'à un âge très avancé.
Elle n'eut pas d'enfants, et avec elle s'éteignit définitivement la
dynastie royale de Naples de la maison d'Anjou-Tarente.

II. Seconde maison d'Anjou.

Cette maison fut fondée par Louis Ier d'Anjou, fils de Jean II le Bon,
roi de France. Il eut de sa femme Marie de Blois comtesse de Guise,
fille de Charles de Blois, duc titulaire de Bretagne :

A. LOUIS II D'ANJOU ....   D'une dévotion exaltée.
B. CHARLES DE MAINE, duc de Calabre...............   Mort sans alliance.
C. MARIE D'ANJOU.................................   Morte au berceau.

Louis II d'Anjou (m. 1417), comte de Provence, duc d'Anjou, roi
de Naples, avait eu de sa femme Yolande, fille de Jean Ier, roi d'Aragon :

1. LOUIS III D'ANJOU, comte de Provence, roi de Naples,   Mort sans postérité; sa femme
   duc de Calabre et de Touraine; marié à :   s'étant remariée, eut quatre
                                                          enfants

*) Marguerite, fille d'Amédée VIII de Savoie.

II. René le Bon, duc de Lorraine et de Bar, comte de
Provence, duc d'Anjou, roi de Naples.

III. Charles, comte de Maine, marié à :

   *) Cambella Rufo .... Pas d'enfants de cette alliance

   **) Isabelle de Luxembourg, fille de Pierre Ier comte
de Saint-Pol, il eut d'elle :

     a) Charles III d'Anjou, comte de Maine et de   Mort sans enfants ; avec lui s'étei-
Provence ; marié à Jeanne de Lorraine, fille   gnit sa race et la Provence fut
de Ferry II et d'Yolande d'Anjou.   réunie à la couronne de France.

     b) Louise d'Anjou, mariée à Jacques d'Armagnac,   Morte de chagrin ; de ses cinq
duc de Nemours.   enfants quatre meurent sans
   postérité.

IV. Marie d'Anjou, mariée à Charles VII, roi de France.   De ses dix enfants huit meurent
   jeunes ou sans enfants.

V. Yolande d'Anjou, mariée à : 1°) Jean d'Alençon;   Morte sans enfants.
  2°) François de Bretagne.

René le Bon (m. 1480) *n'eut pas d'enfants* de sa deuxième femme
Jeanne, fille de Gui XIV, sire de Laval. De sa première femme *Isabelle*,
fille de Charles Ier, duc de Lorraine, il eut :

a) Jean II d'Anjou, duc de Lorraine ; marié à Marie,
fille de Charles Ier, duc de Bourbon ; il eut d'elle :

   1) Nicolas, duc de Lorraine .... Mort sans enfants.
   2) Jean, duc de Calabre .... Mort jeune.

b) Yolande d'Anjou, mariée à Ferry II, comte de Vaudemont, dont elle eut :

   1) René II, duc de Lorraine et de Bar.

   2) Jeanne, mariée à Charles II d'Anjou, comte de   Morte sans enfants.
Maine.

   3) Yolande, mariée à Guillaume II, landgrave de
Hesse.

   4) Marguerite, mariée à René, duc d'Alençon....   Avec son fils Charles IV s'éteignit la maison du duc d'Alen-
   çon, et le duché fut réuni à
   la couronne.

c) Marguerite d'Anjou, mariée à Henri VI, roi d'Angle-   Eut un fils tué à l'âge de 19 ans
terre.   sans laisser de postérité, et
   deux filles mortes jeunes.

III. Maison d'Aragon.

Alfonse V le Magnanime (m. 1458), roi d'Aragon, s'empara du
royaume de Naples à la mort de la reine Jeanne II ; il n'eut pas d'en-

fants de sa femme *Marie*, fille de Henri III, roi de Castille, et laissa
deux enfants naturels :

A. FERDINAND Ier, roi de Naples.
B. MARIE, mariée à LIONEL D'ESTE, duc de Ferrare..... Morte sans enfants

FERD'NAND Ier (m. 1194), roi de Naples, avait été
marié à :
  *) ISABELLE DE CLERMONT, dont il eut :
  A. ALFONSE II, roi de Naples.
  B. FRÉDÉRIC IV, roi de Naples.
  C. BEATRIX, mariée à MATHIAS CORVIN, roi de Morte sans enfants.
    Hongrie.
  D. JEAN, cardinal........................... Mort sans alliance.
  E. ELÉONORE, mariée à : 1°) MARIE SFORZA, duc
    de Bari ; 2°) HERCULE D'ESTE, duc de Ferrare.
  F. FRANÇOIS, duc de Saint-Angelo.
  **) JEANNE, fille de Jean II, roi d'Aragon, dont il
  eut :
  G. JEANNE, mariée à FERDINAND II, roi de Naples
    (v. ci-dessous). ·

Alfonse II (m. 1496), roi de Naples (son grand-père Alfonse V d'Aragon étant premier comme roi de Naples), eut de sa femme *Hippolyte
Sforza*, fille de François, duc de Milan :

A. FERDINAND II, roi de Naples ; marié à JEANNE, fille de Mort sans enfants.
  Ferdinand Ier, roi de Naples.
B. PIERRE..................................... Mort jeune.
C. ISABELLE, mariée à JEAN-GALEAZZO-MARIA SFORZA, duc Fière et ambitieuse ; d'abord
  de Milan. très chaste, plus tard très dé-
    bauchée. Eut un fils mort
    jeune, et une fille, Bonne,
    reine de Pologne, débauchée.

A l'extinction de la branche aînée de la maison d'Aragon (en 1496),
la branche cadette monta sur le trône de Naples, mais ne tarda pas à
s'éteindre également ; en effet *Frédéric IV* (m. 1504), roi de Naples,
ayant succédé à son neveu Ferdinand II, n'eut de sa première femme
Anne, fille d'Amédée IX, duc de Savoie, qu'un fils, *Ferdinand*, duc de
Calabre, *mort sans postérité* (1550) ; de sa deuxième femme *Isa-
belle-Éléonore de Baux*, fille de Pierre, duc d'Andrie, il eut une fille,
Charlotte, qui épousa *Guy XVI de Laval*, et porta à cette maison ses
droits à la couronne de Naples ; mais *ses trois fils moururent jeunes
et sans alliance*, et avec eux s'éteignit cette branche de la maison de
Laval.

ESPAGNE

Aragon. — Castille. — Léon.

La dynastie d'Aragon avait été fondée par *Ramire Ier*, pour lequel son père Sancho le Grand érigea le comté d'Aragon en royaume en 1035.

SANCHO Ier (RAMIREZ V comme roi de Navarre), fils de Ramire Ier, avait été marié deux fois, à :

*) FÉLICIE, fille d'Hilduin, comte de Roucy, dont il eut :

I. PEDRO Ier, roi d'Aragon et de Navarre ; ép. AGNÈS, fille de Guillaume VI, comte de Poitiers.	Mort sans enfants.
II. ALFONSE Ier LE BATAILLEUR, roi d'Aragon et de Navarre, de Castille et de Léon ; ép. URRAQUE, fille d'Alfonse VI, roi de Castille et de Léon, et veuve de Raymond de Bourgogne, comte de Galice.	Mort sans enfants ; sa femme avait eu des enfants de son premier mariage.
III. RAMIRE II LE MOINE, roi d'Aragon ; ép. AGNÈS, fille de Guillaume le Vieux, duc d'Aquitaine. Il eut d'elle :	Abdique et se fait moine.
A. PÉTRONILLE (v. plus bas).	
**) PHILIPPE, fille de Guillaume IV, comte de Toulouse.	Pas d'enfants de cette union.

Ainsi la dynastie d'Aragon s'éteignit déjà avec sa troisième génération, et l'on peut considérer *Raymond, Béranger IV* (m. 1162), comte de Barcelone, mari de Pétronille et régent du royaume avec le titre de prince d'Aragon, comme fondant une dynastie nouvelle, d'autant plus que Pétronille n'a jamais gouverné. Après la mort de son mari elle abdiqua en faveur de son fils *Alphonse*, alors âgé de dix ans (m. 1196).

RAYMOND-BÉRANGER IV, comte de Barcelone ; il eut de sa femme PÉTRONILLE :

I. ALFONSE II LE CHASTE, roi d'Aragon.	
II. RAYMOND-BÉRANGER III, comte de Provence...	Mort sans alliance.

III. SANCHO, comte de Provence.................. Mort sans enfants.
IV. DOUCE, mariée à SANCHO I", roi de Portugal...
ALFONSE II LE CHASTE avait été marié deux fois, à :
*) MAFALDE, fille d'Alfonse I", roi de Portugal...... Pas d'enfants de cette alliance.
**) SANCIE, fille d'Alphonse VIII, roi de Castille; il eut
d'elle :
   A. PEDRO II, roi d'Aragon.

Jacques I" (m. 1276), fils unique et successeur de Pedro II, avait été
marié *trois fois*, mais *n'eut des enfants que de sa seconde femme*,
Yolande, fille d'André, roi de Hongrie. Son fils *Pedro III le Grand*
ayant épousé Constance, fille de Manfred, roi de Sicile, eut d'elle :

I. ALFONSE III LE BIENFAISANT .... Mort sans alliance.
II. JACQUES (ou JAYME) II LE JUSTE.
III. FRÉDÉRIC II, roi de Sicile .... Eut un fils célèbre par sa féro-
                                                   cité. De ses deux petits-fils
                                                   l'un meurt sans alliance, l'au-
                                                   tre, un imbécile, n'a qu'un fils
                                                   unique mort sans enfants.
IV. ELISABETH ; ép. DÉNIS, roi de Portugal........... Eut pour petite-fille la célèbre
                                                   Jeanne I" de Naples.
V. YOLANDE ; ép. ROBERT, fils de Charles II, roi de Naples.

Jacques II (m. 1327) avait été marié trois fois, mais *ses deux dernières alliances furent stériles*. De sa première femme il eut trois fils,
dont *deux moururent sans alliance*, et son deuxième fils, *Alfonse IV*,
lui succéda sur le trône.

Alfonse IV (m. 1336) avait été marié deux fois, mais *il n'eut pas
d'enfants de sa seconde femme*. Il eut pour successeur son fils, *Pédro IV
le Cérémonieux* (m. 1387), *qui avait été marié cinq fois, mais ne
laissa que deux fils*, les derniers mâles de la maison d'Aragon, car le
cadet, Martin, *mourut sans enfants* (1410) et l'aîné, Jean I" (m. 1395),
ne laissa que deux filles : *Jeanne*, mariée à Mathieu, comte de Foix, et
morte sans enfants, et Yolande, mariée à Louis II d'Anjou. Sans
poursuivre la postérité de cette dernière, qui appartient à la maison
d'Anjou, nous ferons remarquer cependant que la loi de l'hérédité et
de l'accumulation de l'élément pathologique de la dégénérescence est
évidente dans les générations suivantes. Yolande avait eu trois fils et
deux filles ; un de ses fils, *Louis III* d'Anjou, et une de ses filles, *Yolande*, mariée à Jean d'Alençon, puis à François I" de Bretagne, *sont
stériles*. Un autre de ses fils, *Charles*, n'a qu'un fils, *stérile aussi*, et
la branche aînée de la maison d'Anjou s'éteint dans la deuxième gé-

nération de son troisième fils, *René le Bon*, qui n'a que deux petits-fils : *Nicolas*, duc de Lorraine, *mort sans alliance* (1473), et *Jean II*, duc de Calabre, *mort jeune* (1448).

Ainsi voilà la deuxième dynastie d'Aragon qui s'éteint, et la couronne passe à *Ferdinand Iᵉʳ le Juste* (m. 1416), fils de Jean Iᵉʳ, roi de Castille, et d'Éléonore, sœur des deux derniers rois d'Aragon. Les deux dynasties d'Aragon et de Castille ayant une origine commune, puisqu'elles sont issues de deux frères, Ramire Iᵉʳ et Ferdinand Iᵉʳ le Grand, les deux fils de Sancho le Grand, roi de Navarre, se rencontrent et se réunissent plus d'une fois dans le courant des siècles par suite de l'extinction des branches directes. Réunies maintenant par le mariage de Jean Iᵉʳ, roi de Castille, et d'Éléonore, héritière de la couronne d'Aragon, elles se divisent et donnent naissance à deux dynasties parentes, qui se réunissent une fois encore (1469) par le mariage de Ferdinand le Catholique et d'Isabelle de Castille, seuls représentants et héritiers de ces deux dynasties.

Jean Iᵉʳ lui-même appartenait déjà à une branche illégitime de la maison de Castille, montée au trône à l'extinction de la postérité légitime de Ferdinand Iᵉʳ le Grand. En effet, remontant la ligne de la dynastie de Castille, nous y voyons se répéter le grand fait général de la dégénérescence et de l'extinction des familles souveraines.

Ferdinand Iᵉʳ le Grand (m. 1065), fils de Sancho le Grand, roi de Navarre et frère de Ramire Iᵉʳ, chef de la maison d'Aragon, avait eu pour successeur son fils *Alfonse Iᵉʳ*, qui n'eut, malgré ses six mariages, qu'une fille légitime, *Urraque*, femme ambitieuse, énergique et dissolue. Elle fit la guerre à son second mari, Alfonse Iᵉʳ roi d'Aragon, au nom de la nationalité castillane, mais lassa par ses violences et ses exigences le dévouement de ses partisans, qui proclamèrent son fils *Alfonse II*, roi de Castille (m. 1157). Celui-ci eut de sa femme, *Bérangère*, deux enfants mâles, *Sancho III*, roi de Castille et *Ferdinand II*, roi de Léon, qui donnèrent ainsi naissance à deux branches distinctes, celle de Castille et celle de Léon. Mais la branche aînée (Castille) ne tarda pas à s'éteindre dans la personne d'*Henri Iᵉʳ*, petit-fils de Sancho III, mort sans enfants (1217), et *Ferdinand III le Saint*, petit-fils de Ferdinand II, réunit de nouveau les deux couronnes. La descendance présente une longue série d'anomalies psychiques et même somatiques (ainsi *Jean le Borgne et le Contrefait*, régent de Castille), et finit par s'éteindre dans la personne de *Pierre le Cruel*, tyran sanguinaire, mort (1368) sans enfants légitimes, et qui n'eut que deux filles natu-

relles. La couronne de Castille et de Léon passa alors à son frère et
ennemi, *Henri le Magnifique de Transtamare*, bâtard que le roi Alfonse XI avait eu de sa maîtresse Éléonore de Guzman, celle qui fut
tuée par ordre de son fils Pierre le Cruel. Ainsi s'éteignit la descendance légitime de Ferdinand le Grand, et la couronne passe à une ligne
bâtarde, celle de la postérité d'Henri le Magnifique. Cette dernière,
du reste, n'échappa pas à la loi de la dégénérescence; ainsi dans sa
deuxième génération nous voyons déjà *Henri III le Maladif* (m. 1406),
dont la fille, *Marie d'Aragon*, fit étrangler sa fille d'honneur, qu'elle
soupçonnait être la maîtresse de son mari, et dont le petit-fils, *Henri IV
l'Impuissant* (m. 1474), que d'infâmes débauches rendirent incapable
d'avoir des enfants, sut et protégea complaisamment l'adultère de sa
femme et de son favori, au point de reconnaître leur fille. Henri IV,
avide, débauché, insouciant et lâche, fut le dernier de sa race. Deux
filles que son père Jean II avait eues de sa femme Marie, fille de Ferdinand Ier roi d'Aragon, moururent en bas âge; un fils, Alfonse, qu'il
eut d'Isabelle de Portugal, mourut à l'âge de treize ans, et la couronne
de Castille passa à *Isabelle*, fille de Jean II et sœur d'Henri IV l'Impuissant.

Ainsi s'éteignit définitivement la dynastie de Castille. De trois enfants d'Henri III le Maladif, deux, Marie et Catherine, moururent sans
enfants. Jean II (m. 1454), le seul qui ait de la postérité, a, ainsi que
nous venons de le dire, deux fils et trois filles. Deux des filles meurent
en bas âge, un fils meurt au sortir de l'enfance, l'autre fils, lâche,
adonné à un vice infâme, avide, sans dignité et sans amour-propre,
est frappé d'impuissance virile, et Isabelle reste seule héritière de
la couronne et représentante de la dynastie. Nous allons voir quelle
avait été sa postérité, mais revenons d'abord à Ferdinand le Juste,
deuxième fils de Jean Ier, roi de Castille, et tige de la nouvelle dynastie
d'Aragon.

FERDINAND Ier LE JUSTE (m. 1416); ép. ELÉONORE, fille de
Sancho de Castille, et eut d'elle :
    I. ALFONSE V, roi d'Aragon et de Naples; ép. MA-   Pas d'enfants de cette alliance.
    RIE, fille d'Henri III, roi de Castille; Alphonse V
    a deux enfants naturels :
      1) FERDINAND Ier, roi de Naples; il avait eu :
        A. ALFONSE II, roi de Naples; ép. HIPPOLYTE
        SFORZA, dont il eut :
          a) FERDINAND II, roi de Naples......... Mort sans enfants.
          b) PIERRE.... .... Mort jeune.

c) ISABELLE................	Névropathique; débauchée; eut un fils, mort jeune, et une fille, débauchée.
B. FRÉDÉRIC IV, roi de Naples; il eut :	
a) FERDINAND, duc de Calabre.........	Mort sans postérité.
b) CHARLOTTE, ép. Guy XVI de Laval...	
C. BÉATRIX, ép. Mathias Corvin, roi de Hongrie.	Morte sans enfants.
D. JEAN, cardinal.	Mort sans alliance.
E. ELÉONORE, duchesse de Ferrare.	
F. FRANÇOIS, duc de Saint-Angelo.	
G. JEANNE, ép. FERDINAND II, roi de Naples.	Morte sans enfants.
2) MARIE, ép. LIONÉL D'ESTE, duc de Ferrare..	Morte sans enfants.
II. JEAN II, roi de Navarre, d'Aragon et de Sicile; ép. :	
*) BLANCHE, fille de Charles III de Navarre; il eut d'elle :	
1) CHARLES, ép. ANNE DE CLÈVES........... .	Mort sans enfants; s'était révolté plusieurs fois contre son père.
2) BLANCHE; ép. HENRI IV, roi de Castille	Morte sans enfants.
3) ELÉONORE, reine de Navarre...............	Ambitieuse et jalouse; empoisonna sa sœur Blanche.
**) JEANNE, fille de Fréd. Henriquez, amirante de Castille; il eut d'elle :	
4) FERDINAND LE CATHOLIQUE.	
5) JEANNE; ép. FERDINAND Ier, roi de Naples, dont elle eut :	
A) JEANNE, ép. FERDINAND II, roi de Naples.	Morte sans enfants.
III. MARIE, ép. JEAN II, roi de Castille, dont elle eut un fils et deux filles.	Son fils, Henri l'Impuissant, est lâche, vil et débauché infâme; les deux filles meurent en bas âge.
IV. ELÉONORE, ép. EDOUARD Ier, roi de Portugal (v. Portugal.)	
V. HENRI, duc de Villena.....................	Marié deux fois; mort sans enfants.
VI. SANCHO, grand-maître d'Alcantara..........	Mort sans alliance.

La dynastie d'Aragon *s'éteignit ainsi dans toutes ses branches*, et Ferdinand le Catholique resta le seul représentant de cette dynastie. C'était un prince cruel et perfide, qui s'acquit par sa perfidie et sa mauvaise foi une sorte de célébrité, même à cette époque où la perfidie avait été élevée à la hauteur d'une science, et devint un vrai *instrumentum regni*. En épousant Isabelle, seule héritière et représentante de la maison de Castille, Ferdinand réunissait une dernière fois les deux dynasties et les deux couronnes, et fondait ainsi la maison d'Espagne, dont nous allons nous occuper.

Ferdinand le Catholique épousa Isabelle de Castille à l'âge de dix-sept ans, et vécut avec elle trente-cinq ans; il en avait donc cinquante-deux quand elle mourut, et moins de deux ans après sa mort, il épousa Germaine de Foix. Il mourut (1516) d'un breuvage qui devait lui rendre la puissance virile qu'il n'avait plus. Il eut d'Isabelle de Castille quatre filles et un fils :

I. ISABELLE, ép...................................	Morte jeune.
*) ALFONSE, fils de Jean le Grand roi de Portugal.	Pas d'enfants de cette alliance.
**) EMMANUEL LE FORTUNÉ, roi de Portugal, dont elle eut :	
A. MICHEL....................................	Mort en bas âge.
II. JEAN, prince des Asturies, ép MARGUERITE, fille de l'empereur Maximilien.	Mort sans enfants
III. JEANNE LA FOLLE, ép. PHILIPPE LE BEAU d'Autriche (v. plus bas).	Contrefaite; faible d'intelligence; devint folle.
IV. MARIE, ép. EMMANUEL LE FORTUNÉ, roi de Portugal.	
V. CATHERINE, ép.....................	Savante et poète.
*) ARTHUR, prince de Galles, fils du roi Henri VII d'Angleterre.	Pas d'enfants de cette alliance.
**) HENRI VII, roi d'Angleterre.....................	A un fils, mort au berceau, et une fille, surnommée l'Hyène du Nord, à cause de sa férocité, morte sans enfants.

Jeanne la Folle (m. 1555) était une princesse savante; elle parlait le latin, et improvisait même des harangues dans cette langue. *Contrefaite et faible d'intelligence* avec cela, *elle fut frappée de folie, et passa plus d'un demi-siècle dans cet état.* Elle épousa Philippe le Beau, fils de Maximilien d'Autriche et de Marie de Bourgogne, et avec lui la maison d'Autriche monta au trône d'Espagne.

Maison d'Autriche.

Philippe d'Autriche et Jeanne d'Espagne eurent deux fils et quatre filles :

I ELÉONORE, ép. :	
*) EMMANUEL LE FORTUNÉ roi de Portugal, dont elle eut :	
1) MARIE.............	Morte sans alliance.
**) FRANÇOIS Ier, roi de France.................	Pas d'enfants de cette alliance.

II. CHARLES-QUINT (Ier comme roi d'Espagne) (v. plus bas.)	Avait été enfant arriéré; bègue, épileptique; vice de conformation. Dans les dernières années de sa vie on lui croyait « l'esprit touché ».
III. ELISABETH, ép. CHRISTIAN II, roi de Danemark.....	Morte sans postérité mâle; la couronne de Danemark passe à la branche cadette.
IV. FERDINAND Ier, empereur d'Allemagne.	
V. MARIE, ép. LOUIS II, roi de Hongrie......	Femme savante et virile; morte sans enfants.
VI. CATHERINE, ép. JEAN III, roi de Portugal........	Sa postérité s'éteint dans sa deuxième génération avec ses deux petits-fils, névropathiques et stériles.

Charles-Quint (m. 1558), roi d'Espagne et empereur d'Allemagne, épousa *Isabelle*, fille d'Emmanuel le Fortuné, roi de Portugal, et eut d'elle :

I. PHILIPPE II, roi d'Espagne (v. plus bas).	
II. FERDINAND...................................	Mort en bas âge.
III. MARIE, ép. Maximilien II, empereur d'Allemagne.	
IV. JEANNE, ép. JEAN, infant de Portugal; elle eut de lui :	Eut des hallucinations et une attaque de folie puerpérale.
1) SÉBASTIEN, roi de Portugal...............	D'une piété ardente; caractère exalté et éminemment névropathique; mort sans alliance.

Charles-Quint eut encore deux enfants naturels :

V. MARGUERITE D'AUTRICHE, duchesse de Parme; gouvernante des Pays-Bas; mariée deux fois, à :	Célèbre par son esprit et son courage; avait l'air d'un homme habillé en femme. Robuste et virile, elle avait barbe et moustache, aimait la chasse, le vin, et eut même la goutte. D'une piété ardente.
*) ALEXANDRE DE MÉDICIS, duc de Florence...	Pas d'enfants de cette alliance.
**) OCTAVE FARNÈSE, duc de Parme, dont elle eut :	
ALEXANDRE FARNÈSE.	Un des plus grands capitaines du seizième siècle, mais perfide et assassin.
VI DON JUAN D'AUTRICHE......................	Prince très ambitieux, ayant de grands talents militaires, mais traître et perfide; esprit inquiet, chimérique; mort jeune sans enfants légitimes; ses deux bâtards sont morts sans enfants.

Philippe II (m. 1598), roi d'Espagne, fanatique, mélancolique, esprit lent, irrésolu, changeant et cependant amoureux de chimères, poursuivant toujours quelque projet fantastique, tout comme son frère don Juan; perfide, froidement cruel et en même temps très sensuel et libertin, traître, menteur, dissimulé, caractère éminemment névropathique, est une des plus sombres figures de l'histoire. Il fit mourir son fils don Carlos, dont il épousa la fiancée, fit assassiner Escovedo, se vengea avec une implacable rigueur sur la femme et les enfants d'Antonio Perez, et sur tout l'Aragon de l'infidélité de sa maîtresse, la princesse Éboli, et reçut à cause de sa cruauté le surnom de « *tigre du Midi.* » Les historiens disent que les dernières années de sa vie il était « *à moitié fou.* » Il avait été marié quatre fois, et eut encore de nombreuses maîtresses dont on disait qu'il avait eu des enfants; ainsi le duc de Pastrana, fils de Ruy Gomez de Silva, prince d'Éboli, passait pour être le fruit de ses amours avec la princesse. Il avait épousé :

*) MARIE, fille de Jean III, roi de Portugal; il eut d'elle :

    I. DON CARLOS........................... Ambitieux, violent, vindicatif, cruel jusqu'à la férocité; mort sans enfants.

**) MARIE TUDOR, fille de Henri VIII, roi d'Angleterre. Pas d'enfants de cette alliance.

***) ELISABETH, fille de Henri II, roi de France; il eut d'elle :

    II. ISABELLE-CLAIRE-EUGÉNIE, ép. ALBERT, archi- Morte sans enfants. duc d'Autriche.

    III. CATHERINE-MICHELLE, ép. Charles-Emmanuel Ier, duc de Savoie.

****) ANNE-MARIE D'AUTRICHE, fille de Maximilien II, empereur d'Allemagne; il eut d'elle :

    IV. PHILIPPE III, roi d'Espagne (v. plus bas).

    V. FERDINAND........................... Mort jeune.

    VI. JACQUES........................... Mort jeune.

    VII. CHARLES-LAURENT.............. Mort jeune.

    VIII. DIEGO........................... Mort jeune.

    IX. MARIE........................... Morte jeune.

Philippe III (m. 1621), roi d'Espagne et de Portugal, était maladif, apathique, sans caractère, sans énergie et sans talents, d'une piété ardente, vrai moine sur le trône, ce qui ne l'empêchait pas cependant d'être mauvais fils et frère dénaturé; il haïssait sa sœur l'infante Isabelle, et voulut même l'empoisonner, et ne cachait pas son dépit de voir son père vivre encore. Violent, mais faible, il fut toujours sous l'influence de ses ministres et de ses favoris, qui gouvernaient en son nom. Il épousa Marie-Marguerite d'Autriche, fille de Charles, archiduc de Gratz, et eut d'elle :

I. ANNE-MARIE D'AUTRICHE, ép. Louis XIII, roi de France (v. France).	Orgueilleuse, bigote, très bornée, appétits sensuels très forts, aimant le vin, les grosses viandes, l'amour physique; eut plusieurs amants et se faisait avorter.
II. MARIE..........................	Morte en bas âge.
III. PHILIPPE IV, roi d'Espagne et de Portugal (v. plus bas).	
IV. CHARLES......................................	Mort jeune.
V. MARIE-ANNE, ép. FERDINAND.III, empereur d'Allemagne.	
VI. MARGUERITE...............................	Morte en bas âge.
VII. FERDINAND, archevêque de Tolède..............	Mort sans alliance.
VIII. ALFONSE..............................	Mort en bas âge.

Philippe IV, roi d'Espagne, incapable comme son père, aussi faible de caractère et plus faible encore d'intelligence, se laissa enlever la Catalogne, le Portugal, Naples, la Valteline, l'Artois, le Roussillon, une partie de la Flandre, du Hainaut et du Luxembourg, dut reconnaître l'indépendance des Provinces-Unies, et accepta néanmoins le titre de *Grand* que lui avait décerné son favori Olivarès, qui gouvernait en son nom. Il avait été marié deux fois :

*) ELISABETH, fille de Henri IV, roi de France ; il eut d'elle :	
I. CHARLES-BALTAZAR	Mort sans alliance.
II. MARGUERITE-MARIE...................... .	Morte en bas âge.
III. MARGUERITE-MARIE-CATHERINE	Morte en bas âge.
IV. MARIE............................	Morte en bas âge.
V. MARIE-ANTOINETTE	Morte en bas âge.
VI. MARIE-THÉRÈSE, ép. LOUIS XIV, roi de France.	A moitié imbécile, maladive, très grasse ; de ses six enfants cinq meurent en bas âge, et le seul qui continue la race est un imbécile, incapable d'instruction.
**) MARIE-ANNE D'AUTRICHE, fille de l'empereur FERDINAND III ; il eut d'elle :	
VII. MARGUERITE-THÉRÈSE, ép. l'empereur LÉOPOLD Ier, dont elle eut :	Morte à l'âge de vingt-deux ans.
1) FERDINAND-VENCESLAS...:..............	Mort en bas âge.

2) Marie-Antoinette-Joséphe.............. Morte en bas âge.
2) N... archiduc d'Autriche .... Mort en bas âge.
3) Marie-Anne-Joséphe................... . Morte en bas âge.
VIII Marie-Ambroise... .... Morte en bas âge.
IX Philippe-Prosper...................... Mort en bas âge.
X Ferdinand-Thomas.................... Mort en bas âge.
XI Charles I⁷, roi d'Espagne; ép. .... Mort sans enfants.
  *) Marie-Louise d'Orléans.
  **) Marie-Anne de Neubourg.
Philippe IV eut encore un bâtard :
XII Don Juan d'Autriche... .... Ambitieux, incapable; mort sans enfants.

Charles II, dernier représentant de cette race dégénérée, vieux, infirme et cassé avant l'âge, traîna péniblement jusqu'à l'âge de trente-neuf ans sa triste existence, dont l'Europe attendait d'un moment à l'autre la fin, pour partager ses États. Il laissa l'Espagne encore amoindrie, mais voulant en empêcher le partage, légua la couronne à Philippe de France, duc d'Anjou, fils de Louis, dauphin de France, et petit-fils du roi Louis XIV; avec Philippe V la maison de Bourbon monte au trône d'Espagne (1700).

Maison des Bourbons d'Espagne.

Philippe V (comme roi d'Espagne), deuxième fils du grand dauphin, fut le fondateur de cette branche de la maison de Bourbon. Roi à l'âge de dix-sept ans (1700), il fit d'abord preuve de courage personnel, mais tomba bientôt dans une indolence extrême, qui devint avec l'âge une prostration touchant de bien près à l'imbécillité. Il était très sensuel, mais comme son excessive dévotion ne lui permettait pas d'avoir des maîtresses, il s'attachait à ses épouses d'un amour bestial. A 18 ans il tomba dans la plus noire mélancolie, parce que Marie-Gabrielle de Savoie qu'il avait épousée n'était pas encore nubile. « Plus mélancolique que jamais, sombrement amoureux, acharné à l'impossible » (Michelet), il ne quittait pas sa femme, attendant la possibilité de coucher avec elle. Le besoin sexuel était chez lui tellement impérieux, que sa première femme se mourant de scrofules, il continua néanmoins de coucher avec elle presque jusqu'à son dernier soupir, et l'on eut toutes les peines du monde à lui faire quitter le lit de l'agonisante. On soupçonnait que pendant son court veuvage il avait eu des relations sexuelles avec la princesse des Ursins, alors octogénaire. Il avait trente-neuf ans quand Saint-Simon, venu en ambassade à Madrid, le trouva déjà dans un état d'imbécillité complète. Il ne quittait que rarement le lit, et n'allait jamais à la selle autrement qu'en compagnie de sa femme; on plaçait alors pour eux deux chaises percées à côté du lit. Dans ses rares velléités d'opposition aux projets politiques de la reine, projets absurdes et impossibles, sa femme parvenait facilement à vaincre sa résistance en se refusant aux rapports conjugaux. Philippe tombait alors dans une sombre folie. On avait une peine infinie à lui faire donner sa signature; il ut affirmé cependant que son abdication en 1724 avait été inspirée par le désir et l'espoir de succéder sur le trône de France à son neveu Louis XV, dont l'état maladif faisait craindre une mort prochaine; mais d'autres ont prétendu qu'il ne voulait pas garder la couronne d'Espagne, son confesseur lui ayant inspiré des doutes sur la validité du testament de Charles II. Il faut noter encore qu'à la mort de son fils il se hâta de ressaisir le pouvoir. Quatre ans plus tard, et quand il avait à peine quarante-cinq ans, sa mauvaise santé le rendit définitivement incapable de s'occuper des affaires du royaume, et il fut relégué par sa femme au Prado; elle le força en même temps à signer un acte, par lequel il la chargeait du gouvernement. Ayant recouvré un peu de santé, il revint à Madrid et s'établit au Buen-Retiro. La reine eut soin de le faire voir souvent au peuple, pour qu'on pût se convaincre du bon état de sa santé, mais bientôt la maladie prit un caractère très grave. Le roi tomba dans une mélancolie profonde, et la reine dut le surveiller sans cesse et l'entourer de gardes, afin qu'il ne pût s'échapper. Mais le malade profita d'un moment où la reine, fatiguée, s'était retirée pour prendre du repos, et écrivit au conseil l'ordre de proclamer roi le prince des Asturies. La reine put cependant retirer l'ordre au moment où il allait être publié, et fit jurer au roi de ne pas abdiquer clandestinement. Il mourut d'apoplexie foudroyante (1746).

Philippe V avait eu de :

*) MARIE-LOUISE-GABRIELLE, fille de Victor-Amédée II, duc de Savoie :

    I LOUIS Iᵉʳ, roi d'Espagne; ép. Louise-Elisabeth d'Orléans, fille du Régent. — Mort jeune et sans enfants.

    II FERDINAND VI roi d'Espagne (v. plus bas). — Mélancolique, fou; mort sans enfants.

* *) ELISABETH, fille d'Édouard II Farnèse.

    III CHARLES III, roi d'Espagne (v. plus bas).

    IV PHILIPPE, duc de Parme (tige de la maison des Bourbons de Parme).

V Louis-Antoine ; ép. Marie-Thérèse de Vil-
   labriga, dont il eut :
   1) Louis Marie .... Mort sans alliance.
   2) Caroline-Josèphe-Antoinette ; ép. Ma-
     nuel Godoy.
VI Marie Anne, fiancée à Louis XV, renvoyée
   en Espagne, et mariée à Joseph Iᵉʳ roi de
   Portugal.
VII Marie-Thérèse ép. Louis, dauphin, fils de
   Louis XV.
VIII Marie-Antoinette, ép. Victor Amédée III,   Naine, intelligente, mais dé-
   duc de Savoie et roi de Sardaigne.   pravée et méchante.

Louis Iᵉʳ ne régna que quelques mois et *mourut à l'âge de dix-sept ans, sans enfants* (1724).

Ferdinand VI (m. 1759), fils et successeur de Philippe V, avait hérité de la maladie mentale de son père. Tourmenté par la crainte perpétuelle de la mort, il était plongé dans la plus sombre mélancolie. D'une piété ardente, il était, comme Philippe V, esclave de sa femme, princesse fort laide, monstrueusement corpulente, plus que bizarre, aussi mélancolique que son mari, mais aimable et intelligente. Le roi et la reine avaient une passion pour la musique, qui allait jusqu'à l'excentricité. Après la mort de sa femme, Ferdinand VI tomba dans une prostration complète, se condamna à la solitude, au silence et à l'abstinence. Pendant toute une année il ne changea pas de linge, ne s'habilla pas et ne coucha pas dans un lit, dormant quelquefois une demi-heure dans son fauteuil, et mourut à l'âge de quarante-sept ans, un an après sa femme. Entre autres bizarreries de la reine, elle était obsédée par la crainte perpétuelle de tomber dans la misère après la mort de son mari, idée qui la rendait très avide. Or, à la mort du roi, survenue un an après celle de sa femme, on trouva dans sa chambre soixante-douze millions en espèces, au moment où l'État se trouvait dans la plus grande pénurie d'argent.

Nous nous arrêtons, ayant déjà empiété sur le xviiiᵉ siècle. Rappelons cependant que Ferdinand VI étant mort sans enfants, la couronne d'Espagne passa à son frère Charles III, prince intelligent et énergique, et que l'on croyait même être le fruit de l'adultère. Il eut *treize* enfants, dont *six morts en bas âge, deux morts sans enfants*, un, Philippe, *idiot, déclaré incapable de régner et mort à trente ans sans alliance* (on dit que le nom de Philippe porte malheur à la maison royale d'Espagne, mais malheureusement ce nom est celui que l'on trouve le plus fréquemment dans la dynastie espagnole), un autre est le fameux *Ferdinand IV*, roi de Naples, tige de cette dynastie des Bourbons de Naples, cruelle, perfide, inintelligente, et qui finit par être chassée du trône et du royaume par une poignée de volontaires. Enfin le successeur du roi Charles III est son fils Charles IV, prince d'un esprit borné, d'un caractère nul, complètement dominé par sa femme, et qui n'eut dans sa vie que deux sentiments vifs : son attachement à l'amant de sa femme, qui était un homme borné, fourbe et lâche, ayant tous les vices et aucune qualité, et une haine implacable pour son fils, qui fut un tyran sanguinaire, lâche et perfide, très débauché et stupidement dévot.

PORTUGAL

Maison de Bourgogne.

La maison de Bourgogne monta au trône de Portugal (en 1095) avec
Henri de Bourgogne (m. 1112), petit-fils de Robert le Vieux, duc de
Bourgogne, et dans la deuxième génération de la postérité de Henri
nous trouvons déjà des symptômes évidents et indubitables de la dégénérescence. Son fils, Alfonse Henriquez (m. 1185), premier roi de Portugal, eut de sa femme Mahaud, fille d'Amédée II de Savoie, quatre
fils et trois filles :

I SANCHO Ier roi de Portugal (v. plus bas).
II HENRI . . . . Mort jeune.
III JEAN . . . . Mort jeune.
IV MAFALDE, ép. ALFONSE II, roi d'Aragon . . . . Morte sans enfants.
V URRAQUE, ép. FERDINAND II, roi de Léon . . . . Morte sans enfants.
VI THÉRÈSE-MATHILDE, mariée à : . . . . Morte sans enfants.
    *) PHILIPPE D'ALSACE, comte de Flandre.
    **) EUDES III, duc de Bourgogne.
VII SANCHO . . . . Mort sans enfants.

Alfonse Henrique avait eu encore cinq bâtards, *tous morts san
postérité*; ainsi de *ses douze enfants, il n'y en eut qu'un seul,*
Sancho Ier, *qui eut des enfants et qui continua la race.*

Sancho Ier (m. 1211), roi de Portugal, épousa *Douce*, fille de Raymond-Béranger, comte de Barcelone, et eut d'elle :

I ALFONSE LE GROS, roi de Portugal (v. plus bas).
II FERDINAND, comte de Flandre du chef de sa femme   Mort sans enfants.
    Jeanne, fille de Baudouin, comte de Flandre et em-
    pereur de Constantinople.
III PIERRE, comte d'Urgel du chef de sa femme Arem-   Mort sans enfants.
    burge, fille d'Ermingaud, comte d'Urgel.
IV THÉRÈSE, ép ALFONSE IX, roi de Léon . . . . Morte sans enfants.
V MAHAUD ; ép. HENRI Ier de Castille . . . . Morte sans enfants.
VI SANCHE, abbesse de Lorvano . . . . Morte sans alliance.

VII BLANCHE de Guadalajara......................... Morte sans alliance.
VIII BÉRANGÈRE ; ép. WOLDEMAR II, roi de Danemark.
  IX HENRI .... Mort jeune.
  X RAYMOND... Mort jeune.

Sancho laissa en outre cinq enfants naturels :

XI MARTIN, comte de Trastamare ; ép. OLLAILLE PEREZ   Mort sans enfants.
  DE CASTRO.
XII RODERIGUE ...;.................................... Mort sans alliance.
XIII GILLES-SANCHO................................... Mort sans alliance.
XIV ARRAQUE-THÉRÈSE SANCHE (1), ép. ALFONSE TELEZ
  LE VIEUX.
XV CONSTANCE (1).

*Alfonse I*ᵉʳ *le Gros* (m. 1223), roi de Portugal, seul héritier et représentant de la maison de Bourgogne, épousa *Urraque*, fille d'Alfonse III, roi de Castille ; il avait eu d'elle :

I SANCHO II, roi de Portugal.......................   Tyran débauché ; excommunié
                                                      par le pape et chassé par le
                                                      peuple ; mort sans enfants.
II ALFONSE III, roi de Portugal (v. plus bas).
III FERDINAND, dit L'INFANT DE SEPPE.
IV VINCENT....... ....   Mort jeune.
  V ÉLÉONORE ; ép. Woldemar III, roi de Danemark.....   Morte de chagrin ; n'eut pas
                                                      d'enfants.

Alfonse III (m. 1279) succéda à son frère Sancho II (m. 1248) et continua la dynastie. C'était un esprit supérieur, un libre penseur, faisant peu de cas des excommunications qu'il s'était attirées en épousant du vivant de sa femme *Mathilde de Dammartin*, comtesse de Boulogne-sur-mer, *Béatrix*, fille naturelle d'Alfonse X, roi de Castille, qui lui avait apporté en dot le royaume des Algarves. Il laissa pour successeur son fils *Denis*, surnommé le *Père de la Patrie* (m. 1325), auquel succéda son fils Alfonse IV (m. 1357).

Alphonse IV le Brave et le Fier était un fils rebelle, un ennemi acharné de ses frères, et un père dénaturé ; il fit égorger la malheureuse Inès de Castro, que son fils avait épousée secrètement. Il avait été marié à *Béatrix*, fille de Sancho IV, roi de Castille, mais de ses nombreux enfants trois seulement lui survécurent : *Marie*, femme

1. Nous n'avons pu savoir si ces deux filles de Sancho avaient eu des enfants

d'Alfonse XI, roi de Castille, dont elle eut un fils, *Pierre le Cruel*, mort *sans postérité légitime*; *Éléonore*, épouse stérile de Pierre IV d'Aragon, et *Pierre Ier le Sévère et le Justicier* (m. 1367), dont le caractère bizarre et changeant, tantôt cruel jusqu'à la férocité, tantôt gai jusqu'à la folie, et les excentricités (comme de danser publiquement dans les rues) sont attribuées par les historiens au chagrin qu'il avait eu de la fin tragique d'Inès de Castro, mais qui pour le médecin sont singulièrement significatifs.

Pierre Ier avait été marié trois fois, et eut encore une maîtresse en titre :

*) BLANCHE DE CASTILLE, fille de Pierre, infant de Castille. — Pas d'enfants de cette alliance.

**) CONSTANCE, fille de Jean Emmanuel de Villena, duc de Pénafiel; il eut d'elle :
   I LOUIS................................. Mort en bas âge.
   II FERDINAND, roi de Portugal; marié à ÉLÉONORE, fille de Martin Alfonse Telez de Ménesès; il n'eut d'elle qu'une fille unique.
     A. BÉATRIX; ép. Jean Ier, roi de Castille... Morte sans enfants.
   III MARIE; ép. FERDINAND D'ARAGON, marquis de Tartose.

***) INÈS DE CASTRO; il eut d'elle :
   IV JEAN-PIERRE........................... Tua sa femme pour en épouser une autre; ses enfant ne firent pas longue postérité.

   V BÉATRIX.
   VI DENIS, tige des comtes de Villars.

****) THÉRÈSE LORENZA DE GALICE, sa maîtresse :
   VII JEAN LE GRAND ET LE PÈRE DE LA PATRIE, bâtard de Portugal, grand maître d'Avis, régent et défenseur du royaume, roi de Portugal.

Après la mort de Ferdinand, qui n'avait eu qu'une fille, la couronne de Portugal passa à son fils illégitime *Jean*, grand maître de l'ordre d'Avis (m. 1433). Ainsi avec Ferdinand s'était éteinte la maison royale de Bourgogne, et une branche bâtarde de cette maison monte au trône avec Jean Ier le Grand, qui commence la maison royale d'Avis.

Jean Ier le Grand avait eu de sa femme *Philippe*, fille de Jean de Gaund, duc de Lancastre :

I ALFONSE................................. Mort jeune.
II EDOUARD roi de Portugal (v. plus bas).
III PIERRE, duc de Coïmbre; ép. ISABELLE, fille de Jacques d'Aragon, comte d'Urgel; il eut d'elle :

1) PIERRE, connétable de Portugal.

2) JEAN; ép. CHARLOTTE DE LUSIGNAN, fille de Jean II — Mort sans enfants.
roi de Chypre.

3) JEAN, cardinal archevêque de Lisbonne........ — Mort sans alliance.

4) ISABELLE; ép. ALFONSE V. roi de Portugal...... — Eut une fille, morte sans alliance, et un fils, dont le fils unique meurt jeune et sans enfants; avec lui s'éteignit la branche aînée de la maison d'Avis.

IV HENRI, duc de Viseo.

V BLANCHE....:............................... — Morte jeune.

VI ISABELLE; ép. PHILIPPE III le BON, duc de Bourgogne. — Son fils unique mourut dans un état de mélancolie profonde, ne laissant qu'une fille; avec lui s'éteignit la maison ducale de Bourgogne.

VII JEAN, connétable de Portugal; ép. ISABELLE, fille d'Alfonse Ier duc de Bragance; il eut d'elle :

1) JACQUES, connétable de Portugal.

2) ISABELLE; ép. JEAN II, roi de Castille, dont elle eut :

a) ISABELLE, reine de Castille; ép. FERDINAND V — D'une piété ardente.
d'Aragon.

A) ISABELLE, mariée deux fois........... — N'eut qu'un fils mort jeune.

B) JEAN, prince des Asturies......'..... — Mort jeune et sans enfants.

C) JEANNE; ép. PHILIPPE D'AUTRICHE ..... — Faible d'intelligence, contrefaite, folle.

D) MARIE; ép. EMMANUEL LE FORTUNÉ, roi de Portugal.

E) CATHERINE, mariée deux fois .... — Eut un fils mort en bas âge et une fille sanguinaire et stérile.

b) ALFONSE............................. — Mort au sortir de l'enfance.

3) BÉATRIX; ép. FERDINAND, duc de Viseo, son cousin, fils du roi Édouard (v. plus bas).

VIII FERDINAND, grand maître de l'ordre d'Avis.

JEAN LE GRAND avait eu encore de sa maîtresse AGNÈS PIREZ :

IX ALFONSE, bâtard de Portugal, premier duc de Bragance.

Édouard (m. 1438), roi de Portugal, fils de Jean le Grand, avait eu de sa femme *Éléonore*, fille de Ferdinand Ier roi d'Aragon et de Sicile :

I ALFONSE V L'AFRICAIN, roi de Portugal; ép. ISABELLE, fille de Pierre, duc de Coïmbre; il eut d'elle :

1) JEANNE, religieuse................................ — Morte sans alliance.

2) JEAN II LE PARFAIT roi de Portugal; ép. ÉLÉONORE, — Prince énergique et nabile, mais

fille de Ferdinand de Portugal, duc de Visco; il eut d'elle :

a) ALFONSE . . . . Mort jeune et sans enfants.

II FERDINAND, duc de Visco ; ép. BÉATRIX, fille de Jean, connétable de Portugal; il eut d'elle :

1) JEAN. . . . . Mort sans enfants.

2) JACQUES. . . . . Mort sans enfants.

3) ÉLÉONORE; ép. JEAN II, roi de Portugal (v. ci-dessus). . . . . Eut un fils unique, mort jeune et sans enfants.

4) ISABELLE; ép. FERDINAND II, duc de Bragance. . Eut six enfants, dont quatre morts sans postérité.

5) EMMANUEL LE FORTUNÉ, roi de Portugal (v. plus bas).

III PHILIPPE. . . . . Mort sans enfants.

IV ELÉONORE; ép. l'empereur FRÉDÉRIC IV. . . . . Son fils unique mort sans enfants.

V CATHERINE, religieuse . . . . Morte sans alliance.

VI JEANNE; ép. HENRI IV, roi de Castille. . . . . Sa fille unique morte sans enfants.

Emmanuel le Fortuné (en 1521), fils de Ferdinand, duc de Visco, succéda à son cousin Jean II le Parfait (m. 1495), dont le fils unique Alfonse mourut sans avoir régné et ne laissa pas de postérité.

EMMANUEL LE FORTUNÉ, roi de Portugal, avait été marié trois fois :

*) ISABELLE DE CASTILLE, fille de Ferdinand le Catholique, roi d'Espagne, et veuve d'Alfonse, prince de Portugal; il eut d'elle :

A) MICHEL, prince de Portugal. . . . . Mort en bas âge.

**) MARIE DE CASTILLE, fille de Ferdinand le Catholique et sœur de sa première femme; il l'avait épousée par dispense spéciale du pape et eut d'elle :

B) JEAN III, roi de Portugal; ép. CATHERINE D'AUTRICHE, fille de Philippe Ier roi d'Espagne ; il eut d'elle :

1) MARIE; ép. PHILIPPE II, roi d'Espagne, dont elle eut :

a) DON CARLOS. . . . . Nèvr pathique; ambitieux, vindicatif et cruel; mort sans enfants.

2) JEAN; ép JEANNE D'AUTRICHE, fille de l'empereur Charles-Quint, il n'eut d'elle qu'un fils unique :

a) SÉBASTIEN, roi de Portugal. . . . . . D'une piété ardente, d'un caractère exalté; n'eut pas d'enfants.

[right column, top]

cruel ; il poignarda son beau-frère, fit exécuter son parent le duc de Bragance et beaucoup de nobles.

Jean III eut encore .

         3) EDOUARD, bâtard, archevêque de Braga.   Mort sans alliance.

       C) ISABELLE; ép. CHARLES-QUINT, empereur
         d'Allemagne et roi d'Espagne; il eut d'elle :

         1) PHILIPPE II, roi d'Espagne ....   Sur le caractère profondément
                                                    névropathique de Philippe II
                                                    et de sa descendance v. Es-
                                                    pagne.

       D) MARIE BÉATRIX; ép. CHARLES III, duc de   Eut neuf enfants, dont huit
         Savoie.   morts jeunes.

       E) LOUIS, duc de Baa; il n'eut qu'un bâtard,
         ANTOINE, connétable de Portugal, grand
         prieur de Crato, un moment roi de Por-
         tugal (v. plus bas).

       F) FERDINAND; ép. GUIOMARE DE CONTINHO,   Morts tous les deux en bas
         dont il eut deux enfants.   âge.

       G) ALFONSE, cardinal archevêque de Lis-   Mort sans alliance.
         bonne.

       H) HENRI, cardinal roi ....   Mort sans alliance.

       I) ÉDOUARD, duc de Guimaraens (v. plus
         bas).

       J) ANTOINE............................   Mort jeune.

    ***) ÉLÉONORE, fille de PHILIPPE Ier d'Autriche, roi
    d'Espagne.

       K. MARIE ....   Morte sans alliance.

A la mort de Sébastien, disparu à la bataille d'Alcazar-Kébir (1578), la couronne de Portugal passa à Henri (le cardinal roi), *sixième* fils d'Emmanuel le Fortuné, et après sa mort, survenue deux ans plus tard (1580), elle passa, faute de mâles dans la dynastie, à Philippe II, roi d'Espagne (Ier comme roi de Portugal), fils d'Isabelle, fille d'Emmanuel le Fortuné et de sa seconde femme Marie de Castille. Le trône de Portugal fut occupé pendant soixante ans par la maison d'Autriche, mais en 1640 Jean IV fit reconnaître ses droits et chassa les Espagnols.

Des *huit* fils d'Emmanuel le Fortuné, *six n'eurent pas de postérité*, et deux seulement continuèrent la maison d'Avis; c'était *Louis*, duc de Baa, et *Edouard*, duc de Guimaraens. Louis n'avait pas été marié, mais il eut de sa maîtresse *Yolande Gomez* un bâtard, *Antoine*, connétable de Portugal, grand prieur de Crato et prétendant au trône, dont il réussit même à s'emparer en 1580, mais dont il fut chassé la même année. Il n'eut à son tour que des bâtards :

    I EMMANUEL, prince titulaire de Portugal.

    II CHRISTOFFE, roi titulaire de Portugal.............   Mort de paralysie; n'eut pas
                                                        d'enfants.

    II DENIS, religieux de Cîteaux..,................. ....   Mort sans alliance.

IV JEAN .... Mort sans alliance.
  V N. fille, religieuse.......................... .... Morte sans alliance.
VI N.N. fille, religieuse. . ... Morte sans alliance.

Emmanuel, prince titulaire de Portugal, fils naturel d'Antoine. bâtard de Portugal, avait été marié deux fois : à *Emilie de Nassau*, fille de Guillaume de Nassau, prince d'Orange, et à *Louise Osorio*, fille d'honneur de l'archiduchesse Isabelle-Claire-Eugénie. Il eut dix filles et deux fils, *Emmanuel-Félix* et *Louis-Guillaume*, tous les deux plus qu'à moitié fous, disaient les contemporains, tout à fait aliénés, dirions-nous maintenant. D'une piété ardente, avec cela ambitieux, extravagants, ne tenant pas en place, ils allaient d'un extrême à l'autre. Ils prétendaient se faire reconnaître princes de Portugal, puis se firent moines, et l'un embrassa même le protestantisme. Ils n'eurent pas d'enfants, et avec eux s'éteignit la dernière branche de la maison d'Avis.

Édouard, duc de Guimaraens (m. 1540), septième fils d'Emmanuel le Fortuné, avait épousé *Isabelle*, fille de Jacques, duc de Bragance, et eut d'elle deux filles : *Marie*, mariée à Alexandre Farnèse, duc de Parme, et *Catherine*, mariée à Jean Ier, duc de Bragance, et un fils posthume, *Édouard*, duc de Guimaraens, connétable de Portugal, mort sans enfants.

Emmanuel le Fortuné mourut en 1521, et en 1578, à la mort de Sébastien, il ne restait plus de toute sa nombreuse postérité (il avait eu *onze* enfants), que deux mâles, un prêtre de soixante-six ans, et un bâtard de près de cinquante. Le prêtre meurt deux ans plus tard, et vers la moitié du XVIIe siècle meurent sans laisser de postérité les deux derniers représentants de la maison royale d'Avis, deux fous, exaltés et extravagants, fils d'un bâtard qui à son tour est un bâtard du cinquième enfant d'Emmanuel le Fortuné.

Ainsi la maison royale s'est éteinte dans toutes ses branches, légitimes et bâtardes, aînée et cadette, directes et collatérales; deux siècles de règne avaient suffi pour la faire dégénérer complètement et s'éteindre par la stérilité et la mort prématurée — manifestations du manque de vitalité — après avoir passé par toutes les phases de la dégénérescence : débauches, folie, crime, névropathies, vices de conformation. La couronne de Portugal passe à la descendance féminine. Le droit au trône est apporté en dot à Jean, duc de Bragance, par sa femme *Catherine de Portugal, deuxième fille du neuvième fils* d'Emmanuel le Fortuné, et le petit-fils de cette dernière, *Jean le Fortuné*, monte au trône (1640). Il a de sa femme *Louise de Guzman*, fille de Jean-Emmanuel Perez, cinq enfants, et en outre une fille naturelle. *De ses six enfants cinq meurent sans alliance ou sans enfants*, et *Pierre II* (m. 1706), le troisième fils de Jean IV le Fortuné, continue la dynastie. Le fils et successeur de Jean IV, *Alfonse VI* (m. 1683), est un homme faible d'intelligence, sans aucune éducation, grossier et ignorant ; il n'a pas d'enfants, de sorte que la couronne doit revenir de droit à son frère Pierre II. Mais celui-ci n'a pas la patience d'attendre ; il s'empare de la personne de son frère, enferme le malheureux, fait casser son mariage avec *Marie-Françoise-Élisabeth de Savoie*, duchesse de Nemours, et l'épouse lui-même.

À l'extinction de la maison de Bourgogne la couronne de Portugal passa, comme nous l'avons vu, à la maison d'Avis, issue d'un bâtard. La branche aînée de la nouvelle maison de Portugal ne tarda pas à s'éteindre, après avoir occupé le trône à peine un siècle, et moins d'un siècle plus tard, s'éteignait aussi la branche cadette. La maison d'Avis, commencée par un prince auquel on décerne le titre de *Grand* et de *Père de la Patrie*, s'éteint, après avoir occupé le trône moins de deux siècles, par toute une génération de fous stériles. Une nouvelle dynastie, *issue d'un bâtard de bâtard* (Alfonse duc de Bragance, bâtard de Jean Ier, bâtard de Pierre Ier), monte au trône de Portugal. Son fondateur est un homme énergique, quoique affable et doux, très sobre,— qualité rare à cette époque — ennemi du luxe et du faste, disant volontiers que tout habit couvre et toute viande nourrit. Mais la fatalité historique ne tarde pas à frapper la nouvelle maison royale. *Des six enfants de Jean IV cinq sont stériles*, de ses deux fils l'un est *imbécile*, l'autre *un scélérat*, et dans la postérité de ce dernier nous trouvons déjà la folie positive et nettement caractérisée (*Marie-Barbe-Madeleine-Thérèse*, femme de Ferdinand VI, roi d'Espagne, *Marie Ire*, reine de Portugal) et d'autres manifestations directes de la dégénérescence psychique, morale et intellectuelle, manifestations que nous ne mentionnerons pas ici, pour ne pas empiéter sur le xviiie siècle.

FRANCE

Maison de Valois.

La maison de Valois, deuxième branche des Capétiens, monta au trône de France (en 1328) avec Philippe VI de Valois (m. 1350), petit-fils de Philippe le Hardi et fils de Charles de Valois et de Marguerite de Sicile. Régent du royaume d'abord, Philippe prit la couronne quand Jeanne d'Évreux, veuve de Charles IV, accoucha d'une fille.

PHILIPPE VI avait été marié à :
*) JEANNE DE BOURGOGNE, fille de Robert II de Bourgogne et d'Agnès de France; il eut d'elle :

I JEAN LE BON, roi de France (v. plus bas).
II LOUIS .... Mort en bas âge.
III LOUIS .... Mort en bas âge.
IV JEAN .... Mort en bas âge.
V PHILIPPE D'ORLÉANS; ép. BLANCHE DE — Pas d'enfants de cette alliance.
FRANCE, fille posthume du roi Charles IV
le Bel; il eut un bâtard :
LOUIS D'ORLÉANS, évêque de Poitiers, Mort sans alliance.
puis évêque comte de Beaucaire.
VI MARIE; ép. JEAN DE LIMBURG, fils de Morte sans enfants.
Jean III, duc de Brabant.
**) BLANCHE DE NAVARRE, fille de Philippe d'Evreux;
il eut d'elle :
VII BLANCHE (JEANNE), posthume, fiancée à JEAN Morte jeune.
D'ARAGON, fils de Pierre III, roi d'Aragon.
***) N. concubine.
VIII JEAN, bâtard dont on ne connaît pas le
sort; Thomas Welsingham dit qu'il vivait
en 1350.

Jean II le Bon, c'est-à-dire le brave (m. 1364), roi de France, continue seul la postérité de Philippe VI, tous ses frères et ses sœurs étant morts en bas âge ou sans enfants, excepté Philippe d'Orléans, qui laissa un bâtard, d'ailleurs mort aussi sans alliance et qui ne laissa pas de postérité.

JEAN LE BON avait été marié deux fois, à :

*) BONNE DE LUXEMBOURG, fille de Jean, roi de Bohême; il eut d'elle :

     I CHARLES V LE SAGE, roi de France (v. plus bas).

     II LOUIS, duc d'Anjou, comte de Provence et roi de Naples (v. plus bas).

     III JEAN, duc de Berry (v. plus bas).

     IV PHILIPPE, duc de Bourgogne (v. plus bas).

     V JEANNE (v. plus bas).

     VI MARIE (v. plus bas).

     VII AGNÈS .... Morte en bas âge.

     VIII MARGUERITE, religieuse à Poissy......... Morte sans alliance.

     IX ISABELLE (v. plus bas)

**) JEANNE D'AUVERGNE, fille de Guillaume, comte d'Auvergne, et de Marguerite d'Évreux; il eut d'elle :

     X BLANCHE.................................. Morte jeune

     XI CATHERINE.............................. Morte jeune.

Des onze enfants de Jean II le Bon sept laissèrent de la postérité. L'aîné des fils de Jean II, Charles V le Sage, continua la maison souveraine de Valois (maison royale de France); Philippe le Hardi, quatrième fils de Jean II, fonda la maison ducale de Bourgogne (de la deuxième race). La postérité des cinq autres enfants de Jean le Bon s'éteignit bientôt ou passa dans d'autres maisons. Nous allons d'abord passer en revue ces cinq lignées, pour revenir ensuite aux deux branches principales de la maison de Valois : la maison royale de France et la maison ducale de Bourgogne.

II. LOUIS Iᵉʳ (m. en 1384), duc d'Anjou, comte de Provence, roi de Naples et de Sicile; ép. MARIE DE CHATILLON (DE BLOIS), fille de Charles de Châtillon et de Jeanne de Bretagne; il eut d'elle : — Lâche (s'enfuit à la bataille de Poitiers), perfide, traître, mort de chagrin.

     A. LOUIS II, duc d'Anjou, roi de Naples, comte de Provence; ép. YOLANDE, fille de Jean Iᵉʳ d'Aragon, — D'une piété ardente.

     B. CHARLES DU MAINE, prince de Tarente, duc de Calabre. — Mort sans alliance.

     C. MARIE................................ Morte en bas âge.

LOUIS II (m. 1417) était un prince bon, libéral, aimé du peuple, mais d'une dévotion exaltée. Il avait eu de sa femme YOLANDE D'ARAGON :

     1) LOUIS III d'Anjou, comte de Provence, roi de Naples; ép. MARGUERITE, fille d'Amédée VIII, duc de Savoie. — Mort sans enfants.

     2) RENÉ LE BON, duc de Lorraine et de Bar, comte de Provence, duc d'Anjou, roi de Naples; ép. :

         *) ISABELLE, fille de Charles Iᵉʳ, duc de Lorraine; il eut d'elle :

a) JEAN II d'Anjou; ép. MARIE, fille de
Charles Ier duc de Bourbon; il eut :

    A) NICOLAS, duc de Lorraine ...... Mort sans alliance.

    B) JEAN II, duc de Calabre........ Mort jeune.

b) YOLANDE D'ANJOU, ép. FERRY II, comte
de Vaudemont.

    A) RÉNÉ II duc de Lorraine et de
    Bar.

    B) JEANNE; ép. CHARLES II D'ANJOU Morte sans enfants.
    comte du Maine.

    C) YOLANDE; ép. GUILLAUME II land-
    grave de Hesse.

    D) Marguerite; ép. RENÉ duc d'Alen- Avec son fils Charles IV s'étei-
    çon.   gnit la maison d'Alençon et
                                   le duché fut réuni à la cou-
                                   ronne.

c) MARGUERITE D'ANJOU; ép. HENRI VI, Eut un fils tué à dix-neuf ans
    roi d'Angleterre.   sans laisser de postérité, et
                                   deux filles mortes jeunes.

  *) JEANNE, fille de Gui XIV, sire de Laval.... Pas d'enfants de cette alliance.

3) CHARLES Ier, comte du Maine; ép. :

  *) CAMBELLA BUFFO........................... Pas d'enfants de cette alliance.

  **) ISABELLE DE LUXEMBOURG, fille de Pierre Ier
comte de Saint-Pol; il eut d'elle :

    a) CHARLES III D'ANJOU, comte du Maine et Mort sans enfants; avec lui
    de Provence; ép. JEANNE DE LORRAINE,   s'éteignit sa race, et la Pro-
    fille de Ferry II, comte de Guise et de   vence fut réunie à la couronne.
    Vaudemont.

    b) LOUISE; ép. JACQUES D'ARMAGNAC duc de Morte de chagrin.
    Nemours; elle eut :

        A) JACQUES........................... Mort jeune.

        B) JEAN, duc de Nemours; ép. YOLANDE Mort sans enfants.
        DE LA HAYE, fille de Louis de la Haye,
        seigneur de Passavent.

        D) LOUIS, comte de Guise .... Mort sans enfants.

        C) MARGUERITE, duchesse de Nemours.

        E CATHERINE; ép. JEAN II duc de Bour- Morte sans enfants.
        bon.

4) MARIE D'ANJOU; ép. CHARLES VII, roi de France De ses dix enfants deux seule-
(v. la maison royale de France).   ment laissent de la postérité;
                                   les huit autres meurent en
                                   bas âge, jeunes ou sans en-
                                   fants.

5) YOLANDE D'ANJOU; ép. *) JEAN D'ALENÇON. **) FRAN- Morte sans enfants.
çois Ier de Bretagne.

Ainsi la branche d'Anjou, issue de Louis d'Anjou, fils de Jean II le
Bon, roi de France, s'éteignit en partie déjà avec la première génération, et la postérité de Louis II d'Anjou s'éteignit dans la deuxième et
la troisième génération, et trois filles de cette race, passant par alliance

dans d'autres maisons, y portèrent la dégénérescence et l'extinction. La cause de cette extinction de la maison d'Anjou gît, comme le lecteur le voit par les tableaux précédents, dans la stérilité d'un grand nombre des membres de cette famille, et l'on sait que la stérilité est une des principales manifestations de l'élément névropathique, et peut être regardée comme pathognomonique de la dégénérescence.

Généalogie	Observations
III JEAN Ier (m. 1416) duc de Berry et d'Auvergne, avait été marié deux fois, à :	Cruel, incapable et avide, mais aimant les sciences et les arts.
*) JEANNE, fille de Jean Ier, comte d'Armagnac.	
**) JEANNE II, comtesse d'Auvergne et de Boulogne, fille de Jean II d'Auvergne.	Pas d'enfants de cette alliance.
De sa première femme, Jeanne d'Armagnac, Jean de Berry avait eu :	
A. CHARLES DE BERRY, comte de Montpensier; ép. MARIE, fille de Louis de Sully.	Mort sans enfants.
B. JEAN DE BERRY, comte de Montpensier; marié deux fois, à : *(CATHERINE, fille de Charles V, roi de France; **) ANNE, fille de Jean de Bourbon, comte de la Marche et de Vendôme.	Mort sans enfants.
C BONNE DE BERRY; ép. :	
*) AMÉDÉE VII, comte de Savoie; elle eut de lui :	
1) AMÉDÉE VII le Pacifique (v. Savoie).	
2) BONNE, ép. LOUIS DE SAVOIE, prince d'Achaïe.	Morte sans enfants.
3) JEANNE, ép. JEAN-JACQUES PALÉOLOGUE, fils de Théodore II, marquis de Montferrat.	
**) BERNARD VII D'ARMAGNAC, connétable de France,	
4) JEAN IV d'Armagnac, ép. :	
*) BLANCHE, fille de Jean V de Bretagne.	Pas d'enfants de cette alliance
**) ISABELLE, fille de Charles III, roi de Navarre; il eut d'elle :	
a) JEAN V d'Armagnac; ép. JEANNE, fille de Gaston de Foix.	Mort sans enfants.
b) CHARLES Ier d'Armagnac; ép. CATHERINE, fille de Jean de Foix, captal de Buch.	Emporté, violent, mort fou, sans enfants légitimes; laisse un bâtard dont le fils unique meurt sans enfants.
c) MARIE, ép. JEAN II, duc d'Alençon; elle eut :	
α) RENÉ D'ALENÇON............	Son fils unique mort sans enfants.
d) ÉLÉONORE, ép. :	
*) GAILLARD DE LA MOTHE........	Leur fils unique mort sans enfants.
**) LOUIS DE CHALON-ARLAI, prince d'Orange.	
α) HUGUES DE CHALON........	Mort sans enfants.

5) BERNARD, comte de Pardiac, ép. ÉLÉONORE,
   fille de Jacques II de Bourbon.

    a) JACQUES, duc de Nemours, ép. LOUISE   Ses enfants ne laissent pas de
       D'ANJOU (v. Anjou).   postérité.
    b) JEAN, évêque de Castres.............   Mort sans alliance.
6) BONNE, ép. CHARLES D'ORLÉANS.........   Morte sans enfants.
7) ANNE (de Termes), ép. CHARLES II, duc   Pas d'enfants de cette alliance.
   d'Albret.
    Elle eut deux bâtards...............   Tous les deux morts sans en-
       fants.

D. MARIE DE BERRY, ép.
  *) LOUIS III DE CHATILLON, comte de Dunois.
  **) PHILIPPE D'ARTOIS, comte d'Eu, connétable.
  1) CHARLES, comte d'Eu; ép. : ....   Mort sans enfants; avec lui
       s'éteignit sa maison, et le
       comté d'Eu passa à la maison
       de Bourgogne.

    *) JEANNE DE SAVEUSE.
    **) HÉLÈNE DE MELUN.
  2) BONNE, ép. :
    *) PHILIPPE DE BOURGOGNE, comte de Ne-
       vers.
      a) CHARLES DE NEVERS, ép. MARIE D'AL-   Mort sans enfants.
       BRET.
      b) JEAN, comte de Nevers (v. Bour-
       gogne).
    **) PHILIPPE III LE BON, duc de Bourgogne.   Pas d'enfants de cette alliance
  3) CATHERINE, ép. JEAN DE BOURBON-CORENCY..   Morte sans enfants.
  .) JEAN, duc de Bourbon (v. Bourbon).

Ainsi folie, stérilité, mort prématurée, et finalement extinction de la
race, tel est le bilan et la fin de la maison de Berry et de toutes ses
branches, tant masculines que féminines.

IV. JEANNE DE FRANCE (m. 1373), fille de Jean II le Bon,
    roi de France, ép. :
    *) HENRI DE BRABANT, duc de Limbourg.
    **) CHARLES II LE MAUVAIS roi de Navarre, dont
       elle eut :
      A. CHARLES III LE NOBLE (v. plus bas).
      B. PHILIPPE......................   Mort en bas âge.
      C. PIERRE, comte de Mortain, ép. CATHERINE   Mort sans enfants.
       d'ALENÇON.
      D. MARIE, ép. ALFONSE D'ARAGON, duc de   Morte sans enfants.
       Candie.
      E. BLANCHE......................   Morte jeune.
      F. JEANNE, ép. :
        *) JEAN V DE MONTFORT, duc de Bretagne.

1) JEAN VI LE BON, duc de Bretagne.......	A trois fils et deux filles, son fils aîné n'a qu'une fille unique, stérile; ses quatre autres enfants meurent tous sans postérité.
2) ARTHUR III LE JUSTICIER, duc de Bretagne (le connétable Arthus de Bretagne).	Marié trois fois, mort sans enfants.
3) RICHARD DE BRETAGNE; ép. MARGUERITE, fille de Louis, duc d'Orléans.	A un fils, avec lequel s'éteint, faute de mâles, la maison ducale de Bretagne, et deux filles stériles.
4) MARIE, ép. JEAN Ier LE SAGE, duc d'Alençon.	Son fils unique a une fille stérile, et un fils, dont le fils unique, stérile, est le dernier de sa race; avec lui s'éteint la maison d'Alençon.
5) BLANCHE, ép. JEAN IV; comte d'Armagnac.	Morte sans enfants.
**) HENRI IV roi d'Angleterre..............	Pas d'enfants de cette alliance.
G. BONNE	Morte sans alliance.

Ainsi de *sept* enfants de Jeanne de France *cinq* meurent jeunes ou sans enfants, et sa fille Jeanne n'a pas d'enfants de son second mari, et ses enfants du premier lit sont stériles ou donnent naissance à des enfants stériles.

V. *Marie de France* (m. 1404), fille du roi Jean II le Bon, eut de son mari *Robert Ier*, duc de Bar, beaucoup d'enfants dont la plupart *meurent jeunes sans postérité*.

VI. *Isabelle de France* (m. 1372) épousa *Gian Galeazzo Visconti*, duc de Milan, et en eut une fille, *Valentine de Milan*, qui fut mariée à *Louis d'Orléans*, fils du roi Charles V et frère du roi Charles VI (v. sa postérité dans la branche d'Orléans de la maison royale de Valois).

Passons maintenant à la maison de Bourgogne, issue de *Philippe II le Hardi* (m. 1404), quatrième fils de Jean II le Bon. La maison ducale de Bourgogne de la première race s'étant éteinte avec Philippe Ier de Rouvre, mort sans postérité (en 1361), Philippe II le Hardi épousa sa veuve *Marguerite de Flandre*, fille de Louis de Male, comte de Flandre et d'Artois.

Marguerite n'avait pas eu d'enfants de son premier mari, dans la personne duquel s'était éteinte la maison ducale de Bourgogne de la première race, issue de Robert Ier le Vieux, frère du roi Henri Ier; elle en eut neuf de son deuxième mari :

I. Jean sans Peur, duc de Bourgogne (v. plus bas).

II. Louis... Mort en bas âge.

III. Antoine, duc de Brabant et de Limbourg, comte de Rhétel, ép. :

    *) Jeanne de Luxembourg, fille de Waleran III de Luxembourg, comte de Saint-Pol.

        A. Jean IV, duc de Brabant, ép. Jacqueline de — Mort sans enfants. Bavière, fille de Guillaume IV de Bavière, comte de Hainaut et de Hollande

        B. Philippe II, comte de Saint-Pol, duc de Bra- — Mort sans alliance. bant.

    **) Élisabeth de Luxembourg, fille de Jean de Luxembourg, markgrave de Brandenbourg et de Moravie.

        C. Guillaume............................. Mort jeune.

        D. N. (une fille)......................... Morte en bas âge.

IV Philippe, comte de Nevers et de Rhétel, ép :

    *) Isabelle, fille d'Enguerand VII de Couci.

        A. Philippe........ .... Mort en bas âge.

        B. Marguerite........................... Morte en bas âge.

    **) Bonne d'Artois, fille de Philippe, comte d'Eu.

        C. Charles, comte de Nevers, ép. Marie d'Al- — Mort sans enfants. bret, fille de Charles II de Navarre.

        D. Jean, comte de Nevers et de Rhétel.

V. Marguerite, ép. Guillaume IV de Bavière, comte de Hainaut et de Hollande.

    A. Jacqueline de Bavière, comtesse de Hainaut et Fille unique, mariée quatre fois, de Hollande : ép., *) Jean duc de Touraine, morte sans enfants. dauphin, fils du roi Charles VI. **) Jean de Bourgogne duc de Brabant, fils d'Antoine de Bourgogne duc de Brabant et de Limbourg.

        .) Humfray d'Angleterre, duc de Glocester, fils de Henri IV roi d'Angleterre.
        ::) François de Borselle, comte d'Ostrevent.

VI. Marie, ép. Amédée VIII duc de Savoie (v. Savoie)

VII. Catherine, ép. Léopold IV duc d'Autriche....... Morte sans enfants.

VIII. Bonne.. Morte jeune.

IX. Louis.. Mort en bas âge.

Jean sans Peur (m. 1419), duc de Bourgogne, fils de Philippe II le Hardi, épousa *Marguerite de Bavière*, fille d'Albert de Bavière, comte de Hollande et de Zélande; il eut d'elle un fils et six filles.

    I. Philippe III le Bon duc de Bourgogne (v. plus bas)..

    II. Marguerite de Bourgogne, ép. *) Louis de — Morte sans enfants. France, dauphin, fils du roi Charles VI. **) Arthus de Bretagne, duc de Richemont, connétable de France. ...

III. Marie de Bourgogne, ép. Adolphe IV, duc de Clèves

IV. Catherine, ép. Jean, comte de Guise. fils de Louis d'Anjou. — Morte sans enfants.

V. Isabelle, ép. Olivier de Chatillon, comte de Penthièvre. — Morte sans enfants.

VI. Anne, ép. Jean duc de Bedford, régent de France. — Morte sans enfants.

VII. Agnès, ép. Charles Ier, duc de Bourbon.

Jean sans Peur eut encore un bâtard :

VIII. Jean, bâtard de Bourgogne, évêque de Cambrai.. — Mort sans alliance.

Philippe le Bon (m 1467), duc de Bourgogne, avait été marié trois fois, à :

*) Michelle de France, fille du roi Charles VI... — Pas d'enfants de cette alliance.

**) Bonne d'Artois, fille de Philippe d'Artois, comte d'Eu. — Pas d'enfants de cette alliance.

***) Isabelle de Portugal, fille du roi Jean Ier; il eut d'elle :

I Charles le Téméraire, duc de Bourgogne (v. plus bas). — Eut un accès de maladie mentale, depuis lequel son intelligence resta affaiblie. Caractère fougueux et violent.

Philippe III le Bon eut encore des bâtards :

II. Corneille, le grand bâtard de Bourgogne, seigneur de Beures.

III. David, bâtard de Bourgogne, évêque de Térouane et d'Utrecht. — Mort sans alliance

IV. Antoine, bâtard de Bourgogne, comte de Grand-Pré, ép. Marie de Vieville, dont il eut :

A. Philippe de Bourgogne, seigneur de Bèvres, amiral et gouverneur d'Artois. — Son fils, Adolphe de Bourgogne, amiral de Flandre, est loué par Érasme.

V. Baudouin, bâtard de Bourgre .... — Son fils, Jacques de Bourgogne, caractère névropathique, inquiet, intelligence vive, embrassa le protestantisme, joua un certain rôle dans le parti huguenot, puis abjura et retourna au catholicisme.

VI. Philippe, bâtard de Bourgogne, seigneur de Somerdick, amiral de Flandre, évêque d'Utrecht. — Mort sans alliance.

VII. Raphaël de Mercatel, bâtard de Bourgogne, évêque de Rosen. — Mort sans alliance.

Charles le Téméraire, duc de Bourgogne, fils de Philippe III le Bon, avait été marié trois fois à :

*) Catherine de France, fille du roi Charles VII. — Pas d'enfants de cette alliance.

**) Isabelle de Bourbon, fille de Charles Ier, duc de Bourbon; il eut d'elle :

A. Marie de Bourgogne duchesse de Brabant, comtesse de Flandre, de Bourgogne, etc., ép. Maximillien, archiduc d'Autriche, fils de l'empereur Frédéric IV — Fille unique, mourut des suites d'une blessure qu'elle ne voulut pas, par pudeur, laisser soigner.

1) Philippe le Beau (v. Espagne)........ Postérité névropathique (v. Espagne).

2) Marguerite. .... Mariée deux fois; morte sans postérité; adonnée à des débauches contre nature.

3) François .... Mort jeune.

* * *) Marguerite d'York, fille de Richard, duc Pas d'enfants de cette alliance.
d'Yorck et sœur du roi Edouard IV.

Charles le Téméraire (m. 1477) était un personnage éminemment névropathique. D'un caractère violent, impétueux, sans suite, d'une imagination trop vive, excitée encore par la lecture des romans de chevalerie, il se lançait follement dans les entreprises les plus hasardées, et y renonçait tout à coup pour poursuivre une nouvelle idée. Après la bataille de Morat il s'enferma au triste et sombre château de Joux, en proie à une mélancolie profonde, qui n'était pas de la honte et du chagrin, comme le dit Michelet, mais bien une maladie mentale, la *mélancolie* dans le sens médical, psychiatrique du mot, une des formes de la folie. Cette maladie mentale avait été si intense qu'elle avait affaibli notablement son intelligence. « Il eut *une grande maladie de douleur et de tristesse* de cette honte qu'il avait reçue. Et à bien dire la vérité, *je croy que jamais depuis il n'eut l'entendement si bon qu'il avait eu auparavent* », dit Commines. « *Oncques puis la dite maladie ne fut si saige qu'auparavent, mais beaucoup diminué de son sens* » (Commines). Sur Charles le Téméraire s'appesantit l'influence funeste de la dégénérescence physique et intellectuelle de sa maison, et avec lui s'éteignit cette dynastie brillante des ducs de Bourgogne de la seconde race.

La maison royale de Valois continue avec *Charles V le Sage* (m. 1380), qui épousa *Jeanne*, fille de Pierre Ier duc de Bourbon. Il eut d'elle deux fils et six filles.

I. Charles VI roi de France.................... Fou.

II. Louis duc d'Orléans, tige de la branche des Valois-Orléans (v. plus bas). — Névropathique; élégant, brillant débauché, mais violent, cruel, cynique et incapable

III. Jeanne..................................... Morte jeune.

IV. Bonne...................................... Morte jeune.

V. Jeanne...................................... Morte en bas âge.

VI. Marie, fiancée à Guillaume VI, comte de Hainaut et de Hollande. — Morte jeune.

VII. Isabelle .... Morte jeune.

VIII. Catherine; ép. Jean de Berry, duc d'Auvergne, comte de Montpensier. — Morte sans enfants.

Charles VI le Bienaimé (en 1422), roi de France, eut de sa femme Isabeau de Bavière douze enfants (1) :

I. CHARLES.. Mort en bas âge.

II. CHARLES... Mort en bas âge.

III. LOUIS, duc de Guyenne, dauphin, ép. MARGUERITE Mort jeune et sans enfants.
DE BOURGOGNE, fille de Jean sans Peur.

IV. JEAN, duc de Touraine, duc de Berry, dauphin, ép. Mort sans enfants.
JACQUELINE DE BAVIÈRE.

V. CHARLES VII, roi de France (v. plus bas).

VI. PHILIPPE....................................... Mort en bas âge.

VII. JEANNE... Morte en bas âge.

VIII. ISABELLE; ép.
*) RICHARD II, roi d'Angleterre.................... Pas d'enfants de cette alliance.
**) CHARLES, duc d'Orléans, elle eut de lui :
A. JEANNE, ép. JEAN II duc d'Alençon .... Fille unique morte sans enfants.

IX. JEANNE, ép. JEAN VI, duc de Bretagne; elle eut de
lui :
A. FRANÇOIS Ier, duc de Bretagne, ép. :........... Assassin de son frère Gilles.
*) YOLANDE D'ANJOU, fille de Louis II, roi de
Sicile.
**) ISABELLE STUART, fille de Jacques Ier; roi
d'Écosse; il eut d'elle :
1) MARGUERITE, ép. FRANÇOIS II, duc de Fille unique, morte sans enfants.
Bretagne.
B. PIERRE II, duc de Bretagne, ép. FRANÇOISE D'AM- Mort sans enfants.
BOISE.
C. GILLES II, sire de Chantocé, ép. FRANÇOISE DE Mort sans enfants.
DINAN.
D. ISABELLE, ép. GUY XIV de Laval.

X. MARIE, prieure de Poissy.................... Morte sans alliance.

XI. MICHELLE; ép. PHILIPPE LE BON, duc de Bourgogne. Morte sans enfants.

XII. CATHERINE, ép. :
*) HENRI V, roi d'Angleterre; elle eut de lui :
1) HENRI VI, roi d'Angleterre.................. Faible d'intelligence; ses trois
enfants meurent jeunes.

**) OWEN TUDOR.
2) EDMOND TUDOR, comte de Richemont.......... Sa postérité s'éteint un siècle
plus tard, après avoir pré-
senté des cas nombreux d'anomalie morale (Henri VII,
Henri VIII, Marie Tudor, etc.)
et de stérilité (Arthur, Marie, Élisabeth, Édouard VI,
Henri Brandon, les quatre
enfants de Henri VII, etc.).

CHARLES VI avait eu encore D'ODETTE DE CHAMPDIVERS :
XIII. MARGUERITE, ép. JEAN D'HARPADÈNE.

(1) Comme Isabeau de Bavière eut Louis d'Orléans pour amant, quelques-uns de

Charles VII le Victorieux (m. 1461), roi de France, était d'un caractère faible, indolent et insouciant. Dominé par d'indignes favoris, il
les laissait piller le trésor épuisé de la France, et dépensait lui-même
à leur instigation en fêtes l'argent amassé à grand'peine pour payer
l'armée. — « On n'a jamais vu un roi perdre plus galment son royaume »,
lui avait dit La Hire. Mais ces favoris, auxquels il sacrifiait la France,
il les sacrifiait facilement à leur tour, et les livrait à Arthus de Bretagne, connétable de Richemont. Comblant d'honneurs Jeanne d'Arc, il l'a-
bandonna quand elle fut prise par les Anglais, et ne fit rien pour la
sauver. Il mourut d'épuisement, de faim chronique, « par une trop
grande abstinence, dans la seule vue qu'il (Louis XI son fils) ne l'em-
poisonnât », raconte Varillas. Or on sait que cette crainte d'empoisonnement, et le refus de nourriture qui est le résultat de cette idée délirante, sont les symptômes pathognomoniques d'une certaine forme de
la folie.

Charles VII épousa *Marie d'Anjou*, fille de Louis II d'Anjou, roi de
Naples; il eut d'elle quatre fils et huit filles :

I. LOUIS XI, roi de France (v. plus bas).	
II. PHILIPPE ...	Mort jeune.
III. JACQUES	Mort jeune.
IV. CHARLES, duc de Berry	Mort jeune et sans enfants.
V. CATHERINE, ép. CHARLES-LE-TÉMÉRAIRE duc de Bourgogne.	Morte sans enfants.
VI. MARGUERITE	Morte en bas âge.
VII. JEANNE	Morte en bas âge.
VIII. JEANNE, ép. JEAN II, duc de Bourbon	Morte sans enfants.
IX. RADEGONDE, fiancée à SIGISMOND, fils aîné de Frédéric V, duc d'Autriche.	Morte jeune.
X. MARIE	Morte en bas âge.
XI. YOLANDE, ép. AMÉDÉE IX, duc de Savoie	Sa postérité s'éteint dans la 1re et la 2e génération.
XII. MADELEINE, ép. GASTON DE FOIX, prince de Viane.	Avec son petit-fils François-Phébus s'éteint la maison de Foix, et le comté de Foix passe à la maison d'Albret.

Louis XI (m. 1483), roi de France, présente un exemple frappant de
cet état intermédiaire entre la norme et la folie, que l'on trouve si fréquemment dans les familles frappées du vice phrénopathique. La prédisposition héréditaire à la folie, acquise dans le courant des temps par la
race royale des Valois, et le vice phrénopathique, né et développé sous

ses enfants sont probablement de ce dernier, mais cela ne change rien à notre démonstration, puisque Louis d'Orléans était frère de Charles VI.

l'influence dissolvante de la haute position sociale de cette maison, avaient abouti chez Louis XI, non à la folie caractérisée comme chez son aïeul, non au caractère impétueux, violent et débauché comme chez son grand-oncle, non à la faiblesse morale comme chez son père, mais à un état, que nous avons signalé bien des fois, de mélange singulier de bon sens et de folie, des qualités et des défauts les plus contradictoires. Lâche et courageux, rusé et imprudent, dévot jusqu'à la superstition la plus absurde et combattant le clergé, il fut toute sa vie malheureux; sombre, défiant, il vivait dans un isolement absolu, se laissant dominer complètement les dernières années de sa vie par son médecin. Fourbe, cruel, libertin, capricieux, tremblant devant la mort, adonné aux superstitions les plus grossières, il est le spécimen le plus complet du névropathisme héréditaire. Deux ans avant sa mort il eut plusieurs congestions cérébrales coup sur coup. A Forges près de Chinon « il perdit de tous points la parole et toute connaissance et mémoire... Au bout de deux ou trois jours la parole commença à lui revenir et le sens... Cette maladie dura bien environ quinze jours; et il revint, quant au sens et à la parole, en son premier estat : mais il demoura très faible, et en grande souspicion de retourner en cet inconvénient. » « L'année suivante il perdit derechef la parole et fut quelque deux heures qu'on cuidait qu'il fût mort » (Commines). Depuis lors il ne recouvra plus l'usage entier de sa langue, ne pouvait plus prononcer la lettre *r*, et son bras droit resta complètement paralysé; il était comme mort et tenu en écharpe. « Il mourut, dit Commines, *après de longues et de dures incommoditez de corps et d'esprit.* »

Louis XI avait été marié deux fois, à :

  *) MARGUERITE D'ECOSSE, fille de Jacques Ier, roi   Pas d'enfants de cette alliance.
    d'Ecosse.

  **) CHARLOTTE DE SAVOIE, fille de Louis, duc de Savoie;
    il eut d'elle :

      A. JOACHIM.......... .... Mort en bas âge.
      B. CHARLES VIII L'AFFABLE roi de France, ép. Mort sans postérité.
        ANNE DE BRETAGNE.
      C. ANNE DE BEAUJEU, régente, ép. PIERRE II DE Morte sans laisser d'enfants
        BOURBON; elle eut de lui :   mâles; avec Pierre II s'éteint
                                    la branche aînée des ducs de
                                    Bourbon.

        1) CHARLES............................. Mort en bas âge.
        2) SUZANNE, ép. CHARLES III DE BOURBON, Morte sans enfants.
          connétable.
      D. JEANNE LA BOITEUSE, duchesse de Berry, ép. Contrefaite.
        LOUIS, duc d'Orléans (Louis XII).

Des auteurs avaient prétendu que Charles VIII était un enfant supposé; on est allé même jusqu'à indiquer son origine, et on lui donne pour père véritable un boulanger. Si cela était, il faut avouer que Louis XI avait joué de malheur, et que l'enfant qu'il aurait accepté pour fils se serait trouvé stérile, tout comme s'il était un membre de la famille dégénérée des Valois. Ce fait que Charles VIII est mort sans enfants et son caractère nous font rejeter l'hypothèse de la supposition d'enfant. En tout cas, avec lui s'éteint la maison royale de Valois, après avoir passé par la folie, les névropathies, les crimes, la débauche, l'imbécillité, les vices de conformation, et enfin la mort prématurée et la stérilité, et la couronne de France passe à une branche cadette des Valois, celle des Valois-Orléans, issue de Louis d'Orléans (m. 1407), fils de Charles V, roi de France, et frère du roi Charles VI.

Louis, duc d'Orléans, ép. VALENTINE DE MILAN, fille de Jean Galeazzo Visconti, duc du Milan; il eut d'elle ·

A. CHARLES	Mort en bas âge.
B. JEAN	Mort en bas âge.
C. CHARLES, duc d'Orléans (v. plus bas).	
D. N. (une fille)	Morte en bas âge.
E. PHILIPPE, comte de Vertus	Mort sans alliance.
F. JEAN LE BON, comte d'Angoulème (v. plus bas).	
G. N. (une fille)	Morte en bas âge.
H. MARGUERITE, ép. RICHARD DE BRETAGNE, comte d'Etampes	A un fils avec lequel s'éteint, faute de mâles, la maison ducale de Bretagne, et deux filles stériles.

CHARLES (m. 1466), duc d'Orléans, fils de Louis d'Orléans, avait été marié trois fois, à :

*) ISABELLE DE FRANCE, fille du roi Charles VI; il eut d'elle :

A. JEANNE, ép. JEAN II, duc d'Alençon	Morte à vingt-trois ans sans enfants.

**) BONNE D'ARMAGNAC, fille de Bernard VII, comte — Pas d'enfants de cette alliance.
d'Armagnac, connétable de France.

***) MARIE DE CLÈVES, fille d'Adolphe, duc de Clèves; il eut d'elle :

B. MARIE, ép. JEAN DE FOIX, vicomte de Narbonne et comte d'Etampes.	Morte sans enfants.
C. LOUIS, duc d'Orléans, puis roi de France (Louis XII) (v. plus bas).	Mort d'épuisement sexuel.
D. ANNE, religieuse	Morte sans alliance.

LOUIS XII LE PÈRE DU PEUPLE (m. 1515), avait été marié trois fois, à :

*) JEANNE, fille de Louis XI — Pas d'enfants de cette alliance.

**) ANNE DE BRETAGNE, fille de François II, duc de Bretagne; il eut d'elle :

    A. 1ᵉʳ Dauphin, ... Mort à sa naissance
    B. 2ᵐᵉ Dauphin................ .... Mort à sa naissance
    C. CLAUDE, ép. FRANÇOIS, duc de Valois, puis roi de
       France (François Iᵉʳ), (v. plus bas).
    D. RÉNÉE, ép. HERCULE D'ESTE, duc de Ferrare, de   Très instruite et même savante
       Modène et de Reggio.   (Varillas). Se fit huguenote.
  *) MARIE D'ANGLETERRE, fille de Henri VII Tudor... Pas d'enfants de cette alliance.
Louis XII eut encore un bâtard.
    E. MICHEL DE BUCY, archevêque de Bourges......... Mort sans alliance.

Ainsi, après l'extinction de la branche aînée (royale) des Valois avec Louis XI et Charles VIII, la branche cadette, celle d'Orléans, monta au trône de France avec Louis XII; mais elle ne tarda pas à s'éteindre à son tour, et la couronne passa à la branche de Valois-Orléans-Angoulême, c'est-à-dire à une branche cadette issue de cadette, descendant de Jean d'Angoulême (m. 1467), cinquième fils de Louis d'Orléans, qui lui-même est le deuxième fils du roi Charles V le Sage.

JEAN LE BON, comte d'Angoulême, marié à MARGUERITE
  DE ROHAN, avait eu d'elle :
    A. LOUIS................................... Mort jeune.
    B. CHARLES (v. ci-dessous).
    C. JEANNE, ép. le comte de Caëtivy.
CHARLES, comte d'Angoulême (m. 1496), deuxième fils
  de Jean le Bon, épousa LOUISE DE SAVOIE, fille de
  PHILIPPE SANS TERRE, duc de Savoie; il eut d'elle :
    A. FRANÇOIS Iᵉʳ, roi de France (v. ci-dessous).
    B. MARGUERITE DE VALOIS, ép .... Très instruite et spirituelle;
                                            écrivain, poète; très débau-
                                            chée.
      *) CHARLES IV, duc d'Alençon, fils de Réné, duc   Pas d'enfants de cette alliance.
      d'Alençon.
      **) HENRI II D'ALBRET roi de Navarre, dont elle
      eut :
        1) N. (un fils)............................. Mort en bas âge.
        2) N. (une fille)........................... Née avant terme.
        3) N. (une fille)... .... Née avant terme.
        4) JEANNE D'ALBRET.
FRANÇOIS Iᵉʳ (m. 1547) roi de France avait été marié
  deux fois, à :
    *) CLAUDE DE FRANCE, fille du roi Louis XII; il eut
    d'elle :
      A. FRANÇOIS, dauphin...................... Mort à dix-neuf ans.
      B. HENRI II, roi de France (v. ci-dessous).
      C. MADELEINE, ép. JACQUES V, roi d'Écosse.... Morte à dix-sept ans sans enfants.
      D. CHARLES, duc d'Orléans et de Bourbon....... Mort à vingt-trois ans sans al-
                                                   liance.
      E. LOUISE .... Morte en bas âge.

F. CHARLOTTE............................. Morte en bas âge.

G. MARGUERITE, ép. PHILIBERT-EMMANUEL DE Savante, vertueuse et pieuse.
SAVOIE.

**) ELÉONORE D'AUTRICHE, fille de Philippe le Beau Pas d'enfants de cette alliance.
et sœur de Charles-Quint.

Henri II, roi de France, fils puîné de François Ier, épouse *Catherine de Médicis*, et après *neuf ans d'union stérile* eut d'elle :

A. FRANÇOIS II, roi de France, ép. MARIE STUART.... Maladif, scrofuleux, faible d'esprit; surnommé « le roi sans
vices et sans vertus »; mort
jeune et sans enfants.

B. ELISABETH, ép. PHILIPPE II, roi d'Espagne. ...... Postérité névropathique.

C. CLAUDE, ép. CHARLES II, duc de Lorraine ; elle eut
de lui :

1) NICOLE, ép. CHARLES, duc de Lorraine .... Morte sans enfants.

2) CLAUDE, ép. NICOLAS-FRANÇOIS, duc de Lorraine. Sa postérité s'éteint dans la 2^e
génération.

D. LOUIS .... Mort en bas âge.

E. CHARLES IX (v. ci-dessous). Débauché, perfide, halluciné,
mort fou.

F. HENRI III, ép LOUISE DE VAUDEMONT (v. ci-dessous). Névropathique, débauches contre
nature, inceste; mort sans
enfants.

G. MARGUERITE DE VALOIS...................... Très intelligente; extrêmement
débauchée; incestueuse.

H. FRANÇOIS-HERCULE, duc d'Alençon.. .... Lâche, perfide; incestueux; mort
sans alliance.

I. VICTOIRE................................ Morte en bas âge.

J. JEANNE................................. Morte en bas âge.

HENRI II eut encore des bâtards de :

*) Mlle FLAMIN DE LEVISTON:

K. HENRI, chevalier d'Angoulême, grand-prieur de Mort sans alliance.
France.

**) N. (une demoiselle de Cony).

L. DIANE, ép. : *) HENRI DE FARNÈSE, duc de Castre. Pas d'enfants de cette alliance.

**) FRANÇOIS DE MONTMORENCY, fils aîné du conné- Eut un fils unique mort sans
table de Montmorency. enfants.

CHARLES IX, roi de France, fils de Henri II, marié à
ELISABETH D'AUTRICHE, fille de l'empereur Maximilien II,
eut d'elle :

A. MARIE-ELISABETH..... .... Morte en bas âge.

Il eut encore de MARIE TOUCHET :

B. CHARLES, bâtard de Valois, duc d'Angoulême, Escroc, faux-monnayeur, mais
marié deux fois, à : brave et spirituel.

*) CHARLOTTE DE MONTMORENCY comtesse de
Fleix, fille du connétable; il eut d'elle :

1) LOUIS-EMMANUEL DE VALOIS, duc d'An-

goulême, ép. HENRIETTE DE LA GUICHE;
il eut d'elle :
    a) MARIE-FRANÇOISE DE VALOIS, ép. Morte sans enfants.
    LOUIS DE LORRAINE, duc de Joyeuse..
    2) FRANÇOIS DE VALOIS, comte d'Alais.... Morte sans alliance.
    **) FRANÇOISE DE NARBONNE................ Pas d'enfants de cette alliance.

La famille royale de Valois s'était éteinte dans toutes ses branches (la branche royale, les branches d'Anjou, de Berry et de Bourgogne), finissant par la folie, des caractères névropathiques, la mort prématurée et la stérilité. La maison des Valois-Orléans monte alors au trône de France, mais elle s'éteint dans sa première génération, et la couronne royale passe à la branche d'Angoulême. François Ier, chef de la nouvelle dynastie, monte au trône en 1515, et soixante-dix ans après cette dynastie s'éteint avec le dernier de ses cinq petits-fils, et le dernier des trois frères qui avaient occupé successivement le trône. De ces cinq frères, l'aîné, *François II* (m. 1560), est faible d'esprit et de corps, rongé par les scrofules; il meurt jeune et sans enfants. *Charles IX*, le deuxième, meurt à vingt-quatre ans (1574), épuisé par la débauche et l'abus des plaisirs. Il a le cou de travers (contracture) et des mouvements convulsifs de la face. A vingt ans, il est passé maître en dissimulation; il affiche le plus tendre attachement aux personnes dont il trame l'assassinat, et a le triste courage, après la Saint-Barthélemy, d'aller insulter les restes de Coligny, qu'il appelait son père; d'ailleurs il avait toujours été cruel et plus que bizarre. On sait aussi qu'après la Saint-Barthélemy il eut des hallucinations terrifiantes, ce qui pour le médecin aliéniste prouve, outre le remords, encore l'existence chez lui d'un trouble mental grave, d'une psychopathie, déterminée peut-être par l'émotion, mais dont la cause véritable gît dans son organisation vicieuse et dans la dégénérescence de sa race; il est mort dans un état de folie complète; rappelons enfin qu'il était hémophile. *Henri III* (m. 1589) est le type du caractère névropathique, tout de contradictions et d'extrêmes : brave et efféminé, esprit brillant et superficiel, rusé et insouciant, chevaleresque et assassin, dévot, incestueux et adonné à un vice infâme; son médecin Miron disait qu'il mourrait bientôt fou. Le quatrième, *François* d'Alençon (m. 1584), est un homme lâche, perfide et faible; toujours indécis entre les partis politiques et les trahissant, il ne joua qu'un rôle vil et méprisable; comme son frère Henri, il commit l'inceste avec sa sœur Marguerite, et voulut un jour étrangler de ses mains sa mère. Tous les quatre frères meurent jeunes, épuisés par la débauche ou par des maladies constitutionnelles : François II meurt à *seize ans*, Charles IX à *vingt-quatre*, Henri III est tué à *trente-sept*, François d'Alençon meurt à *trente* ans ; enfin le cinquième frère, Louis, *meurt au berceau*. Des cinq frères, un seul, Charles IX, laisse de la postérité, un bâtard, avec les deux enfants duquel s'éteint définitivement la race. Des cinq filles de Henri II, deux meurent en bas âge. Élisabeth a une postérité éminemment névropathique ; Marguerite, intelligente, mais débauchée et incestueuse, n'a que des bâtards, qui meurent tous en bas âge, sauf un, qui se fait capucin et meurt sans enfants ; des deux bâtards d'Henri II, l'un meurt sans enfants, l'autre n'a qu'un fils stérile. A l'extinction des Valois, la maison de Bourbon monte au trône de France (1589).

Maison de Bourbon.

Robert comte de Clermont, sixième fils de Louis IX, fut la tige de toute la maison Capétienne de Bourbon. Son fils *Louis Ier le Boiteux* (1279-1341) porte le premier le titre de duc de Bourbon. Il eut deux fils : l'aîné, *Pierre Ier*, tué à la bataille de Poitiers (1356), continua la ligne ducale, et le cadet, *Jacques*, comte de la Marche, connétable de France, fut le fondateur de la ligne royale de Bourbon-Vendôme, qui plus tard succéda à la branche aînée. Pierre Ier eut pour successeur son fils unique *Louis II le Bon*, et à celui-ci succéda son fils, également unique, *Jean Ier*. Celui-ci eut deux fils légitimes : *Charles Ier* duc de Bourbon et *Louis I le Bon*, comte de Montpensier, tige de la branche Bourbon-Montpensier, qui succéda à la branche aînée des ducs de Bourbon. *Charles Ier* eut quatre fils légitimes, dont les trois aînés, *Jean II*, duc de Bourbon, *Charles*, cardinal de Bourbon (il s'appela pendant quelques mois, après la mort de son frère, qui précéda de peu de temps la sienne, *Charles II* duc de Bourbon), et *Louis* de Bourbon, évêque, n'eurent que des bâtards. Parmi ces bâtards *Charles de Bourbon*, fils de Jean II, fut la tige des marquis de Malaux, et *Pierre de Bourbon*, fils de Louis, des comtes de Bourbon-Busset. Le quatrième fils de Charles Ier, *Pierre*, seigneur de Beaujeu, plus tard *Pierre II*, duc de Bourbon (1439-1503), était marié à *Anne de France*, fille de Louis XI, et eut d'elle un fils, *Louis*, mort en bas âge, et une fille *Suzanne*, morte sans enfants. Ainsi avec lui s'éteignit la branche aînée des ducs de Bourbon.

Louis Ier le Bon de Bourbon, comte de Montpensier, tige de la branche cadette de la ligne aînée, marié à *Jeanne de Clermont*, fille de Béraud III, dauphin d'Auvergne, eut un fils unique, *Gilbert*, comte de Montpensier, dauphin d'Auvergne, mort en 1496. Le fils aîné de celui-ci, *Louis II*, mourut sans alliance en 1501 ; le puîné, *Charles*, le célèbre connétable de Bourbon, épousa Suzanne de Bourbon, fille unique et héritière du duc Pierre II, et devint par ce mariage duc de Bourbon IIIe de nom. Il mourut sans enfants, et son frère cadet *François*, duc de Chatellerault, étant également mort sans postérité, ce fut leur sœur *Louise*, qui succéda à Charles III en 1527, comme duchesse de Montpensier, dauphine d'Auvergne. Mariée d'abord à *André de Chauvigny* mort peu de temps après son mariage sans laisser d'enfants, elle épousa *Louis de Bourbon-Vendôme*, de la ligne cadette, auquel elle apporta en dot tous ses titres.

Cette ligne cadette était issue de *Jacques Ier de Bourbon*, comte de la Marche, connétable de France, mort en 1361. Son fils *Jean Ier* était père de *Jacques II*, comte de la Marche, connu dans l'histoire surtout comme mari de la reine *Jeanne II* de Naples (1370-1438). Il n'eut qu'une fille de son premier mariage avec *Béatrix de Navarre*. Son frère puîné, *Louis*, comte de Vendôme, continua la maison, et le cadet, *Jean de Carency*, mort en 1458, fut la tige de la maison de Bourbon-Carency. *Louis*, comte de Vendôme, eut pour successeur son fils unique *Jean II* (1446-1478). Des deux fils de ce dernier, l'aîné, *François* (1470-1495), fut la tige de la maison royale de Bourbon, et le cadet, *Louis*, ayant épousé Louise de Bourbon-Montpensier, devint dauphin d'Auvergne et prince de la Roche-sur-Yon. Il mourut en 1520 et eut de sa femme Louise de Bourbon-Montpensier deux fils :

I. *Louis le Bon*, duc de Montpensier, dauphin d'Auvergne, marié en premières noces à *Jacqueline de Longwy*, et en secondes à la célèbre *Catherine de Lorraine*, fille de François, duc de Guise, et sœur de Henri le Balafré, l'héroïne de la Ligue. Il eut de son premier mariage *François* le prince-dauphin, marié à *Renée d'Anjou*, fille de Nicolas d'Anjou, marquis de Mézières, dont il eut un fils unique, *Henri*, duc de Montpensier (1563-1608), marié à *Henriette-Catherine*, duchesse de Joyeuse, héritière de cette maison. La fille unique de Henri, duc de Montpensier, *Marie*, héritière de tous les biens de Montpensier et de Joyeuse, épousa Monsieur (*Gaston*, duc d'Orléans, frère du roi Louis XIII) et fut mère de la grande Mademoiselle.

II. *Charles*, prince de la Roche-sur-Yon, fils cadet de Louis, dauphin d'Auvergne et de Louise de Bourbon-Montpensier avait épousé *Philippe de Montespédon* dont il eut :

A. *Henri*, marquis de Baupréau, mort avant son père d'une chute de cheval dans un tournoi.

B. *Suzanne*, mariée à *Claude de Rieux*.

FRANÇOIS, duc de Vendôme, tige de la maison royale de Bourbon, avait eu trois fils :

   I. CHARLES, duc de Vendôme (1489-1537).
   II. FRANÇOIS, duc d'Estouteville, pour avoir épousé l'héritière d'Estouteville (1491-1545).
   III. LOUIS, cardinal (1493-1557).

CHARLES, duc de Vendôme, épousa FRANÇOISE D'ALENÇON et eut d'elle :

1) LOUIS.. Mort en bas âge.
2) ANTOINE, duc de Bourbon, roi de Navarre, tige de la maison royale de Bourbon.
3) FRANÇOIS, comte d'Enghien, vainqueur à Cérisoles .... Mort jeune et sans alliance.
4) LOUIS.. Mort en bas âge.
5) CHARLES .... Mort sans alliance.
6) JEAN, duc d'Estouteville .... Mort sans enfants.
7) LOUIS, prince de Condé, tige de la maison de Condé.
8) MARIE .... Marié sans alliance.
9) MARGUERITE, épouse FRANÇOIS Ier DE CLÈVES, duc de Nevers.
10) MADELEINE, religieuse........................ Morte sans alliance.
11) CATHERINE, religieuse........................ Morte sans alliance.
12) RENÉE, religieuse .... Morte sans alliance.
13) ELÉONORE, religieuse......................... Morte sans alliance.
14) CHARLES de Bourbon de Bourd.

Antoine, duc de Bourbon, roi de Navarre par son mariage avec la reine *Jeanne d'Albret,* fut la tige de la maison royale de Bourbon. C'était un homme débauché et pusillanime, méprisé par ses contemporains pour son incapacité et sa lâcheté. Il fut tué d'un coup de feu au siège de Rouen, ce qui ne releva pas sa réputation; on s'en moqua même, parce qu'il fut tué en urinant dans la tranchée. Sa femme, Jeanne d'Albret, est célèbre, au contraire, par son esprit et son caractère énergique et décidé. Ils eurent :

1) HENRI, duc de Beaumont..................... Mort à l'âge de deux ans par accident.
2) HENRI IV, roi de France.
3) LOUIS-CHARLES, comte de la Marche .... Mort au berceau par accident.
4) CATHERINE, ép. HENRI DE LORRAINE, duc de Bar.... Morte sans postérité.

Le roi Antoine eut encore un bâtard :

5) CHARLES, bâtard de Bourbon, archevêque de Rouen.. Mort sans alliance.

Henri IV (1553-1610), roi de France et de Navarre, avait été marié deux fois, et eut encore de nombreuses maîtresses :

*) MARGUERITE DE VALOIS..................	Pas d'enfants de cette alliance.
**) MARIE DE MÉDICIS, dont il eut :	
1) LOUIS XIII, roi de France (v. plus bas).	
2) ELISABETH, ép. PHILIPPE IV, roi d'Espagne, dont elle eut :	
a) CHARLES-BALTAZAR.........................	Mort sans alliance.
b) MARGUERITE-MARIE......................	Morte en bas âge.
c) MARGUERITE-MARIE-CATHERINE	Morte en bas âge.
d) MARIE.................	Morte en bas âge.
e) MARIE-ANTOINETTE	Morte en bas âge.
f) MARIE-THÉRÈSE.........................	A moitié imbécile, maladive, très grasse.
3) CHRISTINE, ép. VICTOR-AMÉDÉE Ier DE SAVOIE (v. Savoie).	
4) HENRI, duc d'Orléans	Mort en bas âge.
5) GASTON d'Orléans (v. plus bas)	Lâche; traître; crapuleux.
6) HENRIETTE, ép. CHARLES Ier, roi d'Angleterre......	Sensuelle, galante, brouillonne et têtue.

HENRI IV eut encore de ses maîtresses :

*) D'ESTHER. N..., fille d'un magistrat de la Rochelle.	
7) N..........	Un enfant mort au berceau.
**) GABRIELLE D'ESTRÉES:	
8) CÉSAR, duc de Vendôme.......	Débauches infâmes dès l'âge de quatorze ans.
9) ALEXANDRE DE VENDOME, grand prieur..........	Débauches infâmes; mort sans alliance.
10) CATHERINE-HENRIETTE, ép. CHARLES, duc d'Elbeuf.	
***) CATHERINE-HENRIETTE DE BALZAC D'ENTRAIGUES, marquise de Verneuil.	
11) N....................................	Un enfant mort-né.
12) HENRI, duc de Verneuil, ép. CHARLOTTE SÉGUIER.	Mort sans enfants.
13) GABRIELLE-ANGÉLIQUE; ép. BERNARD DE LA VALETTE DE FOIX, duc d'Epernon et de Candale.	
**) JACQUELINE DE BEUIL, comtesse DE MARETBOURBON.	
14) ANTOINE, comte de Maret.....................	Mort sans alliance.
** *) CHARLOTTE DES ESSARTS, comtesse DE ROMORANTIN.	
15) JEANNE, religieuse........................	Morte sans alliance.
16) MARIE HENRIETTE, religieuse..................	Morte sans alliance.

De sept fils du roi Henri IV trois seulement laissèrent de la posté

rité; ce sont : *Louis XIII* roi de France, *Gaston* duc d'Orléans, et *César* duc de Vendôme (1).

I. *Louis XIII* (voy. plusbas).

II. *Gaston*, duc d'Orléans, était lâche, crapuleux et débauché, toujours intriguant, et toujours livrant ses amis et ses partisans. Il avait été marié deux fois, à :

*) Marie de Bourbon duchesse de Montpensier, dont il eut :

    1) Anne-Marie-Louise, duchesse de Montpensier,   Morte sans enfants.
    princessse de Dombes, duchesse d'Auvergne (La
    grande Mademoiselle); ép. Antoine Nompar de
    Caumont, duc de Lauzun (?)

**) Marguerite de Lorraine, dont il eut :

    2) N... duc de Valois......................   Mort en bas âge.
    3) Marguerite-Louise, ép. Cosme III de Toscane.
    4) Elisabeth; ép. Louis-Joseph duc de Guise.
    5) Françoise - Madeleine; ép. Charles - Emma-
    nuel II duc de Savoie.

Il eut encore un bâtard :

    6.) Louis comte de Charny............ ....   Mort sans postérité légitime; eut un bâtard mort sans enfants.

III. *César* duc de Vendôme était un personnage tout à fait nul, mêlé sans éclat à toutes les intrigues de son temps. Son frère *Alexandre*, le grand prieur, mourut à la Bastille, empoisonné, tandis que Richelieu se contenta d'envoyer César en exil. Tous les deux étaient adonnés aux amours infâmes. César était marié à la fille et héritière de Philippe-Emmanuel de Lorraine duc de Mercœur, et eut d'elle deux fils :

1) Louis duc de Mercœur ; ép. Laure Mancini, nièce   Personnage tout à fait nul.
   du cardinal de Mazarin, il eut d'elle :

(1) Michelet fait entendre, sans l'affirmer toutefois, que ni Louis XIII, ni Gaston n'étaient fils d'Henri IV; le premier serait fils d'Orsini, le second de Concini, comme plus tard Philippe d'Orléans serait fils non de Louis XIII, mais de Mazarin; Michelet se fonde sur le peu de ressemblance morale des fils avec le père, et surtout sur leur dégénérescence physique et morale. Mais cette dernière prouve précisément qu'ils étaient bien des fils de roi; et quant au peu de ressemblance, César de Vendôme, qui était bien fils d'Henri IV, ne lui ressemblait pas plus que Louis XIII. D'ailleurs la ressemblance des traits de visage, qu'on constate chez beaucoup de leurs descendants, avec le chef de la race, prouve la légitimité de leur naissance.

a) Louis-Joseph duc de Vendôme; ép. Marie-Anne de Condé. — Célèbre général; cynique, extrêmement malpropre et paresseux; adonné à la débauche crapuleuse et aux amours infâmes, se maria ayant le nez rongé par la syphilis; mort sans enfants.

b) Philippe, grand prieur de Vendôme.......... — Connu comme roué et athée; se vantait de se coucher ivre tous les jours depuis quarante ans. Saint-Simon raconte en détail ses trahisons et ses lâchetés. Mort sans alliance; avec lui s'éteignit la maison de Vendôme.

c) Jules-César............... .... — Mort en bas âge.

2) François, duc de Beaufort...................... — Le fameux roi des Halles; très brave, mais une vraie brute, imbécile, violent, sans aucune instruction, plongé dans la plus crapuleuse débauche; mort sans alliance.

Louis XIII (1601-1643) roi de France. Le caractère de ce prince paraît très énigmatique. Il avait du courage, de l'esprit et même des talents, quoiqu'il eût été laissé par sa mère dans la plus profonde ignorance. Pour expliquer sa froideur pour les femmes et la mélancolie dont il était affligé, les historiens ont affirmé qu'il avait été adonné dès le jeune âge à la masturbation. Marié à l'âge de quatorze ans à Anne d'Autriche, qui en avait treize, et qui était déjà complètement formée et très belle, il paraît n'avoir pas usé de longtemps de ses droits conjugaux. La chasteté de ses rapports avec Mlle de la Fayette et de Hautefort est hors de doute. « Les amours du Roi, dit le marquis de Montglas, n'allaient pas plus loin que la conversation. » On avait fortement soupçonné la nature de ses relations avec ses favoris, mais ces soupçons ne paraissent être fondés que pour Cinq-Mars. Les autres favoris n'avaient jamais encouru l'infamie qui avait pesé sur les mignons du roi Henri III; ainsi de Luynes n'était ni jeune, ni beau, et le vertueux et rigide duc Charles de Luynes n'a jamais eu à défendre la réputation de son père contre des bruits injurieux. La faveur qui valut à de Luynes le titre de duc et pair, il l'avait gagnée par ses talents comme fauconnier, et surtout par son art à dresser des pies-grièches et à sonner du cor sans baver dedans. D'ailleurs, le roi Louis XIII avait toujours été très maladif; madame de Motteville dit qu'à sa mort « il était si cassé de ses fatigues, de ses chagrins, de ses remèdes et de ses chasses, qu'il ne pouvait plus vivre. » On peut tenir pour certain qu'il était tout à fait impuissant longtemps avant sa mort.

Louis XIII appartient corps et âme à la pathologie. Bègue, malade, impuissant, usé sans avoir vécu, il n'était pas plus sain sous le rapport mental que sous le rapport physique. Malveillant, méchant, mais sans énergie même pour faire le mal, défiant, mélancolique, ennuyé, sans affection ni attachement pour qui que ce soit, pliant sous toutes les influences, il est le spécimen le plus complet de la dégénérescence.

Marié à *Anne d'Autriche, Louis XIII* avait eu d'elle :

I. Louis XIV, chef de la branche aînée (royale).

II. Philippe, duc d'Orléans; ép. *) Henriette d'Angle- Adonné à des débauches crapu-
terre; **) Elisabeth-Charlotte de Bavière. leuses, mais surtout à des amours infâmes.

Le roi Louis XIV (1638-1715) avait épousé :

*) Marie-Thérèse, fille de Philippe IV roi d'Espagne.
Il eut d'elle :

A. Louis (le grand Dauphin).
B. Philippe duc d'Anjou...................... Mort en bas âge.
C. Louis duc d'Anjou............. .... Mort en bas âge.
D. Anne................................. Morte en bas âge.
E. Marie........ ....─.... Morte en bas âge.
F. Marie-Thérèse...................... Morte en bas âge.
**) Françoise d'Aubigné marquise de Maintenon.... Pas d'enfants de cette alliance.

Louis XIV avait encore eu de :

*) Louise de La Baume Le Blanc duchesse de
La Vallière :

G. Marie-Anne (Mlle de Blois); ép. Louis Armand Morte sans enfants.
de Conti (voy. plus bas).

H. Louis comte de Vermandois............... ... Adonné aux amours infâmes; mort jeune.

**) Asthénaïs de Rochechouart de Mortemart
marquise de Montespan :

I. Louis-Auguste duc de Maine... .... Bossu, lâche et méchant.
J. Louise-Marie (Mlle de Tours)................ Morte en bas âge.
K. Louis-César comte du Vexin................ Très intelligent; mort jeune d'une maladie cérébrale.

L. Louise-Françoise (Mlle de Nantes); ép. Louis III Intelligente mais bizarre, mé-
duc de Bourbon-Condé. chante, fausse et débauchée; boiteuse.

M. Louis-Alexandre, comte de Toulouse.	
N. Françoise-Marie (Mlle de Blois); ép. Philippe II duc d'Orléans, régent.	Très grasse; adonnée aux boissons.
***) Angélique de Roussille de Scorailles duchesse de Fontanges:	
O. N........................	Mort-né.
***) Madame de Soubise:	
P. Le cardinal de Soubise, grand aumônier de France.	Mœurs infâmes; homme-femme (Michelet). Mort sans enfants.

Trois des fils de Louis XIV laissèrent de la postérité; ce sont : le grand Dauphin, le duc du Maine et le comte de Toulouse.

Louis le grand Dauphin (1661-1711) avait été marié à *Marie-Anne-Christine-Victoire de Bavière*, fille de l'électeur Ferdinand-Marie duc de Bavière; on le disait plus tard marié secrètement à la demoiselle *Choin*. Il mourut de la petite vérole. C'était un homme sans esprit, d'humeur très inégale, d'une paresse extrême, silencieux jusqu'à l'incroyable, futile et méticuleux dans les petites choses, complètement insensible à la misère et à la douleur d'autrui; méchant, il serait cruel s'il n'était paresseux. Saint-Simon dit de lui : « Il était sans lumières ni connaissances quelconques, radicalement incapable d'en acquérir, très paresseux, sans choix, sans discernement, né pour l'ennui qu'il communiquait aux autres et pour être une boule roulante au hasard, par impulsion d'autres, opiniâtre et petit en tout à l'excès, absorbé dans sa graisse et dans ses ténèbres. » Telle avait été aussi sa mère, la reine Marie-Thérèse, princesse à moitié imbécile, à laquelle on n'avait jamais pu faire comprendre, par exemple, qu'elle n'avait pas à se hâter pour arriver aux cérémonies, tant elle avait peur qu'on ne lui prenne sa place (1). Le grand Dauphin était extrêmement gros; il eut une attaque d'apoplexie à l'âge de trente-neuf ans. On ne lui connaissait qu'un enfant naturel, quoiqu'il soit devenu veuf à vingt-neuf ans; il n'eut jamais d'enfants de sa Choin, et n'eut qu'une fille de mademoiselle de la Force.

Louis-Auguste duc du Maine était tout à fait contrefait, bossu et boiteux. D'un caractère lâche, méchant et ténébreux, il se déshonora par sa lâcheté à la guerre et dans les complots contre le régent. Marié à *Anne-Louise-Bénédicte de Bourbon*, fille du prince de Condé, il eut d'elle :

---

1. Rappelons que l'empereur Claude avait précisément la même crainte.

A. Louis-Constantin....................................... Mort en bas âge.
B. Louis-Auguste prince de Dombes............... Mort sans alliance.
C. Louis-Charles comte d'Eu......................... Mort sans alliance.
D. N. duc d'Aumale...................................... Mort en bas âge.
E. N. (une fille)... Morte au berceau.
F. N. (une fille).. Morte en bas âge.
G. Louise-Françoise..................................... Morte sans alliance.

Le prince de Dombes, mort à cinquante-cinq ans, et le comte d'Eu, mort à soixante-quatorze ans, avaient été des personnages tout à fait insignifiants.

Louis-Alexandre comte de Toulouse avait la réputation d'un homme brave, — il avait gagné une grande bataille navale comme amiral de France, — honnête, modeste, mais d'un esprit médiocre. Il épousa une parente de la Maintenon, *Sophie de Noailles*, veuve du marquis de Gondrin, et eut d'elle un fils unique, *Louis-Jean-Marie* duc de Penthièvre, célèbre par sa philanthropie et son esprit éclairé. Dans sa jeunesse il s'était distingué à Dettinguen, à Fontenoy, etc., se retira ensuite à Rambouillet, ne s'occupant qu'à faire le bien, et mourut pendant la Révolution, entouré de l'estime générale. Il avait épousé *Marie-Thérèse-Félicité*, fille de François-Marie duc de Modène, et eut d'elle :

A. *Louis-Alexandre-Stanislas* prince de Lamballe, qui *mourut jeune à la suite de ses débauches*. On accusait Philippe d'Orléans (Philippe-Égalité) de l'avoir débauché et poussé aux excès pour abréger sa vie et hériter de ses biens et de ceux de son père. Marié à *Marie-Louise de Savoie-Carignan*, il n'eut pas d'enfants.

B. *Louise-Marie-Adélaïde*, épouse de *Philippe d'Orléans* (Philippe-Égalité).

Le grand Dauphin avait eu de sa femme *Marie-Anne-Christine-Victoire de Bavière* trois fils :

A. *Louis* duc de Bourgogne.

B. *Philippe V* roi d'Espagne (voy. Espagne).

C. *Charles-Emmanuel* duc de Berry.

Le duc de Berry promettait beaucoup dans son enfance et était le favori de toute la famille royale, mais ne fit preuve ensuite que d'incapacité. Son ignorance extrême — il ne sut jamais que lire et écrire — le rendit très timide. Il était gros et gras comme son père. Il épousa *Marie-Louise d'Orléans*, fille du Régent, et mourut à l'âge de vingt-huit ans, sans laisser de postérité.

Louis duc de Bourgogne mourut à l'âge de vingt-neuf ans. Saint-

Simon dit de lui que dans son enfance il se livrait à la masturbation. Dans sa jeunesse il était dur et colère jusqu'aux derniers emportements, même contre les objets inanimés, impétueux jusqu'à la fureur, incapable de souffrir la moindre résistance, même des heures et des éléments, sans entrer dans des fougues à faire craindre que tout ne se rompît dans son corps, opiniâtre à l'excès, passionné pour toute sorte de volupté, —'et pour les femmes, et, ce qui est rare, à la fois, avec un autre penchant tout aussi fort. Il n'aimait pas moins le vin et la bonne chère; il aimait la chasse avec fureur, la musique avec une sorte de ravissement, et le jeu, où encore il ne pouvait supporter d'être vaincu, et où le danger avec lui était extrême. Souvent farouche, naturellement porté à la cruauté, implacable dans ses railleries. Du haut de sa grandeur il ne regardait les hommes que comme des atomes, avec lesquels il n'avait aucune ressemblance, et à peine MM. ses frères lui paraissaient-ils intermédiaires entre lui et le genre humain, quoiqu'on eût toujours affecté de les élever dans une parfaite égalité. L'esprit, la pénétration brillaient en lui, et jusque dans ses fureurs ses réponses étonnaient encore. »

Ce caractère changea quand il eut passé ses dix-huit ans, et à vingt il était affable, doux, humain, modéré, patient, modeste; mais avec cela il tomba dans une dévotion outrée, jusqu'à refuser obstinément d'assister à un bal le jour des Rois. On se moquait de lui, et « les remontrances de la dévote fée, et les traits piquants du roi » ne lui faisaient pas défaut. Son père le détestait et le lui faisait grossièrement sentir, mais lui se réjouissait de tous ses ennuis, « il attacha avec joie cette sorte d'opprobre à la croix de son Sauveur ». Sa dévotion nuisit même beaucoup à sa réputation de courage pendant la campagne de Flandre. Cependant ce zèle religieux se calma avec le temps. « Ses scrupules, ses malaises, ses petites dévotions diminuaient tous les jours, et tous les jours il croissait en quelque chose. »

Il était bossu et contrefait au point d'en être boiteux, quoique ses jambes fussent très belles et parfaitement proportionnées. Sa physionomie était désagréable à cause de la mâchoire inférieure qui emboîtait sur la supérieure.

Le duc de Bourgogne avait été marié, tout enfant encore, à *Adélaïde de Savoie*, qui mourut en même temps que lui, et de la même maladie. Il eut d'elle :

A. N. duc de Bretagne............................. Mort au berceau.
B. Louis duc de Bretagne, dauphin................. Mort en bas âge.
C N.......................... .... Un enfant, né avant terme.
D. Louis XV roi de France (1710-1774).

Il est inutile de rappeler le caractère crapuleux, les débauches ignobles de Louis XV, son insouciance des intérêts de son pays, qu'il sacrifiait au caprice de ses maîtresses, sa sécheresse de cœur, son insensibilité aux malheurs, à la maladie et à la mort de ses proches (*idiotie morale*). On sait qu'il détestait son fils, et s'il paraissait se complaire à la société de ses filles, il n'avait aucune affection pour elles. Il s'amusait à les griser, à leur faire suivre, jeunes filles délicates et maladives, ses chasses, assister à ses orgies, passer des nuits blanches à table, même quand elles étaient malades; — il ne voulait pas que la maladie de ses filles dérangeât en rien ses plaisirs, ou même ses habitudes, par exemple celle de les avoir à ses chasses et à ses soupers. Telle était l'idée qu'on se faisait de sa moralité, qu'il avait pu être accusé — à tort — d'inceste avec ses filles. Mais il eut réellement, paraît-il, une liaison avec la veuve de son fils, qui mourut même d'une fausse-couche, et en prenant une maîtresse, il trouvait particulièrement piquant de débaucher aussi ses sœurs, et de vivre ainsi avec elles toutes à la fois. Il n'est pas douteux non plus qu'il se soit livré à la débauche avec des enfants, ce que l'on a voulu nier; Michelet dit qu'il éleva lui-même en secret, sans l'assistance d'une femme de service, dans une chambrette de son appartement une enfant qu'il acheta à l'âge de neuf ans, dont il fit lui-même l'éducation, lui enseignant les prières, etc., et puis la débaucha et la rendit enceinte. Notons que dès son enfance il était bizarre, nerveux et adonné aux amours infâmes. Il lui survenait souvent des dartres sur tout le corps.

Louis XV avait été marié à *Marie-Charlotte-Félicité Leczinska;* il eut d'elle :

1) LOUISE-ELISABETH ; ép. PHILIPPE duc de Parme..... Dartreuse; très dépravée
2) ANNE-HENRIETTE .... Dartreuse; maladive; morte sans alliance.
3) LOUIS, dauphin.
4) MARIE-ADÉLAÏDE............................... Épileptique; bizarre, violente, morte sans alliance.
5) VICTOIRE-LOUISE-MARIE-THÉRÈSE.................... Morte sans alliance.
6) SOPHIE-PHILIPPINE-ELISABETH-JUSTINE. .... Scrofuleuse, maladive; morte sans alliance.

7) LOUISE-MARIE.. Scrofuleuse, maladive, violente; morte sans alliance.

Il eut encore de Mlle DE NESLE:

8) LOUIS .... Mort au berceau.

A l'exception de l'aînée, aucune des filles de Louis XV n'avait été mariée; elles avaient été soupçonnées d'inceste avec leur père, et le comte de Narbonne, ministre de Louis XVI et de Napoléon Ier, né en 1755, passait pour être le fruit d'une de ces liaisons. Madame Henriette et madame Adélaïde sont accusées par Michelet d'inceste avec leur père. *Louise-Élisabeth*, ambitieuse, débauchée et extrêmement dépravée, passait pour avoir poussé Louis XV à prendre ses filles pour maîtresses. *Marie-Adélaïde* était orgueilleuse, altière, cruelle, bizarre, violente, d'un esprit court et faux, saccadée dans ses mouvements; elle était *épileptique*, fait de la plus haute gravité. Le fils unique de Louis XV, le dauphin *Louis* (1729-1765), était un homme d'une intelligence très bornée, d'un caractère bizarre et d'une piété ardente. « Il était mal né physiquement, mal conformé. A douze ans il avait déjà la grosse tête et le caractère lourd qu'on vit plus tard. Il grandit, il grossit, lourd, bizarre, discordant, entrevoyant parfois sa fatalité très mauvaise. A dix-sept ans il écrivait au vieux Noailles : je traîne péniblement la masse pesante de mon corps. De Luynes le trouvait *enfant* à vingt ans, variable et lourdement léger, passant d'une chose à une autre, de plus, étrange, absurde, chantant par exemple *Ténèbres* avec sa femme, la seconde dauphine, dans la chambre lugubre où fut exposée la première. C'était un cerveau, ce semble, marqué des manies sombres du roi demi-fou de Madrid. Il se crut nécessaire, appelé et voulu de Dieu, fit effort et s'ingénia. Là parut un esprit très faux, un sot subtil. Son père l'aimait peu, le voyait comme un être à part, déplaisant dans le bien autant que dans le mal. » (Michelet.) Complètement nul comme intelligence, il ne fut qu'un instrument inconscient du parti espagnol et clérical. A vingt ans il devint d'une corpulence énorme; c'était une « montagne de chair, » un « monstre de graisse ». Il avait été marié deux fois et eut neuf enfants, *dont quatre morts en bas âge*; des cinq autres : *Louis XVIII, Clotilde* et *madame Élisabeth* moururent sans enfants, *Charles X* eut deux fils, l'un mort sans enfants, l'autre n'ayant qu'un fils stérile (le comte de Chambord que les légitimistes appellent Henri V), et *Louis XVI* eut deux fils, morts en enfance, et une fille,

Marie-Thérèse (madame Royale), d'un aspect masculin et morte sans enfants.

Bourbon-Orléans.

Philippe I (1640-1701) duc d'Anjou, ensuite duc d'Orléans, fils de la reine Anne d'Autriche, fut la tige de la branche des Bourbon-Orléans. Ce prince, très brave à la guerre, était plongé dans la débauche la plus sale et se livrait aux amours infâmes comme Henri III; il avait peu d'esprit et aucune instruction; d'ailleurs versatile, sans caractère, futile et efféminé. Il avait été marié deux fois : 1° à *Henriette d'Angleterre;* 2° à *Élisabeth-Charlotte de Bavière,* fille de Charles-Louis électeur palatin. Comme sa première femme était aussi la maîtresse du roi son frère, il est assez difficile, malgré les calculs de Michelet, de décider si les enfants de cette princesse étaient de son mari ou de son amant. Le duc d'Orléans était excessivement gros et obèse, et mourut d'apoplexie foudroyante à la suite d'une violente querelle avec son frère. Il avait eu de :

*) HENRIETTE D'ANGLETERRE :
1) PHILIPPE-CHARLES duc de Valois .... Mort à l'âge de deux ans; sans avoir commencé ni à parler, ni même à marcher; avait une jambe contractée.

2) MARIE-LOUISE; ép. CHARLES II roi d'Espagne.... Morte sans enfants.

3) N. (une fille) .... Morte le jour même de sa naissance.

4) ANNE-MARIE; ép. VICTOR-AMÉDÉE II roi de Sardaigne.

**) ELISABETH DE BAVIÈRE :
5) ALEXANDRE-LOUIS duc de Valois............... Mort à l'âge de trois ans.

6) PHILIPPE II duc d'Orléans.

7) ELISABETH-CHARLOTTE; ép. LÉOPOLD duc de Lorraine.

Philippe II (1674-1723) duc d'Orléans, régent. Voici comment en parle son ami le duc de Saint-Simon : « Je l'ai vu sans cesse dans l'admiration poussée jusqu'à la vénération pour le grand prieur (de Vendôme),parce qu'il y avait quarante ans qu'il ne s'était couché qu'ivre, et qu'il n'avait cessé d'entretenir des maîtresses et de tenir des propos continuels d'impiété et d'irréligion — Il était né ennuyé. — Il ne pouvait vivre que dans le mouvement et le torrent des affaires ; — il languissait dès qu'il était sans bruit et sans une sorte d'excès et de tumulte, tellement que son temps lui était pénible à passer. — Enfin jamais homme né avec tant de talents de toute sorte, tant d'ouverture et de facilité pour s'en servir, et jamais vie de particulier si désœuvrée, ni si livrée au néant et à l'ennui. — Un des malheurs de ce prince était d'être incapable de suite en rien. » Le Régent est le type de ces organisations brillantes, pleines de talents, mais stériles intellectuellement, comme nous en avons vu dans les familles frappées du vice phrénopathique. Doué de qualités brillantes, de talents hors ligne, d'un esprit vif, d'une conception prompte, d'un grand amour pour les sciences et les arts, il était habile chimiste, érudit distingué, musicien, compositeur, peintre, graveur, général habile, brave soldat, mais malgré tous ces talents, c'était une intelligence, brillante sans doute, mais forcément stérile. D'ailleurs il se plongeait de gaieté de cœur dans la débauche la plus crapuleuse, qui était allée jusqu'à l'inceste. Ses amours avec la duchesse de Berry, sa fille aînée, sont hors de doute ; quant à ses filles cadettes, Adélaïde et Aglaé, son inceste avec elles est plus douteux. « Il mourut sur le champ d'honneur », avait-on dit de lui ; en effet, il succomba à une apoplexie foudroyante dans les bras de sa maîtresse la duchesse de Falari ; il avait à peine quarante-neuf ans. Philippe II d'Orléans avait été marié à Françoise-Marie de Bourbon, (madame de Blois), légitimée de France, fille du roi Louis XIV et de mademoiselle de Montespan. Il eut d'elle huit enfants : 1° une fille *morte au berceau.* 2° *Marie-Louise-Élisabeth,* mariée à Charles duc de Berry, fils du grand Dauphin, morte *jeune et sans postérité* ; elle eut de *nombreuses fausses couches;* tombée dans *la débauche la plus abjecte,* maîtresse de son père, *se prostituant dans les rues,* s'enivrant, elle était en même temps excessivement orgueilleuse et altière, et prétendait aux honneurs royaux. 3° *Louise-Adélaïde,* religieuse, *morte sans alliance.* 4° *Charlotte-Aglaé,* mariée à François-Marie duc de Modène. Ces deux princesses étaient presque aussi débauchées que leur aînée ; le ménage du duc de Modène était un scandale perpétuel. 5° *Louis I* duc d'Orléans. 6° *Louise-Élisabeth,* mariée à Louis I roi d'Espagne, mais ce mariage n'avait pas été consommé. A l'âge de treize ans la princesse était déjà corrompue par ses sœurs, et sa conduite était telle qu'on fut obligé de la faire enfermer. A la mort de son mari, qui succomba à la petite vérole, et qu'elle avait soigné elle-même avec beaucoup de dévouement, elle retourna en France et *se livra à de telles débauches* que la cour de Madrid ne voulut pas lui payer sa pension de reine douairière. 7° *Philippe-Élisabeth, morte jeune et sans alliance.* 8° *Louise-Diane,* mariée à Louis-François prince de Conti, morte jeune. Elle n'eut qu'un fils unique, personnage absolument nul, mort sans enfants, et avec lequel s'éteignit la maison de Conti. Le Régent laissa encore deux bâtards : *Charles de Saint-Albin,* archevêque de Cambrai, et *Jean-Philippe* chevalier d'Orléans, grand prieur de France pour l'ordre de Malte; tous les deux moururent sans enfants.

Louis I (1703-1752) duc d'Orléans était un homme très bizarre, et on le considérait assez généralement comme presque idiot. Il était complètement étranger aux affaires et même à la cour, plongé dans la dévotion la plus exaltée, vivant avec des convulsionnaires et des jansénistes, et passa même les dernières années de sa vie dans une retraite rigoureuse. Il avait cependant avec cela des goûts littéraires, protégeait les savants, et était lui-même un hébraïsant fort érudit; il laissa quelques écrits et forma un cabinet de médailles et un autre d'histoire naturelle. Marié à *Auguste-Marie-Jeanne,* fille de Louis-Guillaume marquis de Bade, il n'eut d'elle qu'un fils :

Louis-Philippe I (1725-1785) duc d'Orléans. C'est chez ce prince que nous voyons paraître pour la première fois le type des d'Orléans. Courtisan de la du Barry, qui le traitait de « gros papa, » il savait en même temps ménager sa popularité en s'opposant à la cour dans l'affaire des parlements. Il était prudent, très économe, et bourgeois dans ses goûts. Après la mort de sa première femme *Louise-Henriette de Bourbon-Conti,* il épousa *la marquise de Montesson.* Il eut du premier lit : 1° *Louis-Philippe-Joseph* duc d'Orléans (Philippe-Égalité), et 2° *Louise-Marie-Thérèse,* mariée à Jean-Henri-Joseph duc de Bourbon-Condé.

Maison de Condé.

Louis 1 de Bourbon prince de Condé (1530-1569), septième fils de Charles duc de Vendôme et de Françoise d'Alençon, fut le fondateur de la maison de Condé. Ayant embrassé le calvinisme, il devint le chef du parti de la religion, et, brave et entreprenant, éclipsa complètement son frère aîné le roi Antoine de Navarre; il faillit devenir martyr de sa cause, et la mort de François II le sauva seule de l'échafaud à la suite de l'affaire d'Amboise. Il était de très petite taille et bossu (1). Très débauché, il eut un grand nombre de maîtresses, avec lesquelles il n'était pas toujours très délicat. Ainsi il accepta de Marguerite de Lustrac, veuve du maréchal de Saint-André, le magnifique domaine de Valéry. Il périt à la bataille de Jarnac à l'âge de trente-neuf ans. Il avait été marié à :

*) ELÉONORE DE ROYE, fille de Charles comte de Rouci; il eut d'elle :

1) HENRI I prince de Condé.	Très petit de taille, sourd, peu intelligent.
2) CHARLES.........................	Mort jeune.
3) FRANÇOIS prince de Conti; ép. :	Parlait avec difficulté, était stupide. (Tall. d. Réaux).
*) JEANNE DE COÈSME, fille de Louis de Lucé, veuve de Louis comte de Montafié.	Pas d'enfants de cette alliance.
**) LOUISE-MARGUERITE DE LORRAINE, fille de Henri I duc de Guise.	Eurent une fille unique, qui ne vécut que douze jours.
***) N. une concubine, dont il eut un bâtard :	
a) NICOLAS, dit DE GRAMMONT, abbé..........	Mort sans alliance.
4) CHARLES, cardinal	Mort jeune et sans postérité.
5) LOUIS (jumeau du cardinal Charles).............	Mort en bas âge.
6) N. (fille).............................	Morte en bas âge.
7) N. (fille).............................	Morte en bas âge.
8) N. (fille).............................	Morte en bas âge.
**) FRANÇOISE D'ORLÉANS, DE LONGUEVILLE, fille de François d'Orléans marquis de Rothelin.	
9) CHARLES comte de Soissons..................	Très borné et bizarre, mais homme de cœur.
10) LOUIS..............................	Mort en bas âge.
11) BENJAMIN...........................	Mort en bas âge.
***) ISABELLE DE LIMEUIL, concubine.	
12) N..............................	Mort au berceau.

Ainsi de *douze* enfants de Louis I *deux* seulement, Henri I de Condé (1552-1588) et Charles comte de Soissons (1566-1612), eurent de la postérité, et encore celle du second ne tarda pas à s'éteindre; en effet :

(1) M. le duc d'Aumale cherche à faire croire qu'il n'était que voûté, sans appuyer du reste cette assertion de la moindre preuve (*Histoire des princes de Condé pendant les* XVIe *et* XVIIe *siècles*. Paris, Michel Lévy, 1863, p. 23).

CHARLES comte de Soissons, marié à ANNE DE MONTAFIÉ, eut d'elle :

1) LOUISE ; ép. Henri d'Orléans duc de Longueville ; elle eut deux fils et une fille. — Ses deux fils moururent au berceau.

2) LOUIS comte de Soissons..................... — Personnage brillant, l'ennemi le plus redoutable de Richelieu, vainqueur à la bataille de Marfée ; mort sans alliance.

3) MARIE ép. THOMAS-FRANÇOIS DE SAVOIE-CARIGNAN. — De ses trois fils l'aîné est sourd-muet, le deuxième bègue au point de n'avoir pas la parole articulée.

4) CHARLOTTE.................................... — Morte jeune et sans alliance.

5) ELISABETH................................... — Morte en bas âge.

Le comte de Soissons avait eu encore deux filles, religieuses. — Mortes sans alliance.

HENRI I DE BOURBON prince de Condé avait été marié deux fois, à :

*) MARIE DE CLÈVES, fille de François Ier duc de Nevers ; il eut d'elle :

1) CATHERINE .... — Morte jeune et sans alliance.

**) CHARLOTTE-CATHERINE DE LA TRÉMOUILLE, fille de Louis III duc de Thouars ; il eut d'elle :

2) ELÉONORE ; ép. PHILIPPE-GUILLAUME DE NASSAU prince d'Orange. — Morte sans enfants.

3) HENRI II prince de Condé.

Henri II (1588-1646) naquit posthume, et la légitimité de sa naissance avait été sérieusement contestée (1). C'était un homme avide, avare, intrigant, incapable, poltron et escroc ; il était adonné à des débauches infâmes. Il eut des démêlés avec Henri IV et le cardinal de Richelieu, fut mis à la Bastille sous le maréchal d'Ancre, mais finissait toujours par faire sa soumission en gagnant de fortes sommes et des gouvernements. Marié par Henri IV à Charlotte-Marguerite de Montmorency, fille du duc Henri I, et que le roi se réservait pour maîtresse, pendant deux mois et demi il ne profita pas de ses droits conjugaux, gar-

(1) Michelet croit qu'il était bâtard adultérin, mais c'est à tort. Louis I était bossu, Henri I de très petite taille (on connaît la chanson : « Ce petit homme tant joli ; Qui toujours chante et toujours rit...); » or tous les Condés furent petits de taille, et la plupart (Henri-Jules, la duchesse du Maine, la duchesse de Vendôme, Louis III, le comte de Clermont, et Louis-Henri, ainsi qu'Armand I de Conti et son fils François Louis, étaient contrefaits. Quant au peu de ressemblance morale, à quoi Michelet attache la plus grande importance, elle s'explique précisément par la dégénérescence *sui generis* que présentent les familles haut placées, et est aux yeux du médecin au contraire une preuve de la filiation légitime.

dant sa femme intacte pour le roi, et se contentant de la dot. Mais,
trouvant plus profitable de se rapprocher de l'Espagne, ou, peut-être,
dans l'intention de tirer du roi amoureux de grosses sommes d'argent,
il fit valoir ses droits, et eut de sa femme *six enfants dont trois moururent en bas âge;* les trois autres furent : Louis II de Bourbon prince
de Condé (le grand Condé), tige de la branche aînée, celle de Condé;
Armand de Bourbon prince de Conti; *Anne-Geneviève,* la célèbre duchesse de Longueville, l'héroïne de la Fronde, connue par ses galanteries et ses aventures; elle termine sa vie chez les jansénistes dans la
dévotion.

Branche de Condé.

« Encore une de ces familles qui, comme celle de Pierre le Grand et
tant d'autres, semblent destinées à mettre en évidence la communauté
d'origine de la prééminence des facultés intellectuelles, de l'excentricité et de l'originalité de caractère, de la perversité morale, du rachitisme, de la folie, etc (1). »

Louis II de Bourbon (1621-1686) prince de Condé (le grand Condé),
le célèbre vainqueur de Nordlinguen, de Rocroy, de Lens et de Senef,
était un homme dur, très ignorant, violent et capable de toutes les
trahisons. Il était amoureux de sa sœur, la duchesse de Longueville,
mais, du reste, on le disait extrêmement froid pour les femmes. Dans
sa vieillesse il se fit courtisan adroit de Louis XIV, s'acquit un grand
renom de gourmandise, et vécut après la campagne de Senef dans
l'obscurité. Il se maria par politique à *Claire-Clémence de Maillé,*
nièce de Richelieu, femme énergique, vaillante et même cruelle. Ils
eurent *trois enfants* dont *deux moururent en bas âge.*

Henri-Jules de Bourbon prince de Condé (1643-1709), fils unique
du grand Condé, était remarquable par *sa difformité physique;
presque nain de taille, il avait la tête très grosse et la figure rouge
et enflée. Il était sujet à des accès de rage furieuse, et fut toujours
un tyran pour sa femme et ses enfants. A la fin de sa vie il devint
complètement fou, s'imaginant être tantôt lièvre, tantôt plante, et
en cette qualité voulait qu'on l'arrose, tantôt chauve-souris; une*

---

(1) Moreau de Tours, *De la psychologie morbide dans ses rapports, etc.* Paris,
1859, p. 548.

autre fois il se crut mort. Il eut de sa femme *Anne de Bavière*, fille d'Édouard prince palatin du Rhin :

1) MARIE-THÉRÈSE; ép. FRANÇOIS-LOUIS prince de Conti.	De ses sept enfants six meurent jeunes ou sans postérité, et celle de Louis Armand II, le seul qui ait survécu, s'éteint dans la troisième génération.
2) HENRI duc de Bourbon......................	Mort en bas âge.
3) LOUIS III duc de Bourbon, prince de Condé.	
4) HENRI comte de Clermont	Mort en bas âge.
5) LOUIS-HENRI comte de la Marche.................	Mort en bas âge.
6) ANNE....................................	Morte en bas âge.
7) ANNE-LOUISE...............................	Morte à vingt-cinq ans sans alliance.
8) BÉNÉDICTE; ép. LE DUC DU MAINE................	Boiteuse et presque naine, mais d'un caractère ferme et décidé; elle était l'âme de tous les complots contre le Régent.
9) ANNE-MARIE; ép. LE DUC DE VENDOME.............	Très laide, bossue et méchante; mourut sans enfants.
10) N. (fille)	Morte au berceau.

Louis III (1668-1710) fut le seul des fils de Henri-Jules qui laissa de la postérité. Tyrannisé par son père, auquel il ressemblait extrêmement au moral comme au physique, *aussi nain, difforme, emporté et cruel que lui,* il lui survécut à peine quelques mois, *et mourut d'apoplexie à l'âge de quarante-deux ans.* Il eut de sa femme *Louise-Françoise de Bourbon* (Melle de Nantes), fille naturelle de Louis XIV :

1) MARIE-ANNE-GABRIELLE..........................	Morte sans alliance.
2) LOUIS-HENRI duc de Bourbon, prince de Condé.	
3) LOUISE-ELISABETH; ép. ARMAND-LOUIS prince de Condé.	
4) MARIE-ANNE..................................	Morte sans alliance.
5) CHARLES comte de Charolais...................	Fou scélérat, célèbre par sa rage homicide et ses débauches sanglantes; mort sans alliance.
6) HENRIETTE-LOUISE, religieuse..................	Morte sans alliance.
7) ELISABETH-ALEXANDRINE	Morte sans alliance.
8) LOUIS comte de Clermont, abbé de Saint-Denis....	« Le bossu méchant. » A cause de sa difformité il embrassa l'état religieux, commanda cependant l'armée française dans la guerre de Sept ans, où il ne fit que des fautes et fut honteusement battu.
9) N...(fille)	Morte en bas âge.

Ainsi des trois fils de Louis III un seul laissa de la postérité. C'était *Louis-Henri* duc de Bourbon, prince de Condé (1692-1740), premier ministre en 1723-26, personnage borné, dissolu et vil, agioteur sous Law, ministre incapable, amant complaisant de Mme de Prie; il était de très petite taille, mal conformé et borgne. Marié deux fois, il n'eut qu'un fils unique, *Louis-Joseph* prince de Condé (1736-1818), qui fut aussi marié deux fois, mais n'eut d'enfants que du premier lit. Son fils *Henri* duc de Bourbon, prince de Condé, fut trouvé en 1830 pendu dans sa chambre. Était-ce un suicide? Était-ce un assassinat? Le roi Louis-Philippe fut fortement soupçonné, comme on sait. Le fils de Henri, le célèbre duc d'Enghien, fusillé par ordre de Napoléon, mourut sans alliance. *Louise-Adélaïde* princesse de Condé, abbesse de Remiremont, fille du prince Louis-Joseph et sœur de Henri, mourut sans alliance; avec eux s'éteignit la maison de Condé.

Branche de Conti.

Armand I. prince de Conti (1629-1666), fils cadet de Henri II prince de Condé, et frère du grand Condé, tige de cette branche, étant bossu, fut destiné d'abord aux ordres, mais quitta l'état religieux et épousa *Anne Martinozzi*, nièce de Mazarin. *Il avait été amoureux de sa sœur* la duchesse de Longueville, et jalousait son frère, ce qui contribua beaucoup à lui faire quitter les ordres et embrasser la carrière des armes. Il eut de sa femme :

1) LOUIS-ARMAND I DE BOURBON prince de Conti; ép. Mort sans enfants. MARIE-ANNE DE BOURBON (Mlle de Blois).
2) FRANÇOIS-LOUIS DE BOURBON, prince de la Roche-sur-Yon, puis prince de Conti, élu roi de Pologne.

François-Louis (1664-1709) prince de Condé était célèbre par sa valeur et son esprit, et Louis XIV le détestait par jalousie pour ses bâtards, qu'il éclipsait, selon les uns, pour ses saillies spirituelles, selon les autres. Le roi fit tout son possible pour faire échouer son élection au trône de Pologne, en le privant de tous les moyens de la soutenir, et ne voulut pas le laisser aller à la guerre. Cependant dans l'intimité François-Louis était opiniâtre et fantasque, très inégal d'humeur et de caractère, se prenant pour sa femme tantôt de haine au point de vouloir la tuer, tantôt d'amour jusqu'à ne pas la laisser s'écarter d'un pas; du reste extrêmement débauché. Madame dit dans sa correspondance qu'il passait pour avoir *la tête un peu dérangée*, et Bussy-Rabutin dit qu'il avait *la taille gâtée*. Il avait été marié à *Marie-Thérèse de Bourbon-Condé* et eut d'elle :

1) N., (fils) .... Mort âgé de quatre jours.
2) MARIE-ANNE; ép. LOUIS-HENRI duc de Bourbon Morte sans enfants.
   prince de Condé.
3) N., prince de la Roche-sur-Yon.................Mort à l'âge de quatre ans.
4) LOUIS-ARMAND II prince de Conti.
5) LOUISE-ADÉLAIDE .... Morte sans alliance.
6) N., comte d'Alais .... Mort âgé d'un an.
7) N., (fille) .... Morte âgée de deux ans.

Louis-Armand I prince de Conti (1695-1727), mort à l'âge de trente-deux ans, n'a joué aucun rôle dans l'histoire. Il eut un fils et une fille : *Louise-Henriette de Bourbon* (Mlle de Conti) épousa Louis-Philippe duc d'Orléans, et le fils, *Louis-François*, n'eut qu'un fils unique, *Louis-François-Joseph* prince de Conti, personnage absolument nul; marié à *Fortunée-Marie d'Este*, fille de François-Marie duc de Modène, il mourut sans postérité, et avec lui s'éteignit la maison de Conti.

ANGLETERRE

La dynastie ducale de Normandie, fondée par Rolon ou Robert en 912, *s'était éteinte dans la quatrième génération*, après une existence d'un siècle à peine, avec Richard III, mort en 1028 sans postérité, et son frère Robert I le Diable, mort en 1035 sans enfants légitimes. Guillaume le Conquérant (1027-1087), bâtard et héritier de ce dernier, ayant fait la conquête de l'Angleterre, y fonda la dynastie normande, *qui ne tarda pas à s'éteindre à son tour après moins d'un siècle d'existence.* En effet, des trois fils de Guillaume I, l'aîné, Robert I Courte-Heuse, ne laissa qu'un fils, mort sans enfants; le deuxième fils de Guillaume I, Guillaume II le Roux, mourut sans alliance, et le troisième, Henri I Beauclerc, n'eut que deux enfants légitimes, un fils, Guillaume Adeling, mort à l'âge de dix-huit ans, et une fille, Mathilde, qui porta la couronne d'Angleterre à la maison d'Anjou. Son fils, Henri II Plantagenet (1133-1189), eut de sa femme Éléonore d'Aquitaine cinq fils : l'aîné, Guillaume, mourut jeune; le deuxième, Henri, mourut à vingt-sept ans sans enfants; le troisième, Richard I Cœur-de-Lion (1157-1199), mourut à quarante-deux ans sans postérité légitime; le quatrième, Geoffroi, n'eut qu'un fils, Arthur de Bretagne, tué à l'âge de quinze ans; et le cinquième, Jean-sans-Terre (1166-1216), lâche, débauché et assassin, continua seul la dynastie. Son fils Henri III (1206-1272) eut deux fils, Édouard I le Long (1240-1307) et Edmond *le Bossu* (1245-1296), tiges de deux branches, de la branche royale et de la première maison de Lancastre. Cette dernière s'éteignit bientôt : Edmond *le Bossu* eut un fils, Henri comte de Lancastre, qui eut six filles et un seul fils, *contrefait*, Henri, surnommé *Tort-Col*, le dernier mâle de cette maison; l'aînée de ses deux filles, Blanche, porta les droits de la maison de Lancastre à la couronne d'Angleterre à son mari Jean de Gaunt, troisième fils d'Édouard II et tige de la seconde maison de Lancastre (Rose-Rouge). Édouard I le Long eut trois fils; les deux cadets, Thomas et Edmond, n'eurent chacun qu'une fille unique, et avec eux s'éteignirent les branches cadettes de la maison royale des Plantagenets; l'aîné seul continua la dynastie.

Édouard II de Caernarron (1282-1327), roi d'Angleterre, épousa *Isabelle*, fille de Philippe le Bel roi de France; il eut d'elle :

I. EDOUARD DE WINDSOR (1382-1377) roi d'Angleterre.

II. JEAN D'ELTHAM comte de Cornouailles; ép. MARIE d'Espagne. — Mort à dix-sept ans sans enfants.

III. JEANNE ; ép. DAVID, fils de Robert Bruce roi d'Ecosse. — Morte sans enfants.

IV. ELÉONORE; ép. RENAUD II comte de Gueldre..... — Morte jeune et sans enfants.

EDOUARD III roi d'Angleterre, eut de sa femme PHILIPPINE, fille de Guillaume comte de Hainaut :

  I. EDOUARD DE WOODSTOCK (le prince Noir); ép. JEANNE, fille d'Edmond de Woodstock, et petite-fille d'Édouard Ier le Long; il eut d'elle:

    A. RICHARD II roi d'Angleterre (1366-1399) .... — Assassin de son oncle le duc de Glocester; marié deux fois, mourut sans postérité.

  II. ISABELLE; ép. ENGUERRAND DE COUCY duc de Bedfort. — Pas d'enfants mâles ; de ses deux filles une stérile.

  III. N. (un fils)................................. — Mort en bas âge.

  IV. N (un fils)................................. — Mort en bas âge.

  V. LIONEL D'ANVERS duc de Clarence............. — Marié deux fois; n'eut qu'une fille unique; avec lui s'éteignit la branche de Clarence.

  VI. JEAN DE GAUNT duc de Lancastre.

  VII. EDMOND DE LANGLEY duc d'York.

  VIII MARIE; ép. JEAN V LE VAILLANT duc de Bretagne. — Morte sans postérité.

  IX. MARGUERITE; ép. JEAN HASTINGS comte de Pembrock.

  X. THOMAS DE WOODSTOCK duc de Glocester; ép. ELÉONORE HUMPHREY. — Son fils unique mort sans postérité.

Ainsi sur *dix* enfants d'Édouard III *sept* ne laissèrent pas de postérité mâle ou même n'en laissèrent pas du tout, et la maison royale des Plantagenets n'est plus représentée que par deux branches cadettes, la maison de Lancastre, issue du cinquième fils d'Édouard III (3me en ne comptant pas, comme on le fait aussi, les deux fils morts au berceau), et la maison d'York, issue du sixième fils d'Édouard III. La rivalité de ces deux branches de la maison royale — Guerre des Deux-Roses — désola l'Angleterre et donna le dernier coup à la dynastie des Plantagenets. Crimes, débauches, assassinats, trahisons, folie, épilepsie, imbécillité, stérilité, tel fut le bilan de la seconde moitié du XVe siècle pour les Plantagenets, qui s'éteignent en laissant la couronne d'Angleterre aux Tudors. En effet, *Henri IV de Bullingbrock* (1366-1413), roi d'Angleterre, fils de Jean de Lancastre et de Blanche de Lancastre, était *épileptique*, et vers la fin de sa vie devint *halluciné*; il mourut de la lèpre, tourmenté par des visions terrifiantes et des remords d'assassinats qu'il avait commis. Marié deux fois, *il n'eut pas d'enfants* de sa seconde femme *Jeanne*, fille de Charles le Mauvais roi de Navarre; de sa première femme *Marie de Bohun*, fille de Humphrey comte de Hertford, il eut :

HENRI V DE MONMOUTH roi d'Angleterre; ép. CATHERINE, fille de Charles VI roi de France; il eut d'elle :	Très débauché.
A. HENRI VI DE WINDSOR roi d'Angleterre et de France; ép. MARGUERITE, fille de Réné le Bon, duc d'Anjou et roi de Sicile; il eut d'elle :	Faible d'esprit, plus tard fou.
1) EDOUARD DE LANCASTRE prince de Galles; ép. ANNE NEVIL, fille de Richard comte de Warwik.	Tué jeune; ne laisse pas de postérité.
2) N. (une fille)	Morte en bas âge.
3) N. (une fille)........	Morte en bas âge.
B. THOMAS DE LANCASTRE duc de Clarence; ép. MARGUERITE DE HOLAND, fille de Thomas comte de Kent.	Mort jeune et sans enfants.
C. JEAN DE LANCASTRE duc de Bedfort, régent de France; ép. : *) ANNE, fille de Jean-sans-Peur, duc de Bourgogne, **) JACQUELINE DE LUXEMBOURG, fille de Pierre comte de Saint-Pol.	Mort sans enfants.
D. HUMPHREY DE LANCASTRE duc de Glocester, régent d'Angleterre; ép. :*) JACQUELINE DE BAVIÈRE comtesse de Hainaut et de Hollande; **) ELÉONORE COBHAM, fille de Réginald de Sterborough.	Mort sans enfants.
E. BLANCHE DE LANCASTRE; ép. LOUIS LE BARBU DE WITTELSBACH duc de Bavière-Ingolstadt.	Son fils unique Robert-l'Anglais mort à vingt ans sans enfants.
F. PHILIPPINE DE LANCASTRE; ép. Eric de Poméranie roi de Suède, de Norvège et de Danemark.	Morte sans enfants.

Ainsi s'éteignit la branche de Lancastre de la maison des Plantagenets, après avoir passé par l'épilepsie (Henri IV), l'imbécillité (Henri VI), la débauche (Henri V), la folie (Henri IV, Henri VI), la mort prématurée deux filles d'Henri VI, Thomas duc de Clarence, Robert fils de Blanche de Lancastre), la stérilité (Édouard fils d'Henri VI, Thomas, le duc de Bedford, le duc de Glocester, Robert de Wittelsbach, Philippine reine de Danemark), etc.

La maison d'York (Rose-Blanche), rivale de celle de Lancastre, était issue d'Edmond de Langley duc d'York, sixième fils (quatrième si l'on ne compte pas les deux fils morts en bas âge) d'Édouard III, et par conséquent frère de Jean de Gaunt duc de Lancastre.

Les deux fils d'Edmond moururent vers l'âge de quarante ans. L'aîné Édouard duc d'York, tué à la bataille d'Azincourt, ne laissa pas d'enfants de sa femme Philippine, fille de Jean lord Mohun de Dunstes. Le cadet, Richard comte de Cambridge, décapité sous Henri V, avait été marié deux fois; il n'eut pas d'enfants de sa seconde femme Mathilde, fille de lord Clifford, et de sa première femme Anne Mortimer, arrière-petite-fille et première héritière des droits de Lionel duc de Clarence, fils d'Édouard III de Windsor (elle était fille de Roger Mortimer comte de la Marche, fils de Philippine de Clarence, fille unique de Lionel; voy. plus haut), il eut le célèbre Richard duc d'York, protecteur du royaume. Les intrigues, les complots et la rébellion semblaient être dans le sang des York. Edmond de Langley avait pris part à la révolte de son frère Jean de Gaunt; Richard comte de Cambridge, fils d'Edmond de Langley, complota contre Henri V, que son père avait aidé à monter au trône, et fut décapité. Richard duc d'York, fils de Richard de Cambridge, passa toute sa vie dans les intrigues et la rébellion, tantôt battant les troupes du roi Henri VI, ou plutôt de Marguerite d'Anjou femme de ce dernier, tantôt battu par elles; tué à la bataille de Wakefield en 1460, il laissa de sa femme Cécile Nevil ;

I. EDOUARD IV duc d'York, roi d'Angleterre (1442-1483); ép. ELISABETH, fille de Richard Woodville; il eut d'elle : — Assassina Henri VI son prisonnier, fit massacrer Édouard, fils d'Henri VI, et noya son propre frère Georges duc de Clarence; mourut à quarante et un ans, épuisé par la débauche.

   A. ELISABETH ép. HENRI VII TUDOR roi d'Angleterre.

   B. EDOUARD V roi d'Angleterre................. — Assassiné à l'âge de douze ans par son oncle Richard III.

   C. RICHARD duc d'York........ .... — Assassiné à l'âge de dix ans avec son frère.

II. EDMOND comte de Rutland........ .... — Assassiné à l'âge de douze ans.

III. GEORGES duc de Clarence; ép. ISABELLE NEVIL, fille de Richard comte de Warwick (le Faiseur de rois); il eut d'elle : — Assassina Édouard prince de Galles, fils d'Henri VI, trahit le roi son frère, ensuite ses nouveaux alliés; mis à mort.

   A. EDOUARD comte de Warwick, surnommé LE DERNIER DES PLANTAGENETS. — Passa la moitié de sa vie en prison; décapité pour complot

   B. MARGUERITE comtesse de Salisbury; ép. RICHARD POLE.

IV. RICHARD III duc de Glocester, roi d'Angleterre — Assassina Édouard prince de

1452-1485); ép. Anne Névil, fille de Richard comte de Warwick; il eut d'elle :

Galles, fils d'Henri VI, et épousa sa veuve; perdit par ses calomnies son frère Clarence, empoisonna son autre frère le roi Édouard IV, assassina ses deux fils et leur oncle Rivers. Boiteux, bossu, paralysé d'un bras. Personnage éminemment pathologique au physique comme au moral.

A. Édouard prince de Galles .... Assassiné à l'âge de onze ans.
V. Anne; ép. : *) Henri Holland duc d'Exeter; **) Thomas Saint-Leger.
VI. Élisabeth; ép. Jean de Suffolk.
VII. Marguerite; ép. Charles le Téméraire duc de Bourgogne. Morte sans enfants.

Ainsi s'éteignit dans le crime la branche d'York. La dégénérescence des Plantagenets pesa lourdement sur les deux branches rivales de la Rose-Rouge et de la Rose-Blanche; les Lancastres étaient une famille de fous et d'imbéciles, les Yorks, une famille de scélérats; mais chez ces derniers la personnalité physique de Richard III, bossu, boiteux et paralysé d'un bras, indique nettement le caractère névropathique de la scélératesse des Yorks.

Les deux familles s'étant éteintes dans les mâles, Marguerite de Beaufort, fille de Jean duc de Somerset et petite-fille de Jean de Beaufort comte de Somerset, frère de Henri IV, héritière des droits de Lancastre, les transmit à son fils Henri Tudor, qu'elle avait eu de son premier mari Édouard Tudor, fils d'Owen Tudor et de Catherine de Valois, fille de Charles VI roi de France et veuve d'Henri V roi d'Angleterre. Ayant épousé Élisabeth, fille d'Édouard IV, Henri VII (1456-1509) réunit les droits des deux familles rivales de Lancastre et d'York dans la famille de Tudor. Henri VII n'est remarquable que par sa rapacité et ses exactions, et encore par la fondation de quelques collèges et maisons religieuses, ce qui lui fit donner le titre de « *Prince pieux et ami des lettres* », titre qui ne lui avait pas survécu et qu'il ne garda pas dans l'histoire. Cependant il paraît que c'était un homme réellement instruit; ainsi il ne voulut pas accepter la traduction latine de la Sphère de Proclus, que Thomas Linacer, précepteur de son fils Arthur, lui avait dédiée, parce que cette traduction n'était pas la première.

Henri VII avait eu huit enfants :

I. ARTHUR prince de Galles; ép. CATHERINE D'ARAGON, Mort jeune et sans enfants*
fille de Ferdinand le Catholique.

II. MARGUERITE; ép. *) JACQUES IV roi d'Écosse;
) ARCHAMBAUD DOUGLAS comte d'Angus; *)
HENRI STUART.

III. HENRI VIII roi d'Angleterre.

IV. N. (un fils)..................................... Mort en bas âge.

V. N. un fils) .... Mort en bas âge.

VI. N: (une fille) .. .. Morte en bas âge.

VII. N. (une fille) .... Morte en bas âge.

VIII. MARIE ép. :

       *) LOUIS XII, roi de France.   Pas d'enfants de cette alliance.

     **) CHARLES BRANDON duc de Suffolk   Son fils unique mort sans postérité.

La dynastie des Tudors, qui ne se rattache que de loin par les femmes à la famille royale des Plantagenets, est cependant, à peine montée au trône, durement frappée dès la première génération, et la dégénérescence y marche rapidement, comme on le voit. Henri VIII, (1491-1547) est un personnage éminemment névropathique, cruel, sanguinaire, lascif et dévot, prodigue et cupide, entêté et versatile. Il décapita deux de ses femmes pour en épouser d'autres, et faillit faire périr une troisième; auteur d'un livre contre la Réformation et ayant mérité le titre de *défenseur de la foi*, que le pape lui décerna, il introduit, lui profondément catholique, la Réformation en Angleterre pour une misérable question de femmes, et l'impose violemment par des exécutions et des cruautés. On dit qu'à son lit de mort il s'en repentit et dit à son entourage : « Mes amis, nous avons tout perdu, l'État, la renommée, la conscience et le ciel, » et l'on prétend même qu'il ne communia que sous une espèce. Marié six fois, il n'eut que trois enfants, *Marie, Élisabeth* et *Édouard*. Il désigna d'abord pour son héritière l'aînée, Marie, l'éloigna ensuite de la cour, lui enleva son titre de princesse de Galles, et la traita comme une bâtarde. Cependant, ayant désigné pour son successeur Édouard VI, il voulut qu'en cas qu'Édouard mourrait sans enfants, Marie lui succédât.

Édouard VI (1537-1553) mourut à l'âge *de dix-huit ans sans alliance.* Marie (1515-558), fanatique, sanguinaire et féroce, mérita par ses cruautés le surnom d'*hyène du Nord*, pendant de celui de *tigre du Midi* qui fut donné à son mari Philippe II d'Espagne, fils de l'empereur Charles-Quint; elle fit décapiter la malheureuse Jeanne Grey, et trois fois fut sur le point de faire mourir sa sœur Élisabeth; *elle mou-*

rut sans enfants. Élisabeth (1533-1603), qui lui succéda, eut un des règnes les plus brillants de l'histoire ; cependant c'était une femme futile, et qui, d'après la remarque de Bayle, à l'encontre d'Agrippine, ne s'était pas affranchie, malgré les graves soucis du pouvoir, des faiblesses et des travers de son sexe. Très vaine de sa beauté, de la blancheur de ses mains, des formes de sa gorge, elle cherchait à provoquer des passions ou du moins des désirs, et c'était un sûr moyen de parvenir que de faire voir qu'on la trouvait désirable, comme aussi de louer sa toilette, dont elle faisait la principale occupation et le grand souci de sa vie. Cette coquetterie de femme, elle la conserva jusqu'à la vieillesse la plus avancée : à soixante-cinq ans elle portait des robes ouvertes sur la poitrine et le ventre et, faisant mine d'avoir chaud, d'un mouvement de la main elle écartait la robe et faisait voir aux ambassadeurs étonnés sa vieille gorge flétrie et même son nombril, qu'elle croyait avoir très beau. A soixante-huit ans, elle croyait encore inspirer des passions et acceptait comme sincères les compliments les plus ridicules : «de danser comme Vénus, de monter à cheval comme Diane, de marcher comme Junon », etc. Elle pensait sérieusement que la guerre d'Espagne n'avait d'autre cause que la passion de Philippe II pour elle. La politique de l'Angleterre, ses relations avec les autres pays, dépendaient de ce que tel ambassadeur avait dit de la robe d'Élisabeth, de son chant, de sa prononciation française. Cependant cette femme si futile était la digne fille d'Henri VIII ; aussi cupide que lui, mais de plus avare jusqu'à la ladrerie, fausse, vénale, avide, violente et cruelle, comme tous les Tudors, elle souffletait ses favoris et battait cruellement ses filles d'honneur ; de plus, c'était la même insensibilité, la même stupidité affective ; verser le sang humain ne lui coûtait guère, et les motifs les plus futiles suffisaient pour lui faire prononcer des arrêts de mort. Marie Stuart périt sur l'échafaud, surtout parce qu'Élisabeth la haïssait comme sa rivale en beauté ; le favori Essex fut décapité non pour ses projets, mais par dépit amoureux. Il paraît qu'Élisabeth n'eut réellement jamais d'amants, et cela par une raison qui est d'une importance capitale pour la question qui nous occupe. Élisabeth avait une atrésie incomplète de la vulve, qui devait rendre le coït difficile, sinon impossible, et qui, en tout cas, menaçait Élisabeth de mort, d'après les idées du temps, en cas de grossesse. Son entourage insistant sur la nécessité pour cela d'accepter la main du duc d'Alençon, elle répondit qu'elle ne croyait pas être aimée si peu de ses sujets qu'ils voulussent la voir mourir avant le temps; elle défendit aussi qu'on touchât à son corps quand elle serait morte et qu'on la mit à nu.

Élisabeth mourut dans *un accès de mélancolie avec stupeur*. Avec elle s'éteignit dans sa troisième génération la dynastie des Tudors, et la couronne d'Angleterre passa par droit d'héritage aux Stuarts. En effet, Marguerite Tudor, fille d'Henri VII d'Angleterre, et par conséquent tante des trois enfants d'Henri VIII, qui avaient successivement régné en Angleterre, et avec lesquels s'éteignit la dynastie, avait épousé en premières noces Jacques IV Stuart roi d'Écosse, en secondes Archambaud Douglas comte d'Angus, en troisièmes Henri Stuart, fils d'André Stuart. Elle eut du premier lit Jacques V (1512-1542), écrivain et poëte, mort *fou à trente ans*, qui eut de sa seconde femme Marie de Lorraine, fille de Claude duc de Guise, la célèbre Marie Stuart. Celle-ci fut mariée trois fois: 1° à François II de Valois roi de France; 2° à son cousin Henri Stuart de Darnley, fils de Mathieu Stuart comte de Lenox et de sa femme Marguerite Douglas, fille de Marguerite Tudor et d'Archambaud Douglas; 3° à Jacques comte de Bothwell. Marie Stuart eut de son deuxième lit Jacques VI, qui, comme arrière-petit-fils de Marguerite Tudor, était héritier légitime du trône d'Angleterre tant par sa mère, qui était seule représentante de la branche aînée, que par son père, qui était le représentant aîné de la branche cadette; les prétentions d'Arabella Stuart n'avaient donc aucun fondement.

Jacques Ier (VI comme roi d'Écosse), plus théologien que roi, était faible et indécis de caractère, lâche en politique comme dans sa vie privée, faible et très gros de corps. Puéril, gauche, débauché, bègue, baveux, pleurnicheur, tenant des discours de bouffon ou de pédant, il fut en Angleterre un sujet de dérision et de dégoût. Il avait vingt-deux ans quand sa mère fut exécutée; cependant il ne chercha pas à la venger; sa lâcheté était telle, qu'il tombait presque en faiblesse à la vue d'une épée nue, ce qui ne l'empêcha pourtant pas d'étouffer avec beaucoup d'énergie et de promptitude le complot en faveur d'Arabella Stuart. Marié à *Anne*, fille de Frédéric II roi de Danemark, il eut d'elle :

I. HENRI-FRÉDÉRIC prince de Galles	Mort à dix-neuf ans.
II. ELISABETH; ép. FRÉDÉRIC V électeur Palatin (voy. plus bas).	Ambitieuse et énergique, poussa son mari à accepter la couronne de Bohême et partagea ses dangers.

III. CHARLES I roi d'Angleterre et d'Ecosse (1600-1649);

ép. HENRIETTE MARIE, fille d'Henri IV roi de France;
il eut d'elle :

A. CHARLES II roi d'Angleterre (1630-1685); ép. CATHERINE, fille de Jean IV roi de Portugal.	Très débauché, épileptique; mort sans postérité légitime.
B. MARIE; ép. GUILLAUME II DE NASSAU prince d'Orange.	Morte jeune; son fils unique mort sans postérité.
C. JACQUES II roi d'Angleterre..................	Bègue, très borné, à moitié fou, dévot, débauché et sanguinaire.
D. HENRI duc de Glocester....................	Mort jeune.
E. HENRIETTE-MARIE (Madame); ép. Philippe I duc d'Orléans.	Pas de postérité mâle : une de ses deux filles est stérile ; (pour l'autre voyez Victor-Amédée II duc de Savoie).

JACQUES II roi d'Angleterre (1633-1701); ép. :
 *) ANNE HYDE, fille d'Edouard comte de Clarendon;
  il eut d'elle :

A. (un fils).................................	Mort en bas âge.
B. MARIE II reine d'Angleterre; ép. GUILLAUME DE NASSAU prince d'Orange, puis roi d'Angleterre.	Morte jeune et sans enfants; intelligence très bornée.
C. (N., une fille)...........................	Morte en bas âge.
D. ANNE reine d'Angleterre; ép. GEORGES, fils de Frédéric III roi de Danemark.	Faible d'intelligence, craintive, adonnée aux boissons fortes; eut onze enfants tous morts en bas âge.
E. (N., un fils)..............................	Mort en bas âge.
F. (N., un fils).............................	Mort en bas âge.
G. (N., une fille)...........................	Morte en bas âge.
H. (N, un fils).............................	Mort en bas âge.

 **) MARIE-BÉATRICE-ÉLÉONORE D'ESTE, fille d'Alfonse IV duc de Modène :

I. (N., un fils).............................	Mort en bas âge.
J. (N., une fille)...........................	Morte en bas âge.
K. (N., une fille)...........................	Morte en bas âge.
L. (N., une fille)...........................	Morte en bas âge.
M. JACQUES-ÉDOUARD-FRANÇOIS (le Prétendant, 1088-1766).	—
N. LOUISE-MARIE-ELISABETH........	Morte jeune.

On le voit, le tableau généalogique montre déjà les Stuarts en pleine voie de dégénérescence, qui devient plus évidente encore, quand on rappelle le caractère des derniers rois de cette famille. Charles I était perfide, sans honneur et même sans courage; « la perfidie paraissait tenir à sa nature même; une inclination incurable le poussait toujours aux moyens sombres et détournés », dit Macaulay. C'était un fourbe sans scrupules, traître, menteur, violant à plaisir les serments les plus sacrés et sa parole d'honneur de roi et de gentilhomme : sa perfidie, ses mensonges, son manque de parole, finirent par décourager et dégoûter ses partisans les plus dévoués et furent la vraie cause de sa chute. Ce « roi chevalier » refusait tout aux vœux de son peuple, et ne cédait qu'aux menaces; il fut même lâche sur le champ de bataille (Macaulay). On sait qu'il fut fortement soupçonné d'avoir empoisonné Jacques I, son père. Charles II, fils aîné de Charles I, était d'aussi mauvaise foi, aussi perfide que son père, mais frivole, inconstant, sceptique, indifférent à tout, sans dignité, sans patriotisme, d'une ignorance crasse et extrêmement paresseux. Privé de tout sentiment, bon comme mauvais, il était insensible à la flatterie comme aux offenses, au dévouement comme à la haine; faible par insouciance, il prodiguait des grâces à des misérables qu'il méprisait. Il n'avait ni reconnaissance ni rancune; son aversion même et sa haine étaient faibles et fugaces. Extrêmement débauché, il était l'esclave de toute femme qu'il désirait, l'esclave de ses maîtresses, qui se livraient cependant sous ses yeux à ses courtisans. Il s'adonna à la débauche la plus crapuleuse, s'entoura d'un harem, se livrant avec ses courtisanes aux amusements les plus frivoles; ainsi, pendant que la flotte hollandaise brûlait les vaisseaux anglais devant Chatam, il s'amusait à poursuivre, avec une foule de femmes, un phalène dans sa salle à manger. Vers la fin de sa vie il eut, paraît-il, des accès d'épilepsie; en effet, vers la fin de l'année 1684 il devient irritable, grossier, ce qui ne lui était pas naturel; aux premiers jours de février 1685 sa pensée s'égara, et il eut un accès passager de folie complète et de stupeur, consécutif à un accès d'épilepsie. Il n'eut pas d'enfants légitimes, mais laissa plusieurs bâtards. De Lucy Walters il eut *Jacques Crofts* duc de Monmouth, le célèbre « roi Monmouth »; libertin, incapable, irrésolu, mais ambitieux, il conspira contre son père; pardonné, il recommença, dut prendre la fuite, voulut tenter la fortune des armes contre son oncle, mais abandonna ses partisans et s'enfuit à la bataille de Bridgewater, et, fait prisonnier, se montra ignoblement lâche, chargeant ses amis et s'avilissant d'une façon abjecte pour sauver sa vie. Charles II eut encore de la duchesse de Cleveland : le duc de Grafton, qui trahit son oncle, et les ducs de Southampton et de Northumberland; d'Éléonore Gwynn, le duc d'Albans; de la duchesse de Portsmouth, le duc de Richemond.

Jacques II, deuxième fils de Charles I, aussi sensuel et égoïste que son frère, était, de plus, sot, méchant, grossier, impitoyable, rancunier, féroce, faux, traître et menteur, comme tous les Stuarts, extrêmement dévot, et complètement abruti par la superstition ; avec cela escroc, malhonnête, cupide et vénal. Il réprima avec une férocité inouïe les troubles en Écosse et dans l'ouest, fit massacrer et piller des populations entières et en plaisantait lourdement à table. Il prenait plaisir à assister aux tortures et à épier l'agonie des patients ; donnant au conseil privé, en Écosse, l'ordre de traiter les rebelles avec la dernière rigueur, il lui recommandait surtout de ne pas leur épargner la torture des brodequins dont il avait gardé un souvenir particulièrement agréable. Sous ce rapport comme sous beaucoup d'autres, il rappelait l'empereur Claude : aussi méticuleux, aimant le travail paperassier de bureaux, aussi passionné pour l'acte sexuel et indifférent à la personnalité morale — et même physique de la femme. En effet, sa première femme, Anne Hyde, était laide ; il la délaissa pour une maîtresse plus laide encore, Arabella Churchill. Son autre maîtresse, Catherine Sedley, était aussi laide et désagréable (Charles II assurait qu'elle avait été imposée à Jacques par son confesseur comme pénitence), mais d'une impudence rare ; elle-même s'étonnait de la passion de Jacques pour elle, disant qu'il ne l'aimait pas certainement ni pour sa beauté puisqu'elle n'en avait pas, ni pour son esprit, étant incapable de l'apprécier. Effectivement, il était hors d'état de comprendre même le plus simple raisonnement ; il croyait répondre victorieusement aux objections qu'on lui faisait, en répétant, et cela dans les mêmes termes, l'idée contestée, et si l'on n'était pas de son avis, il s'en offensait, comprenant qu'on mettait en doute sa véracité, ce qui rendait toute conversation avec lui impossible ; enfin, c'était un imbécile complet, mais un imbécile méchant, haineux et implacable ; Macaulay n'hésite pas à affirmer qu'il était le plus cruel de tous les rois d'Angleterre. Après l'échauffourée de Bridgewater, il poursuivit avec une implacable férocité non seulement son neveu Monmouth, mais encore toute la population, n'accordant jamais de grâces autrement que dans un intérêt ignoble de lucre. « Sa clémence, dit Macaulay, prenait sa source dans un sentiment ou sordide ou malfaisant : la soif de l'or ou la soif du sang. » Pour être gracié, même étant innocent, il fallait ou payer de grosses sommes, ou dénoncer d'autres personnes contre lesquelles il n'avait pas de preuves, et lui fournir le moyen de les dépouiller ou de les mettre à mort ; sa seconde femme, Marie-Béatrice d'Este, prenait une part active à ses ignobles exactions. Il avait d'abord poursuivi les nobles, mais comme leurs biens lui échappaient, grâce aux substitutions, il sévit contre les négociants, qu'il pouvait, dit son historien

Macaulay, et pendre et piller. Avec cela il était d'une lâcheté ignoble, abjecte, et quand parut le manifeste de Guillaume d'Orange, son intelligence, qui n'avait jamais été bien lucide, se troubla complètement; quand il fut arrêté près de Sheerness, « la peur le dominant, et sa sottise étant égarée par la terreur, il se mit à divaguer et à tenir des discours incohérents ». Dans son exil à Saint-Germain, les courtisans de Versailles le méprisaient pour sa bêtise; on disait que quiconque avait eu l'honneur d'entendre S. M. britannique raconter sa propre histoire, ne s'étonnait plus qu'elle fût à Saint-Germain et que son gendre fût à Saint-James.

Marie, la fille aînée de Jacques II, était une femme douce et vertueuse, mais tout à fait bête; elle scandalisa tout le monde à son entrée à Whitehall après la fuite de son père; sa sœur Anne, aussi bornée qu'elle, timide, et de plus adonnée aux boissons fortes, fut l'humble servante et l'esclave de l'altière lady Marlborough. Marie était stérile; Anne eut onze enfants, tous morts en bas âge; une troisième fille de Jacques II mourut jeune.

Son fils, le Prétendant, roi titulaire d'Angleterre, duc de Glocester, chevalier de Saint-Georges, était un homme très borné, lâche, mesquin, envieux, jalousant son propre fils et cherchant à faire échouer ses projets de restauration. Il épousa *Marie-Clémentine*, fille de Jacques-Louis Sobieski, et eut d'elle deux fils : 1° *Charles-Édouard-Louis* (le Prétendant), prince de Stuart et comte d'Albany; 2° *Henri-Benoît-Marie-Clément-Édouard* duc d'York, cardinal. Charles-Édouard était énergique et brave, mais peu intelligent, complètement illettré (il ne peut pas arriver à apprendre à écrire), ivrogne, finit par devenir tout à fait fou et tomba enfin dans la démence avec accès d'agitation maniaque; il mourut de paralysie. Il n'eut pas d'enfants de sa femme *Louise-Marie-Caroline-Emmanuelle*, fille de Gustave-Adolphe prince de Stolberg-Gedern; avec lui et son frère Henri-Benoît, mort sans alliance, s'éteignit la branche royale de la famille de Stuart, et la couronne passa à la famille régnante de Hanovre, qui y avait droit comme issue d'Élisabeth, fille du roi Jacques I d'Angleterre. En effet, la branche cadette de la dynastie de Stuart, issue de Marguerite Douglas, fille de Marguerite Tudor et petite-fille d'Henri VII, s'était confondue dans son rameau aîné avec la branche aînée par le mariage de Henri Stuart de Darnley, fils aîné de Marguerite Douglas, avec Marie Stuart, et éteinte dans son rameau cadet, Arabella Stuart (fille de Charles Stuart comte de Lenox, qui était lui-même second fils de Marguerite

Douglas) étant morte sans postérité. La branche aînée elle-même s'était divisée, le roi Jacques I ayant eu deux fils, mais l'aîné mourut à dix-neuf ans sans alliance, et la postérité de Charles I, fils cadet de Jacques I, s'était éteinte aussi, comme nous venons de le voir, tant dans les mâles que dans les femelles, ayant porté même la stérilité dans la maison de Nassau-Orange, à laquelle elle s'était alliée. Pour trouver des héritiers légitimes à la couronne d'Angleterre il fallut donc remonter la ligne des Stuarts et trouver quelque rameau qui se serait détaché de la dynastie et se serait perdu dans quelque autre famille. Or nous avons vu que Jacques I avait eu, outre les deux fils, dont l'un ne laissa pas d'enfants, et la postérité de l'autre venait de s'éteindre, une fille, Élisabeth, qui avait épousé l'électeur palatin Frédéric V. Celle-ci avait eu beaucoup d'enfants ; *plusieurs moururent en bas âge*. Ceux qui vécurent étaient : Charles-Louis, électeur palatin, mort en 1680, *ne laissa qu'une fille*, Charlotte-Élisabeth de Bavière, catholique, et qui d'ailleurs avait épousé Philippe I duc d'Orléans, prince catholique et français ; Élisabeth mourut aussi en 1680 *sans alliance* ; Maurice *mourut jeune* (trente-quatre ans) *et sans alliance* ; Louise *mourut sans alliance* ; Édouard, comte palatin, devint *fou* et mourut *à l'âge de trente-neuf ans ne laissant que trois filles ;* enfin Sophie, la cadette des enfants d'Élisabeth, qui fut déclarée en 1701 par le Parlement héritière de la couronne d'Angleterre, et qui, ayant épousé Ernest-Auguste de Brunswick-Lunebourg, avait des enfants protestants. Son fils Georges-Louis, électeur de Hanovre, succéda à la reine Anne sous le nom de Georges I, en 1714.

Nous nous arrêtons ici, au seuil du XVIIIᵉ siècle. Dans l'espace de temps que nous venons d'examiner, depuis Édouard II, monté au trône en 1307, jusqu'à Georges I de Hanovre, c'est-à-dire en quatre siècles, le trône d'Angleterre avait usé et tué six dynasties, — les Plantagenets, les Lancastres, les Yorks, les Tudors, les Stuarts et les Oranges,— et la septième, celle de Hanovre, venait de ceindre la couronne. Faut-il rappeler l'histoire lamentable de cette dernière ? Inintelligence, folie, débauches, alcoolisme, stérilité, mort prématurée, adultère, honte et scandales,— tel fut le partage de cette famille depuis qu'elle était montée au trône royal d'Angleterre ; sa décadence et sa dégénérescence ne peuvent guère être douteuses pour qui connaît l'histoire de cette dynastie depuis les Georges, *et jusqu'à nos jours.*

DEUXIÈME PARTIE

LE TALENT

CHAPITRE PREMIER

Extinction des aristocraties. — Augmentation du nombre des aliénés. — Influence
de la civilisation sur le développement de la folie.— Lélut et Moreau (de Tours).

Nous venons de passer en revue les dynasties qui avaient régné dans
les pays de l'Europe occidentale, et le lecteur a pu s'assurer que la
dégénérescence, le vice phrénopathique, la mort prématurée et la
stérilité les avaient frappées, comme l'avait été la dynastie Julia, dynastie
que nous avons analysée pour donner un spécimen de ce genre de
recherches, et qui, loin d'être une exception, n'est, comme nous l'avons
dit, que le type de ces races en voie de dégénérescence nerveuse, et qui
présente le tableau classique des états pathologiques par lesquels
passent les familles avant de s'éteindre définitivement.

Mais la stérilité, les psychopathies, la mort prématurée, et finalement
l'extinction de la race, ne constituent pas un avenir réservé spécialement et exclusivement aux dynasties souveraines. Toutes les classes
privilégiées, toutes les familles qui se trouvent dans des positions
exclusivement élevées, partagent le sort des familles régnantes, quoiqu'à un degré moindre et qui est toujours en rapport direct avec la grandeur de leurs privilèges et la hauteur de leur position sociale. Cette
particularité singulière avait déjà été remarquée dès les temps les plus

anciens, et bien des moralistes, des philosophes, et même des médecins avaient cherché une explication de ce fait. On sait que dernièrement cette question avait même donné lieu à des théories nouvelles sur la fécondité. MM. Howorth, Doubleday et plusieurs autres auteurs avaient cru que les bonnes conditions hygiéniques favorables à la santé de l'individu, sont funestes à la prospérité de l'espèce; qu'il existe entre l'individu et l'espèce un certain antagonisme qui se traduit, chez les animaux forts, vigoureux et bien nourris, par la stérilité ou du moins par un affaiblissement de la faculté génésique, et que la fécondité, au contraire, et la prospérité de l'espèce étaient en relation directe des privations et des mauvaises conditions hygiéniques auxquelles l'individu est exposé.

On sait que toutes les aristocraties, toutes les classes privilégiées sont constamment en voie de dégénérescence, qu'elles sont frappées de stérilité, et que le nombre de ces élus du sort, bien loin d'augmenter, diminue au contraire très rapidement; les aristocraties de tous les pays et de tous les âges ne se maintiennent que grâce à des anoblissements de roturiers. Le fait général avait déjà été remarqué dès l'antiquité. A Rome on était forcé de recourir à des anoblissements en masse pour conserver l'ordre patricien, dont les familles s'éteignaient avec une grande rapidité. A la fin de la royauté il restait déjà si peu de familles nobles du temps de Romulus, que Brutus dut instituer une nouvelle noblesse *minorum gentium;* et cependant après la deuxième guerre punique le sénat ne comptait plus que cent vingt-trois membres, et l'on en créa cent soixante-dix-sept pour compléter le nombre réglementaire de trois cents. En 179 le sénat ne comptait que quatre-vingt-huit patriciens pour deux cent douze plébéiens (1). Jules César fit par la loi *Cassia* une nouvelle fournée de patriciens; Auguste anoblit aussi par la loi *Sænia* un nombre très considérable de familles, et cependant, à peine cinquante ans après, l'empereur Claude dut faire de nouveaux anoblissements, l'aristocratie de Jules César et d'Auguste s'étant déjà éteinte en grande partie. Quand la classe des chevaliers acquit l'importance politique et financière qu'on connaît, l'extinction de la race, qui n'avait frappé jusqu'alors que les familles patriciennes, s'étendit aussi à l'ordre des chevaliers. En vain Auguste avait-il édicté des lois sur le célibat, en vain encourageait-il les citoyens à avoir des enfants, en

_____

(1) WILLEMS, *Sénat de la républ. rom.*, p. 309. — DURUY, *Histoire des Romains*, t. II, p. 315.

vain les princes ses successeurs accordaient-ils des privilèges politiques et économiques aux pères de famille, — les classes privilégiées ne produisaient que peu d'enfants, le chiffre des naissances restait inférieur à celui de la mortalité, et les familles s'éteignaient.

Mais à Rome les dernières classes de la société, la plèbe la plus misérable, constituaient encore une aristocratie dans le vaste État romain, formaient une classe privilégiée dans le monde méditerranéen ; aussi leur nombre diminuait-il continuellement, au grand effroi des hommes d'État, et Rome et l'Italie se peuplaient de plus en plus d'étrangers. Il avait fallu ouvrir aux Gaulois les portes du sénat, accorder l'anneau d'or aux affranchis, la toge ornée de pourpre et de broderies aux barbares.

Les Spartiates n'étaient pas un peuple, — c'était la classe privilégiée, la noblesse de la Laconie. Après Lycurgue neuf mille Spartiates prenaient part aux syssities ; ils étaient huit mille en 480, six mille en 420 (Ottfr. Müller), deux mille après Leuctrès (en 371), mille au temps d'Aristote, et sous Agis IV, en 230, il n'en restait que sept cents, dont cent seulement pouvaient prendre place aux tables communes, et du temps de Xénophon, sur quatre mille personnes assemblées sur la place publique il n'y avait que quarante Spartiates, les deux rois, les éphores et le sénat compris. Sparte périssait faute d'hommes, dit Polybe.

Les aristocraties féodales de l'Europe moderne eurent le même sort. Au commencement du XVᵉ siècle il ne restait presque plus de familles remontant aux croisades. La noblesse anglaise s'éteint avec une telle rapidité, que certains titres nobiliaires ont été portés successivement par six, sept, huit familles et par un plus grand nombre même. M. Doubleday (1) insiste sur ce fait que le peerage actuel n'est généralement pas de date ancienne, et qu'il ne reste que fort peu de débris de la noblesse des Tudors ; les deux tiers des lords (272 sur 394) datent de 1760 seulement. Le nombre des baronnets tend aussi à diminuer, malgré la création faite par plusieurs souverains et les anoblissements si nombreux de Jacques I : ainsi sur 1527 titres de baronnet, créés depuis 1611, il n'en restait en 1819 que 635, dont 30 seulement datent de 1611. En 1451, Henri VI convoqua 53 lords temporels pour la session du parlement, 20 seulement purent être convoqués en 1486 par Henri VII, et de ces 20 plusieurs avaient été récemment élevés à la pairie

(1) *True law of population.* London, 1858, chap. IV.

(Macaulay). Amelot dit que de son temps à Venise deux mille cinq cents nobles avaient voix dans le conseil, et du temps d'Addison il n'y en avait plus que quinze cents, sans qu'il y eût guerre et quoique plusieurs familles eussent été anoblies dans l'intervalle.

La statistique nous montre de la façon la plus indubitable que la mortalité en général, et celle des enfants en particulier, est notablement moindre dans les classes privilégiées que dans le reste de la population, et que la vie moyenne y est plus longue; comment expliquer dès lors l'extinction des familles aristocratiques? On cite ordinairement trois circonstances, qui donneraient une explication de cette extinction des classes privilégiées; ce seraient : l'intempérance et les excès de tout genre auxquels se livrent les aristocraties, les mariages consanguins, et enfin la volonté arrêtée de ne pas avoir beaucoup d'enfants, pour ne pas diviser les domaines. On dit que la noblesse et les classes privilégiées de tous les pays s'adonnent à des excès *in Baccho et Venere;* c'est possible, mais il est au moins étrange d'accepter le fait sans analyse et sans réflexion. Ou les excès auxquels se portent les aristocraties de toutes les nations et de toutes les époques sont poussés à un tel point qu'ils détruisent les sources mêmes de la vitalité de la race et finissent par l'anéantir, ou, sans que ces excès soient aussi extrêmes, les aristocraties elles-mêmes résistent moins à leur influence délétère que les familles moins heureusement placées dans la hiérarchie sociale. Dans le premier cas, après avoir constaté les excès, chaque médecin tant soit peu versé dans la médecine mentale, posera nécessairement la question pourquoi les aristocraties se montrent-elles particulièrement disposées à ces excès? Nous savons que l'ivrognerie et la débauche ont une influence capitale sous le rapport du diagnostic psychiatrique comme sous celui de l'étiologie et de la pathogénie des psychopathies. Nous avons parlé déjà plus haut de la liaison intime qui existe entre ces excès et l'élément névropathique; nous pouvons donc nous attendre à priori à ce que ces excès soient plus fréquents dans l'aristocratie que dans le reste de la population, et les faits nous donnent raison. On objectera que les classes privilégiées y sont plus adonnées parce qu'elles possèdent plus de moyens de s'y livrer, mais cela ne paraît guère être exact. L'ivrognerie et la débauche sont malheureusement accessibles à tout le monde, à toutes les bourses, aux pauvres comme aux riches, et il faut convenir que les uns et les autres font également un abus déplorable de cette accessibilité. Nous doutons même que l'aristocratie anglaise, qui s'est fait une triste célébrité par ses excès *in Bacche,*

puisse surpasser sous ce rapport la misérable population irlandaise ou
les classes industrielles des grandes villes manufacturières. Mais l'aristocratie anglaise est dans des conditions hygiéniques très favorables,
grâce auxquelles elle atteint un âge très avancé en conservant sa force
et sa vigueur. Comment se fait-il donc que les excès produisent chez
elle la stérilité et l'extinction des familles, tandis que les misérables
Irlandais, pour lesquels mourir de faim est, pour ainsi dire, une situation normale, pullulent comme des lapins ?

Si, au contraire, les excès qui produisent la dégénérescence et
l'extinction des races privilégiées ne présentent rien d'anormal comme
intensité et comme fréquence, et ne peuvent par conséquent être
regardés comme un symptôme grave du vice phrénopathique, il faudra
supposer que la vitalité des aristocraties est faible, et qu'elle résiste
moins aux influences pathogéniques, malgré les excellentes conditions
hygiéniques dans lesquelles vivent ces familles privilégiées, que celle
des misérables populations industrielles et des Irlandais faméliques.

L'aristocratie anglaise est adonnée aux excès de table et à l'abus des
spiritueux, et elle s'éteint ; mais l'aristocratie italienne est généralement
sobre, — l'ivrognerie n'est pas un vice italien, comme on sait, — et
cependant elle s'éteint également. La noblesse romaine s'éteignait
déjà dès les premiers siècles de son existence, malgré sa sobriété et ses
vertus domestiques. Les pairs de Sparte menaient une vie chaste, sobre
et simple, et cependant c'est précisément cette partie de la population
qui s'éteignait avec une effrayante rapidité. La noblesse vénitienne, qui
s'éteignait au temps des doges, ne se distinguait certainement pas par
un ascétisme exagéré ; mais on sait qu'après la chute de la république
la jeune noblesse se jeta avec une sorte de rage dans les excès en tout
genre, et cependant ce mouvement d'extinction des familles s'arrêta.
N. Doubleday (1) dit que le même fait s'était présenté chez les Francs-
bourgeois de Newcastle, qui formaient autrefois une caste privilégiée
de riches marchands et d'artisans ; ils diminuaient de nombre pendant
tout le temps où ils ont joui de leurs privilèges, et n'ont commencé à
multiplier rapidement qu'à l'époque où ils les ont perdus. A Berne, le
patriciat, riche et puissant, si nombreux encore il y a deux siècles, s'est
éteint presque complètement ; sur 487 familles admises dans la bourgeoisie de Berne, de 1583 à 1684, il n'en restait plus que 108 en 1783,
et cependant on sait qu'il avait toujours mené une vie sobre et morale,

(1) *Loc. cit.*

se mariant jeune, et affectant dans son genre de vie, comme dans son maintien, une dignité froide et hautaine. Mais ni cette sobriété, ni ses vertus domestiques, ni sa vie de famille, sévère et sombre, n'avaient pas sauvé le patriciat bernois du sort de toutes les aristocraties, tandis que la classe pauvre de Berne, qui s'était acquis en Suisse une triste réputation d'ivrognerie et d'immoralité sexuelle, croissait et se multipliait.

D'ailleurs, si ce sont les excès en tout genre qui produisent cette dégénérescence et cette extinction des familles privilégiées, nous devons constater chez elles tout d'abord et en premier lieu des phénomènes morbides dus à l'influence de l'alcoolisme et de la débauche, influence dont les résultats physiques et somatiques ont un caractère tout spécial chez l'individu comme chez la race : petitesse de taille, teint plombé, terreux, faiblesse des muscles, aspect hâve et famélique, vie moyenne notablement plus courte, etc. Est-ce là ce que nous voyons dans les aristocraties? Ressemble-t-elle à ces « pâles voyous », à cette population de rodeurs de barrières? Non certainement. Nous constatons, au contraire, chez les classes privilégiées, une taille généralement au-dessus de la moyenne, le système musculaire et osseux bien développé, l'individu fort et vigoureux, la vie moyenne notablement plus longue que dans le reste de la population (1), et la dégénérescence, cette « *Verschlechterung des Geschlechts* », selon l'expression allemande, si pittoresque et si énergique, porte en première ligne, tout particulièrement, exclusivement même, sur le système nerveux, et précisément sur les fonctions les plus hautes, sur l'intelligence, le raisonnement et les sentiments affectifs, tandis que les anomalies somatiques ne viennent que beaucoup plus tard, et comme résultat de la dégénérescence nerveuse. Ainsi, en bonne logique, nous devons supposer que l'élément pathogénique frappe tout d'abord la vie intellectuelle et affective.

Quant aux mariages consanguins, sans parler de ce que leur influence a de douteux, sans rappeler à ce sujet les arguments et les faits d'une grande valeur scientifique que bien des auteurs avaient rapportés pour prouver leur innocuité pathogénique, nous ferons remarquer que ces mariages ne sont nullement plus fréquents dans l'aristocratie que dans les autres classes de la société, que dans la bourgeoisie des petites villes de province et dans les campagnes (2). D'ailleurs, chez les

(1) BENOISTON DE CHATEAUNEUF, *Durée des familles nobles en France* (Ann. d'hygiène, janvier 1810.) — (2) V. MOREL, *Traité des dégénérescences physiques*, etc. Paris, 1857. — DEVAY, *Hygiène des familles*, 1858. *Du danger des unions consanguines au point de vue sanitaire*. Paris, 1862. — MÉNIÈRE, *Gazette médicale*, 1816. —

peuples sématiques, qui se multiplient avec une extrême rapidité, ces
mariages sont très fréquents, et c'est même à cette fréquence des
unions consanguines qu'on a rattaché la fréquence de la surdi-mutité
et de la folie chez les Israélites, fréquence qui serait beaucoup plus
grande que chez les chrétiens (1). Ces unions étaient au contraire une
chose inouïe à Rome, où cependant l'aristocratie s'éteignait régulièrement et très rapidement. Encore moins peut-on parler du désir de
l'aristocratie, et généralement des classes privilégiées, de ne pas avoir
d'enfants; ce sont là des cas individuels, qui peuvent avoir une certaine importance dans l'histoire de telle ou telle famille, mais auxquels
on ne peut évidemment pas rattacher un fait aussi général que celui de
l'extinction des races et des familles privilégiées. Ce désir n'a pas lieu
dans les familles régnantes, où l'on n'a pas à se préoccuper de l'avenir
social des enfants, et cependant ces familles s'éteignent encore plus
rapidement que celles de la noblesse. Dans certaines aristocraties on se
fait même gloire d'avoir beaucoup d'enfants, un honneur d'avoir
des familles nombreuses, et cependant elles s'éteignent comme les
autres. Szczapoff (2) a signalé même l'extinction rapide et la dégénérescence des familles des grands négociants russes en Sibérie, où,
faute de vraie noblesse, elles constituent de fait l'aristocratie du pays.
Ce n'est certainement pas par suite de son désir de ne pas avoir d'enfants, puisque la stérilité est regardée comme une honte, un grand
nombre d'enfants, au contraire, comme une bénédiction du ciel chez
les marchands russes.

Cette dégénérescence, cette stérilité qui n'en est qu'une des manifes-

Boudin, *Danger des unions consanguines et nécessité des croisements*, etc. (*Ann. d'hyg.*, 2e série, t. XVIII, 1862). — Bewiss, *North-American med. Review*, 1857. — Anderson Smith, *Lancet*, 22 febr. 1861. — Voisin, *Mariages consanguins* (*Ann. d'hyg.*, 1866. — Falret, *Arch. gén. de méd.*, 1866); et les articles de MM. Voisin, Rillet, Chosarain, Alfred Bourgeois, Chipault, Hause, Dally, Baillarger, Moreau, etc. Du reste, plusieurs exemples de petits groupes de familles, isolés dans des îles ou des localités peu visitées, où l'on ne se marie qu'entre parents, ont rendu l'influence pathogénique des unions consanguines très douteuse, et l'on admet maintenant assez généralement que la consanguinité n'est pas dangereuse tant que les géniteurs sont sains. Voyez là-dessus la discussion sur la consanguinité dans le *Bulletin de la Société de médecine de Paris*, 1867.

(1) Boudin, *loc. cit.* — Liebreich, *Deutsche klinik*, 1861, n° 6. — Legoyt, *De l'alié-nation mentale et du suicide chez les juifs, Journ. de la Société de statistique*, 10e année, n° 5; *Ann. médico-psych.*, janv. 1871, p. 157 extrait). — Kroner, *Irrensta-tistik in Berlin Zeitschrift für Psychiatrie*, 1868, 3 Heft. — (2) *Annales patriotiques* (russe), octobre 1872.

tations multiples, cette extinction des familles privilégiées, ne sont pour nous que le résultat immédiat et direct de leur position exclusive, en vertu de laquelle ces familles s'unissent entre elles, et, sans faire précisément des mariages consanguins, choisissent les conjoints toujours dans le même milieu social, élevés identiquement, ayant subi les mêmes influences, vivant de la même vie, coulés dans le même moule; ce qui fait que l'élément névropathique, né sous l'influence des troubles fonctionnels de la vie intellectuelle et affective, se développe avec une grande rapidité et arrive vite à sa plus haute puissance. Aussi voyons-nous les familles épuisées, en voie de dégénérescence, refleurir par suite d'une union en dehors de leur caste. Si l'idée que nous nous faisons de la dégénérescence des classes privilégiées est vraie, si notre théorie est juste, nous devons retrouver le même phénomène de dégénérescence dans tous les cas de sélection sociale, quelle que soit la sphère dans laquelle cette sélection ait lieu, quel que soit le principe en vertu duquel elle s'exercerait, quelles que soient les particularités auxquelles elle s'adresserait. Pour vérifier cette hypothèse, il nous faut donc étudier quelque autre forme de sélection, quelque autre mode de sa manifestation; mais avant de passer à l'analyse de cette forme, nous allons indiquer au lecteur la marche que nous avons suivie pour arriver au choix de cette forme, le mécanisme intellectuel du travail de la pensée, dont cette deuxième partie de notre ouvrage est le résultat.

Les statisticiens et les médecins aliénistes ont discuté bien des fois la question si la folie et les psychopathies en général augmentent de fréquence. Les faits bruts répondent affirmativement, trop affirmativement, et la statistique donne sur ce sujet des chiffres positifs. Le nombre de cas de folie augmente avec une rapidité effrayante, hors de toute proportion avec l'accroissement de la population. Les asiles d'aliénés s'élèvent de plus en plus nombreux, de plus en plus vastes, et à peine terminés, sont encombrés et deviennent insuffisants. Le nombre des aliénés internés dans les asiles a augmenté en France dans la proportion suivante :

Années.	Aliénés des deux sexes.	Années.	Aliénés des deux sexes.
1835.............	10.539	1853.............	23.795
1836.............	11.001	1854.............	24.524
1837.............	11.429	1855.............	24.896
1838.............	11.982	1856.............	25.485
1839.............	12.577	1857.............	26.305
1840.............	13.283	1858.............	27.028
1841.............	13.887	1859.............	27.878
1842.............	15.289	1860.............	28.761
1843.............	15.786	1861.............	30.374
1844.............	16.255	1862.............	31.668
1845.............	17.089	1863.............	32.927
1846.............	18.013	1864.............	33.976
1847.............	19.023	1865.............	34.797
1848.............	19.570	1866.............	35.510
1849.............	20.239	1867.............	36.465
1850.............	20.061	1868.............	37.556
1851.............	21.353	1869.............	38.545
1852.............	22.495		

En comparant l'accroissement de la population des asiles avec celui de la population de la France, nous voyons que la première augmente beaucoup plus rapidement que la seconde, comme le fait voir le tableau suivant :

Années.	Population de la France.	Aliénés en traitement dans les asiles publics et privés.
1836.................	33.510.910	11.091
1841.................	34.230.178	13.887
1846.................	35.400.486	18.013
1851.................	35.783.170	21.353
1856.................	36.139.364	25.485
1861.................	37.386.313	30.374
1866.................	38.007.064	35.510
1869.................	38.407.439	38.545

Ainsi dans l'espace de trente-trois ans la population de la France a augmenté de 11,23 p. 100, tandis que celle des asiles a augmenté de 240,55 p. 100, c'est-à-dire qu'elle a plus que doublé; par conséquent l'accroissement du nombre des aliénés en France a été plus de *vingt-deux fois* plus rapide que celui de la population du pays. Cet accroissement paraît plus rapide encore, si l'on compare non seulement le nombre des aliénés traités dans les asiles, mais aussi celui des aliénés recensés à domicile (1) :

Années.	Population de la France.	Nombre des aliénés dans les asiles et à domicile	Proportion pour 10.000 habitants.
1836	33.540.910	17.566	5.24
1841	34.230.178	18.367	4.37
1851	35.783.170	46.357	12.95
1856	36.139.364	59.818	16.56
1861	37.386.313	84.181	22.52
1866	38.067.064	90.709	23.82
1869	38.407.439	93.252	24.28

Ainsi pendant que la population totale de la France augmentait de 11,23 p. 100, le nombre total des aliénés traités tant à domicile que dans les asiles, augmentait de 530,87 p. 100, c'est-à-dire que l'accroissement du nombre des aliénés était plus de *quarante-sept fois* plus rapide que celui de la population du pays.

Cette augmentation progressive des cas de folie se retrouve partout, et dans des proportions tout aussi effrayantes ; ainsi nous voyons pour la Grande-Bretagne par exemple :

ANGLETERRE ET PAYS DE GALLES

Années.	Nombre des aliénés internés.
1858	22.184
1868	32.605

ÉCOSSE

| 1858 | 3.090 |
| 1868 | 5.127 |

IRLANDE (2)

| 1864 | 8.272 |
| 1865 | 8.845 |

En calculant la proportion des aliénés, on trouve :

(1) LUNIER, *De l'augmentation progressive du chiffre des aliénés* (*Annales médico-psychologiques*, janvier 1870, p. 22.) — (2) *Journal de médecine mentale*, t. VI, 1866, p. 351.

ANGLETERRE ET PAYS DE GALLES

Années.	Nombre d'habitants par un aliéné interné.
1844...	802
1852...	691
1858...	544
1868...	432

ÉCOSSE

1858...	529
1861...	486
1868...	439

En Suède, d'après les documents statistiques fournis à M. Lunier (1) par M. Salomon, médecin de l'asile de Malmoë, il y avait en 1855 3893 aliénés, soit 1 aliéné sur 935 habitants, et en 1860 leur nombre s'élevait à 7542, soit 1 sur 512. En Toscane, le nombre des aliénés en 1857 était de 449, et en 1866 de 707 (2); etc.

Ces chiffres n'indiquent pas, bien entendu, l'augmentation réelle de la fréquence de la folie; bien d'autres facteurs, dont il est difficile de faire toujours exactement la part, concourent à élever progressivement le nombre des aliénés recensés : un recensement toujours de plus en plus soigneusement fait, l'amélioration des asiles, ce qui fait que les familles se décident plus facilement à y placer leurs malades, les progrès de la médecine mentale, qui ont pour résultat immédiat une augmentation très notable de la vie moyenne des aliénés, et par conséquent un encombrement toujours de plus en plus grand des asiles, etc. Mais, en faisant la part de toutes ces conditions, qui n'augmentent que d'une façon apparente le chiffre des aliénés, il reste encore pour les progrès réels de la fréquence de la folie des chiffres encore formidables, — phénomène bien triste pour le présent et menaçant pour l'avenir.

« Parmi les causes prédisposantes générales, on a noté, dit Marcé, surtout la civilisation, et voici sur quels arguments on s'est appuyé. En Europe le nombre des aliénés est considérable, et tend chaque jour à s'accroître avec les progrès des arts et de l'industrie, à tel point qu'en France le rapport du nombre des aliénés à la population totale, qui en 1836 était de 1 sur 3024, s'est trouvé en 1851 de 1 sur 1070 habitants.

(1) Loc. cit. — (2) P. GRILLEI, Tavole ed annotazioni statistiche del Manicomio Fiorentino. Firenze, 1869.

Au contraire, chez les nations nomades asiatiques et chez les sauvages de l'Amérique la folie est extrêmement rare. Desgenettes, d'après Georget, n'a trouvé que quatorze fous dans l'hôpital du Caire. M. Moreau a vu très peu d'aliénés en Orient, il n'en a pas rencontré un seul dans la Nubie. M. Aubert n'a observé que deux idiots dans l'Abyssinie, qu'il a parcourue dans tous les sens (1). Le docteur Williams, qui résida en Chine pendant douze années, a dit récemment que l'aliénation mentale y est très rare, et de Humboldt a cherché vainement des aliénés parmi les sauvages de l'Amérique. En Europe même nous voyons le nombre des aliénés devenir plus considérable à mesure que les centres de population sont plus importants. A Gand, d'après Guislain (2), la statistique indique 1 aliéné à peu près sur 302 habitants, tandis que la population rurale de la province offre 1 aliéné sur 1474 habitants. M. Renaudin a trouvé que la population totale du département de la Meurthe compte 1 aliéné sur 1438 habitants, tandis que dans ce nombre la ville de Nancy figure pour 1 sur 500 habitants. C'est en se fondant sur les documents de cette nature qu'on a dit que l'immobilité, l'ignorance, l'absence d'idées des peuples primitifs, restreignaient le développement de la folie, tandis que l'activité fiévreuse, les désirs sans limites, l'effervescence continuelle de notre civilisation moderne, accroissaient le nombre des aliénés, en multipliant les causes d'excitation cérébrale ; solution véritablement désolante pour les amis du progrès. Posée de cette façon, la question de l'influence de la civilisation sur le développement de la folie est trop vague pour pouvoir être nettement résolue. Ainsi que l'a dit avec raison Parchappe (3), les progrès de la civilisation ont une influence complexe sur le nombre des aliénés qu'ils tendent à accroître par certains de leurs éléments, et à diminuer par d'autres. —Les faits que nous avons cités du peu de fréquence des aliénés en Orient perdent toute leur valeur lorsqu'on songe à l'absence totale de documents statistiques dans les pays peu civilisés, aux aliénés vagabonds dont personne ne prend souci et dont il est impossible d'apprécier le nombre. Si la proportion des aliénés devient plus considérable à mesure qu'une nation devient plus civilisée, cet accroissement tient à ce qu'ils sont plus connus, plus secourus, au développement et au perfectionnement de l'assistance publique. C'est là,

---

(1) *Ann. d'hyg. publ.*, t. XXXI et XXXII. — (2) *Leçons sur les phrénopathies*, t. II, p. 19. — (3) *Recherches statistiques sur les causes de l'aliénation mentale*, 1839 (*Ann. médico-psych.*, 1853, p. 319).

comme le dit Parchappe (1), « un résultat, mais un résultat glorieux, de la civilisation » (2).

« La question de l'influence de la civilisation moderne, dit Griesinger (3), devrait plutôt se décomposer en une série de problèmes isolés, tels que l'influence de l'accroissement constant de la population des grandes villes, l'influence du travail des fabriques, etc. — Il faut admettre comme possible la supposition (4) que l'accroissement du nombre des aliénés, que l'on observe presque partout à notre époque, ne soit qu'apparent ; qu'il y aurait plus d'aliénés aujourd'hui parce que la population s'est accrue, parce que l'on met plus de soin à rechercher et à constater la folie, et aussi parce que le sort des aliénés dans les asiles s'étant beaucoup amélioré, la durée de leur vie est prolongée, les admissions y dépassent de beaucoup les cas de mort, et, partant, le nombre des fous va sans cesse en augmentant. Cette supposition est *possible*, dis-je, mais elle paraît *très peu probable* ; je préfère me ranger à l'opinion de la plupart des aliénistes d'aujourd'hui, à savoir, que l'augmentation du nombre des maladies mentales à notre époque est une chose réelle, en rapport avec l'état de la société actuelle, dans laquelle certaines causes, dont l'influence est évidente, bien qu'on ne puisse l'exprimer en chiffres, ont acquis une intensité et une extension plus grandes qu'autrefois. L'activité imprimée à l'industrie, aux arts et aux sciences a pour résultat immédiat un surcroît d'activité des facultés cérébrales. L'agitation industrielle, politique et sociale gagne chaque individu en particulier, comme elle atteint les masses. On vit plus vite ; la fièvre du gain et des jouissances, qui caractérise notre époque, la discussion incessante et passionnée de toutes les questions politiques et sociales, tiennent aujourd'hui la société dans un état perpétuel d'excitation. On peut dire, avec Guislain, que les conditions dans lesquelles vit la société moderne en Europe et en Amérique, entretiennent un état d'excitation cérébrale qui ressemble assez à l'ivresse et doit disposer aux troubles intellectuels. »

Sans entrer dans la discussion de cette question, nous ferons remarquer qu'on est actuellement à peu près d'accord pour admettre l'augmentation réelle, et non apparente seulement, de la fréquence

(1) Ann. médico-psychol., t. XVII, p. 34, séance du 29 novembre 1852. — (2) MARCÉ, Traité pratique des maladies mentales, Paris, 1862, p. 96. — (3) Traité des maladies mentales (traduct. franç. de Doumic), p. 165. — (4) Nous avons dû changer cette phrase de la citation, la traduction française ne rendant pas exactement le sens de l'original.

de la folie, et que les derniers travaux sur cette question ne permettent guère d'en douter (1). Aux auteurs qui croient pouvoir affirmer que l'accroissement de la fréquence de la folie n'est qu'apparent, et est dû exclusivement à une organisation meilleure de l'assistance publique, et, partant, à une plus grande confiance qu'elle inspire maintenant aux populations, nous ferons remarquer en outre que, malgré ces grands progrès, le nombre des malades soignés dans les établissements hospitaliers avait augmenté dans des proportions beaucoup plus modestes. En effet, le nombre total des personnes soignées avait été (2) :

Années.	Malades traités dans les hôpitaux.	Aliénés traités dans les asiles.
1836	450.060	11.091
1841	566.645	13.887
1846	593.112	18.013
1851	586.012	21.353

Ainsi, dans le même espace de temps, le nombre des malades soignés dans les établissements hospitaliers a augmenté de 30,222 pour 100, et celui des aliénés dans les asiles de 92,525 pour 100, c'est-à-dire plus du triple. En comparant le rapport du nombre des malades soignés dans les hôpitaux et des aliénés traités dans les asiles au chiffre de la population totale de la France, nous trouvons :

Années.	Malades dans les hôpitaux, proportion pour 10.000 habit.	Aliénés dans les asiles, proportion pour 10.000 hab.
1836	13.42	3.31
1841	16.55	4.05
1846	16.86	5.08
1851	16.38	5.97

Ainsi en quinze ans l'amélioration de l'assistance publique et du service hospitalier avait produit une augmentation de 22 pour 100 du nombre relatif des malades somatiques, et de 80 pour 100 du nombre des aliénés soignés dans les établissements hospitaliers. Les progrès de la médecine mentale seraient-ils donc quatre fois plus rapides

(1) Voyez le travail de M. WALTHER dans le *Correspondenzblatt für Psychiatrie*, 1869, et celui de M. LUNIER dans les *Annales médico-psycholog.*, janv. 1870. — (2) MAURICE BLOCK, *Statistique de la France*, t. I, p. 276.

que ceux des autres branches de la médecine? Et surtout la confiance
du public aux asiles d'aliénés croîtrait-elle quatre fois plus rapidement
que sa confiance aux hôpitaux? Poser cette question, — c'est la résoudre.

Il faut avouer que si l'augmentation du nombre des aliénés tient à
ce que ces malades sont plus soignés, ce qui serait, comme dit Parchappe, un résultat de la civilisation, mais un résultat glorieux, — il
faut avouer, disons-nous, que la civilisation fait preuve à l'égard de
ces malheureux d'une tendresse et d'une sollicitude toutes particulières,
— les mauvaises langues diront, peut-être, qu'elle se montre en cela
bonne mère, en n'abandonnant pas ses enfants.

Mais, encore une fois, nous n'insisterons pas sur ces objections, reconnaissant tout ce qu'il y a de vrai dans les observations sur la nature apparente de l'augmentation de la fréquence de la folie. Il est
évident que la question de l'influence de la civilisation sur le développement des affections mentales, posée comme elle l'est actuellement,
et avec les données statistiques que nous possédons, ne peut être résolue de façon à satisfaire aux exigences de la science. Pour apprécier
cette influence de la civilisation nous avons deux méthodes. Nous pouvons comparer soit le nombre des aliénés dans quelque localité ou
quelque pays *à diverses époques* de son développement intellectuel et
social, soit les chiffres des cas de folie dans diverses localités, notablement différentes entre elles par le degré de leur civilisation. La
première méthode — méthode historique — est tout à fait inapplicable par suite du manque complet ou de l'insuffisance des données
statistiques sur les époques même peu éloignées. Que savons-nous sur
la statistique de la folie en France au xviii⁰ siècle?

On pourrait supposer que la méthode géographique présente toutes
les conditions nécessaires pour arriver à un résultat positif. Si la statistique est faite d'une façon différente dans les divers États de l'Europe, de sorte que les données qu'elle fournit ne peuvent pas être directement comparées, dans un seul et même pays au moins, malgré la
différence de densité de la population, du degré de son instruction, etc.,
la statistique est faite d'une façon uniforme, d'après le même principe
et une méthode identique pour tout le pays. Ainsi en France, par
exemple, nous pouvons comparer directement les chiffres statistiques
des départements les plus avancés à ceux des plus arriérés, de la Seine,
du Haut et du Bas-Rhin, avec ceux des Pyrénées et des Alpes, le Jura
avec la Corse, la Bourgogne et la Bretagne. Mais cette comparaison ne
peut nous donner aucun résultat positif. Il est évident qu'il n'y a pas

que la civilisation qui influe sur la fréquence de la folie; la race, le
plus ou moins de bien-être matériel, peut-être le climat, bien d'autres
conditions encore, dont il est impossible d'apprécier exactement l'action, doivent entrer en ligne de compte. Ensuite la statistique de
l'aliénation mentale se trouve dans une position exclusive et présente
des particularités qui introduisent dans les chiffres des éléments tout
à fait étrangers à la statistique proprement dite de la folie. Un asile
peut être encombré, ou parce que, grâce à son excellente tenue, il
conserve longtemps ses paralytiques, qui seraient morts beaucoup
plus vite s'ils étaient bien moins soignés, ou parce que le chiffre des
admissions dépasse notablement celui des sorties, si grande que puisse
être la mortalité. Certains asiles ne reçoivent que des aliénés de leur
département, tandis que d'autres — et c'est le cas de tous les asiles
des grandes villes — reçoivent toute sorte de malades, quelle que soit
leur origine. Puis tous les asiles ne sont pas également bons, tous ne
jouissent pas à un degré égal de la confiance du public; on comprend
donc que les familles aisées préfèrent garder leurs aliénés chez elles
que de les placer dans des asiles mauvais ou réputés tels; d'autres familles — et c'est la majorité — enverront leurs aliénés plutôt dans
des établissements plus éloignés, mais mieux tenus et dirigés par des
médecins aliénistes qui se sont fait un nom dans la science. De cette
façon un asile aura des aliénés appartenant exclusivement à la classe
pauvre de la population, tandis que, dans un autre, les classes aisées
auront un plus grand nombre de représentants, ce qui influe nécessairement sur la vie moyenne de la population totale de ces asiles.
Toutes ces migrations, et bien d'autres circonstances encore, peuvent
changer complètement les chiffres statistiques et en altérer le sens, de
sorte qu'il est impossible d'en faire usage sans courir risque de tomber dans des erreurs graves.

La question de l'influence de la civilisation sur le développement de
la folie avait été traitée bien des fois par des aliénistes célèbres, par
des hommes de la plus haute valeur intellectuelle et scientifique. Par
leur position officielle dans le service des aliénés ils avaient pu avoir
des chiffres et des données statistiques aussi complets que possible,
des renseignements nécessaires sur des questions de détail, indispensables souvent pour bien comprendre et apprécier les chiffres généraux. Leur haute intelligence, la juste célébrité qu'ils se sont acquise
dans la science, nous sont de sûrs garants de l'emploi judicieux qu'ils
avaient fait des données statistiques mises à leur disposition, et néan-

moins la question de l'influence psychopathogénique de la civilisation n'a fait que peu de progrès. L'aborder encore une fois, sans aucunes données nouvelles, serait plus que présomptueux, et si les noms les plus glorieux de la science mentale, les intelligences les plus hautes, les spécialistes les plus justement autorisés, n'ont pas pu arriver à une solution positive de cette question, il est de toute évidence qu'elle est insoluble dans l'état actuel de la science, qui ne nous fournit même pas de moyen, ne donne même pas de méthode directe pour l'étudier.

Mais quand on ne peut pas vaincre un obstacle, on peut quelquefois encore le tourner; quand il est impossible d'arriver par le chemin direct, il faut chercher un détour. Les méthodes d'investigation indirectes sont d'un emploi journalier dans les sciences physiques, quand l'étude et les recherches directes sont impossibles. Quand les changements ou les différences de température sont trop faibles pour être constatées et mesurées directement par le thermomètre, le physicien a recours à l'appareil de Melloni, à la batterie thermo-électrique et au thermo-multiplicateur, en transformant ainsi la chaleur, dont l'étude présentait de grandes difficultés, en électricité, qu'il peut étudier avec des appareils plus sensibles. Dans les recherches sur le son on utilise les diapasons munis de miroirs, les flammes sensibles, le phonographe transformant ainsi le son en mouvement mécanique, etc.

Le même principe nous avait guidé dans notre travail, et c'est en recourant à cette méthode de transformation d'un sujet inabordable à l'étude directe en un autre, plus facile à étudier, que nous sommes arrivé à l'idée d'utiliser les données qui constituent le point de départ de nos recherches actuelles. Mais avant d'en exposer les résultats, nous devons dire d'abord quelques mots d'une autre question psychiatrique, qui joue un grand rôle dans notre travail, où elle se trouve intimement rattachée à la question de l'influence médico-psychologique de la civilisation.

En 1836, M. Lélut, alors un jeune homme encore, sans le nom brillant qu'il s'est acquis plus tard dans la science, avait publié un livre qui fit sensation. En effet, il abordait dans cet ouvrage une question très sérieuse, et surtout très délicate, du moins pour les personnes habituées à respecter sans examen les réputations établies, les positions faites, les idées et les phrases généralement acceptées; il s'agissait des hallucinations qu'avaient eues certains grands hommes et de la signification symptomatique et médico-psychologique de ces hallucinations. Dans la personne de Socrate, M. Lélut avait attaqué tous les personnages histo-

riques qui avaient eu des visions, d'après la terminologie irrévéren-
cieuse de la science mentale, toute cette foule d'hallucinés historiques,
et avait prouvé que l'humanité tout entière, les demi-dieux et les
héros comme les simples mortels, les personnages les plus illustres
comme les individus les plus obscurs, sont faits de la même argile et
sujets à des affections somatiques et psychiques identiques, et que,
plus encore que devant la loi, tous les hommes sont égaux devant la
pathologie.

Ce livre (1) fut suivi d'un autre ouvrage du même auteur, ayant
pour objet Pascal (2), et qui déchaîna une véritable tempête dans la
littérature. Malgré toutes les phrases creuses de Sainte-Beuve, de
Pelletan, d'autres écrivains tout aussi compétents dans ces questions;
malgré les parallèles ironiques entre l'auteur et les sujets de son étude,
l'idée de M. Lélut fit son chemin. Les études sur Socrate, sur Pascal,
rappelèrent qu'une foule d'autres personnages historiques avaient présenté des singularités, des bizarreries, des particularités psychiques
très étranges, des visions, que la postérité avait acceptées comme des
faits bizarres, sans les examiner et sans en tirer aucune conclusion.

M. Lélut avait ouvert à la science un nouveau champ d'investigation,
mais il ne se doutait même pas à quels résultats devaient arriver dans
la suite ceux qui le suivirent dans cette nouvelle voie, quelle conclusion sera tirée de sa doctrine, et à quelle sorte de recherches va être
appliquée la méthode qu'il avait créée. Quand ses adversaires, recourant à un moyen très employé dans la discussion et la polémique,
poussaient sa doctrine jusqu'à ses dernières limites, jusqu'à ses dernières
conséquences, pour arriver ainsi logiquement à l'absurde, ou ce qu'ils
croyaient tel, Lélut protestait avec indignation, disait qu'il aurait fallu
être *un triple idiot* pour avoir pu penser quelque chose de semblable.
Et cependant, en 1859, un des hommes les plus remarquables de notre
siècle, un des esprits les plus brillants et les plus profonds dont peut
s'enorgueillir la France, M. Moreau (de Tours), reprit l'idée de Lélut,
l'appliqua (3) à toute une longue série de grands hommes et de familles
remarquables, qui avaient joué un rôle considérable dans l'histoire,

(1) *Le Démon de Socrate*. Spécimen d'une application de la science psychologique
à celle de l'histoire, par L. F. LÉLUT, Paris, 1836. Deuxième édition, Paris, J.-B. Baillière, 1856. — (2) *L'Amulette de Pascal*, pour servir à l'histoire des hallucinations,
par L. LÉLUT, membre de l'Institut de France. Paris, J.-B. Baillière, 1846. —
(3) J. MOREAU (de Tours); *La psychologie morbide dans ses rapports avec la philosophie de l'histoire*. Paris, V. Masson, 1859.

et, rattachant les résultats ainsi acquis à la doctrine de l'hérédité né-
vro et psychopathique, arriva à la conclusion que toutes les anomalies
psychiques, toutes les déviations, en plus comme en moins, de la règle
commune, ont entre elles une correction intime de parenté, de consanguinité, d'origine et d'hérédité. On savait depuis longtemps dans
la science mentale que toutes les affections du système nerveux, y compris les psychopathies, ont une relation intime avec certaines affections et anomalies, comme les scrofules, les vices de conformation,
les difformités du squelette, les anomalies et les maladies des organes
des sens, etc., ont une importance capitale. D'un autre côté, les médecins aliénistes savaient aussi que la folie n'est qu'une des manifestations nombreuses du vice phrénopathique, et que comme telle elle est
liée de la façon la plus intime, par la communauté d'origine, par leur
transformation à leur passage héréditaire d'une génération à la génération suivante, par leur alternance dans les familles entachées du
vice névropathique, la folie est intimement liée, disons-nous, aux affections et aux anomalies graves ou légères du système nerveux, tant
périphérique que central, telles que l'épilepsie, les paralysies, les névralgies, la chorée, les tics, les vertiges, etc.

Dans la sphère morale les psychopathies, comme nous l'avons fait
remarquer bien des fois dans la première partie de notre ouvrage, ont
aussi une connexion intime avec toute une série de particularités
psychiques, depuis les singularités intellectuelles les plus légères, qui
constituent souvent, aux yeux des personnes étrangères à la médecine
mentale, une originalité aimable, donnent à l'esprit un charme piquant
et particulier, jusqu'aux anomalies psychiques les plus graves, telles
que la débauche sanguinaire de Caligula, du maréchal de Retz, du
comte de Charolais, qui relevaient la fadeur de l'acte sexuel par la vue
des tortures et du sang. A cette classe d'anomalies psychiques appartiennent aussi les débauches exagérées et contre nature, l'ivrognerie, la
disposition au crime, au suicide, etc. En vertu de la loi de transformation des affections cérébrales et nerveuses, et des manifestations multiples de l'hérédité psychopathique, loi d'après laquelle les psychopathies, passant par la voie de l'hérédité aux générations suivantes, peuvent se transformer ou en affections nerveuses et cérébrales autres que
la folie, ou en anomalies purement psychiques, et vice versa; en vertu
de cette loi, disons-nous, les familles marquées du sceau psychopathique présentent, à côté de sujets brillants, de talents hors ligne, aussi
des imbéciles, des idiots, des aliénés, des épileptiques, des débauchés

des ivrognes, des criminels, des suicides, etc., et en fait de formes plus légères de l'affection et de la dégénérescence nerveuse, des tics choréiques, des anomalies d'organisation, des vices de conformation de l'oreille, et enfin des bizarreries intellectuelles et morales, souvent difficiles à décrire et impossibles à caractériser.

Les recherches de M. Moreau (de Tours) l'avaient conduit à la conclusion qu'un très grand nombre de grands hommes, de génies et de talents remarquables, ont présenté eux-mêmes, ou dans leurs familles, quelques-unes de ces affections et d'anomalies somatiques ou psychiques qui prouvent l'existence chez eux de l'élément psychopathique. De cette façon l'anomalie du génie et du talent se trouve avoir une origine commune avec les anomalies psychiques ou somatiques beaucoup moins heureuses, dont elle n'est qu'une transformation ; à ce titre le génie, le talent hors ligne, sont des membres de la grande famille névropathique. Il serait certainement absurde de les identifier avec les phrénopathies, d'affirmer que le génie n'est qu'une folie de forme particulière, comme avaient voulu le faire dire aux aliénistes leurs adversaires ; mais cette doctrine signale en effet, il faut l'avouer, la liaison de parenté, de consanguinité, s'il est permis de s'exprimer ainsi, entre toutes les anomalies intellectuelles et psychiques possibles, et jette un jour tout nouveau sur les questions les plus complexes et les plus obscures de la psychologie et de la vie intellectuelle de l'homme.

Elle explique aussi cette singularité, remarquée depuis longtemps, que les enfants des hommes remarquables sont ordinairement soit au-dessus (hérédité du talent), soit au-dessous de l'humanité normale, mais rarement à son niveau, que « les favoris des dieux » meurent souvent jeunes, et que leur postérité s'éteint après un petit nombre de générations.

Cette doctrine, tout en rendant compte de bien des phénomènes qui ne peuvent pas être expliqués autrement, basée comme elle est sur un très grand nombre de faits et confirmée encore par les travaux ultérieurs, n'est cependant pas encore admise définitivement dans la science, où elle figure encore à l'état de théorie plutôt que de loi. Certains aliénistes la rejettent encore, pour des considérations assez peu scientifiques il est vrai, la trouvant, par exemple, outrageante pour la dignité de l'humanité et de ses plus nobles représentants, etc. Mais il faut dire aussi qu'à côté de ses objections, au moins singulières, on peut lui en ferai d'autres, plus scientifiques. M. Moreau (de Tours) avait donné une longue liste de personnages remarquables ayant présenté des anomalies et des affections qui indiquent chez eux l'existence d'un élément pathologique, héréditaire pour la plupart. Cette liste, toute longue qu'elle est, pourrait être facilement augmentée encore, mais alors même elle ne serait pas encore concluante. En effet, pour faire voir la connexion intime, la parenté pathologique du génie et du talent avec les anomalies et les affections psychopathiques et nerveuses, il ne suffit pas de dresser une liste des faits dans lesquels ces deux facteurs se trouveraient réunis. L'histoire et la vie ont créé une telle infinité de combinaisons de tous les éléments possibles, qu'il n'y a rien qui ne puisse être prouvé par ce moyen. Il n'est pas possible d'imaginer de combinaison si étrange des éléments les plus disparates dont l'histoire ne nous offrirait pas d'exemples plus ou moins nombreux, et l'on peut toujours en dresser une liste assez longue pour en imposer à première vue. Une pareille série de faits n'a de signification et ne passe à l'état de preuve que par comparaison. Au fond ce n'est que la méthode statistique, méthode des grands nombres, mais imparfaite et ne présentant aucune des garanties qu'on est en droit de demander aux arguments de nature statistique. M. Moreau (de Tours) a assemblé un grand nombre de faits très remarquables par la réunion du génie ou du talent avec l'élément névropathique, mais quelle preuve avons-nous que ces faits, très curieux certainement, font la règle et non l'exception, que la réunion du génie ou du talent et de l'élément névropathique n'y est pas une simple coïncidence? Pour que la liste dressée par M. Moreau (de Tours) ait réellement l'importance d'une preuve, il aurait fallu :

1° Faire le choix des faits non arbitrairement, ne citant pas seulement les faits favorables à la théorie, mais en se basant sur quelque principe fixé d'avance; — comparer, par exemple, tous les personnages remarquables d'une certaine origine, d'une certaine époque, — se guider enfin dans le choix par quelque règle, quelque considération indépendante du caractère des faits.

2° Analyser ensuite la liste ainsi dressée et démontrer que les faits favorables à la théorie font la règle et non l'exception.

3° Prendre enfin une certaine quantité de simples mortels qui satisferaient aussi à la condition prise pour règle dans le choix des personnages remarquables, — d'hommes ordinaires qui appartiendraient au même pays, à la même époque, qui seraient de la même origine, d'après le principe de *cæteris paribus*, analyser également leurs personnalités et leurs familles, et démontrer que chez ces individus normaux les affections psychiques, les anomalies, et en général les troubles nerveux et cérébraux sont plus rares que chez les personnages remarquables par leurs talents, leur génie, leurs capacités, etc.

Cette dernière condition est indispensable; expliquons-le par un exemple. On sait que les hommes à cheveux roux sont généralement peu nombreux relativement à la totalité de la population. Ils le sont plus ou moins dans divers pays, mais partout en minorité; on en compte 25 0/00 (*pro mille*) à Vienne, 30 en Styrie, 6 en Bohême, 13 en Lombardie, etc (1). Si, ignorant cette circonstance, nous avions voulu faire une statistique des soldats de l'armée autrichienne qui s'étaient distingués par leur bravoure, il est évident que nous aurions trouvé les roux généralement en minorité, mais qu'ils seraient quatre fois plus nombreux parmi les Viennois, cinq fois parmi les Syriens, deux fois parmi les Lombards, que parmi les Czeches. Serait-il juste d'en tirer la conclusion que les roux sont moins braves que les blonds ou les bruns, et que les Czeches roux sont les plus lâches? Si un certain nombre de familles qui comptent parmi leurs membres des hommes remarquables par leurs talents, présentent des symptômes d'hérédité morbide, on n'est pas encore en droit d'en tirer quelque conclusion avant d'avoir déterminé quel est le nombre proportionnel des familles ordinaires qui présentent le même élément pathologique. S'il se trouve que le nombre des familles atteintes du vice phrénopathique héréditaire est égal dans les deux groupes, il faudrait en conclure évidemment que l'hérédité morbide n'a aucun rapport avec le génie et le talent (2).

Après avoir exposé l'état de la question et rappelé les faits et les théories de la science mentale qui ont servi de base et de point de dé-

_____

(1) BEDDOE, *On the physical character of the Natives of some parts of Italy and of the Austrian Dominions* (*Transactions of the Ethnological Society of London*, 1861, p. 121-122.) — (2) En faisant ces observations, nous ne voulons certainement pas nous élever contre la théorie de M. Moreau (de Tours), encore moins cherchons-nous à diminuer l'importance de son beau livre. M. Moreau (de Tours) a tracé la voie; il a ouvert à la science un nouveau champ de recherches, montré des horizons nouveaux. Il n'avait qu'à faire ressortir la connexion qu'il avait découverte entre le génie, le talent et les névropathies. A chaque jour suffit sa peine, et une fois la théorie faite, ses partisans et ses adversaires se chargeront déjà de la vérifier à l'aide de la statistique. Architecte, il a tracé le plan des recherches, et a indiqué le but et le résultat, et c'est à nous, manœuvres de la science, d'amasser les matériaux et de gâcher le mortier. En écrivant les lignes précédentes, nous n'avons voulu qu'indiquer seulement quelles sont les conditions auxquelles doit satisfaire une théorie pour être reconnue comme loi dans la science, et faire voir ainsi pourquoi la doctrine de M. Moreau (de Tours) n'est pas encore aussi généralement acceptée comme elle devrait l'être.

part à notre travail, nous croyons devoir dire encore quelques mots
sur la marche que nous avons adoptée et sur le programme de nos
recherches, dont un détail peut, à première vue, paraître quelque peu
singulier.

En parlant de la théorie de M. Moreau (de Tours) nous avons dit
que, quoique appuyée sur un grand nombre de faits, elle n'a pas encore
été néanmoins acceptée définitivement dans la science mentale, et cela,
non qu'on lui ait fait des objections irréfutables, mais simplement
parce qu'elle n'est pas suffisamment prouvée, et surtout parce que les
preuves citées à son appui ne présentent pas, comme nous l'avons expliqué plus haut, les garanties qu'on est en droit de demander dans la
science quand il s'agit d'accepter une loi nouvelle. Ainsi donc, jusqu'à
plus ample informé, elle n'est regardée par les uns que comme une
théorie, extrêmement probable sans doute, mais néanmoins comme une
théorie, et non une loi ; par les autres que comme une hypothèse ingénieuse et brillante. Quoique ne doutant pas personnellement de son
exactitude et de sa justesse, nous n'avons cependant pas le droit de l'é-
riger, de notre autorité privée, en loi de la science, et par conséquent
nous ne pouvons en faire le point de départ de notre travail.

Cependant la logique et la science admettent un certain mode argumentation dont on fait grand usage dans les mathématiques inférieures, et qui consiste en ceci : la thèse à prouver est supposée
provisoirement être une vérité déjà démontrée, et l'on en fait le point
de départ d'une série de raisonnements et de constructions logiques qui
doivent aboutir à des résultats et des conclusions positives et faciles à
vérifier. Si ces résultats et ces conclusions se trouvent être exacts et
conformes à la vérité des faits, il est évident que le point de départ
avait été également exact et juste, et la thèse se trouve être prouvée
ainsi par ses propres conséquences. Nous utiliserons dans le cas actuel
ce mode d'argumentation, employé à chaque page de la géométrie élémentaire. Supposons donc provisoirement prouvée la théorie de
M. Moreau (de Tours) sur l'origine commune et les transformations alternatives des psychopathies, des névropathies, des anomalies psychiques,
et de l'autre côté du génie et des talents, et voyons si les conclusions
auxquelles nous arriverons dans nos raisonnements en la prenant pour
point de départ se trouveront être justes et conformes à la vérité des
faits.

En partant de cette théorie nous arrivons tout d'abord et en premier
lieu à la conclusion immédiate que si le génie, le talent, tout ce qui

fait sortir l'homme des rangs de la médiocreté, ont pour origine un certain élément pathologique, ils doivent être d'autant plus fréquents dans une population, que cet élément y est plus répandu, qu'un plus grand nombre de familles en est atteint. En d'autres termes, entre les diverses manifestations de l'élément morbide, le génie, les talents, les psychopathies, les névropathies, les bizarreries, les anomalies somatiques intellectuelles et morales, il doit exister un rapport direct, et plus sont fréquentes les unes de ces manifestations dans une population, plus doivent l'être aussi les autres. Ce raisonnement nous conduit à l'idée de remplacer dans notre étude le chiffre des personnes atteintes d'affections psychiques, chiffre qu'il nous est impossible de savoir au juste, par le chiffre de certaines anomalies intellectuelles, anomalies heureuses, qui font l'orgueil et la gloire du pays. Il nous reste donc à comparer la fréquence dans un pays des hommes de génie et de talent, des personnages remarquables à quelque titre que ce soit, dans les diverses époques ou à divers degrés de civilisation. Les chiffres que nous donnera cette statistique nous fourniront les éléments pour l'étude de l'influence médico-psychologique de la civilisation.

Mais pour que cette statistique de personnages remarquables puisse donner des résultats réellement dignes de confiance, il faut que les chiffres sur lesquels nous aurons à opérer soient assez grands pour exclure complètement l'élément accidentel, le hasard. Dans des recherches aussi neuves, et surtout aussi délicates, plus qu'ailleurs il faut s'en tenir à la loi des grands nombres. Nous devons choisir par conséquent pour champ d'étude un pays assez vaste, assez peuplé, et présentant sous ce rapport la plus grande richesse possible.

Mais dans les pays les plus grands, les plus riches en personnages remarquables, les hommes de génie, de talent, d'une grande activité, de grandes capacités, etc., ne poussent pas comme des champignons; ils sont, au contraire, des exceptions rares et partout peu nombreuses. Il faut donc prendre une époque assez longue, dans le courant de laquelle le pays ait pu produire un nombre de personnages remarquables assez considérable pour qu'on puisse en tirer des conclusions.

D'un autre côté, les périodes longues présentent précisément pour ces sortes de comparaisons un inconvénient grave. Plus l'époque est reculée, moins, en thèse générale, nous la connaissons; les talents les plus brillants, les personnages les plus remarquables s'effacent dans les brumes du passé et nous restent inconnus, à moins qu'ils n'aient joué en même temps un rôle politique plus ou moins considérable — et encore! Aussi le chiffre des personnages remarquables diminue-t-il avec une rapidité réellement extraordinaire à mesure que nous passons aux époques de plus en plus reculées. En comparant les périodes très longues, nous aurions donc introduit dans notre statistique un élément qui lui est complètement étranger, l'élément de notre ignorance, de l'insuffisance de nos connaissances historiques et biographiques.

Mais les divers degrés de civilisation, au lieu de les chercher dans le temps, ce qui présente de grandes difficultés, comme on le voit, nous pouvons les chercher dans l'espace, c'est-à-dire, au lieu de comparer les diverses époques d'un pays, nous pouvons comparer plusieurs pays, pris à une seule et même époque, et présentant des degrés suffisamment différents de civilisation, en un mot, nous pouvons adopter la méthode géographique au lieu de la méthode historique.

Pour que la comparaison sous ce rapport des différentes localités puisse nous donner des résultats dignes de confiance, nous devons nous tenir strictement au principe de *cæteris paribus*. Il faut que la statistique des personnages remarquables soit faite dans les diverses localités d'une façon identique, qu'il n'y ait ni exclusions arbitraires, ni augmentation injuste et partiale du nombre des personnages remarquables. Il est absolument impossible de satisfaire à cette condition en comparant entre eux des pays de nationalité différente. Les historiens et les biograpl es français, anglais, allemands, italiens, etc., attachent, comme de raison, beaucoup plus d'importance à leur patrie qu'aux autres pays, et citent leurs nationaux en beaucoup plus grand nombre, de sorte que l'examen du chiffre comparatif des personnages remarquables appartenant aux divers pays, et cités dans les recueils de biographies et les dictionnaires historiques, fait toujours reconnaître la nationalité des auteurs de ces ouvrages. On ne peut non plus comparer les différents pays en utilisant les ouvrages consacrés spécialement à chacun de ces pays, puisque leurs auteurs sont généralement guidés par des considérations différentes et n'écrivent pas d'une façon également détaillée, de sorte qu'en suivant cette méthode nous risquons encore d'introduire dans nos recherches un élément qui leur est complètement étranger, celui de la personnalité de plusieurs auteurs.

Récapitulant tout ce qui vient d'être dit, nous arrivons aux conclusions suivantes touchant tant les conditions que doivent présenter l'époque et le pays, que les considérations qui doivent nous guider dans leur choix.

1° L'époque doit être assez rapprochée de nous pour nous être connue

dans tous ses détails, pour que nous n'ignorions aucun de ses personnages remarquables, dans quelque carrière qu'ils se soient distingués,
— dans les sciences, les arts, la littérature, l'industrie, la guerre, la
politique, etc.

2° L'époque doit être assez éloignée de nous pour que la postérité et
l'histoire aient déjà prononcé sur ses hommes leur arrêt. Que cet arrêt
soit sévère ou favorable, que l'histoire ait reconnu leurs actions comme
utiles ou nuisibles, jugé leurs personnalités dignes d'éloge ou de
blâme, de respect ou de mépris, — là n'est pas la question, et nous ne
devons pas nous en préoccuper. Il suffit que l'histoire ait déjà séparé
la graine de l'ivraie, qu'elle ait eu le temps d'oublier les nullités et
de distinguer dans la foule les hommes réellement remarquables, quel
que soit d'ailleurs son jugement sur eux.

3° L'époque doit être, autant que possible, riche en personnages
remarquables.

On conviendra que le xviii° siècle, plus que toute autre époque de
l'histoire de l'humanité, satisfait à ces trois conditions.

Dans le choix du pays nous nous sommes arrêté sur la France, et
cela pour les raisons suivantes :

La France est généralement le pays qui présente le plus grand nombre de personnages remarquables, et elle a été particulièrement riche
sous ce rapport au xviii° siècle.

L'histoire de France à cette époque est mieux connue dans tous ses
détails, et surtout quant à la biographie des hommes remarquables.

La France au xviii° siècle constituait un grand État homogène et
n'était pas divisée en une multitude de petits États indépendants, ayant
chacun leur histoire, comme l'étaient l'Italie et l'Allemagne. Aussi le
cercle d'action et d'influence des personnages remarquables était-il en
France plus vaste, l'appréciation de leur personnalité par conséquent
plus juste que pour cette foule de petites célébrités locales dont le
xviii° siècle avait été si riche en Italie.

La division politique de la France a été complètement abolie précisément à la fin du xviii° siècle, et toute trace en est à peu près complètement effacée. Les grands événements qui se sont accomplis en France
à cette époque, la division nouvelle en départements, une longue série
de guerres, tout cela avait anéanti jusqu'au souvenir de l'ancienne division en provinces, et la Révolution, les guerres de la République et de
l'Empire, l'invasion des alliés, les grands désastres nationaux, avaient
créé en France un sentiment très vif et très énergique de l'unité

nationale et de l'indivisibilité de la patrie. Le patriotisme étroit de clocher et l'amour-propre provincial se sont complètement effacés en France, et les auteurs, ainsi que la postérité, apprécient plus impartialement les hommes des époques antérieures, sans se laisser influencer par des considérations de leur origine de telle ou telle province, de leur influence locale, etc.

Il nous reste à dire encore où nous avons pris le chiffre immense de noms et de données st. ...ues qui ont servi de matériaux à notre travail, et quelles consid.   .   nous avaient guidé dans le choix de la source à laquelle nous ... .. puisé ces matériaux.

Nous avons déjà indiqué plus haut les raisons pour lesquelles nous n'avons pas cru pouvoir utiliser les ouvrages sur l'histoire particulière des provinces. Il est impossible d'admettre, disions-nous, que tous ces ouvrages soient également détaillés, que leurs auteurs n'aient mentionné que des personnages remarquables à titre et à degré égal, que leur choix ait été également sévère et judicieux. Faire nous-même ce choix, nous ne nous en avons pas cru le droit, puisque ce serait introduire dans notre travail un élément complètement étranger à la question, celui de notre propre personnalité, de nos opinions, de notre jugement personnel. L'histoire générale de l'époque à laquelle nous nous sommes arrêté dans notre choix ne nous a pas paru non plus être une source convenable de données statistiques utilisables dans nos recherches. Les auteurs ont beau s'attacher à présenter le tableau le plus complet possible de la vie intellectuelle, scientifique, littéraire et sociale de l'époque, il n'en est pas moins vrai que le côté politique est toujours prédominant dans ces sortes d'ouvrage, que le côté intellectuel, artistique et industriel y est plus ou moins sacrifié.

Pour le but que nous nous sommes proposé, nous avons cru mieux faire en nous adressant à des ouvrages de caractère indifférent, qui présenteraient simplement une sorte de liste des personnages de l'époque, remarquables à quelque titre que ce soit. Plus cette liste est longue, complète, et surtout impartiale et indifférente sur le caractère des personnages, mieux elle nous conviendra. On comprend donc que le plus simple et le plus conforme au sens de notre travail était de nous adresser aux dictionnaires biographiques, français naturellement, puisqu'il s'agit de la France.

Le choix du dictionnaire est en lui-même indifférent, pourvu qu'il soit suffisamment complet. Nous avons préféré la *Biographie univer-*

selle (1), qui est aussi complète que les grands dictionnaires biographiques, surtout par rapport à la science et à l'art; elle est même plus
riche sous ce rapport que la grande *Biographie générale*, mais ses
articles, courts et concis, rendent le travail mécanique du dépouille-
ment plus rapide et plus facile. Pour plusieurs personnages, la *Biographie universelle* n'indique pas le lieu de naissance, pour
d'autres ne le fait que vaguement, disant que le personnage est né
dans telle province, dans tel diocèse. Nous avons cherché à compléter
ces indications, ainsi qu'à rectifier quelques erreurs qui s'y sont glissées,
de sorte que le nombre de personnages dont le lieu de naissance n'a
pas pu être déterminé est tout à fait insignifiant, surtout par rapport
au nombre immense de noms qui a servi de base à notre travail. D'ailleurs le manque de renseignements et l'incertitude du lieu de naissance d'un personnage indiquent déjà, dans l'immense majorité des cas,
que le personnage en question avait été bien peu remarquable, qu'il
n'avait joué qu'un rôle effacé, ou qu'il ne doit l'honneur de figurer
dans les dictionnaires biographiques que grâce à sa naissance, à quelque hasard, à quelque circonstance fortuite, qui lui avait donné un moment de vogue ou de célébrité, après lequel il était retombé dans l'oubli
dont il n'aurait jamais dû sortir. Ainsi dans cette liste de personnages dont le lieu de naissance n'est pas connu, nous trouvons d'abord,
et tout particulièrement nombreux, — des porteurs de grands noms
historiques, illustrés par leurs ancêtres, mais qui, nuls eux-mêmes, ne
s'étaient distingués en rien; ensuite des fils, des neveux, des frères,
des parents, des personnages remarquables, dont cette parenté fait
seule toute l'illustration.

La liste des noms que nous avons recueillis de cette façon, liste qui
avait encore été complétée sur d'autres dictionnaires historiques et
biographiques, — présente toutes les formes, tous les modes de manifestation de l'activité de l'homme. Le caractère même de notre travail
et le point de départ que nous avons adopté pour notre étude nous
interdisaient tout choix, toute exclusion. Tous les personnages remarquables, à quelque titre que ce soit, rentrent dans le cadre de notre
étude; nous avons donc noté indifféremment les hommes d'État, les
militaires, les savants, les écrivains, les poètes, les théologiens, les

(1) *Biographie universelle*, suivie d'une table chronologique et alphabétique, où se
trouvent répartis en 51 classes les noms mentionnés dans l'ouvrage, par LUD. LA-
LANNE, L. RENIER, TH. BERNARD, etc.

orateurs, les peintres, les sculpteurs, les graveurs, les voyageurs, les missionnaires, les aventuriers, les grands criminels, tout ce qui est sorti de la médiocrité, tout ce qui s'est élevé au-dessus du vulgaire, et nés en France depuis le 1er janvier 1700 jusqu'au 31 décembre 1799 inclusivement, et morts avant 1815, année de la publication de la *Biographie universelle.* Leur nombre monte à 3311, chiffre immense dont la grandeur exclut complètement l'élément accidentel, le hasard. Nous pouvons dire hardiment que peu de travaux médico-statistiques de détail, peu de monographies ont pour base un chiffre aussi considérable.

Quoique la division de la France en départements n'ait été faite qu'à la fin du XVIIe siècle (en 1790), nous avons préféré faire la statistique des hommes remarquables, non par provinces, mais par départements. Les provinces étaient de grandeur très inégale ; aussi pour les petites provinces, qui comptent forcément peu de personnages remarquables, l'élément accidentel, le hasard, peut jouer un très grand rôle et modifier d'une manière grave les données statistiques. D'un autre côté, les provinces trop grandes présentent un autre inconvénient non moins important : les particularités locales s'y trouvent noyées dans l'ensemble, et la statistique ne donne que des moyennes inutiles, sans portée, sans signification sérieuse. Enfin — et c'est le principal — nous ne possédons pas de statistique des provinces, tandis que nous avons celle des départements, dressée avec beaucoup de soin.

Les personnages remarquables se répartissent entre les départements d'après le tableau suivant, où ne figurent pas les départements de la Corse, de la Savoie, de la Haute-Savoie et des Alpes-Maritimes (1), ainsi que les colonies. La raison en est facile à comprendre. Les renseignements sur les colonies sont tellement insuffisants, qu'ils ne peuvent qu'induire en erreur. La Corse avait été réunie à la France par édit royal en 1769, mais la réunion réelle et définitive n'eut lieu qu'en 1790 ; l'Algérie n'est française que depuis 1830, et les trois départements de la Savoie, de la Haute-Savoie et des Alpes-Maritimes que depuis 1860.

(1) Il a été tenu compte de la partie de l'ancien département du Var, qui fait actuellement partie de celui des Alpes-Maritimes.

Départements.	Nombre de person. remarq.	Départements.	Nombre de person. remarq.
Aïn	20	Lot-et-Garonne	19
Aisne	53	Lozère	4
Allier	11	Maine-et-Loire	26
Alpes (Basses-)	15	Manche	39
Alpes (Hautes-)	7	Marne	45
Ardèche	17	Marne (Haute-)	29
Ardennes	37	Mayenne	11
Ariège	5	Meurthe	74
Aube	21	Meuse	24
Aude	20	Morbihan	11
Aveyron	22	Moselle	41
Bouches-du-Rhône	112	Nièvre	14
Calvados	52	Nord	42
Cantal	13	Oise	30
Charente	5	Orne	27
Charente-Inférieure	28	Pas-de-Calais	45
Cher	5	Puy-de-Dôme	31
Corrèze	16	Pyrénées (Basses-)	20
Côte-d'Or	95	Pyrénées (Hautes-)	2
Côtes-du-Nord	11	Pyrénées-Orientales	8
Creuse	3	Rhin (Bas-)	50
Dordogne	18	Rhin (Haut-)	30
Doubs	73	Rhône	118
Drôme	17	Saône (Haute-)	22
Eure	22	Saône-et-Loire	28
Eure-et-Loir	27	Sarthe	17
Finistère	35	Seine	764
Gard	49	Seine-Inférieure	82
Garonne (Haute-)	47	Seine-et-Marne	25
Gers	12	Seine-et-Oise	87
Gironde	45	Sèvres (Deux-)	13
Hérault	55	Somme	52
Ille-et-Vilaine	51	Tarn	14
Indre	11	Tarn-et-Garonne	17
Indre-et-Loire	26	Var	39
Isère	45	Vaucluse	41
Jura	48	Vendée	12
Landes	7	Vienne	13
Loir-et-Cher	12	Vienne (Haute-)	16
Loire	16	Vosges	24
Loire (Haute-)	11	Yonne	31
Loire-Inférieure	18		
Loiret	44	Total	3311
Lot	12		

CHAPITRE II

Les chiffres cités ci-dessus, indiquant le nombre de personnages remarquables nés dans les divers départements de la France, sont des
chiffres absolus, et comme tels ne peuvent évidemment être directement comparés entre eux. Le nombre absolu d'hommes remarquables,
nés dans tel département dans le courant d'un siècle, ne peut nous
être d'aucune utilité et n'indique rien, tant que nous ne prenons pas en
considération le chiffre de la population du département. En d'autres
termes, ce n'est pas le *nombre absolu* de personnages qui se sont distingués dans quelque carrière que ce soit, mais *leur nombre relatif,
leur fréquence*, la fécondité de la population sous ce rapport qu'il
nous faut comparer, et ce ne sont que les chiffres qui expriment cette
dernière condition qui peuvent servir de base à la comparaison des départements entre eux et de matériaux statistiques pour notre étude.
Pour obtenir ces chiffres, il aurait fallu diviser le nombre absolu de
personnages remarquables par le chiffre de la population entière du
département pendant tout le xviii° siècle. On comprend aisément
qu'une statistique pareille est impossible à dresser, même aujourd'hui,
à plus forte raison pour le siècle passé, quand la statistique n'existait
pour ainsi dire pas. Il est donc évident que nous ne pouvons pas prétendre déterminer la *richesse réelle* des diverses parties de la France
en personnages remarquables pendant le xviii° siècle, mais on ne peut
pas en dire autant de la *richesse comparative*. Les générations se
succèdent avec une grande régularité, comme on sait; nous n'avons
donc pas besoin, pour déterminer la *fécondité comparative* des populations ou personnages remarquables, de prendre la *somme* de toutes
les générations qui s'étaient succédé dans le courant du siècle, — il
nous suffira pour cela de connaître le chiffre de la population des dé-

partements à un moment donné. Si la population des divers départements n'augmentait même pas avec une égale rapidité, la méthode que nous nous proposons de suivre n'en serait pas moins juste et exacte, puisque cette marche de l'accroissement de la population était pour chaque département en particulier uniforme et régulière, et avait lieu selon une certaine loi, de sorte que la position respective des départements est toujours indiquée, — sauf exceptions particulières, — en thèse générale, par le chiffre de leur population, chiffre qui est le produit de cette loi. Pour la seconde moitié de notre siècle cette méthode serait inapplicable et nous mènerait à des erreurs graves. Les grandes entreprises industrielles, les chemins de fer, les centres manufacturiers, se créant maintenant et se développant avec une grande rapidité, produisent des perturbations très sensibles dans la vie économique des localités et provoquent des immigrations, en attirant à eux les forces productives des localités voisines, et augmentent ainsi artificiellement, pour ainsi dire, les chiffres de la population de certains départements aux dépens des départements limitrophes et voisins. Cette force attractive des centres industriels avait certainement existé de tout temps, mais son action était plus régulière et plus uniforme. La population de telle ou telle localité augmentait suivant une loi toujours la même, de sorte que la densité comparative de la population dans une localité à un moment donné pouvait servir d'indication sur la loi de l'accroissement relatif de la population, et par conséquent le *nombre relatif* d'individus qui y avaient vécu durant une certaine époque.

Passé les quarante premières années du siècle actuel ces conditions ont complètement changé. Les chemins de fer, et surtout les grands centres d'exploitation industrielle, qui surgissent maintenant et se développent très rapidement, grâce à la facilité des communications et du transport des produits, ont violemment troublé la marche naguère régulière et uniforme de l'accroissement de la population. Aussi voyons-nous la loi de cet accroissement changer complètement dans certains départements. Tantôt la population augmente pour ainsi dire tout à coup à cause de la fondation dans ces départements de centres industriels qui attirent la population ouvrière des départements voisins, tantôt elle reste stationnaire ou diminue même, grâce à un développement rapide de l'industrie dans quelque département peu éloigné. Cette perturbation du mouvement, naguère si régulier et si uniforme de la population, avait commencé avec le grand développement qu'avaient pris les machines à vapeur, et particulièrement après la construction des chemins de fer. La vapeur permet maintenant de créer en peu d'années de grandes exploitations industrielles, et les voies ferrées, en facilitant le transport des matériaux et des produits, permettent de fonder des industries et des manufactures dans des localités pauvres et peu peuplées, qui resteraient autrement toujours en arrière. On pourrait citer beaucoup d'exemples de cette perturbation de la loi de l'accroissement de la population. La population de la Bretagne augmente rapidement depuis que l'industrie y a pris plus de développement, attirant la population agricole de la Normandie; du recensement de 1861 à celui de 1866, c'est-à-dire dans l'espace de cinq ans, la population du Finistère a augmenté de 5,61 p. 100, celle du Morbihan de 2,84 p. 100, des Côtes-du-Nord de 2 pour 100, de la Loire-Inférieure de 3,34 pour 100, tandis que la population de la Manche a diminué de 2,96 pour 100, du Calvados de 1,27 pour 100, celle de l'Orne de 2,06 pour 100, celle de l'Eure de 1,05 pour 100. L'industrie du fer avait augmenté la population du département pauvre et peu peuplé des Pyrénées-Orientales en cinq ans (de 1861 à 1866) de 4,25 pour 100, mais cela en partie aux dépens du département voisin de l'Ariège, dont la population dans le même espace de temps a diminué de 0,56 pour 100. L'accroissement rapide de la population commerciale et industrielle des Bouches-du-Rhône, qui avait augmenté, de 1861 à 1866, de 8,04 pour 100, s'était fait aux dépens de la population agricole des départements voisins, où elle avait diminué : dans le Vaucluse de 0,81 pour 100, dans le Var de 2,21 pour 100, dans les Basses-Alpes de 2,30 pour 100. Le développement rapide de l'industrie du fer avait augmenté, de 1861 à 1866, la population de l'Allier de 5,54 pour 100, de la Corrèze de 3,23 pour 100, de la Loire de 3,85 pour 100, tandis que la population du Cantal avait diminué de 1,05 pour 100, celle du Puy-de-Dôme de 0,82 pour 100, de l'Ardèche de 0,35 pour 100, du Lot de 2,20 pour 100, etc. L'influence des anciens centres, leur force d'attraction, avaient aussi notablement augmenté; aussi la différence de densité de la population des départements agricoles d'un côté, et des départements commerçants et industriels de l'autre, est de plus en plus grande, et la population des grands centres croît de plus en plus rapidement. Ainsi, de 1817 à 1836 l'accroissement de la population de Paris avait été de 21,63 pour 100, c'est-à-dire à peine supérieur à 1 pour 100 par an, et de 1836 à 1846 il avait été de 21,404 pour 100, ou de 2,14 pour 100 par an, par conséquent *deux fois plus rapide*. La population de 363 villes chefs-lieux d'arrondissements était de 3709021 en 1781, de 4951084 en 1836, et de 6230995 en 1856; l'augmentation annuelle était donc pendant les cinquante-cinq ans, de 1781 à 1836, de 2,427 pour 100, et pendant les vingt années suivantes, de 1836 à 1856, de 6,284 pour 100, c'est-à-dire qu'elle a presque triplé. « Le rapport de la population des chefs-lieux à l'ensemble de la population de la France s'est maintenu constamment, de 1789 à 1831, au chiffre de 14 pour 100; ce rapport s'est élevé à 14,75 pour 100 en 1836, à 16,5 pour 100 en 1841 et 1851, et enfin a atteint en 1856 le chiffre de 17,3 pour 100. *La progression qu'a suivie le chiffre de la population de ces villes a été assez régulière jusqu'en 1836*, et ne dépassait pas 5 pour 100 en dix ans, ou de 1/2 pour 100 par an, chiffre très normal. *De 1836 à 1846 l'accroissement est plus considérable*; il avait été en moyenne de 1,4 pour 100 par an (1) » *chiffre près du triple de celui des périodes antérieures.* En comparant l'accroissement annuel par périodes quinquennales de la population des villes de deux mille habitants agglomérés et au-dessus, des communes d'une population inférieure, et de celle de la France entière, on trouve :

Années.	ACCROISSEMENT ANNUEL POUR 100.		
	Villes de 2000 habit. et au-dessus.	Communes au-dessous de 2000 habit.	France entière.
1836—41	1.71 %	0.22 %	0.41 %
1841—46....	2.14	0.46	0.68
1846—51..........	0.63 (2)	0.12	0.22
1851—56..........	2.42	— 0.18	0.20
1856—61	1.85	0.02	0.32
1861—66..........	1.49	— 0.09 (3)	0.36 (4)

Nous avons dit que pour avoir les chiffres exprimant la richesse relative des départements en personnages remarquables, il faut diviser le nombre absolu de ces personnages par le chiffre de la population prise à un moment donné; mais quel moment choisirons-nous pour cela?

En 1700 il avait été fait un dénombrement, mais les chiffres qu'il

(1) MAURICE BLOCK, *Statistique de la France*, t. I, p. 56. — (2) Profonde perturbation amenée par la révolution de 1848, chômage des fabriques, stagnation des affaires, vives préoccupations politiques, jusqu'en 1851. — (3) La population des communes au-dessous de 2000 habitants diminue depuis 1857 par l'émigration vers les grandes villes. — (4) LEGOYT, *Progrès des agglommérations urbaines*, etc.

avait fournis sont si peu dignes de confiance, qu'il est impossible de s'en servir. Les statistiques de 1762, 1772 et 1778 sont encore moins exactes, ayant été des résultats non de recensements, mais d'évaluations assez hypothétiques de l'abbé d'Expilly et d'autres économistes. Les chiffres de la statistique de 1784 ont été calculés par Necker sur le nombre des naissances, multiplié par 25,75. Les recensements de 1801, 1806 et 1821 avaient été effectués si peu soigneusement, par des personnes tellement incompétentes, que les chiffres fournis par ces recensements n'ont aucune valeur. Ainsi, d'après ces statistiques, l'accroissement de la population pendant les cinq ans, de 1801 à 1806, aurait été de 1,28 pour 100 par an, et pendant les quinze années suivantes (de 1806 à 1821) de 0,31 pour 100 seulement, c'est-à-dire quatre fois moins rapide. La statistique de 1826 n'avait été dressée que sur une simple évaluation. D'un autre côté, nous ne pouvons pas utiliser pour notre travail les chiffres fournis par les recensements postérieurs à 1836, et voici pourquoi. Tous les recensements antérieurs à 1841 avaient pour base le domicile : on ne comptait que les personnes réellement domiciliées dans la commune, sauf pour les militaires, qui étaient recensés à part. Ce mode de procéder fut abandonné en 1841, et l'on substitua la résidence au domicile ; on attribua à chaque commune tous les individus qui y résidaient de fait au moment du recensement ; on déclara en même temps que les populations flottantes comprenant les troupes de terre et de mer, les prisons, les bagnes, les hospices, les aliénés, les collèges spéciaux, les séminaires, les communautés religieuses et quelques autres catégories seraient recensés en masse. Or il est facile de comprendre que le premier mode de procéder, malgré la supériorité indubitable du second au point de vue de la statistique, est beaucoup plus convenable pour notre travail, où il s'agit de la statistique des personnages remarquables par lieu de naissance, et non par lieu de résidence ; par conséquent, c'est la population domiciliée, et non la population résidente, dont il nous est important de connaître le chiffre. Nous ne pouvons donc pas utiliser pour notre travail les chiffres des recensements postérieurs à 1836, ce que d'ailleurs nous n'aurions pas pu faire à cause de la perturbation violente de la marche, régulière jusque-là, de l'accroissement de la population, perturbation dont nous avons parlé plus haut, et qui commence précisément à cette époque. Nous nous arrêtons donc aux chiffres fournis par le recensement de 1836.

Notons encore une considération qui a contribué à nous faire adop-

ter précisément le recensement de cette année. Il a déjà été dit
que nous avons pris pour base de notre travail le nombre des personnages remarquables nés en France pendant le XVIIIᵉ siècle, de 1700 à
1800. Mais dans l'immense majorité des cas, les personnages remarquables ne deviennent tels, c'est-à-dire n'obtiennent des droits à la
célébrité, à l'attention publique et à celle de l'histoire, que passé l'âge
de trente à quarante ans, et s'il y a des exceptions, on conviendra
qu'elles sont trop rares pour entrer en ligne de compte dans un travail
statistique où l'on opère sur des chiffres considérables. Prendre les
personnages remarquables *nés* dans le courant du XVIIIᵉ siècle revient
donc à peu près à prendre ceux *qui avaient vécu* en France de 1735-40
à 1835-40, c'est-à-dire durant le siècle qui finit précisément par le
recensement dont nous avons adopté les données. Il n'y a, nous l'avons
dit, que deux recensements qui aient été effectués d'une façon qui
convient aux conditions et au sens de notre travail, ceux de 1831 et de
1836; or c'est le recensement de 1836 qui clôt, pour ainsi dire, le
siècle que nous analysons; c'est pourquoi nous l'avons adopté.

Pour déterminer la richesse relative des départements en personnages remarquables, il nous reste donc à diviser le chiffre absolu de
ces personnages par celui de la population du département dans lequel
ils étaient nés. Nous aurons ensuite, pour en tirer des conclusions, à
mettre en parallèle les chiffres ainsi obtenus avec la civilisation relative de ces départements.

Mais cette civilisation relative — comment l'évaluer? Quel moyen
avons-nous de la mesurer et de l'exprimer en chiffres? Existe-t-il un
criterium que nous puissions appliquer à cette appréciation? La réponse à ces questions difficiles et délicates dépend de la méthode que
nous adopterons pour la recherche de ce criterium. Quand il s'agit
d'apprécier la civilisation, la moralité, quelque autre condition, quelque autre phénomène moral complexe, on choisit d'ordinaire assez
arbitrairement un des nombreux facteurs de cette condition, de ce phénomène, ou une de ses manifestations, qui sont susceptibles d'être
exprimés en chiffres ou évalués en général d'une façon exacte, et qui
servent alors de mesure, de criterium. Ce facteur ou cette manifestation, qui ne constituent qu'une faible partie de la question, sont
regardés alors, en vertu du principe *pars pro toto*, comme un échantillon sur lequel on juge l'entier, c'est-à-dire toute la masse complexe
des facteurs, dont la réunion constitue le phénomène moral qu'on se
propose d'étudier. Cette méthode n'est pas erronée en principe, mais

tout dépend, on le comprend bien, du choix judicieux du facteur. Malheureusement, dans la grande majorité des cas, ce choix est loin d'être
heureux. On choisit ordinairement l'échantillon sur la foi de quelque
lieu commun ayant cours chez le vulgaire, de quelque aphorisme
banal, tout à fait inexact, — mais mis en circulation par quelque
auteur en vogue ou, plus souvent encore, quelque personnage haut placé
— et accepté sans examen et répété à satiété par le troupeau de
Panurge. Qui n'a lu, à propos du petit nombre de détenus dans les prisons
suisses, des tirades émues et attendries sur la moralité qui est sensée
être la conséquence de la liberté politique et des mœurs républicaines?
A qui n'est il jamais arrivé de juger de l'honnêteté, de la moralité, de
la civilisation d'une population sur des données de ce genre? Et cependant il suffit d'un moment de réflexion pour s'apercevoir du peu de
fondement de pareilles conclusions. Avons-nous la moindre raison de
croire réellement à un rapport direct et immédiat entre le plus ou
moins grand nombre de criminels détenus dans les prisons d'un pays
et la moralité des habitants de ce pays? Avons-nous droit de supp   e
que le petit nombre des condamnés indique réellement une grande
honnêteté de la population? Qu'est-ce qui nous prouve que le rapport
n'est pas précisément inverse? Dans un pays où le niveau de la moralité publique est très élevé, la moindre infraction, le moindre délit,
provoquant l'indignation publique et des poursuites judiciaires,
arrivent devant les tribunaux et sont condamnés, et par conséquent se
trouvent notés dans les tableaux statistiques. Il est évident, au contraire, que dans les pays à moralité relâchée, où la majorité des habitants négligent les préceptes de la morale, les crimes graves et les
délits exceptionnels arrivent seuls à la connaissance de la justice et de
la statistique, qui peut n'offrir alors qu'un chiffre de criminels remarquablement petit. Si un délit ou même un crime est entré, pour ainsi
dire, dans les mœurs du pays, le jury se montre envers lui d'une
indulgence extrême, qui peut aller jusqu'à rendre un verdict négatif dans
la majorité des cas. Ainsi le jury italien se montre en général très peu
sévère pour les *caltellate* (coups de couteau), le jury américain pour
toute sorte de fraude, surtout envers l'État. Le fameux aphorisme de
sagesse pratique, qui dit que « *moins il y a de voleurs au bagne,*
plus il y en a dehors », n'est pas toujours un paradoxe plaisant, une
boutade misanthropique ; il lui arrive souvent, malheureusement, d'être
une triste vérité, et dans certains cas la science elle-même l'avait accepté comme telle. Ainsi dans la statistique des crimes le chiffre des

accusés traduits devant les tribunaux tend déjà à remplacer complètement, comme criterium de la criminalité, le chiffre des *condamnés*,
quoique en principe ce dernier doive être regardé comme le seul juste
et vrai. Il ne viendra certainement non plus à personne l'idée d'apprécier, par exemple, la moralité sexuelle des habitants d'une ville par le
plus ou moins petit nombre des filles publiques inscrites au bureau
des mœurs. Or, dans l'appréciation du degré de civilisation d'un pays,
nous voyons souvent employer une méthode analogue et prendre pour
criterium un facteur choisi tout aussi malheureusement que le serait,
dans l'exemple que nous venons de citer, le nombre des filles publiques inscrites, pour l'appréciation de la moralité; nous voulons parler de cette malheureuse idée de faire du chiffre des personnes sachant
lire et écrire le criterium pour l'estimation du degré de civilisation d'un
pays. Il n'existe certainement pas d'antagonisme entre l'instruction
primaire et la civilisation, mais on ne peut pas s'empêcher de trouver
très étonnante l'assimilation, qui n'est faite que trop souvent, du phénomène si complexe de la civilisation à un fait de détail d'aussi mince
importance que l'est l'instruction primaire. Il a suffi que M. de Bis-
marck dise que c'est le maître d'école qui avait vaincu à Sadowa et à
Kœnigsgraetz, pour convaincre le monde entier que c'est l'instruction
primaire qui crée les armées bien organisées et les grands États militaires. Le baron Stein, le grand ministre prussien, avait dit après Iéna
que la Prusse devait devenir une école et une caserne. Or à Sadowa et à
Kœnigsgraetz, comme plus tard à Reichshoffen et à Sedan, ce n'est certainement pas l'école qui a vaincu, mais bien la caserne, ce qui est
loin d'être la même chose.

Sans avoir nullement la prétention ridicule de définir la civilisation,
nous ne croyons pas néanmoins trouver de contradicteurs en disant que
la civilisation d'un pays ne consiste pas dans l'instruction primaire
plus ou moins répandue dans le peuple, mais qu'elle est constituée par
la réunion très complexe d'une multitude de facteurs d'ordre moral et
social, de conditions morales et intellectuelles du pays et de sa population. La civilisation — c'est la richesse en idées, le respect de la science,
le sentiment du grand et du noble dans la sphère morale, du beau dans
la sphère physique, la faculté des masses populaires de s'élever jusqu'aux hautes conceptions philosophiques, jusqu'aux nobles jouissances
morales, un certain degré de réceptivité morale et intellectuelle du
peuple, son aptitude à arrêter sa pensée dans la sphère abstraite de la
réflexion spéculative, à prendre vivement part aux intérêts intellectuels

et moraux de son temps et de son pays. Personne ne niera que toutes ces conditions sont loin d'être toujours en rapport direct avec l'instruction primaire; bien plus, on ne peut même pas identifier l'instruction en général avec la civilisation. Les Athéniens, à l'époque de la guerre du Péloponèse, ne savaient certainement pas tous lire et écrire, et la grande masse du peuple n'avait reçu aucune instruction, et cependant on les voit avoir un sentiment très vif du beau, du vrai et du juste, on les voit se passionner pour l'art, pour les idées généreuses, et les comédies mêmes d'Aristophane prouvent chez le peuple athénien un haut degré de réceptivité intellectuelle et morale. Les ouvriers de Paris n'ont généralement pas reçu beaucoup d'instruction, et cependant nous les voyons se passionner pour les grandes idées humanitaires, pour les grandes conceptions philosophiques; ils ont fait les journées de juillet au nom de la liberté de la pensée, celles de février au nom du suffrage universel, du principe républicain, et jusque dans la chaleur du combat et dans l'enivrement de la victoire, ils ne se sont pas laissés entraîner ni par le désir de la vengeance, ni par l'appât du lucre, et ont soigneusement préservé de la destruction les œuvres d'art dans les palais conquis. En protestant contre la guerre avec la Prusse, et cela au nom de l'humanité, de la fraternité des peuples, idées un peu vagues, qui font sourire les sceptiques, mais pour lesquelles on est heureux de voir se passionner les masses; en adressant aux ouvriers allemands un manifeste de solidarité fraternelle, ils se sont montrés évidemment plus civilisés, dans le sens large et élevé du mot, que ceux des bourgeois allemands, qui, tout en étant plus instruits certainement, font cependant venir de Paris tous les modèles de fabrication, qui applaudissaient au bombardement de Strasbourg et demandaient à grands cris le bombardement de Paris. En Suisse tout le monde sait lire et écrire, et cependant la masse du peuple y est, dans beaucoup de cantons, lourde, grossière, peu intelligente, indifférente aux idées et aux intérêts intellectuels et moraux qui passionnent les populations dans les autres pays. Les punitions corporelles étaient appliquées en Suisse, il y a quelques années à peine, sur une assez large échelle, et jusque pour les délits de presse. La littérature y est nulle, l'art n'existe pour ainsi dire pas, sauf, peut-être, le canton de Genève, le plus petit de toute la Confédération, la science, à part un petit nombre d'exceptions, y est représentée par des étrangers.

Les volontaires de 92-93, qui ne savaient pas lire, mais qui enduraient les fatigues et les privations de la guerre, s'exposaient aux dan ·

gers des combats, au nom de la liberté universelle, de la fraternité des peuples, de l'égalité des hommes, de hautes et généreuses conceptions politico-philosophiques ; les garibaldiens, dont beaucoup n'avaient reçu aucune instruction, mais qui dépensaient leurs derniers sous, leurs pauvres épargnes pour venir en France, en 1870, défendre un principe et verser leur sang pour une idée, étaient certainement plus civilisés que les soldats des armées permanentes, dont un grand nombre sait cependant lire et écrire.

En comparant sous le rapport de la civilisation, comprise dans le sens large que nous venons d'indiquer, les villes et les campagnes, nous voyons dans les premières une vie intellectuelle et sociale plus ou moins active, plus ou moins intense, tandis que les campagnes présentent, au contraire, une stagnation intellectuelle et morale complète. Le petit nombre d'habitants, la simplicité et l'uniformité des occupations, ne produisent que des relations sociales simples, ne créent que des positions peu complexes, arrêtent l'imagination, bornent les désirs, suppriment les aspirations. Aussi les combinaisons sociales, simples et peu nombreuses, se répètent continuellement avec une monotonie désespérante, en détruisant toute initiative, arrêtant la pensée, et bornant l'activité mentale à une simple répétition mécanique de processus intellectuels toujours les mêmes. Aussi voyons-nous les habitants des campagnes généralement grossiers et ignorants, peu intelligents, routiniers, à esprit paresseux et peu actif (1). Ils ne peuvent ni ne veulent accepter, ni même comprendre, les idées nouvelles, les hautes conceptions qui passionnent l'habitant des villes et l'entraînent à des actions dont le récit fournit à l'histoire ses plus belles pages, ses dates les plus glorieuses. Les campagnards restent stupidement indifférents aux considérations les plus simples de l'ordre politique ou social, incapables qu'ils sont de comprendre leurs propres intérêts même, dès que la question s'élève au-dessus de la vente des produits agricoles ou de l'achat de bestiaux. Aussi voyons-nous en France, par exemple, les habitants des campagnes être les défenseurs et les partisans fidèles des mesures, des constitutions et des hommes funestes au pays, et par conséquent à eux-mêmes. Après le coup d'État du 2 décembre, quand le sang versé fumait encore, les habitants des campagnes, par une ma-

---

(1) Cela est si vrai, que même les idiots des villes ont un esprit plus éveillé et sont plus capables d'instruction que les idiots des campagnes (IRELAND, *Idioty and Imbecillity*, ch. v, § *Treatment*).

jorité écrasante de 7 millions et demi de voix, et à deux reprises, justifièrent ce crime historique, cet attentat contre le pays, et donnèrent le trône à son auteur. Par le plébiscite de 8 mai 1870 ils témoignèrent par une majorité de 7 millions de voix encore une fois leur confiance et renouvelèrent les pouvoirs d'un gouvernement qui venait de faire l'expédition du Mexique et de laisser faire la guerre de 1866, et qui, moins de quatre mois plus tard, s'écroulait dans le plus effroyable désastre, entraînant la France dans sa chute.

Comparant ensuite les petites villes de province aux grands centres, nous voyons entre eux une différence analogue. Les petites villes, qui semblent au campagnard si animées, produisent sur l'habitant de la capitale l'impression opposée. En effet, leur vie intellectuelle et sociale, plus active que celle des campagnes, est pauvre et pitoyable en comparaison de la vie des grands centres; leurs intérêts sont petits et mesquins, leurs idées étroites, leur horizon borné, les combinaisons des conditions sociales et des circonstances peu complexes et encore moins nombreuses, en un mot il faut répéter des petites villes comparées aux grandes ce que nous avons dit des campagnes comparées aux villes en général. Le même raisonnement s'applique également aux grandes villes de province comparées aux capitales. La concentration dans ces dernières des autorités suprêmes, de la représentation nationale, de l'administration du pays, de la littérature, du journalisme, de l'art, de la science, de l'enseignement supérieur, de toute la vie politique, intellectuelle et sociale du pays, les met bien au-dessus des autres villes, et cette supériorité imprime un cachet très net à *toute la population* de la capitale. Toutes les productions, toutes les fabrications qui demandent beaucoup de goût, une grande habileté ou un esprit très ingénieux se font à Paris, non seulement parce que les ouvriers les plus habiles y affluent de toutes les parties de la France, mais aussi parce que leurs enfants, plus richement doués déjà, sont élevés dans un milieu plus intelligent, qu'ils prennent part à la vie politique, intellectuelle et sociale, s'intéressent aux questions abstraites, aux spéculations de l'esprit, auxquelles l'habitant des villes de province, qui n'en entend que l'écho plus ou moins affaibli, reste toujours plus étranger et plus indifférent.

Les mouvements politiques se font à Paris, y commencent du moins; c'est à Paris aussi que se créent les formes et les formules nouvelles de la vie intellectuelle et sociale, les théories et les utopies, les idées et les partis politiques. Les formules républicaines, l'égalité devant la loi, la démocratie, le socialisme, le vote universel, — c'est Paris qui les avait donnés à la France (1). En 1792 et 1793 la population de Paris montra l'exemple au pays, lui inspira l'enthousiasme de la liberté, du patriotisme, de certaines idées abstraites et des conceptions philosophiques, enthousiasme qui créa quatorze armées et donna aux volontaires, mal vêtus, peu instruits et pas du tout chaussés, la victoire sur les vieilles troupes aguerries de l'Europe.

Les villes, comparées aux campagnes, présentent deux conditions qui ont une influence capitale et directe sur la vie psychique des habitants, et dont l'absence dans les campagnes produit l'inactivité de l'intelligence, la lenteur des processus psychiques, l'engourdissement de l'esprit, le manque de réceptivité intellectuelle, la pauvreté et l'étroitresse des idées, qui caractérisent les populations rurales. Nous avons déjà signalé la première de ces conditions, c'est-à-dire la complexité et la diversité des relations sociales, des circonstances, de toutes les combinaisons psychiques et pratiques possibles, qui tiennent l'esprit du citadin constamment en éveil, en excitation, tandis que l'uniformité

---

(1) Nous ne voulons nullement dire que tout cela soit bon et juste, encore moins voulons nous exalter Paris. Que ces idées et ces théories soient grandes, belles et généreuses, comme le prétendent leurs partisans, ou erronées, subversives et absurdes, ainsi que l'affirment leurs adversaires, qu'elles soient la gloire ou la honte de la France et du siècle, — nous n'avons pas à nous en occuper. Médecin et non moraliste, nous n'avons pas à juger les idées et les théories, comme nous n'avons pas à juger les hommes, ainsi que nous l'avons déjà dit plus haut. Ce qui nous importe dans les deux cas, c'est que les personnages soient remarquables, les idées et les théories neuves. Que ces personnages aient été utiles ou funestes à leur pays, que ces théories soient généreuses ou subversives, — nous n'avons ni qualité pour les juger, ni droit d'en apprécier la valeur intrinsèque. L'important pour nous, c'est que, quelle que soit la moralité des idées et des hommes, les uns comme les autres dénotent une activité intellectuelle plus grande, un certain degré-d'exaltation cérébrale, ainsi qu'il sera expliqué plus bas. La Commune de 1871 peut servir d'exemple qui fera mieux comprendre notre idée; tous, ses partisans, ses adversaires, tous les témoins impartiaux, — et sous ce rapport les articles médico-psychologiques sur la Commune, articles écrits par des médecins aliénistes (MM. Legrand du Saule, Laborde), sont particulièrement instructifs, — tous, disons-nous, constatent chez la population parisienne à cette époque une excitation cérébrale très intense, qui s'était développée sous l'influence de mauvaises conditions hygiéniques et morales, des privations de toute sorte, de l'alcoolisme, etc. Mais quelles qu'aient pu être les causes, le fait important est cette exaltation morale et cette excitation cérébrale qui dominent et caractérisent toute cette période néfaste de l'histoire de Paris, depuis le commencement du siège de Paris jusqu'à l'entrée des troupes de l'ordre dans la capitale, excitation qui contraste singulièrement avec l'abattement et l'apathie des provinces à cette époque. C'est précisément ce contraste qui est le point cardinal de notre raisonnement.

et la simplicité des occupations et des relations dans les campagnes enlèvent à l'esprit toute initiative, l'habituent à la répétition monotone et mécanique des processus psychiques peu nombreux et toujours les mêmes, et le plongent dans l'engourdissement. Mais comme chez l'Indien des prairies américaines la nécessité d'être toujours sur ses gardes exerce les sens, leur donne plus de finesse, plus d'acuité et de pénétration, et les tient dans un état de tension perpétuelle, de même cette complexité des conditions pratiques et psychiques de la vie des villes exerce l'esprit du citadin et l'entretient dans un état d'activité et d'excitation continuelles. Ces influences chroniques qu'exercent les villes et les campagnes sur les générations successives de leurs habitants, doivent forcément aboutir chez le citadin au développement d'un esprit éveillé, actif, flexible, réceptif, accessible aux idées nouvelles, plus capable et plus entreprenant, tandis que l'esprit du campagnard, lent, engourdi et peu sollicité à l'activité, doit nécessairement s'affaiblir et s'atrophier, comme s'atrophient les yeux inutiles des animaux qu vivent dans l'obscurité des cavernes et des souterrains.

Une autre condition que présente la population urbaine, — condition beaucoup plus importante encore, — agit dans le même sens. Tout talent, toute capacité, toute nature active, tout ce qui s'élève au-dessus du niveau commun, tout ce qui sort du vulgaire, tâche nécessairement de se frayer un chemin dans la vie, d'élargir son horizon, et cherche une issue de cette vie pauvre, monotone et engourdissante des campagnes. Tous les hommes, non seulement de talent, de capacité, mais simplement plus actifs, plus remuants, affluent des campagnes dans les villes, y périssent ou s'y frayent réellement leur chemin, arrivent à la fortune, à une position sociale, ou traînent une vie misérable et précaire, mais ne retournent à leurs villages que dans des cas tout à fait exceptionnels. Dans l'immense majorité des cas ils restent dans les villes, s'y marient, produisent des enfants, qui seront nécessairement de beaucoup supérieurs à leurs contemporains ruraux, puisque leurs parents avaient été, pour ainsi dire, la crème, le dessus du panier de leur génération. Cette immigration systématique et continue vers les villes des hommes les plus intelligents, les plus capables et les plus actifs du pays, doit évidemment contribuer encore à élever le niveau intellectuel des citadins, et abaisser, au contraire, celui des campagnards. Les hommes intelligents et actifs, venus des campagnes dans les villes, y épousent les filles des hommes les plus actifs et les plus intelligents de la génération précédente. Ainsi les villes présentent un phénomène social de la plus haute importance, — c'est celui de *la sélection de l'intelligence et de l'activité*. Par suite de la puissance attractive qu'exercent les grands centres, toutes les forces vives du pays, tous les hommes intelligents et actifs y affluent; leurs familles s'allient entre elles et se régénèrent encore par l'immigration continuelle des meilleurs(1) éléments de la population rurale. Le niveau intellectuel doit donc s'élever continuellement dans les villes, tandis qu'il doit baisser, et cela non relativement, mais d'une façon absolue, dans les campagnes, dont la population, à esprit naturellement lent, engourdi, peu sollicité, est encore continuellement écrémée dans chaque génération au profit des villes. Comme les campagnards s'allient, dans l'immense majorité des cas, entre eux, en envoyant dans les villes tout ce qui est plus intelligent et plus actif, le même phénomène que nous venons de constater dans les villes a lieu aussi dans les campagnes, mais en sens inverse. Il s'y établit aussi une sélection, mais c'est la sélection de l'inintelligence, de la paresse et de la lourdeur d'esprit. A ces deux conditions nous devons en ajouter encore une troisième, à l'adoption de laquelle nous sommes conduit par des considérations exclusivement médico-psychologiques. Les excès de travail intellectuel, l'activité fiévreuse, les aspirations, les désirs inspirés et entretenus par une vie active et énergique, les perturbations et les secousses morales, la dépense excessive, trop souvent l'abus inconsidéré de la force nerveuse, l'inégalité des conditions, la misère des uns et le luxe des autres, qui excitent la jalousie et la haine des premiers, la méfiance et le mépris des seconds, — toutes ces conditions doivent produire nécessairement un haut degré d'excitation cérébrale et entretenir le cerveau dans un état permanent de tension et d'excitation. Cette activité exagérée du cerveau, cet état permanent d'excitation, transmis héréditairement aux générations suivantes, s'y manifestent très diversement. Le cerveau, comme tous les autres organes, a une limite de force, et quand cette limite est dépassée, il finit par succomber. Par conséquent, si la tension et l'excitation ont atteint chez un certain nombre d'individus un haut degré, elles produiront chez leurs descendants et dans les générations

---

(1) Meilleurs sous le rapport spécial qui nous occupe. D'autres peuvent trouver que comme moralité, comme qualités de cœur, comme caractère, c'est au contraire l'écume de la population du pays qui afflue vers les centres. Ceux qui pensent ainsi n'ont qu'à renverser les termes de notre raisonnement; quant à nous, — médecin et non moraliste, — nous n'avons pas, nous le répétons encore une fois, à nous occuper du côté moral de la question ; nous ne la traitons qu'au point de vue exclusivement médico-psychologique.

suivantes une série d'anomalies, d'affections et de troubles, depuis les talents hors ligne, les capacités brillantes, jusqu'aux psychopathies, jusqu'aux affections nerveuses, aux difformités psychiques même, mais surtout aux anomalies morales (bizarreries, suicide, excès en tout genre, crime, etc.), et enfin à tout le cortège ordinaire des symptômes de dégénérescence, tels que la stérilité, la mort prématurée et l'extinction de la race. Un degré moindre d'excitation cérébrale donnera, peut-être, dans les générations suivantes des esprits brillants, une grande activité de l'intelligence, en un mot une vie psychique plus forte, plus variée, mais qui restera dans les limites physiologiques. On comprend que plus la cause déterminante sera forte, la vie psychique active et fiévreuse, l'abus de l'activité cérébrale excessif, plus les résultats d'un tel état de choses peuvent être tristes, et plus rapidement ils pourront aboutir aux formes pathologiques ultimes. Comme les circonstances et les conditions qui produisent cette excitation du cerveau sont de plus en plus fortes et intenses à mesure que l'on passe des petites villes de province aux grands centres, et de ceux-ci aux capitales, nous devons nous attendre, si notre raisonnement est juste, à trouver dans ces dernières une plus grande abondance de formes ultimes des affections et des anomalies somatiques et mentales, formes auxquelles doit forcément arriver dans ses transformations successives l'élément psychopathique, qui croît et se développe sous l'influence excitante de la vie urbaine. Il a été déjà dit plus haut que dans les chiffres des cas d'affections mentales et de suicide que l'on compte à Paris, il est difficile de déterminer sa quote-part véritable, d'établir quel est le chiffre des cas qui lui appartiennent réellement ; mais si les chiffres de la statistique ne peuvent pas être utilisés directement et pour des recherches de détail, néanmoins la statistique générale des psychopathies et des suicides nous fournit des données qui ont leur importance.

Nous connaissons la liaison intime des névropathies, des phréno-pathies, du suicide, de l'aliénation mentale, des psychopathies, de l'hérédité morbide, et leur rapport excessivement probable avec le génie, le talent et les capacités hors ligne. Si notre analyse des conditions morales et intellectuelles de la vie urbaine et de leur influence psycho-pathogénique n'est pas erronée, nous devons affirmer à priori que le nombre des cas de suicide et d'autres manifestations de l'élément psychopathique et névropathique doit être plus grand dans les villes que dans les campagnes, dans les capitales que dans les villes de province. Or on sait que la fréquence du suicide en France croît

généralement a mesure qu'on s'approche de Paris, de Marseille, etc (1);
mais ici nous devons faire des réserves. Le suicide n'est pas produit
exclusivement par l'élément psychopathique, quoique ce dernier y joue
un très grand rôle. Comme l'hérédité morbide ne conduit pas nécessairement et inévitablement au suicide un certain nombre de membres
des familles frappées, de même et d'autant plus le suicide ne reconnaît
pas toujours et exclusivement pour cause l'hérédité morbide. Ces deux
éléments, tout en ayant une connexion intime entre eux, peuvent néanmoins exister séparément et· indépendamment. Ainsi, dans un certain
nombre de cas de suicide une partie revient nécessairement à l'élément psychopathique, mais une autre partie reconnaît pour cause des
circonstances fortuites, comme perte de fortune, chagrins domestiques,
dérangement d'affaires, maladies douloureuses, crainte de punition, etc.
Nous ne pouvons donc pas nous attendre à ce que le chiffre des cas de
suicide soit dans un rapport direct mathématique avec le chiffre de la
densité de la population pour chaque département en particulier; mais
si l'on compare les départements par groupes à la densité de la population très différente, la loi devient plus apparente et plus marquée.
Prenons, par exemple, la moyenne des suicides pour 14 départements
ayant la population la plus dense, et pour 14 autres dont la population spécifique est la plus faible (2) :

PREMIER GROUPE			DEUXIÈME GROUPE.		
Départements.	Nombre d'hab. par kilomètre carré.	Nombre de cas de suicide.	Départements.	Nombre d'hab. par kilomètre carré.	Nombre de cas de suicide.
Seine........	3.636.66	5569	Allier........	47.20	418
Rhône.......	224.40	1058	Marne.......	45.53	2611
Nord	213.40	1253	Pyrénées O...	44.40	559
Haut-Rhin ...	123.00	903	Aveyron......	44.30	188
Bas-Rhin.. ..	121.00	1075	Cher........	43.60	727
Pas-de-Calais.	108.60	1309	Aube	42.83	1855
Loire	106.38	371	Cantal	42.48	335
Manche......	100.20	401	Loir-et-Cher..	42.10	1206
Bouches-du-R.	92.27	1700	Haute-Marne.	41.40	905
Somme	92.29	1468	Indre........	39.70	755
Côtes-du-Nord.	92.49	505	Landes	33.80	618
Finistère.....	88.00	883	Lozère	27.30	285
Calvados.....	86.04	155	Hautes-Alpes.	23.40	966
Seine-et-Oise.	86.40	3250	Basses-Alpes.	21.90	1520
Moyenne...	309.37	1210.5	Moyenne...	38.57	910.56

(1) OESTERLEN, Handbuch der medicinischen Statistik, Tubingen, 1865, p. 735. —
(2) GUERRY, Statistique morale de l'Angleterre et de la France. — M. BLOCK, Statistique de la France, t. I, p. 41.

En comparant la fréquence relative du suicide et la population spécifique des dix départements les plus peuplés et des dix les moins peuplés, nous avons :

PREMIER GROUPE.			DEUXIÈME GROUPE.		
Départements.	Populat. spécif.	Fréquence relative du suicide.	Départements.	Populat. spécif.	Fréquence relative du suicide
Seine........	3.036.66	98.2	Cher........	43.60	6.7
Rhône.......	224.40	62.5	Aube	42.83	23.7
Nord........	213.40	53.7	Cantal	42.48	10.7
Haut-Rin.....	123.00	41.3	Loir-et-Cher.	42.10	20.5
Bas-Rhin.....	121.00	39.5	Haute-Marne.	41.40	16.9
Pas-de-Calais.	108.60	30.4	Indre.......	39.70	25.9
Loire........	106.38	39.5	Landes	33.80	9.1
Manches	100.20	21.0	Lozère......	27.30	12.2
Bouche-du-R.	92.27	81.2	Hautes-Alpes.	23.40	10.1
Somme.......	92.27	25.2	Basses-Alpes.	21.90	15.9
Moyenne...	481.820	52.25	Moyenne.	36.851	17.57

Non seulement on voit la différence si marquée et si évidente de la fréquence du suicide dans les deux groupes, et la dépendance de cette fréquence de la densité de la population, mais, en examinant ce tableau, on remarque même une concordance positive et indubitable de la marche décroissante de la population spécifique et de celle de la fréquence du suicide dans chaque groupe en particulier. En comparant la fréquence du suicide dans les différents États de l'Europe, il est assez difficile de retrouver cette loi de parallélisme entre le nombre des cas de suicide et la population spécifique, à tel point l'influence de cette dernière est masquée et modifiée par d'autres conditions, telles que la race par exemple. Voici les chiffres (1) :

___

(1) Les chiffres de la fréquence du suicide sont empruntés à WAPPAEUS, *Allgemeine Bevoelkerungskunde*, II, 473. — BAUDIN, *Annales d'hygiène*, 1861, janvier 1862. — OESTERLEN, *Handbuch der medicinischen Statistik*, 720. — CASPER, *Denkwuerdigkeiten sur medicin Statistik*, 1816, 117. — LOMBARD, *Influence des professions sur la durée de la vie*. Genève, 1835. — LEGOYT, *Le suicide en Europe* (*Journal de la Société de statistique de Paris*, IX, novembre; *Ann. médico-psychol.*, mars 1870, p. 326. *Recueil de statistique* publié par le ministère de la guerre (russe), IV. — Marc d'ESPINE, *Statistique mortuaire*, etc. Dans ce tableau manquent beaucoup d'États, en partie parce que nous n'avons pas eu de données, en partie à cause du peu de confiance qu'on peut accorder aux chiffres publiés. Du reste, il faut le dire aussi de la statistique du suicide en Angleterre, où il est considéré comme un crime par la loi, et de la statistique des États-Unis (voy. *Journal de médecine mentale*, 1860, p 250).

États.	Fréquence du suicide	Populat spécif.	États.	Fréquence du suicide	Populat spécif.
Saxe-Altenbourg.	303	108	France (1860-66)......	110	70.1
Danemark (1860-65)...	288	48.5	(1849-54).......	102	68.3
— (1845-56).....	256	43.5	Nassau (1843-55)......	106	92.3
Saxe royale (1860-65)..	251	171	Bade...............	103	86.4
— (1847-51)....	202	136.8	Norwège (1860-65)....	94(?)	5.5
Canton de Genève.....	157	286.3	— (1846-55)...	108	5
Schleswig-Holstein....	191	57	Bavière (1860-65).....	73(?)	64
Mecklenburg-Schwerin	159	41.5	— (1844-58)	94	59.6
Lauenburg	156	42	Angleterre (1860-65)...	69(?)	101
Oldenburg	155	50	— (1852-59)...	64(?)	88.2
Russie..............	129	11.9	Suède (1860-65)...	66	9.6
Hanovre (1860-65)....	8	51	— (1840-50)...	67	8.9
— (1825-43)....	84 }	47.4	Belgique (1860-65)....	55	178
— (1848-55)....	113 }		— (1841-50)....	56	155.6
Prusse (1860-63)......	123	71	Autriche.............	43	58
— (1835-41)...	103	61.4	Etats-Unis..........	33	3.7(?)
— (1849-52)....	108	61.4	Espagne.............	14	33

Mais si ce tableau ne donne pas l'idée de la relation directe entre la fréquence du suicide et la population spécifique, on peut le décomposer en séries de détail, dans lesquelles cette relation ressort positive et indubitable. Ainsi nous avons :

États.	Fréquence du suicide.	Population spécifique.
Saxe royale......................	202	136.8
Nassau........................	106	92.3
France........................	102	68.3
Prusse........................	103	61.4
Bavière.......................	94	59.7
Hanovre....	84	47.4
Suède et Norwège...............	67	6.67

En France la fréquence du suicide augmente régulièrement à mesure qu'on s'approche de Paris, de Marseille, des grands centres en général, et « le petit tronçon de la Seine qui traverse Paris engloutit dans un seul mois d'été plus de suicidés que tout le reste du fleuve dans le courant de l'année » (1). Les suicides de Paris font *un septième* des suicides de toute la France (2), et ceux du département de la Seine *un sixième* (3). A Londres et dans les arrondissements voisins du Sussex, du Surrey, du Hampshire, etc., le nombre relatif des cas de suicide est beaucoup

(1) GUERRY, *Annales d'hygiène*, IX, 472. — OESTERLEN, *loc. cit.*, 735. — (2) *Annales médico-psychol.*, 1870, mars 1826. — (3) BLOCK, *loc. cit.*, t. 1, p. 150.

plus grand que la moyenne pour l'Angleterre entière, tandis que dans la principauté de Galles, le Glocestershire, etc., il est au-dessous de cette moyenne (1). Dans le canton de Genève, où la population est divisée juste par moitié entre la ville de Genève et la partie rurale du canton, 64,7 pour 100 du nombre total des suicides revient à la population urbaine, et 35,3 pour 100 seulement à la population rurale (2).

La Prusse (3) présente sur la statistique du suicide des données qui confirment pleinement notre manière de voir. En effet, on conviendra que les chiffres suivants ont leur éloquence :

Districts et provinces.	% de la population urbaine.	Nombre de cas de suicide par 1 000 000 hab. (1855-41).
Postdam et Berlin................	51.%	27.42
Province de Brandenbourg.........	3J	21.1
— de Saxe................	33	15.8
District de Kœnigsberg...........	25	13.7
Province de Poméranie...........	27	13.4 (4)

Les autres provinces ne peuvent être comparées directement à cause de la différence de race, qui a, comme on sait, une importante capitale dans la question qui nous occupe. Dans la période de 1816-22, sur 4870 cas de suicide, 2190 appartiennent aux villes, c'est-à-dire 57 pour 100 du nombre total dans le pays, tandis que la population urbaine était au-dessous de 25 pour 100 de la population totale ; 100 000 habitants donnaient 4 cas de suicide dans les campagnes, et 14 dans les villes. Pendant la période 1835-41 dans les provinces du Brandenburg, de Saxe, de Poméranie, où 1/3 à peu près de la population vivait dans les villes, 100 000 habitants donnaient 17 cas de suicide, et dans les provinces de Prusse, de Westphalie et de la Prusse Rhénane, où la population des villes comptait pour 1/5 de la population totale, 100 000 habitants ne donnaient que 6 cas de suicide.

Malgré toute l'insuffisance de la statistique du suicide en Angleterre, et surtout à Londres, où une faible partie seulement des cas de suicide sont enregistrés comme tels, à cause des dispositions spéciales de la loi, les données statistiques de la Grande-Bretagne confirment éga-

---

(1) OESTERLEN, *loc. cit.*, 735. — (2) LOMBARD. *Influence des professions sur la durée de la vie*, Genève, 1836. — (3) CASPER, *Denkwuerdigkeiten z. medic. Statistik*, p.141. — (4) Ce chiffre s'explique par le peu de densité de la population (1764 hab. par mille carré), malgré le chiffre relativement élevé du % de la population urbaine.

lement la fréquence plus grande du suicide dans les villes que dans les campagnes. Ainsi 100 000 habitants avaient donné (1) :

Nombre de suicide.	Londres	Dans l'Angle-terre entière.
En 1858........................	8.5	6.6
En 1859.......................	9.1	6.4

On comprend que la différence serait notablement plus grande si l'on comparait sous ce rapport Londres non au pays en totalité, où les grands centres grossissent fortement la moyenne, mais aux campagnes seules.

Dans le Danemark, 100 000 habitants fournissent en moyenne 25 cas de suicide par an, mais le même nombre d'habitants en donne 39 à Copenhague, 30 dans les villes de province, et 23 seulement dans les districts ruraux (2).

Le dernier travail de M. Legoyt sur le suicide en Europe donne, sur la question de la fréquence plus grande du suicide dans les villes que dans les campagnes, les renseignements suivants : Les suicides, dit-il, *sont plus rares dans les campagnes que dans les villes, et surtout dans les grandes villes*. On compte par 1 000 000 d'habitants

	Angleterre.	France.	Prusse.	Danemark.
Dans le pays entier........	69	110	123	288
Dans la capitale...........	91	646	212	447

Si l'on compare dans les mêmes pays les populations rurales et celles des villes, on obtient les résultats suivants :

En *Prusse*, 187 suicides pour 1 000 000 d'habitants pour l'ensemble du pays, et 102 seulement pour les campagnes. En *Danemark*, villes, 307; campagnes 27. En *France* (1866) dans les villes 1 suicide sur 3 044 habitants, et dans les campagnes 1 sur 12 208, c'est-à-dire *plus de trois fois moins*.

Cette augmentation de la fréquence relative du suicide se voit aussi dans le temps comme dans l'espace, c'est-à-dire que non seulement les localités plus peuplées présentent un chiffre relatif de suicides plus grand, mais que dans la même localité, dans le même pays, la fréquence du suicide augmente à mesure que la population spécifique s'accroît, produisant ces chiffres toujours croissants du suicide, chiffres

(1) OESTERLEN, *loc. cit.*, 720. — (2) *Ibid.*, 735.

qui avaient enfin effrayé les gouvernemens et porté des sociétés savantes à proposer des prix aux meilleurs travaux sur la statistique de cette calamité, et surtout sur les moyens d'en prévenir le développement.

En effet, la fréquence du suicide croît avec une rapidité réellement terrifiante. Dans la Bavière, le Danemark, la France, le Hanovre, le Mecklembourg, la Prusse, la Saxe royale et la Suède, pays sur lesquels on a des renseignements remontant à vingt-cinq, trente et même cinquante ans, *le suicide progresse plus rapidement que la population et la mortalité générale.*

Sur un million d'habitants l'augmentation annuelle a été : dans la Saxe, le Danemark et la Suède de 2 à 5 ; en France de 1,86 ; en Bavière de 1,77 ; dans le Mecklembourg de 1,70 ; en Prusse de 1,40 ; dans le Hanovre de 1, 20.

En France l'augmentation de la fréquence du suicide a suivi la proportion suivante :

Années.	Moyenne des cas de suicide.	Nombre de suicide par 1 000 000 hab.	Densité de la population.
1820-30..................	1739	54.6	58.99
1831-35..................	2263	64.5	60.30
1836-40..................	2574	76.7	62.10
1841-45..................	2951	86.2	63.22
1846-50..................	3466	97.9	65.55
1851-55	3639	101.9	66.25

Depuis 1855 ce mouvement a continué ; le chiffre relatif des suicides avait été de 110 en 1856-60, de 124 en 1861-65, de 134 en 1866. Il y avait 1739 cas de suicide par an en moyenne dans la période de 1820-30, et en 1870 il y eut 4157 cas de suicide ; ainsi la fréquence du suicide avait presque triplé en quarante ans.

Présentant ce fait sous une autre forme, pour rendre plus appréciable l'augmentation énorme du chiffre annuel des suicides, hors de toute proportion avec l'accroissement de la population, nous ferons remarquer que dans le même espace de temps (de 1820 à 1865) la population de la France avait augmenté d'un peu moins d'un cinquième, tandis que le nombre des suicides avait augmenté de près de 150 p. 100 ; par conséquent l'accroissement de ce dernier a été près de *huit fois plus rapide* que celui de la population.

JACOBY.

Dans le Danemark le nombre des suicides avait été de .

En 1835-39....................................	261.6
1840-44....................................	300.2
1845-49....................................	330.6
1850-54....................................	383.8
1855-56....................................	414.0

Il y eut donc en 1835-44 219 cas de suicide sur 1 000 000 d'habitants, 250 en 1845-54, 288 en 1855-59. En Prusse, le nombre relatif des suicides était en 1818-22 en moyenne de 7 sur 100 000 habitants, en 1849-52 de 10,8; en Bavière, en 1844-48 il avait été de 5,8, en 1849-56 de 9,8; dans le Nassau, en 1818-35 de 7,4, et de 1843 à 1855 de 10,6 (1).

Ainsi, en partant de certaines données de la science mentale sur le rapport pathogénique entre le suicide et l'élément psychopathique, nous sommes arrivés par une série de raisonnements à conclure à priori que le suicide doit être relativement plus fréquent dans les localités à population dense que dans celles qui ont une population spécifique faible, dans les villes plus que dans les campagnes, dans les grands centres que dans les petites villes. Les mêmes raisonnements nous font admettre à priori que le suicide est plus fréquent dans les classes éclairées que dans les classes inférieures, chez les hommes que chez les femmes. A Genève, les classes aisées fournissent 6,37 pour 100 du nombre total des suicides, et 4,20 pour 100 seulement de la mortalité générale (2).

Le tableau suivant présente la fréquence relative du suicide dans les deux sexes (3) :

États et villes.	Sur 100 cas de suicide.	
	Hommes.	Femmes.
Prusse (1850-52)..............................	82	18
Canton de Genève (1838-55).....................	82	18
Bavière (1844-47).............................	75	25
Danemark (1835-56)...........................	75	25
Copenhague (1835-56)	70	30
France (1849-54)	80	20
— (1870)............................	81	19
Paris (1849-54)..............................	68	32
Angleterre (1858 et 59)........................	73	27
Londres (1858 et 59)..........................	69	31

(1) WAPPÆUS, l. c., I, 128; II, 434.—CASPER, l. c,—LEGOYT, l. c. (Ann. méd.-psychol., 1872, novembre, p. 466. Voyez sur ce sujet : CAZAUVIEHL, TRÉBUCHET, Ann. d'hyg., 1859.) — BRIERRE DE BOISMONT, Suicide et folie suicide.—HOFFBAUER, Ursuchen des in neueren Zeit zunehmenden Selbstmordes. (Allgem. Zeitschr. f. Psychiatrie, 1859), et les ouvrages et articles déjà cités. — (2) LOMBARD, l. c. — (3) MAUR. BLOCK, Statistique

L'accroissement de la fréquence du suicide est beaucoup plus rapide pour les hommes que pour les femmes. De 1836 à 1866 les suicides en France se sont accrus chez les hommes de 92 %, et de 51 % chez les femmes (1).

de la France. — WAPPAEUS, *l. c.* — OESTERLEN, *l. c.* — LEGOYT, *l. c.* (*Ann. médico-psychol.*, 1872, novembre, p. 469 et suiv.).

(1) LEGOYT, *Le suicide en Europe* (*Ann. médico-psychol.*, mars, 1870, p. 325).

CHAPITRE III

Le crime et la folie. — Fréquence des maladies nerveuses et de la dégénérescence dans les villes et les campagnes.

Nous avons dit que l'élément psychopathique héréditaire et la dégénérescence peuvent aboutir, entre autres formes ultimes, aussi au crime, ou du moins à la disposition au crime, mais il ne s'ensuit pas que le crime en général reconnaisse, non seulement toujours, mais souvent même, pour cause la psychopathie ou l'élément névropathique. On conviendra que dans l'immense majorité des cas les crimes ont des motifs pratiques dans lesquels la science mentale n'a rien à voir.

A cela on réplique avec raison que la cause déterminante, occasionnelle même, peut être quelconque, — considérations pratiques, circonstances fortuites, etc., sans exclure pour cela l'élément psychopathique comme cause prédisposante. Cela est juste, — mais cet élément psychopathique, de quelle nature est-il? Est-ce bien l'excitation cérébrale, l'abus de la force nerveuse? C'est bien peu probable. Les criminels ne sont pas poussés en général au crime, comme les suicidés le sont souvent à la mort volontaire, les monomaniaques au meurtre, à l'incendie, — ils n'en sont pas seulement assez *retenus*. Ce que l'on trouve chez le plus grand nombre de criminels, ce n'est pas l'excitation inquiète, c'est au contraire une indifférence stupide, un manque plus ou moins complet de développement des facultés intellectuelles et morales (1). Sous ce rapport il est particulièrement instructif de lire les écrits des personnes qui, par leur position, étaient à même d'étudier de près et intimement les criminels, et les mémoires de Vidocq, qui n'est pas un bien profond psychologiste, en apprennent cependant plus sur

(1) Il est bien entendu que tout ce qui vient d'être dit et ce que nous disons plus bas sur la nature psychologique du crime ne se rapporte qu'aux criminels de profession et aux individus appartenant à ce qu'on avait appelé les classes criminelles, et nullement aux malheureux que des circonstances particulièrement défavorables, le hasard, la passion, etc., avaient poussé à commettre un crime isolé.

la psychologie des criminels de profession que tous es ouvrages des légistes et des médecins sur ce sujet.

« Parmi les hommes civilisés, au milieu des cités et des districts populeux, on rencontre des groupes, des castes, qui n'échappent pas à l'œil de l'historien naturaliste et du médecin observateur ; les mineurs, les pêcheurs, dont les générations se succèdent dans le même labeur, en sont un exemple. Mais de toutes ces variétés aucune ne présente un cachet plus frappant que celle de la population criminelle. *C'est une classe inférieure*, et la physionomie de ses membres se décèle si bien, que tous les employés de la police pourraient aller les recueillir au milieu d'une nombreuse réunion. *Ce type dégradé se distingue au centre même des prisons ;* les traits ne sont pas ceux d'un ouvrier exerçant une industrie honorable, d'un fermier, d'un employé du chemin de fer, etc. *Visage grossier, anguleux, abject, stupide ; un teint pâle. Les femmes sont laides de formes, de facies et de mouvements ; toutes ont une expression de physionomie et de maintien aussi sinistre que répulsive.* Tous les employés des prisons, directeurs, aumôniers, médecins, gardiens, s'accordent à affirmer que *les prisonniers, comme classe, ont une intelligence faible et défectueuse ; qu'ils sont généralement stupides, et que beaucoup même sont imbéciles.*(1). » Le même auteur ajoute encore : « *Les quarante ou cinquante jeunes prisonniers que l'on cherchait à instruire, et qu'il visitait tous les jours, se montraient lourds, bornés, et leur instituteur disait qu'il considérait le tiers d'entre eux comme étant en état d'imbécillité. Ces enfants faisaient comparativement peu de progrès ; ils semblaient incapables d'attention et d'application, et manquaient de mémoire. Ils étaient volontaires, entêtés, et ceux qui profitaient sensiblement faisaient exception.* — Les inspecteurs du gouvernement pour l'instruction rapportent, à propos des jeunes détenus de Parkhust, que *leur organisation physique est défectueuse, que beaucoup sont faibles de corps et d'esprit, et que leur aptitude à l'instruction n'est pas comparable à celle des classes industrielles et plus élevées.* — Ni la douceur, ni la sévérité n'ont d'influence sur eux (les criminels). Chaque jour ces individus s'avancent davantage dans le mal. Ils en parlent sans cesse, quoiqu'une telle conduite leur attire de nouvelles privations. Beaucoup ont été des ivrognes invétérés, et leur constitution est

---

(1) Dʳ Thompson, *Mental Science*, 1ᵉʳ trim. 1870. Analyse de M Dumesnil, Ann. médico-psychol., mai 1872.

usée ou affaiblie par le vice et l'irrégularité de leur existence : défaut
le nourriture, logements misérables et insalubres, vêtements insuffisants et malpropres. Aucun d'eux, à proprement parler, ne succombe à
une seule maladie, car presque tous les organes sont plus ou moins
atteints, et je m'étonne que la vie ait pu se maintenir dans des corps si
altérés (1). *Leur nature morale semble aussi compromise que leur organisation physique*, et tandis que leur séjour en prison rend du ton à
leur état somatique, il est douteux que leur esprit bénéficie de la
même manière ou y gagne tant soit peu. *D'après une longue pratique
avec des criminels mineurs, je crois que neuf sur dix présentent
une intelligence inférieure, mais tous sont excessivement rusés.* »

On conviendra que cet état mental est tout l'opposé de celui qui fait le
sujet de notre travail. Les traits principaux de caractère des criminels
sont précisément *le manque d'intelligence et la stupidité intellectuelle et morale*, c'est-à-dire juste le contraire de l'état cérébral qui
se développe sous l'influence de la civilisation et de la vie fiévreuse des
villes. De ce point de vue il faudrait, peut-être, supposer que l'état
mental du criminel est plus proche de celui du campagnard que de
celui du citadin ; en tout cas les chiffres statistiques ne nous fournissent
pas de données positives à ce sujet. On sait — et déjà Casper l'avait
prouvé — que, en thèse générale, la fréquence des crimes croît avec
la densité de la population et du 0/0 de la population urbaine; mais
ici il faut tenir compte d'une circonstance qui a une importance capitale sous le rapport qui nous occupe. La statistique criminelle, telle
qu'elle est faite actuellement, nous indique *les localités où se commet
le plus de crimes*, et non *les lieux de naissance du plus grand nombre des criminels*, et c'est précisément ce dernier point qu'il serait important de connaître. Ainsi de 33250 accusés, jugés contradictoire-
ment pendant la période quinquennale de 1853-1857, 11035, c'est-à-dire
34 pour 100, ont commis le crime dans un département autre que celui
dans lequel ils sont nés (2), et la répartition est loin d'être uniforme
pour tout le territoire de la France. Tandis que la majorité des crimes
commis dans les départements peu peuplés, le sont par des personnes

(1) Tous les observateurs ont constaté cette dégradation somatique des criminels
considérés comme classe, leur taille au-dessous de la moyenne, leur faiblesse musculaire, etc. : LOMBROSO, *L'uomo delinquente studiato in rapporto all' Antropologia,
alla Medicina e alle discipline carcerarie.* Milano, 1876. Voyez aussi KIND, IRELAND,
KRAFFT-EBING, MAUDSLEY, WILSON, etc. — (2) MAUR. BLOCK, *Statistique de la France*,
I, p. 139.

nées dans le département, les accusés pour crimes commis à Paris sont rarement originaires du département de la Seine.

Il faut faire remarquer encore que dans les grandes villes « les classes criminelles ont un local et une communauté à elles. Jamais on ne les voit exercer un commerce ou une industrie honnête. La presque totalité se compose de voleurs; ils ont un quartier, un repaire, où ils s'allient entre eux et propagent une population criminelle. Ces communautés n'ont aucun respect, aucun souci des lois du mariage et de la consanguinité. Ne se mêlant qu'entre eux, ils ne donnent naissance qu'à une classe dépravée, héréditairement portée au crime. Leur maladie morale (1) existe *ab ovo*. Ils sont nés dans le crime, élevés, nourris, dressés pour le crime, et l'habitude devient une seconde nature, qui s'ajoute à leur dépravation morale originaire (2). »

Ainsi ces colonies du crime, vrais parasites des villes, prospèrent au sein des grands centres, profitent des occasions et des avantages que leur fournit la vie urbaine, mais elles échappent à son influence. Ces colonies existent *à côté de la civilisation*, mais en dehors d'elle, et ne peuvent évidemment pas lui être imputées. Les criminels de profession vivent, pour ainsi dire, de la chasse à l'homme civilisé; ils braconnent sur le territoire de la civilisation, mais ne lui appartiennent pas plus que les naufrageurs, qui vivaient des épaves, n'appartenaient à la marine.

Mais, en dehors de ces considérations économiques et morales, nous avons des faits qui nous interdisent de rattacher d'une façon aussi intime le crime en général aux psychopathies. En effet, le docteur Thompson, qui est particulièrement partisan de cette idée, avait trouvé sur 5432 prisonniers soumis à son observation, 673 ayant, selon lui, besoin de soins et de traitement, vu leur état mental. Il les classe de la façon suivante :

Faibles d'esprit, imbéciles...........................	580
— — ayant des impulsions au suicide..	36
Épileptiques......................................	57

Sur 5432 nous ne voyons donc que 93, c'est-à-dire 1,71 pour 100, qui présenteraient des symptômes se rattachant directement aux psychopathies; 580 sont faibles d'esprit, imbéciles, — mais il serait de la plus

(1) Quelle est cette *maladie morale*? Serait-ce une affection psychique de nature spéciale, une psychopathie *sui generis*? — (2) Dr THOMPSON, *l. c.*

haute importance de connaître la nature de cette faiblesse d'esprit. Combien de ces 580 cas appartiennent à la pathologie, combien rentrent encore dans la bêtise physiologique? Les bergers dans les hautes Alpes sont presque tous plus ou moins imbéciles, mais cette imbécillité provient du genre de vie qu'ils mènent depuis des générations; faudrait-il donc la rattacher aussi à l'aliénation mentale? Or, M. Thompson dit lui-même que la plupart de ces 580 faibles d'esprit ont été, *dès leur entrée*, jugés tels *pour cause congénitale probable*, et il ajoute qu'une observation analogue avait été faite dans les autres prisons d'Angleterre et d'Irlande. On se demande de quel genre de soins médico-psychologiques peuvent avoir besoin les imbéciles de naissance, et quel traitement il croirait pouvoir employer avec des faibles d'esprit par cause congénitale?

Nous ne voulons nullement dire que les criminels, s'ils ne rentrent pas dans le cadre nosologique des psychopathies, doivent être regardés comme jouissant de la plénitude de leur libre arbitre, et comme complètement responsables de leurs actes. Cette pensée est loin d'être la nôtre, mais nous croyons que les questions psychologiques sont beaucoup plus compliquées qu'on ne pense. L'absence de maladie psychique n'implique pas toujours et nécessairement la responsabilité complète; il existe des cas d'irresponsabilité physiologique, que dans l'intérêt de la science et de la vérité il faut distinguer de l'irresponsabilité pathologique. Des considérations judiciaires et la sympathie pour les malheureux, si généreuses qu'elles soient, ne peuvent ni ne doivent guider la science et primer la vérité.

Pour en revenir à notre sujet, rappelons que toutes les statistiques pénitentiaires donnent à peu de chose près les mêmes chiffres. Coindet, médecin aliéniste, et qui avait recherché avec le plus grand soin les cas de trouble psychique, a trouvé à Genève 15 cas sur 329 détenus (4,5 pour 100); Lélut a constaté 0,7 — 0,8 pour 100 d'aliénés dans la prison du dépôt des condamnés, et dans une enquête faite dans toute la France au 1er avril 1844, il avait été constaté que sur 18 845 prisonniers il existe 359 aliénés (à peu près 2 pour 100). De même Sauze, sur 2400 prisonniers, a trouvé 44 individus présentant des désordres intellectuels (1,83 pour 100). La statistique des prisons en Angleterre donne les chiffres suivants : en 1873 il y avait sur 1000 détenus (hommes) 30 faibles d'esprit, aliénés ou épileptiques, et 38 sur 1000 détenues (1).

(1) MARCÉ, *Traité pratique des malad. mentales*, p. 125. GUY, *Results of censures of the population of Convict prisons of England*, taken in 1862 and 1873.

Nous lisons dans le Rapport statistique sur les prisons et établissements pénitentiaires (année 1868) les chiffres suivants (1) :

	Hommes	Femmes
Au 31 décembre 1867 le nombre des aliénés dans les maisons centrales était de...............	91	13
Cas constatés pendant l'année.................	46	22
Total...	137	35
Au 31 décembre 1867 le nombre des épileptiques non aliénés était de......................	100	11
Cas constatés pendant l'année............	41	2
Total...	141	13

La population moyenne des établissements pénitentiaires avait été de 15 346 hommes et de 3420 femmes. Ainsi, sur une population de 18 766 individus des deux sexes, il y avait eu 172 aliénés et 154 épileptiques ; le nombre des aliénés ne constitue, par conséquent, que 90,17 pour 100 (moins de 1 pour 100), et celui des épileptiques que 0,821 pour 100 de la population totale des établissements pénitentiaires. M. G. Virgilio a examiné 266 condamnés, spécialement au point de vue de la relation intime qu'il croit exister entre le crime et la folie, et n'a trouvé que 10 aliénés et 13 épileptiques, en tout 23 ou 8,65 pour 100, et cela sur une population criminelle déjà malade (2). En Italie, où cette idée de la relation intime entre le crime et la folie est très répandue, grâce à Lombroso, l'enquête médicale, faite en 1874, n'a constaté sur toute la population des pénitentiaires du royaume que 97 épileptiques et aliénés, y compris les idiots et les crétins (3). Si l'on compte parmi les prisonniers 3 pour 100, ou même 2 pour 100 seulement d'aliénés, c'est là un fait d'une importance très grande, et qui doit donner grandement à réfléchir au moraliste, à l'homme d'État, au magistrat ; mais enfin s'il a sur 100 criminels 3, 4, 5 aliénés même, c'est que les 95 autres ne le sont pas. Est-il logique, est-il scientifique de généraliser au point de négliger 95 pour 100, en ne prenant en considération que les 5 pour 100 ? Qu'on dise que la folie peut conduire au crime, que la criminalité prédispose à la folie, rien n'est plus juste, et l'on sera dans le vrai ; mais identifier le crime et la folie

---

(1) *Annales médico-psychol.*, mars 1872. — (2) *Saggio di ricerche sulla natura morbosa del delitto sue analogie colle malattie mentali. Osservazioni raccolte nella casa dei condannati invalidi e nel manicomio muliebre di aversa* (*Archivio italiano per le malatti nervose*, 1875, mai-juillet, p. 223). *Revista sperimentale di freniatria* 1875, I-II, p. 143 (extraits). — (3) *Archiv. ital.*, 1875, sept.-novembre.

parce que dans 5 pour 100 de la totalité des cas de crime on trouve des troubles intellectuels, c'est faire là de la statistique un singulier usage.

Une dernière remarque. Pour pouvoir utiliser dans le but que nous nous sommes proposé dans notre ouvrage les chiffres et les données statistiques de la criminalité, il aurait fallu d'abord prouver qu'il existe un rapport direct de causalité ou de parenté entre le crime en général et les psychopathies proprement dites, en les comprenant dans leur sens et leurs limites actuelles, sans reculer outre mesure les bornes de leur champ, et sans y comprendre des états psychiques de nature spéciale, *sui generis*, qui n'ont ni cause, ni origine, ni marche, ni issue, ni processus pathologiques, communs avec les phrénopathies et les névropathies appartenant à la médecine. Or, ce rapport n'existe pas, il n'existe pas aussi direct au moins qu'on veut le faire croire. Pour s'en convaincre, on n'a qu'à comparer les conditions de manifestation de la criminalité et de la folie. En effet :

LA FRÉQUENCE

DE LA FOLIE	DU CRIME
1° Sexe :	
Est un peu plus *grande* chez la femme que chez l'homme.	Est 4-5 fois *plus grande* chez l'homme que chez la femme.
2° Age :	
a. *Insignifiante* avant l'âge de vingt ans.	a. *Très grande* déjà avant l'âge de vingt ans.
b. Son maximum est à 25-30 ans.	b. Son maximum est *vers* 45 ans.
c. Diminue *lentement* avec l'âge.	c. Diminue *très rapidement* avec l'âge.
d. *La vieillesse avancée est encore fortement atteinte.*	d. *La vieillesse avancée est à peu près indemne.*
3° Instruction :	
Augmente avec l'instruction, surtout l'instruction supérieure.	*Diminue* avec l'instruction, surtout l'instruction supérieure.
4° Profession :	
a. Est *moindre* chez les travailleurs des champs.	a. Est *plus grande* chez les travailleurs des champs.
b. Est relativement *moins grande* chez les domestiques attachés à la personne.	b. Est relativement *plus grande* chez les domestiques attachés à la personne.
c. *Très grande* chez les rentiers.	c. *Insignifiante* chez les rentiers.
d. *Extrêmement grande* chez les personnes appartenant aux professions libérales.	d. *Moindre* chez les personnes appartenant aux professions libérales.
5° Origine :	
Est relativement *plus grande* chez les citadins que chez les campagnards.	Est relativement *moins grande* chez les citadins que chez les campagnards.

En comparant le caractère des attentats auxquels poussent la folie et la criminalité, on trouve encore que :

LES ATTENTATS PROVOQUÉS PAR

LA FOLIE	LE CRIME
Sont *plus fréquents* contre les personnes que contre les choses.	Sont *moins fréquents* contre les personnes que contre les choses.

On le voit, les différences sont nombreuses et essentielles; elles tiennent à l'essence même des deux états, tandis que les points de contact ne sont que des coïncidences et ont un caractère essentiellement accidentel, qui ne tient en rien au fond psychologique. Ainsi, entre autres causes, la folie et la criminalité reconnaissent également l'alcoolisme, la misère, la débauche, et cette étiologie commune, en leur donnant certains points de contact et en faussant les chiffres statistiques, peut en imposer à première vue, et constitue le principal argument de cette idée, généreuse certainement, mais non moins certainement erronée, de l'identité du crime avec la folie.

Nous ne voulons évidemment nier en aucune façon la part de l'aliénation mentale dans l'étiologie du crime et de la disposition au crime, disposition qui apparaît dans les familles frappées de l'hérédité morbide, — phénomène sur lequel nous avons insisté nous-même plus d'une fois dans cet ouvrage. Nous n'ignorons pas non plus que certains crimes en particulier, tels que le viol et l'attentat à la pudeur, commis surtout sur des enfants, et l'incendie commis surtout par des individus n'ayant pas encore atteint l'âge de la puberté, se rattachent plus étroitement à l'aliénation mentale, mais le médecin aliéniste doit faire une distinction essentielle entre les diverses sortes de crime selon leur nature psychologique. Les crimes qui ont pour motif le désir *d'acquérir* (sauf certains cas spéciaux de vol, par exemple le vol commis au début de la paralysie générale) sont, en thèse générale, d'une nature mentale tout autre que ceux qui constituent une violence directe et immédiate, qui portent dans l'acte même la satisfaction du désir qui l'avait fait commettre.

Toutes ces considérations nous font regarder le crime (1) comme l'expression et le résultat d'un état mental particulier, *sui generis*,

---

(1) Encore une fois, il est bien entendu que nous parlons du crime habituel ou ayant le caractère de profession, et non des cas malheureux où un infortuné y est poussé par la fatalité des circonstances.

n'ayant que peu de points de contact avec l'aliénation mentale, et en tout cas ne rentrant en aucune façon dans le cadre nosologique des psychopathies *telles qu'on les comprend actuellement dans la science mentale*. Dans la première édition de cet ouvrage, nous avons émis l'idée, sur laquelle avait depuis fortement insisté une partie de l'école italienne, que le crime est un phénomène d'atavisme, un retour à l'état psychique de nos ancêtres très éloignés, comme le serait la micro-céphalie d'après Charles Vogt. Comme thèse générale, cette idée est évidemment erronée, le crime étant un fait trop complexe pour n'avoir qu'une seule origine. Mais les criminels de certaines catégories sont indubitablement des dégénérés d'une nature spéciale, présentent une dégénérescence atavique avec abaissement intellectuel, moral et physique. Ce sont des cas de recul dans la marche du progrès ethnique, un pas en arrière, un retour à l'état de sauvagerie et d'idiotie morale, d'indifférence et d'insensibilité stupide de nos ancêtres des époques préhistoriques, état mental dont nous voyons encore jusqu'à un certain point l'analogue chez beaucoup de peuplades sauvages. Le docteur Thompson fait une remarque très juste, c'est que les crimi-nels, comme les sauvages, malgré leur stupidité et la faiblesse de leur intelligence, sont excessivement rusés. Rappelons leur imprévoyance, leur insouciance, leur incapacité absolues de calculer les conséquences de leurs actions, d'en peser les avantages possibles et les inconvénients probables. « L'imprévoyance est fort remarquable chez la plupart des criminels. Elle tient à une singulière disposition d'esprit dont ils sont tous plus ou moins affectés, *d'être entièrement absorbés par le désir qu'ils éprouvent actuellement. On dirait que leur pensée ne se porte point sur l'avenir, lequel est pour eux comme s'il ne devait jamais arriver.* Les conséquences du crime qu'ils méditent ne les impression-nent point, et s'ils pensent aux châtiments, il leur semble que ces châtiments ne pourront jamais les atteindre. Satisfaire les désirs présents que leur conscience ne reprouve point, voilà de quoi s'occupe leur esprit. Aussi presque tous poursuivent-ils leur but, songeant à peine aux punitions, courant sans crainte après un avantage matériel des plus minces, après de misérables sommes d'argent sottement gaspillées en peu de jours, en quelques heures. Cette imprévoyance extrême et cette absence de crainte donnent aux criminels une audace et une effronterie étonnantes (1). » Ce tableau ne rappelle-t-il pas les Indiens

(1) Prosper Despine, *Étude sur l'état psychique des criminels* (Ann. médico-psychol., 1872, novembre 1342).

de l'Amérique, qui ne peuvent comprendre qu'on puisse travailler à la terre en vue d'un gain qui ne viendra que *l'année prochaine*, et qui vendent régulièrement pour un verre d'eau-de-vie les semences qu'on leur fournit. Enfin, on sait que l'anatomie pathologique de la criminalité confirme aussi cette manière de voir (1). Mais revenons à la pathologie.

En continuant à suivre le raisonnement qui nous avait guidé jusqu'à présent, nous devons supposer que les diverses formes et manifestations de l'élément phrénopathique doivent être en rapport direct entre elles. La fréquence des maladies nerveuses dans une localité doit dépendre directement de l'intensité et de l'extensité de l'élément névropathique, et du degré d'excitation cérébrale chez la population de cette localité. Or, nous sommes arrivés par la voie du raisonnement à affirmer que cette intensité de l'excitation cérébrale se trouve elle-même en rapport direct avec la densité de la population et le 0/0 de la population urbaine. Nous devons nous attendre par conséquent à trouver que la fréquence des maladies cérébrales et nerveuses est plus grande dans les capitales que dans les villes de province, dans ces dernières que dans les campagnes, chez les hommes que chez les femmes. Voyons donc si les faits confirment les conclusions auxquelles nous sommes arrrivés à priori.

Des diverses maladies nerveuses, nous ne prendrons, pour en comparer la fréquence, que le groupe des méningites et encéphalites dans toutes leurs formes, — les statistiques ne les distinguent pas, — le ramollissement des centres nerveux et l'épilepsie, et cela en vertu des considérations suivantes :

Toutes ces maladies sont des affections directes, immédiates, des centres nerveux, tandis que dans les autres maladies, comme l'apoplexie, les paralysies, etc., l'affection cérébrale n'est souvent que secondaire, ou du moins elle est compliquée d'affections d'autres organes ou appareils, comme de l'appareil de la circulation par exemple. Il sera plus bas question de l'aliénation mentale ; les névralgies n'ont pas de statistique ; l'éclampsie

---

(1) Bordier, *Étude anthropologique sur une série de crânes d'assassins* (*Revue d'anthropologie*, février 1879); Moriz Benedikt, *Anatomische Studien an Verbrecher Gehirnen ; mit 12 Tafeln.* Wien, 1879; G. Virgilio, *l. c.*; Enrico Morselli, *Il suicidio nei delinquenti* (*Revista sperimentale di freniatria* 1875, I-II, p. 88). Cette question avait été étudiée dans la dernière vingtaine d'années par un grand nombre d'auteurs ; elle fait actuellement partie de la grande théorie de l'anthropologie criminelle. Une simple liste bibliographique des travaux prendrait certainement plusieurs pages, et n'aurait aucun intérêt pour notre thèse.

ne peut être prise en considération à cause de son rapport intime avec le puerperium. Le crétinisme est une maladie endémique et dépend de causes telluriques. L'idiotie n'a pas de statistique propre, et se confond tantôt avec le crétinisme, tantôt avec l'aliénation mentale; d'ailleurs elle ne répond pas au but que nous nous proposons.

La mortalité annuelle par les méningites et les encéphalites avait été de (1) :

	Sur 100 000 habitants.		
	En 1841-53.	En 1858.	En 1859.
Dans l'Angleterre entière..............	19.0	18.0	17.7
A Londres..........................	23.0	20.6	20.4

	Sur 1 000 cas de mort.		
Dans l'Angleterre entière..............	8.4	7.7	7.9
A Londres..........................	10.0	8.7	9.8

Notons encore que la moyenne de l'Angleterre entière est notablement plus haute que celle des campagnes, de sorte que si ces dernières étaient comparées seules à Londres, la différence serait encore plus sensible.

Le tableau suivant nous montre la mortalité relative par l'encéphalite et la méningite dans les deux sexes pendant les années 1858 et 1859 (2) :

	Sur 100 000 habitants.		Sur 1 000 cas de mort. (mortalité générale)	
	Hommes.	Femmes.	Hommes.	Femmes.
Angleterre (1858 et 1859)......	40.8	30.6	17.1	13.9
Londres (1858 et 1859)........	49.1	33.7	19.6	15.3

Ainsi les maladies inflammatoires du cerveau et des méninges sont beaucoup plus fréquentes chez l'homme que chez la femme (comme 4 à 3) à Londres que dans l'Angleterre prise en entier (à peu près comme 5 à 4), ainsi que nous l'avons prévu. Du reste, les maladies du système nerveux sont en général de 23 0/0 plus funestes aux hommes qu'aux femmes (3). Ces faits sont pour nous de la plus haute importance. Personne ne niera assurément que dans les conditions sociales actuelles les hommes subissent plus directement et plus fortement

---

(1) Oesterlen, *Medicin. Statist.* p, 489. — (2) Oesterlen, *l. c.* — (3) Ireland, *di:y and Imbecility*, ch. XII, traum. idiocy.

que les femmes, par suite de leur genre de vie, de leurs occupations, de leur rôle dans la famille et la société, l'influence morale
excitante de la vie sociale, de la complexité des relations humaines,
de la civilisation en un mot, — civilisation qui leur demande beaucoup plus qu'aux femmes cette activité fiévreuse, cette tension intellectuelle, cet abus de la force nerveuse, qui entretiennent le cerveau dans
un état d'irritation permanente. Si, par conséquent, la civilisation
fait naître réellement un état pathologique du cerveau et crée —
développe au moins — l'élément névropathique, lequel passant héréditairement aux générations suivantes, et croissant encore sous l'influence
permanente des conditions excitantes de la civilisation, produit enfin
les formes ultimes dont il a été question plus d'une fois dans notre
ouvrage. Si tout notre raisonnement n'est pas erroné, il est évident que
cette influence pathogénique de la civilisation doit frapper beaucoup
plus rudement les citadins que les campagnards, les hommes que les
femmes. Les faits statistiques, en confirmant nos prévisions, confirment
en même temps la justesse de notre raisonnement et de ses prémisses.

Quoique l'épilepsie doive être relativement plus fréquente chez la
femme que chez l'homme, dans la jeunesse que dans la maturité, par
sa nature même, comme toute névrose convulsive, et quoique les chiffres
de la statistique des hôpitaux donnent un léger excédent pour la
femme, cependant elle paraît être en réalité plus fréquente chez
l'homme que chez la femme, et cela tant par rapport à la population
qu'à la mortalité. En effet, il est mort d'épilepsie (1) :

	Sur 10 000 habitants		Sur 1000 cas de mort.	
	Hommes.	Femmes.	Hommes.	Femmes.
Angleterre (1849-53)...........	11.3	10.0	4,73	4.43
Londres (1849-53).............	15.8	13.5	6.04	5.59
Angleterre (1858 et 59)........	12.0	11.25	5.14	5.13
Londres (1858 et 59)..........	15,8	13.10	6.36	6.20

Dans le canton de Genève, d'après Marc d'Espine, sur 100 000 habitants il succombe à l'épilepsie 9 hommes et 43 femmes; le haut mal
fournit 4,05 pour 100 de la mortalité générale pour les hommes, et
2,12 pour 100 pour les femmes. Ainsi, malgré son affinité, pour ainsi
dire, comme névrose convulsive avec le sexe féminin, l'épilepsie, en
qualité de maladie des centres nerveux, est plus fréquente chez l'homme

(1) Oesterlen, l. c.

que chez la femme. Elle est beaucoup plus fréquente (de 1/4 à 1,5 environ) à Londres que dans l'Angleterre prise en entier.

La mortalité par ramollissement des centres nerveux avait donné en Angleterre, pendant les années 1858 et 1859, 2314 cas de mort, dont 1366 hommes et 948 femmes; la mortalité des hommes était donc près de 60 pour 100, celui des femmes 40 pour 100 de la mortalité des deux sexes. Les classes élevées sont plus sujettes à cette maladie que les basses classes : ainsi dans le canton de Genève les classes aisées avaient montré une plus grande prédisposition au ramollissement des centres nerveux que la généralité de la population. La mort par cette affection avait donné 50 pour 1000 de la mortalité générale, tandis qu'elle n'avait été que de 28,5 pour 1000 dans la population entière du canton (1).

Le tétanos idiopathique (le tétanos traumatique ne pouvant évidemment entrer en ligne de compte) avait donné en Angleterre, pendant les années 1858 et 1859, les chiffres suivants (2) :

	Sur 100 000 habitants.		Sur 1000 cas de mort.	
	Hommes.	Femmes.	Hommes.	Femmes.
En 1858.....................	0.44	0.19	0.18	0.09
En 1859.....................	0.35	0.20	0.15	0.09

On sait que l'alcoolisme est une des sources les plus fécondes des maladies cérébrales et mentales, qui sont produites directement d'abord par son action intoxicatrice sur le sujet, indirectement ensuite par son effet pathogénique sur les descendants de l'alcoolisé. Mais l'alcoolisme croît avec le développement des manufactures et du progrès industriel, et par conséquent, a pour effet de renforcer encore l'influence névropathique spécifique de la civilisation. Mais outre son influence étiologique, il a encore, dans un grand nombre de cas, un caractère symptomatique essentiel ; il ne produit pas seulement des troubles nerveux et cérébraux, il peut n'être lui-même que l'effet d'une affection cérébrale, n'en être qu'un symptôme. Nous voyons souvent dans les familles frappées de l'hérédité névropathique quelques-uns des membres s'adonner aux boissons; ici l'alcoolisme est évidemment symptomatique. Aussi la statistique de cette intoxication a pour nous, à ce double point de vue, une importance très grande, et si les données statistiques confirment aussi nos prévisions, ce sera un argument d'une valeur essentielle en faveur de notre thèse.

(1) Oesterlen, l. c. — (2) Ibid.

Pendant les années 1858 et 59 la mortalité par alcoolisme avait été :

	Sur 100 000 habitants		Sur 1000 cas de mort	
	Hommes.	Femmes.	Hommes.	Femmes.
Dans l'Angleterre entière......	2.16	1.06	0.92	0.49
A Londres..................	4.14	3.65	1.65	1.07

et pendant la période 1849-53 :

Dans l'Angleterre entière......	2.60	0.90	1.12	0.40
A Londres.............	3.30	2.30	1.20	1.03

La mortalité par le *delirium tremens* avait été, pendant les années 1858 et 59 :

Dans l'Angleterre entière......	4.35	0.51	1.85	0.28
A Londres..................	7.53	1.70	3.00	0.81

et pendant la période 1849-53 :

Dans l'Angleterre entière......	4.80	0.68	2.08	0.30
A Londres..................	10.40	2.10	3.90	0.92

Ainsi l'alcoolisme, et surtout le *delirium tremens*, résultat direct et immédiat de l'influence de l'alcool sur le cerveau, présentent des conditions de fréquence analogues à celles des affections inflammatoires des centres nerveux et des méninges, de l'épilepsie, du ramollissement cérébral, et des autres affections des centres nerveux; l'intoxication alcoolique les présente même à un degré beaucoup plus élevé, ce qui, du reste, était facile à prévoir.

En ce qui regarde les manifestations de la dégénérescence, il est difficile d'en citer les chiffres statistiques; la plupart de ces manifestations n'ont pas de statistique propre, d'autres peuvent être encore les résultats de diverses influences autres que celle de la dégénérescence proprement dite, par exemple, le défaut de taille des conscrits. Du reste, à ce sujet même nous avons des indications positives. Ainsi on sait qu'en général la population rurale présente moins d'exemptions pour cause d'infirmités et de défaut de taille que la population urbaine. « Fortissimi viri et milites strenuissimi ex agricolis gignuntur », disait le vieux Caton; il leur attribue en outre, par opposition aux citadins, le don précieux du bon sens, qualité inappréciable certainement, mais dont il est tout aussi dangereux d'être trop bien pourvu que d'en être privé, comme on l'a remarqué judicieusement. Que le

citadin n'en a pas assez, et le campagnard en a trop, — c'est là un
fait général qu'on a constaté dans tous les temps et dans tous les
pays, — et un fait, ajoutons-le, de la plus haute importance médico-
psychologique.

On peut regarder comme des manifestations de la dégénérescence
certaines affections, anomalies et difformités congénitales, telles que
la cyanose des nouveau-nés, le spina-bifida, etc., en partie la surdi-
mutité. Voici sur cette dernière infirmité quelques chiffres statistiques
indiquant la fréquence de la surdi-mutité dans les deux sexes par
rapport à la totalité du nombre des sourds-muets dans le pays :

Pays.	Sur 100 sourds-muets.		Pays.	Sur 100 sourds-muets.	
	Hommes.	Femmes.		Hommes.	Femmes.
Prusse	56,4 %	43,6 %	Suède..........	56,7 %	43,3 %
Hanovre........	56,7	43,3	Norvège........	52,3	47,
Bavière........	54	46	France	57,1	42,9
Wurtemberg	53,2	46,8	Belgique........	55,2	44,8
Schleswig-Hols-			Grande-Bretagne	54,9	45,1
tein..........	57,8	42,8	Irlande........	57	43
Saxe royale.....	50,4	49,6	État de New-York	55,2	44,8
Danemark......	57,2	42,8			

L'idiotie, comme la surdité, est aussi plus fréquente chez l'homme
que chez la femme (Langdown-Down, Irelande) (1), etc., et remarquons
de plus qu'elle frappe le sexe masculin plus profondément que le sexe
féminin; l'arrêt de développement du corps est plus prononcé chez
l'idiot que chez l'idiote. Ainsi la taille de l'idiot de dix ans est de 80 millimètres au-dessous de la moyenne des enfants de cet âge, et celle de
l'idiote ne l'est que de 62 millimètres; à treize ans, elle l'est de 129
chez l'idiot, de 101 chez l'idiote (2). Nous avons dit plus haut que le
crétinisme, comme maladie endémique, ne peut pas nous fournir de
chiffres pour la comparaison des villes et des campagnes, mais il nous
en fournit pour la comparaison des sexes. En effet, on sait que le crétinisme est plus fréquent chez l'homme que chez la femme (3). Ce fait
échappe à toute explication, ajoute Saint-Lager.

La mortalité par cyanose des nouveau-nés, spina bifida, etc., avait
été :

_____

(1) _Loc. c._ — (2) KIND, _Ueber das Langenwaschsthum der Idioten._ (Archiv. f. Psychiatrie. — (3) SAINT-LAGER. _Études sur les causes du crétinisme et du goître endé-
mique._ Paris, J.-B. Baillière, 1867, p. 10.

	Sur 100000 habitants.		Sur 1000 cas de mort.	
	Hommes.	Femmes.	Hommes.	Femmes.
En 1819-53 :				
Angleterre......................	5.0	4.0	2.07	1.8
Londres........................	8.5	6.3	3.2	2.7
En 1858 :				
Angleterre......................	6.1	5.0	2.6	2.2
Londres.....	9.2	7.5	3.6	3.4
En 1859 :				
Angleterre......................	6.5	5.0	2.8	2.3
Londres........................	8.5	7.0	3.5	3.4

Nous voyons donc que non seulement le nombre relatif de ces difformités est plus grand à Londres, mais encore que, malgré toutes les conditions hygiéniques défavorables de la capitale, la mortalité par ces anomalies, qui ne sont que des manifestations d'un vice héréditaire, de l'élément de la dégénérescence, comme aussi la mortalité par les maladies cérébrales et les affections des centres nerveux, constitue, ainsi que nous l'avons déjà constaté plus haut, un 0/0 plus grand de la mortalité générale à Londres que dans l'Angleterre prise en entier; en d'autres termes, on y meurt relativement plus par maladies cérébrales et par vice phrénopathique, que par les autres maladies et affections. Ce fait, d'une importance capitale pour la question qui nous occupe, prouve évidemment que l'influence névropathique qui conduit aux troubles des centres nerveux et à la dégénérescence, est plus forte, plus intense à Londres que celle des autres conditions hygiéniques défavorables, telles que l'air vicié, le manque d'espace, les logements insalubres, une nourriture mauvaise et insuffisante, les privations, etc., — de toutes ces conditions funestes que nous sommes habitués à regarder comme le fléau des grands centres. A quel point l'influence étiologique et pathogénique de l'irritation cérébrale, conséquence de la vie nerveuse et excitante des grandes villes, est énergique et intense, à quel point l'élément névropathique qui en est le résultat est fort et développé dans les grandes cités? — les faits suivants vont nous le faire voir.

On sait que la tuberculose se développe sous l'influence des mauvaises conditions de la vie, des privations de la misère, de l'humidité froide des logements, de l'air vicié, d'une nourriture mauvaise et insuffisante, d'excès de travail, comme aussi d'excès sexuels, d'une vie débilitante, de la faiblesse héréditaire, bref de tout ce qui diminue la vitalité de l'organisme. Mais elle peut atteindre des organes différents;

son apparition et son développement dans l'organisme dépendent des conditions défavorables générales; mais elle frappera évidemment l'organe, la partie de l'organisme qui présentera, d'après l'ancienne formule médicale, « *le lieu de moindre résistance* » (*locus minoris resistentiæ*). Nous savons que dans l'enfance ce sont les organes encéphaliques et digestifs qui présentent la moindre résistance à l'insulte tuberculeuse, plus tard les organes de la respiration. La méningite tuberculeuse dans toutes ses formes indique par conséquent la disposition des centres nerveux à des processus pathologiques; leur réceptivité morbide, et la fréquence relative de cette maladie peuvent, jusqu'à un certain point, être regardées comme le critérium de l'intensité de l'élément névropathique. Pendant les années 1850-1859 et spécialement 1858 et 1859 la mortalité annuelle par tuberculose du cerveau et des méninges avait été de :

	Sur 100 000 habitants.	Sur 1000 cas de mort.
Angleterre.	36,5	10,0
Londres........................	53,5	23,5

Ces chiffres se répartissent ainsi :

	Sur 100 000 habitants.		Sur 1000 morts de chaque sexe.	
	Hommes.	Femmes.	Hommes.	Femmes.
En 1851.				
Angleterre...............	50	37	22	17
Londres...............	84	54	33	25
En 1852.				
Angleterre.............	52	38	22	18
Londres...............	83	52	32	26
En 1853.				
Angleterre.............	49	37	21	17
Londres...............	80	50	30	20
En 1858.				
Angleterre......	43	30	18	13
Londres...............	70	42	28	20
En 1859.				
Angleterre......	42	30	18	14
Londres........	63	42	26	20

Nous voyons dans ce tableau se répéter encore la même loi : il meurt par affection tuberculeuse du cerveau et des méninges plus d'individus de sexe masculin que de sexe féminin, plus à Londres que dans toute l'Angleterre prise en entier. On nous objectera que la tuberculose est généralement plus fréquente dans les villes que dans les campagnes, chez les hommes plus que chez les femmes; nous répondrons à cette objection par le tableau suivant de la fréquence relative des principales formes de cette maladie.

Pendant les dix ans de la période de 1849-59 ont succombé à la tuberculose :

	Sur 100 000 habitants.		Sur 1000 cas de mort.	
	Hommes.	Femmes.	Hommes.	Femmes.
Dans l'Angleterre entière:				
Tubercul. des organes respirat.	260	280	110	128
— digest...	28	24	11	10
Tuberculose du cerveau et des méninges	46	35	20	15
A Londres :				
Tubercul. des organes respirat.	320	210	125	112
— digest..	39	30	16	14
Tuberculose du cerveau et des méninges.................	90	50	31	24

Pour faire ressortir plus clairement la signification de ces chiffres, nous présenterons ce tableau sous une autre forme.

La mortalité par tuberculose chez les hommes présente sur celle des femmes un excédent de :

	Par rapport au nombre d'habitants.	Par rapport à la mortalité générale.
Dans l'Angleterre entière :		
Organes respiratoires........	— 7.7 %	— 16.3 %
— digestifs............	+ 16.7	+ 10.0
Cerveau et méninges.........	+ 31.4	+ 33.3
A Londres :		
Organes respiratoires........	+ 33.3	+ 11.6
— digestifs...........	+ 30.0	+ 14.3
Cerveau et méninges.........	+ 60.0	+ 29.?

La mortalité par tuberculose à Londres dépasse celle de l'Angleterre prise en entier de :

	Par rapport au nombre d'habitants.		Par rapport à la mortalité générale.	
	Hommes.	Femmes.	Hommes.	Femmes.
Organes respiratoires	+23.1 %	—16.7 %	+13.6 %	—14.3 %
— digestifs....	+39.3	+25.0	+15.5	+40.0
Cerveau et méninges..	+73.9	+42.9	+55.0	+60.0

En comparant les chiffres de la mortalité par tuberculose des principaux organes à Londres et dans toute l'Angleterre prise en entier, chez les hommes et chez les femmes, nous trouvons qu'en Angleterre la tuberculose des organes de la respiration est de 16,3 0/0 (par rapport à la mortalité générale) *plus rare chez les hommes que chez les femmes*, tandis que celle du cerveau et de ses annexes est de 33,3 0/0 *plus fréquente, au contraire, chez les hommes que chez les femmes*

L'affection tuberculeuse des organes respiratoires n'est que de 23,1 0/0 *plus fréquente* chez les hommes à Londres que dans toute l'Angleterre en moyenne, et la tuberculose du cerveau et des méninges *l'est de* 73,9 0/0. Par rapport à la mortalité générale, la mortalité par tuberculose des organes respiratoires chez les hommes à Londres ne dépasse que de 13,6 0/0 la moyenne de l'Angleterre entière, et la mortalité par la même affection du cerveau et de ses annexes à Londres dépasse la moyenne pour le pays entier de 55 0/0.

L'excédent de la mortalité de Londres sur la moyenne pour l'Angleterre prise en totalité est évidemment le résultat des mauvaises conditions hygiéniques propres aux grands centres, et comme tel peut servir de criterium pour l'appréciation de l'influence pathogénique de ces grandes agglomérations humaines. Or nous avons vu que, tandis que la fréquence des affections tuberculeuses des organes respiratoires dépasse pour la ville de Londres de 23,1 0/0 par rapport au nombre des habitants (de 13,6 0/0 par rapport à la mortalité générale) la moyenne pour l'Angleterre, la fréquence de la tuberculose du cerveau et des méninges dépasse à Londres de 73,9 0/0 (55 0/0 par rapport à la mortalité générale) la moyenne de l'Angleterre. Il faut en conclure que l'influence délétère de l'air vicié, de l'humidité et de l'insuffisance des logements, de la misère, des privations, de toutes les mauvaises conditions hygiéniques des grandes villes, toute funeste qu'elle est, est cependant *plus de trois fois moins nuisible pour les poumons que l'influence pathogénique des conditions morales de la vie urbaine l'est pour le cerveau.*

Paris nous fournit un autre exemple de cette prépondérance de l'influence funeste de la vie fiévreuse des grands centres sur celle de leurs mauvaises conditions hygiéniques somatiques. Le vieux Paris, avec ses rues tortueuses et étroites, à air stagnant où jamais ne pénétrait le soleil, ses maisons suintant l'humidité, ses cours à atmosphère méphitique, présentait des conditions hygiéniques déplorables. L'empire, l'ouvrant largement à l'air et au soleil, l'avait certainement as-

saini, et cependant, grâce à l'essor qu'avaient pris la spéculation et
la concurrence, grâce à une vie plus fiévreuse et plus agitée, la mortalité, au lieu de baisser, avait augmenté, et de 24,92 décès par 1000
habitants, comme elle l'était en 1860-62, monta en cinq ans (1862-67)
à 26,5 0/00 (1).

Comme la forme et la capacité du crâne dépendent normalement
(c'est-à-dire sauf les cas pathologiques tels que l'ossification prématurée des soutures, etc.), du développement du cerveau, il serait très
important de comparer sous ce rapport les crânes des populations
rurales et urbaines. Que le crâne acquiert, sous l'influence de la civilisation et de la vie excitante et intellectuellement laborieuse des
grands centres, une capacité plus grande, le beau travail de M. Paul
Broca (2) l'a prouvé de la façon la plus indubitable. En effet, en
comparant les crânes parisiens appartenant au XII° et au XIX° siècle,
M. Paul Broca a constaté que la cavité crânienne s'est accrue de plus
de 35 centimètres cubes. — Il est à remarquer cependant que ce progrès ne se trouve que chez l'homme, et pas chez la femme, puisque le
crâne des Parisiennes est resté stationnaire, s'il n'a même pas reculé.
M. G. Le Bon a prouvé que la différence de capacité crânienne chez les
deux sexes s'accroît avec la civilisation. Mais si le crâne féminin ne participe que peu au progrès ethnique de la race, il ne participe non plus
que très peu à la déchéance des races qui régressent (3).

Nous avons dit plus haut que dans la série des anomalies et des
affections qui sont des manifestations de l'élément névropathique, il en
est une, qui est la plus haute expression et le dernier terme de la
dégénérescence, de la décadence de la race; c'est la stérilité, la mort
prématurée, et finalement l'extinction. Dans la première partie de
notre travail nous avons signalé le contraste singulier que présentent
sous le rapport de la fécondité les familles frappées de l'hérédité morbide. Tandis que certains membres de ces familles restent stériles,
d'autres, au contraire, sont très féconds, mais leurs enfants meurent
en bas âge, jeunes ou sans enfants. La statistique ne peut pas nous
montrer ces contrastes qui se compensent, et ne nous fournit que des
moyennes qui n'ont dans ce cas aucune valeur et ne peuvent qu'in-

(1) BERTILLON, *Gazette hebdomadaire de médecine et de chirurgie*, 7 et 21 mai 1869.
— (2) *Bulletin de la Société d'anthropologie*, 1re série, t. III, p. 102 et suiv. t. IV,
p. 53. Voyez aussi là-dessus l'ouvrage récent de M. le D' LE BON. — (3) ARTURO ZAN-
NETTI, *note antropologiche sulla Sardegna*. (*Archivio per l'antropologia et la et no-
logia*, 1878, fascicolo primo, p. 53).

duire en erreur. En général, la fécondité des villes (le nombre relatif des naissances) est plus grande que celle des campagnes ; malheureusement ce sont surtout les naissances illégitimes qui constituent cet excédent. Voici le tableau du nombre relatif des naissances et des décès (natalité et mortalité relatives) dans les villes et les campagnes pour plusieurs États de l'Europe.

	NATALITÉ. Une naissance sur		MORTALITÉ. Un décès sur	
	Villes.	Campagnes.	Villes.	Campagnes.
France (1853 et 54)...........	32.74	39.19	31.51	42.21
Pays-Bas (1850-54)...........	27.11	28.70	35.55	43.03
Belgique (1851-55)...........	29.47	33.52	34.35	44.31
Suède (1851-55).............	39.82	30.41	28.05	44.86
Danemark (1850-54)........	28.73	30.29	37.41	49.77
Saxe royale (1846-49)......	24.44	21.58	31.10	34.70
Hanovre (1854 et 1855)....	32.86	31.52	38.52	41.17
Prusse (1849).............	24.79	22.80	27.97	34.46
Angleterre (1850-1859).....	30.00	34.00	37.44	54.34

La fécondité des villes est donc plus grande que celle des campagnes, mais leur mortalité est encore plus grande (1). Les villes ont plus d'enfants nouveau-nés, mais voyons si elles les conservent. Sur 100 nouveau-nés il meurt avant l'âge de cinq ans :

	Dans les villes.	Dans les campagnes.
France (1853 et 54)......................	35.19	28.56
Pays-Bas (1850-54)......................	36.25	28.90
Suède (1851-55).........................	38.86	24.50
Danemark (1850-54)......................	29.66	22.68
Saxe royale (1846-49)...................	39.88	36.22
Hanovre (1854-55)......................	28.70	26.47
Prusse (1849)...........................	36.02 —.	29.47

Sur 100 enfants de l'âge de 0-5 ans il en meurt dans la France entière 29,65, et dans le département de la Seine il en meurt 51,03. Sur 10000 enfants nés vivants il en reste à la fin de la cinquième année :

Dans la France entière..........	7.035
Dans le département de la Seine..................	4.897

(1) Le docteur JAMES STORK a fait le relevé de la mortalité des villes et des campagnes en Écosse, et a trouvé les chiffres suivants, qui sont de la plus haute importance. Sur 100 habitants il y a en Écosse : dans les villes principales 2,825 décès annuels, dans les grandes villes 2,157, dans les petites 2,124, et dans les campagnes 1,695 (voy. *Arh. d'hygiène*, t. XXXIV, 1870, p. 147).

Voici le nombre de décès sur 100 vivants pour chaque période de la vie humaine dans la France entière et dans le département de la Seine :

Age, années.	France.	Départ. de la Seine
0- 5	29.65	51.93
5-10	5.90	4.55
10-15	3.45	2.45
15-20	4.40	5.45
20-30	10.80	17.30
30-40	10.50	18.20
40-50	13.40	21.60
50-60	20.70	30.60

A la fin de la vingtième année, sur 10 000 enfants nés vivants, il en reste dans la France entière 6111, dans le département de la Seine 4313; mais aussi l'âge moyen est-il (1) :

France..............	35 ans	10 mois	9 jours.
Dans le département de la Seine......	30	3	11
Des natifs du département de la Seine.	24	3	11

Ainsi les campagnes, moins fécondes que les villes (2), conservent leurs enfants, tandis que ceux des villes sont décimés. Aussi voyons-nous dans les villes les familles en moyenne moins nombreuses, les enfants en plus petit nombre, et par conséquent la fécondité réelle moindre, comme le montre le tableau suivant :

	Nombre d'enfants par famille		Fécondité réelle des unions (3)	
	dans les villes.	dans les campagnes.	dans les villes.	dans les campagnes.
France......	3.16	3.28	2.03	2 31
Pays-Bas	3.01	4.32	2.19	3.07
Belgique.....	3 80	4.17	»	»

(1) LAGNEAU, *Étude de statistique anthropologique sur la population parisienne* (Annales d'hygiène publ. et de médecine légale, t. XXXII, 1869, p. 219). C'est à ce travail que sont empruntés aussi les chiffres des deux tableaux précédents. — (2) M LAGNEAU croit que c'est une erreur, et que les villes produisent même un plus petit nombre d'enfants. « Calcul fait sur la population adulte apte à la reproduction, dit-il, il y a :

En France.................	1 naissance sur 24 adultes.		
Dans le départ. de la Seine. 1	—	26	—

Pendant la période 1851-60 sur 100 mariages il y avait :

En France.......................	313 naissances.
Dans le département de la Seine........	241 —

(3) Nous entendons par *fécondité réelle* le nombre des enfants par famille, moins

Suède.......	2.99	4 19	1.83	3.16
Danemark ...	3.04	3.31	2.14	2.58
Saxe royale..	4.60	4.13	2.77	2.64
Hanovre	2.92	3.65	2.08	2.68
Prusse.......	4.00	4.44	2.56	3.13

Considérant toutes ces conditions de natalité et de mortalité, leur rapport, et surtout l'élément névropathique qui se développe dans la population urbaine, particulièrement dans celle des grands centres, et la dégénérescence qui en est la conséquence et la forme ultime, nous devons nous attendre à priori à ce que les capitales et les grands centres présentent des cas nombreux et fréquents d'extinction des familles, comme nous en avons vu l'extinction dans les hautes positions sociales. Le beau travail de M. Lagneau confirme pleinement ces vues théoriques (1).

En effet, le docteur Lagneau a prouvé par des recherches et des calculs très exacts que l'extinction des familles est un fait général à Paris. Cette particularité déplorable avait été déjà remarquée par d'autres auteurs qui s'en sont occupés; Dubois (d'Amiens), Boudin, Gratiolet, de Quatrefages avaient traité cette question, et tous sont d'accord à signaler l'extinction rapide des familles parisiennes, qui ne dépassent guère la troisième et la quatrième génération (2). Caffe (3) dit aussi que dans Paris les classes pauvres ne se perpétuent pas au delà de la troisième génération par des naissances provenant d'unions entre Parisiens pur sang, et Champouillon dit que « malgré la multiplicité et la persistance de ses recherches, il n'avait jamais pu retrouver que de très rares Parisiens de la cinquième génération; ceux-là ne fructifient plus ou meurent en bas âge » (4). La population de Paris serait vite éteinte sans l'immigration venant des provinces. Chaque génération procréée dans le département de la Seine est, d'après les calculs de Lagneau, environ de 0,4 moins nombreuse que la génération procréatrice (5), et c'est la province qui, en donnant à Paris ses meilleurs enfants, le

ceux qui meurent avant d'avoir atteint l'âge de cinq ans. Ce tableau et les précédents, ou du moins leurs éléments, sauf ceux dont l'origine est spécialement indiquée en note, sont empruntés à WAPPAEUS et OESTERLEN *loc.*, *cit.*

(1) *Étude de statistique anthropologique sur la population parisienne* (Ann. d'hyg. publ. et de méd. lég., t. XXXII, 1869, p. 249).— (2) *Bulletin de la Société d'anthropologie*, 1re série, t. IV, 1863, pp. 64, 71, 80. — (3) *Journal des connaissances médicales*, 1859, 30 juin, p. 371. — (4) *Études sur le développement de la taille et de la constitution dans la population civile et dans l'armée, Recueil de mémoires de médecine*, etc., 3e série, t. XXII, p. 244. — (5) *Loc. c.*, p. 277.

plus pur de son sang, comble — et bien au delà ! — les vides que la
dégénérescence et le vice phrénopathique, résultats de la vie urbaine,
font dans la population de la capitale. Mais cette immigration subit à
son tour l'influence excitante de la grande ville, l'effet pathogénique de
la civilisation, et entre à son tour dans la voie de la dégénérescence,
pour finir par la stérilité, la mort prématurée, et finalement l'extinction de la race, et faire place à de nouveau-venus.

Ce que nous venons de dire de Paris, il faut le répéter aussi, quoique à un degré moindre, des grandes villes de province, ce que nous
prouve d'ailleurs le tableau comparatif de la mortalité et de la natalité
des villes et des campagnes, tableau qui embrasse une grande partie
de l'Europe. En effet, le chiffre de la mortalité dépasse dans les
grandes villes celui de la natalité ; par conséquent leur population
serait condamnée à une extinction prochaine sans l'immigration venant
des campagnes, et cependant, loin de s'éteindre, non seulement elle
ne diminue même pas, mais elle augmente encore constamment, et
le 0/0 de la population urbaine croît, comme le prouve le tableau suivant de son accroissement annuel en France :

Années.	Accroissement annuel du % de la populat. urbaine (villes au-dessus de 2000 h.).	Accroissement annuel de la populat. de la France entière.
1836-41	1.71	0.41
1841-46	2.14	0.63
1846-51	0.63	0.21
1851-56	2.42	0.20
1856-61	1.85	0.32
1861-66	1.49	0.36

En rapprochant ce tableau du chiffre de la natalité comparée à la
mortalité, nous voyons que, pendant que dans les villes le nombre
des décès dépasse celui des naissances, la population urbaine s'accroît
non seulement en nombre absolu, mais aussi relativement, par rapport
à la population totale du pays, et cela aux dépens de la population rurale. Ainsi, en France, dans la période quinquennale de 1851-56, les
villes comptaient une naissance sur 32,74 habitants, et un décès sur
31,51 ; en d'autres termes, le nombre des naissances était de 3,054 0/0
du chiffre total de la population urbaine, et celui des décès de 3,205 0/0.
La population urbaine devait donc être sensiblement en décroissance,
et celle des campagnes, au contraire, devait s'accroître rapidement,
puisque à cette période les campagnes présentaient un chiffre de nais-

sances, moindre de celui des villes, il est vrai (2,552 0/0), mais deux fois plus grand de celui de la mortalité, qui n'était dans les campagnes que de 1,369 0/0. Et cependant non seulement les prévisions qui sembleraient si logiques ne se trouvent pas justifiées, mais les faits leur donnent le démenti le plus éclatant. Dans cette période la population des villes a *augmenté* de 2,42 0/0, celle des campagnes a *diminué* de 0,18 0/0. Ainsi les villes, au lieu de voir leur population diminuer en cinq ans de 0,755 0/0; l'ont augmentée, au contraire, de 2,42, 0/0. Elles ont donc tiré des campagnes un nombre d'immigrants égal à 3,175 0/0 de leur population. Le recensement de 1861 a fait voir que sur *dix mille* habitants du département de la Seine il n'y en a que 3747 qui y soient nés (1), et pendant la période de 1836-1861, tandis que l'accroissement annuel de la population de la France entière avait été de 35 par 10000, celui de la population du département de la Seine avait été de 300 par 10 000 (2). La statistique nous prouve donc encore une fois que les campagnes donnent aux villes, « ces gouffres de l'espèce humaine », comme dit Rousseau, le plus pur, le meilleur de leur sang, et s'épuisent à nourrir le Minotaure de la civilisation.

(1) BERGERON, *Rapport sur la statistique des décès au IIIe arrondissement de Paris pendant la période quinquennale 1853-1857*. Paris 1864, p. 29. Voir aussi *Statistique de la France*, 2e série t. XII, p. XLIV. — (2) BERGERON, *l. c.*, (*Statist. de la France*, série, t. XIII, p. XII-XIII).

CHAPITRE IV

Liste des personnages remarquables rangés par lieu de naissance.

Nous avons dit que les chiffres absolus des personnages remarquables, nés dans le courant du xviii° siècle dans les divers départements de la France, ne peuvent encore être comparés directement entre eux, mais qu'il fallait les diviser par le chiffre de la population de ces départements. Nous allons donner d'abord la liste des personnages remarquables, rangés par ordre des départements où ils sont nés, et ensuite les chiffres de leur fréquence relative, mis en regard des chiffres de la densité de la population et du 0/0 de la population urbaine par rapport au chiffre total de la population des départements.

AIN. — BELLEGARDE : *Javigny* (Charles). — BELLAY : *Brillat-Savarin* (Anthelme). — *Montlègre* (F.-Ant. Jenin de). — *Richerand* (le baron Anthelme). — BOURG-EN-BRESSE : *Bohan* (F.-Ph. Loubat baron de). — *Choin* (F.-Émilie Joly de). — *Goujon* (J.-M.-Cl.-Al.). — *Lalande* (Jo.-Jer. Lefrançais de). — *Mandrillon* (Jo.). — *Michaud* (Jo.). — *Paradis de Raymondis* (J.-Zacharie). — *Picquet* (F.). — BUGEY : *Dallemagne* (Cl. baron). — CHATILLON-LES-DOMBES : *Cerisier* (Ant.-Ma). — *Commerson* (Ph.). — CHAMPAGNE-EN-VALROMEY : *Faypoult* (Gu.-C.). — CHAZEY-SUR-AIN : *Dupuy* (L.). — DOMBIER : *Reydelet* (J.-Jo.-Maxim. Ben.). — GEX : *David* (J.-B.). — *Emery* (Ja.-Ant.). — *Girod de l'Ain* (J.-L.). — NANTUA : *Maissiat* (M.). — OYONNAX : *Bacon-Tacon* (P.-J.-J.). — *Sonthonax* (Léger-Félicité). — PONCIN : *Serrulas* (Georges-Simon). — PONT-DE-VAUX : *Joubert* (Bart.-Cat.). — PONT-DE-VEYLE : *Carra* (J.-L.). — SEYSSEL : *de La Salle* (Ph.). — VILLEBOIS : *Coste* (J.-F.).

AISNE : ANGUILCOURT-LE-SART : *Hageau* (Amable). — BLÉRANCOURT : *Lecat* (Cl. N.). — BRAISNE-SUR-VERLE : *Jardel*. — BUCY : *Bussy-Castelnau* (C. J. Patissier marquis de). — CAULINCOURT : *Caulincourt* (Arm.-A. Louis marquis de). — *Caulincourt* (A.-J Gabr. comte de). — CHAOURSE : *Ogée* (J.). — CHATEAU-THIERRY : *Leblond-de-Saint-Martin* (N.-F.). — *Lomet de Foucaulx* (Ant.-F.). — *Remard* (C). — CHAUNY : *Racine* (Bonaventure). — COUCY-LE-CHATEAU : *Pipelet* (F.). — SAINT-GOBIN : *Luce de Lancival* (J.-C.-Julien). — GUISE : *Denisart* (J.-B.). — *Desmoulins* (Camille). — *Mercandier* (Roch.). — HÉROUEL : *Fouquier-Tinville* (Ant. Quentin). — LAON : *Beffroy-de-Reigny* (H. Abel). — *Beffroy-de-Beauvoir* (L.-Et.). — *Berthelémy* (J.-Sim.). — *Cotte* (L.). — *Devisme* (Ja.-F.-Laur.). — *Gouge* (F.-Et.). — *Hédourille* (Gabr.-Théod.-Jo.

comte d'). — *Lecarlier* (Ma.-J.-F.-Philibert). — *Mechain* (P.-F.-And.). — *Reneaume de la Tache*. — *Serrurier* (Jeanne-Mat.-Philibert comte). — LUCY : *Montmignon* (J.-B.). — MONAMPTEUIL : *Legros* (Jo.). — MONDREPUIS : *Coluet du Ravel* (Ch.-Jean-Aug.-Maxim.). — NEUILLY-SAINT-FRONT : le chirurgien *Dujardin*. — ORIGNY : *Godard* (J.-B.) — *Pigneau de Behaine* (P.-J.-G.). — OSTEL : *Gaillard* (Gabr.-H.) — SAINT-QUENTIN : *Babeuf* (F.-Noël). — *Beneset* (Ant.). — *De la Tour* (Maurice-Quentin). — *Poiret* (J.-L.-Ma.). — RIBEMONT : *Condorcet* (Ma.-J.-Ant.-N. Caritat marq. de). — *Saint-Hilaire* (L.-Vinc.-Jos.) — SOISSONS : *Bénolt* (Jer.). — *Brayer de Beauregard*. — *Pille* (L.-Ant. comte). — *Quinette* (Ma.).— *Ronsin* (C.-F.). — *Tingri* (H.-F.). — SOISSONNAIS : *De Proisy d'Eppe* (Cés.). — TORCY : *Bardou* (J.). — VERVINS : *Debry* (Jean-Ant.). — VILLERS-COTTERETS : *Demoustier* (C.-Alb.). — WASSIGNY : *Garnier* (Jean-Guill.).

ALLIER — CERILLY : *Péron* (F.). — MONTLUÇON : *Barjaud* (J.-B.). — *Chabot de l'Allier* (Gu.-Ant.). — MOULINS : *Diannyère* (Ant.). — *Griffet de la Baume* (Ant.-Gilbert.). — *d'Orvilliers* (L. Guillonet comte). — PARAI-LE-FRÉSI : *Destutt de Tracy* (le P. Bern.). — BOURBONNAIS : *Dalphonse* (J.-F.-B.-baron). *Destutt de Tracy* (Ant. L.-Cl.). — FERRIÈRES : *Bruys* (T.). — *Philipeaux*.

ALPES (BASSES.).— ALLOS : *Richery* (P. de). — ANGLES : *Alba* (Marc.-David). — FOY : (C.-L.-Et.de). — BARCELONETTE : *Manuel* (Ja.-Ant.).—DIGNE : *Gassendi* (J.-J.-Basilien de). — MANOSQUE : *Laugier* (M.-Ant.). — ORAISON : *Itard* (J.-Ma.-Gasp.). — REILLANE : *Magnan* (Domin.). — RIEZ : *Berenger* (Laur.-P.). — *Rabbe* (Alf.). — SISTERON : *Deleuse* (J.-Ph.-F). — *Réal de Carban* (l'abbé Balthazar). — VALENSOLES : *Chaudon* (L. Mayeul). — *Villeneuve* (P.-C.-J.-B.-Sylvestre). — VERNET : *Bayle* (Gasp.-Laur.).

ALPES (HAUTES.). — ASPRES : *Hauterive* (Maurice comte de). — BRIANÇON : *Colaud* (Cl.-Silv.). — *Morand* (J.-Ant.). — EMBRUN : *Jouve* (Jo.). — GAPENÇOIS : *Villars* (Domin.). — FEYRE : *Pons* (J.-L.). VAL-LOUISE : *Rossignol* (J.-J.).

ARDÈCHE. — SAINT-ANDÉOL : *Madier-Montjeau* (Noe.-Jo.). — ANNONAY : *Abrial* (And.-J. comte). — BEAULIEU : *Montet* (J.). — SAINT-FORTUNAT : *Rampon* (Ant. Guill. comte). — JAUJAC : *Fabre* (Ma.-Ja.-Victorin). — *Fabre* (J.-Raymond-Auguste). — SAINT-JEAN-CHAMBRE : *Boissy d'Anglas* (Fr.-Ant.). — LARGENTIÈRE : *Soularie* (J.-L. Giraud). — SAINT-MARCEL : *Bernis* (F.-Joach. de Pierses de). — VIDALOU-LEZ-ANNONAY : *Montgolfier* (Ja.-M.). — *Montgolfier* (Ja.-Et.). — VILLENEUVE-DE-BERG : *Barruel* (l'abbé Augustin). — *d'Entraigues* (Emman.-L.-H.-de Launey comte). — VIVARAIS : *Chardon de la Rochette* (Sim.). — *Combalusier* (Fr. de Paule). — *Surrille* (Jo.-Et. marquis de). — VIVIERS : *Flaubergues* (Honoré).

ARDENNES. — ATTYGNY : *Degaulle* (J.-B.). — AUTHE : *Lefevre-Gineau* (L.). — CHARLEVILLE : *Duvivier* (Cl.-Raph.). — *Dubois-Crancé* (Edm.-L.-Alex.). — CHÊNE LE POPULEUX : *Migeot* (l'abbé Ant.). — DRICOURT : *Corvisart-Desmarets* (J.-N.). — FRANCHEVAL : *Berton* (J.-B. baron). — GIVET : *Coutamine* (Théod. vicomte de). — *Méhul* (Et.-O.). — GIVROY : *Baudrillart* (Ja.-Jo.). — GRANDPRÉ : *Hardouin* (H.). — MARCQ : *Savary* (Ré. duc de Rovigo). — MÉZIÈRES : *Dujès* (Ant.-Louis.). — *Hachette* (J.-N.-P.) — *Suvart* (Fél.). — RAUCOURT : *Bonne* Rigobert. — RHÉTEL : *Leseur* (Ph.). — *Maréchal* (Dom.-Bern.). — RAUCROY : *Vasselier* (Jo.). — SEDAN : *Baudin des Ardennes* (P.-C.-L.). — *Halma* (l'abbé N.). — *Loos* (Onésime-H. de). — *Ternaux*. (Gu.-L.). — SYNGLY : *Clouet* (J.-F.). — TOURNE : *Lambinet* (P.). — WADELINCOURT : *Leroy* (Chrét.). — YVOIS-CARIGNAN : *Lecuy* (J.-B.).

ARIÉGE. — SAINT-ARAILLE : *Dauxion-Lavaisse* (J. F.). AX : *Roussel* (P.). — COMTÉ DE FOIX : *Vadier* (Marc. Gu. Alexis). — MIREPOIX : *Clausel* (le comte Bertrand). PAMIERS : *Darmaing* (J. Jer. Achille).

AUBE. — ARCIS-SUR-AUBE : *Courtois* (Edm.-Bonav.). — *Danton* (G.-Ju.). — BAR-SUR-AUBE : *Beugnot* (Jacques-Claude comte). — *Dusommerard* (Alexandre). — BRA-

GELOGNE : *Desessarts* (J.-C.). — CHAMPIGNOL : *Beurnonville* (Pierre *Riel de*). — CHAOURCE : *Mairobert* (Mat.-F. *Pidansart de*). — D.ENVILLE : *Courtalon-Delaistre* (J.-C.). — FONTETTE : *La-Motte* (J. de l'alois comtesse *de*). — MORVILLIERS : *Masson* (*) *Morvilliers* (Nicol.). — SAINT-PHAL : *Carré* (Remi). — RIGNY-LE-FERRON : *Moreau* *de la Rochette* (F.-Th.). — SOULAINES : *Desmarets* (N.). — TROYES : *Boulland* (J.-B.- *Vincent*). — *Débonnaire* (L.). — *Giraud* (J.-B.). — *Grosley* (H.-J.). — *Hadot* (Ma.- *Adélaïde*). — *Lavaux* (J.-C. *Thiebault*). — *Ludot* (J.-B.). — *Simon* (Ed.-Th.).

AUDE. — AJAC : *Lévis* (F. duc *de*). — CARCASSONNE : *Fabre* de l'Aude. — *Game- lin* (Ja.). — *Gua de Malves* (J.-Po. *de*). — *Mailhol* (Cl.). — *Nogaret* (D.-V.-Jacques *Ramel de*). — *D'Alverny de la Palme* (Marc.). — *Sacombe* (J.-F.). — *Venance* (J.-F.- *Dougados dit*). — *Poncet de la Grave* (Guill.). — CASTELNAUDARY : *Andréossi* (Ant.-F.). — *Dejean* (J.-F. Aimé comte). — FAUJEAUX : *Destrem* (Hug.). — LIMOUX : *Fabre d'Eglantine*. — MONTFORT : *Chénier* (L.). — MONTOLIEU : *Bastoul* (L.). — MONTRÉAL : *Bonnafos de la Tour* (J.-B.). — *Frère* (G.). — NARBONNE : *Mondoville* (J.-Jo. Cas- *sanea de*). — *Julia-Fontenelle* (Jean-Sim.-Et.).

AVEYRON. — SAINTE-AFFRIQUE : *Lavalette* (le P. Ant. *de*). — *Mathieu de la Re- dorte* (Mau.-D.-Jo. comte). — CAISSAC : *Boyer* (Pierre-Dénis). — CURIÈRES : *Frays- senous* (Den.). — SAINT-GENIEZ : *Bonnatère* (P.-J.). — *Chabot* (F.). — *Ray de Saint- Geniès* (Ja.-M.). — *Raynal* (Gu.-Th.-F.). — SAINT-JEAN DE BRUEL : *Vivarès* (F.). — MILHAU : *Peyrot* (J.-Cl.). — Près de MILHAU : *Bonald* (L.-Gabr.-Am. vicomte *de*) : MUR DE BARRE : *Pialhès* (J.-J.). — PONT-DE-CYRAN : *Serieys* (Ant.). — RHODEZ. *Flaubergues* (P.-Fr.). — *Gaston* (Ma.-Jo.-Hyac. *de*). — *Marie* (Jo.-F.). — SALLES-CURAN : *Capelle* (Guill.-Ant.-Ben. baron). — VILLEFRANCHE : *Alibert* (J.-L.). — *Bories* (le sergent de la Rochelle). — *Pechmeja* (J.). — ROUERGUE : *Bosc* (L.-C.-P.). — *Delmas* (le P.).

BOUCHES-DU-RHONE. — AIX : *Adanson* (M.). — *Argens* (J.-B. *Boyer* marq. d'). — *Beisson* (Et.). — *Bertier* (Jo.-Et.). — *Bonneval* (l'abbé Sixte-L.-Constant *Ruffo de*). — *Castillon* (J.-F.-André *Le Blanc de*). — *Cauvet* (Gilles-P.). — *Dandré-Bar- don* (M.-F.). — *David* (Toussaint-Bern. *Emeric*). — *Desorgues* (Théod.). — *Emérigon* (Balth.-Ma.). — *D'Entrecasteaux* (J.-Ant. *Bruni*). — *Fauris de Saint-Vincent* (Ju.- F.-P.). — *Fauris de Saint-Vincent* (Al.-Ju.-Ant.). — *Floquet* (Et.-Jo.). — *Gibelin* (Esprit-Ant.). *Gibelin* (Jacques). — *Gibert* (Jo.-Balthazar). — *Giraud* (J.-B.). — *Lieutaud* (Jo.). — *Miollis* (Al.-P.). — *Montjoie* (Fel.-Chr. *Galart de*). — *Peyron* (J.-F.-P.). — *Peyron* (J.-Fr.). — *Pontier* (P.). — *Pontier* (Augustin). — *Pouillard* (Jo.-Gabr.). — *Richard-Martelli* (Honoré-Ant.). — *Siméon* (Jo.-Jer.). — *La Tou- loubre* (L. *Ventie* seigneur *de*). — *Tuaire* (F.). — *Vauvenargues* (Luc. de *Cla- piers* marquis *de*). — ARLES : *Balechou* (J.-J.). — *Brunel* (J.). — *Coye*. — *Mejanès* (J.-B.-Ma. *Piquet* marq. *de*). — *Morand* (P. *de*). — *Nicolaï* (Gu.). — *Saverien* (Al.). — AUBAGNE : *Barthelémy* (F. marq. *de*). — *Domergue* (F.-Urbain). — SAINT-CANNAT : *Suffren Saint-Tropes* (P.-And. *de*). — *Suffren Saint-Tropes* (L.-Jérôme). — CASSIS : *Barthélémy* (J.-Ju.). — SAINT-CHAMAS *Paul* (l'abbé Aman.-Lau.). — EYGUIÈRES : *Reyre* (l'abbé Jo.). — ISTRES : *Régis*. — LA ROQUE : (château *de*) : *Forbin* (L.-N.-Ph.-Auguste comte *de*). — LA CIOTAT : *Gan- téaume* (le comte Honoré). — *Gardane* (Jo.-Ja.). — *Martin* (F.-L.Cl. *Marini* dit). — MARSEILLE : *Achard* (Cl.-F.). — *Barbaroux*. — *Barthe* (N.-Th.). — *Bastide* (J.-F. *de*). — *Béaugard* (J.-Sim. *Ferréol*). — *Blancard* (P.). — *Bounieu*. — *Bru- guieres* Ant.-Aud.). — *Cousinery* (Esprit-Ma.). — *Champein* (Stanislas). — *Dan- carville* (Pierre-Fr.-Hug.). — *Darmès* (Marius-Edmond). — *Dasincourt* (Ja.-J.-B. *Albouq* dit). — *Della-Murla* (Domin.). — *Demours* (P.). — *Durange* (Jacq.-Nicéph.- P.). — *Dugazon* (J.-B.-Henri *Gourgault* dit). — *Eidous* (Marc.-Ant.). — *Espercieux* (Ja.-Jo.). — *Eymar* (Cl.). — Le comte *Fortia de Pilles*. — *Fumars* (Et.). — *Gar- danne* (Gasp.-And. comte *de*). — *Gautier d'Agoty* (Ja.). — *Gautier d'Agoty* (Arn.-

Eloi). — *Gautier d'Agoty* (J.-B.). — *Grosson* (J.-B.-Bern.). — *Guay* (Ja.). — *Guys* (P.-A.). — *Guys* (P.-Alfonse). — *Hugues* (Vict.). — *Lantier* (Et.-F. de). — *Laurent* (P.). — *Leblanc de Guillet* (Ant. *Blanc* dit). — *Lepic* (L. comte). — *Magallon* (C.). — *Michelet* (Et.). — *Montvallon* (And. *Barigue* de). — *May*, (N.-Vict. *de Félix* comte de). — *Noble de la Lozière* (J.). — *Olivier* (Cl. Mat.). — *Garnier Pagès*. — *Pastoret* (A.-Em.-Jo.-L. marquis de). — *Pelletan* (J.-Gabr.). — *Peyssonnel* (C. de) — *Peyssonnel* (N. de). — *Rostan* (Camille). — *Roussier* (P.-Jo.). — *Tersan* (l'abbé Ph. *Campion* de). — *Topino-Lebrun* (F.-J.-B.). — Château D'IF : *Fortin de Pilles* (Touss.-Alf. comte). — PELISSANE : *Esménard* (Jo.-Alf.). — SAINT-REMI : *Durand de Maillane* (P.-Toussaint). — *Expilly* (J.-Jo.). — SALON : *Aublet* (J.-B.-Chrest. *Fusée*). — *Lamanon* (R. de Paul cheval.). — TRINQUETAILLE-LES-ARLES : *Anibert* (L.-Mat.). — TARASCON : *Ménard* (L.). — *Fabre* (P.). — VENTABREN : *Jauffret* (Pierre). — Département des BOUCHES-DU-RHONE : BAYLE (ou BAILLE) : P.

CALVADOS. — SAINT-ANDRÉ D'HÉBERTOT : *Vauquelin* (L.-N.). — ANGERVILLE : *Tessier* (H.-Al.). — AUDRIEU : *Moysant* (F.). — BAYEUX : *Dupont* (Léon). — *Duval-le-Roi* (Nicol.-C.-Cl.). — *Lefèvre* (R.). — *Pluquet* (F.-F.-And.-Ad.). — BEAUMONT-EN-AUGE : *Laplace* (P.-Sim.). — CAEN : *Bayeux* (G.). — *Boisard* (J.-J.-M.). — *Choron* (Al.-Et.). — *Crèvecœur* (Saint-John de). — *Decaen* (Ch.-Math.-Isidore comte). — *Deraux* (Gabr.-P.-F. *Moisson*). — *Desfontaines-Lavallée* (Franç.-Guill. *Fougues-Deshayes* dit). — *Ducarel* (And. *Coltée*). — Madame *Elie de Beaumont* (Anne-Louise-Morin Dumesnil) — *Girard* (P. Sim.). — *Larue* (l'abbé *Gervais* de). — *Lebailly* (Ant.-F.). — *Leblond* (Gasp.-M.). — *Lomont* (Cl.-J.-B.). — *Malfilâtre* (J.-C.-L. de *Clinchamp* de) — *Malouin* (Pa.-Jo.). — *Malouin* (J.-F.-A.). — *Turpin* (Franç.-Henri). — Le lieutenant *Vauquelin*. — COUPE-SARTRE : *Formage* (Jo.-C.-César). — CONDÉ-SUR-NOIREAU : *Dumont-Durville* (H.-Séb.-Cés.). — ÉPINAY-SUR-ODON : *Richard-Lenoir* (F.). — FALAISE : *De l'Ecluse des Loges* (P.-Mathurin). — *Guérin du Rocher* (P.). — *Guérin du Rocher* (F.-Robert). — *La Rivière* (P.-Joach.-H.). — HONFLEUR : *Hamelin* (Jacques-Fel.-Emm.). — LIVAROT : *Du-Buat-Nançay* (L.-Gabr. comte). — LISIEUX : *Courtin* (Gust.-Marie-Pierre-Marc-Ant.). — *Grainville* (J.-B.-Christ.). — *Laugier* ((And.). — *Ménil-Durand* (J.-F. d'*Orgeville* baron de). — MATHIEU : *Rouelle* (Gu.-F.). — *Rouelle* (Hil.-Marin). — MONDEVILLE : *Marguerie* (J.-J. de). — ORBEC : *Turreau de Linieres* (L.). — PONT-L'EVEQUE : *Thouret* (Ja.-Gu.). — *Thouret* (Ja.-Augustin). — VASSY : *Defrance* (J.-Ma.-Ant. comte). — VIRE : *Turpin* (Jean-Franç.). — *Castel* (Ré.-Richard). — *Chenedollé* (C. *Piault* de). — *Pichon* (Th.). — *Porquet* (P.-C.-F.).

CANTAL. — ALLANCHES : *Ganilh* (C.). — *Pradt* (Domin. *Dufour* abbé de). — ARPAJON : *Milhaut* (J.-B. comte). — AURILLAC : *Coffinhal* (J.-B.). — *Delzons* (Alexis-Jos. baron). — *Destaing* (Jacques-Zachar.). — *Grognier* (L. Forci). — *Pagès* (F.-X.). — CHAVAGNAC : *La Fayette* (Ma.-Pa.-Roch.-Yves-Gilbert *Mortier* marq. de). — SAINT-FLOUR : *Buirette de Belloy* (P.-Laur.). — MAURIAC : *Chappe d'Auteroche* (J.). — RUVEL (château de) : d'*Estaing* (C.-Hector comte). — YOLAY : *Carrier* (J.-B.).

CHARENTE. — ANGOULÊME : *Coulomb* (C.-Augustin de). — *Montalembert* (Adr. de). — d'*Ussieux* (L.). — CHABANNAIS : *Dupont de l'Etang* (le comte P.). — LA CHÉTARDIE : *La Chétardie* (Joach.-Jo. *Trotti* marq. de).

CHARENTE-INFÉRIEURE. — SAINT-JEAN-D'ANGELY : *Valentin* (L.-Ant.). — *Loustalot* (Arm. de). — LA ROCHELLE : *Beauharnais* (F. marquis de). — *Billaud-Varennes*. — *Desroches* (J.-B.). — *Dupaty* (J.-B. *Mercier*). — *De La Faille* (Clém.). — *Gauffier* (L.). — *Grammont* (*Nourry* de). — *Larive* (J. *Mauduit* de). — *Longchamps* (P. de). — *Mascaron* (L. *Beau* de). — *Nougaret* (P.-J.-B.). — *Rabotteau* (P.-Pa.). — *Sauvigny* (Edme L. *Billardon* de). — *Chassiron* (P.-Ch. Martin baron de). — MARENNES : *Lucas* (J.-Ja.-Et.). — ROCHEFORT : *Audébert* (J.-B.). — *La Touche-Tréville* (L.-R.-Madel. *Levassor* de). — Ile de RÉ : *Baudin* (Nicolas). — *Du Ponceau* (Pierre-Et.). — SAINTES : *Bourignon* (F.-Ma.). — *Guillotin* (Jo.-Ign.). — *Luchet* (J.-P.-L. marquis de). — *Richard* (Gabr.). — *Serin* (P.-Eutrope). — *Vanderbourg* (C. *Boudens de*). — SAINT-SERNIN : *Chasseloup-Laubat* (F. marq. de).

CHER. — BOURGES : *Puyrallée* (Ph.-Ja, *Bengy de*). — CHATEAUNEUF : *Desbillons* (F.-Jo. *Terrase*). — PIGNY : *de Launey* (J.-B.). — SANCERRE : *Macdonald* (Et.-Ja.-J.-Al. *duc de Tarente*). — Département du CHER : *Bonnay* (C.-F.-marq. de).

CORRÈZE. — ALLASSAC : *Chiniac de la Bastide* (Mat.). — BAR : *Lanneau* (P.-Ant.-Vict. *Marey de*). — BORD : *Marmontel* (J.-F.). — BRIVES-LA-GAILLARDE : *Brune* (Gu.-Vict.-Anne). — *Chiniac de la Bastide* (Pierre). — *d'Espagnac* (J.-B.-Jo. *Damazil de Sahuguet* baron). — *Latreille* (P. And.). — *Treilhard* (J.-B. comte). — COSNAC : *Cabanis* (J.-G.). — TULLE : *Béronie* (N.). — *Mélon* (J.-F.). — *Souham* (Jo. comte). — UZERCHE : *Boyer* (Alexis baron). — *Durand* (J.-B.-Léon). — *Grivel* (Gu.). — *Longrillé* (château de) : — *Reyrac* (l'abbé F.-Ph. *Delaurens de*).

COTE-D'OR. — AIGNAY : *Caillard* (Ant.-Bern.). — ARNAY-LE-DUC : *Barbaret* (Den.). — *Bonnard* (C.-L.). — *Morande* (C. *Thereust de*). — AUXONNE : *Beguillet* (Edme). — Madame *Gardel*. — *Girault* (Cl.-X.). — *Landolphe* (J.-F). — Madame *Maillard*. — *Miquel-Feriet* (L.-C.). — *Prieur-Duvernois* (C.-A. dit *Prieur de la Côte-d'Or*). — BEAUNE : *Millié* (J.-B.-Jo.). — *Monge* (Gasp.). — *Morelot* (Sim.). — *Naigeon* (J.). — *Pasumot* (F.). — BÈZE : *Clément* (F.). — BUSSY-LE-GRAND : *Junot* (Andoche duc d'Abrantès). — CHATILLON-SUR-SEINE : *Miel* (Edme-F.-Ant.-Ma.). — *Miel* (Edme-Marie). — *Petiet* (Claude). — *Verniquet* (Edme). — COURTIVRON : le marquis *de Courtivron*. — DIJON : *Balbatre* (Cl.). — *Baudot* (F.). — *Baudot* (P.-L.). — *Bazire* (Cl.). — *Béthisy* (F.-Laur. de). — *Bret* (Ant.). — *de Brosses* (C. le président). — *Dourlier* (J.-B. comte). — *Casotte* (F.). — *Chaussier* (F.). — *Clément* (J.-M.-Bern.). — *Clément-Desormes*. — *Clugny de Nuis* (J.-Et.-Bern.). — *Colson* (J.-F.-Gilles). — *Courtois* (Bern.). — *Dubois de Laverne* (Ph.-Dan.). — *Enaux* (Jo.). — *Ferret de Fontette* (C.-Ma.). — *Frochot* (Nic.-Thérèse-Bénoit). — *Fromageot* (J.-B.) — *Guyton de Morveau* (L. Bern.). — *Jacotot* (P.). — *Jacotot* (J.-Jo.). — *Jacquinot de Pempelune* (Cl. F. Jos. C.). — *Joly de Bévy* (L.-Philibert-Jo.). — *Laborde* (Henri-Fr. comte). — *Lallemand* (J.-B.). — *Larcher* (P.-H.). — *Leblanc* (J.-Bern.). — *Mailly* (J.-B.). — le docteur *Maret* (Hug.). — *Maret duc de Bassano* (Hug.). — *Marillier* (Cl.-P.). — *Michault* (J.-Bern.). — *Mille* (Ant.-Et). — *Millot* (Jo.-And.). — *Navier* (L.-Mar.-Henri). — *Nercia* (And.-R. *Andréa de*). — *Petitot* (Cl.-Bern.). — *Poissonnier* (P.-Isaac). — *Poyet* (Bern.). — *Racle* (Léo.). — *Radet* (J.-B.). — *Rameau* (J.-Fr.). — *Ramey* (Cl.). — *Riambourg* (J.-B.-Cl.). — *Rigoley de Jurigny* (Jean-Ant.). — *Sigaud de Lafon* (J.-Re.). — *Turlot* (F.-Cl.). — *Varenne* (Ja. de). — *Varenne* (Ph.-C.-Ma. de). — *Vauban* (Anne-Jos). — *Vergennes* (C. *Gravier* comte de). — IS-SUR-TILLE : *Gautherot* (N.). — JANCIGNY : *Dubois* (J.-B.). — LUSIGNY : *Legrand* (L.). — MONTBARD : *Eardin* (J.). — *Buffon* (J.-L. *Leclerc* comte de). — *Daubenton* (L.-J.-Ma.). — *Daubenton* (Marguerite). — *Nadault* (J.). — NUITS : *Thurot* (F.). — NOLAY : *Carnot* (Lazare-N.-Marguerite). — *Gandelot* (L.). — PAINBLANC : *Clémencet* (Dom.-C.). — SÉMUR : *Champagne* (J.-F.). — *Guéneau de Montbéliard* (Philib.). — *Précy* (L.-F. *Perrin* comte de). — *Reguier* (Edme). — *Simon de Clavy* (Philibert). SAULIEU : *Courtepée* (Cl.). — VITTEAUX : *Chambure* (A. *Lepelletier de*).

COTES-DU-NORD. — SAINT-BRIEUC : *Jouannin* (Jos.-Mar.). — DINAN : *Busson* (Jul.). — *Jamin* (Dom.-N.). — *Lamandé* (F.-Laur.). — *Pineau-Duclos* (C.). — LANNION : *Lescan* (Ja.-F.). — LAMBALLE : *Micault de Lavieuville* (Math.-Ju.-Anne.). — PLÉLO : *Boisgelin* (P.-M.-Louis cheval de). — PONTRIEUX : *Bastiou* (l'abbé Yves). — *Le Brigant* (J.). — UZEL : *Ledeist de Batidoux*.

CREUSE. — AUBUSSON : *Burabant* (Jo.). — BOURGANEUF : *Duffour* (Jo.). — VIERSAT : *Baraillon* (J.-F.).

DORDOGNE. — BERGERAC : *Maine de Biran* (Ma.-F.-P. *Gonthier*). — DOMME : *Maleville* (Jacques de). — EYMET : *Lemoyne* (J.-B. *Moyne* dit). — SAINT-JEAN D'ES-

TISSAC : *Fénelon* (J.-B.-Ant. de *Salignac* abbé de). — LAMOTHE-MONTRAVEL : *Lorges* (J.-Laur. de *Durfort-Civrac* duc de). — MUSSIDAN : *Bachelier de Beaupuy* (N.-M.). — *Bachelier de Beaupuy* (Arm.-Mich.). — PÉRIGUEUX : *Daumesnil* (P. baron). — *Girard* (Stéfen). — *Lidonne* (N.-Jo.). — *Parillon* (J.-F. du *Cheyron* du). — SARLAT : *Beaumont* (Christ. de). — *Loys* (J. B.). — THIVIERS : *Bouillon* (P.). — PÉRIGORD : *Berlin* (H.-Lé.-J.-B). — *Labrousse* (Clot.-Suzanne *Courcelles* de). — *Lamarque* (F.). — *Panis*. — *Joubert* (Jos.).

DOUBS. — BAUME-LES-DAMES : *Clerc* (N.-Gabr.). — *Coyer* (Gabr.-F.). — *Jouffroy d'Arbans* (Cl.-Fr.-Doroth marquis de). — *Péquignot* (Jean-Pierre). — BESANÇON : *Acton* (J.). — *Arnould* (T.-F. *Mussot* dit). — *Beaumont* (Cl.-Et.). — *Blaret* (M.). — *Bisot* (J.-L.). — *Breton* (L.-F.). — *Bruand* (P.-F.). — *Cornette* (Cl.-Melch.). — *Courvoisier* (J.-J.-Ant.). — *Elisée* (J.-F. *Copel* dit le père...). — *Ferrand* (Ma.-L.). — *Fourier* (F.-C.-Ma.). — *Friess* (Samuel baron de). — *Guillaume* (J.-B.). — *Labbey de Pompières* (G.-X.). — *Levêque* (Prosper). — *Mairot de Mutigney* (Jacques-Ph.-A.). — *Moncey* (Bon-And.-Jeannot, duc de *Conegliano*). — *Monnier* (L.-Gabr.). — *Monnot* (Ant.). — *Monrose* (L. Séraphin *Barizain* dit.). — *Montbarrey* (Al.-Ma.-Léonor. de *Saint-Maurice* prince de). — *Muguet de Nanthou* (F.-Fel.-Hyac). — *Nedey* (Anat.-F.). — *Nicole* (N.). — *Nodier* (Ch.) — *Nonnotte* (Donat).— *Nonnotte* (Cl.-F.). — Le général *Pajol*. — *Paris* (P.-And). — *Porro* (F.-Dan.). — *Suard* (J.-B.-Ant.). — *Talbert* (F.-X.). — *Tinseau d'Amoudans* (C.-Ma.-Thérèse-Léa.). — *Tourtelle* (Et.). — *Tourtelle* Ma.-Fr.). — *Trincano* (H.-L. Victoire). — *Verny* (C.-F.). — *Viguier* (P.-F.). — BLAMONT : *Masson* (C. F.-Ph.). — CHANANS : *Proudhon* (J.-B.-Vict.). — CHATELBLANC : *Bourgeois* (Domin.-F.). — CHARQUEMONT : *Mougin* (P.-Ant.). — CHAUX-NEUVE : *Miehaud* (Cl.-Ign.-F.). — DAMBELIN : *Guénard* (Ant.). — GOUX-LES-UZIES : *Descourvières* (J.-Jo.). — *Girard* (l'abbé Ant.-Gervais). — LA-CLUSE : *Pochard* (Jo.). — LA ROCHE : *Thiébaut* (Dieudonné). — MONTAGNEY : *Percy* (P.-F. baron). — MONTBELLIARD : *Cuvier* (Georges-Léop.-Chr.-Fréd.-Dagob. baron de) — *Cuvier* (Fréd.). — *Kilg*. (G.-L.). — MONTPEREUX : *Gagelin* (F.-Isid.). — MORTEAU *Rougnon* (N.-F.). — ORNANS : *Millot* (l'abbé Cl.-F.-X.). — *Tissot* (Clé.-Jo.). — *Trouillet* (Ja.-Jo.). — PONTARLIER : *Arçon* (J.-Cl.-Eléon. *Lemichaud* d'). — *Dros* (F.-N.-Eug.). — *Gressel* (Fé.). — *Loriot* (Ant.-Jo). — *Monnier* (Sophie de *Ruffey* marq. de), — *Morande* (L.-C.-Ant.-Alexis comte de). — QUINGEY : *Rose* (J.-B.). — REUGNEY : *Dulems* (J.-F.-Hug.). — ROULANS : *Perreciot* (Cl. Jo). — THORAISE : *Diget* (Anne. dite sœur Marthe). — VAUX : *Trincano* (Didier Grég.).

DROME. — BEAUREGARD : *Costa* (Jo.-H. marq. de). — CHATILLON-EN-DIOIS : *Accarias de Serrione* (Jo.). — CLAVEYSON : *Fontaine des Bertins* (Alexis). — MONTÉLIMART : *Faujas de Saint-Fond* (Bart.). — *Freycinet* (Cl.-L. de *Saulses* de). — *Freycinet* (L.-Henri). — PIERRELATTE : *Lebrun-Tossa* (J.-Ant.). — SAINT-PAUL-TROIS-CHATEAUX : *Petity* (J.-Ré. de). — ROMANS : *Mandrin* (L.). — *Serran* (J.-Ma.-Ant.). — *Servan* (Jos.). — *Lally-Tollendal* (Th.-Art. comte de). — *Dilley d'Agier* (Pierre de). — UPIÉ : *Didier* (J.-Pa.). — VALENCE : *Boyer* (F.-Perez). — *Championnet* (J.-Et.). — SAINT-VALLIER : *Raymond* (J.-M.).

EURE. — LES ANDELYS : *Blanchard* (Franç.). — AUDEVOYE : *Beaufort* (H.-Ern. Grant cheval. de). — BERNAY : *La Boissière* (Siméon *Hervieux* de). *Lindet*. (A.-Th.). — *Lindet* (J.-B.-Robert). — BROGLIE : *Fresnel* (Augustin-J.). —: CORMEILLE : *Fourmont* (Cl.-Louis). EVREUX : *Bonneville* (N. de). — *Buzot* (F.-Léo.-N.). — *Siret* (P.-L.). — *Turreau de Garambouville* (L.-Ma. baron). — GISORS : *Lemasurier* (P. David). — LOUVIERS : *Jamet* (P.-C.). — *Jamet* (F.-L.). — *Linant* (M.). — PONT-AUDEMER : *Lacroix* (J.-P. de). — PONT-DE-L'ARCHE : *Langlois* (Eust.-Hyac.). — *La Rosière* (L.-P. *Carlet* marq. de). — ROMAN : *Septmonville* (Cyprien-Ant. baron). VERNON : *Massieu* (J.-B.). — VIEILLE LYRE : *Masson* (F.). — *Mésange* (Mat.).

EURE-ET-LOIR. — CHARTRES : *Allainval*. — *Bourard* (P.-M.). — *Chauveau La-*

garde (N.). — *Deschamps* (Jo.-F.-L.) — *Desrues* (Ant.-F.) — *Doublet* (F.). — *Du-doyer* (Gérard). — *Dussaulx* ((J). — *Guillard* (N.-F). — *Maho* (Pa.-Augustin Olivier). — *Marceau* (F.-Séverin *Desgraviers*). — *Petion de Villeneuve* (Jér.). — *Saint-Ursin* (Ma. de). — *Tasset* (Jo.). — *Fleury* (Jos.-Abraham Bénard dit). — CHATEAUDUN : *Brémont* (El.). — *Guillou* (J.-Re.). — CHATEAUNEUF-EN-THIMERAIS : *Dreux de Radier* (J.-F.). — *Loiseau* (J.-F.) — DREUX : *Marquis* (Al.-L.). — *Philidor* (F.-And. Panican dit). — GOIMPY : *Mails de Goimpy* (L.-Edm.-Gabr. de). — JANVILLE : *Colardeau* (P.). — LOUVILLIERS : *Bridal* (Jacques-Pierre). — MÉVOISINS : *Collin d'Harleville* (J.-F.). — MONTIGNY : *Prévost* (P.). — *Cochereau* (Mat.). — OUARVILLE : *Brissot* (Ja.-P.).

FINISTÈRE. — BREST : *Aboville* (Fr.-Ma., comte d'). — *Choquet de Lindu*. — *Duras* (Claire, *Lechat-de-Kersaint* duchesse de). — *Gilbert* (N.-P.). — *Le Gouas* (Yves). — *Morogues* (Seb.-F. *Bigot*, vicomte de). — *Ozanne* (N.-Ma.). — *Ozanne* (Pierre). — *Ozanne* (Yves-Marie). — *Ozanne* (Jeanne-Françoise). — *Rochon* (Al.-Ma. de) — *Rosily-Mesros* (F.-E., comte de) — CHARAIX : *De La Tour d'Auvergne* (Théophile-Malot *Correl*). — CONQUET : *Legonidec* (J.-F.-Mau.-Agathe). — *Hacquet* (Balthazar). — CHATEAULIN : *Cosmao-Kerjalien* (N.). — HANVEC : *Leisseques* (Corentin-Urbain-Jo.-Bertrand de). — LANNILIS : *Lelac* (Cl.-Ma.). — LANDERNEAU : *Legris-Duval* (Ro.-M). — *Mazéas* (J.-Mathurin). — *Querbeuf* (Yves-Mathurin-Ma. de). — *Roujeaux* (Prudence-Gu., baron de). — MORLAIX : *Moreau* (J.-V.). — SAINT-POL-DE-LÉON : *Coëtlosquet* (J.-Gilles de). — QUIMPER : *Bérardier* (Denis). — *Kerguelen-Tremarec* (Yves-Jo. de). — *Laennec* (Ré.-Théophile-Hyac.). — *Ledéau* (Aimé-J.-L.-N.-Ré.). — *Madec*. — *Royou* (l'abbé Th.-Ma.). — *Royou* (Ja.-Corentin). — *Fréron* (Elie-Cath.). — *Poiret* (Jean-Louis-Marie). — *Ponçot* (H.-Sim.-Jo. Ansquer de). — Département du FINISTÈRE : *Loaisel de Tréogate* (Jo.-Ma.).

GARD. — AIGUES-MORTES : *Théaulon* (El.). — *Théaulon* (Mar.-Emm.-Guill.). — ALAIS : *Sauvages* (F. *Boissier* de). — *Sauvages* (P.-Augustin *Boissier* de). — *Vammale* (Ant. Brès de). — ANDÈZE : *Paulet* (J.-J.). — BAGNOLS : *Barruel-Beauvert* (Ant.-Jos., comte de). — *Gentil* (J.-B.-Jos.). — *Rivarol* (Ant. comte de). — BEAUCAIRE : *Amoreux* (P.-Jo.). — CANDIAC : (château de). — *Montcalm de Saint-Véron* (L.-Jo., marq. de). — *Montcalm de Candiac* (J.-L.-P.-Elis.). — CESSOUX : *Déparcieux* (Ant.). — *Déparcieux* neveu (Ant.). — CHUSCLAN : *Bridaine* (Jo.). — FLORIAN. (Château de) : *Florian* (J.-P. *Claris* de). — LA-SALLE : *Guisard* (P.). — *Méhegan* (Gu.-Al. de). — MASSILARGUE : *Vignolle* (Mart. comto de). — NIMES : *Caveirac* (J. *Novi* de). *Chabaud* (Ant.). — *Court de Gebelin* (Ant.). — *Encoutre* (Daniel). — *Fabre* (F.). — *Griolet* (J.-M.-Ant.). — *Imbert* (Bart.). — *La-Martillère* (J. *Favre* de). — *Lecointe* (J.-L). — *Natoire* (Charles). — *Paulian* (Aimé-H.). — *Rabaut-Saint-Etienne* (J.-P.). — *Rabaut-Dupuis*. — *Rabaut-Pommier* (L.-Ant.). — *Razoux* (J.). — *Rochemore* (Al.-H.-Pierre). — *Séguier* (J.-F.). — *Solier* (J.-P., *Soulier* dit). — *Vincent Devillers* (Al.). — *Vincent Devillers* (Jacques). — PONT-SAINT-ESPRIT : *Gasparin* (Th.-A.). — ROQUEMAURE : *Cubières* (Sim.-L.-P., marquis de). — *Cubières* (Michel, dit *Palmézaux*). — SOMMIÈRES : *D'Albenas* (Jean Jos.) — UZÈS : *Brueys* (Fr. de Paule de). — *Dampmartin* (Anne-H., vicomte de). — *Sigalon* (X.). — *Vouland* (H.). — LE VIGAN : le chevalier d'*Assas*. — VALLERANGUE : *Beaumelle* (Laur. *Anglivielle* de la).

GARONNE (HAUTE). — BEAUTEVILLE : *Beauteville* (J.-L. du *Buisson* de). — ESTANDOUX : *Cailhava de l'Estandoux* (J.-F.). — FALGA VILLEFRANCHE : *Caffarelli de Falga* (L.-M.-J.-Maxim.). — *Caffarelli de Falga* (C.-Ambroise). — SAINT-FÉLIX : de *Ribes* (Ant.-Arm.). — TOUSSERET : *Sicard* (l'abbé Roch-Ambroise *Cuccuron*). — SAINT-FRAJOU : *Duran* (J.). — GRENADE : *Casalès* (J.-Ant.-Ma. de). — *Chaupy* (Capmartin *Bertrand* de). — *Pérignon* (Domin.-Cath. marq. de). — LAS-CASES. (château de) : — *Las-Cases* (Marin-Jo.-M.-A.-Dieu-Ionné, comte de). — MURET .

Dalayrac (N.). — NOGARET : *Chaptal* (Jean-Ant., comte de Chanteloup). — RIEUX : *Suère-Duplan* (J.-Maur.). — TOULOUSE : *Abeille* (L.-Po.). — *Barreau* (F.). — *Barotel* (le P. Th. Bern). — *Baurens*. — *Benaben* (J.-B.-J.-M.). — *Bertrand de Molleville*. — *Cammas* (Lamb.-F.-Thérèse). — *Castillon* (J.). — *Darquier* (Augustin). — *Delpech* (Ja.-Mat.). — *Dieulafoy* (Jo.-Ma.-Arm.-M.). — *Fagès* (Jo.). — *Dugua* (Ch.-Fr.-Jos.). — *Esquirol* (J.-Et.-Domin.). — *Favier*. — *Laruette* (J.-L.). — *Lucas* (Fr.). — *Lucas* (J.-Paul). — *Montégut* (Jeanne Segla de). — *Montgaillard* (Maur.-Ja. Roques, comte de). — *Pagès* (P.-Ma.-F., vicomte de). — *La Peirouse* (Ph. Picot, baron de). — *Raimond* (J.-Arnauld). — *Raynal* (J.). — *Raynal* (Franç.). — *Ricard* (Domin.). — *Rivals* (J.-Pierre). — *Rousseau* (P.). — *Sermet* (Ant.-Pasc.-Hyac.). *De La Tour* (Bertrand). — *Valenciennes* (P.-H.). — *Vanloo* (L.-Michel). — *Villar* (Noël.-Gabr.-Luc.).

GERS. — AUCH : *Dessolle* (J.-Ja-Pa.-Augustin). — *Tarrible* (J.-Domin.-Léo). — *Villaret de Joyeuse* (L.-Th.). — AYGUETINTE : *Raulin* (Jo.). — BARRAN : *Barbeau de Barran*. — CONDOM : *Barret* (J.-Ja. de). — *Sabbathier* (F.). — LECTOURE : *Lagrange* (Jos., comte). — *Lannes* (J.). — MONLAULT : *Thore* (J.). — MARSAN (château de) : *Montesquiou* (F.-X. duc et abbé de). — PEYRASSE-MASSAS : *Bauduin* (Arnauld-Gilles). — RAUQUELAURE : *Roquelaure* (J.-Arm. de Bessuejouls de).

GIRONDE. — BAZAS : *Larrière* (Noël de). — BLAYE : *Taillasson* (J.-Ja.). — BORDEAUX : *Andrieu* (Bertrand). — *Beaujon* (N.). — *Berquin* (Arnaud). — *Black* (Jo.). — *Boyer-Fonfrède* (J.-B.). — *Boyer-Fonfrède* (Henri). — *Deséze* (Raymont, comte). — *Despaze* (Jo.). — *Ducamb* (Théod.). — *Ducos* (J.-F.). — *Dupaty* (Charles Mercier). — *Galin* (P.). — *Gossies* (J.). — *Gavinier* (P.). — *Gensonné* (Armand). — *Gosse* (Et.). — *Grangeneuve* (Ja.-A.). — *Jaubert* (l'abbé Pierre). — *Jaubert* (Fr., comte). — *Journu-Aubert* (Bernard, comte de Tustal). — Le peintre *Lacour*. — *Laffon-Lédébat* (And.-Dan.). — *Laîné* (Jo.-L.-Joachim, vicomte de). — *Latapie* (Fr. de Paule). — *Martignac* (J.-B.-Silvère Algay, vicomte de). — L'amiral *Milius*. — *Nansouty* (Et.-Ant.-Ma. Champion, comte de). — *Rode* (P.). — *Roux* (Augustin). — *Saint-Méard* (F. Jourgniac de). — *Sauriguières-Saint-Marc* (J.-M.). — *Tillet* (Mat.). — *Vernet* (Ant.-C.-Horace). — *Vilaris* (Marc-Hilaire). — SAINT-EMILION : *Guadet* (Marq.-Elie). — LA RÉOLE : *Faucher* (Cés.). — *Faucher* (Constantin). — *Sensaric* (J.-B.). — SAINT-MACAIRE : *Pujoulx* (J.-B.). — MARTILLAC : *Secondat* (J.-B., baron de). — MÉDOC : *Cazalet* (J.-And.). — PORTETS : *Deleyre* (Al.). — VILLEGOUGE : *Dumoulin* (Evariste).

HÉRAULT. — BÉDARIEUX : *Rabaut* (P.). — BÉZIERS : *Brouzet*. — *Domairon* (Louis). — *Gaveau* (P.). — *Granié* (P.). — *Libes* (Ant.). — *Margon* (Gu. Plantavit, abbé de). — CASTELNAU : *Fontenay* (L.-Abel de Bonafous). — CAUX : *Bedos-de-Celles* (Dom.-F.). — CETTE : *Lesseps* (J.-B.-Bart., baron). — COMBES : *Venel* (Gabr. F.). — GANGES : *Fabre d'Olivet*. — GIGNAC : *Claparède* (Michel, comte). — *Laures* (Ant. de). — MONTPELLIER : *Alletz* (Pons.-A.). — *Barthès* (Pa.-Jo.). — *Bejot* (F.). — *Benezech* (P.). — *Bérard* (Jos.-Fréd.). — *Bonnier d'Arco* (Ant.-Sam.). — *Broussonnet* (P.-A.-Ma.). — *Brugulères* (J.-Gu.). — *Cambacérès* (J.-J. Régis de). — *Cambon* (Jo.). — *Carrion-Nisas* (Ma.-Henri-Fréd.-Elisab., baron). *Castellan* (Ant.-Laur.). — *Cusson* (P.). — *Daru* (P.-Ant.-Bruno comte). — *Dauberval* (J., Berchel). — *D'arnaud* (Jo.-Ph.-Raimond). — *Draparnaud* (Vict.-Xavier). — *Dumas* (Mathieu, comte). — *Fabre* (F.-Xavier). — *Fouquet* (H.). — *Garnier-Deschênes* (Edme-Hilaire). — *Gastelier de la Tour* (Den.-F.). — *Gouan* (Ant.). — *Goudar* (Ange). — *Junot* (Laure Pernon, duchesse d'Abrantès). — *Laborie* (J.-B.-P.). — *Lujard* (P.-A.). — *Maureillan* (Casimir Poitevin, vicomte de). — *Mollue* (P.-L.). — *Nourrit* (L.). — *Poitevin* (Jo.). — *Ratte* (Et.-Hyac. de). — *Rosset* (Pierre Fulcraud). — *Rouchet* (J.-Ant.). — Madame *Verdier* (Suzanne Allut). — *Vien* (Jo.-Ma.). — *Vigaroux* (Bart.). — *Vigaroux* (Franc.). — MONTAGNAC : *La-

tude (H. *Mazers de*). — ROUJAN : *Fabre* (L.). —Département DE L'HERAULT : *Fabre de l'Hérault*.

ILLE-ET-VILAINE. — CHARNEIX : *Legallois* (Julien-Jules-César). — DOL : *Carouge* (Bertrand-Augustin). — *Rever* (Ma.-F.-Gilles). — *Toullier* (C.-Bonav.-Ma.). — FOUGÈRES : *Lariboisière* (J.-Ambr. *Baston de*). — *Nativité* (Jeanne *Le Roger*, sœur de la). — *Pommereul* (F.-Ro.-J. de). — *Guichen* (Luc.-Urbain *du Bouexic*, comte de). — SAINT-MALO : *Boursaint* (P.-L.). — *Broussais* (F.-Jo.-Vict.). — *Desilles* (Ant.-Jos-Marc.). — *Duport-Dutertre* (F.-Joach.). — *Gilbert* (N.-Alan). — *Gournay* (J.-Cl.-Mar.-Vinc. de). — *La Mettrie* (*Offray de*). — *Surcouff* (R.). — *Thevenard* (Ant.-J.-Ma.). — SAINT-MÉEN : *Lebreton* (Joachim). — MESSAC : *Fréseau* (J.-M.-N). — RÉDON : *Digot de Préameneau*. — RENNES : *Boisgelin* (J.-de-Dieu-Raimond). — Le colonel *Bricqueville*. — *Carré* (Gu.-L.-Ju.). — *Carrion* (F.-Touss.-Ju.). — *La Chalotais* (Gu.-Réné de). — *Champion de Cicé* (Jer.-Marie). — *Le Chapelier* (Isaac-Ré.-Gu.). — *Defermon des Chapelières* (Jos.). — *Duval* (Amaury *Pineux*). — *Duval* (Alex.-Vincent *Pineux*). — *Elleviou* (J.). — *Geoffroy* (Julien). — *Gerbier* (P.-J.-B.). — *Ginguéné* (P.-L.). — *Hus*.— madame *Hus* (Adélaïde). — *Keralio* (L.-Félix *Guinement de*). — *La-Motte-Piquet* (comte Touss.-Gu. de). — *Lanjuinais* (J.-Den.). — *Legraverend* (J.-M.-Emm.). — *Malherbe* (Dom.-Jo.-F.-M.). — Le marquis de *Marbeuf*. — *Poulin-Duparc* (A.-M.). — *Robinet* (J.-B.-Ro.). — *Robiquet* (Pierre). — SAINT-SERVAN : *Marestier* (J.-B.). — TREMBLAY : *Berlin* (Exupère-Jo.). — *Desfontaines* (Re.-L.). — VITRÉ : *Beaugard*. — *Sarary* (N.). — *Sarary* (Julien).

INDRE. — AZAY-LE-FÉROU : *Cassas* (L.-F.). — CHATEAUROUX : *Bertrand* (H.-Gratien, comte). — *Dupin* (Cl.). — *Guimond de la Touche* (Cl.). — ISSOUDUN : *Berthier* (Gu.-F.)*.*— *Deguerle* (J.-N.-Ma.). — *Dumas* (Ph.). — *Luneau de Boisjermain* (P.-Jo.-F.). — *Thurot* (J.-F.). — *Le-Blanc* (Nicolas). — VILLEGONGIS : *Barbançois* (C. Hélion* marq. de*).

INDRE-ET-LOIRE. — AMBOISE : *Baudeau* (N.). — *Jacquemin* (J.-Bern.). — *Saint-Martin* (L.-Cl. de..., dit *le philosophe inconnu*). — *Tourlet* (Ré.). — BOURGUEIL : *Labergerie* (J.-B. *Rougier de*). — BOUSSAY-DE-LOCHES : *Menon* (Ja.-F., baron de). — CHINON : *Beavais* (Bertr. *Poirier de*). — CHOUZÉ-SUR-LOIRE : *Chameton* (F.-P.). — LOCHES : *Lamblardie* (Ja.-Elie). — PREUILLY : *Breteuil* (L.-A. *Tonnelier*, baron de). — ROCHECOTTE : *Rochecotte* (Fortuné *Guyon* comte de). — TOURS : *Badrais*. — *Bouilly* (J.-N.). — *Chalmel* (L.-J.). — *Cottereau* (Th.-J.-Al.). — *Autems* (La.). — *Foucher* (P.). — *Groslin* (J.-Jo.-L.). — *Heurteloup* (N.). — *Luillier Lagaudiers*. — *Marescot* (Arm.-Sam.). — *Meusnier de la Place* (J.-B.-Ma.-C.). — AMBLANÇAY : *Gohier* (Louis-Jérôme). — TOURRAINE : *D'Artezet de la Sauvagère*. — *D'Allès de Courbet* (Pierre-Alex., vicomte). — *Ysabeau* (Al.-Cl.).

ISÈRE. — BEAUREPAIRE : *François de Nantes* (Ant. comte). — DOLOM... : *Dolomieu* (Déod.-Guill.-Silv.-Tancr. de Gratet. — SAINT-ETIENNE DE CROISSE : *Liotard* (P.). — GRENOBLE : *Amar* (J.-P.). — Le comte *Anglès*. — *Barnave* (Ant.-Jos.-Ma.). — *Barral* (P.). — *Barral* (L.-Math.). — *Barral* (J.). — *Barral* (H.). — *Barthélémy* (L.). — *Barthélémy* (Régis.-F.). — *Beyle* (H. *Stendhal*). — *Chalvet* (P.). — *Condillac* (Et. *Bonnot de*). — *Disdier* P.-F.-M.). — *Dubouchage* (F.-Jo. *Gratet*, vicomte). — *Fontenelle* (J.-Gasp. *Dubois*). — *Gentil-Bernard* (Pierre-Jos.). — *D'harnetaire* J.-N. *Servandoni*). — *Lamorlière* (*Rochette de*). — *Lenoir-Laroche* (J.-J.). — *Mably* (Gabr. *Bonnot de*). — *Mazet* (Ad.). — *Mounier* (J.-Jo.). — *Mounier* (Cl.-Phil.). — *Périer* (Casimir). — *Réal* (And.). — *Saint-Priest* (F.-Emman. *Guignard* comte de). — *Toscan* (G.). — *De-La-Tour-du-Pin-Gouvernet* (J.-Fréd.) — *Vaucanson* (Ja. de). — *Chabroud* (Ch.). — *Périer* (Cl.). — GONCELIN : *Morard et Galle* (Justin-Bonav.). — SAINT-MARCELIN : *Odier* (P. Agathange). — PONT-DE-BEAUVOISIN : *Cretet* (Emm. comte de Champmol). — *Fantin-Desodoards* (Ant.-Et.-N.). — VIENNE : *Gachet-d'Artigny* (Ant.). — *Pichat* (M.). — *Rognat* (Jos. vicomte.) — VIF : *Bouraui*

gnon-Dumollard (Cl.-Séb.). — VIRIEU : *Virieu* (F.-H. comte de). — *Environs de* GRE-
NOBLE : *Dupré* (N., inventeur du feu grégeois). — CÔTE-SAINT-ANDRÉ : N. (?). (1)

JURA. — ARBOIS : *Pichegru* (Ch.). — ARLAY : *Bourdon de Sigrais* (Cl.-Ju.). — BIEF-
DU-FOURG : *Janlet* (Ant.-F.). — BOUCHOUX : *Mermet* (L.-F.-Emman.). — CERNANS :
Bechet (J.-B.). — CHAMPAGNOLE : *Vuillermet* (Cl.-F.). — CHATEAU-CHALONS : *Ber-
thelet* (Cl.-F.). — SAINT-CLAUDE : *David de Saint-Georges* (J.-J.-Aloxis). — *Janvier*
(Antido). — *Joly* (le Père Jo.-Romain). — *Rosset* (Jo.). — CLAIRVAUX-LES-VAUX-
D'AIN : *Normand* (Cl.-Jo.). — DOLE : *Attiret* (le frère J.-Dén.). — *Attiret* (Cl.-Fr.).
— *Lombard* (Cl.-Ant.). — *Mallet* (Cl.-Fr. de). — *de Persan* (Casimir). — *Lambert*
(Cl.-Fr.). — GRANDE-RIVIÈRE : *Lemarre* (Pierre-Alex.). — LONS-LE-SAULNIER : *Dumas*
(Ré.-F.). — *Dumas* J.-Fr.). — *Guyétant* (J.-F.). — *Jacquet* (J.-Cl.). — *Lecourbe*
(Cl.-Ja.). — *Petetin* (Jo.-H.-Dés.). — *Vernier* (Théod.). — MEYNAL : *Oudet* (Ju.-Jo.).
— MONTAIGUT : *Rouget de l'Isle*. — NOZEROY : *Demeunier* (Jean-Nic.). — *Girardet*
(P.-Aloxis). — ORGELET : *Jault* (Augustin-F.). — ORCHAMP : *Briot* (P.-Jo.). — *Briot*
P.-Franç.). — LES PONTETS : *Jouffroy* (Théod.-Sim.). — POLIGNY : *Chevalier* (F. Fél.).
— *Travot* (J.-P. baron). — SALINS : *Andreset* (Barth.-Philibert *Picon* abbé d'). —
Fenouillot de Falbaire (C.-G.). — *Gabiot* (J.-L.). — *Joly* (Jo.). — *Ordinaire* (Cl.-
N.) — *Sornet* (Cl.-Ben.). — SEPTMONCEL : *Guyetand* (Cl.-Ma.). — THOIRETTE : *Bi-
chat*. (M.-F.-X). — VADANS : *Déjoux* (Cl.). — *Laire* (F.-X.). — VERTEMBOS : *Saint-
Germain* (Cl.-L. comte de). — VILLENEUVE D'AVAL : *Grambert* (Jo.). — *Département
du* JURA : *Raffenel* (Cl.-Den.).

LANDES. — DAX : *Borda* (J.-C.). — *Roger-Ducos*. — *Grateloup* (J.-B). — *Labarthe* (P.). — DOUZIT : *Darcet* (J.). — SAINT-SEVER : *Lamarque* (Maxim). — PUJOL :
Pujol (Al).

LOIR-ET-CHER. — BLOIS : *Charpentier* (F.-Ph.). — *Fariau* (Ange-F. dit, *de Saint-
Ange*). — *Favras* (Th. *Mahy* marq. de). — LA-FERTÉ-IMBAULT : *Rivière* (C.-F. de
Riffardeau* marq. de). — FRETTEVAL : *Fresnais* (J.-F.). — MER : *Lenoir* (Et.). —
Lenoir (Po.-Et.-Mathieu). — ROCHAMBEAU : *Rochambeau* (Donatien-Ma.-Jos de Vi-
meur comte de). — VENDÔME : *Musset-Pathay* (Vict. Donatien.). — *Robbé de Beaure-
set* (P.-Honoré). — *Rochambeau* (J.-B. de Vimeur comte de) — *Taillevis de Périgny*.

LOIRE. — BOEN : *Terray* (l'abbé Jo.-Ma.). — SAINT-CHAMOND : *Dugas-Montbel*. —
SAINT-ÉTIENNE : *Dumarest* (Rambert). — *Fauriel* (Cl.-Ch.) — *Poidebard* (J.-B.). —
Siauve Et.-Ma.). — FEURS : le colonel M. *Combe*. — LHOPITAL : *Valla* (Jo.). —
MONTBRISON : *Deforis* (J.-B.). — *Legouvé* (J.-B.). — ROANNE : *Pernetti* (Ant.-Jos.).
— *Champagny* (J.-B. Nompère de). — SAINT-SYMPHORIEN-EN-LAYE : *Berchoux* (Jos.).
— TARTARAS : *Bossut* (C.). — *Département de* LA LOIRE : le comte de *Thélis*. —
Carteaux (J.-Fr.).

LOIRE (HAUTE). — BRIOUDE : *Dupuy* (And.-Ju.). — *Grenier* (Jean, baron). —
SAINT-JUST : *Jouve-Jourdan* (Mathieu, dit *Coupe-Tête*). — SAINT-PAULIEN : *Julien* (P.
— LE-PUY-EN-VELAY : *Boyer* (M.) — *Irailh*. (A.-Sim.). — *Moulon Duvernet*. —
SAINT-ILPIZE : *Larochefoucauld* (Domin. cardinal de). — *Château* DE VAUX : *Vaux* (Noë
Jourdan comte de). — SAINT-VICTOR-MALESCOURT : *Peyrard* (F.). — SAINT-HILAIRE :...
N. ?). (2)

LOIRE-INFÉRIEURE. — ABBARETZ : *Boulay-Paty* (P.-Séb.). — CHATEAUBRIANT :
Hunauld (F.-J.). — GOUFFÉ : *Charette de la Contrie* (F.-Athanase). — LE CROISIC :
Lorieux (A.-Julien-Ma.). — MARTINIÈRE : *Fouché* (Jos. duc d'Otrante) — NANTES :
Bonami (F.). — *Cacault* (F.). — *Dobrée* (Th.). — *Dorion* (Cl.-A.) — *Dufresnoy*
(Adelaïde Gillette *Billet* dame). — *Grimaud* (J.-C. Marq. Gu. de). — *Levêque* (P.).
— *Mosneron* (J.). — *Querlon* (Anne-Gabr. *Meusnier* de). — *La princesse de Salm-*

---

(1) Nous n'avons pas pu retrouver le nom dans nos notes.
(2) Nous n'avons pas pu retrouver le nom.

Dikk (Constance de *Theis*). — *Solin de la Coindière* (P.-J.-Ma.). — *Théis* (Al.-Et.-Guill. baron *de*). — SAINT-SÉBASTIEN : *Cambronne* (P.-Ja.-Et.).

LOIRET. — BEAUGENCY : *Aignan* (Et.). — *Charles* (Ja.-Al.-César). — BIGNON : *Mirabeau* (II.-Gabr. *Riquetti* comte *de*). — *Mirabeau* (André-Bonifacc *Riquetti* vicomte *de*). — CHATILLON-SUR-LOIRE : le docteur *Lassis*. — COURTENAY : le docteur *Turin*. — SAINT-HILAIRE-D'ORLÉANS : *Déry* (C.-Jo.). — MEUNG-SUR-LOIRE : *Morin* (J.). — MONTARGIS : *Beaulaton*. — *Cotelle* (J.-Barnabé). — *Girodet-Trioson* (Anne-L.). — *Gudin* (C.-Et.-Cés.). — *Manuel* (L.-P.). — NEUVILLE-AUX-BOIS : *Picot* (l'abbé Michel-Pierre-Jos.). — ORLÉANS : *Autroche* (A. de Loynes d') — *Beaurais* (N. de Préau *de*). — *Beaurais* (Ch.-Théod.). — *Belleteste* (B.). — *Boulage* (Th. Pascal). — *Brizard* (J.-B.). — *Changeux* (P.-N.). — *Chaumeix* (Abr.-Jo. *de*). — *Courcelles* (J.-B.-H.-Jul. *de*). — *Desormeaux* (J.-L. *Ripault*). — *Ducreux* (Gabr.-Marin). — Le jurisconsulte de Guienne. — *Guyenne* (Et.-L.) — *Guyot* (l'abbé Gu.-Germ.). — *Jousse* (Dan.). — *Lafosse* (J.-F. *de*). — *Lecreulx* (F.-Ma.). *Letrosne* (Gu.-F.). — *Morogues* (P.-Ma. Bigot baron *de*). — *Pelletier-Volmerange* (Ben.). — *Plisson* (Aug.-Arthur). — *Petit* (Ant.). — *Poulin-de-Lumina* (Et.-Jo.). — *Sulerne* (F.). — *Tigny* (Marin *Grostéte*). — PITHIVIERS : *Bègue de Presles*. — *Livoy* (Timothée *de*). — *Poisson* (Den.-Sim.). — SULLY-SUR-LOIRE : *Deshamis* (Jo.-F.-Ed. *Coursembleu*). — Département du LOIRET : *Pellieux* (Jo.-N.).

LOT. — BEDUER : *Decremps* (H.). — CAHORS : *Des Lacs* (Ant.-Jos cheval. *du Bousquet*, marq. *d'Arcombal*.) — *Ramel.* (J.-P.) — *Treneuil* (Jo.). — *Valet de Réganhac.* (Geraud). — FIGEAC : *Champollion* (J.-F.). — GOURDON : *Cavaignac* (J.-B.). — *Vernhac de Saint-Maur* (Raimond). — GRAMAT : *Dubois* (le baron Ant.). — LA BASTIDE FORTUNIÈRE : *Murat* (Joach.). — LIVERNON : *Delpont* (Ja.-Ant.) — PRAYSSAC : *Bessières* (J.-B. duc *d'Istrie*).

LOT-ET-GARONNE. — AGEN : *Belloc* (J.-L.) — *Lacépède* (Bern.-Germ.-Et. de la Ville-sur-Illou comte *de*) — *Lamouroux* (J.-Vinc.-Fél.). — *Montazet* (Ant. *Malouin de*). — *Saint-Amans* (J.-Florimon *Boudon de*). — *Valence* (Cyrus Ma.-Al. de Timbrune *Timbrone* comte *de*). — CLAIRAC : *Ferrussac* (J.-B.-L. *d'Audebert* baron *de*). — LEVIGNAC : *Laromiguière* (P.). — MARCELLUS : *Marcellus* (Ma-L.-Aug. *Demartin de Tyrac* comte *de*). — MASSAS : *Lacuée* (J.-Gérard de comte *de Cessac*). — MEILHAN : *Lacrosse* (J.-B. *Raimond* comte *de*). — MONTAGNAC : *Lacoste* (Elie). — MONTFLANQUIN : *Ferrand de la Caussade* (J.-H. *Begays*). — NÉRAC : *de Romas*. — TONNEINS : Madame *Cottin* (Sophie *Ristaud*). — *La Vauguyon* (Ant.-Pa.-Jo. de Quélen duc *de*). — TOULONGEON : *Leblond* (J.-B.). — VILLENEUVE-D'AGEN : *Paganel* (P.). — *Tailhié* (Jo.).

LOZÈRE. — SAINTE-ENIMIE : *Comte* (F.-C.-L.). — FLORAC : *Lesterpt-Beaurais* (B.). — MARVEJOLS : *Du Chayla* (Arm.-Sim.-Marie comte *de Blanquet*). — NASBINALS : *Charrier* (M.-And.).

MAINE-ET-LOIRE. — ANGERS : *Béclard* (P.-A.). — *Bodin* (J.-F.). — *Joffaux* (F.-Jo.). — *La Bourdonnais* (F. Régis comte *de*). — *Launay* (J. de, dit *Delaunay d'Angers*). — *Proust*. — BAUGÉ : *Busson-Descars* (P.). — *Lamésengère* (P. *de*). — BEAUFORT : *Salmon* (Arb.-P.). — CHALONNES : *Leclerc* (J.-B.). — DOUÉ : *Gallois* (J.-P.). — GONNARD : *Peltier* Jean-Gabr.). — LA POMMERAYE : *Forestier* (H.). — LA VARENNE : *Piron-de-la-Varenne*. — MONTREUIL-BELLAY : *Dovalle* (C.). — PIN-EN-MAUGE : *Cathélineau* (Ja.). — PUY-NOTRE-DAME : *Quélineau* (P.). — SAUMUR : *Bodin* (Félix). — *Dupetit-Thouars* (Aristide). — *Dupetit-Thouars* (Aubert). — *Foulon* (J.-F). — Château de MONTJOUFFROY : *Contades* (L.-H. Erasme marq. *de*). — Département de MAINE-ET-LOIRE : *Bonchamp* (Artus *do*). — *La Sorinière* (Cl.-F. *du Verdier de*). — Le chevalier de *La Tremblay*.

MANCHE. — AVRANCHES : *La Bérriays* (René). — *Launay* (J.-B.). — *Richer* (F.), *Richer* (Adrien). — *Catherine Théos* (ou *Théot*). — *Valhubert* (Ju.-Ma.-Rog.). — BAR-

FLEUR : *La Marre* (P.-Bern.). — BOUREY : *Leboucher* (Odet-Julien). — BRETTE-VILLE : *Briqueville* (Arm.-Franç.-Bon.-Cl. comte de). BRICQUEBEC : *Lemarrois* (J.-Léo.-F.). — CARENTAN : *Elie de Beaumont* (J.-B.-Jo.). — CHERBOURG : *Beaurais* (J.-B.-Ma. de). — *Grisel* (l'abbé Jo.). — COUTANCES : *Desessarts* (N. Lemoine, dit). — *Duhamel* (J.-P.-F. Guillot.). — *Fontaine-Malherbe* (J.). — *Legentil de la Galaisière* (Gu.-Jo.). — *Lhermite* (J.-Marth.-A.). — *Lhermite* (P.-Louis). — *Fremin de Beaumont* (Nic.). — SAINT-CYR : *Gardin du Mesnil* (J.-B.). — GRANVILLE : *Bréquigny* (L.-G. Oudard Feudrix de). — *Lescène-Desmaisons* (Ju.). — *Letourneur* (G.-L.-F.-Honoré). — *Pléville de Peley* (G.-R.). — HAMELIN : *Morits* (Ch.-Ph.). — HILLE-VILLE : *Lecarpentier de la Manche* (J.-B.). — SAINT-LO : *Dagobert* (L.-A.) — MON-TEBOURG : *Tiphaigne de la Roche* (C.-F.). — MORTAIN : *Lerebourg* (Noël-J.). — SAINT-SAUVEUR-LANDELIN : *Lebrun* (C.-F. duc de Plaisance). — SAINT-SAUVEUR-LE-VICOMTE : *Lemonnier* (Gu.-Ant.). — TRELLY : *Lechevalier* (J.-B.). — URVILLE : *Burnouf* (Jean-Louis). — VALOGNES : *Vicq-dAzyr* (Fel.). — *Letourneur* (P.). — *Dacier* (Jo.-Bon.). — VERGONCEY : *Deslandes* (P. de Launay). — VRETOT : *Fromage de Feugrès* (C.-M.-F.).

MARNE. — CHALONS-SUR-MARNE : *Bayen* (P.). — *Chedel* (Quentin-P.). — *Chézy* (Ant.). *Gougelet* (P.-Maurice). — *Lepecq de la Clôture* (L.). — *Niepce* (Jos.-Nicéphore). — *Papillon de la Ferté* (Don.-F.-Jo.). — *Prieur de la Marne.* — *Varin* (Jos.). — DORMANS : *Ledoux* (Cl.). — GIVRY : *Lacroix de Constant* (C. de). — SAINTE-MÉNEHOULD : *Drouet* (J.-P.). — NEUVILLE-AU-PONT : *Buache* (J.-N.). — RREIMS : *Batteux* (C.). — *Boudet* (J.-P.). — *Clicquot-Blervache* (Sim.). — *Casin* (Hubert). — *Destrées* (l'abbé Ja.). — *Drouet d'Erlon* (J.-B. comte). — *Favart d'Herbigny* (Chrest.-Elisabeth). — *Favart d'Herbigny* (N. Rémi). *Ferry* (André). — *Flins des Oliviers* (Cl.-M.-L.-Emm. Carbon de). — *Goulin* (F.). — *Hédouin* (J.-B.). — *Jacob Kolb* (Ger.). — *Linguet* (Sim. N.-H.). — *Marcquart* (Ja.-H.). — *Marcquart* (L.-C.-Henri) — *Malmy* (P.-Fr. de Paule). — *Michu* (L.). — *D'Origny* (Ant-J.-B.-Abraham). — *Périn* (Lié.-Louis). — *Pathier* (Rémi). — *Lévesque de Pouilly* (J.-Sim.). — *La Salle de l'Etang* (Sim.-Philibert. de). — *Siret* (C.-J.-C.). — *Tronson du Coudray* (Ph.-Ch.-J.-B.). — *Tronson du Coudray* (Gu.-Alexandre). — *Velly* (l'abbé Pa.-F.). — SOMPUIS : *Royer-Collard* (Ant.-Athanase). — VIENNE-LE-CHATEAU : *Colson* (L.-Daniel). — VITRY : *Saint-Genis* (A.-N. de). — *Jacquier* (le P.-F.). — *Le docteur Varnier.*

MARNE (HAUTE-). ARC-EN-BARROIS : *Thomassin de Juilly* (Bern.-Jo.). — *Thomassin de Montbel,* (P.). — AUBEPIERRE : *Bulliard* (P.). — BOURMONT (ou LEVE-COURT) : *Crapelet* (C.). — CHAMIGNY-LES-LANGRES : *Jacotin* (P.). — CHATEAU-VILAIN : *Decrès* (Den.). — *Vaubois* (Cl.-Henri Belgrand comte de). — CHAUMONT : *Damrémont* (Ch.-Mart. Denys comte de). — *Guyard* (Laur.). — COIFFY-LA-VILLE : *Thévenot de Saules* (Cl.-F.). SAINT-DIZIER : *Navier* (P.-Toussaint.). — JOINVILLE : *Devienne* (P.). — *Dupuget* (Edm.-J.-Ant.). — LANGRES : *Cherin* (Bern.). — *Desessart* (Den. Deschanet, dit.). — *Diderot* (Den.). — *Duvoisin* (J.-B.). — *Fresne* (F. Ebauay de). — *Godart d'Aucourt,* — *Lombard de Langres* (Vinc.). — *Merivets* (Et.-Cl. de). — *Piépape* (N.-Jo.-Phillpin de). — *Roger* (F.). — *Viton de Saint-Alais.* — MOU-TIER-EN-DER : *Thibaut* (J.-Th.). — ROUVRAY : *Humbert* (Jo.-Amable). — SAINT-URBAIN : *Furgault* (Nicolas). — VARENNES : *Carré* (J.-B.-L.). — WASSY : *Chantaire* (P.-G.).

MAYENNE. — SAINT-BERTHEVIN : *Chouan* (Jean Cottereau dit). — CHATEAU-GON-THIER : *Loyson* (C.). — *Mercier la Vendée.* — CRAON : *Volney* (Constant F. Chassebœuf comte de). — GORRON : *Garnier* (J.-J.). — *Lahorie* (V.-Cl.-Al. Faneau de). — LAVAL : *Dubuisson* (P.-Ulric). — LA BAROCHE-GONDOUIN : *Pauclon* (M.-J.-P.). — Département de la MAYENNE : *Barbau-Dubourg* (Ja.). — *Lefebure de Cheverus* (Jean). — *Filly* (P.-Al. comte de).

MEURTHE. — BACCARAT : *Laurent* (J.-Ant.). — BADONVILLER : *Messier* (C.). —

BAYON : *Desormery* (Léop.-Bast.). — BLAMONT : *Regnier* (Cl.-Ant. duc *de Massa*). — BLAINVILLE-SUR-EAU : *Richard* (C.-L.). — CHATEAU-VOUÉ : *Maugard* (Ant.). — FÉNESTRANGE : *Frémont* (J.-Ma. baron *de*). — LUNÉVILLE : *Beaurau* (Ch.-Juste). — *Boufflers* (Stanislas, chevalier *de*). — *Dumont* (F.). — *Ferraris* (Jo. comte *de*). — *Guibal* (Nicol.). — *Haxo* (F.-Ben. baron). — *Lorraine* (C.-A. *de*). — *Maillard* (Sébast.). — *Monrel* (Ja.-Ma.-*Boutel de.*) — *Sonnini* (C.-N.-Sigisbert *Manoncourt de*). — *Stofflet* (N.). — *Girardet* (Jean). — *Girardin* (L.-Cécile-Stanislas-Xavier comte *de*). — *Saucerotte* (Nicolas). — NANCY : *Adam* (Lambert-Sigisbert). — *Adam* (N.-Sébast.). *Adam* (F. Gaspard). — *Audinot* (N.-Médard). — *Bibiena Galli* (J.) — *Chamant* (J.-J.). — *Cherrier* (F.-Ant.). — *Chompré* (F.). — *Chompré* (Et.-Marie). — *Clodion* (Cl.-M.). — *Ducreux* (Jo.). — *François* (J.-Ch.). — *Gardel* (P.-Gabr.). — *Girouxcourt* (H.-Ant. Regnard *de*). — *Guérin*. (N.-F.) — *D'Hancarville* (P.-F.-Huges). — *Henry de Richeprey* (R.-P.). — *Henri de Richeprey* (Gabr.). — *Henry* (P.-F.). — *Hoffmann* (F.-Ben.). — *Hugo* (Jo.-Léop.-Sigisbert comte *de*). — *Jacques* (N.). — *Mathieu de Dombasle* (C.-Al.-Jo.). — *Mollevant* (Ch.-Louis). — *Mory d'Elvange* (F.-Domin *de*). — *Neuville* (Didier P. Chicaneau *de*). — *Palissot de Montenoy* (C.). — *Pixérécourt* (Réné-Ch.-Guil. *de*). — *Mlle Raucourt* (Franç.-Marie-Antoinette *Saucerotte.*). — *Saulnier* (L.-Séb.). — *Willemet* (P.-R.-F.). — *Willemin* (N.-X.-P.). — NORROY : *Willemet* (Rémi). — SAINT-NICOLAS : *Méon* (Domin.-Mart.). PONT-A-MOUSSON : l'abbé *Beauregard*. — *Duroc* (Jer.-Chrest.-M. duc *de Frioul*). — *Jadelot* (N.). — PHALSBOURG : *Bourcier* (Fr.-Ant.). — *Lobau* (G. *Mouton* comte *de*). — — *Parades* (V.-Cl.-Ant.-R. comte *de*) — POMPEY : *Nouel* (N.-Ant.). — ROSIÈRE-AUX-SALINES : *Liard* (Jo.). — SAFLAIS : *François de Neufchateau* (N.-L.). TOUL : *Curet* (Jos.) — *Colombier* (J.). — *Gouvion-Saint-Cyr* (Lau.). — *Louis* (L. Domin. baron). — *Rigny* (H. comte *de*). — *Saint-Huberti* (Antoinette-Cécile *Clavel* dite). — VEHO : *Grégoire* (H.). — VENDIÈRES : *Frérion* (Fr.-Nicol.). — VEZELISE : *Saint-Lambert* (C.-F. marq. *de*). — *Salles* (J.-B.).

MEUSE. — ANCERVILLE : *Debraux* (P.-Emile). — BAR-LE-DUC : *Broussier* (J.-B. comte). — DAMVILLIERS : *Loyson* (Olivier). — HATTON-CHATEL : *Fangé* (Augustin). — LIGNY-EN-BARROIS : *Villeierque* (Al.-L. *de*). — LOISEY : *Morel* (J.-Al.). — SAINT-MIHIEL : *Bousmard* (Henri-J.-B. *de*). — MONTMÉDY : *Lepaute* (J.-And.). — *Lepaute* J.-B.). — *Lepaute d'Agelet* (J.). — RAMBERCOURT-LES-POTS : *Sigorgne* (P.). — RUPT-EN-VOIVRE : *Wandelaincourt* (Ant.-Hub.). — SOUILLY : *Gossin* (P.-F.). — TREVERAY : *Henrion de Pansey* (P.-Pa.-N.). — TRIAUCOURT : *Lemaire* (M.-Eloi). — VAUCOULEURS : *Dubarry* (Ma.-F. comtesse). — *Ladvocat* (J.-B.). — VERDUN : *Beausée* (N.). — *Cajot* (dom J.-Jo.). — *Cajot* (Charles). — *Poncelet* (le Père Polycarpe). — *Pons de Verdun* (Th.). — VOID : *Guynot* (N.-Jo.). — Département de LA MEUSE : *Casbois* (Dom.-M.).

MORBIHAN. — ARZAL : *Mahé* (Jo.). — AURAY : l'amiral *Condé* (L.-Ma.). — BRECH : *Cadoudal* (Georges). — GUÉMENÉ : *Bisson* (Hipp.). — LORIENT. — *Cambray* (Ju.). — *Saint-Michel* (Alexis *de*). — *Mazois* (F.). — *Bouret* (Franç.-Jos. baron). — PORT-LOUIS : *Surville* (J.-F.-Ma. *de*). — VANNES : *Baudory* (Jo. du). — *Beurrier* (Touss.).

MOSELLE. — SAINT-AVOLD : *Ordener* (Michel). — BITCHE : *Bambelle* (Marg.-Michel, comte *de*). — BOULAY : *Villers* (C.-F.-Domin). — BRIEY : *Béraud-Belcastle* (Ant.-H.). — FORBACH : *Houchard* (J.N). — SANT-JEAN DE ROHRBACH : *Eblé* (J.-B.). — METZ : *Barbé-Marbois* (F. marq. *de*). — *Bouchotte* (J.-B.-Noël). — *Bournon* (J.L. comte *de*). — *Duchos* (P.-Jo.). — *Chazelle* (Cl.-Ma. *de*). — *Colchen* (Vict. comte *de*). — *Custine* (Adam-Ph. comte *de*). — *Dupin* (Cl.-F.-Et. baron). — *Emmery* (J.-L.-Cl comte de *Grozyeulx*). — *D'Ennery* (Michelet). — *Kellermann* (F.-Et.). — *Lacretelle* (P.-H.). — *Lallemand* (Domin. baron). — *Lallemant* (Gu.). — *Lasalle* (Ant.-C.-L. *Collinet de*). — *Lepayen* (C.-Bruno). — *Leprince* (J.). — *Lesay-Mar-*

nesia (Cl.-F.-And. marq. *de*). — *Louis* (Ant.). — *Maizeroy* (Pa.-Gédéon *Joly de*) — *Mangin* (Cl.). — *Mério* (J. *de*), — *Mouhy* (C. *de Fieux*, cheval. *de*). — *Persui* (*Loiseau de*). — *Pilâtre de Rosier* (J.-F.). — *Richepanse* (Ant.). — *Rœderer* (P.-L. comte *de*). — *Serre* (Hercule comte *de*). — *Simon* (Vict.). — *Swebach* (Ja.-F.-Jo., dit *Fontaine*). — PIERREPONT : *Dumas-Marchant* (N.). — SARREGUEMINES : *Montaliret* (J.-P. *Bachasson* comte *de*). — THIONVILLE : *Bock* (J.-N.-Et. *de*). — Le père *Collas*. — *Merlin de Thionville* (Ant.-Chr.).

NIÈVRE. — SAINT-AUBIN : *Jourdan* Athanase J.-Léger). — CHARITÉ-SUR-LOIRE : *Mouton* (J-B.-Sylvain). — CLAMECY : *Duvicquet* (Pierre). — DORNES : *Faucher* l'abbé Claude). — DÉCIZE : *Saint-Just* (Ant.-L.-Lé. *de*). — *Redonvillier* (Cl.-Fr.-Lysarde abbé *de*). — NEVERS : *Bourgoing* (J.-F. baron *de*). — *Chaumette* (P.-Gasp.). — *Colon* (F.). — OUROUX : *Gudin* (Et.). — SAINT-SAULGE : *Marchangy* (L.-Ant. *de*). — TANNAY : *Brotier* (Gabr.). — *Brotier* (And.-Ch.). — Département de LA NIÈVRE : *de Larue* (Isid.-Et.).

NORD. — ARLEUX : *Merlin de Douai* (Ph.-Ant.). — BOUCHAIN : *Laurent* (P.—J.). — CAMBRAI : *Dumouriez* (C.-F.-J.). — *Marckant* (F.). — CATEAU-CAMBRÉSIS : *Mortier* (Ed.-Adr.-Casimir-Jo. duc *de Trévise*). — CASSEL : *Vandamme* (Domin.-Jo. comte *d'Unebourg*). — DOUAI : *Abancourt* (C.-X. *Franqueville d'*). — *Avet* (Ja.-And.-Jo.). — *Calonne* (C.-A.-Al. *de*). — *Delcambre* (Th.). — *Dulaurens* (H.-Jo.). — *Lestiboudois* (J.-B.). — *Lesurque* (J.). — DUNKERQUE : *Descamps* (J.-B.). — *Gamba* (Ja.-F.). — *Guilleminot* (Arm.-Ch. comte). — *Vonstabel* (P.-J.). — ESTAIRE : *Candeille* (P.-Jo.). — LANDRECIES : *Clarke* (H.-Ju.-Gu. duc *de Feltre*). — *Manessé* (l'abbé Jo.). — LEDEGHEM : *Ducq* (Jo.-F.). — LILLE : *Daignan* (Gu). — *Defauconpret* (A.-J.-B. *de*). — *Gosselin* (Pasc.-F.-Jo.). — *Guînes* (Ad.-L. de *Bonnières* duc *de*). — *Helman* (Isid.-Stanislas). — *Lestiboudois* (F.-Jos.). — *Panckouke* (And.-Jo.). — *Panckouke* (Jos.). — *Panckouke* (Henri). — *Wicar* (J.-B.). — MAUBEUGE : *Hennet* (Alb.-J.-Ulpien). — *Michel* (Cl.-L.-Samson). — PONT-A-MARQ : *Roland* (Ph.-Laur.). — SAINT-SAULVE : Mlle *Duchesnois* (Jo.-Raflu). — SARS : *Masquelier* le jeune (N.-F.-Jos.). — VALENCIENNES : *Caffiaux* (Dom.-Ph.-Jo.). — *Dufresnoy* (And.-Ignace-Jo.). — *Duret* (F.). — *Hécart* (Gabr.-Ant.-Jo.). — *Voyer d'Argenson* marq. *de Paulmy* (Ant.-Ré.). — SAINT-WANON-DE-CONDÉ : Mlle *Clairon* (Claire-Joseph.-Hipp. *Legris de La Tude* dite).

OISE. — BEAUVAIS : *Agincourt* (*Séroux d'*). — *Binet* (Ré.). — *Henri* (N.-Et.). — CHANTILLY : le comte de *Charolais* (Charles de *Bourbon-Condé*). — Le prince de *Condé* (L.-Jo.-Henri duc de *Bourbon*). — Le duc *d'Enghien* (L.-Ant.-Henri *de Bourbon*). — COMPIÈGNE : *Bourdon de l'Oise* (F.-L.). — *Desmarets* (C.). — *Lacroix* (J.-Fr. *de*). — *Mague-de-Saint-Aubin* (J.-Ant). — *Mercier* (Cl.-F.-X.). — CRESPY-EN-VALOIS : *Leclerc-de-Montlinot* (C.-Ant.). — SAINT-JUST : l'abbé *Hauy*. — Valentin *Hauy*. — LASSIGNY : *Demoustier* (P.-Ant). — MONCEAUX : *Hennequin* (Ant.-L.-Ma.). — MÉRU : *Mimaut* (J.-F.). — MONT-L'ÉVÊQUE : *Pigeau* (Eust.-Nicolas). — NOYON : *Beaucousin* (Chrest.-J.F.). — *Gourdin* (F.-Ph.). — *Tondu* (P.-H.-Ma., dit *Lebrun*). — OURSCAMP *Labarre* (Et.). — PIMPRÉ : *Nollet* (l'abbé J.-Ant.). — SENLIS : *Baumé* (Ant.). — *Villebrune* (J.-B. *Lefebvre*) *de*. — TRUYE-CHATEAU : *Dupuis* (C.-F.). — VERBERIE : *Carlier* (Cl.). — VILLEMETRY : *Junquières* (J.-B.-René). — WELLES-PERENNES : *Langlès* (L.-Mat.). — Département de L'OISE : *Portis de l'Oise* (L.).

ORNE. — L'AIGLE : *Catel* (C.-Simon). — ALENÇON : *La Billardière* (J.-Jo. *Houton de*). — *Boisjolin* (Ja.-F.-Ma. *Vielh de*). — *Castaing* (Edme-Sam.). — *Desgenettes* (Re.-N. *Dufriche* baron). — *Ernouf* (Jean-Auguste). — *Hébert* (J.-Ré). — *Leconte de la Verrerie* (P.-N.). — *Lenoir* (Jacques-Nic.). — *Lenormand* (Mlle Ma.-Anne). — *Odolant-Desnot* (P.-Jo.). — *Valazé* (C.-Eléonore *Dufriche de*). — BELLÊME : *Berthereau* (G.-Fr.), — *Massard* (J.). — SAINT-CENERI-LE-GERAY : *Conté* (N.-J.).

— EXMES : *Le Prévost d'Exmes* (F.). — LONGNY : *Bourdon de la Crosnière (Léonard Bourdon).*— MANTILLI : *Le Royer de la Tournerie* (Et.).— LE MERLERAULT : *Poucqueville* (F.-Hug.--La.). — MORTAGNE : *Puisaye* (Jo. comte de). — NONAN : *Landon* (C.-Pa.),-- REPAS : *Toustain* (C.-F.). — SÉEZ : *Caraudan* (F.-Ré.). —Charlotte Corday-d'Armans. *Marigny* (C.-L.-Ré. de Bernard comte de). — SÉMALÉ : *Durand* (F.-Ju.). — TRUN : *Dubual* (Jo.-Laur. Desfourneaux).

PAS-DE-CALAIS. — AMETTES : *Labre* (Ben.-Jo. le Vénérable). ARDRES : *Dorsennes* (J.-Mar-Fr. Lepaige comte). — ARRAS : *Beauvin* (J.-Grég.). — *Beaumets* (Bon.-Abrah. Briois, cheval. de). — *Caignes* (Louis-Ch.). — *Delaplace* (Guislain-F.-M.-Jo.). — *Lebon* (Joseph). — *Palisot-de-Beauvois* (Abr.-Ma.-F.-Jo. baron de). — *Robespierre* (F.-Maxim.-Jo.-Isidore). — *Robespierre* (Augustin-Bon-Joseph). *Robespierre* (Charlotte). — *Taillandier* (C.-L.). — BÉTHUNE : *Bail* (C.-Jo.). — BOULOGNE : *Basinghem* (F.-And. Abot de). — *Cuvelier de Trie* (J.-Gu-A.). — *Daunou* (P.-Cl.-F.). — *Desoteux* (F.). — *Gretry* (And.-Jos.). — *Letellier* (Constant). — *Leuliette* (J.-J.). — *Soulès* (F.). — BOULONNAIS : l'abbé de *Tressan.* — CALAIS : *La Place* (P.-Ant.). — *Pigault-Lebrun* (Gu.-C.-Ant.). —CALAISIS : *Grou* (J.-L.).— COURCET : *Dumont-de-Courcet* (C.-L.-Ma. baron). — FAUQUEMBERGUES : *Montsigny* (P.-Al.). — FRÉVENT : *Feroux* (Christ.-Lé.). — *Lamourette* (Ad.). — *Le Bas* (Ph.-F.-J.). — MONTREUIL-SUR-MER : *Hurtrel* (L.-H.-Jo.). — NEDONCHEL : *Engramelle* (Ma.-Dom.-Jo.). — SAINT-OMER : *Delepierre-de-Neuve-Eglise* (H.-Jos.). — *Grosier* (J.-B.). — PALUEL : *Janville* (L.-F.-P. Lourel). — SAINT-POL : *Bacler d'Albe* (Aubert L.). — *Beaurieu* (Gasp. Guillard de). — *Darthé* (Aug.-Alex.-Jos.). — *Herman* (Mart-J.-Arm.). — TILLY-SAINT-GEORGES : *Lesbroussarts* (J.-B.). — VACQUERIETTES : *Wailly* (P.-Jo.). — Département du PAS-DE-CALAIS : *d'Açarq.* — *Bétencourt* (P.-L.-Jo. abbé de). — *Lamiot* (L.-Ma.). — *Proyard* (l'abbé Liévain-Bonav.).

PUY-DE-DOME. — AIGUEPERSE : *Delille* (Jo.). — AMBERT : *Duvernet* (l'abbé Théoph. Imageon). — BILLOM : *Laboullaye-Marillac* (P.-C.-Madelaine comte de). —CHAMPEIS : *Monnel* (Ant.-Grimoald). — CLERMONT : *Antoine d'Auvergne.* — *Chamfort* (Séb.-R. Nicolas dit). — *Delarbre* (Ant.). — *Dulaure* (J.-Ant.). — *Dumaniant* (J.-And. Bourlain dit). — *Montlausier* (F.-Domin. Reynaud comte de). — *Thomas* (Ant.-Léo.). — SAINT-FLORET : *Favard de Langlade* (Gu.-J.). — SAINT-HILAIRE D'AYAT : *Desaix* (L.-C.-Ant.). — ISSOIRE : *Bres* (J.-P.). — ORCET : *Couthon* (G.). — RIOM : *Baulieu* (Cl.-F.). — *Chabrol* (Gu -M.). — *Chabrol* (Gasp.-Cl.). — *Chabrol-de-Tournoel* (Gasp.-Franç.). — *Chabrol-de-Chaméane* (Ant.-Jos.). — *Chabrol de Volvic* (Gilb.-J.-Gasp.). — *Chabrol de Murol.* — *Chabrol de Crussol* (Christ.-And.). — *Danchet* (Ant.). — *Romme* (C.). — *Romme* (Gilbert). — *Soubrany* (P.-A. de). — *Malouet* (P.-Vict.). — Département DU PUY-DE-DOME : *Bancal des Issarts* (H.). — Dom *Gerle.* — *Charbonnier* (M. de).

PYRÉNÉES (BASSES). — BAYONNE : *Bruix* (le chevalier de). — *Cabarus* (F. comte de). — *Coste* (P.). — *Felino* (Gu.-Lé. du Tillot marq. de).— *Garat* (Dom.-Jo.). — *Lafitte* (Jacques). — Mlle de *Montansier.* — *Pelletier* (Bert.). — HENDAYE : *Lacase* (L. de). — IZESTE : *Bordeu* (Théophile). — LAHONCE : *Darrigol* (l'abbé J.-P.). — LAMBAYE : *Casenave* (Ant.). — NAVARRENX : *Hourcastremé* (P.). — ORTHEZ : *Faget de Baure* (J.-J.). — PAU : *Bernadotte* (C.-J.). — PONTACQ : *Barbanègre* (Jo.). — USTARITZ : *Garat* (Jean). Département DES BASSES-PYRÉNÉES : *Jeliotte* (P.). — *Meyraux* (P.-Stanislas). — *Polverel* (Etienne).

PYRÉNÉES (HAUTES). — VALLÉE-D'AURE : le conventionnel *Ferraud.* — BAUDÉAN : *Larrey* (Domin.-J. baron). — CASTELNAU-RIVIÈRE-BASSE : *Dufouart* (P). — LABARTHE : *Lays* (Franç.). — POUY-ASTRUC : le frère *Cosme* (J. Baseilhac dit). — TARBES : *Barrière de Vieuzac* (Bertrand). — *Torné* (P.-Athanase). — Département des HAUTES-PYRÉNÉES : *Nicoleau* (P.). — *Willemur* (L. de Penen comte de).

PYRÉNÉES-ORIENTALES. — CAUDIÉS : *Dufour* (P.-J.). — MONTLOUIS : *Léris* (Ant.

de). — *Meunier* (Hug.-Al.-Jo.). — PERPIGNAN : *Barrère* (P.) — *Brial* (dom M.-J.-Jo.). — *Carrère* (Thomas). — *Carrere* (J.-Berth.-F.). — *Peyrilhe* (Bern.).

RHIN (BAS). — BARR : *Hermann* (J.). — *Hermann* (J.-Fréd.). — BOUXWILLER : *Koch* (Christ.-Gu.). — *Loss* (Ph.). — MOLSHEIM : *Westermann* (F.-Jo.). — MUTZIG : *Arbogast.* — SCHELESTADT : *Hermann* (F.-Ant.). — *Schwilgué* (C.-J.-A.). — STRAS-BOURG : *Andrieu* (F.-G.-J.-Stanislas). — *Baer* (Fréd.-C.). — *Bauer* (J.-Jacob.) — *Behr* (G.). — *Boeckler* (J.). — *Brunck* (Rich.-F.-Ph.). — *Cohorn* (Louis de). — *Dahler* (J.-G.). — *Dietrich* (Ph.-Fréd. baron de). — *Dumonchau* (C.). — *Dumon-chau* (Auguste). — *Edelmann* (J. F.). — *Erard* (Séb.). — *Freytag.* (J.-Dan. ba-ron). — *Gérard de Reyneval* fils. — *Grandidier* (Ph.-A.). — *Humann* (J.-G.). — *Kellermann* (F.-Christ. duc de Valmy). — *Kieffer* (J.-Dan.). — *Kléber* (J.-B.). — *Lauth* (Th.). — *Lauth* (Alexandre). — *Lombard* (J.-L.). — *Lorens* (J.-M.) — *Loutherbourg* (Ph.-Jacques). — *Metzger* (J.-Dan.). — *Oberlin* (Jer.-Ja.) *Oberlin* (J.-Fréd.). — *Pac* (Louis-Michel comte). — *Ramond de Carbonnières* (L.-F.-Eli-sab.). — *Rodolphe* (J.-Jos.). — *Roederer* (J.-G.). — *Ruhl* (Ph.-Ja.). — *Schurer* (Ja.-L.). — *Schweighauser* (Jean). — *Schweighauser* (J. Geoffroy). — *Sénarmont* (Alexandre-Ant. Hureau de). — *Spielmann* (Ja.-Reinhold). — *Winckler* (Théophile-Fréd.). — *Wurtz* (G.-Christ.). — WISSEMBOURG : *Lafolais.* Département du BAS-RHIN : *Bentabole.*

RHIN (HAUT) : — BELFORT : *De la Porte* (l'abbé Jo.). — *Richard* (J.-P.). — BLOTZHEIM : *Bacher* (Fréd.). — COLMAR : Mme *Bigot* (Marie Kiéné). — *Golberg* (Syl-vain-Meinrad-X. de). — *Hartmann* (And.). — *Hausmann* (J.-M.). — *Pfeffel* (Chr.-Fréd.). — *Pfeffel* (Théophile Conrad). — *Rapp* (J.). — *Reisel* (Mar.-Ant. vicomte de). — *Rewbell* (J.-B.). — DELLE : *Scherer* (Bart.-L.-Jo.). — FERRETTE : *Lamarti-lière* (J.-H.-Ferd.). — HUNINGUE : *Hurlault* (Maxim.-Jo.). — LEIMBACH : *Léopold* (G.-A.-Sides.). — MUNSTER : *Lamey* (And.). — MUHLHAUSEN : *L'Eireis* (Godef.-Christ.). — *Engelmann* (Godefroy). — *Friess* (J.). — *Heilmann* (J.-Gasp.). — *Koechlin* (Ja.). — *Lambert* (J.-H.). — *Lambert* (Samuel). — *Lambert* (Jean). — OBER-RHEIGHEIM : *Drolling* (Mat.). — RIBEAUVILLÉ : *Lorents* (Jo.-Ad.). — RUFFACH : *Lefebvre* (F.-Jo. duc de Dantzig). — SULTZ : *Méglin* (J.-A.). — THANN : *Gobel* (J.-B.-Jo.).

RHONE. — BEAUJEU : *Milly* (N.-Chr. de Thy comte de). — CHAMELET : *Riché* (Cl.-Ant.-Gasp.). — *Prony* (Gasp. Clair.-F.-Ma. baron de). — CONDRIEUX : *Monnet* (J.). — LYON : *Allier de Hauteroche* (L.). — *Aynes* (F.-Dav.). — *Barroud* (Cl.-Odille-Jo.). — *Belmondi* (P.). — *Béraud* (Laur.). — *Bergasse* (N.). — *Berruyer* (J.-F.). — *Blaise* (Barth.) — *Boissieu* (J.-J. de). — *Bonneville* (Zaccharias de Pazzide) — *Borde* (L.). — *Borde* (Charles). — *Boucher d'Argis* (Ant.-Gasp.) — *Bourgelat* (Cl.). — *Brisson* (Barnabé). — *Bruyère* (L.). — *Bruysset* (J.-Ma.). — *Buisson* (Math.-F.-Régis). — *Burney* (Charles). — *Burney* (Francisca). — *Capel* (Ma.-Gabrielle). — *Cars* (Laur.). — *Chabert* (Ph.). — *Charmetton* (J.-B.). — *Chinard* (Jo.). — *Cla-passon* (A.). — *Clavier* (Et.). — *Coessin.* — *Coignet* (Horace). — *Daudet* (R.). — *Declaustre* (And.). — *Delandine* (Ant.-F.). — *Delessert* (Et.). — *Delisle de Salles* (J.-B.-Cl. Isoard, dit). — *Dézède.* — *Drevet* (Cl.). — *Dubost* (Ant.). — *Dugast de Bois-Saint-Juste* (J.-L.-Ma.). — *Dumas* (C.-L.). — *Duphot* (Léon). — *De L'Espi-nasse* (Julie-Jeanne-Eléon.). — *Flachat* (J.-Cl.). — *Flandrin* (P.). — *Fleurieu* (C.-P. Claret comte de). — *Gattel* (Cl.-Ma.). — *Gay* (Jo.-J.-Pasc.). — *Gerando* (Ma.-Jos. de). — *Gilibert* (J.-Emman.). — *Girard* (Gasp.). — *Groynard* (F.). — *Guidi* (L.). — *Guigoud-Pigalle* (P.). — *Hennequin* (P.-A.). — *Imbert-Colomès.* — *Jacquart* (Ma.-Jo.). — *Jacquet* — (le P. L.). (*Janin* (le P. Jo.). — *Jars* (Gabr.). — *Joly-Clerc* (N). — *Jordan* (Camille). — *De Jussieu* (Joseph). — *De Jussieu* (Ant.-Laur.). — *Lamiral* (Domin. Harcourt). — *Larrivé* (H.). — *Lemonley* (P.-Ed.). — *Lemot* (F.-Fréd.). — *Lenfant* (Al.-C.-Anne). — *Lescalier* (Den.). — *Martin* (Cl.).

.– *Mathon de la Cour* (Ja.). — *Mathon de la Cour* (Jos.). — *Mayet* (Et.). — *Mercier de Saint-Léger* (l'abbé Barth.). — *Mey* (Cl.). — *Miger* (P.-A.M.). — *Mighallon* (Cl.). — *Monges* (J.-And.). — *Monges* (Ant.). — *Montdorge* (Ant.-Gouth. de) – *Montperlier* (J.-Ant.-Ma.). — *Montucla* (J.-Et.). — *Morel* (P.). — *Morel* (J.-Ma.) — *Morellet* (l'abbé And.). — *Patrin* (Eug.-L.-Melch.). — *Perrache fils*). — *Pestalozzi* (Ant. Jos.). — *Petit* (Marc.-Ant.). — *Philipon de la Madelaine* (L.). — *Poivre* (P.). — *Poullelier de la Salle* (Sym.-P.-Lyon). — *Pouteau* (Cl.). — *Primat* (Cl.-F.-Ma.). — *Prost de Royer* (Ant.-F.). — *Prudhomme* (L.). — *Revoil* (Pierre-Henri). — *Ribaultté* (F.-L.). — *Rochefort* (Gu. de). — *Rondelet* (F.). — *Roubillac* (L.-F.). — *Rozier* (l'abbé J.). — *Say* (J.-B.). — *Sonnerat* (P.). — *Suchet* (L.-Gabr. duc d'*Albuféras* — *Sudan* (J.-N.). — *La Tourrette* (Marc-Ant.-L. Claret de). — *Vionnet* (G.). — *Vitet* (L.). — *Willermos* (P.-Ja.). — *Willermos* (P.-Cl.-Catherine). — Château DE MONTGAILLARD : *Montgaillard* (Gu.-Honoré Rocques abbé de). – MOBANCÉ : *Muyard de Vouglans* — POLÉMIEUX : *Ampère* (And.-Ma.). — VILLEFRANCHE : *Roland de la Platiere* (J.-Ma.). — Département DU RHONE : *Chervin* (Nicol.).

SAONE (HAUTE-). — AMANCE : *Demande* (Cl.-F. abbé). — BOREY : *de la Verne* (Léger.-Ma.-Ph. Franchant comte). — CHANCEY : *Grisol* (J.-Urb.). — CHAMPLITTE-LE-CHATEAU : *Toulongeon* (F.-Emm. vicomte de). — CONFLANS : *Grappin* (P.-Ph.). — FAUCOGNEY : le père *Prudent* (Jo.-Hipp.-A. Vauchon dit). — FRESNES : *Maugra* (J.-B.). — GRAY : *Devosges* (F.). — *Romé de l'Isle* (J.-B.-L.). — GY : *Chrysologue* (Noël-And.). — JUSSEY : *Légier* (P.). — LURE : *Vault* (Fr.-Eug. de). — MAGNY-VERNAIS : *Desault* (F.-P.). — MARNAY : *Ballyet* (Emm.). — MONTAGNEY-LES-VESOUL : le père *Sixte de Vesoul* (J. Paris dit). — PESMES : *Gentil* (And.-Ant.-P.). — *Rousselet* (Cl.-F.). — PORT-SUR-SAONE : *Bureau de Pusy* (Jean-Xav.). — VAIVRES : *Séguin* (C.-Ant.). — VESOUL : *Beauchamp* (Jo.). — BILLY (N.-Ant. Labbay de). — *Petit* (Alexis-Thérèse).

SAONE-ET-LOIRE. — AUTUN : *Bénoit* (M.). — *Ducrest* (C.-L. marq. de). — *Lenoble* (P.-Madelaine). — *Tripier* (N.-J.-B.). — BOURGNEUF : *Duhesme* (Guil.-Philib.). — *Roze* (N.). — CHALONS-SUR-SAONE : *Boichot* (J.). — *Denon* (le baron Domin. Vivant.). — *Gauthey* (Emilien-Ma.). — *Grivaud de la Vincelle* (Cl.-Mad.). — *La Caille* (N.-L. de). –— *Leschenault de la Tour* (L.-Théod.). — *Magnien*. — *Meunier* (l'abbé J.-Ant.). — Château DE CHAMPCERY : Mme *de Genlis* (Stéphanie-Félicité Ducrest de Saint-Aubin comte de). — LA-CHARMELE : *Robert* (F.). — CLAYETTE : *Lametherye* (J.-Al. de). — CLUNY *Prudhon* (P.-Pa.). — HURIGNY : *Maillet-Duclairon* (Ant.). — MACON : *Dombey* (Jo.). — *Montpetit* (Arm.-Vinc. de). — *Puthod de Maison-Rouge* (F.-M.). –- *Roberjot* (Cl.), — Le marquis de *Saint-Huruge*. — MARCIGNY : *Fressinet* (Philibert). — ROMANÈCHE : *Raclet* (Benoit). — TOURNUS : *Greuze* (J.-B.) TOULON-SUR-ARROUX : *Leblond* (J.-B.).

SARTHE. — BALLON : *Yvon* (P.-Chrest.). — BRULON : *Chappe d'Auteroche* (Cl.). — CHANTENAY : *Ledru* (And.-P.). — FERTÉ-FERNAND : *Verdier* (J.). — *Verdier* (Th.-Denis). — LA FLÈCHE : *La Bouillerie* (le comte de). — *Marubin* (J.). — MAMERS : *Yvon* l'abbé Claude). — LE MANS : *Dazin* (Ja.-Bigomer). — *Dangeul* (Re.-Jo. Plumar de). — *Forbonnais* (F. Veron de). — *Moutonnet-Clerfons* (Julien-Ja.). — *Pichon* (Th.-J.). — *Tressan* (L.-Elisabeth de la Vergue comte de). — MONTFORT : *Moreau de la Sarthe* (J.-L.). — TUFFÉ : *Bulet* (P.-Roland-F.). — Département de LA SARTHE : *Dalibard* (Th.-F.).

SEINE. — BASTILLE : *de Launay* (Bern.-Re.). — BERCY : *Norry* (C.). — BONDY : *Ruthiere* (Cl. Carlomon de). — CHARENTON : *Le Guay de Prémontval* (And.-P.), — SAINT-DENIS : *Gaudin* (Martin-Michel-Ch. duc de Gaéte). — DUGNY : *Palluel* (F. Crellé de). — EPINAY : le maréchal *Maison* (N.-Jo.). — NANTERRE : *Henriot* (F.). SAINT-OUEN : *Gondouin* (Jo.). — SURESNES : *Perronnet* (J.-Rod.). — VAUGIRARD : *Laine* (Et.). — PARIS : *Abancourt* (F.-J. Villemain d'. — *Achaintre* (Nicol.-Louis).

— D'Alembert (J. Le Rond). — Allegrain (Christ.-Gabr.). — Almendingen (L. Harscher d'). — Amar-Durivier (Jean-Augustin). — Ameilhon. — Andry (C.-L.-F.). Annisson-Dupeyroa (Et.-Alexis-Jacques). — Anquetil (L.-P.). — Anquetil-Duperron. — Antignac (Ant.). — Antoine (Ja.-Denis). — Argental (C.-A. de Ferriol comte d'). — Arnaud de Baculard (F.-Th.-Ma. d'). — Arnault (Ant.-Vinc.). — Arnould (Sophie). — Athenas (P.-L.). — Aubert (M.). — Aubert (J.-L. abbé). — Aubry (F.). — Audouin (J.-Vict.). — Auger (l'abbé Athanase). — Auger (L.-Simon). Augereau (P.-F.-C. duc de Castiglione). — Authville des Amourettes (C.-L. d'). Aveline (P.). — Aveline (N.). — Avardy (Clém.-C.-F. de l'). — Bachaumont (L.-Petit de). — Bailly (J.-Sylvain). — Baraguay-d'Hilliers (L.). — Barbeau de la Bruyère (J.-L.). — Barbier du Bocage. — Badrin (Et.-Alexandre). — Barentin (C.-L.-Fr. de Paule de). — Barentin-Montchal. — Baron (Hyac.-Théod.). — Baron (Théod. baron d'Hénouville). — Barré (Pierre-Yves). — Barrois (Ja.-Ma.). — Basan (P.-F.). — Mlle Basseporte (Madel.-F.). — Bastien (J.-F.). — Baverel (J.-P.). — Bayard (J.-B.-F.). — Bazard (Arm.). — Bazin (Gilles-Augustin). — Beauharnais (Fanny comtesse de). — Beauharnais (le prince Eugène). — Beaumarchais (P.-A. Caron de). — Beaumesnil (H.-Adèle Villard, dite). — Beaumont (J.-E. Moreau de). — Beaunoir (Alex.-L.-Bertr. Robineau, dit). — Beauvais (Philippe). — Beauvilliers (Ant.). — Bélanger (F.-Jo.). — Belin de Balue (Jo.-N.). — Bellart (N.-F.). — Belle (Clé.-L.-Ma.-Anne). — Bellicard (Jer.-C.). — Bellin (Ja.-N.). — Bérardier de Batant (F.-Jos.). — Berruer. — Berthauld (L.-Martin). — Bertin (J.-Vict.). — Berton (P. Montan). — Berton (H. Montan). — Bervic (J.-Gu. Balvay). — Blin de Sainmore. — Blondin (J.-Noël). — Bochart de Saron (J.-B.-Gasp.). — Bodin (Félix). — Boissel de Monville. — Boiste. — Boizot (L.-Sim.). — Bonnard (Ja.-C.). — Bordenave (Touss.). — Borg (Gab. de). — Bose d'Antic (L.-A.-Guill.). — Bosquet. — Bouchaud (Mat.-Ant.). — Boucher (F.). — Boucher d'Argis (André-Jean). — Boufflers-Rouvrel (Marie-Charl.-Hipp. comtesse de). — Bougainville (J.-P.). — Bougainville (L.-Ant.). — Boulanger (N.-Ant.). — Boulard (Ant.-Ma.-H.). — L'imprimeur Boulard. — Boulée (Et.-L.-Joach.). — Bourdon de Vatry (Marc-Ant.). — Bourgouin (Thérèse). — Bourru (Edme-Claude). — Brême (L.-Jo. Arborio Gatinara marq. de). — Bouthillier-Chavigny (Ch.-Léon marq. de). — Bouvet de Lozier (Athan.-Hyac.). — Bralle (Fr.-Jean). — Brazier (Nicol.). — Brémond (F. de). — Briard (Gabr.). — Bridan (P.-Charles). — Brochant de Villiers (And.-Jean-Fr.-Ma.). — Brogniart (Al.-Théod.). — Brosselard (Emm.). — Brué (Et.-Hub.). — Bruère (C.-Ant. Le Clerc de La). — Brunet (N.-P.). — Buache (Ph.). — Bucquet (J.-B.). — Butel-Dumont (O.-Ma.) — Cadet de Gassicourt (L.-Cl.). — Cadet de Gassicourt (C.-Louis). — Cadet de Vaux (Ant.). — Cafféré (Phil.). — Caffieri (Jean-Jacques). — Caillard (Abrah.-Ja.). — Caille (J. de la). — Callet (J.-Fr.). — Cailleau (And.-C.). — Mlle Caillot. — Callamard (C.-Ant.). — Callet (Ant.-Fr.). — Mme Campan (Jeanne-Louise-Henriette Genest.). — Camus (Ant. Le). — Camus de Mézières (N. Le). Camus (Arm.-Gust.). — Canclaux (J.-B.-Camille comte de). — Condeille (Amélie-Julie). — Canot (P.-C.). — Caraccioli (L.-Ant.). — Cardonne (Dénis-Dom.). — Carême (Marie-Ant.). — Carmontelle (N.). — Cartellier (P.-). — Cassini (César-F. de Thury). — Cassini (Al.-H.-Gabr.). — Cessart (L.-Ant. de). — Chalgrin (J.-F.-Thérèse). — Challe (C.-M.-Ange). — Challe (Simon). — Chamousset (Cl.-Humb. Piarron de). — Champcenets (L. Chevalier de) — Chantreau (P.-N.). — Charnois (J.-C. Le Vacher de). — Chastelet (Gabr.-Emilie Le Tonnelier de Breteuil marquise de). — Chastellux (J.-F. marq. de). — Chaudet (Ant.-Dénis.). — Chaussard (J.-B. Publicola). — Chauvelin (Bern.-Franç. marq. de). — Cherin (L.-N.-Henri). — Chéron (L.-Claude). — Chéron (Franç.). — Chéry (Ph.). — Chevalier (Jacques-Louis-Vinc.). — Chésy (Ant.-Lé.). — Chauffard (P.-Ph.). — Chol-

seul-Gouffier (M.-Gabr.-A.-Laur. comte de). —Chompré (Nic.-Maur.). — Chopart(F.).
-Clairaut (Alexis-Cl.). — Clairval(J.-B.). — Clavareau (N.-Ma.). — Clément de Ris
(Domin. comte de). — Clérambault (L -N) —Clérambault(Cés.-F -Nicol.). —Clérisseau
(C.-L.). — Le cardinal de Clermont-Tonnerre (Anne-Ant.-J.). — le marq. de Cler-
mont-Tonnerre. — Clicquot (Fr.-Henri). — Cloquet (Hipp.). — Cochin (C.-Nicol.).
— Cochin (J.-Dén.). — Coger (F.-M.). — Coigny (Mar.-Fr.-Henri de Franquetot
duc de). — Colbert (Aug.-Mar.-Fr.). — Collé (C.). — Collot d'Herbois (J.-Ma.).
— Condé (L.-Jos. de Bourbon prince de). — Contant d'Orville (And.-Gu.). —
Contat (Louise) — Conti (Louis-Franc. comte de La Marche). — Conti (L.-Fr.-
Jos.). — Coquebert-Montbret (E.-Et. baron de). — Coqueley de Chaussepierre
(Cl -Geneviève). — Coquereau (C.-J -L.). — Corances (L.-Al.-Olivier de). —
Cormilliolle (P.-L.). — Cortot (J.-P.). — Coulon de Thevenot (A.). — Courier
(Paul-Louis). — Courtanvaux (F.-César Letellier marq. de... duc Doudeauville).
— Cousineau (P.-Jos.). — Cousin (J -Ant.-Jo.). — Coustou (Guill.). — Crapelet
(G.-Auguste). — Crébillon (Cl.-Prosp. Joliot de), — Creuzé de Lesser (Auguste). —
Crillon (Fél.-Doroth. de Berton de Balbe duc de). —Damas (Fr.-Et.). — Dampierre
(A.-H.-Ma. Picot de). — Dangeville (Ma.-Anne-Botot). — Danloux (P.). — Daquin
(L.-Cl.). — Daudin (F.-Ma.). — David (F.-Anne). — David (Ja.-L.). — Debure
(Gu.-Fr.). — Debure (Guill.). — Debure (J.-Fr.). — Delahaye (Gu.-N.). — Debu-
court — Delacroix (J.-V.). — Delatour (L.-F.). — Delpech (F.-Séb.). — Delvaux
Rém.-H. J.). — Demachy (Jacques-Fr.). — Demours (Ant). — Desboulmiers (J.-
Augustin Jullien dit). — Deschamps (Jean-Marie). — Descemel (J.). — Deseine,
(L.-P.). — Desenne (Al.-Jo.). — Desfaucherets (J.-L. Brousse). Desforges (P.-J.-
B. Choudard). — Mlle Desgarcins. — Desmoulins (Lucie, née Duplessis). —
Desormeaux (Ma -Al.). — Despréaux (J.-Et.). — Mme Despréaux (Mlle Guimard Ma-.
Mad.). — Devaines (J.). — Devienne (C.-J.-B. d'Agneaux). — Deyeux (N.). — D'Hozier
(C.-Réné). — D'Hozier (L.-Pierre). — Didot (F.-Ambroise). — Didot (P.-Fr.). —
Didot (Firmin). — Didot (Pierre), — Digard de Kerguette (J.). — Dionis du Séjour (E.-
Achille). — Dionis du Séjour (Achille-B.). — Doche (Jos.-Denis). — Dondley-Dupré
(Prosper). — Dorat (Cl.-Jo). — Doyen (Gab.-F.). — Drouais (J.-Germ.). — Drouet
(Et. F.). — Duchesne (H.-Gabr.). — Duclos (Ant.-J.). — Ducray-Duménil (F.-Gu.).
—Duflos (Cl.). — Duflos (Cl.-Augustin). — Dufourny (L.). — Duhamel-Dumonceau
(H.-L.). —Dujardin (Bénigne, dit Boispréaux). — Dumesnil (Ma.-Françoise). — Du-
mont (J., dit le Romain). — Dumont (Jacques-Edme). — Duperron de Castera (L.-
Ad.). — Dupont de Nemours (P.-Samuel). — Duport (Ad.). — Duport jeune (J.-L.).
— Durameau (L.). — Durand (J.-N.-L.). — Durosoir (Ch.). — Dussault (J.-F.-Jo.).
— Dutremblay (Ant.-P. baron). — Duvaucel (C.). — Duvaucel (Al.). — Duvivier (P.-
Sim.-Benjamin). — Duport-Dutertre (L.-Franç.). — Eisen (Ch.). — Elacon (J.-H., dit
Rochelle). — Elie de la Poterie (J -Ant.). — Le comte d'Ennery. — Espagnac (M.-B.
abbé d'). — Fagan (Barth.-Christ.). — Fain (Agathon-J.-F.). — Falconnet (Et.-Maur.).
— Farart (C.-Sim.). — Ferrand (Ant.-F.-Cl. comte). — Fessard (Et.). — Feutrier (J -
F.-Hyacinthe). — Ficquet (Et.). — Fiévée. — Filhol (Ant.-Ma.). — Flipart (J.-J.). —
Fontanieu (P.-Elisab.). — Forbin-Janson (Ch.-Aug.). — Forgeot (N.-Julien). — For-
lin. — Fouchy (J.-P. Grandjean de). — Fougeroux de Bondaroy (A.-Den.). — Four
croy (Ant.-F de). — Fourcroy de Ramecourt (C.-Re.). — Fourcroy de Ramecourt (J.-
Louis). — Fournel (J.-F.). — Fournier (P.-Sim.). — Fournier (P.-N.). — Fréron
(Stanislas). — Fremin (Al.-César-Annibal, baron de Stonne et des Armoises). — Fu-
gères (Al.-Conrad.). — Gabriel (Ja.-Ange). — Gail (J.-B.). — Gallet. — Garneray (Fr.-
Jean. — Gatteaux(N.-Ma.) — Gaucher (C.-Et.). — Gaussin (J.-Cath.). — Gautherot
(Cl.). — Gechter (J.-Fr.-Théod.). — Genard (F.). — Geoffroy (Et.-Louis). — Gérard
(L.-Ph.). — Gérard de Reyneval (Jo.-Mat.). — Germain (Sophie.) — Gilbert (L.-F.).
— Gin (P.-L.-Cl.). —Girard (F.-Narcisse). — Girult-Duvivier (C.-P.). — Girardin (Re-

né-L.marq. de). — *Girey-Dupré* (J.-Ma.). — *Giroust* (F.). — *Gisors* (Anselme-Ma. de).
— *Godin* (L.). — *Godenesche* (N.). — *Gognet* (Ant.-Yves). — *Gois* (Et.-P.-Ad.). —
Gois fils. — *Goudin* (Math.-Bern.). — *Gougenet* (L.). — *Goulet* (N.). — *Goussier*
(L.-Ja.). — *Grace* (ou *Grasse*). — *Grandménil* (J.-B. *Fauchard de*). — *Grandval* (C.-
Franç.). — *Grimod de la Reynière* (Al.-Balt.-Lau.). — *Gros* (baron Ant.). —*Grou-
bental de Linière* (Marc-Ferd. de). — *Grouvelle* (Ph.-Ant.). — *Gudin de la Brenellerie.*
— *Guénard* (Elise, baronne de *Méré*). — *Guérin* (P.-Narcisse). — *Guillemin* (C.-Jacob).
— Mme *Guizot* (Elise-Paul *de Meulan*). — *Halle* (Noël). — *Halle* (J.-Noël). — *Hassen-
fratz* (J!-H.). — *Helvetius* (Cl.-Ad.). —*Hennin* (P.-M.). — *Hérault de Séchelles* (Ma.-
Jo.). — *Herbin* (A.-F.-Ja.). — *Hérissant* (L.-Théod.). — *Hérissant des Carrières* (J.
Théod.). — *Hermilly* (*Vaquette d'*). — *Hérold* (L.-Jo.-Ferd.) — *Hérouville* (Ant. de
Ricouart comte d'). — *Hervilly* (L.-Ch. comte d'). — *Heurtier* (J.-F.). — La reine *Hor-
tense* (Hort.-Eug. *de Beauharnais*). — *Huber* (Ferd.). — *Hullin* (P.-A.). — *Huyot* (J.-
N.). — *Huzard* (J.-B.). — *Ingouf* (F.-R.). — *Ingouf* (P.-Charles). — *Jacquelin* (Ja.-
And.) — *Jacquemard* (Et.). — *Jaillot* (J.-B.-Michel *Renou de Chavigné.* — *Jardinier*
(Cl.-Donat.). — *Jarnowicki.* — *Jaucourt* (L. de). — *Jeaurat* (Edme.-Séb.). — *Josse*
(P.). — *Jourdain* (Amable-L.-Marie-Mich. *Brechillet*.). — *Jourdain* (Anselme-L.-Bern.).
— *Juigné* (Ant.-Eléon.-Léon *Leclerc de*). — *Junguières* (J.-B. de). — *Kersaint* (Arm.-
Gui.-Sim. comte de). — *La Bédoyère* (C. Angélique-F. *Huchet de*). — *Laborde* (F.-C.-
Jos.). — *Laborde* (Cl.-L.-Jos. comte de). — *Laborde* (J.-Benjamin). — Mme *Lacha-
pelle* (Ma.-L. *Dugès*). —*Lachabeaussière* (Ange-Ex.-Xav. *Poisson de*). — *La Cherar-
dière* (A.-L. — *Lacombe* (Ja.). — *Lacombe de Prézel* (Hon.). — *La Condamine* (C.-
Ma. de). — *Lacroix* (l'abbé L.-Ant. *Nicolle de*). — *Lacroix* (Sylv.-F.). — *Lafond* (C.-
-Phil.). — *Lafosse* (J.-B.-Jo. de) — *Lafosse* (Ph.-Et.). — *Lagarde* (Ph. *Bidard* de). —
Lagrange (N.). — *Lagrenée* (L.-J.-F.). — *Lagrenée* (J.-Jacq.). — *Lagrenée* (Ans.-L.).
— *Laguerre* (Marie-Joséphine). — *La Harpe* (J.-F. de). — *Lalive de Jully* (Ange-Laur.
de). — *Lallouette* (Ph.). — *Lally-Tollendal* (Térophysme Gérard, marq. de). — *Lam-
besc* (C.-Eug. *de Lorraine*, duc d'Elbeuf prince de). — *Lameth* (Théod.). — *Lameth* Ch.).
— *Lameth* (Alex.). — *Lamoignon* (Ch.-Fr. II). — *Langeron* (Comte *Andrault de*). —
Langlois (Jerôme-Martin). — *Larochefoucault-Doudeauville* (Ambr.-Polyc.). — *Las-
salle* (Ant.). — *Lassus* (P.). — *Laujon* (P.). — *Launay* (N. de). — *Launay* (Bern.-R.
Jourdan de). — *Lauragais* (L.-Lé.-Félic. duc *de Brancas* comte de). — *Lavalette* (Ant.-
Ma.-Jos. *Chamans* comte de). — *Lavoisier* (Ant.-Lau.). — *Laya* (J.-L.). — *Lebas*
(Ja.-Phil.). — *Lebeau* (C.). — *Le Blond* (Gu.). — *Lebret* (H.). — *Lebreton* (And.-
F.). — *Lebrun* (Ponc.-Dén. *Ecouchard*). — *Lebrun* (J.-B.-P.). — *Lebrun de Grand-
ville* (J.-Et.). — *Lebrun* (L.-Séb.). — *Lecomte* (Marguer.). — *Lecomte* Fél.). —
Ledru (N.-Phil., dit *Comus*). — *Lefébure* (L.-H.). — *Lefebvre-Desnouettes* (C.). —
(C.). — *Lefebvre de Beauvray* (P.). — *Lefèvre* (P.-F.-Al.). —*Legay* (. -P.-Pru-
dent). — *Legendre* (L.). — *Legendre* (Ad.-Ma.). — *Léger* (F.-P.-A.). — *Legour*
(Gabr.-Ma.-J.-B.). — *Legrand* (Jo.-Gu.). — *Lekain* (H.-L.). — *Lelorrain* (L.-Jo.).
— *Lemaure* (Cather.-Nicole). — *Lemercier* (Népom.-L.). — *Lemierre* (Ant.-Marin)
— *Lemonnier* (P.-Ch.). — *Lemonnier* (L.-Guill.). — *Lemoyne* (J.-B.). — *Lempereur*
(L.-Sim.). — *Lenoir* (J.-C.-P.). — *Lenoir* (N.). — *Lenoir* (Al.). — *Lepelletier de
Saint-Fargeau* (L.-M.). — *Lepelletier de Saint-Fargeau* (Fél.). — *Lepère* (J.-B.).
— *Lépicier* (L.-Bern.). — *Leprince* (A.-X.). — *Lescalopier de Nourar* (C.-Amand).
— *Leroy* (Pierre). — *Leroy* (Ch.). — *Leroy* (Ju.-David). — *Leverd* (Emilie). — *Le-
vesque* (P.-A.). — *Levret* And.). — *Lhéritier de Brutelle* (L.-C.). — *Lherminier*
(Fél.-L.). — *Lieble* (Ph.-L.). — *Loménie de Brienne* (Et.-L.) *Loménie de Brienne*
(Athan.-L.-Ma.). — *Lorry* (Pa.-A.). — *Louis* (Vict.). — *Lottin* (Augustin-Mart.).
— *Lottin* (Ant.-Prosper). —*Lourdet de Santerre* (J.-B.). — *Lourel* (L.-P.). — *Lourel
de Couvray* (J.-B). — *Lucas* (J.-And.-H.). — *Luce* (L.-Ré.). — *Luzerne* (César-H.,
comte de La). — *Luzerne* (Cés.-Guill. de La). — *Macquer* (P.-Jo.). — *Macquer* (Phi-

ippe). — *Magon* (C.-Ré.). — *Maillard* (Stanislas). — *Mairault* (Ad.-Mau. de). — *Malesherbes* (Chr.-Gu. de Lamoignon de). — *Malibran* (Mar.-Fél.). — *Maloet* (P.-L.). — *Malus* (Et.-L.). — *Manne* (L.-C.-Jo. de). — *Marais* (H.). — *Maraldi* (J.-Domin.). — *Maréchal* (P.-Sylv.). — *Marigny* (Abel-F. Poisson, marq. de Menars et de). — *Marsollier de Vivetière* (Ben.-Jo.). — *Marsy* (F.-Ma. de). — *Marsy* (Cl. Sautreau de). — *Martin* (J.-Blaise.) — *Maton de la Varenne* (P.-A.-L.). — *Mauduit* (Ant.-Ré.). — *Maultrot* (Gab.-N.). — *Maupeou* (Re.-Nicol.). — *Mayeur de Saint-Paul* (F.-Ma.). — *Mazure* (F.-A.). — *Mely-Janin* (J.-M.). — *Menin* — *Menjaud.* — *Mentelle* Edme). — *Mentelle* (F.-Simon). — *Mérard de Saint-Just* (Sim.-P.). — *Mercier* (L.-Séb.). — *Mérimée* (J.-F.-L.). — *Meynier* (C.). — *Michallon* (Achille-Etna). — *Michot* (Ant.). — *Michu* (Ben.). — *Mignot* (Vinc.). — *Milbert* (Ja.-Germ.). — *Millin* (Aub. L.). — *Mionnet* (Théod.-Edme). — *Millie* (J.-Stanislas). — *Moet* (J.-P.). — *Moine* (P.-Camille Le). — *Moissy* (Al.-Gu. Moustier de). — *Moithey* (Maurille-Ant.) — *Moitte* (F.-Aug.). — *Moitte* (J.-Guill.). — *Molé* (F.-Re.). — *Monsiau* (N.-And.). — *Montalembert* (Marc-Ré.-Anne-Ma. comte de). — *Montamy* (Didier-F. d'Arclais). — *Montargon* (R.-F. de). — *Montesquiou-Fesensac* (Anne-P. marq. de). — *Monthyon* (Ant.-J.-B.-Rob. Auget baron de). — *Montigny* (Et. Mignot de). — *Montmorency-Laval* (Mat.-J.-Fél. duc de). — *Montpensier* (Ant.-Phil. d'Orléans duc de). — *Morand* (J.-E.-Clément). — *Moreau* (J.-M.). — *Moreau de Commagny* (C.-F.-B.). — *Morel de Vindé* (C.-Gilbert). — *Morin* (Ben.). — *Mortemart* (Victurnien-H.-Eléazar de Rochechouart vicomte de). — *Mortemart* (L.-Victurnien de Rochechouart marq. de). — *Mouchy* (Ph. de Noailles duc de). — *Moustier* (Eléon.-F.-Elie marq. de). — *Mulot* (F.-Val.). — *Naigeon* (Jo.-And.). — *Napoléon II.* — *Naudet* (Th.-C.). — *Nicolaï* (Aymar-Jean). — *Nicolaï* (Aymar-Et.-Fr. marq. de). — *Nicolaï* (Aymar-Th.-Marie). — *Nicolaï* (Ant.-Chr.). — *Nieuport* (C.-Ferd.-Ant.-Florent le Prudhomme d'Hailly vicomte de). — *Nivernais* (L.-J. Barbon-Mancini-Mazarini duc de). — *Noiret* (J.-Ad.). — *Noverre* (J.-G.). — *Ollivier* (Rémi). — *Osmond* (J.-B.-L.). — *Osselin* (C.-N.). — *Pache* (J.-N.). — *Paige* (L.-Ad. Le). — *Pain* (Marie-Joseph). — *Pajou* (A.). — *Pajou* (H.). — *Papillon* (J.-B. Michel). — Mlle *Paradol.* — *Parent-Duchatelet* (M.-J.-B.). — *Parfaict* (Cl.). — *Paris.* — *Parmentier* (Ch.-Ant.). — *Parrocel* (Et.). — *Parseval-Grandmaison* (F.-A.). — *Passemant* (Cl.-Sim.). — *Patte* (P.). — *Palu* (A.-P.). — *Pecquet* (Ant.). — *Pelletan* (Ph.). — *Pelletier* (Jos.). — *Percier* (Ch.). — *Périer* (Ja.-Constant). — *Perne* (F.-L.). — *Pesscher* (Ch.-Et.). — *Petit-Radel* (L.-F.). — *Petit-Radel* (Philippe). — *Petit-Radel* (L.-C.-Franç.). — *Peuchet* (Jacques). — *Peyre* (Ma.-Jo.). — *Peyre* (Ant.-Fr.). — *Picard* (L.-Ben.). — *Pierre* (J.-B.). — *Pierres* (Ph.-Den.). — *Pigalle* (J.-B.). — *Pia* (Ph.-N.). — *Piis* (P.-Ant.-A.). — *Pingré* (Al.-Gui.). — *Poirier* (dom.-Germ.). — *Pompadour* (J.-Ant. Poisson marq. de). — *Porte-du-Theil* (F.-J.-Gabr. de La). — *Potier* (C.). — *Pougens* (Ma.-C.-Ja. de). — *Praslin* (Cés.-Gabr. duc de Choiseul). — *Préville* (P.-L. Dubus dit). — *Prévost-Saint-Lucien* (Roch.-H.). — *Protain* (J.-Constant). — *Puységur* (F.-Maxim. de Chastenet marq. de). — *Quélen* (Hyac.-L. comte de). — *Quinault-Dufresne* (Jeanne-Françoise). — *Quatremère-Disjonval.* — *Quatremère de Roissy.* — *Ravrio* (Ant.-André). — *Regnault* (J.-B.). — *Rémusat* (J.-P.-Abel). — *Renard* (J.-Augustin). — *Renneville* (Sophie de). — *Renou* (Ant.). — *Restout* (J.-Bern.). — *Riballier* (Ambr.). — *Riccoboni* (Marie-Jeanne Laboras de Mézières). — *Richelieu* (Arm.-Emman. duc de). — *Robert de Vaugondy* (Didier). — *Robert* (Hub.). — *Rochelle* (Bart. La). — *Rochon de Chabannes* (Marc.-Ant.-Ja.). — *Rohan-Chabot* (L.-F.-A. duc de prince de Léon). — *Rohan-Soubise* (C.). — *Rohan-Soubise* (Armand dit cardinal de Soubise). — Madame *Roland* (Manon-Jeanne Philippon). — *Roman* (J.-B.-L.). — *Rosny* (Ant.-Jo.-N. de). — *Rossignol* (J.-Ant.). — *Roubo* (Ju.-And.) — *Rouyer* (Cl.-Ma.). — *Sabatier* (Raphaël-Bienvenu). — *Saboureux de la Bonnelière* (C.-F.). — *Silvestre de Sacy* (Ant.-Isaac baron). — *Sage* (Bart.-G.).

— *Saint-Aubin* (Augustin). — *Saint-Contest* (F.-Domin.). — *Saint-Florentin* (L. *Phélypeaux* comte de). — *Saint-Julien* (L.-Gu. *Baillet de*). — *Saint-Just* (Godard *d'Aucourt de*). — *Saint-Martin* (J.-Didier de). — *Saint-Martin* (J.-Ant. de). — *Saint-Non* (J.-Cl.-Rich. abbé de). — *Saint-Simon* (C.-F. *Vermandois de Rouvray*). — *Saint-Simon* (Cl.-H. comte de). — *Sallé* (Ja.-Ant.). — *Salverte* (Anne-Jo.-Eusèbe *Baconnière*). — *Sané* (Al.-Ma.). — *Santerre* (Ant.-Jo.). — *Saurin* (Bern.-Jos.). — *Savary* (A.-C.). — *Sedaine* (M.-J.). — *Seguier* (Ant.-L.). — *Séguin* (Arm). — *Ségur* (Ph.-Henri marq. de). — *Ségur* (L.-Phil.). — *Ségur* (Jos.-Alex. vicomte de). — *Ségur* (Oct.-Henri-Gabr.). — *Séjan* (N.). — *Sélis* (N.-Jo.). — *Senac de Meilhan* (Gabr.). — *Sepher* (P.-Jo.). — *Septchênes* (*Leclerc de*). — *Slodtz* (P.-Ambroise). — *Slotz* (Ré.-Michel). — Mlle *de Sombreuil*. — *Sombreuil* (Ch.). — *Sorbier* (Jean-Bartholomée). — Mme *de Souza* (comtesse de *Flahaut*, née *Filleul*). — Mme *Staal-Holstein* (née *Necker*). — *Sue* (Pierre). — *Sue* (Jean-Jos. II). — *Taconnet* (Touss.-Gasp.). — *Taconnet* (Jacques). — *Talleyrand-Périgord* (Al.-Angélique de). — *Talleyrand-Périgord* (C.-Maurice de prince de *Bénévent*). — *Tallien* (J.-Lambert). — *Talma* (F.-Jo.). — *Tardieu* (Ant.-Franç.). — *Tardieu* (Alex.). — *Targe* (J.-B.). — *Target* (Gui-J.-B.). — *Tercier* (J.-P.). — *Terrasson* (Ant.). — *Taunay* (C.). — *Taunay* (N.-Ant.). — *Théis* (M.-Al. de). — *Théveneau* (C.-Sim.). — *Thiboust* (C.-Charles). — *Thiroux de Crosnel* (L.). — *Thomas* (Ant.-J.-B.). — *Thomon* (Th.-J.-Thomas de). — *Thomassin* (Vinc.-Jean). — *Thomassin* (Gu.-Adr.). — *Thomire* (P.-Ph.). — *Thouin* (And.). — *Thouvenin* (Jo.). — *Tour* (C.-J.-B. *des Gallois de La*). — *Toussaint* (F.-Vinc.). — *Trial* (Ma.-Jeanne *Milon*). — *Trial* (Arm.-Emman.). — *Tricot* (l'abbé). — *Trouchet* (F.-Dén.). — *Trouville* (J.-B.-Emm.-Hermand de). — *Trudaine* (Dan.-L.). — *Trudaine* (J.-C.-Philibert). — *Turgot* (Anne-R.-Jo. baron de *l'Aulne*). — *Turgot* (Franç. dit le chevalier de). — *Vallier* (F.-C. comte de *Saussey*). — *Vallière* (L.-Cés. *de Baume Le Blanc* duc de La). — *Vallière* (Jo.-Florent de). — *Vandermonde* (Alex.-Théophile). — *Vasselin* (G.-Vict.). — *Vauguyon* (Paul comte de La). — *Vaurilliers* (J.-Franç.). — *Verdier* (J.-Franç.). — *Vial du Clairbois* (Honoré-Séb.). — *Vieil* (P. Le). — *Vieilh de Boisjolin* (Cl.-Augustin). — *Viel* (C.-F.). — *Vigée* (L.-Guill.-Bern.-Et.). — *Vigée* (Marie-Louise Elisab. *Lebrun*). — *Villaret* (Cl.). — *Villepatour* (L.-P. *Taboureau de*). — *Villette* (C. marq. de). — *Villette* (Reine-Philiberte marquise de). — *Vincent* (F.-N.). — *Vincent* (F.-Ad.) — *Virloys* (C.-F. *Roland de*). — *Vismes du Valgay* (Anne-P.-Ja. de). — *Vismes du Valgay* (Alfonse-Dén.-Marie de). — Mlle *Volnais*. — *Voyer d'Argenson* (Marc.-René). — *Wailly* (Et.-Augustin de). — *Wailly* (Charles de). — *Watelet* (Cl.-H.). — *Wilhem* (Guill.-Louis *Bocquillon* dit). — *Ximenès* (Augustin-Ma. marq. de). — *Yon*.

SEINE-ET-MARNE. — CHAMPEAUX : *Morisot* (Jo.-Mad. Rose). — CHARTRETTE : *Guichard* (J.-F.). — CHATELET : *Puissant* (Louis). — COULOMMIER : *Barbier* (Ant.-Al.). — *Beaurepaire* (N.-Jos). — CHAMPIGNY : *Toll* (F. baron de). — FONTAINEBLEAU : *Hue* (F.). — *Poinsinet* (Ant.-Al.-H). — SAINT-GERMAIN : *Jardin* (N.-H.). — GERMINY-L'EVÊQUE : *de Perthius de Laillevault* (Lé.). — LAGNY : le père *Elisée* (Ma.-Vinc. *Talachon* dit). — MEAUX : *Costel* (J.-B.-L.). — *Méhée de la Touche* (J.-Cl.-Hipp.). — *De La Noue* (J. *Sauvé*, dit). — *Puiseux* (P.-Florent.). — MELUN : M^xe *Gail* (N.-Sophie *Garre*). — *Mallet* (Edme). — *Moreau de la Rochette* (Arm.-Bern. baron). — MISY : *Norblin* J.-P.). — MITRY : *Mangin* (C.). — NEMOURS : *Besont* (Et.). — *Miger* (Sim.-C.). — *Perreau* (J.-And.). — PROVINS : *Bertin* (Théod.-R.). — VOISENON-LEZ-MELUN : *Voisenon* (Cl.-H. *Fusée* abbé de).

SEINE-ET-OISE. — BREVANNES · *Chambon* (N.). — BRUYÈRE-LE-CHATEL : *Ourry* E.-F.-Maur.). — CHATOU : *Réal* (Pierre-F. comte). — SAINT-CLOUD : *Maisonneuve* (L.-J.-R. *Simonnet* de). — *Philippe-Egalité* (L.-Ph.-Jos. *de Bourbon* duc d'Orléans dit). — CORBEIL : *Villoison* (J.-C. *d'Ansse* de). — CROSNE : *Lorry* (Anne-Ch.). — ETAMPES : *Guénée* (Ant.). — *Guélard* (J.-Et.). — *Geoffroy Saint-Hilaire* (Et.). — *Jabineau* (H.). —

SAINT-GERMAIN EN LAYE : *Fitz-James* (Franç.). — *Fitz-James* (Charles duc de). — *Noël* (F.-Jo.). — *Millot* (Amédée). — LEUVILLE : *Juré de la Perelle* (A. baron). — MAGNY : *Damesme* (L.-Emm.-Aimé). — MARINNES : *Mandar* (Théophile). — MASSY : *Dubos* (Constant). — MEULAN : *Levrier* (Ant.-Jo.). — MONTMORENCY : *Sédillot* (J.-J.-Emm.).— MONTREUIL-VERSAILLES : *Hoche* (Lazare). — PALAISEAU : *Dotteville* (J.-H.). — PECQ : *Sercey* (P.-Cés.-C. Gu. marq. de). — PONTOISE : *Guignes* (Jo. de). — *Leclerc* (Vict.-P.-Emm.).— *Pihan de la Forêt* (Pa.). — *Plantade* (A.-Henri). — CONFLANS PRÈS PONTOISE : *Deshauterayes* (M.-Ange-And. Leroux). — RAINCY : *Jolly* (Ad.-J. B. *Muffat* dit). — RAMBOUILLET : *Penthièvre* (L.-J.-Ma. de Bourbon duc de). — SATORY : *Michaux* (And.). — SÈVRES : *Leroux* (J.-J.). — VERSAILLES : *Aubry* (Et.). — *Berry* (Ch. Ferd. de Bourbon duc de). — *Berthier* (Al. prince de Neufchâtel). — *Berthier* (Cés.). — *Berthier* (Vict. Léopold). — *Béthune* (Arm.-Jo. de duc de Charost). — *Boinvilliers* (J.-Et.).— *Boislandry* (C. de).— *Bouillard* (Ja.). — *Callet* (J.-F.).— *Cels* (J.-Mart.). — *Charles X* — *Chrétien* (G.-L.). — *Cléry* (J.-B. Cant-Hanet). — *Coing* (Ja.-Jo.). — *Dailly* (Marc.-F.). — *Delalande* (P.-Ant.). — *Duchesne* (Ant.-N.). — *Ducis* (J.-F.). — *Madame Elisabeth*. — *L'abbé de l'Epée*. — *Fitz-James* (Ed. duc de). — *Flury* (L.-Noël). — *Gamain* (F.). — *Houdon* (J.-Ant.). — *Joly* (Ma.-Elisab.). — *Kreutzer* (Rad.). — *Kreutzer* (J.-N. Auguste). — *Laignelot* (Jo.-F.) — *Lasalle* (H.). — *Lecointre de Versailles* (Lau.). — *Legrand* (Et.-Ant.-Mat.). — *Lémery* (L.-R.-Jo. Cornelier).— *Leschevin de Brécourt* (Ph.-X.). — *Louis XV.— Louis XVI.— Louis XVII.— Louis XVIII.*— *Madame Louise* (Louise-Marie de France).— *Luynes* (P. d'Albert cardinal de). — *Mezeray* (Joséphine). — *Miot de Melito* (Ant.-F.). — *Montigny* (F. Dehaies de). — *Louis I d'Orléans* (duc de Chartres, d'Orléans, de Nemours, etc.). — *Louis-Philippe I.* — *Pezay* (Al.-Fréd.-Ma. Masson marq. de). — *Poinsinet de Sivry* (L.). — *Richard* (L.-C.-Ma.).— *Thierry de Ville-d'Avray* (Marc.-Ant.). — *Van der Maesen* (Edme-Mort.). — *Vauxcelles* (J. Bourlet abbé de). — *Madame Victoire* (Louise-Thérèse-Victoire de France). — *Wafflard* (Alexis.-Ja.-Ma.).

SEINE-INFÉRIEURE. — AUTHIEU-SUR-BUCHY : *Véron* (P.-Ant.). — BACQUEVILLE : *Giraud* (P.-F.-Fél.-Jo.). — BORDEAUX-SUR-EPTE : *Damilaville* (Et.-Noël). — CAUDEBEC : *Licquet* (F.-Isid.-Théod.). — DARNETAL : *Monchet* (G.-J.). — DIEPPE : *Cousin-Despréaux* (L.). — *Dulaque* (Vin.-F.-J.-Noël). — *Gourné* (P.-Mathias). — *Gouye de Longuemare.* — *Houard* (David). — *Noël de la Morinière* (Sim.-Barth.). — *La Vallée* (Jo.). — FÉCAMP : *Lemellay* (P.-C.). — FRESQUIENNE : *Nicolle* (Gabr.-H.). — GRUCHET : *Pouchet* (L.-Ezéchiel). — HAVRE : *Apres de Blangy.—Beauvallet* (P.-N.). — *Bernardin de Saint-Pierre* (J.-H.).— *Delavigne* (J.-F.-Casimir).— *Dicquemarré* (l'abbé J.-Fr.).— *Faure* (L.-Jo.).— *Faure* (Gu.-Stanislas). — *Grainville* (J.-B.-F.-O. Cousin de). — *Levée* (Jérôme-Balthazar). — *Pleuvri* (Ja.-Olivier). — LA CHAUSSÉE : *Varin* (Ja.). — LA MEILLERAYE : *Bignon* (J.-P. Edme comte). — SAINT-PIERRE-DE-FRANQUEVILLE : *Saas* (J.). — ROUEN : *Adam* (Ed.-Jean). — *Baston* (Gu.-And.-René). — *Beaumont* (Gu.-R.-Ph.-J.-J.). — *Bernard* (Catherine). — *Blondel* (Jean-Franç.). — *Boccage* (Mlle *Lepage*, dame *Ficquet* du). — *Boccage* (P.-J. Ficquet du). — *Boieldieu.* — *Boismont* (N. Thyrel de). — *Brisout de Barneville.* — *Carpentier* (Ant.-M.). — *Chapelain* (C.-J.-B. Le). — *Chappe d'Auteroche* (Ignace-Urb.). — *Couture* (Gui). — *Dambourney* (L.-A.). — *Dambray* (C.). — *Deshays* (J.-B.). — *Dulong* (P.-L.). — *Durdent* (R.-J.). — *La Follie* (L.-Gu. de). — *Forfait* (P.-Al.-Laur.). — *Framery* (N.-Et.).— *Géricault* (J.-L.-Théod.-And.). — *Guéroult* (P.-Cc.-Bern). — *Guéroult* (P.-Rémi-Ant.-Guill.). — *Guiot* (Jo.-And.). — *Havet* (Arm.-Et.-Maur.). — *Heurtault de Lamerville* (J.-M.). — *Houel* (J.-P.-L.). — *Jeuffroy* (R.-V.). — *Lallemant* (Rich. Conteray). — *Lallemant* (Nicolas Conteray). — *Lallemant* (Rich.-Fél. Conteray). — *Langlois* (Isid.). — *Lebarbier* l'aîné (J.-Ju.-F.). — *Lecarpentier* (C.-L.-F.). — *Leclerc* (P.). — *Lefebvre* (Ph.). — *Lemire* (Noël). — *Lemoine* (peintre). — *Lemonnier* (Anicet-C.-Gabr.).— *Leprince de Beaumont* (Marie).

— Leroy (Alfr.-Vinc.).— Lesuire (P.-Mart.). — Lévesque (Louise *Cavelier* dame).— *Maubert de Gouvert.* — Noël (peintre). — Simon de Verville. — *Thillaye* (J.-B.-Ja.). — *Valmont de Romarre* (J.-Chr.). — *Yart* (Ant.). — ROCQUEMONT : *Godescard* (J.-F.). — SIERVILLE : *Dubuc* (Guill.). — Département de la SEINE-INFÉRIEURE : *Laroche* (P.-L. *Lefebvre de*).

DEUX-SÈVRES. — SAINT-AUBIN DE BEAUDIGNÉ : *La Rochejacquelin* (L. *Duterger*, marq. *de*). — CLAVÉ : *Laffite-Clavé.* — Château de la DURBELLIÈRE : *La Rochejacquelin* H. *de*). — SAINT-MAIXENT : *Garran de Coulon* (J.-Ph.). — *Lecointe-Puiravaux* (Mat.). — *Villiers* (Ja.-F. *de*). — MAUZÉ : *Caillé* (René). — NIORT : *Barré de Saint-Venant* (J.). — *Bricquet* (Marguerite-Ursule-Fortuné *Bernier*, dame).— *Fontannes* (L. *Marcel*lin *de*. — *Liniers-Brémont* (don Santiago). — Près de BRESSUIRE : *Lescure* (L.-Ma. marq. *de*). — USSEAUX : *Bourcet* (P.-Ja. *de*).

SOMME. — ABBEVILLE : *Aliamet* (Ja.). — *La Barre* (Jos.-Franç. *Lefebvre* cheval. *de*). — *Beauvarlet* (Ja.-Firmin). — *Charpentier* (J.-J. *Beauvarlet*).— *Dansel* (N.). — *Danzel* (Et.)— *Daullé* (J.). — *Gougain* (Th.). — *Hubert* (F.) — *Lesueur* (J.-F.). — *Levasseur* (J.-C.). — *Macret* (C.-F.-Ad.). — *Millevoye* (C.-Hub.). — AMIENS : *Bienaimé* (P.-Théodose). — *Bourgeois* (C.-Gu.-Al.). — *Caron* (N.). — *Daire* (L.-F.). — *Damiens de Damicourt* (Cl.-P.). — *Dallery* (Thom.-Ch.-Aug.). — *Delambre* (J.-B.-Jo.).— *Gresset* (J.-B.-L.). — *Gribeauval* (J.-B. *Vaquette de*). — *Jacquin* (Arm.-P.). — *Laclos* (P.-Ambr.-F. *Choderlos de*). — *Legrand d'Aussy* (P.-J.-B.). — *Ligny* (le père Franç. *de*). — *Saladin* (J.-B.-Ma.). — *Sevelinges* (C.-L.). — *De Wailly* (Noël-F.). — BAZANTIN : *Lamarck* (J.-B.-Paul-Ant. *de Monet*, cheval. *de*).— CHAULNES : *Lhomond* (C.-F.). —DOURLENS : *Francheville* (Jo. *Du Fresne de*) — HEILLY : *Baudelocque* (J -H.). — HAM : *Foy* (Maxim.-Sébast.). — *Tuel* (J.-C.-F.). — *Vadé* (J.-Jo.). — MAILLY : *Caigniart de Mailly.* — MONTDIDIER : *Bosquillon* (Ed.-F.-M.). — *Capperonnier* (Jean). — *Capperonnier* (J.-Augustin). — *Caussin de Perceval* (J.-J.-Ant.). — *Parmentier* (Ant.-A.). — PÉRONNE : *Bouteville-Dumets* (L. *Cuilin*). — *Coupé* (J.-M.-L. abbé). — TIEULLOY : *Damiens* (R.-F.). — SAINT-VALERY-SUR-SOMME : *Lerminier* (Théoderic-Nilammon). — *Perré* (J.-B.-Emm.). — VILLERS-MORLANCOURT : *Friant* (L. comte). —Département de la SOMME : *Poix* (L. *de*).— *Bonnaire* (J.-Gérard). — *Cambrai-Digny* (L.-Guill. *de*).— *Reuilly* (J. *de*).

TARN. — ALBY : *Gorsse* (J.-L.-C. Ant.-Rai.). — *La Pérouse* (J.-F. *Galoup de*). — *Levizac* (J.-Pons-Vict. *Lecouts de*). — CASTRES : *Besplas* (Jo.-Ma.-An. *Gros de*). — *Cachin* (Jo.-Ma.-F.). — *Sabatier* (l'abbé Ant.). — GAILLAC : *Caillau* (J.-Ma.). — *Hautpoul-Salette* (J.-Jo). — *Portal* (Ant.). — CORDES : *Gibrat* (J.-B.). — SAINT-PAUL-DE-LAVOUR : *Pinel* (Ph.). — PASQUELONE : *Alary* (G.). — RABATEINS : *Puységur* (J.-Auguste *de Chastenet*). — SORRÈZE : *Basset* (C.-A.).

TARN-ET-GARONNE. — CHARTRON : *Férussac* (And.-Et.). — CASTEL-SARRASIN : *Prades* (J.-Mart. *de*). — MOISSAC : *Brisson* (P.-Raim. *de*). — *Huget* (M.-A.). — MONTAUBAN : *Combes-Dounous* (J.-J.). — GOUGE (Ma.-Olympe *de*). — *Guibert* (C.-B., comte *de*). — *Guibert* (Jacques-Ant.-Hipp.). — *Malatric* (Anne-Jo.-Hippol., comte *de*). — *Le Franc de Pompignan* (J.-J., marq. *de*). — *Le Franc de Pompignan* (J.-Georges, comte *de*). — *Saint-André* (Jean-Bon.). — *Selves* (J.-B.). — *Valette* (Siméon, *Fagon* dit). — SAINT-NICOLAS-DE-LA GRAVE : *Goulard* (Thomas). — SÉRIGNAC : *Raymond* (Joach.-Ma.). — VERDUN-SUR-GARONNE : *Double* (Franç-Joseph).

VAR. — AULPS : *Blacas d'Aulps* (Pierre-L.-J. Casimir duc *de*). — *Girard* (J.-B comte). — BARGEMONT : *Villeneuve-Bargemont* (Christ. comte *de*). — BEAUSSET : *Portalis* (J.-Et.-Ma.). — BRIGNOLLES : *Raynouard* (F.-Just.-Ma.). — CALLAS : *Félix de Beaujour* (L.). — COTIGNAC : *Gérard* (L.). — DRAGUIGNAN : *Muraire* (Honoré comte de).— FOS-EMPHOUX : *Barras* (P.-F.-J.-N. comte *de*). — FRÉJUS : *Désaugiers* (Marc-Ant.). — *Désaugier* fils (Marc-Ant.). — *Olivier* (Gu.-Ant.). — *Siéyès* (Emm.-Jo. abbé). — GRASSE : *Cournaud* (l'abbé Ant. *de*). — *Guidal* (Maxim.-Jo.). — *Isnard*

(Maxim.). — Près de GRASSE : *Saissy* (J.-Ant.). — GRIMAUD : *Dariuc* (M.). — HYÈRES
Guibaud (Eust.). — LAROQUE-BRUSSANE : *Jauffret* (Gasp.-Jean.-And.-Jos.). — Ilo
SAINTE-MARGUERITE : *Latil* (J.-B.-Ma.-Anne-Ant. de). — MAXIMIN : *Fabricy* (le père
Gabr.). — SOLLIÈS : *Groignard* (Ant.). — SAINT-TROPEZ : *Allard* (J.-Franç.). —
TRIGANCE : *Antelmy* (P.-Th.). — TOULON : le père *Amiot.* — *Arquier* (Jo.). — *La
Berthonie* (Hyac.). — *Chabert* (Jo.-Bern. marq. de). — *Hus-Desforges* (P.-L.). —
Julien (Sim. dit de Parme). — *Milet de Mureau* (L.-Ma.-Ant. Destouff). — *Truguet*
(Lau.-J.-F). — *La-Ville-Heurnois* (C.-Honoré *Berthelot* de). — *Vanloo* (L.-Michel).
— *Missiessy* (Ed.-Th. *Bargués* de). — SALERNES : *N...* (1) — VALETTE : *Grasse* (P.-Jo.-
Po. comte de). — SAINT-AUBAN : le marq. *de Saint-Auban.*

VAUCLUSE. — APT : *Rive* (l'abbé J.-Jo.). — AUBIGNAN : *Arnaud* (l'abbé F.). —
AVIGNON : *Bassinet* (l'abbé Al.-Jo.). — *Boulogne* (Et.-Ant.). — *Calvet* (Esprit-Cl.-
F.). — *Causans* (Jo.-L.-Vinc. de *Mauléon* de). — Madame *Favart* (Ma.-Justine). —
Fortia d'Urban (Agric.-Jo.-Franç. marq., de). — *Lacombe* (F.). — *Mainvielles* P.).
— *Morel* (Hyac.). — *Morenas* (F.). — *Parrocel* (Ignace). — *Poulle* (L). — *Roman*
(J.-J.-Thérèse). — *Roubaud* (P.-Jo.-Ant.). — *Roubaud* (N.). — *Roubaud* (N.-N.) —
Sade (Ju.-F.-P.-Alfonse marq. de). — *Sade* (J.-B.-F.-Jos). — *Tolomas* (C.-P.-X.).
— *Tournon* (Ph.-Camille Casimir Marcelin de Simiane comte de). — *Trial* (Ant.). —
Trial (J.-Claude). — *Vernet* (Cl.-Jo.). — BONNIEUX : *Rovère* (J.-Stanislas). — CAR-
PENTRAS : *Audouin-Rouvière* (Jo.-Ma.). — *De la Beaume-Desdossat* (Ja.-F.). — *Du-
plessis* (Jo.-Sigfried). — *Labastie* (Jo. Bimard baron de). — *Lassone* (Ja.-Ma.-F.). —
Pithon-Court. — *Soumille* (Bern.-Lau.). — CAROMB : *Dubarroux* (cheval. Casimir
Liber-Jo.). — CAVAILLON : *Blaze* (H.-Séb.). — *Sabatier* (And.-Hyac.). — MOR-
MOIRON : *Clermont-Lodève* (Gu.-M.-Jo., baron de Sainte-Croix). — MONIEUX : *Ber-
nardi* (Jo.-Eléaz.-Domin.). — MORNAS : *Tissot* (A.-Pascal). — PERTHUIS : *Mirabeau*
(Vict. Riquetti marq. de). — VALRÉAS : le cardinal *Maury* (J. Siffren).

VENDÉE. — BOURG-SAINT-VINCENT-SUR-JARD : *Giraudeau* (Bonas). — FONTENAY-
LE-COMTE : *Belliard* (A.-Daniel comte de). — *Brisson* (Mad.-Ja.). — Château de
BESSAY : *La Fare* (Henri cardinal de). — LUÇON : *Marigny* (Augustin-Et.-Gaspard de
Bernard de). — MONTAIGU : *La Reveillère-Lepeaux* (Louis-Marie). — SABLES D'O-
LONNES : *Lamandé* (Mandé). — *Vaugirard* (P.-Ré.-Ma. comte de). — FALMONT : *La
Tremouille* prince de *Talmont* (A.-Ph.). — *Alquier* (C.-J.-M.). — Château de LA
VERCY : Mme *de la Lezardière* (Mar.-Paul.). — Département de LA VENDÉE : *Cochon*
comte de *Lapparent* (Ch.).

VIENNE. — CHASSENEUIL : *Briquet* (Hilaire-Alex.). — CHATELLERAULT : *Creuzé de
la Touche* (J.-Ant.). — *Gilbert* (F.-Hilaire). — *Sénar* (Gabr.-Jer.). — LA GRI-
MAUDIÈRE : *Noé* (M.-Ant. de). — POITIERS : *Ferrières* (C.-Elie marq. de). — *Bon-
cenne* (Pierre). — SAMMARCOLLES : *Beauvollier* (P.-L.-Vallot de). — *Beauvollier*
(Jean). — VERNON : *Georgel* (Jean.-Et.). — Département de LA VIENNE. — *Phelip-
peaux* (Ant.-A.-J. Picard). — *Suzannet* (P.-J.-B. Constant comte de). — *Baudry
d'Asson* (Gabr.).

VIENNE (HAUTE-). — SAINT-LÉONARD : *Gay-Vernon* (Jo.). — LIMOGES : *Audouin*
(Fr.-Xav.). — *Cibot* (P.-Martin). — *Dalesme* (J.-B. baron). — *Gorsas* (Ant.-Jo.).
— *Imbert* (Gu.). — *Jourdan* (J.-B.). — *Juge de Saint-Martin.* — *Lubersac* (J.-B.-
Jos.). — *Nadaul* (Jo.). — *Silhouette* (Et. de). — *Tabaraud* (Mathieu-Mathurin). —
Venlenat (Et.-P.). — *Vergniaud* (P.-Victorin). — PIERRE-BUFFIÈRE : *Dupuytren* (Gu.
baron). — Département de la HAUTE-VIENNE : l'abbé *de Lubersac.*

VOSGES. — BRUYÈRES : *Georgel* (J.-F.). — *Legroing de la Maison-Neuve* (Fran-

(1) Nous n'avons pas pu retrouver dans nos notes le nom du personnage né à
Salernes.

çoise-Thérèse-Antoinette *comtesse de*). — CHAUMONZEY : *Bouley de la Meurthe* (Ant.-Jacques-Cl.-Jos.). — DARNAY : *Bergier* (N.-Sylvestre). — SAINT-DIÉ : *Augustin* (J.-B.-Ja.). — DAMBLIN : *Guénard* (Ant.). — ÉPINAL : *Coster Saint-Victor* J.-B.). — *Fratrel* (Jo.). — *Gironcourt* (Al.-Léopold *Reynard de*). — *Roussel* (P.-Jo.-Alexis). — FAUCONCOURT : *Vioménil* (Ant.-C. *de Houx* baron de). — FONTE-NOY-LE-CHATEAU : *Gilbert* (N.-Jo.-Lau.). — GERARDMER : *Gley* (Gérard abbé). — LA MARCHE : *Victor* (Cl.-Vict.-*Perrin* duc de Bellune). — SAINT-MICHEL : *Thiéry* (N.-Jo). — MIRECOURT : *Gérardin* (Séb.). — RÉMIREMONT : *Bexon* (Scip.-Jo.).— *Noël* (J.-B.). — *Rémi* (Jo.-Honoré). — ROAN-L'ÉTAPE : *Maffioli* (J.-P.). — RUPPES : *Vioménil* (C.-J.-Hyac.). — VRÉCOURT : *Poirson* (J.-B.). — VITTEL : *Brunet* (F.-Florentin). — WISSEMBACH : *Oberkampe* (Chr.-Ph.).

YONNE. — ANNOUX : *Davoust* (L.-N.). — ARCHALIS : *Beauchéne* (Edme *Chanvot de*). — AUXERRE : *Bernard d'Héry*. — *Chenard* (Sim.). — *Desprez* (L.-J.). — *Fourier* (J.-B.-Jo.). — *Garnier* (Germ. comte). — *Garnier* (Ch.-Georg.-Thomas). — *Mérat* (Lau.-Germ.). — AVALLON : *Cousin* (Ch.). — CHABLIS : *Grillot* (J.-J.). — SAINT-FARGEAU : *Leballlif* (Al.-Cl.-Mart.). — *Regnault de Saint-Jean d'Angely* (M.-L.-Et.). — SAINT-FLORENTIN : *Moreau* (Jacob.-N.). — IRANCY : *Soufflot* (Ja. Germ.). — RAVIÈRE : *Bridan* (C.-Ant.). — SACY : *Restif de la Bretonne* (N.-Edme). — SENS : *Bourrienne* (L.-Ant. *Fauvelot de*). — *Pelée de Varennes* (Ma.-Jo.-Hipp.). — *Salgues* (Jacques-Bart.). — *Tarbé* (L.-Hardouin). — *Tarbé* (L.-Hardouin fils). — *Tarbé* (Ch.). — SÉPAUX : *Tenon* (Ja-Ré.). — TONNERRE : *Berthier* (J.-B.). — *Boisgerard* (M.-Anne-F. *Barbuat de*). — Le chevalier *Eon de Beaumont*. — *Gautier de Sibert*. — VILLENEUVE-LE-ROI : *Piat* (L.-C.). — VINCE-LOTTES : *Adry* (Jean-Félicissime). — VAUX : *Bourbotte* (Pierre).

CHAPITRE V

Fécondité relative des départements en personnages remarquables.

Nous sommes arrivés plus haut à la conclusion que la civilisation, prise dans son sens large et général, c'est-à-dire comme complexus multiforme de certaines qualités intellectuelles et morales de la population, de certaines conditions de la vie sociale, intellectuelle, politique, scientifique, etc., du peuple, est le résultat de l'accumulation des habitants sur un territoire plus ou moins restreint. Elle apparaît comme une conséquence naturelle de la complication toujours de plus en plus croissante des conditions de la vie sociale, de la nécessité d'une activité intellectuelle de plus en plus intense, et enfin de la force attractive qu'exercent les centres déjà formés sur les natures remuantes, actives et intelligentes, ce qui leur fait abandonner les campagnes et venir se fixer dans les villes. Ces influences croissent avec l'augmentation du nombre des centres et de leur population, et avec elle progresse aussi la civilisation. Nous devons donc admettre un rapport direct de causalité entre la civilisation d'un côté, et la densité de la population et le nombre des centres populeux de l'autre; ces deux conditions doivent, par conséquent, fournir des indications positives sur le degré de civilisation, et peuvent servir ainsi de critérium à l'appréciation de la civilisation *relative* des diverses localités d'un pays.

Mais si entre le nombre et la population des villes d'un côté, et la densité de la population du pays de l'autre, il existe, en thèse générale, un rapport direct plus ou moins constant, ce rapport est loin d'avoir toujours lieu dans chaque cas particulier. La même densité de la population, c'est-à-dire le même nombre d'habitants par kilomètre carré pour tout le pays pris en entier, n'implique nullement une répartition identique de la population. Certaines provinces ont une population très dense, mais répartie uniformément sur tout le territoire, et ne présentent non seulement pas de grands centres, mais même de villes tant soit peu considérables, ainsi que nous le voyons dans le département des Côtes-du-Nord. D'autres localités présentent le rapport inverse; de grandes villes commerciales ou industrielles y sont séparées par de grands espaces peu peuplés et presque pas cultivés, comme cela a lieu dans le département des Bouches-du-Rhône. Lequel des deux facteurs agit dans la question qui nous occupe? Nous n'avons pas de données pour se prononcer entre les deux, et il y a des raisons très sérieuses de penser que ces conditions — densité de la population et nombre et population des villes, en d'autres termes le rapport 0/0 de la population urbaine à la totalité de la population du pays — ont toutes les deux une influence positive, quoiqu'il soit impossible d'apprécier leur action relative. Nous mettons donc les chiffres de ces deux facteurs en regard des chiffres de la fécondité *relative* des départements actuels en personnages remarquables pendant le xviii⁰ siècle, — chiffres que nous obtenons, ainsi qu'il avait été expliqué plus haut, en divisant le nombre absolu des personnages remarquables, nés dans le courant du xviii⁰ siècle dans chaque département, par le chiffre de la population du département, prise à un certain moment.

	Nombre relatif de person. remarq.	Densité de la popul. (nomb. d'hab. par k. c.)	% de la popul. urb.
Ain................	0,00008377	59,87	12,6
Aisne..............	0,00009865	71,63	21,4
Allier..............	0,00003556	42,32	22,7
Alpes (Basses)	0,00009431	21,35	15,9
Alpes (Hautes).......	0,00005337	23,47	10,1
Ardèche...........	0,00004806	64,01	15,2
Ardennes...........	0,00008799	58,64	19,8
Ariège	0,00001019	53,24	14,7
Aube.......	0,00007878	42,30	23,7
Aude..............	0,00007111	41,52	25,3
Aveyron...........	0,00005931	42,43	17,4
Bouches-du-Rhône	0,00030012	70,08 —	81,9
Calvados	0,00010369	90,89	21,5
Cantal......	0,00004059	45,65	10,7
Charente...........	0,00001399	61,44	14,5
Charente-Inférieure...	0,00006227	65,88	23,5
Cher..............	0,00001806	38,46	26,7
Corrèze	0,00005201	51,55	12,7
Côte d'Or...........	0,00024030	44,02	22,3
Côtes-du-Nord.......	0,00001816	87,07	9,1
Creuse	0,00001440	40,01	8,2
Dordogne...........	0,00003692	53,00	10,8
Doubs.............	0,00020423	53,85	22,7
Drôme	0,00003505	40,84	25,7
Eure..............	0,00005170	71,207	17,0
Eure-et-Loir.........	0,00000172	48,63	16,3
Finistère...........	0,00006399	81,37	21,1

	Nombre relatif de person. remarq.	Densité de la popul. (nomb. d'hab. par k. c.)	% de la popul. urb.
Gard...................	0,00013378	62,76	45,2
Garonne (Haute-)......	0,00010333	72,29	31,8
Gers.....	0,00003835	49,82	17,5
Gironde.............	0,00008096	57,06	39,0
Hérault.............	0,00015361	57,74	56,8
Ille-et-Vilaine........	0,00009320	81,36	20,3
Indre	0,00004274	37,87	25,0
Indre-et-Loire........	0,00008545	49,77	21,2
Isère...............	0,00007845	69,20	19,3
Jura	0,00015229	63,05	19,2
Landes............	0,00002451	30,57	9,1
Loir-et-Cher.........	0,00004917	38,43	20,5
Loire	0,00003879	86,67	39,5
Loire (Haute-)........	0,00003742	59,53	17,3
Loire-Inférieure.......	0,00003826	68,00	28,7
Loiret	0,00013916	46,696	27,0
Lot................	0,00004181	55,07	13,3
Lot-et-Garonne.......	0,00005485	64,89	20,5
Lozère	0,00002872	27,42	12,2
Maine-et-Loire........	0,00005448	67,02	22,1
Manche.............	0,00006393	100,263	21,0
Marne..............	0,00013034	42,20	31,0
Marne (Haute-)......	0,00011321	41,10	16,0
Mayenne...........	0,00003040	69,97	18,1
Meurthe.............	0,00017438	69,52	25,4
Meuse	0,00007554	51,01	17,2
Morbihan...........	0,00002416	66,16	17,3
Moselle.............	0,00003596	79,58	24,6
Nièvre	0,00004705	43,65	20,4
Nord...............	0,00004092	180,68	53,7
Oise	0,00007526	68,08	19,4
Orne...............	0,00006085	72,77	17,1
Pas-de-Calais........	0,00006020	100,62	30,4
Puy-de-Dôme........	0,00005259	74,14	21,1
Pyrénées (Basses-)....	0,00004180	58,56	18,8
Pyrénées (Hautes-)....	0,00003685	53,91	16,1
Pyrénées-Orientales...	0,00001868	39,86	36,0
Rhin (Bas-)..........	0,00008899	123,39	39,5
Rhin (Haut-)........	0,00006711	108,82	41,3
Rhône	0,00024480	172,74	62,5
Saône (Haute-)	0,00006108	64,29	13,4
Saône-et-Loire.......	0,00005109	62,07	18,7
Sarthe.............	0,00003041	75,23	19,6
Seine...............	0,00069027	2327,85	98,2
Seine-et-Marne	0,00007071	56,81	19,0
Seine-et-Oise........	0,00010351	80,23	30,6
Seine-Inférieure......	0,00010688	110,42	43,3
Deux-Sèvres.........	0,00004275	50,70	12,1
Somme..............	0,00009108	89,71	25,2
Tarn...............	0,00004039	60,36	21,7

	Nombre relatif de person. remarq.	Densité de la popul. nombr. d'hab. par k. c.)	$0/0$ de la popula. urb.
Tarn-et-Garonne	0,00007016	65,10	26,2
Var	0,00011411	41,32	58,4
Vaucluse	0,00016621	69,13	49,6
Vendée	0,00003516	50,92	10,6
Vienne	0,00001514	41,32	18,4
Vienne (Haute-)	0,00005160	53,12	26,2
Vosges	0,00005839	67,60	16,2
Yonne	0,00008729	47,82	16,9

Ce tableau présente de longues colonnes de chiffres, mais qui ne disent rien à l'esprit, et dont il est assez difficile de tirer quelque conclusion. Pour leur donner un caractère plus saisissable, nous présenterons le même tableau sous la forme graphique, où les deux conditions de population et la fréquence relative de personnages remarquables sont exprimées par des lignes. On pourra voir alors du premier coup d'œil s'il existe un rapport entre la fécondité en personnages remarquables et les deux facteurs dont nous avons admis à priori l'influence. En effet, si ce rapport a lieu réellement entre les conditions que nous analysons, leurs lignes doivent s'élever et s'abaisser ensemble, en gardant entre elles un certain parallélisme, ou obéissant du moins à la même loi et suivant la même direction. Pour simplifier les choses et faire ressortir plus clairement et plus nettement encore la relation entre ces lignes, nous disposerons les départements non par ordre alphabétique, mais par ordre de croissance des chiffres d'une des conditions analysées, et comme nous nous proposons de rechercher la liaison que nous avons admise à priori d'un côté entre la fécondité relative des départements en personnages remarquables, et les conditions de densité et de distribution de la population d'un autre côté, il est évident que c'est par ordre de croissance de la première de ces conditions que nous devons disposer les départements dans notre tableau.

En examinant le tableau I, nous y voyons tout d'abord la ligne des personnages remarquables coïncider dans le groupe des vingt premiers départements avec la ligne de 0/0 de la population urbaine; dans les trente départements suivants, la ligne des personnages remarquables s'accorde plutôt dans sa direction générale avec la ligne de la densité de la population. Dans le reste du tableau, on sent, pour ainsi dire, une certaine concordance entre les trois lignes, mais l'aspect général du tableau est moins net, moins clair. La ligne de 0/0 de population urbaine, et surtout celle de densité de la population, donnent de fortes dentelures tantôt vers le haut, tantôt vers le bas, et les dentelures de ces lignes ne concordent pas toujours entre elles. Il est facile de se rendre compte de la cause et de la signification de quelques-unes de ces dentelures : ainsi dans le dernier groupe des départements nous voyons les lignes de densité de la population et du rapport 0/0 de la population urbaine monter rapidement, malgré la marche uniforme de la ligne des personnages remarquables, de la Côte-d'Or au Rhône, tomber tout aussi brusquement du Rhône au Doubs pour remonter encore vers les Bouches-du-Rhône et la Seine. Or la Côte-d'Or est un grand département éminemment agricole; le Rhône, au contraire, est un tout petit département, constitué surtout par la ville même de Lyon; le Doubs se trouve dans les mêmes conditions que la Côte-d'Or, la Seine dans les mêmes conditions, exagérées encore, que le Rhône, tandis que les Bouches-du-Rhône présentent un grand territoire très peu peuplé et cultivé, et la population de ce département est à peu près exclusivement citadine.

Le lecteur voit que le tableau graphique prouve déjà jusqu'à un certain point la justesse de notre idée et des conclusions auxquelles nous sommes arrivés à priori. Mais d'un autre côté il n'y a pas à se faire illusion et à fermer les yeux à l'évidence. La concordance des lignes qui expriment les conditions que nous avons à analyser *se sent*, il est vrai, plus ou moins dans leur direction générale, mais ces lignes présentent en même temps une longue série de déviations les moins douteuses dans les cas particuliers. On ne pouvait pas s'attendre, évidemment, à ce que des questions aussi complexes que celle de l'intensité et de l'énergie de l'activité intellectuelle dans leur rapport avec les conditions aussi multiples que celles qui constituent la civilisation, puissent être exprimées par une figure graphique aussi simple et exacte, qui n'admettrait ni déviation ni exception. Mais il faut avouer cependant que le tableau graphique laisse à peine *sentir*, *deviner* le rapport entre les conditions qui font l'objet de notre étude, sans donner sur lui aucune indication positive; en tout cas les exceptions sont si nombreuses, les déviations si grandes, qu'elles rendent complètement illusoire la concordance générale des lignes. D'ailleurs ces exceptions, ces déviations ont aussi leur raison d'être, et doivent par conséquent avoir leur signification et leur explication. Dire qu'elles *masquent* la direction générale des lignes, et par conséquent la loi qui les gère, serait une erreur. Ces déviations rompent de la façon la plus positive et la plus indubitable le parallélisme des lignes, et constituent ainsi *dans les cas particuliers* une réfutation directe de la loi que nous avons posée.

CHAPITRE VI

Groupement ethnologique des départements.

Les conclusions auxquelles nous sommes arrivés quant à l'influence que doivent exercer certaines conditions de la population sur la fertilité d'un pays en personnages remarquables sont le dernier chaînon de toute la chaîne de nos raisonnements. Cette chaîne, nous nous en sommes bien assurés, ne présente pas d'interruption, les raisonnements ne contiennent pas d'erreur, leur liaison logique n'offre pas de lacune, et cependant les faits ne confirment pas — ou ne confirment pas suffisamment au moins — nos prévisions. Faut-il en conclure que le point de départ de notre raisonnement est faux ? Il est hypothétique, nous ne l'ignorons pas, mais il l'est non comme un paradoxe, comme une idée ingénieuse mais fausse ; — il est hypothétique tout simplement parce qu'il n'est pas suffisamment prouvé. Nous avons qualifié nous-mêmes plus haut d'hypothèse la théorie médico-psychologique en question, mais cela non que, ayant des arguments *pour*, elle n'en ait aussi *contre*. Non, contre cette théorie ses adversaires ne font pas d'objection sérieuse, ne citent pas de faits : — ils ne lui opposent que des phrases plus ou moins éloquentes et des lieux communs sur « la dignité de l'histoire », sur « les grands hommes qui font la gloire et l'orgueil de l'humanité », etc. Cette théorie est encore à l'état d'hypothèse parce que ses preuves ne sont pas assez concluantes, parce que les arguments qui militent en sa faveur ne présentent pas de garanties scientifiques suffisantes pour lui donner rang de loi dans la science. Dans notre travail nous avons adopté pour point de départ cette hypothèse, une théorie que nous croyons être une vérité insuffisamment prouvée. Ce point de départ adopté, nous avons toujours suivi la voie du raisonnement logique, mais en ayant soin d'en tirer des conclusions pratiques et d'en faire des applications positives, que nous avons vérifiées ensuite à l'aide de la statistique. Or le lecteur a vu que dans les nombreuses prévisions que nous avons émises à priori, les faits et les chiffres statistiques nous avaient toujours donné raison, confirmant pleinement nos vues théoriques, et aussi, par conséquent, la justesse et du point de départ, et de la marche logique du raisonnement. Partant d'une hypothèse pour arriver à une loi qui était à découvrir, dans cette marche de l'incertain à l'inconnu, ces vues théoriques, ces applications du raisonnement à la prévision des faits statistiques (vues que nous émettions à priori *d'abord*, pour les vérifier *ensuite* par les faits et les chiffres statistiques) étaient pour nous des poteaux indicateurs qui nous montraient que nous étions toujours dans le bon chemin, celui de la vérité. Faut-il donc croire que nous nous sommes trompés du tout au tout, que notre point de départ était une erreur, la marche logique de notre raisonnement une illusion, les preuves statistiques de simples coïncidences? On dit que quand les faits sont en désaccord avec la théorie, il faut considérer cette dernière comme fausse et erronée et y renoncer. La pensée est-elle donc tellement impuissante, la logique si faible, qu'à leur première collision avec le fait brut, qu'à leur moindre désaccord avec la réalité, il faille les sacrifier sans pitié, les jeter par-dessus bord sans hésitation? Nous nous permettons de croire que dans l'étude et la recherche consciencieuse de la vérité la pensée n'est pas aussi inutile et impuissante que ça, et qu'il est, peut-être, injuste de la traiter aussi cavalièrement. Le nœud gordien de la contradiction de la théorie avec les faits peut paraître — et être en effet — très compliqué, inextricable même; mais recourir à la méthode radicale d'Alexandre le Grand — méthode simple et rapide certainement, mais quelque peu brutale — n'est, peut-être, pas toujours le meilleur moyen d'arriver à la vérité. Nous osons croire qu'on aurait tort de regarder la pensée, les résultats de la réflexion, les conclusions de la logique comme tellement dénués de tout droit dans la recherche de la vérité, qu'ils doivent s'annuler *eo ipso* à leur premier désaccord avec la réalité, à leur premier conflit avec le fait. On dit que les chiffres statistiques sont une arme à deux tranchants, avec laquelle on court le risque de se blesser soi-même dans le combat; voyons si dans le cas actuel ils ne seraient pas comme la lance d'Achille, qui guérissait les blessures qu'elle avait faites.

Nous avons vu que les courbes des conditions dont nous analysons le rapport présentent une certaine analogie de forme, un certain parallélisme, une direction générale plus ou moins communs.

Cette communauté de direction, ce parallélisme des courbes, on les *sent* dans la forme générale, mais ils se perdent dans les cas particuliers. En rangeant les 85 départements en cinq groupes, disposés d'après l'ordre de décroissance du nombre relatif des personnages remarquables, et en calculant les moyennes pour chaque groupe, nous avons le tableau suivant :

	MOYENNE.		
	Fréquence relative des personnages remarquables.	Densité de la population.	% de la population urbaine.
1er groupe (1)........	0,00027109	327,37	49,92
IIe groupe (2).........	0,00010631	67,11	27,10
IIIe groupe (3)........	0,00006931	68,09	23,15
IVe groupe (4)........	0,00004865	59,17	20,07
Ve groupe (5).	0,00002908	57,09	17,75

Ainsi, en disposant les départements en groupes, ce qui diminue encore l'influence de toute condition secondaire, et fait ressortir plus clairement la loi générale, nous voyons les moyennes confirmer pleinement la loi, à l'adoption de laquelle nous sommes arrivés à priori par la voie de l'analyse médico-psychologique et du raisonnement théorique. Mais dès que nous multiplions les groupes, en diminuant le nombre des départements qui les composent, les moyennes perdent leur rapport régulier, la tableau se brouille, et la loi, visible encore en général, présente un nombre toujours de plus en plus grand d'exceptions. En effet, en dédoublant les groupes, hors le premier, nous avons :

(1) Seine, Bouches-du-Rhône, Doubs, Rhône, Côte-d'Or, Seine-et-Oise, Meurthe, Vaucluse, Hérault. — (2) Jura, Loiret, Gard, Marne, Var, Seine-Inférieure, Haute-Marne, Calvados, Haute-Garonne, Aisne, Moselle, Eure-et-Loir, Basses-Alpes, Somme, Ille-et-Vilaine, Bas-Rhin, Yonne, Indre-et-Loire, Ain. — (3) Aube, Ardennes, Gironde, Isère, Seine-et-Marne, Meuse, Oise, Aude, Tarn-et-Garonne, Pas-de-Calais, Haut-Rhin, Haute-Saône, Charente-Inférieure, Manche, Finistère, Orne, Aveyron, Vosges, Drôme. — (4) Lot-et-Garonne, Maine-et-Loire, Hautes-Alpes, Corrèze, Puy-de-Dôme, Saône-et-Loire, Eure, Haute-Vienne, Cantal, Loir-et-Cher, Pyrénées-Orientales, Ardèche, Nièvre, Vienne, Basses-Pyrénées, Deux-Sèvres, Indre, Lot, Nord. — (5) Tarn, Loire, Gers, Loire-Inférieure, Dordogne, Allier, Sarthe, Hautes-Pyrénées, Vendée, Haute-Loire, Mayenne, Lozère, Landes, Morbihan, Ariège, Côtes-du-Nord, Cher, Creuse, Charente.

		MOYENNE.		
		Fréquence relative des personnages remarquables.	Densité de la population.	% de la population urbaine.
Ier groupe :	9 dép...	0,00027109	327,37	49,92
IIe groupe : 1o	9 dép...	0,00012272	53,64	33,47
2o	10 dép..	0,00009124	77,33	21,38
IIIe groupe : 1o	9 dép..	0,00007693	60,32	23,30
2o	10 dép..	0,00006214	75,09	23,01
IVe groupe : 1o	9 dép..	0,00005253	57,12	17,70
2o	10 dép..	0,00004511	61,02	23,37
Ve groupe : 1o	9 dép..	0,00003561	60,06	21,13
2o	10 dép..	0,00002321	54,13	11,72

Le parallélisme, quoique visible encore, est loin d'avoir la régularité du tableau précédent. En multipliant encore les groupes, nous verrons la loi se masquer et se perdre, les exceptions devenir de plus en plus nombreuses, les déviations de plus en plus grandes. Mais est-il possible, est-il logique d'admettre qu'une loi puisse être vraie dans sa généralité, et fausse dans les cas particuliers? Une supposition pareille serait absurde. Il est donc évident que dans le cas actuel, la loi, vraie dans sa généralité, et qui, par conséquent, ne peut être fausse dans ses applications de détail, est faussée, masquée dans les cas particuliers par l'intervention de quelque autre condition encore, qui n'avait pas été prise en considération. Il faut donc supposer que la fréquence des personnages remarquables dans un pays, que la fécondité d'une population en talents, en capacités, etc., dépend, en dehors de la densité de la population et du nombre relatif des citadins dans la population totale du pays, — conditions principales, puisque la loi de leur influence directe sur l'intensité et la richesse de l'élément intellectuel est vraie dans la généralité des faits, — que le dynamisme intellectuel dépend, disons-nous, de quelque autre condition encore, dont l'influence, moins forte que celle de la densité et de la distribution de la population, l'est cependant assez pour modifier la loi générale dans ses applications partielles.

Nous avons comparé les départements sous le double rapport de leur fécondité en personnages remarquables, et de la densité et de la distribution de leur population. Mais une comparaison ne peut donner de résultats certains que *cæteris paribus*, que si les conditions comparées sont seules différentes, à égalité de toutes les autres. Or, les départements ne diffèrent-ils que par la densité et la répartition de leur population? Non évidemment. Ils diffèrent entre eux à l'infini, et il serait impossible d'en trouver deux qui présenteraient une analogie complète sous tous les rapports. De toute l'infinité de conditions que peuvent présenter les 85 départements, il y en a à coup sûr un certain nombre qui peuvent avoir une influence directe sur l'intensité et la richesse de la vie intellectuelle des populations ; mais quelles sont-elles? Nous l'ignorons. Nous ne savons même pas dans quelle catégorie de conditions il faut les chercher. Il est évident que si nous introduisions dans notre étude comparative des départements l'une après l'autre toutes les conditions qu'ils peuvent présenter, et sous le rapport desquelles ils peuvent différer, nous aurions fini par trouver celles dont l'influence peut réellement modifier les applications particulières de la loi générale. Mais comme le nombre de ces conditions est infini, nous devons recourir d'abord à une analyse des diverses catégories de conditions, pour rejeter à priori celles qui ne peuvent pas avoir une influence directe sous le rapport qui nous occupe. Nous pouvons commencer par les diviser en deux grandes catégories, — celle des conditions générales et celle des conditions accidentelles. Le nombre considérable de départements et le chiffre imposant de personnages remarquables excluent toute possibilité d'influence de l'élément accidentel. Nous pouvons par conséquent laisser de côté tout d'abord cette dernière catégorie, et nous arrêter à l'analyse de la première.

Dans les conditions générales nous devons distinguer encore deux catégories : celle des conditions naturelles, et celle des conditions qu'on peut appeler, par opposition aux premières, conditions sociales, et qui sont le résultat de l'action humaine (conditions historiques, économiques, politiques, etc.). — Ces dernières se rapprochent d'un côté des conditions accidentelles que nous venons d'exclure, de l'autre des conditions naturelles. La Sologne et les Landes, par exemple, ont une population clairsemée, pauvre, ignorante et misérable, mais personne ne niera que le triste état de ces deux pays n'est que le résultat de conditions physiques défavorables — des marais en Sologne, et des plaines sablonneuses dans les Landes. La configuration du sol et les particularités physiques et géographiques d'un pays ont, comme on sait, une très grande influence sur son histoire, particulièrement dans les questions d'indépendance nationale, de conservation de certains droits, privilèges, coutumes, etc., et d'un autre côté par l'attraction qu'exercent réciproquement les localités voisines à constitution géographique analogue, attraction qui finit par devenir facteur historique.

Les conditions physiques peuvent à leur tour être divisées en trois catégories : les conditions climatiques, les conditions telluriques, dans le sens large du mot, et les conditions ethniques. A la première, appartient le climat avec tous ses résultats et toutes ses influences sur la végétation, l'agriculture, la production en général. A la seconde, appartient la configuration du sol, sa nature, l'orographie, l'hydrographie, la géologie du pays. Enfin à la troisième, l'homme considéré au point de vue ethnique.

Nous n'avons pas à nous arrêter aux deux premières catégories, et le lecteur n'a qu'à jeter un coup d'œil sur les chiffres cités plus haut de la fécondité relative des départements en personnages remarquables pour s'assurer que cette fécondité ne dépend pas du climat, puisque les départements qui ont le même climat présentent les plus grandes différences sous le rapport de la fréquence des personnages remarquables, et *vice-versa*, les départements analogues sous ce dernier rapport se trouvent être aux extrémités opposées de la France. En effet, l'isotherme 10° traverse les départements de la Seine-Inférieure, de Seine-et-Oise, Seine-et-Marne, Aube, Haute-Marne, Vosges et Haut-Rhin. L'isotherme 11° traverse la Manche, le Calvados, l'Orne, la Sarthe, le Loir-et-Cher, le Cher, la Nièvre, la Saône-et-Loire et l'Ain. Les isothermes 12°, 13° et 14° ne dévient pas notablement des parallèles 46°, 45° et 44°. D'un autre côté, dans les dix départements présentant le maximum de la fréquence des personnages remarquables, nous trouvons, à côté de l'Hérault, de la Vaucluse et des Bouches-du-Rhône, c'est-à-dire du midi extrême de France, la Meurthe et la Seine, situées au nord, et le Jura, le Doubs, la Côte-d'Or, qui se trouvent dans la partie moyenne de la France.

Il faut en dire autant des conditions de terrain, de la nature du sol, de la constitution géologique. Les départements les plus opposés sous le rapport de la fréquence des personnages remarquables se trouvent occuper les mêmes terrains ; ainsi sur le terrain tertiaire se trouvent le département de la Seine, qui occupe le premier rang sous le rapport de la fécondité en talents et en capacités, et celui des Landes, qui occupe le dernier rang. Les départements de la Meurthe et des Hautes-Alpes, du Jura et de la Charente, présentent le même terrain (jurassique), etc.

Les conditions topographiques peuvent paraître au premier abord avoir une certaine influence dans la question qui nous occupe. Nous voyons en effet que dans la liste des départements rangés par ordre de décroissance de leur fécondité en personnages remarquables les premiers rangs sont occupés par des départements de plaines ou de plateaux traversés par de grands fleuves, tandis que les départements montagneux occupent généralement les derniers rangs. Mais cette influence des conditions topographiques n'est qu'apparente. Nous avons vu que la fécondité en personnages remarquables dépend d'abord et principalement de la densité de la population et de son accumulation dans les grands centres. Or les grands centres se trouvent généralement au bord des grands fleuves, et l'influence revient non pas aux fleuves et aux plaines, mais aux grandes villes, comme il est facile de s'en convaincre en examinant le tableau graphique. Nous y voyons en effet des départements montagneux, mais qui possèdent des grandes villes, occuper un haut rang (Doubs, Rhône, etc.), tandis que les départements de plaine qui n'ont pas de grands centres de population (Landes, Allier, etc.) sont très pauvres en personnages remarquables.

Les conditions ethniques, la race des habitants, peuvent-elles avoir quelque influence sur la richesse et l'intensité de l'activité et de la fécondité intellectuelles d'un pays? Nous pouvons dire à priori que l'influence de la race ici est plus que probable. Nous ne chercherons pas à analyser la nature et le caractère de cette influence. Est-elle temporaire ou perpétuelle, absolue ou conditionnelle? Cela nous importe peu. Nous ne recommencerons pas la fastidieuse discussion sur le monogénisme et le polygénisme, et il est parfaitement indifférent pour la question de quelle nature est l'inégalité des races, et si les races, inférieures actuellement, ne devanceront pas un jour les races supérieures dans la voie de la civilisation. Peut-être Libéria, « ce berceau de la civilisation noire, » civilisera réellement un jour l'Afrique, comme l'assurent les négrophiles, et sera le centre de la vie intellectuelle de l'humanité. Peut-être le monde slave créera, ainsi que le croient les panslavistes, des formes sociales nouvelles, et remplacera la civilisation européenne, pourrie et vermoulue, assurent-ils, par une civilisation slave *sui generis.* Nous n'en savons rien, et ces questions ne nous préoccupent en aucune façon. Nous nous contentons de constater le fait brut de l'inégalité actuelle des races humaines sous le rapport de l'intelligence.

Personne ne conteste qu'il y ait une différence évidente, indubitable, sous le rapport intellectuel entre les représentants des races extrêmes de l'humanité, entre l'Européen et le Hottentot. Cette différence une fois admise, la logique nous autorise à supposer que les races plus rapprochées doivent présenter aussi des différences intellectuelles, —

à un degré moindre évidemment, — et que les peuples appartenant à
des races différentes, différeront entre eux sous le rapport de l'intelligence, tant comme qualité que comme quantité. Cette différence quali-
tative et quantitative des différentes races humaines sous le rapport de
l'intelligence est à peu près généralement admise, explicitement ou
implicitement. Essayons donc d'introduire dans notre étude l'élément
ethnique, et voyons s'il ne nous explique pas les déviations de la loi
générale, et si, en le faisant intervenir dans la question, nous n'arrivons pas à nous rendre compte des contradictions de la théorie et de la
réalité, ce qui est d'autant plus probable, que le tableau graphique
nous donne déjà certaines indications là-dessus. En effet, en étudiant
les trois courbes du tableau, nous voyons que, à côté de la marche uniformément ascendante de la ligne de fécondité en personnages remarquables, les courbes de densité de la population et de rapport 0/0 de
la population urbaine donnent des dentelures tantôt vers le haut — ce
qui indique que le département, malgré une population dense ou un
grand développement de la vie urbaine, ne produit que peu de personnages remarquables, — tantôt vers le bas, ce qui indique, au contraire, une grande fécondité du département en personnages remarquables malgré des conditions peu favorables de densité ou de
distribution de la population. Là où la dentelure vers le haut d'une
des courbes coïncide avec la dentelure vers le bas de l'autre courbe,
les deux conditions agissent évidemment en sens contraire, et les
deux influences opposées se compensent. Mais les départements,
pour lesquels les deux courbes donnent des dentelures de même sens,
présentent évidemment quelque condition particulière qui modifie
l'influence de la densité de la population et du développement de la
vie urbaine, de sorte que la fécondité de ces départements en personnages remarquables n'est pas ce qu'elle devrait être dans ces conditions.
En examinant le tableau graphique, nous voyons des dentelures vers le
haut dans les départements suivants : Côtes-du-Nord, Morbihan,
Mayenne, Sarthe, Loire-Inférieure, Loire, Nord, Maine-et-Loire, Haut-
Rhin, Bas-Rhin, Ille-et-Vilaine, Moselle ; et les dentelures vers le bas
dans l'Ariège, les Landes, la Lozère, le Gers, le Tarn, le Lot, les
Hautes-Alpes, la Haute-Saône, les Basses-Alpes, le Var, le Doubs et
les Bouches-du-Rhône. Or la première catégorie forme deux groupes
naturels, la Bretagne avec la partie limitrophe de la Normandie, et
l'Alsace avec la partie limitrophe de la Lorraine. Les départements de
la deuxième catégorie forment de leur côté trois groupes distincts, le

premier appartenant à la Guyenne et Gascogne, le deuxième formant à
peu près la totalité de la Provence, le troisième formant la Franche-
Comté. On voit qu'un examen superficiel du tableau graphique nous
indique déjà l'importance de l'élément ethnique.

Mais la distribution des départements de la France en groupes ethnologiques n'est encore qu'à l'état de *pium desiderium*, malgré de nombreux et beaux travaux qui ont été faits sur ce sujet. La population
actuelle de la France représente la descendance d'une foule de races et
de peuples différents, dont un grand nombre ne nous est pas connu, et
dont beaucoup ne le sont que de nom. Il est d'ailleurs très difficile
d'apprécier à sa juste valeur l'influence ethnique de chaque race en
particulier, et surtout d'indiquer les limites de son territoire. La population autochtone s'est-elle conservée dans quelque partie de la
France? Tous les Celtes étaient-ils réellement d'une seule et même
race? Quelles avaient été l'influence ethnologique et l'importance des
conquêtes et des invasions romaine, franque, burgonde, gothe, de
toutes les armées qui avaient foulé le sol français, depuis l'armée de
Jules César, de celle d'Attila, jusqu'à celle de Frédéric Guillaume III
et d'Alexandre Iᵉʳ en 1813, de Guillaume IV en 1870? Et en dehors de
ces questions générales combien encore de questions de détail, comme
celle de l'influence locale de tel ou autre élément ethnique, — des
Grecs à Marseille, des Goths dans la Septimanie, des Normands en
Normandie? Il serait oiseux d'aborder même ces questions, et l'exposition seule de l'état actuel de la science sur ces questions nous
entraînerait bien au delà des bornes de cet ouvrage et nous ferait
sortir complètement de notre sujet.

La distribution des départements en groupes ethnographiques présente ainsi des difficultés insurmontables. La question, telle qu'elle
est posée dans notre travail, nous permet, il est vrai, de négliger toutes
les questions d'origine et de plus ou moins de pureté des races, de
leur parenté, etc., — questions insolubles dans l'état actuel de la sience
et de nos connaissances éthnologiques. La question du groupement
des départements par races, — question beaucoup plus simple cependant, — n'est pas résolue définitivement, et la science ethnologique ne nous donne pas encore de tableau précis et définitif de la
distribution des différentes races sur le territoire de la France actuelle.

Mais si nous ne possédons pas de données suffisantes, ne pouvons-
nous pas nous aider autrement dans cette difficulté? Ne pouvons-nous
pas recourir à la méthode que nous avons suivie toujours dans cet

ouvrage, et à l'aide de l'analyse logique des conditions et des faits arriver à *priori* à quelque indication, à quelque conclusion, qui nous servirait de point d'appui et nous guiderait dans nos recherches? Les résultats de ces recherches, s'ils sont conformes à la réalité, nous prouveront alors que nous ne nous sommes pas trompé dans notre raisonnement. Si, au contraire, nous faisons erreur, et que notre raisonnement soit faux, il est évident que nos conclusions doivent être en désaccord complet avec les faits.

La France, comme tout autre pays, — plus que tout autre, peut-être, — avait eu à subir des invasions et des conquêtes, qui devaient amener nécessairement des races nouvelles dans le pays et changer la distribution géographique des anciens habitants. Il n'est pas facile de trouver un fil conducteur au milieu du chaos historique de toutes ces conquêtes, de toutes ces invasions, d'autant plus que le plus ou moins de parenté, le rapport ethnologique de plusieurs peuples qui avaient laissé des descendants en France, leur race même, sont autant de questions que l'ethnologie laisse sans réponse. Mais précisément ici, où la science ethnologique ne nous fournit pas de données, l'analyse logique des faits et des conditions, aidée de l'histoire, doit nous donner les indications nécessaires.

Jetons d'abord un coup d'œil sur la géographie de la France.

A l'ouest et au nord-ouest la France a pour limite l'Océan, au midi sa frontière longe la chaîne des Pyrénées, qui ne présentent que peu de passages, et encore ces passages sont étroits, difficiles et dangereux; elle est limitée ensuite par la Méditerranée. A l'Est la France a pour frontière les Alpes et le Jura, auquel se rattachent les Vosges. Les Alpes et le Jura offrent plus de passages, et de plus praticables, que les Pyrénées; les principaux sont : la bande étroite entre la mer et les Alpes, où passait la grande route militaire romaine, et qu'on appelle actuellement route de la Corniche; le large passage de la Suisse en France, par Genève et les départements de l'Ain et de la Haute-Savoie; enfin la trouée de Belfort. Le reste de la frontière à l'est est formée par le Rhin, dont la partie inférieure du cours français traverse un terrain plat, ne présentant que des collines peu élevées, et qui offre une entrée large et commode sur le territoire français. La frontière nord de la France est également ouverte, ne présentant que le massif peu étendu des Ardennes.

Le centre du pays présente au nord une large plaine, entrecoupée de chaînes de collines peu élevées; les montagnes ne se trouvent que

dans la presqu'île bretonne, où elles forment la chaîne des Monts
Menez, Arrez, et des montagnes Noires, et à l'est, où elles forment une
autre chaîne, commençant près de la Saône, où elle se rattache aux
Vosges, et qui longe le Rhône à droite (en laissant entre elle et le Jura,
puis les Alpes, la grande vallée de la Saône et du Rhône, qui va en
droite ligne du nord au midi et rejoint la bande de terrain plat entre
les Cévennes et la mer) pour se réunir au Midi aux Pyrénées. Du massif
des Cévennes part la chaîne des monts Margeride, qui les rattache au
massif de l'Auvergne, d'où part une autre branche à travers la Marche
et le Limousin vers Poitou et l'Océan.

Telle est dans sa généralité l'orographie de la France; ne nous
donne-t-elle pas déjà quelque indication sur la loi qui avait dû présider à la distribution géographique des races et des peuples qui
avaient habité ou envahi le pays?

On sait que les Celtes et les Gaulois n'étaient pas les habitant au-
tochtones des Gaules, mais on n'est pas d'accord sur la route qu'ils
avaient suivie pour y arriver. On croit généralement qu'ils étaient venus
par l'Asie Mineure et la Germanie, où l'on trouve des localités portant
des noms celtiques; mais dans les derniers temps quelques auteurs,
se basant sur l'existence de dolmens et de menhirs en Afrique, avaient
émis l'opinion que les Celtes avaient pu avoir suivi la route du midi,
qu'ils avaient, peut-être, traversé l'Afrique, et étaient entrés en France
par l'Espagne. A priori on doit plutôt admettre la première opinion
que la seconde. Les Celtes ou les Gaulois n'étaient pas une armée régulière, mais un peuple, voyageant avec les femmes, les enfants, les
vieillards, les troupeaux; il est donc beaucoup plus probable que ce
peuple d'émigrants avait passé par les plaines de la Belgique et de la
Lorraine en se dirigeant des marais glacés de la Germanie vers les pays
riches et fertiles du midi, et l'on n'admettra que difficilement qu'il
ait pu passer par les gorges étroites des Pyrénées, passages difficiles
et dangereux même pour les armées régulières de notre temps, et
cela pour se diriger vers le nord.

Après l'invasion des Celtes le territoire actuel de la France avait
subi bien d'autres invasions, bien d'autres conquêtes encore: romaine,
gothe, franque, hune, burgonde, arabe, normande, anglaise, espagnole, allemande, et même slave. Dans de pareilles conditions peut-
on parler encore de plus ou moins de pureté de race et de conservation
de types ethnologiques? Nous répondrons à cela que, au point de
que de la science ethnologique, il y a une distinction essentielle à faire

entre l'invasion par un peuple et la conquête par une armée, surtout
la conquête moderne. Cette dernière n'influe pas sur la race, sur le
type ethnique des vaincus; les Autrichiens en Italie et les Allemands
dans la Lorraine ne constituent même pas une classe et ne présentent
qu'un élément parfaitement étranger au pays, tout à fait nul sous le
rapport ethnologique. Les employés du Gouvernement vainqueur
viennent ordinairement dans le pays conquis s'installer avec leurs
familles, avec leurs femmes et leurs enfants, et vivent complètement en dehors de la vie sociale des vaincus. Il est relativement
rare qu'ils épousent des femmes appartenant au peuple conquis, où ils
sont considérés comme des ennemis et généralement ne sont pas
admis dans la société. Dans l'immense majorité des cas, ils cherchent à
profiter de leur position pour faire fortune le plus vite possible et
retourner chez eux avec l'argent amassé. Ils ruinent le pays, mais
ils ne souillent pas la pureté du sang et de la race de ses habitants.
Ceux des vainqueurs qui épousent des femmes du pays ou retournent
aussi chez eux, en introduisant ainsi le sang des vaincus dans le
sang des vainqueurs, ou se fixent dans le pays, et leurs enfants, en
s'alliant aux habitants, retournent, dans la personne de leurs descen
dants, à la race de leurs mères.

Dans les conquêtes modernes on avait attaché une grande importance ethnologique au passage des armées, c'est-à-dire d'une grande
quantité d'hommes jeunes, robustes, et qui n'ont généralement pas la
réputation d'être d'une continence exagérée et d'un ascétisme
excessif, — mais cela à tort, à notre avis. Dans l'immense majorité des
cas, les militaires sont forcés de se contenter de filles de joie, et ce
n'est que dans des cas tout à fait exceptionnels que les femmes du
pays envahi ont des liaisons galantes avec les vainqueurs. Cela n'a
lieu ordinairement qu'à la condition extrêmement rare que les sympathies du peuple envahi soient acquises aux vainqueurs contre leur
propre gouvernement, ainsi que l'on a vu au temps des guerres de la première République en Belgique, dans la Prusse Rhénane et dans quelques
provinces de l'Italie. Mais ces mêmes Français, qui avaient tant de
succès auprès des femmes dans ces pays, menèrent, — bien malgré eux
certainement, — la vie la plus chaste en Espagne et en Russie. De
même, du temps de l'invasion des alliés en France, les femmes des
classes supérieures, dont les sympathies étaient acquises aux Bourbons, eurent seules des liaisons galantes avec les vainqueurs; le
peuple, au contraire, les ouvriers des villes, les habitants des campa-

gnes, la bourgeoisie, l'immense majorité des Français enfin, regardaient les alliés avec un sentiment de haine patriotique qui excluait
toute possibilité de galanteries. De quelles femmes ont-ils fait la conquête, les officiers autrichiens en Italie, les officiers russes en Pologne,
les officiers allemands en Alsace? Des vaincues par métier.

Les conquêtes antiques avaient plus d'influence ethnologique que les
conquêtes modernes, puisque les vainqueurs s'installaient chez les vaincus comme classe privilégiée; mais cette influence ne pouvait jamais
non plus être ni bien grande, ni bien profonde, et le célèbre aphorisme que *la terra dei vinti è sempre la tomba dei vincitori* est plus
vrai encore en ethnologie qu'en politique. Le nombre des vainqueurs
est toujours minime par rapport à la totalité de la population du pays
conquis. Ils pouvaient imposer aux vaincus leurs lois, leur civilisation,
leurs formes sociales, leur langue même, mais sous le rapport ethnologique ils sont impuissants. Leurs enfants, nés des femmes du pays,
quoique considérés comme appartenant au peuple conquérant, ne le
sont en réalité qu'à moitié. Comme les vainqueurs sont une infime
minorité, ces enfants s'allieront en grande partie aux habitants du
pays, et leurs descendants finiront par revenir complètement au type
pur de la race conquise. Si, au contraire, les vainqueurs ne s'allient
qu'entre eux, conservant jalousement la pureté de leur sang, ils for-
meront une aristocratie, très puissante peut-être sous le rapport politique, mais complètement nulle sous le rapport ethnologique. D'ailleurs, comme toutes les aristocraties, elle sera inévitablement frappée
de dégénérescence, les familles iront en s'éteignant, ainsi que cela a lieu
en France avec l'aristocratie franque, en Angleterre avec la noblesse
normande, et la classe supérieure, décimée par la dégénérescence, se
recrutera parmi les personnages considérables de la race conquise.

Tout autre est l'influence des invasions populaires, qui avaient eu
lieu avant et aux premiers temps de l'époque historique. Des tribus,
des peuples entiers, chassés de leurs territoires par des ennemis,
pressés par la faim ou attirés par la douceur du climat et la richesse
et la fertilité d'autres pays, quittaient leur pays et émigraient en
masse, par milliers de familles, pour aller se fixer dans des localités souvent très éloignées. Ici il ne pouvait plus être question de relations ethnographiques entre les anciens habitants et les nouveaux venus. Les
vainqueurs et les vaincus ne pouvaient pas occuper le même territoire,
où ils ne trouvaient plus assez de place. Les habitants devaient ou
repousser les envahisseurs par les armes et les chasser, ou leur céder

la place et émigrer eux-mêmes, quitter leur pays, leurs habitations, et se laisser emporter par le courant. Les invasions de cette sorte étaient moins des conquêtes que des colonisations; les nouveaux venus se fixaient dans le pays conquis avec leurs familles, occupant tout le territoire, et substituant ainsi à l'ancienne population une autre race sans les mêler, sans altérer la pureté du sang de l'une et de l'autre. Ces invasions changeaient donc complètement la physionomie ethnique du pays, mais, encore une fois, non par altération des types, mais par substitution des uns aux autres. Les races se déplaçaient, mais en gardant leur individualité.

Pour de telles invasions, les seules qui aient de l'importance au point de vue ethnologique, le territoire de la France n'est ouvert et accessible que du nord et du nord-est. Les migrations pareilles sont impossibles par mer, aussi la France en était-elle garantie du côté de l'Océan et de la Méditerranée. Massilia n'était qu'une petite colonie grecque, importante par son influence civilisatrice, mais complètement nulle sous le rapport ethnologique. Les excursions des Normands n'étaient que des brigandages, et non des colonisations, et leur établissement dans la Neustrie n'avait même pu, comme nous l'avons vu, avoir une influence ethnologique que peu considérable, circonscrite en tout cas dans les limites de cette province. Les Bretons, qui venaient se fixer en Armorique, fuyant la conquête anglo-saxonne, étaient de la même race que les habitants du pays, et la domination anglaise sur le continent n'était qu'une occupation militaire. Les passages étroits, difficiles et dangereux des Alpes, du Jura et des Pyrénées rendaient impossibles ces migrations des peuples et leur entrée sur le territoire de la France du côté du midi et de l'est; et en effet nous ne voyons venir de ces côtés que les Romains et les Sarrasins, c'est-à-dire des armées et non des peuples.

Ainsi, l'immigration des tribus, des peuples entiers en France, n'était possible que du nord et du nord-est. Dans leur mouvement vers le sud et le sud-ouest ces immigrants devaient nécessairement chasser devant eux les habitants des pays envahis, qui fuyaient en masse, chassant à leur tour les voisins. Mais les envahisseurs, soit qu'ils rencontrassent une forte résistance, soit que leur élan primitif se soit épuisé, finissaient par s'arrêter dans leur marche, et s'établissaient dans un pays. Si la France eut présenté un territoire ouvert des deux côtés, les anciens habitants fuyant l'invasion auraient quitté le pays, dont la population eût été changée alors dans sa totalité. Mais en

France les habitants n'avaient pas la ressource de quitter entièrement le territoire; les Alpes, les Pyrénées, la Méditerranée et l'Océan rendaient l'émigration impossible. Les envahisseurs les pressaient contre ces barrières; il ne leur restait qu'à périr, ou à s'établir à demeure le long des montagnes ou de la mer, et fonder ainsi des colonies de races à population plus dense, à élément national plus développé, à caractère ethnologique plus intense. Pressés contre ces barrières, ayant la retraite coupée, ils étaient forcés de se défendre avec une énergie d'autant plus grande qu'ils n'avaient le choix qu'entre une résistance désespérée et la mort, et cette résistance arrêtait enfin le torrent de l'invasion. Les conditions orographiques contribuaient encore au succès de ces derniers efforts. La France présente au centre des plaines et des plateaux, et à ses bords des montagnes, qui servaient de refuge aux habitants surpris par l'invasion, de boulevards et de forteresses naturelles aux races et aux nationalités, forteresses qui défiaient tous les efforts des vainqueurs. Ces derniers de leur côté préféraient évidemment les plaines, riches et fertiles, et dont la conquête était facile, aux montagnes arides et stériles, dont la conquête, peu productive, demandait de grands efforts et de grands sacrifices, et que les habitants qui s'y étaient réfugiés défendaient à outrance, n'ayant d'autre alternative que de vaincre ou de périr.

Nous pouvons donc affirmer à priori que les races plus ou moins pures, et les tribus qui avaient conservé leur individualité ethnique doivent se trouver en France le long des frontières et dans les massifs des montagnes, tandis que le centre du pays doit présenter le mélange le plus informe de toutes sortes d'éléments ethnologiques, — restes d'anciennes populations et reliquats de toutes les invasions, de tous les peuples qui avaient traversé la France. Les faits confirment pleinement ces conclusions. Les peuples envahisseurs, entrant comme un coin dans la population déjà existante dans le pays, devaient les refouler en arrière, au midi, et sur les côtés; et en effet nous trouvons les races les plus pures, qui avaient conservé le mieux leur physionomie et leur individualité ethnologique, précisément le long des bords et au midi du territoire actuel de la France. A l'ouest, nous voyons la race celtique des Bretons, qui surent conserver avec une ténacité réellement étonnante non seulement leur nationalité, mais leur langue, leurs mœurs, certaines croyances même, à travers une longue suite de siècles. La population de la Vendée, qui passe insensiblement, sans distinction de limites tranchées, dans le Poitou, la population de cette dernière province, ainsi que celle de la Saintonge et de l'Angoumois, présentent aussi une physionomie ethnique très prononcée et un type de race évident.

Les parallèles 45° et 46° embrassent entre elles un pays montagneux, qui, comme une ceinture, coupe la France en deux parties, celle du nord et celle du midi, se rattache au grand massif de l'Auvergne, et est prolongée par celui du Dauphiné. Ce pays est occupé par ces deux dernières provinces, le Lyonnais, le Limousin, une partie de la Marche, et enfin l'Angoumois et la Saintonge. Cette division de la France en partie septentrionale et partie méridionale avait eu une importance capitale pour l'histoire et l'ethnologie. Cette ceinture de montagnes, les chaînes de la Marche et du Limousin, les massifs de l'Auvergne et des Cévennes, arrêtèrent la marche envahissante des peuples du nord et sauvèrent les nationalités du midi. Maintenant encore le voyageur est frappé de la différence si nettement tranchée des physionomies ethnologiques de ces deux parties de la France. Les habitants de la Provence, du Languedoc, de la Guyenne, etc., sont évidemment, comme le voyageur le moins observateur ne manque pas de le constater, d'une toute autre race que les Français d'au delà de la Loire, et cette différence de race se fait voir à travers toute l'histoire de la France. Tout est différent chez les populations du Midi et du Nord, — aspect, caractère, civilisation, mœurs, idées, croyances, et la haine, absurde maintenant, des méridionaux contre les habitants d'au delà de la Loire n'est que le reliquat des vieilles haines nationales.

Nous avons dit plus haut que pour vérifier notre supposition que la condition qui n'avait pas été prise en considération, et dont l'influence avait modifié les manifestations partielles de la loi générale, n'est autre que l'élément ethnologique, nous devons introduire cet élément dans notre tableau. Mais, ainsi que nous venons de l'expliquer, on ne peut s'attendre à trouver des races plus ou moins pures que vers les bords du territoire français et dans sa partie méridionale, tandis que les provinces du centre et du nord, à population mélangée, ne peuvent nous donner que des résultats moins positifs. On pourrait croire que le mélange des races qui les peuplent aurait dû former dans le courant de tant de siècles une population homogène, une sorte de résultante de tous les éléments, population sinon pure de race, du moins non sans individualité ethnique, ayant son caractère propre, sa physionomie, ses particularités, son type, et qui constituerait un tout plus ou moins homogène. Mais une pareille supposition serait tout à fait erronée.

Tous ceux qui sont au courant des travaux ethnologiques, et surtout ceux qui avaient eu l'occasion de faire eux-mêmes des recherches de ce genre, savent que si deux ou trois races habitent la même localité, elles se mêlent très peu entre elles, et ne se fondent pas en une population homogène, mais constituent des petites colonies éparses, se distribuant par villages, par cantons, et cela très inégalement.

Nous avons déjà fait remarquer plus haut que la distribution des départements en groupes ethnologiques n'est pas chose facile. L'ethnologie de la France n'est pas encore suffisamment connue, surtout en ce qui regarde la délimitation des territoires occupés par les diverses races, et l'on sait à quel point sont vagues et arbitraires les indications des auteurs à ce sujet. Dans des questions aussi difficiles et délicates, où l'ethnologiste n'a pour se guider ni faits positifs, ni chiffres statistiques, rien que des impressions et des appréciations personnelles, la personnalité de l'auteur joue un rôle beaucoup trop important. Le lecteur a pu remarquer que dans notre travail nous avons toujours cherché à éviter surtout les appréciations arbitraires et tout ce qui découle de la personnalité de l'auteur, — élément complètement étranger à la question. L'élément accidentel est inévitable, et peut certainement être une source d'erreurs ; mais la chance d'erreur diminue à mesure que les chiffres augmentent, et quand on a enfin affaire à des quantités considérables, l'élément accidentel s'élimine complètement, puisque les erreurs ont lieu tantôt dans un sens, tantôt dans un autre, se compensant ainsi et se neutralisant mutuellement. On ne peut pas en dire autant des erreurs qui ont leur source dans la personnalité de l'auteur, dans sa manière de voir, d'observer et d'apprécier les faits, dans les idées préconçues qu'il peut avoir, dans certaines qualités ou certains défauts de son esprit, etc. La cause des erreurs étant constante et agissant toujours dans le même sens, les erreurs ne peuvent plus se compenser ; elles s'additionnent au contraire et croissent, et nous n'avons malheureusement aucun moyen d'apprécier et d'exprimer en chiffres, comme on le fait en astronomie, les valeurs de ces « erreurs personnelles ». Aussi avons-nous pris pour principe, dans les questions où la science ne nous donne pas de critérium certain et positif, de ne jamais nous guider par nos impressions et nos vues personnelles, mais de rechercher, à défaut de ce critérium exact, un critérium approximatif, dépendant de faits ou de conditions générales de nature historique, statistique, etc. Plus ces conditions seront générales, et par conséquent plus elles seront importantes,

essentielles, plus le critérium, quoique pris, peut-être, dans une autre
sphère, dans un autre ordre d'idées et de faits, sera néanmoins juste
et approchant de la vérité. Les mêmes considérations nous ont
guidé aussi cette fois. L'ethnographie de la France n'étant pas suffisamment connue, et la science ethnologique ne nous fournissant pas
de données pour ce groupement des départements en unités ethnologiques, nous nous sommes décidé à nous adresser à l'histoire.

La France avait été, jusqu'à la fin du dernier siècle, divisée en provinces, — division dont le point de départ se trouve déjà dans la distribution géographique des tribus qui peuplaient les Gaules du temps
de Jules César. Les noms de beaucoup de ces tribus se sont conservés
jusqu'à nos jours dans les noms des localités qu'elles avaient habitées.
Ces peuplades ont donné directement leur nom à quelques-unes des
provinces ou des pays (*pagi*), comme la Saintonge (Santones), le Poitou (Pictones), l'Auvergne (Arverni), le Bigorre (Bigerrones), le Cou-
sorans (Consoranni), etc. A d'autres elles avaient donné le nom indirectement, en le donnant au chef-lieu du pays, comme le Limousin —
Limoges (Lemovices), la Touraine — Tours (Turones), l'Orléanais —
Orléans (Aureliani), etc.

L'administration romaine divisa la Gaule en provinces non seulement en dépit de l'ethnologie, mais aussi en dépit de la géographie et
du bon sens. Toute la partie septentrionale, depuis l'embouchure de la
Somme jusqu'à la trouée de Belfort, reçut le nom de Belgique (Belgica), et fut divisée en Belgique première et Belgique seconde (Belgica
prima, secunda). La contrée depuis cette ligne jusqu'à une autre, qui
suivait la Loire et descendait jusqu'au sud de Lyon, reçut le nom de
Lyonnaise (Lugdunensis). La partie méridionale de la France, depuis
la Loire jusqu'aux Pyrénées, conserva le nom d'Aquitaine, et le Languedoc actuel devint la Narbonnaise (Narbonensis). La conquête
franque abolit cette division fantaisiste, mais pour lui en substituer une
autre, plus fantaisiste encore, qui changeait à chaque génération, et
dans laquelle les notions les plus élémentaires de l'ethnologie étaient
violées de la façon la plus absurde. Le chaos des divisions féodales, le
passage des domaines et des possessions d'une maison à une autre, la
réunion et la division des provinces selon les alliances et les divisions
des familles auraient dû, pourrait-on croire, embrouiller encore la
question ethnologique et effacer toute trace de division selon la distribution géographique des races, — et cependant c'est le contraire qui
avait eu lieu. Malgré le morcellement des possessions féodales, malgré

les réunions bizarres des provinces par suite de mariages et d'héri-
tages, les pays habités par les mêmes races exerçaient réciproquement
une attraction tellement puissante, et qui finit par devenir facteur
historique, que les provinces, divisions dernières et définitives de la
France, furent l'expression très approximative de la division de la population par races. Ces provinces, conservées par l'ancienne monarchie,
n'étaient pas seulement des divisions administratives comme le sont
les départements actuels, — c'étaient de vrais petits États ayant leur
individualité nationale, leur caractère propre, leurs lois, leurs coutumes, leur histoire, leurs sympathies et leurs antipathies nationales.
Cette division en provinces n'était pas arbitraire; ce n'était pas le résultat de quelque caprice administratif, comme nous n'en voyons que
trop souvent, — elle était la conséquence de l'attraction réciproque des
pays ayant des populations de la même race, et s'était faite malgré les
circonstances et les conditions historiques défavorables, malgré les
conquêtes, les hasards de la féodalité et de l'arbitraire des gouvernants.
La vieille monarchie française avait conservé cette division, en laissant
aux provinces leur autonomie judiciaire et administrative, et consacra
ainsi les résultats de l'attraction et de la répulsion des races et de leurs
aspirations séculaires. Et non seulement les provinces avaient été l'expression de l'ethnographie de la France, mais leur subdivision même
en *pays* (pagi) correspondait à l'antique division de la Gaule en territoires des peuplades et des tribus secondaires, qui leur donnèrent pour
la plupart leurs noms, et dont les descendants forment encore la principale partie de la population de ces localités. Nous voici donc arrivés
à la conclusion que, faute de critérium ethnologique certain, nous
pourrons utiliser la division des départements en groupes qui constituent le territoire des anciennes provinces, c'est-à-dire à l'idée de
remplacer le critérium ethnologique, qui nous fait défaut, par le critérium historique. Nous ne nous faisons pas illusion et n'ignorons pas
que si l'élément ethnologique est un des principaux facteurs historiques
— le principal peut-être — le hasard peut aussi avoir souvent son importance, quoique beaucoup moindre qu'on ne le pense généralement.
Mais dans le cas actuel le hasard historique ne peut avoir qu'une influence insignifiante. Si la division en provinces subsistait encore, si
leur sort dépendait encore des événements historiques, des alliances
des familles souveraines, ce critérium ne présenterait que peu de garantie, puisque la constitution des provinces ne serait pas alors un résultat historique final, mais seulement un des moments, une des phases

de l'évolution. Les provinces s'étant constituées déjà, au contraire, depuis des siècles pour ainsi dire, vécurent de leur vie nationale, sociale et intellectuelle propre, et furent enfin supprimées comme ayant accompli le cycle de leur existence. Enfin, si insuffisant que puisse paraître le critérium historique, il vaut toujours mieux que l'arbitraire de l'auteur, et si l'on ne peut faire autrement que d'introduire dans la question un élément qui lui est étranger, nous aimons encore mieux que ce soit l'élément historique que celui de nos idées, de nos appréciations, de notre manière de voir, de notre personnalité enfin ; et à choisir entre ce qui peut sembler n'être que le résultat du hasard, mais du hasard historique, et ce que telle ou autre personne croit être la vérité, nous n'hésitons pas à préférer l'histoire à l'opinion personnelle de qui que ce soit, même à la nôtre.

CHAPITRE VII

Statistique des personnages remarquables par provinces.

En raisonnant à priori, nous sommes arrivé à la conclusion, pleinement confirmée par l'histoire, que les conquêtes, et surtout les invasions,
devaient arriver en France du nord et du nord-est, et que les provinces
méridionales, et particulièrement celles du sud-ouest, doivent présenter les races relativement les plus pures et les populations les plus ho-
mogènes sous le rapport ethnologique. Ce sont donc ces provinces, et
ensuite celles du midi et des bords et des frontières de l'ouest et de
l'est qui ont pour nous le plus d'intérêt. Nous commencerons donc par
le sud-ouest.

Dans les temps paléontologiques et préhistoriques, dit M. G. Lagneau (1), la région sud-ouest de la France était habitée par des populations de races différentes. Les nombreuses fouilles pratiquées dans des
grottes ou des cavernes, sous des dolmens dans les départements de la
Dordogne, de l'Aveyron, de la Lozère, de Tarn-et-Garonne, de la Haute-
Garonne, de l'Ariège, etc., par MM. Ed. Lartet (2), Alf. Fontan (3)
Garrigou (4), Brun (5), le vicomte de Sambucy (6), Matthieu de Coste-
plane de Camarès (7), Prunières et maints autres explorateurs, ont

_____

(1) Ethnogénie des populations du Sud-Ouest de la France. *Revue d'anthropologie*
1872, vol. 4, pp. 606 et suiv — (2) Paléontologie. Sur une ancienne station humaine,
avec sépulture contemporaine des grands mammifères, etc. *Société philomatique*.
8 mai 1861. — Nouvelles recherches sur la coexistence de l'homme et des grands
mammifères fossiles, 1862. — (3) Grottes de Massat. *Comptes-rendus de l'Académie
de sciences*, 10 mai 1858, t. XLVI, p. 900. — (4) Crânes humains de la caverne de
So briver et mâchoires humaines de la caverne de Bruniquel. *Bull. de la société
d' hrop.*, t. IV, pp. 174, 583, 651; t. V, pp. 816, 924. — (5) Sur les fouilles prati-
q : par M. Brun dans la caverne-abri de Lafaye, à Bruniquel, *Bullet. de la société
d' tropologie*, 2ᵉ série, t. I, p. 48. — (6) Face très prognathe d'un crâne de l'âge
de pierre, PRUNER-BEY, *Bulletin de la soc. d'anthr.* t. IV, p. 893. — (7) Sur les sépul-
tures préhistoriques de la montagne Salsou, *Bulletin d'anthropol.* 2ᵉ série, t. VI,
p. 316.

donné des ossements humains qui témoignent de l'existence de plusieurs races distinctes. En effet, les ossements de la caverne de Cro-Magnon aux Eyzies dans le Périgord, recueillis par L. Lartet en même temps qu'une défense de mammouth, et étudiés par MM. Broca et M. Pruner-Bey, se font remarquer par leurs grandes proportions, par leur crâne volumineux, dolichocéphale, à occiput très développé, sans protubérance, à arcades sourcilières saillantes, par leur face orthognate supérieurement, prognathe dans la région alvéolaire, large au niveau des orbites, par leur branche montante maxillaire très large, par leurs tibias platycnémiques, et, en général, par leurs os volumineux (1). Au contraire, les quelques dents, les quelques os humains recueillis en même temps que des ossements d'*Elephas primigenius*, de *Rhinoceros ticho-rinus*, d'*Ursus spelæus* par divers explorateurs étaient de petites dimensions. Aussi M. Ed. Lartet faisait-il remarquer que tous ces fragments humains avaient appartenu à des individus de petite taille (2), vraisemblablement à ces petits brachycéphales dont M. Garrigou paraît également avoir retrouvé des débris de maxillaires dans la caverne de Bruniquel (3). Outre ces deux races éminemment différentes par leurs proportions et leurs conformations, Ch. Garrigou de la caverne de Lombrives (4), M. Brun de la caverne-abri de Lafaye à Bruniquel (5) ont extrait des crânes mésoticéphales et dolichocéphales également distincts des deux types précédents. Ainsi que paraît l'admettre M. Carl Vogt pour la race des habitants de Lombrives, dont il retrouve actuellement encore des représentants dans les montagnards des Pyrénées (6), plusieurs de ces races paléontologiques et préhistoriques ont sans doute survécu aux dernières modifications géologiques de notre Europe occidentale. En effet, selon Ed. Lartet, il a suffi d'une faible surélévation pour garantir certaines régions de l'invasion du diluvium ou drift pyrénéen, et les humains, comme la plupart des grands mammifères contemporains, ont dû pouvoir traverser la longue crise climatérique de la période glacière, qui a cessé graduellement, peut-être par un affaissement ayant amené nos contrées dans leurs relations géographiques actuelles. Cuvier, en parlant des révolutions de la surface du globe, ad-

(1) LARTET. *Une sépulture des troglodytes du Périgord.* — BROCA. *Les crânes et les ossements des Eyzies. La théorie estomnienne.* — PRUNER-BEY. *Sur les ossements des Eyzies. Bulletin de la société d'anthropologie,* 2e série, t. III, pp. 335, 350, 116. 432, 454. — (2) *Nouvelles recherches sur la coexistence de l'homme et des grands mammifères fossiles,* 1862, p. 241. — (3) *Bulletin de la société d'anthropolog.* t. IV, p. 651. — (4) *Ibid.* t. V, p. 924. — (5) *Ibid.* 2e série, t. I, p. 48. — (6) *Ibid.* t. V, p 933.

mettait déjà que l'homme avait pu habiter quelques contrées peu étendues, d'où il avait repeuplé la terre après ces événements terribles.
Plus on reconnaît l'évolution graduelle des grands phénomènes géologiques durant une longue série de siècles, plus la persistance des types
humains semble possible et vraisemblable.

Si des époques paléontologiques et préhistoriques on passe aux premières époques historiques, César, Pline et la plupart des auteurs anciens nous montrent que la plus grande partie de la région sud-ouest de
la France était occupée par les Aquitains, nation considérable, composée de nombreuses peuplades, séparées des Celtes par la Garonne, et
s'étendant de ce fleuve aux Pyrénées. « Gallia est omnis divisa in partes
tres; quorum unam incolunt Belgæ, aliam Aquitani, tertiâ, qui ipso-
rum linguâ Celtæ, nostra Galli appellantur. — Gallos ab Aquitanis Ga-
rumna flumen... dividit (1). Ab eo (Sequana) ad Garumnam Celtica,
inde ad Pyrenæi montes excursum Aquitanica (2).

Ces Aquitains, que César nous dit différer des autres habitants des
Gaules par la langue, les institutions et les lois (*hi omnes linguâ, insti-
tutis, legibus inter se differunt*), Strabon non seulement les distingue
des Celtes, mais insiste sur leur similitude de langue et de caractères
physiques avec les Ibères occupant la péninsule hispanique (3).

Quoique les Aquitains, au temps de la conquête romaine, n'occupas-
sent que la région comprise entre la Garonne et les Pyrénées, les populations ibériennes paraissent antérieurement avoir habité beaucoup plus
au nord. En effet, non seulement dans les régions plus septentrionales,
malgré l'immixtion des peuples d'autres races, les anthropologistes
semblent parfois reconnaître des descendants de race ibérienne,
de même que les linguistes y retrouvent certaines dénominations locales à étymologie ibérienne, mais longtemps des populations ibériennes paraissent s'être montrées jusque dans les Iles-Britanniques. Denys
le Périégète parle de « la riche nation des nobles Ibères » occupant
les îles Cassitérides (4), actuellement les îles Sorlingues, ou, peut-être,
Grande-Bretagne, d'après M. H. D'Arbois de Jubainville (5) ; et Tacite (6) au teint basané et aux cheveux bouclés des Silures, dans l'ouest
de la Grande-Bretagne, reconnaît également une population ibérienne (7).

(1) Jul. Cæsar. *De Bello gallico*, l. I, c. 1. — (2) Plin. Second *Histor. mundi*, l. IV,
c. XXXI, 17. — (3) Strabon, l. IV, c. I, 1; c. II, 1. — (4) Vers 561-4. — (5) *Les
premiers habitants de l'Europe.* Paris J. B. Dumoulin 1877, p. 31. — (6) *Agricolæ
vita*, c. XI. — (7) Dans la *Britannia secunda*, à l'embouchure de *Sabrina*; leur capitale était *Isca Silurum*.

L'invasion des Celtes, venant du nord ou du nord-est, rejeta les Ibères vers le sud-ouest, au delà des montagnes de l'Auvergne et du Limousin; ils occupèrent toute l'Aquitaine, passèrent les Pyrénées et se répandirent dans le nord de l'Espagne. Il est possible qu'une partie de cette race, se retirant devant l'invasion, avait pris la direction sud-est, et serait allée se jeter en Italie sous le nom de Ligures. Ces Ligures sont en effet signalés par Festus Avienus comme ayant été chassés par les Celtes, à la suite de nombreux combats.

Quant aux caractères ethniques des peuples ibériens, ils sont très incomplètement indiqués par les auteurs anciens. Cependant Jornandès, ainsi que Tacite, en rapprochant des Ibères les Silures de la Grande-Bretagne, nous indiquent que leur teint était basané, leurs cheveux noirs et bouclés. Martial signale la roideur de leur chevelure. Témoignant de la rare énergie de ces peuples, attestée d'ailleurs par les divers autres auteurs, César, en parlant des Aquitains, signale la singulière institution des *soldurii*.

Les Goths conquirent l'Aquitaine en 419, et fondèrent un royaume indépendant; mais ici, comme en Espagne, ils ne formaient que la haute classe, qui ne pouvait, ainsi que nous l'avons déjà dit, avoir une influence ethnique considérable. Nous ne voyons en effet chez la population de cette région aucune trace de sang goth, et le sort de leurs descendants nous montre que l'élément goth avait toujours été faible; et que les Goths ne se mêlaient pas avec le reste de la population. On sait que dans un grand nombre de localités en France il existait des « races maudites », haïes et méprisées des habitants de la contrée, et même persécutées par les lois. Elles étaient connues sous des noms divers : *colliberts* dans le Maine, l'Anjou et le Poitou ; *caqueux, cacaux, cahets* en Bretagne; *marrons* en Auvergne, *capots* ou *cagots* dans la Gascogne et au pied des Pyrénées. Ces malheureux appartenaient évidemment à des races très diverses, et n'avaient de commun que leur misérable position dans l'État et la société; aussi plusieurs anthropologistes considèrent les colliberts comme des descendants des Theifales, mais il est plus probable qu'ils représentent un mélange de plusieurs races, puisque MM. Lagardelle et Hamy (1) ont trouvé chez eux des individus brachycéphales, mésocéphales et dolichocéphales, aux yeux bruns et aux cheveux châtains, ainsi que des blonds aux yeux bleus. Les

(1) « *Notes anthropologiques sur les colliberts, huttiers et nioleurs des marais mouillés de la Sèvre.* » Bullet. de la société d'anthropologie, 2ᵉ série ,t. VI, p. 203.

marrons de l'Auvergne, d'après M. Francisque Michel (1), sont les descendants des juifs chassés de l'Espagne par le roi goth Vamba, ou ayant fui l'Inquisition du temps de Ferdinand le Catholique. Les descendant peu nombreux des Goths reçurent le surnom de *cagots* (*caas Goths*, chiens de Goths) dans les Pyrénées; ils conservèrent, paraît-il, le type goth: taille haute, cheveux blonds, yeux clairs, carnation blanche; mais on trouve aussi parmi eux des représentants du type sémitique, —évidemment des descendant des Arabes.

Nous avons dit que les Ibères avaient occupé tout ou presque tout le territoire de la France actuelle, ayant probablement rejeté vers le midi ou dans les montagnes les aborigènes ou les peuples qui les avaient précédés dans la conquête de la France. Chassés eux-mêmes de leurs possessions par l'invasion des Celtes, ils furent forcés de se retirer au delà de la chaîne des montagnes de l'Auvergne et du Limousin. Les Celtes, continuant leur marche envahissante, ou peut-être plus tard pressés eux-mêmes par d'autres envahisseurs, finirent par pénétrer, probablement en suivant les vallées de la Loire et de l'Allier, sur le territoire des Ibères et se répandirent dans la région des sources de la Corrèze, de la Dordogne, du Lot, du Tarn, et passèrent enfin peu à peu d'ici dans le Languedoc et en Provence, le long du Rhône. A l'ouest, ils traversèrent les plaines marécageuses entre les hauts plateaux de l'Angoumois et de l'Océan, descendirent vers l'embouchure de la Garonne, et continuèrent probablement leur marche en suivant le rivage, traversèrent le Bidassoa et se répandirent en Espagne, où leur mélange avec les Ibères forma la race celtibère. En route ils laissèrent une tribu à l'embouchure de la Garonne, connue sous le nom de *Bituriges Vivisci,* dont la capitale était *Burdigala* (Bordeaux). Nous avons en faveur de l'origine celtique des Bituriges Vivisci les arguments suivants : Ce peuple habitait une localité qui se trouvait sur la route des Celtes, la seule qu'ils avaient pu avoir suivie en allant d'au nord de la Loire en Espagne. Les Bituriges Vivisci étaient des étrangers au milieu du reste de la population de cette région, et appartenaient évidemment à une autre race. Rufus Festus Avienus dit que les Ligures avaient été chassés du voisinage des îles Oestrymniques par les Celtes, après une résistance longue et énergique. Ces Ligures peuvent avoir été une des peuplades qui habitaient les bords de la Loire, comme le suppose Prichard (2). Tan-

---

(1) *Histoire des races maudites de la France et de l'Espagne.* Paris 1847, t. II, p. 45.
— (2) V. sur le rapport entre le nom des Ligures et celui de la Loire II. D'ARBOIS DE

dis que le gros de ces peuples avait suivi la route du sud-est, cette
tribu avait pu, par suite de quelque circonstance particulière, se
diriger directement au midi et occuper le territoire dans le voisinage
des îles Oestrymniques, où ils furent assaillis par les Celtes, qui conquirent leur pays. Mais dans le golfe Oestrymnique il n'existe pas
d'autres îles que celles de Ré et d'Oléron, situées près de l'embouchure
de la Charente. Ainsi les Celtes avaient conquis sur les Ibères un territoire *dans le voisinage de Ré et d'Oléron*, et nous trouvons ensuite,
aussi dans le voisinage de ces îles, un peuple étranger à la population
ibère du reste de la région, et appartenant à une autre race. Y a-t-il
quelque raison plausible de douter que cette race soit la race celtique?
Qu'on accepte ou qu'on nie l'identité des Celtes et des Gaulois(1), on ne
peut douter que les peuples de l'une ou de l'autre de ces races avaient
été rejetés par une invasion venant du nord-est des plaines et des plateaux du centre de la France vers l'ouest, aux bords de l'Océan. Pressés
entre la barrière infranchissable de la mer et le flot de l'invasion, en
contact immédiat avec les envahisseurs, forcés de lutter contre ces derniers et de défendre non plus un territoire, mais leur droit à l'existence,
ces peuples finirent par se tasser, se concentrer sur un espace relativement restreint, et cette population dense, et animée encore d'une haine
nationale, dut nécessairement conserver dans la plus grande pureté
possible le type de sa race, ses traits distinctifs physiques et moraux,
et cela à un degré beaucoup plus grand que les peuples séparés de la
race envahissante par des obstacles naturels, par des montagnes par
exemple, et qui, par conséquent, n'étant pas en contact immédiat avec
les ennemis, n'ayant pas à défendre constamment leur territoire,
n'étaient pas animés d'une telle haine, et ayant plus d'espace, pouvaient
se répandre plus largement. Nous voyons en effet l'ouest de la France
conserver pendant des siècles sa physionomie ethnique, son type national, tant physique que moral, enfin sa langue même, ses mœurs, ses
croyances, ses légendes, et cela malgré toutes les conditions historiques
défavorables. L'histoire des dernières années du xviiⁱ siècle nous
montre à quel point cette population avait conservé son individualité
ethnique et nationale, qui se manifeste d'une façon si nette et si énergique jusque dans les idées politiques. La guerre de la Vendée, la

---

Jubainville. *Les premiers habitants de l'Europe.* Paris, J.-B. Dumoulin, 1877. Appendice VI « les Ligures », p. 298-9.

(1) V. sur cette question, Lagneau « des Gaels et des Celtes ». (*Mém. de la soc. d'an-
trohpol.* t. I, p. 237. Article Celtes dans le *Diction. des sciences médicales*).

chouannerie, éclatèrent et purent se prolonger précisément dans les pays occupés par cette race, et seulement dans ce pays.

L'Aquitaine fut conquise en 507 par Clovis après la bataille de Vouillé; réunie au royaume des Francs, elle fut donnée en 628 au frère de Dagobert, Aribert, puis eut des ducs de race mérovingienne, qui se rendirent indépendants. Eudes, duc d'Aquitaine, repoussa les Arabes à la bataille de Toulouse en 721; Hunald et Waïfre refusèrent de se soumettre aux premiers Carlovingiens. Pépin le Bref la conquit et la ravagea en 768. Érigée en royaume pour Louis le Débonnaire en 781, elle appartint aux rois de France jusqu'à 877, où elle fut érigée en duché en faveur de Rainulf, fils de Bernard comte de Poitiers.

La conquête et la domination franque, très importantes sous le rapport historique et politique, ne pouvaient pas avoir une grande importance ethnologique. Les Francs étaient peu nombreux; ils formaient une classe privilégiée d'aristocratie territoriale, qui ne put jamais, ainsi que nous l'avons dit plus haut, avoir une grande influence ethnologique. Une importance plus grande devait avoir eu pour ce pays la domination anglaise. Éléonore d'Aquitaine, répudiée par Louis VII, épousa Henri II Plantagenet et porta l'Aquitaine à la couronne d'Angleterre. Confisquée deux fois par la royauté française, en 1200 pour deux ans, en 1202 pour onze, elle retourna toujours à l'Angleterre, et ne fut réunie définitivement à la France qu'en 1453, après la bataille de Castillon.

Il a été expliqué plus haut en vertu de quelles considérations nous commençons l'examen des groupes départementaux par ceux du Midi. Nous avons donc à passer maintenant à l'examen de la Guyenne et de la Gascogne, mais d'abord nous croyons devoir dire quelques mots sur les départements pyrénéens.

Le Béarn (Beneharnum) avait été occupé du temps de la conquête romaine par les *Bénéharni*, de race ibère à ce qu'on croit, sans en avoir du reste la moindre preuve. Vu la position géographique et surtout l'orographie du Béarn, nous serions presque tentés de penser qu'il avait été peuplé par quelque tribu appartenant à la race qui avait précédé les Ibères dans la possession de l'Aquitaine, tribu qui avait été refoulée vers les montagnes. L'indépendance historique du Béarn, le caractère particulier, la physionomie physique et morale de ses habitants, semblent confirmer cette supposition. Nous avons déjà fait remarquer plus haut que les peuples et les tribus chassés par une invasion étrangère des territoires qu'ils avaient occupés, et pressé

contre des barrières naturelles infranchissables, n'ont que ces deux
alternatives : ou périr ou se grouper sur un territoire relativement
restreint, se concentrer et repousser avec toute leur énergie le flot de
l'invasion. Par suite de cette concentration, et aussi de la haine pour
l'étranger, haine qui fait tenir encore plus fort à la nationalité, le type
de la race se développe, est renforcé encore par une sorte de sélection
nationale, et porté à sa plus haute expression. C'est ce qui avait eu lieu
dans le Béarn, qui a conservé jusqu'à nos jours sa physionomie particulière, sa nationalité, et jusqu'à ses aspirations à l'existence comme
État indépendant. Cette dernière particularité, qui est de la plus haute
importance dans la question ethnologique, constitue le trait le plus
saillant de l'histoire du Béarn.

Le Béarn faisait partie, au temps de la domination romaine, de la
Novempopulania ou troisième Aquitaine. Les Vandales, les Alains, les
Suèves, les Wisigoths traversèrent le Béarn pour envahir l'Espagne,
et les derniers s'y fixèrent au vᵉ siècle. Après la bataille de Vouillé, les
Wisigoths, refoulés, chassèrent de Pampelune et de la Calahorra les
Ibères, qui, sous le nom de Vascons, vinrent s'établir dans le midi de
l'Aquitaine. Cette invasion dura jusqu'à Dagobert, qui la combattit et
la contint. Dès le commencement du xᵉ siècle, le Béarn eut des vi-
comtes héréditaires, vassaux immédiats des comtes de Gascogne. Ayant
voulu porter l'hommage du Béarn aux rois d'Aragon, cette dynastie fut
chassée par les sujets, jaloux de l'indépendance de leur pays, et en
1173 commença la dynastie des Moncades, qui gouverna jusqu'à 1290.
Habile à maintenir la liberté de ses États, elle rejeta l'alliance des
Aragonnais et des Anglais, maîtres de la Gascogne, et accepta la suze-
raineté des Français, protecteurs et voisins moins immédiats. A la mort
de Gaston VIII, Roger-Bernard, comte de Foix, lui succéda dans le
titre de vicomte, et le Béarn fut de fait réuni au comté de Foix. En
1485, le Béarn passa par alliance à la famille d'Albret. Par l'avènement
de Henri IV, le Béarn fut réuni à la France, mais les villes conservèrent
leurs *fors* ou libertés. Le pays possédait depuis 1305 le recueil des
siens; il voulait continuer à vivre de sa vie indépendante et nationale;
pour calmer les susceptibilités des États, il fallut que Henri IV leur
dît : « Je ne donne pas le Béarn à la France, mais la France au Béarn. »
L'édit de réunion ne fut promulgué que sous Louis XIII, en 1620. Plus
d'une fois, même en 1787, le Béarn tenta de reconquérir son indépendance. Costumes, mœurs, langage, tout dans le Béarn a conservé
jusqu'à nos jours la vieille physionomie du moyen âge.

Ainsi l'analyse des conditions géographiques et ethnologiques nous fait conclure à priori que le Béarn doit avoir son individualité ethnique, et cette conclusion est confirmée de la façon la plus éclatante par l'histoire de ce pays. Le désir de l'indépendance politique, ses aspirations à conserver son individualité nationale, indiquent chez ce peuple le sentiment instinctif et la conscience de son entité ethnique. L'analyse nous confirme donc, et en même temps nous donne la preuve de l'exactitude du moyen que nous avons employé pour arriver à un groupement des départements, en substituant au critérium ethnologique qui nous manquait le critérium historique.

Nous avons déjà dit plus haut que l'analyse des conditions géographiques, — analyse dont les conclusions sont confirmées par l'histoire nous avait conduit à admettre à priori que les Pyrénéens doivent présenter une population d'une race autre que celle qui occupe la région méridionale de la France, et ayant son individualité ethnique. Le critérium historique appliqué à cette contrée nous conduit à postériori à la même conclusion. Le comté de Foix, formant la presque totalité du département de l'Ariège, érigé en 1035 en faveur de Bernard Ier, fils de Roger comte de Carcassonne, fut réuni en 1290 à la vicomté de Béarn, dont il partagea depuis ce temps les destinées. Mais entre les départements de l'Ariège et des Basses-Pyrénées sont situés encore celui des Hautes-Pyrénées et une partie de la Haute-Garonne, qui forme une bande étroite séparant l'Ariège des Hautes-Pyrénées. Tous ces départements ont une population de la même race, que nous appellerons, pour éviter toute discussion et pour nous abstenir de toute conclusion ethnologique hâtive, *race pyrénéenne*. L'attraction qu'exercent réciproquement les pays de la même race est tellement énergique, qu'elle devient, comme nous l'avons dit, facteur historique, plie dans son sens le hasard des événements, et force la main aux gouvernements. Aussi le comté de Bigorre, formant la presque totalité des Hautes-Pyrénées, érigé en comté au commencement du ixe siècle, et réuni à la couronne en 1292, finit par passer à la famille de Foix, et forma avec le Béarn et le comté de Foix un tout entier, un État politique ayant son individualité propre. L'histoire nous confirme ainsi les prévisions émises à priori sur l'individualité historique et ethnologique de la bande étroite de terrain qui occupe la frontière sud de la France, le long des Pyrénées. Cette région doit donc être examinée séparément.

CHAPITRE VIII

Analyse des provinces.

Région pyrénéenne.

Nous avons dit que cette région forme une bande étroite le long des Pyrénées, et embrasse les départements des Basses-Pyrénées, des Hautes-Pyrénées, de l'Ariège, et une partie de la Haute-Garonne. La plus grande partie de ce dernier département appartient à la Gascogne et sera examinée avec cette province; aussi le lecteur ne doit pas s'étonner de trouver le même département dans deux groupes différents, ce qui arrivera encore plus d'une fois, la division en départements ne correspondant pas entièrement à l'ancienne division en province.

Dans la région pyrénéenne nous n'avons pas compris le département des Pyrénées-Orientales, qui n'a ni race, ni destinées historiques communes avec cette région. Le territoire de ce gouvernement formait le grand gouvernement du Roussillon. Du temps des Romains, ce pays faisait partie de la Narbonnaise I, tandis que la région pyrénéenne faisait partie de l'Aquitaine. Conquis par les Arabes, qui le gardèrent quarante ans, le Roussillon eut dès le viii° siècle des comtes, qui se rendirent bientôt héréditaires; le dernier le légua en 1172 à Alphonse II d'Aragon, et le Roussillon resta sous la domination espagnole jusqu'à 1640, quand il fut conquis par la France sous Louis XIII. Ainsi le critérium historique, appliqué à ce département, ne nous permet pas de le comprendre dans la région pyrénéenne, qui avait une individualité historique et politique propre, mais qui néanmoins tenait plus ou moins à la France, tandis que le Roussillon, arabe d'abord, resta ensuite près de cinq siècles sous la domination espagnole, et avait gardé jusqu'à nos jours une physionomie espagnole.

Maintenant que nous avons un groupe ethnologique, voyons si la loi de l'influence directe et immédiate de la densité de la population et de

sa distribution entre les villes et les campagnes sur la richesse et l'intensité de la vie intellectuelle, sur la fécondité du pays en personnages
remarquables par leurs talents, leur énergie, etc., est confirmée par les
faits.

Départements.	Nombre relatif de person. remarquables.	Densité de la popul. (nombre d'h. par kilom. carré).	% de la population urbaine.
Haute-Garonne.......	0,00010333	72,295	34,8
Basses-Pyrénées	0,00004480	58,56	18,8
Hautes-Pyrénées......	0,00003685	53,91	16,1
Ariège	0,00001919	53,24	14,7

Le lecteur le voit, les faits confirment avec une exactitude réellement remarquable la loi que nous avons déduite de considérations
médico-psychologiques. Pour la rendre plus évidente encore, donnons
à notre tableau la forme graphique, exprimons les conditions que nous
analysons par des courbes, dont les abscisses équidistantes sont données
par les départements, et les ordonnées par les chiffres respectifs des
conditions analysées.

Le premier coup d'œil jeté sur la figure 1, tableau II, prouve déjà au
lecteur le justesse et la vérité de notre loi ; mais on y voit encore une
autre circonstance, qui a une importance capitale dans la question qui
nous occupe. Tandis que les courbes de la densité de la population et
du 0/0 de la population urbaine conservent entre elles un parallélisme
évident, la courbe de la fréquence des personnages remarquables
descend beaucoup plus vite, ce qui indique que la fécondité de la population en capacités, en talents hors ligne, la richesse et l'intensité de
son activité intellectuelle augmentent rapidement avec la densité croissante de la population et le développement de la vie urbaine, beaucoup
plus rapidement que ces deux conditions ; mais aussi qu'elles diminuent
avec une rapidité hors de proportion avec la décroissance de la population en général, et celui de l'élément urbain en particulier.

Ainsi, le premier pas dans l'examen des régions non seulement nous
prouve, de la façon la plus évidente, la plus indubitable, la loi de l'influence des conditions de densité et de distribution de la population
sur la fécondité de cette population en personnages remarquables, mais
fait voir encore jusqu'à un certain point la forme même et le mode
d'action de cette influence.

Gascogne.

En parlant de l'Aquitaine en général, nous avons parlé en même temps de la Gascogne, qui en avait fait partie. Nous nous bornerons donc à rappeler qu'au vi⁰ siècle elle avait été conquise par les Vascons, qui lui donnèrent leur nom (le nom latin de Gascogne est *Vasconia*, d'où, par corruption, le nom français). La domination des Vascons n'avait pas été de longue durée; en 602, ils furent défaits par Théodebert II, roi d'Austrasie, et rejetés dans les montagnes. La Gascogne fit partie plus tard du duché d'Aquitaine et eut, après Charlemagne, ses ducs, qui se rendirent bientôt indépendants. En 1032, le duché de Gascogne passa à la maison d'Aquitaine et fut réuni à la couronne, par suite du mariage d'Éléonore d'Aquitaine avec Louis VII ; mais Éléonore, répudiée, ayant épousé Henri Plantagenet, porta le duché de Gascogne à la couronne anglaise. La Gascogne ne retourna à la France qu'en 1453. A la division de la France en départements, elle forma les départements du Gers, des Landes, des Hautes-Pyrénées, et une partie de ceux de Lot-et-Garonne, de Tarn-et-Garonne et de la Haute-Garonne. Le territoire des Basses-Pyrénées reçut de l'ancien territoire de la Gascogne une parcelle insignifiante de l'arrondissement de Bayonne.

	Nombre relatif de person. remarquables.	Densité de la popul. (nombre d'h. par kilom. carré).	% de la population urbaine.
Haute-Garonne........	0,00010333	72,29	34,8
Tarn-et-Garonne......	0,00007016	65,10	26,2
Lot-et-Garonne	0,00005485	64,89	20,5
Basses-Pyrénées......	0,00004180	58,56	18,8
Gers	0,00003835	49,82	17,5
Hautes-Pyrénées......	0,00003685	53,91	16,1
Landes.............	0,00002151	30,57	9,1

Non seulement nous retrouvons ici notre loi aussi vraie, aussi exacte qu'elle l'avait été pour la région Pyrénéenne, mais encore la Gascogne nous présente la même *forme* du rapport entre les conditions analysées. En effet, la courbe de la fréquence des personnages remarquables (tableau II, figure 2), d'abord sensiblement parallèle aux courbes de densité de la population et du 0/0 de la population urbaine dans sa partie inférieure, monte de plus en plus rapidement, coupe la courbe de densité, et, ayant son origine plus bas, atteint le chiffre 103,3, tandis que cette dernière ne monte pas au delà de 72,3.

Guyenne.

Du temps de la domination romaine la Guyenne faisait partie de l'Aquitaine, et avait été divisée entre l'Aquitaine I et l'Aquitaine II. Des peuples qui occupaient cette province on connaît les *Bituriges Vivisci*, dont nous avons déjà parlé, et qui vivaient dans la partie septentrionale du département de la Gironde ; les *Meduli*, qui occupaient le Médoc, paraissent avoir été une tribu des Bituriges. La partie méridionale du département de la Gironde était habitée par les *Vasates*, qui donnèrent leur nom au pays de Bazadais (Ager Vasatensis). Les *Nitiobriges* ou Nitobrices habitaient l'Agenois (leur capitale portait le nom d'Aginnum, actuellement Agen). Le département de la Dordogne était habité par les *Petrocardii*, d'où le nom de Périgord. Le Lot était occupé par les *Cadurci*, qui avaient pour capitale Divona (*civitas Cadurcorum*, Cahors). Tous ces peuples paraissent avoir été de la même race (excepté les Bituriges Vivisci), ou plutôt d'un mélange analogue de plusieurs races, puisqu'il est plus que probable que les peuples qui habitaient au nord de la chaîne du Limousin, pressés contre les montagnes par les invasions successives, pénétraient, s'infiltraient, pour ainsi dire, à travers les montagnes et venaient se mêler aux habitants du versant méridional, La doctrine cathare prit une grande extension dans la Guyenne, par suite de quoi la province eut à supporter toutes les horreurs de la guerre des Albigeois, surtout dans le Périgord, tandis qu'en Gascogne les Albigeois n'eurent que peu de partisans. La domination anglaise y avait laissé aussi des traces beaucoup plus profondes que dans la Gascogne. La Guyenne prit enfin une grande part aux guerres de religion, qui furent particulièrement sanglantes dans l'Agenois, le Bazadais et le Périgord, dont le chef-lieu, Périgeux, avait même été donné aux calvinistes comme ville de sûreté.

La Guyenne se divisait en pays suivants : le Bordelais, le Bazadais, l'Agenois, le Périgord, le Quercy et le Rouergue. Le Bordelais forme le département de la Garonne, et une petite partie seulement de ce pays passa au département des Landes. Le Bazadais fut divisé entre les départements de la Gironde et du Lot-et-Garonne. Ces deux pays, situés dans une plaine étroite, entre les montagnes et l'Océan, et formant un passage du bassin de la Loire à celui de la Garonne, avaient particulièrement à souffrir des invasions, des guerres et des brigandages des Vandales, des Goths, des Normands, des Anglais. L'Agenois avait des comtes héréditaires déjà au IXe siècle, passa ensuite à la maison de Poitiers, et plus tard à l'Angleterre. Donné par Charles IX à sa sœur Marguerite de Navarre, à la mort de cette dernière, il fut définitivement réuni à la couronne de France et forma, en 1790, la plus grande partie du département de Lot-et-Garonne. Le Périgord avait aussi été, dès le IXe siècle, un comté héréditaire, passa, par suite du mariage d'Éléonore d'Aquitaine avec Henri Plantagenet, sous la domination anglaise, retourna plusieurs fois à la France pendant les guerres franco-anglaises, fut ensuite le théâtre des guerres de religion, et forma enfin le département de la Dordogne et une partie de celui de Lot-et-Garonne. Le Quercy fit partie de l'Aquitaine jusqu'au IXe siècle, quand les comtes de Toulouse s'en emparèrent; il eut beaucoup à souffrir, comme nous l'avons déjà dit, pendant la guerre des Albigeois. Réuni à la France par saint Louis en 1228, cédé de nouveau à l'Angleterre par le traité d'Abbeville, en 1259, le Quercy passa ainsi plusieurs fois de la France à l'Angleterre et *vice versa*. Le calvinisme y trouva beaucoup d'adhérents, et le pays fut le théâtre de guerres de religion sanglantes. Montauban, capitale du bas Quercy, fut cédé aux calvinistes comme ville de sûreté; le cardinal de Richelieu la leur enleva, en 1629, après qu'elle eût repoussé Louis XIII. Le Quercy fut divisé entre les départements de Lot et de Tarn-et-Garonne. Le lecteur voit que tous ces pays présentent une grande analogie sous le rapport historique comme sous le rapport ethnologique. Habités par des peuples de même race, ils eurent non seulement des destinées historiques identiques, mais leur histoire intime, pour ainsi dire, leur vie historique avait été la même. Ils acceptèrent également la doctrine cathare, plus tard le calvinisme, et sous ce rapport, comme sous tous les autres, ils constituent un tout ayant son individualité historique, politique et ethnologique. On ne peut pas en dire autant du Rouergue. Ainsi que son nom (Ruthenicus Pagus) l'indique, il avait été habité par les Rutènes (Ruteni ou Rutheni), peuple qui n'appartenait pas à la race celte, et encore moins à la race ibère. Les Ibères avaient les cheveux noirs, les Celtes les avaient châtains, tandis que les Rutènes étaient blonds. — « Solventur flavi longa statione Ruteni », dit Lucain dans son poème. Le baron Roget de Belloguet rappelle

que chez les Arvernes de la première Aquitaine étaient cantonnés des
Laetes d'origine suève (1). Sans entrer dans la discussion de la question
sur ce qu'avaient pu être ces Laetes, une tribu ou une classe, des *liber-
tini* de Tacite, *lites* ou *lides*, sorte de serfs attachés à la glèbe, nous
nous arrêterons surtout sur l'indication que ce peuple était d'origine
Suève (*Laeti gentiles Suevi*). Les Suèves appartenaient au grand groupe
des Hermions, habitaient la partie slave de l'Allemagne actuelle et plus
loin au midi et à l'est, c'est-à-dire en Bohême, en Moravie, en Silésie,
en Saxe et dans la Prusse orientale, aux bords de l'Elbe, de l'Oder et de
la Vistule, jusqu'à la mer Baltique au Nord, et le long du Danube et de
la Teiss jusqu'aux frontières de la Dacie (Transylvanie et Moldo-Vala-
chie), par conséquent dans la partie slave de la Hongrie actuelle et
dans les principautés slaves du midi. Ils étaient de race slave ou pure,
ou mêlée de race germaine. Dans le voisinage immédiat de ces Laetes
d'origine suève, appartenant évidemment à la même race et très probablement formant avec eux un groupe ethnique, nous trouvons des Rutènes aux cheveux blonds et aux yeux bleus, un peuple qui porte le
nom latin des Russes et des Roussines de la Galicie. Leur capitale se
nomme *Segodunum* (*civitas Ruthenorum*, Rhodez), c'est-à-dire porte
un nom que nous retrouvons dans l'est de l'Europe, au centre du
monde slave : *Singedunum* (Belgrade en Serbie), *Segedin* ou *Szegedin*
sur la Theiss, *Segesvar* dans la Transylvanie, *Sigeth* dans le comitat
de Marmos. Prenant tout cela en considération, il est difficile de mettre
en doute l'origine slave de ces Ruthènes, dont les parents les plus proches évidemment habitent maintenant la Russie-Rouge. Mais nous
ne pouvons pas être de l'avis du baron de Goujal (2), qui regarde les
Ruthènes ou Roussines de la Galicie comme des descendants des Ruthènes
du Rouergue, sortis de la Gaule avec Sigovèse, et le contraire nous
semble beaucoup plus probable.

Les Ruthènes se réunirent aux Arvernes leurs voisins et aux Allobroges contre les Romains; mais ils furent battus par Fabius Maximus
Allobrogicus. Conquis par Jules César, le Rouergue fit partie, au temps
d'Auguste, de l'Aquitaine, ensuite de l'Aquitaine I, et enfin entra dans
la monarchie franque. Le comté de Rouergue fut réuni, au XIe siècle,
au comté de Toulouse. Le comte Alfonse Ier, partant pour la deuxième
croisade, vendit le comté de Rhodez en 1147 à Richard, comte de

---

(1) *Notitia dignitatum imperii occident.*, c. XLI. 4. cité dans *Ethnologie gauloise*,
Paris, 1861, p. 212. — (2) *Études historiques sur le Rouergue; Mémoires sur les
Ruthènes de la Galicie et de Hongrie*. Paris, 1858-9, 4 vol., t. III.

Lodève. La descendance mâle de ce dernier s'étant éteinte en 1302, le
Rouergue passa par le mariage de l'héritière du comté à la maison des
comtes d'Armagnac. Le Rouergue n'avait pas été, comme le reste de
la Guyenne, sous la domination anglaise, et le traité de Brétigny même,
qui donna à l'Angleterre en toute souveraineté le duché d'Aquitaine
avec ses annexes, le Poitou, la Saintonge, l'Aunis, l'Agenois, le Périgord, le Limousin et le Quercy, conserva le Rouergue à la France.
Aussi ce dernier, quoique faisant administrativement partie de la
Guyenne, se distingue des autres parties de cette province sous le
rapport historique comme sous le rapport ethnologique, et tandis que
les autres départements de la Guyenne constituent un tout historique et
ethnique, le Rouergue a son individualité propre. Nous devons par
conséquent nous attendre à ce que, sous le rapport de l'activité intellectuelle et de la fécondité en personnages remarquables, l'Aveyron, qui
avait été formé du Rouergue, présente une exception et se distingue
plus ou moins du reste de la Guyenne.

	Nombre relatif de person. remarquables.	Densité de la popul. (nombre d'h. par kilom. carré).	% de la population urbaine.
Gironde.............	0,00008006	67,06	39,0
Tarn-et-Garonne.....	0,00007016	65,10	26,2
Aveyron.............	0,00005931	42,13	17,4
Lot-et-Garonne......	0,00005485	64,89	20,5
Lot.................	0,00004181	55,07	13,3
Dordogne	0,00003692	53,09	10,8

Nous voyons encore une fois les chiffres donner la confirmation la
plus éclatante, la preuve la plus évidente, la plus indubitable de la
vérité et de l'exactitude de notre loi. En effet, sur dix départements
de la province, cinq continuent pleinement la loi, et le sixième fait une
exception, prévue, prédite, et qui ne fait réellement que confirmer la
règle. Ce sixième département, celui de l'Aveyron, l'ancien Rouergue, devait présenter une exception, puisque sa population appartient à une race
tout autre que la population du reste de la Guyenne, à la race slave. Si,
omettant l'Aveyron, nous faisons passer les courbes (tabl. II, fig. 3),
directement du département de Tarn-et-Garonne à celui du Lot-et-
Garonne, nous voyons dans la Guyenne, comme dans la Gascogne et la
région pyrénéenne, les courbes de la densité et de la distribution de la
population conserver un parallélisme évident, tandis que les courbes
de la fréquence des personnages remarquables descend rapidement,

indiquant aussi dans cette région, comme dans celles que nous avons déjà analysées, la même *forme* de l'influence de la densité de la population sur l'activité intellectuelle; montrant que la richesse et l'intensité de la vie intellectuelle croît et décroît avec la densité de la population et le 0/0 de la population urbaine, mais beaucoup plus rapidement que ces deux conditions.

Disposant les départements dans l'ordre géographique (tabl. II, fig. 4), nous voyons cette exception disparaître, se masquer. Dans la fig. 3, l'Aveyron se trouve placé entre le Tarn-et-Garonne et le Lot-et-Garonne, avec lesquels il présente une très grande différence sous le rapport de la densité et de la distribution de la population. La courbe des personnages remarquables aurait dû descendre avec les courbes de ces conditions, mais, par suite de la différence de race, cela n'a pas lieu. Dans le tableau graphique fig. 4, l'Aveyron est placé plus favorablement pour la manifestation de la loi que nous étudions, aussi voyons-nous l'exception disparaître. Mais, en étudiant ce dernier tableau, nous remarquons que la courbe des personnages remarquables, qui monte e, descend beaucoup plus rapidement depuis le Lot au Tarn-et-Garonnet devrait descendre tout aussi rapidement de ce dernier département à celui de l'Aveyron, tandis qu'au contraire elle descend en pente douce, beaucoup moins que la courbe de densité de la population.

Ainsi la loi à laquelle nous sommes arrivés par des considérations médico-psychologiques et par des raisonnements *à priori*, non seulement est confirmée de la façon la plus éclatante par l'examen de trois provinces et de douze départements, mais l'unique exception même que la loi avait paru présenter, et qui n'est qu'apparente, comme nous l'avons vu, fournit des indications précieuses, attirant notre attention sur une particularité, — différence de races, — que nous aurions pu omettre autrement, et nous renseigne en outre sur la valeur intellectuelle des races.

Toute la région sud-ouest de la France, comprise entre les Cévennes, le massif de l'Auvergne, la chaîne du Limousin, l'Océan et les Pyrénées, comprenant les bassins de la Garonne et de l'Adour, et les provinces : la Guyenne, la Gascogne, le Béarn et le Foix, nous prouve jusqu'à la dernière évidence la loi que nous étudions. Et dans toute cette région nous n'avons pas rencontré un seul fait contradictoire à notre théorie.

CHAPITRE IX

Remarques sur les courbes des tableaux graphiques. — Statistique plébiscitaire.

En raisonnant *a priori*, partant de certaines données et de certaines théories de la médecine mentale, et guidé par des considérations médico-psychologiques vérifiées par la statistique, nous sommes arrivé à conclure que la fréquence des personnages remarquables dans un pays doit être en rapport direct avec la densité de la population de ce pays et le 0/0 de la population urbaine. Les faits nous ont donné raison et confirmé pleinement nos conclusions. Dans les provinces que nous venons d'examiner, la loi s'est trouvée vraie en ce sens que la fréquence des personnages remarquables y est en raison directe *et de la densité de la population, et du 0/0 de la population urbaine.* Mais ces deux conditions elles-mêmes y sont aussi en rapport direct entre elles. Peut-on en conclure que l'une d'elles doit être regardée comme une fonction de l'autre, qui serait alors la variable indépendante? Si cela était, la fréquence des personnages remarquables devrait être considérée comme fonction de la condition primaire, et son rapport avec l'autre condition ne serait que la conséquence logique du rapport qui les lie toutes les deux à la variable indépendante. Mais nous savons que les deux conditions de la population, que nous examinons dans notre travail, n'ont pas entre elles ce rapport direct, et l'on n'a qu'à jeter un coup d'œil sur le tableau où nous avons mis en regard des chiffres de la fréquence des personnages remarquables ceux de la densité et de la distribution de la population, pour s'en convaincre. Il y a des départements vastes ayant une ou deux grandes villes, et dont le reste du territoire n'est que faiblement peuplé; ils donnent par conséquent un chiffre de densité de la population très faible, et le 0/0 de la population urbaine très fort, — ainsi les Bouches-du-Rhône. D'autres ont une population très dense, mais ne possèdent pas de grandes villes, — les Côtes-du-Nord, par exemple, — et le chiffre du 0/0 de la population urbaine y est très

faible par conséquent. Ainsi nous ne pouvons considérer les deux conditions de la population autrement que comme des variables indépendantes. Or les considérations médico-psychologiques et le raisonnement
nous avaient conduits à conclure que la fécondité d'un pays en personnages remarquables doit être en rapport direct *et avec l'une, et avec
l'autre* de ces conditions, et l'examen des provinces que nous avons
déjà passées en revue avait confirmé notre loi.

Mais deux variables indépendantes constituent une complication très
incommode; sans parler de la représentation graphique, où les courbes
exprimant la fonction ne sont plus planes, mais à double courbure,
— et il faudrait, par conséquent, faire non plus de la géométrie plane,
mais dans l'espace; — le rapport entre les variables indépendantes et
les variables dépendantes devient difficile, sinon impossible, à saisir. Il
serait donc grandement à désirer qu'il soit possible de substituer à ces
deux variables une variable unique. Or, puisque la fréquence des personnages remarquables est en rapport direct avec l'une et avec l'autre
des conditions de la population, elle doit être en rapport direct avec
leur produit, et, en désignant par x la densité de la population, par y
le 0/0 de la population urbaine, par u la fréquence des personnages
remarquables, nous aurons, pour l'expression de notre loi, non plus

$$u = f(x,y),$$

mais

$$u = f(xy).$$

Nous avons en effet :

Région Pyrénéenne.	Nombre relatif de personnages remarquables.	Produit de la densité de la population par le °/₀ de la populat. urb.
Haute-Garonne..............	0,00010333	2515,866
Basses-Pyrénées.............	0,00004480	1100,928
Hautes-Pyrénées........	0,00003685	807,051
Ariège.....................	0,00001910	782,628
Gascogne.		
Haute-Garonne	0,00010333	2515,866
Tarn-et-Garonne.............	0,00007016	1705,620
Lot-et-Garonne	0,00005185	1330,163
Gers......................	0,00003835	871,850
Landes....................	0,00002451	278,187
Guyenne.		
Gironde.........	0,00008090	2225,340
Tarn-et-Garonne	0,00007016	1705,620

Lot-et-Garonne	0.00005185	1330,163
Lot	0.00001181	732,131
Dordogne	0.00003602	573,372

Les chiffres confirment ainsi encore notre prévision, et pour rendre cette confirmation plus évidente, présentons le tableau sous la forme graphique. Considérant le produit de la densité de la population par le 0/0 de la population urbaine comme variable indépendante dont la fréquence des personnages remarquables est une fonction, nous prendrons les valeurs de la première pour abscisses, celle de la seconde pour ordonnées, et la courbe ainsi obtenue sera évidemment l'expression graphique de la fonction. Or le tableau graphique (tabl. II, fig. 5) nous montre que sur onze départements, dix se groupent d'une façon qui donne le sentiment très net d'une courbe de forme parabolique, la même pour toutes les trois parties de l'Aquitaine, courbe qui présente dans sa partie inférieure un rayon de courbure beaucoup moindre que dans la partie supérieure, et dont la convexité est dirigée vers l'axe des abscisses, ce qui fait ressortir d'une façon plus frappante encore la loi que nous avons constatée, et en vertu de laquelle les ordonnées de la courbe qui exprime la dépendance qui fait le sujet de notre étude croissent beaucoup plus rapidement que les abscisses.

En voyant cette courbe, expression graphique de la loi que nous étudions, courbe commune à toutes les trois régions de l'Aquitaine (nous parlerons plus bas de l'Ariège, qui semble faire exception), on serait bien tenté d'en calculer l'équation, qui serait l'expression mathématique de la loi étudiée, et que l'on pourrait comparer alors à celles de la loi pour les autres provinces, ce qui donnerait un moyen tout nouveau d'apprécier la valeur des races et leur avenir intellectuel. Mais nous n'avons pas l'expression générale de cette fonction, et n'en connaissons seulement que quelques valeurs particulières. Il est évident que le problème est complètement indéterminé, puisqu'il revient à faire passer une courbe par un certain nombre de points désignés, et que l'on peut toujours tracer une infinité de courbes qui satisfassent à cette condition, tout en pouvant d'ailleurs différer notablement les unes des autres dans l'intervalle de deux points consécutifs. Il ne reste donc qu'à recourir à la méthode d'interpolation, et choisir, pour exprimer notre loi, une courbe parabolique, qui d'ailleurs lui convient réellement par le sens même de notre raisonnement, c'est-à-dire supposer la fonction entière de la forme.

$$u = A + Bx + Cx^2 + \ldots\ldots + Kx^n,$$

Où u désigne la fréquence des personnages remarquables, et x le produit de la densité de la population par le 0/0 de la population urbaine.

Les coëfficients A, B, C... K, peuvent être calculés ici à l'aide de $(n+1)$ équations de condition, ou tout simplement à l'aide des formules d'interpolation. Les abscisses n'étant pas équidistantes, nous ne pouvons pas nous servir de la formule de Newton, mais nous avons celle de Lagrange.

$$u = \frac{(x-x_1)(x-x_2)\ldots(x-x_n)}{(x_0-x_1)(x_0-x_1)\ldots(x_0-x_n)}\, u_0 + \frac{(x-x_0)(x-x_2)\ldots(x-x_n)}{(x_1-x_0)(x_1-x_2)\ldots(x_1-x_n)}\, u_1 +$$
$$+ \ldots\ldots\ldots\ldots\ldots + \frac{(x-x_0)(x-x_1)\ldots(x-x_{n-1})}{(x_n-x_0)(x_n-x_1)\ldots(x_n-x_{n-1})}\, u_n.$$

où x_0, x_1, x_2... x, sont les diverses valeurs de u_0, u_1, u_2... u, n^1, sont les valeurs correspondantes de u. Cette formule est d'autant plus commode que tous ses termes sont calculables par logarithmes.

Malheureusement nous n'avons pas toujours cette ressource, et cela pour deux raisons. D'abord cette méthode nous donnera évidemment une équation de 10me degré (puisque les points donnés sont au nombre de 11), qu'il serait difficile d'utiliser. Ensuite — et c'est le principal — nous ne pouvons pas considérer les valeurs données de la fonction comme mathématiquement exactes, mais seulement comme très approximatives, puisqu'une erreur, l'oubli d'un nom, suffisent pour modifier, — d'une façon insignifiante en réalité, mais extrêmement grave pour le calcul mathématique, — la valeur de la fonction. Une pareille erreur, un pareil oubli, inévitables évidemment, produiront une inflexion au point correspondant de la courbe, et par conséquent modifieront complètement sa nature. Si nous faisions passer la courbe par les points exacts, tels que nous les donnent les coordonnées, elle prendrait ainsi une forme sinueuse, présentant des inflexions absurdes que le simple bon sens ne peut pas admettre. On peut comparer les données statistiques sur la fréquence des personnages remarquables dans les départements à une série d'observations, qui présentent toujours des déviations, des erreurs, mais dont on se sert néanmoins, en y apportant des corrections au moyen de la méthode des moindres carrés. Nous rechercherons donc ici, comme on le fait en astronomie, en physique, etc., non pas la courbe qui passe par les points donnés, mais une parabole qui en passe à la moindre distance, qui approcherait le plus de tous les points donnés, de sorte que les erreurs, les différences entre l'observation et la vérité mathématique soient les moindres possibles. Nous donnerons ici, en quelques mots, pour ceux de nos lecteurs qui sont peu familiers avec cette question des mathématiques, un exposé succinct de la méthode des moindres carrés.

Si nous choisissons pour formule de l'équation pour la courbe de l'Aquitaine, la considérant comme une parabole du 2ᵐᵉ degré, c'est-à-dire en s'arrêtant au 3ᵐᵉ terme, l'expression

$$u = m + nx + px^2,$$

nous aurions à calculer les coefficients m, n, p, de cette équation, en substituant aux variables leurs valeurs données; mais la courbe passant par onze points, nous obtenons onze équations de condition pour trouver la valeur de trois inconnues (des trois coefficients cherchés)

$$(1) \begin{cases} ax + by + cz + d = 0, \\ a'x + b'y + c'z + d' = 0, \\ a''x + b''y + c''z + d'' = 0, \\ \dots\dots\dots\dots\dots \\ \dots\dots\dots\dots\dots \end{cases}$$

où les lettres a, b, c, d, a', b'.... sont les diverses valeurs données des variables et leurs puissances, et les lettres x, y, z, désignent les inconnues cherchées, c'est-à-dire les coefficients à calculer.

Soient ϵ, ϵ', ϵ''... les résultats de la substitution de la valeur des inconnues, que nous nous proposons de déterminer, dans les premiers membres des équations (1). Si ces valeurs étaient vraies, les ϵ seraient nuls; mais, comme elles sont seulement approximatives, ces ϵ seront les erreurs commises, et elles exprimeront de combien les premiers membres de ces équations diffèrent de 0. Pour avoir les valeurs les plus approchantes des valeurs véritables, il faut que ces erreurs soient les plus petites possibles, et il est évident que le signe de l'erreur est indifférent, pourvu que la grandeur absolue de cette erreur soit la moindre possible. Les écarts devront même être tantôt d'un signe, tantôt d'un autre, puisque dans le cas contraire il y aurait lieu de croire à des erreurs systématiques qu'il faudra rechercher. Pour remplir analytiquement cette condition, c'est-à-dire ne tenir compte que des valeurs absolues des erreurs, on n'a qu'à en considérer les carrés. et faire ensuite en sorte que la somme de ces carrés soit un minimum. Or, pour que les valeurs approchées, substituées aux valeurs vraies soient les plus plausibles, il faudrait que

$$(2) \qquad \epsilon^2 + \epsilon'^2 + \epsilon''^2 + \dots = \text{minimum.}$$

Si l'on supposait ces valeurs approchées être réellement les plus plausibles, l'équation (2) deviendrait

(3) $(ax + by + cz + d)^2 + (a'x + b'y + c'z + d')^2 +$
        $+ (a''x + b''y + c''z + d'')^2 + \ldots\ldots\ldots =$ minimum.

Mais, pour que les valeurs x, y, z, rendent le premier membre de
l'équation (3) un minimum, il faut que les dérivées relatives à chaque
inconnue s'annulent. On aura donc successivement pour D_x, D_y, D_z

(4) $\begin{cases} (ax + by + cz + d)a + (a'x + b'y + c'z + d')a' + \ldots\ldots = 0 \\ (ax + by + cz + d)b + (a'x + b'y + c'z + d')b' + \ldots\ldots = 0 \\ (ax + by + cz + d)c + (a'x + b'y + c'z + d')c' + \ldots\ldots = 0 \end{cases}$

ou

(5) $\begin{cases} \Sigma a^2 x + \Sigma aby + \Sigma acz + \Sigma ad = 0 \\ \Sigma abx + \Sigma b^2 y + \Sigma bcz + \Sigma bd = 0 \\ \Sigma acx + \Sigma bcy + \Sigma c^2 z + \Sigma cd = 0 \end{cases}$

qui seront les équations normales que l'on cherchait. En résolvant ces
trois équations, nous obtiendrons les valeurs cherchées de x, y, z.
Les coefficients des équations (5) formant un déterminant symétrique
par rapport à la diagonale

$$\Sigma a^2, \Sigma ab, \Sigma ac,$$
$$\Sigma ab, \Sigma b^2, \Sigma bc,$$
$$\Sigma ab, \Sigma bc, \Sigma c^2.$$

il suffit par conséquent d'en calculer une partie. Du reste, comme on a

$$\Sigma ab = 1/2 \left[\Sigma (a + b)^2 - \Sigma a^2 - \Sigma b^2 \right]$$
$$\Sigma ac = 1/2 \left[\Sigma (a + c)^2 + \Sigma a^2 - \Sigma c^2 \right]$$

n peut déterminer les coefficients des équations (5) au moyen des
sommes des carrés Σa^2, Σb^2.... et des sommes des carrés des coefficients sommés deux à deux $\Sigma (a + b)^2$...... et à l'aide des tables des
carrés, on calcule les coefficients avec de simples additions et soustrac-
tions.

Ayant ainsi obtenu les coefficients de l'équation de la courbe qu'on
suppose être une parabole du 2ᵐᵉ degré

(6) $n = m + nx + px^2$

on calcule la probabilité des valeurs trouvées; si cette probabilité est assez voisine de l'unité, on adoptera définitivement l'équation. Si, au contraire, cette probabilité est faible, on prendra encore un terme, et l'équation sera du 3me degré. Pour ne pas refaire de nouveau tous les calculs, qui sont souvent très longs, on peut se servir directement des formules déjà calculées pour les termes de l'équation (6), ce qui donne précisément l'avantage de pouvoir ajouter directement le terme suivant, si le nombre des termes auquel on s'était d'abord borné se trouve être insuffisant. M. Tchebycheff a publié, dans les *Mémoires de l'Académie des sciences de Saint-Pétersbourg* les formules pour la détermination des coefficients de l'équation

$$u = a + bx + cx^2 + \dots$$

et plus tard on trouve, comme appendice au mémoire de M. Mayewski (1) les formules d'interpolation par la méthode des moindres carrés, que M. Tchebycheff a calculées pour le cas plus général

$$u = F(x)\left[a + bx + cx^2 \dots\right]$$

dont l'équation (6) n'est qu'un cas particulier.

Nous avons fait remarquer que le département de l'Ariège présente, pour ainsi dire, une exagération de notre loi, ce qui fait qu'il s'éloigne sensiblement de la courbe commune de l'Aquitaine; le département des Hautes-Pyrénées présente aussi cette déviation, mais à un degré si faible, qu'elle y est à peine indiquée. Nous croyons que la pauvreté de ces départements en personnages remarquables tient à des conditions telluriques, et précisément à une certaine intoxication de la population, intoxication qui se manifeste par le goître et le crétinisme. Sans entrer dans la discussion de la question si le goître et le crétinisme sont deux manifestations d'un seul et même principe pathologique, ou si ce sont deux entités pathologiques distinctes, il nous suffit de savoir, pour le moment, que, dans l'immense majorité des cas, nous les trouvons associés. Quelle que soit la cause — ou les causes — de ces affections, il est certain qu'elles sont endémiques. Ces causes ne produisent pas seulement le goître et le crétinisme chez un certain nombre d'individus; leur effet est ressenti à un degré plus ou moins prononcé par la population entière, et les individus atteints directement ne présentent, pour ainsi dire, que sous une forme exagérée un état commun à la totalité des habitants de

---

(1) *Mémoires couronnés et autres mémoires publ. par l'Académie Royale des sciences, etc., de Belgique,* t. XXI, mars 1870, p. 26.

la localité. Ainsi, dans les pays à goitre endémique, toute la population a
généralement le cou gros, de sorte que les chemises y sont confec-
tionnées avec des collets beaucoup plus larges. De même dans les localités où le crétinisme est endémique, toute la population ne consiste pas
en crétins, bien entendu — au contraire, ces malheureux y sont presque toujours en minorité insignifiante, — mais la totalité des habitants
se trouve sous l'influence de la cause crétinisante, et présente tous les
degrés de l'effet de cette cause, depuis le crétin complet, le demi crétin,
l'imbécile, jusqu'aux individus normaux. La population de ces localités
frappe le voyageur par sa lourdeur physique et morale, par la lenteur
de ses processus mentals, par l'obtusité de son esprit; ces localités
présentent notoirement une absence plus ou moins complète de vie
intellectuelle et sociale, une inactivité et une paresse très grandes
de l'intelligence, un manque remarquable d'idées neuves et originales,
d'invention, de toute initiative. Les enfants de ces localités occupent les
derniers rangs dans les écoles; les pays à crétinisme endémique présentent peu d'industrie, et n'ont ni littérature, ni arts; les positions
scientifiques, comme celle de professeurs des écoles supérieures, d'in-
génieurs, de médecins, y sont occupées pour la plupart par des étrangers, et en général toute la population se trouve sous l'influence de la
cause crétinisante. On y trouve, bien entendu, des personnages intelligents, ayant reçu une éducation supérieure, des savants; mais ces
personnes y sont moins nombreuses que dans tout autre pays à conditions égales, et leur niveau général est moins élevé. Or le département
de l'Ariège se trouve précisément dans ce cas, ainsi que le département
des Hautes-Pyrénées, qui présente aussi, comme nous l'avons dit, une
légère exagération de notre loi. Mais, dans ce dernier, les conditions plus
favorables de densité et de distribution de la population, malgré l'influence plus intense encore peut-être de la cause pathogénique,
avaient moins diminué la fréquence des personnages remarquables,
tandis que, dans l'Ariège, cette diminution est beaucoup plus notable.
En effet, tandis que la moyenne des réformés pour cause de goitre pour
les départements de l'Aquitaine, sauf l'Ariège et les Hautes-Pyrénées,
est de 480,44 sur 100,000 jeunes gens examinés, dans l'Ariège, le
nombre des réformés monte au chiffre de 3265, et dans les Hautes-
Pyrénées à 3864 même (1), c'est-à-dire qu'ils y sont 7-8 fois plus nombreux.

(1) SAINT-LAGER. *Études sur les causes du crétinisme et du goitre endémique,*
Paris, J. A. Baillère, 1867, p. 294 et suiv.

En examinant attentivement la courbe de l'Aquitaine, nous remarquons encore une légère exagération de notre loi pour le département de la Gironde, qui reste un peu en dehors de la courbe. Nous avons dit qu'une erreur, un oubli, quelques personnages remarquables nés dans le département, mais omis par ignorance de leur lieu de naissance, modifient déjà les chiffres et les courbes; mais ne peut-on pas se rendre autrement compte du fait pour la Gironde? La loi, jusqu'à présent, s'est trouvée tellement exacte et précise, que chaque déviation, attirant notre attention sur le département respectif, nous a indiqué quelque particularité qui n'avait pas été prise en considération. Dans chaque département, le chiffre général des personnages dépend surtout du nombre des personnages nés dans le chef-lieu. Or nous avons vu plus haut que précisément la partie septentrionale du département de la Gironde était habitée par les *Bituriges Vivisci*, dont *Burdigala* (Bordeaux) était la capitale, et qui appartenaient à une race autre que celle qui peuplait l'Aquitaine. C'est donc l'influence de cette peuplade qui a abaissé le chiffre des personnages remarquables dans la Gironde. On le voit, la loi se trouve être tellement précise, que le simple examen de la courbe qui la représente suffit pour nous indiquer des particularités qui autrement passeraient inaperçues.

Avant de passer à l'examen des autres provinces et de quitter définitivement l'Aquitaine, nous avons voulu chercher encore quelque autre criterium — et surtout un criterium plus récent — pour l'appréciation du degré d'intelligence de la population dans les divers départements qui forment la région examinée (1), et comparer ainsi les résultats obtenus par des voies complètement différentes. Un criterium à caractère véritablement général n'était pas facile à trouver, d'autant plus que nous avons tenu à le prendre dans une tout autre sphère, et à l'avoir assez général pour que la totalité de la population ait pu y manifester son intelligence. Nous nous sommes arrêté à la statistique du plébiscite du 8 mai 1870, et cela, d'abord, parce que c'est là un des plus grands faits de statistique morale, le plus grand peut-être que nous ayons,

(1) En effet la valeur intellectuelle de la race se manifeste moins par la moyenne intellectuelle, que par le nombre des personnes d'une intelligence hors ligne, comme elle se manifeste moins par une haute moyenne de la capacité du crâne, que par un grand nombre de grands crânes. Voir : BERTILLON, Crânes Néo-Calédoniens, *Revue d'Anthropologie*, 1872, t. I, n. 2, p. 257 ; G. LE BON, *Ib.*, 1879. janv.; P. BERT *Revue scient.*, 1880, p. 127.

ensuite parce que la grande majorité de la population y avait pris part, de sorte que ses résultats présentent un caractère de généralité rare, enfin, parce que donner un vote de confiance à un gouvernement qui venait de faire l'expédition du Mexique avec son issue lamentable, qui avait contribué aux événements de 1866, et qui allait faire la guerre de 1870 et précipiter le pays dans d'incalculables malheurs, n'était certes pas, à moins d'y avoir un intérêt personnel, faire preuve d'une perspicacité extraordinaire et d'une intelligence hors ligne. Prenons donc les chiffres statistiques du plébiscite, et mettons-les en regard des chiffres de la fréquence des personnages remarquables. Si notre raisonnement n'est pas erroné, il doit exister entre le nombre des *non* du plébiscite et la fréquence des personnages remarquables un rapport direct (1); voyons donc ce qu'il en est.

Région pyrénéenne.	Nombre relatif de person. remarquables.	Rapport du chiffre de *non* à celui des élect. inscrits.	Nombre des électeurs inscrits.	Non.
Haute-Garonne..	0,00010333	15,77 %	145,921	23,009
Basses-Pyrénées.	0,00004480	4,95	111,138	5,477
Hautes-Pyrénées	0,00003685	4,08	67,377	2,745
Ariège	0,00001919	7,75	72,658	5,632
Gascogne.				
Haute-Garonne..	0,00010333	15,77	145,921	23,009
Tarn-et-Garonne	0,00007016	8,14	74,961	6,179
Lot-et-Garonne..	0,00005185	13,51	107,582	14,544
Gers.	0,00003835	10,44	95,272	9,947
Landes.........	0,00002451	6,26	84,837	5,310
Guyenne.				
Gironde........	0,00008006	23,52	207,015	38,322
Tarn-et-Garonne	0,00007016	8,24	74,961	6,179
Lot-et-Garonne..	0,00005185	13,51	107,582	14,544
Lot............	0,00004185	10,47	88,907	5,639
Dordogne ......'	0,00003692	7,24	146,820	10,627

On voit que nous ne nous sommes pas trompé, et que le criterium

(1) Il est évident que nous ne pouvons pas nous attendre à une très grande régularité et exactitude de cette manifestation de l'intelligence des habitants. S'ils avaient été abandonnés à eux-mêmes, ces chiffres auraient pu avoir une valeur absolue, sauf des cas particuliers. Mais les efforts du gouvernement, l'énergie des préfets, l'activité de l'opposition, sollicitant les populations en sens opposés, devaient nécessairement modifier les chiffres; aussi faut-il les examiner surtout dans leur généralité, s'attendant à trouver d'inévitables exceptions.

nouveau que nous avons appliqué à la question nous a donné les mêmes
résultats que l'ancien, qui se trouve confirmé encore de cette manière.
L'exception que présente le Tarn-et-Garonne s'explique, probablement
ou par un préfet plus énergique, ou par une opposition locale moins
active ou disposant de moins de moyens pour faire prévaloir ses opinions et contrebalancer les efforts du parti gouvernemental.

CHAPITRE X

Languedoc.

Le Languedoc, habité par les *Bebrices*, les *Volcæ Tectosages* et *Arecomici*, les *Vellavi*, les *Helvii*, etc., fut conquis par le consul Cn. Domitius Ahenobarbus, en 631 de Rome; en 635, les Romains y fondèrent *Narbo Martius*, colonie militaire, et la province prit le nom de Narbonnaise. Au v° siècle (412), Ataulfe, roi des Wisigoths, soumit la Septimanie (1), qui prit le nom de Gothie, et que les Wisigoths conservèrent pendant trois siècles. En 711, les Sarrasins, vainqueurs à Xérès, conquirent cette province, qui leur fut enlevée par les Francs. Sous Charlemagne, la Septimanie ou Gothie devint une *marche*. Le Languedoc fut encore ravagé par les Sarrasins, mais, après la victoire de Raymond Pons, en 924, on vit renaître l'industrie et la prospérité. Les efforts de l'Église pour y instituer la trêve de Dieu après le concile de Tuluges (1041) furent accueillis mieux que partout ailleurs. Toulouse, Nîmes, Montpellier, Albi, communes riches et presque indépendantes, brillaient de tout l'éclat du luxe, en même temps que se développaient une langue, une poésie et une civilisation brillantes. La langue nouvelle, issue du latin, s'appela *langue d'oc* et donna son nom à la contrée, qui cessa, au xiii° siècle de s'appeler Gothie. Cette langue se répandit dans la Provence, la Guyenne, l'Auvergne, et s'est conservée encore dans les patois du Midi de la France. Professant l'arianisme après Constantin, le Languedoc adopta plus tard la doctrine cathare, ce qui fut la cause de la croisade du Nord contre le Midi, croisade qui frappa

(1) Nom donné primitivement au territoire de Béziers, où les Romains établirent une colonie de la 7me légion, et étendu ensuite à toute la partie méridionale de la Gaule que les Wisigoths conservèrent après la bataille de Vouillé.

de mort la civilisation, la poésie, la prospérité, la langue méridionales.
Ravagé par les Anglais, le Languedoc eut à souffrir plus encore des
rebellions de la noblesse aux XVIᵉ et XVIIᵉ siècles. La réforme religieuse
y prit une grande extension, comme dans leur temps l'arianisme et la
doctrine cathare, et la guerre des camisards et des dragonnades le trou-
blèrent encore. Plus tard, au temps de la première république, la lutte
politique des partis se compliqua de nouveau de l'élément religieux et
prit un caractère atroce.

Ainsi, le Languedoc présente comme race, comme langue, littérature,
civilisation, comme religion même, une individualité très nettement
distincte, et ses départements peuvent être considérés comme un groupe
ethnologique naturel ; la haine nationale, qui est encore vivace dans le
Languedoc contre le Nord de la France, n'est qu'un reste affaibli
de l'animosité religieuse et nationale qui avait divisé la France. Le
Languedoc a conservé jusqu'à présent sa physionomie romane, par
opposition à la physionomie franque du nord.

Par sa position géographique, le Languedoc constitue aussi un territoire parfaitement délimité. Borné tout le long de la frontière Est
par le Rhône, qui le sépare du Dauphiné et de la Provence, il a à l'Ouest
pour frontière naturelle les Cévennes, qui font du Languedoc une large
vallée, puisque de l'autre côté du Rhône s'élève le massif des Alpes. Les
montagnes du Vivarais et du Velay forment un triangle renversé, et,
embrassant la partie du département de la Haute-Loire qui appartient
au Languedoc, la rattachent évidemment au département de la Loire,
dont elle est la continuation géographique, orographique et ethnique.

Les montagnes du Gévaudan et celle de la Margeride remplissent le
département de la Lozère et se prolongent au Midi sous le nom de
monts Garrigues et de l'Orbe, qui séparent le Languedoc de la Guyenne
passant sur la frontière des départements de l'Hérault (Languedoc) et
de l'Aveyron (Guyenne). Cette chaîne se prolonge encore au Sud-Ouest
sous le nom de monts de l'Espinasse, des Montagnes-Noires et des monts
Félix, qui passent entre les départements de l'Hérault, de l'Aude et de
la Haute-Garonne d'un côté, et du Tarn de l'autre. Ce dernier département, qui fait-saillie du Languedoc dans la Guyenne, se trouve encore
être séparé ainsi du reste de la province par une haute chaîne de montagnes, et appartient à un autre bassin, à un autre groupe géographique.
Ouvert du côté de la Guyenne, et présentant du côté du Languedoc un
obstacle insurmontable au passage de la population, il devait nécessairement, comme nous l'avons dit plus haut en parlant du principe de

la distribution des races sur le territoire de la France, être peuplé par la race qui occupait la Guyenne, et en tout cas, en aucune façon, par la race languedocienne. Comme position géographique, comme hydrographie, comme orographie, comme ethnologie, le département du Tarn fait exception dans la province, et n'appartient évidemment pas au groupe languedocien. Nous devons donc nous attendre à ce qu'il fasse aussi exception à la loi pour le Languedoc, et l'on peut présumer *a priori* que, sous le rapport de notre loi, il doit être comparé seulement aux deux départements limitrophes de la Haute-Garonne et de Tarn-et-Garonne, dont il est le prolongement géographique, hydrographique, orographique et ethnologique.

Le Languedoc avait formé les départements de l'Ardèche, de la Lozère, du Gard, de l'Hérault, de l'Aude, du Tarn, une notable partie de celui de la Haute-Garonne, enfin une partie de celui de la Haute-Loire, dont le reste appartient administrativement à l'Auvergne, mais qui n'est, comme nous l'avons dit, dans sa totalité, que le prolongement naturel, sous le rapport orographique, hydrographique et ethnologique, du département de la Loire. Nous avons donc à comparer les sept premiers départements, nous proposant de revenir encore au département de la Haute-Loire. Dans cette comparaison, nous devons nous attendre, comme nous l'avons expliqué plus haut, à voir le Tarn se distinguer nettement du reste de la province, et les considérations géographiques et ethnologiques nous engagent à le comparer aux départements limitrophes de la Haute-Garonne et de Tarn-et-Garonne.

Pour compléter l'étude du Languedoc, nous indiquerons aussi la statistique des votes dans cette province au plébiscite du 8 mai 1870, c'est à dire le nombre relatif des *non*, calculé par rapport au chiffre des électeurs inscrits.

Départements.	Fréquence relative de person. remarquables.	Densité de la population.	%de la population urbaine.	Produit de la densité de la pop. par le % pop. urb.
Hérault.........	0,00015361	57,74	56,8	3279,632
Gard...........	0,00013378	62,67	45,2	2836,752
Haute-Garonne ..	0,00010333	72,29	34,8	2515,866
Aude..........	0,00007111	44,52	25,2	1121,904
Ardèche........	0,00004806	64,01	15,2	972,952
Tarn	0,00004039	60,36	24,7	1490,892
Lozère.........	0,00002872	27,42	12,2	334,524

Nous voyons d'abord que la fréquence relative des personnages remar-

quables no so conformo que très généralement et do loin avec la densité
de la population, mais qu'elle est en rapport direct et très intime avec le
0/0 de la population urbaine, qui paraît avoir, sur la race languedocienne, uno influence plus immédiate et plus énergique que sur la race
aquitanienne. Mais prenant le produit des chiffres de ces deux conditions
de la population, nous trouvons la preuve la plus complète, la confirmation la plus éclatante de notre loi. La fréquence des personnages
remarquables et ce produit présentent une concordance parfaite, et le
département du Tarn est le seul qui fasse exception. En examinant le
tableau, nous y constatons le fait, que nous avons vu aussi dans l'Aquitaine, — que la fréquence des personnages remarquables croît plus rapidement que les conditions de population dont elle dépend. Le tableau
graphique nous fait voir également que la courbe du Languedoc a la
même forme parabolique que celle de l'Aquitaine, à rayon de courbure
très grand dans sa partie supérieure, beaucoup moindre dans la partie
inférieure, et que sa convexité est dirigée vers l'axe des abscisses. Le
département du Tarn est le seul qui présente une déviation, parce
que la fréquence des personnages remarquables y est moindre qu'elle
ne devrait l'être, vu les conditions de densité et de distribution de la
population de ce département, qui semble être moins intelligent que le
reste du Languedoc.

Départements.	Fréquence des pers. remarquables.	Rapport du chiffre des non au ch. des électeurs inscrits.	Non.	Nombre des électeurs inscrits.
Hérault........	0,00015361	30,38 %	39,830	127,855
Gard	0,00013378	27,56	36,585	132,747
Haute-Garonne..	0,00010333	15,77	23,009	115,921
Aude	0,00007111	13,39	12,172	90,146
Ardèche........	0,00004806	14,84	16,703	112,513
Tarn	0,00004039	8,45	9,388	111,055
Lozère........	0,00002872	3,58	1,226	40,094

Ainsi, dans les départements du Languedoc, le nombre relatif des *non*
décroît à mesure que la fécondité de la population en talents, en capacités, en énergies, en personnages remarquables, diminue, ce qui indique une vie intellectuelle moins intense. Les résultats statistiques
auxquels nous sommes arrivé par des voies complètement différentes
se trouvent donc ainsi être d'accord, confirmant de cette façon la loi
que nous avons indiquée *a priori*, et à laquelle nous sommes arrivé

par des considérations médico-psychologiques. Cette concordance des chiffres de la fréquence des personnages remarquables et des *non* plébiscitaires est tellement complète que nous voyons le département du Tarn, dont la population est, à conditions égales, moins intelligente que celle des autres départements du Languedoc, donner un chiffre de *non* moindre qu'il n'aurait dû le donner, vu les conditions de population, s'il était aussi intelligent que les autres départements de ce groupe.

Provence.

La Provence tire son nom du latin *Provincia*, qui désignait d'abord le premier établissement des Romains dans les Gaules, entre les Alpes, la Méditerranée, les Pyrénées, la Garonne, les Cévennes et la Celtique. Avant leur arrivée, les principales tribus qui occupaient la Provence étaient les *Anatilii*, les *Vulgientes*, les *Salyes*, les *Deceates*, les *Suetrii*, les *Cavarii*, etc. Les Phocéens avaient fondé (vers 600 avant l'ère chrétienne) Massilia, métropole à son tour de nombreuses colonies dans les contrées voisines. Les Romains fondèrent Aix et Narbonne, et sous l'empire le territoire de Provence fut réparti entre la Viennoise, la Narbonnaise et les Alpes-Maritimes. Au v⁰ siècle, Euric, roi des Wisigoths, s'empara de la Provence, que ses successeurs gardèrent jusqu'à 507. A cette époque Gondebald, roi des Burgondes, s'en empara et la céda, en 509, par le traité d'Arles, à Théodoric, roi des Ostrogoths. La Provence passa ensuite à l'Austrasie, puis à la Bourgogne. Elle eut des comtes particuliers qui, sous la souveraineté éloignée des empereurs d'Allemagne, jouirent d'une véritable indépendance. Le comté devint héréditaire sous Guillaume III, vers le milieu du xi⁰ siècle, passa en 1112 dans la maison des comtes de Barcelone, fut démembré en 1125, et passa en 1245 à la maison d'Anjou par le mariage de Béatrix, fille de Raymond-Béranger IV, avec Charles d'Anjou, frère de saint Louis. La Provence fut réunie à la couronne, en 1487, par Charles VIII. Elle forma les départements des Bouches-du-Rhône, du Var, des Basses-Alpes, et, avec le comtat venaissin, celui de Vaucluse.

Voici maintenant les chiffres de la fréquence des personnages remarquables mise en regard de ceux du produit des conditions de densité

et de distribution de la population, ainsi que les données de la statistique plébiscitaire (1).

Départements.	Fréquence des person. remarquables.	Produit de la densité de la popul. et du % de la popul. urbaine.	Rapport des non au nombre des élect. inscr.
Bouches-du-Rhône....	0,00030912	5703,576	43,68 %
Vaucluse	0,00016621	3113,753	31,04
Var...............	0,00011411	2588,288	26,93
Basses-Alpes........	0,00009131	339,465	13,90

Ainsi, la Provence aussi nous donne une preuve indubitable de la vérité
et de l'exactitude de notre loi, et la coïncidence curieuse et instruc-
tive des résultats de la statistique des personnages remarquables et de
ceux du plébiscite du 8 mai 1870 confirme encore cette loi, à laquelle
nous sommes arrivé par deux routes tellement différentes.

Dauphiné.

Le Dauphiné avait été occupé avant la conquête romaine par plusieurs
confédérations, dont les principales étaient celle des Allobroges et celle
des Voconces. Battus par Fabius Maximus Allobrogicus, les Allobroges
furent soumis après une longue resistance. César les accabla d'impôts ;
du temps de l'empire, leur pays fut partagé entre la Narbonnaise II, la
Viennaise et les Alpes-Maritimes. Dans le commencement du v° siècle,
les Goths et les Vandales traversèrent le Dauphiné, et les Burgondes
s'en emparèrent vers 438. Les Lombards, à leur tour, passèrent par le
Dauphiné en 568 ; en 733, il subit l'invasion des Sarrasins, entra ensuite dans le royaume de la Bourgogne Cisjurane, puis dans la Trans-
jurane, et se morcela en même temps en une foule de petits comtés.
Humbert II cède le Dauphiné à Philippe VI de Valois en 1349. Au

(1)

Départements.	Densité de la population.	% de la population urbaine.	Électeurs inscrits.	Non.
Bouches-du-Rhône..	70,98	81,8	120,826	52,775
Vaucluse	69,43	49,6	85,121	25 56⁷
Var...............	44,32	58,4	89,231	54,077
Basses-Alpes	21,35	15,9	43,746	6,077

xiv⁰ siècle les doctrines des Vaudois se propagèrent dans quelques-
unes des vallées alpestres et donnèrent lieu à des persécutions religieuses. Le calvinisme se répandit aussi en Dauphiné, et donna également
lieu à des luttes acharnées entre les catholiques et les protestants. En
1790 il forma les départements de l'Isère, de la Drôme et des Hautes-
Alpes (1).

Départements.	Fréquence des person. remarquables.	Prod. de la densité de la pop. et du % de la population urbaine.	Rapport des non au nombre des élect. inscrits
Isère..............	0,00007845	1535,560	26,07 %
Drôme	0,00005565	1203,788	27,96
Hautes-Alpes.......	0,00005337	237,047	11,21

Ainsi vingt et un départements, un quart comme chiffre des départements, plus encore comme territoire, soumis à l'analyse statistique,
nous donnent une preuve irréfutable de la vérité de notre loi, et nous
pouvons affirmer que, en dehors des sciences exactes bien entendu,
il y a peu de faits généraux et de lois scientifiques qui se manifes-
teraient avec autant de régularité, avec autant d'exactitude, qu'on
peut véritablement qualifier de mathématique.

Après avoir passé en revue les provinces du sud-ouest, du sud, du
sud-est et de l'est de la France, examinons maintenant les provinces de
l'ouest. Mais il serait fastidieux de continuer ainsi l'analyse des provinces et de recourir chaque fois à l'histoire pour en prouver l'individualité ethnologique ; une fois que le lecteur s'est bien rendu compte de
notre pensée, nous pouvons être plus bref.

Saintonge-Angoumois (2)

Départements.	Fréquence des person. remarquables.	Prod. de la densité de la pop. et du % de la population urbaine.	Rap. des non au nombre des élect. ins.
Charente-Inférieure ...	0,00006227	1548,180	10,73
Charente	0,00001360	890,880	6,05

(1)

Départements.	Densité de la popul.	% de la population urbaine.	Électeurs inscrits.	Non.
Isère	60,20	19,3 %	108,795	43,916
Drôme	40,91	25,7	109,118	30,571
Hautes-Alpes.......	23,47	10,1	84,473	8,838

(2)

| Charente .... | 65,58 | 23,5 % | 148,033 | 75,025 |
| Charente-Inférieure... | 61,44 | 11,5 | 110,624 | 7,037 |

Poitou (1)

Départements.	Fréquence des person. remarquables.	Prod. de la densité de la pop. et du % de la population urbaine.	Rap. des non au nombre des élect. ins.
Vienne...............	0,00004514	760,288	5,87
Deux-Sèvres.........	0,00004272	613,470	5,79
Vendée...............	0,00003516	539,732	4,18

L'*Anjou* ne formant qu'un seul département, celui de Maine-et-Loire, et la *Touraine*, celui d'Indre-et-Loire, il n'y a pas lieu à les analyser.

Maine (2)

Départements.	Fréquence des person. remarquables.	Prod. de la densité de la pop. et du % de la population urbaine.	Rap. des non au nombre des élect. ins.
Sarthe...............	0,00003641	1471,508	11,08
Mayenne.............	0,00003040	1266,157	6,67

Bretagne.

Cette province présente quelques particularités, surtout quant à la statistique plébiscitaire.

Départements.	Fréquence des personn. remarquables.	Prod. de la dens. de la pop. et du % de la pop. urbaine.	Densité de la population.	% de la population urbaine.
Ille-et-Vilaine.......	0,00009137	1651,781	81.36	20,3 %
Finistère	0,00006399	1961,017	81,37	24,1
Loire-Inférieure.....	0,00003826	1951,600	68,00	28,7
Morbihan...........	0,00002446	1144,568	66,16	17,3
Côtes-du-Nord.......	0,00001816	800,527	87,97	9,1

	Départements.	Densité de la popul.	% de la population urbaine.	Électeurs Inscrits.	Non.
(1)	Vienne...............	41,33	18,4	90,702	5,681
	Deux-Sèvres	50,70	12,1	102,852	6,052
	Vendée....:.........	50,02	10,6	116,385	,854
(2)	Sarthe...............	75,22	10,6	110,280 (1)	13,892
	Mayenne.............	60,97	18,1	83,414	5,545

(1) Pour la Mayenne et la Sarthe, le nombre relatif des *non* est calculé par rapport au nombre des votants, le nombre des électeurs inscrits présentant dans le tableau que nous avons pris dans le *Gaulois*) évidemment des errata.

La déviation légère que présente le département d'Ille-et-Vilaine, lequel, malgré les conditions de densité et de distribution de la population moins favorables que celles du Finistère et de la Loire-Inférieure, est plus fécond en personnages remarquables que ces derniers, a son explication dans la présence dans ce département de la capitale de la province, avec son parlement, son administration, avec la centralisation de l'enseignement, de la justice, le séjour de la noblesse, etc., ce qui faisait de Rennes une grande ville avec toutes les conditions psychologiques d'un centre, tandis que l'absence d'autres villes notables et la population spécifique faible du département ne donnent qu'un chiffre assez bas pour le produit de ces deux conditions. En effet, sur 51 personnages remarquables nés dans le département d'Ille-et-Vilaine, 26 sont nés à Rennes (plus de 50 0/0), tandis que sur 35 nés dans le Finistère 10 seulement sont nés à Quimper (moins de 29 0/0).

Passons maintenant à la statistique plébiscitaire.

Départements.	Fréquence des personn. remarquables.	Rapport des *non*.	Électeurs inscrits.	*Non.*
Ille-et-Vilaine......	0,00009137	3,08 °/.	156,229	5,920
Finistère	0,00006399	7,01	161,097	11,297
Loire-Inférieure....	0,00003826	10.25	155,383	15,938
Morbihan.........	0,00002416	3,74	121,390	4,541
Côtes-du-Nord.....	0,00001816	4,87	109,312	8,212

La statistique plébiscitaire en Bretagne est complètement en désaccord avec la statistique des personnages remarquables. Les causes de ce désaccord sont multiples. A considérer les trois premiers départements réunis en un groupe, le premier et les deux derniers en un autre groupe, nous voyons le nombre relatif des *non* croître avec la décroissance de la fréquence des personnages remarquables; en d'autres termes dans ces groupes, les impérialistes étaient d'autant plus nombreux, que les départements sont plus intelligents, ce qui ferait supposer que si pour toute la France le bonapartisme est un indice d'inintelligence, pour la Bretagne, légitimiste et cléricale, il constitue au contraire un progrès intellectuel, en reconnaissant au moins en principe la souveraineté du peuple, idée plus large sans contredit que celle du légitimisme féodal.

Il reste à expliquer encore le grand nombre des *non* dans les départements du Finistère et de la Loire-Inférieure. La Bretagne, province éminemment maritime, possède plusieurs ports, qui ont une administration nombreuse, des établissements de l'État, et par conséquent

tout un personnel gouvernemental qui pesait sur la population et la
poussait à voter *oui*, le 8 mai 1870. A Lorient (Morbihan), préfecture
maritime et place de guerre, et qui ne compte que 28 000 habitants,
l'administration est évidemment plus influente qu'à Brest (Finistère),
ville deux fois plus populeuse (55 000 habitants), et encore plus qu'à
Nantes (Loire-Inférieure), port exclusivement commercial, qui n'est le
chef-lieu que d'un sous-arrondissement maritime, et où le personnel
administratif, forcément bonapartiste sous l'empire, est noyé dans les
108 000 habitants. Si nous comparons entre eux ces trois départements sous le rapport du nombre relatif des *non*, du chiffre 0/0
de la population urbaine, et du nombre des habitants des villes les
plus peuplées, nous obtenons un tableau extrêmement instructif.

Départements.	Nombre relatif des *non*.	% de la population urbaine.	Nombre d'habitants des villes les plus peuplées.
Loire-Inférieure	10,25 %	28,7 %	108,000 (Nantes.)
Finistère	7,01	24,1	55,000 (Brest.)
Morbihan	3,74	17,3	28,000 (Lorient.)

On voit que la concordance est parfaite. Quant au désaccord entre
les chiffres de la fréquence des personnages remarquables et ceux des
non, il faut remarquer que les premiers sont des critériums de la vie intellectuelle pour le xviiie siècle, et les deuxièmes, pour le xixe. Nous
avons vu que l'intelligence et l'énergie de la vie intellectuelle d'une population dépendent des grandes villes ; or, le centre de la vie active en
Bretagne s'est déplacé complètement, précisément depuis la fin du xviii^e
siècle. Rennes, capitale de la province et siège du parlement et de l'administration provinciale, tombée actuellement au rang d'un simple
chef-lieu de département, est maintenant une ville de province morne
et triste, et toute la vie active du pays se trouve concentrée dans les
grands ports de Nantes et de Brest. Le désaccord n'est donc qu'apparent ; il nous indique l'erreur que nous avons commise en ne tenant
pas compte du changement capital qui avait eu lieu dans la centralisation de la vie intellectuelle de la province. On le voit, la loi est tellement précise, que les exceptions qu'elle paraît présenter ne sont que
des avertissements que l'analyse avait fait fausse route en négligeant
quelque particularité, capitale pour la vie intellectuelle des départements respectifs, — race, dans l'Aveyron, changement historique, dans
l'Ille-et-Vilaine, etc.

CHAPITRE XI

Analyse des provinces (fin). — Conclusion.

Nous avons dit au commencement de cette étude que notre loi ne peut probablement être vérifiée directement que pour les provinces périphériques, qui avaient pu garder une certaine individualité ethnique, et dont les départements ont une population plus ou moins de la même race. Il est difficile de comparer, sous le rapport qui nous occupe, les départements des provinces centrales, qui présentent un mélange confus d'une multitude d'éléments ethnologiques les plus hétérogènes. Mais cette distinction entre les provinces périphériques et centrales ne peut évidemment être bien tranchée. Si les provinces que nous avons examinées ont gardé une physionomie ethnique plus ou moins nette et distincte, et si les provinces du centre ont perdu toute individualité de race, il doit y en avoir néanmoins d'autres, présentant des transitions entre les deux catégories, qui ont conservé quelque chose de leur individualité ethnique, et auxquelles, par conséquent, notre loi se trouve être directement applicable, tout en présentant cependant d'inévitables exceptions. Passons donc en revue le reste de la France, en allant de la périphérie vers le centre.

Départements	Fréquence des person. remarquables.	Prod. de la dens. de la pop. et du % de la population urbaine.	Densité de la populat.	% de a population urbaine.
NORMANDIE.				
Seine-Inférieure	0,00010688	5171,319	119,43	43,3
Calvados	0,00010363	2226,805	90,89	21,5
Manche............	0,00006393	2105,523	100,203	21,0
Orne	0,00006085	1241,367	72,77	17,1
Eure...............	0,00005179	1212,049	71,207	17,0
FRANCHE-COMTÉ.				
Doubs.............	0,00026423	1222,395	53,85	22,7
Jura..............	0,00015220	1212,480	63,15	19,0
Haute-Saône.......	0,03006403	861,480	64,21	13,4

Départements.	Fréquence des person. remarquables.	Prod. de la dens. de la pop. et du %/. de la popul. urbaine.	Densité de la population.	%/. de la population urbaine.
ALSACE.				
Bas-Rhin..........	0,00008899	4873,905	123.39	39,5
Haut-Rhin.........	0.00006711	4494,266	108,82	41,3
BOURGOGNE.				
Côte-d'Or..........	0,00024636	981,646	44,02	22,3
Yonne.............	0,00008729	808,158	47,82	16,9
Ain.	0,00008377	754,362	59,87	12,6
Saône-et-Loire......	0,00005199	1177,539	62,07	18,7
LYONNAIS.				
Rhône............-.	0,00024480	10796,250	172.74	'2,5
Loire.............	0,00003879	3123,465	86,67	39,5
Haute-Loire........	0,00003742	1029,869	59,53	17,3
AUVERGNE.				
Puy-de-Dôme	0,00005259	1564,354	74,14	21,1
Cantal.............	0,00004959	488,455	45,65	10,7
Haute-Loire	0,00003742	1029,869	59,53	17,3

Voici encore six provinces et dix-neuf départements qui confirment pleinement notre loi, malgré la circonstance défavorable du manque d'individualité ethnique. Deux départements seulement font exception, celui de Saône-et-Loire dans la Bourgogne, et celui de la Haute-Loire dans l'Auvergne. Mais le premier est un des plus grands départements comme étendue; il présente une grande diversité et comme configuration, et comme race; ainsi le Morvan de Saône-et-Loire n'est que le prolongement du Morvan de la Nièvre, et n'appartient pas certainement, et sous aucun rapport, à la Bourgogne. Aussi en comparant ce département avec le département limitrophe de la Nièvre, nous obtenons :

	Fréquence des personn. remarquables.	Prod. de la dens. de la pop. et du %/. de la popul. urbaine.	Dens. de la population.	%/. de la population urbaine.
Saône-et-Loire......	0,00005199	1177,539	62,07	18,1
Nièvre	0,00004705	877,365	43,65	20,1

D'ailleurs les conditions de population de ce département ont beaucoup changé, grâce au grand développement de l'industrie, ce qui ne permet pas de juger de ces conditions au xviii° siècle sur les chiffres

statistiques du milieu du XIX*. Il est évident que dans le siècle passé
sa population spécifique, ainsi que le chiffre de 0/0 de la population
urbaine, étaient notablement plus faibles, relativement aux autres départements de la province, qu'ils ne le sont actuellement, ce qui explique le chiffre si bas de la fréquence des personnages remarquables.
Quant au département de la Haute-Loire, nous avons dit dans l'analyse
du Languedoc qu'il appartient et comme orographie et hydrographie,
et comme race, plutôt au Lyonnais qu'à l'Auvergne, dont il est séparé
par des montagnes. Et en effet nous trouvons que dans le Lyonnais il
obéit pleinement à notre loi, et ne fait exception qu'en Auvergne, à
laquelle il n'appartient du reste sous aucun rapport. Ainsi nous voyons
encore une fois la loi, dans son exactitude, redresser une erreur, sinon
d'analyse, — nous nous en sommes rendu compte, — du moins de
groupement des départements par races.

Le reste de la France présente un mélange confus et informe de toutes
les races qui avaient occupé, ou seulement traversé le territoire de la
France, et cette confusion des éléments ethniques augmente vers le
Nord et le Nord-Est, par où les envahisseurs entraient en France. Ces
provinces peuvent donc nous servir à apprécier l'influence des conditions de la population, comparée à celle de la race. En effet, si la fécondité d'un pays en personnages remarquables dépend principalement
et avant tout de la race, nous ne pouvons pas nous attendre à voir notre
loi confirmée par la comparaison de départements appartenant à des
races différentes. Si, au contraire, cette comparaison nous confirme
encore notre loi, nous aurons logiquement le droit d'en conclure que
la densité et la distribution de la population sont les éléments qui
influent le plus sur le développement intellectuel et sur la fécondité du
pays en personnages remarquables.

Départements.	Fréquence des person. remarquables.	Prod. de la dens. de la pop. et du % de la popul. urbaine.	Densité de la population	% de la population urbaine.
MARCHE et LIMOUSIN,				
Haute-Vienne........	0,00005160	1391,744	53,13	26,2
Corrèze............	0,00005304	654,665	51,55	12,7
Creuse.............	0,00001419	406,802	49,01	8,2

Bourbonnais. Cette province ne formant qu'un seul département,
celui de l'Allier, il n'y a pas lieu à l'analyser; mais comme ici la question de la race est écartée, on peut comparer l'Allier aux deux dépar-

tements de Saône-et-Loire et du Puy-de-Dôme, — entre lesquels il se trouve et auxquels il touche sur la plus grande étendue.

Départements.	Fréquence des person. remarquables.	Prod. de la dens. de la pop. et du % de la popul. urbaine.	Densité de la population	% de la population urbaine.
Puy-de-Dôme.......	0,00005259	1564,354	74,14	21,1
Saône-et-Loire......	0,00005199	1177,539	62,97	18,7
Allier	0,00003556	960,664	42,32	22,7
BERRY.				
Indre.............	0,00004274	946,750	37,87	25,0
Cher	0,00004896	1026,882	38,46	26,7

Le *Nivernais* (Nièvre), l'*Artois* (Pas-de-Calais) et la *Flandre* (Nord), ne formant chacun qu'un seul département, il n'y a pas lieu à les analyser.

Départements.	Fréquence des person. remarquables.	Prod. de la dens. de la pop. et du % de la population urbaine.	Densité de la populat.	% de la population urbaine.
ORLÉANAIS.				
Loiret.............	0,00013018	1200,702	46,696	27,0
Eure-et-Loire.......	0,00009472	786,186	48,53	16,2
Loir-et-Cher........	0,00004917	787,815	38,43	20,5
CHAMPAGNE.				
Marne.............	0,00013034	1346,180	42,20	31,9
Haute-Marne........	0,00011321	695,604	41,16	16,0
Aisne	0,00009865	1534,166	71,69	21,4
Ardennes...........	0,00008799	1161,072	58,64	19,8
Aube.............	0,00007878	1002,510	42,30	23,7
LORRAINE.				
Meurthe...........	0,00017438	1765,808	69,52	25,4
Moselle............	0,00009596	1957,668	79,58	24,6
Meuse.............	0,00007554	877,372	5,01	17,2
Vosges	0,00005839	1095,129	67,60	16,2
PICARDIE.				
Somme.............	0,00009108	2260,692	89,71	25,2
Aisne	0,00009865	1539,166	71,69	21,4
ILE-DE-FRANCE.				
Seine	0,00069027	228594,870	2327,85	98,2
Seine-et-Oise	0,00019351	2154,438	80,26	30,6
Aisne.............	0,00009865	1534,166	71,69	21,4
Seine-et-Marne......	0,00007671	1130,519	56,81	10,9
Oise	0,00007526	1320,752	68,08	10,4

Ainsi, même dans ces agglomérations confuses de populations des races les plus différentes, notre loi se trouve encore nettement confirmée, et à part les deux petites provinces du Berry et de la Picardie, de tous les grands groupes, celui de la Lorraine est le seul qui fasse exception. En raisonnant *a priori* sur les données géographiques,— et surtout orogaphiques, — de la France, nous avons posé comme principe que le mélange le plus confus et informe des races doit se trouver sur le passage des invasions, et par conséquent surtout à leur entrée en France, qui devait avoir lieu particulièrement au nord-est ; or c'est précisément là que se trouve la Lorraine, qui, par conséquent, est dans des conditions toutes spéciales pour que notre loi ne puisse pas leur être applicable. Cependant, en divisant les grandes agglomérations en groupes plus petits, constitués par des départements limitrophes et formant des groupes géographiques naturels, nous voyons la loi nettement confirmée. Ainsi, en comparant dans la Champagne les départements voisins de Marne et Haute-Marne, Ardennes et Aisne, dans la Lorraine, Moselle et Meuse, Meurthe et Vosges, nous voyons la loi apparaître avec toute son exactitude, et les exceptions s'effacer. D'ailleurs, en examinant ces exceptions plus attentivement, nous voyons que si la fréquence des personnages remarquables ne concorde pas avec le produit des chiffres de densité et de distribution de la population, elle concorde pleinement avec les chiffres de 0/0 de la population urbaine. Tel est le cas de la Lorraine, tel aussi de la Picardie, et si, revenant en arrière, nous examinons à ce point de vue les tableaux précédents, nous y constatons le fait très important que la fréquence des personnages remarquables dépend beaucoup plus directement du 0/0 de la population urbaine que de la densité de la population, ce qui est parfaitement conforme à l'analyse psychologique des causes de la civilisation et de l'influence des divers facteurs sur le développement de l'intelligence des populations, analyse sur laquelle nous nous sommes longuement arrêté plus haut. En effet, nous constatons le fait de l'influence prépondérante du 0/0 de la population urbaine, et par conséquent de la vie urbaine, sur la fréquence des personnages remarquables et sur l'intelligence des populations, dans la région Pyrénéenne, la Gascogne, la Guyenne, le Languedoc, la Bourgogne, le Poitou, la Normandie, la Franche-Comté, la Lorraine, la Picardie et l'Ile-de-France. Le 0/0 de la population urbaine et la densité de la population semblent exercer une influence à peu près égale sur le développement intellectuel et la fécondité des populations en personnages remarquables dans le Maine, la Saintonge et l'Angoumois, le Lyonnais, l'Auvergne; et dans la Provence, le Dauphiné, la Bretagne, l'Alsace, la densité de la population paraît être l'élément le plus influent dans l'étiologie des talents et de l'intelligence. En désignant par z le chiffre de la fréquence des personnages remarquables, par x la densité de la population, et par y le 0/0 de la population urbaine, la relation entre la variable dépendante et les deux variables indépendantes ne serait donc pas $z = f(xy)$, comme nous l'avons supposé, mais plutôt $z = f(x^m y^n)$, où les exposants m et n sont différents pour chaque province.

Un des principaux points de recherches qui font l'objet de la deuxième partie de cet ouvrage, est la théorie de la parenté psychique — et psychiatrique — du talent et des affections nerveuses. Essayons de la vérifier directement par la statistique de la plus importante, à notre point de vue, des affections névropathiques, l'aliénation mentale.

La « Statistique générale de la France », publiée par le ministère de l'Intérieur, nous donne le nombre des aliénés qui se trouvaient dans les asiles en 1854, et de ceux qui y avaient été admis de 1854 à 1860 inclusivement, et cela par départements d'origine. Il est évident que les aliénés *présents dans les asiles* sont loin de constituer *la totalité* des aliénés du pays. Il n'y a aucune raison de supposer une grande inégalité du rapport numérique entre le nombre des aliénés existants dans le même pays, régi d'après les mêmes lois, ayant une administration, des mœurs, des idées plus ou moins uniformes, et le nombre de ceux qui se trouvent dans les asiles. Nous raisonnerons par conséquent sur les chiffres du ministère partant du principe : *pars pro toto.* Mais cette relation numérique ne peut, évidemment, être absolument identique pour tout le pays, et par conséquent nous serons obligés de nous contenter d'une approximation et de réunir souvent des départements en groupes, pour obtenir des moyennes, nécessairement plus justes que les statistiques des départements isolés.

Comme la folie est très rare avant l'âge de vingt ans et que son maximum de fréquence se trouve entre vingt-cinq et trente-cinq ans, l'époque de cette statistique est particulièrement favorable pour notre étude, puisque nous avons, pour les conditions de la population, les chiffres du recensement de 1836. Le nombre *relatif* des aliénés avait été de :

1 Ain	21,57	6 Ardèche	18,04
2 Aisne	14,58	7 Ardennes	13,16
3 Allier	17,35	8 Ariège	9,91
4 Alpes (Basses)	13,56	9 Aube	12,91
5 Alpes (Hautes)	13,53	10 Aude	13,30

11 Aveyron	10,31	49 Marne	20,51
12 Bouches-du-Rhône	25,59	50 Marne (Haute)	17,93
13 Calvados	22,01	51 Mayenne	20,11
14 Cantal	18,49	52 Meurthe	23,75
15 Charente	14,73	53 Meuse	25,68
13 Charente-Inférieure	8,89	54 Morbihan	15,32
17 Cher	11,21	55 Moselle	22,28
18 Corrèze	10,92	56 Nièvre	15,82
19 Côte-d'Or	25,73	57 Nord	13,82
20 Côtes-du-Nord	16,09	58 Oise	22,77
21 Creuse	10,01	59 Orne	20,97
22 Dordogne	7,43	60 Pas-de-Calais	16,27
23 Doubs	23,81	61 Puy-de-Dôme	14,69
24 Drôme	19,31	62 Pyrénées (Basses)	12,03
25 Eure	26,12	63 Pyrénées (Hautes)	9,72
26 Eure-et-Loir	20,73	64 Pyrénées-Orientales	6,91
27 Finistère	18,79	65 Rhin (Bas)	19,65
28 Gard	11,58	66 Rhin (Haut)	15,92
29 Garonne (Haute)	18,68	67 Rhône	29,35
30 Gers	12,48	68 Saône (Haute)	16,32
31 Gironde	15,03	69 Saône-et-Loire	15,81
32 Hérault	18,33	70 Sarthe	17,91
33 Ille-et-Vilaine	22,45	71 Seine	30,72
34 Indre	10,71	72 Seine-et-Marne	26,83
35 Indre-et-Loire	23,81	73 Seine-et-Oise	26,03
36 Isère	19,89	74 Seine-Inférieure	31,61
37 Jura	20,60	75 Sèvres (Deux)	13,45
38 Landes	8,25	76 Somme	16,18
39 Loir-et-Cher	20,41	77 Tarn	10,82
40 Loire	20,25	78 Tarn-et-Garonne	17,16
41 Loire (Haute)	16,98	79 Var	17,51
42 Loire-Inférieure	19,55	80 Vaucluse	18,86
43 Loiret	19,33	81 Vendée	13,11
44 Lot	11,02	82 Vienne	20,65
45 Lot-et-Garonne	10,53	83 Vienne (Haute)	14,85
46 Lozère	19,60	84 Vosges	14,57
47 Maine-et-Loire	24,67	85 Yonne	23,53
48 Manche	19,26		

Réunissant les départements en groupes, les mêmes que ceux de la page 542 (1), nous avons le tableau suivant :

	Nombre relatif des persou. remarquables. 0,000	Nombre des aliénés.	% de la population urbaine.
I Groupe. (0 départements)	27,11	24,69	49,92
II Groupe. (19 départements)	10,63	19,02	27,10
III Groupe. (19 départements)	6,93	17,86	23,15
IV Groupe. (19 départements)	4,87	14,17	20,07
V Groupe. (19 départements)	2,01	20,01	17,75

(1) Par ordre de décroissance du nombre des personnages remarquables ; la liste des départements par groupes est donnée à la page 542 (notes au bas de la page).

On le voit, l'accord est absolu entre la courbe du talent et celle de l'aliénation mentale, sauf pour le dernier groupe. La folie diminue de fréquence, comme diminue de fréquence le talent, avec l'abaissement du 0/0 de la population urbaine, et par conséquent avec l'affaiblissement de la vie urbaine. Mais la folie diminue de fréquence moins rapidement que le talent, et elle augmente même dans le dernier groupe, — fait très logique et prévu d'avance. En effet, la genèse du talent, et par conséquent le nombre de personnages remarquables dans une population, tient, ainsi que nous l'avons fait voir, à la race d'abord, au développement de la vie urbaine ensuite. La fréquence de la folie tient, il est vrai, aux mêmes facteurs, mais aussi à la misère, à l'alcoolisme, à l'abrutissement(1). Il est donc tout naturel que si la fréquence de la folie diminue avec la décroissance du 0/0 de la population urbaine, elle augmente en même temps en partie avec l'abaissement du niveau de l'intelligence et du bien-être ; aussi le nombre des aliénés diminue moins rapidement et se relève même dans le dernier groupe.

Refaisons maintenant l'examen des provinces, comme nous l'avons fait pour le talent, mais cette fois pour la folie, et mettons en parallèle ces deux expressions ultimes de la mentalité des races.

	Nombre des person. remarquables.	Nombre des aliénés.	°/₀ de la population urbaine.
RÉGION PYRÉNÉENNE (2), tabl. III, fig. 1.			
1 Haute-Garonne	10,33	18,68	34,8 °/₀
2 Basses-Pyrénées	4,48	12,05	18,8
3 Hautes-Pyrénées, Ariège. . (moyennes).	2,80	9,82	15,4

On le voit, le parallélisme est complet.

	Nombre des person. remarquables.	Nombre des aliénés.	°/₀ de la population urbaine.
GASCOGNE (3), tabl. III, fig. 2.			
1 Haute-Garonne	10,33	18,68	34,8
2 Tarn-et-Garonne	7,02	17,46	26,2
3 Lot, Basses-Pyrénées, Gers. (moyennes).	4,95	11,69	18,9
4 Hautes-Pyrénées, Landes. . (moyennes).	3,07	8,99	12,6

Ici encore le parallélisme est absolu

(1) Il faut y ajouter encore certaines conditions telluriques produisant le crétinisme, qui entre également en ligne de compte quant à la statistique de l'aliénation mentale.

(2) Départements rangés par ordre de décroissance du nombre des personnages remarquables : a) Haute-Garonne ; b) Basses-Pyrénées ; c) Hautes-Pyrénées ; d) Ariège. Pour le département des Pyrénées Orientales, v. p. 569.

(3) Même remarque que ci-dessus. Dép. : a) Haute-Garonne ; b) Tarn-et-Garonne ; c) Lot ; d) Basses-Pyrénées ; e) Hautes-Pyrénées ; f) Landes.

GUYENNE (1) (v. tab. III, fig. 3).

1 Gironde, Tarn-et-Garonne. .	7,56	16,25	• 32,6
2 Aveyron, Lot-et-Garonne . .	5,71	10,12	18,9
3 Lot, Dordogne	3,93	9,67	12,0

LANGUEDOC (2) (v. tab. III, fig. 4).

1 Hérault, Gard, H.-Garonne.	13,02	16,20	45,6
2 Aude, Ardèche	5,96	15,92	20,2
3 Tarn, Lozère	3,46	15,21	18,45

PROVENCE (3) (voy. tab. III, fig. 5).

1 Bouches-du-Rhône, Vaucluse	23,77	22,23	65,7
2 Var	11,44	17,54	58,4
3 Basses-Alpes	9,43	13,56	15,9

DAUPHINÉ (v. tab. III, fig. 6).

1 Isère, Drôme	6,71	10,62	22,5
2 Hautes-Alpes	5,31	13,56	10,1

POITOU (v. tab. III, fig. 7).

1 Vienne.	4,51	20,65	18,4
2 Deux-Sèvres, Vendée. . . .	3,89	13,28	11,3

MAINE (v. tab. III, fig. 8).

1 Sarthe.	3,64	20,44	19,6
2 Mayenne.	3,04	17,94	18,1

BRETAGNE (v. tab. III, fig. 9).

1 Ille-et-Vilaine, Finistère, Loire-Inférieure	6,46	20,26	24,4
2 Morbihan, Côtes-du-Nord. .	2,13	15,75	13,2

NORMANDIE (v. tab. III, fig. 10).

1 Seine-Inférieure, Calvados .	10,41	25,82	33,9
2 Manche, Orne, Eure. . . .	8,83	22,12	18,3

FRANCHE-COMTÉ (v. tab. III, fig. 11).

1 Doubs.	26,42	22,7	23,81
2 Jura.	15,23	19,9	20,60
3 Haute-Saône	6,41	13,4	16,32

LYONNAIS (v. tab. III, fig. 12).

1 Rhône.	24,48	20,35	62,5
2 Loire, Haute-Loire.	3,81	18,62	28,4

BOURGOGNE (v. tab. III, fig. 13).

1 Côte-d'Or	24,04	25,73	22,3
2 Yonne.	8,73	23,53	— 16,9
3 Ain, Saône-et-Loire	6,74	18,71	15,6

MARCHE et LIMOUSIN (v. tab. III, fig. 14).

1 Haute-Vienne, Corrèze . . .	5,37	13,38	18,4
2 Creuse	1,45	10,04	8,2

En Alsace, dans les département dont une partie constituait le Morvan, ce n'est pas le 0/0 de la population urbaine, mais la densité de la population qui exerce le plus d'influence, ainsi que cela avait déjà été

---

(1) Même remarque : a) Gironde ; b) Tarn-et-Garonne ; c) Aveyron ; d) Lot-et-Garonne ; e) Lot ; f) Dordogne.

(2) Départements : a) Hérault ; b) Gard ; c) Haute-Garonne ; d) Aude ; e) Ardèche ; f) Tarn ; g) Lozère.

(3) Même remarque pour la Provence et les provinces suivantes.

indiqué plus haut. La concordance du nombre relatif des personnages remarquables et de celui des aliénés reste la même. En effet

	Nombre des person. remarquables.	Nombre des aliénés.	Densité de la popul. (Nombre d'hommes par kil. carré).
ALSACE (v. tab. III, fig. 15).			
1 Bas-Rhin	8,90	19,65	123,39
2 Haut-Rhin	6,71	15,92	108,82
MORVAN (1) (v. tab. III, fig. 16).			
1 Saône-et-Loire	5,20	15,84	62,97
2 Nièvre	4,71	15,82	43,65

Les provinces du centre présentent des agglomérations confuses de mélanges de races, et ne peuvent par conséquent se prêter à une analyse de cette nature.

En comparant les provinces au point de vue de l'influence des conditions de la densité et de la distribution (villes et campagnes) de la population, sur la mentalité et la fertilité intellectuelle, nous constatons entre elles de très grandes différences. A conditions égales ou du moins analogues, le même nombre d'habitants donne dans une province deux, trois, cinq, dix fois plus de personnages remarquables que dans une autre. La vitesse d'accroissement du nombre d'hommes de talent est également très différente. Dans certaines provinces, une augmentation même assez modérée du 0/0 de la population urbaine se traduit immédiatement en augmentation très considérable de la fertilité de la race en talents. D'autres races semblent moins sensibles. Il serait par conséquent d'un grand intérêt de comparer sans rapport des races plus éloignées, et qui se trouvent dans des conditions politiques, sociales et morales très différentes. Cela n'est pas facile, malheureusement, les matériaux manquant à peu près complètement pour un travail de ce genre. Du moment que nous avons pris pour un des termes de comparaison la France, et que nous voulons prendre une population très différente comme mentalité et comme fertilité intellectuelle, nous sommes forcés de prendre comme autre terme de comparaison une nation à niveau intellectuel très inférieur, de descendre par exemple jusqu'au monde slave. Mais ce monde ne produit qu'un nombre tout à fait insignifiant de personnages remarquables dans le domaine de la pensée, de la science, de l'art, et il serait parfaitement ridicule de distribuer ce nombre infinitésimal sur l'immense territoire occupé par cette race. Nous tenterons cependant un timide essai, en renonçant

(1) V. page 599.

évidemment à la statistique des talents — il n'y en a guère — et en
utilisant d'autres matériaux.

Chargé de créer un service des aliénés dans la province d'Orel (Russie), l'auteur de cet ouvrage avait fait un recensement des aliénés, et
il avait étudié les résultats de cette statistique, en les rapprochant d'une
étude anthropologique et psychique de la province (1), la seule des
provinces russes qui ait été étudiée à ce point de vue (2).

La province d'Orel se présente comme une longue bande de terrain
(superficie = 44.201 kilomètres carrés, 2.300.000 habitants) allant de
l'Est à l'Ouest ; elle se divise en 12 départements (voy. tab. 609). Les
trois départements occidentaux (3) ont une population *Radime,* de race
slave ; les trois départements (4) situés plus à l'Est, ont une population
Wial, de race finnoise pure (branche orientale), apparentée de très
près, sinon identique aux peuplades finnoises du versant Ouest des monts
Oural. Les trois départements suivants (5) (allant toujours vers l'Est), ont
la même race, mais mélangée d'éléments slaves et turks. Enfin les trois
départements orientaux (6) sont peuplés de descendants des nomades
turkes, avec une forte colonisation ultérieure slave et un fond finnois.

Pour le recensement, les aliénés étaient divisés en quatre catégories : 1° démence congénitale, y compris l'idiotie ; 2° aliénés proprement dits, y compris la démence consécutive, la démence sénile, la
paralysie générale, etc. ; 3° épileptiques ; 4° possédés. On trouvera
étonnant, peut-être, qu'il ait été fait une catégorie spéciale pour une
forme aussi rare ; on aurait tort, ainsi que les chiffres le font voir.

Les villes avaient fourni des données statistiques moins complètes ;

---

(1) Une partie de ce travail avait été publiée dans les *Archives d'anthropologie
criminelle* du professeur Lacassagne, de Lyon (15 décembre 1903) : P. Jacoby. Contribution à l'étude des folies dégénératives.

(2) Le recensement, tenté dans quelques provinces, n'a donné, faute de moyens et de
connaissances nécessaires, que des résultats inutilisables. Celui de la province de
Pétersbourg, tout défectueux qu'il est par manque de netteté du programme (Dr *Bia-
chekow*) est encore le meilleur. Celui de la province de Moscou, ayant coûté une somme
relativement importante, n'a aucune valeur. Le Dr *Yakowenko,* chargé de ce travail,
en ignorant les difficultés spéciales, ne connaissait ni les procédés à employer, ni les
chiffres auxquels on était arrivé partout ailleurs. Les résultats de ce recensement sont
tellement faux — heureusement — qu'ils ne peuvent guère induire en erreur. Ainsi il a
donné pour 100 aliénés hommes, 66,7 aliénées femmes, tandis qu'en réalité le nombre
des femmes est quelquefois à peu près égal, et généralement de beaucoup supérieur à
celui des hommes.

(3) Briansk, Sewsk, Troubchewsk.

(4) Bolkhow, Karatchew, Dmitrowsk.

(5) Mzensk, Orel, Kromy.

(6) Malo-Arkhangel, Livny, Eletz.

d'ailleurs elles ne présentent, en vertu de leur manque d'individualité ethnique, qu'un faible intérêt au point de vue de notre étude ; nous nous bornerons ici à la statistique des campagnes.

Départements.	Nombre des aliénés par 1 000 hab.	Nombre des possédés par 10 000 hab.
1 Sewsk	1,41	1,30
2 Troubchewsk	1,59	2,11
3 Briansk	1,68	1,61
4 Bolkhow	3,38	16,00
5 Karatchew	2,88	10,32
6 Dmitrowsk	3,06	21,28
7 Mzensk	3,28	6,69
8 Orel	4,38	5,29
9 Kromy	2,26	6,35
10 Malo-Arkhangel	1,53	3,27
11 Livny	1,98	2,08
12 Eletz	1,70	2,17

Le lecteur peut s'étonner à bon droit du nombre des possédés. La possession est un cas très rare en Europe, et les épidémies de possession et de démonomanies y ont complètement cessé, à telle enseigne que celle de Morzine en Savoie, qui avait eu lieu il y a quarante ans, avait attiré l'attention du monde entier. Il en est tout autrement de la Russie. La possession, la démonomanie, cette plaie hideuse du peuple russe, a infecté tout le Centre et l'Est, en partie aussi le Nord de l'Empire, et rien que pour la province d'Orel je possède une liste nominative de plus de *mille* démonomaniaques, et cette liste est certainement loin d'être complète.

On peut réunir les trois premières catégories en une seule statistique, puisque ces catégories ne présentent que des formes diverses d'un même élément neuropathologique, qui croit et se développe sous l'influence de certaines conditions physiques et psychiques plus ou moins intimement liées à une activité intellectuelle plus grande, à des agglomérations humaines plus nombreuses et plus remuantes, et par conséquent aussi à la vie urbaine. Il en est tout autrement de la possession. En examinant sa distribution géographique, on constate du premier coup qu'elle se trouve dans les pays pauvres, peu peuplés, arriérés, sans instruction, sans industrie, sans voies de communication, et où la vie intellectuelle est absolument stagnante. Une étude détaillée de la province d'Orel ne fait que confirmer cette remarque. Les cantons les plus fortement frappés de cette hideuse affection constituent des foyers éloignés des villes, des chemins de fer, des grandes voies commerciales, et généralement sont situés dans des bifurcations ou des angles formés par les grandes voies, chemins de fer et routes nationales, au maximum de distance d'elles. Font exception seuls les cantons, dans lesquels se trouvent les couvents lieux de pèlerinage.

La possession est une affection de nature hystérique, la Vorstellungskrankheit des Allemands par excellence. Elle est le résultat non d'une excitation, mais d'un manque de vie intellectuelle sensorielle et affective. C'est la réaction de l'organisme mental (féminin dans l'immense majorité des cas) contre la misère psychologique, intellectuelle et affective, d'une population ignorante, grossière et abrutie. Cette affection est devenue endémique, particulièrement dans les provinces orientales et centrales de l'empire russe ; elle donne lieu à de fréquentes épidémies de folie religieuse (1) et contribue beaucoup à créer des sectes — si elle ne les crée directement — qui sont un retour aux époques préhistoriques de l'humanité ; en religion un retour au chamanisme ; en vie familiale et sociale un retour au mariage communal, à la communauté des femmes (2). Toutes les races, tous les peuples ont passé par ces formes, et pas une agglomération humaine en Europe n'en a gardé aucun souvenir historique. Renan dit que ce qui constitue une *nation*, c'est le travail historique en commun. Ce travail historique, cette part prise à la vie historique, politique et sociale du pays, avaient refoulé toutes les vieilles habitudes psychiques, les vieux instincts et les avaient recouverts d'une infinité de couches historiques et sociales, sous lesquelles ils sont ensevelis. En a-t-il été ainsi avec le Nord, le Centre, l'Est de la Russie? L'histoire nous dit que jamais les peuples de ces pays n'avaient eu aucune part à l'œuvre historique; qu'ils étaient la matière inerte, brassée et triturée par les gouvernants. Le régime, qui pèse sur eux, en a fait un peuple d'alcooliques et de dégénérés. Cette stagnation sociale a eu ses conséquences logiques : le peuple, misérable, abruti par l'alcool, croupissant dans la plus crasse ignorance, depuis des siècles n'a fait guère de progrès, ni psychologique, ni social. Il y a bien peu de différence entre l'habitant actuel de la province et le Wiat du xii° siècle tel que nous le dépeint le chroniqueur. Le mariage communal et la communauté des femmes, le chamanisme et ses conceptions religieuses, sont ici, pour ainsi dire, à fleur de peau, à peine recouverts d'un léger vernis de christianisme conventionnel ; le moindre trouble mental, la moindre rupture de

(1) Voir là-dessus : P. Jacoby. Contribution à l'étude des folies dégénératives. *Arch. d'anthrop. crim.*, 15 XII 1903.

(2) Telle est la secte des *Khlisty*, l. c.

l'équilibre psychique, suffit pour enlever ce vernis, pour faire surgir les vieilles habitudes mentales et morales.

Il est évident qu'il doit y avoir une sorte d'antagonisme entre la fréquence de la folie et celle de la possession, ainsi qu'entre leur distribution géographique ; ainsi la proximité des villes et leur influence psychologique doivent *augmenter* le nombre des cas de folie (proprement dite), et *diminuer* celui des cas de possession. Examinons les données statistiques à ce double point de vue.

FRÉQUENCE DE L'ALIÉNATION MENTALE (LES POSSÉDÉS EXCLUS)

Départements.	Nombre des aliénés par 1 000 hab.	°/° de la population urbaine.
I Région slave (tab. III, fig. 17).		
Briansk	1,52	13,86
Sewsk	1,38	6,20
Troubchewsk	1,31	4,23
II Région finnoise.		
Bolkhow.	2,29	21,01
Karatchew	1,85	12,80
Dmitrowsk	1,82	6,98
III Région finno-turke.		
Orel	3,28	53,17
Mzensk	2,61	17,20
Kromy	1,62	2,17
IV Région turko-slavo-finnoise.		
Eletz	1,77	13,90
Livny	1,48	6,20
Malo-Arkhangel	1,21	2,27

On le voit, l'accord entre la fréquence de l'aliénation mentale et le 0/0 de la population urbaine, est parfait, et notre loi se trouve être aussi vraie en Russie, pour des populations de race finnoise, turke et slave, qu'elle l'est en France, pour des populations d'origine latine, gauloise, gothe, franque, etc.

Passons maintenant à la statistique des possédés. Comme leur nombre doit être, si nous ne nous trompons pas dans notre raisonnement, en rapport inverse du 0/0 de la population urbaine, pour rendre ce rapport plus évident, nous comprendrons non le 0/0 de la population urbaine, mais le 0/0 de la population campagnarde, avec lequel la fréquence de la possession doit, évidemment, être en rapport direct (tab. III, fig. 18).

Départements.	Nombre des possédés par 10000 hab.	°/° de la popul. campagnarde.
I Région slave.		
Briansk	1,61	86,14
Sewsk, Troubchewsk	1,87	94,78
(moyenne).		

Région finnoise.		
Bolkhow, Karatchew	13,16	91,10
(moyenne).		
Dmitrowsk	21,28	93,02
Région finno-turke.		
Orel	5,29	46,83
Kromy, Mzensk.	6,58	90,00
(moyenne).		
Région turko-slavo-finnoise.		
Livny, Eletz	2,28	89,95
(moyenne).		
Malo-Arkhangel.	3,27	97,73

En comparant sous le rapport mental et psychiatrique les régions de la province d'Orel, régions qui se trouvent dans des conditions économiques, politiques, sociales, identiques, mais dont les populations appartiennent à des races différentes, nous constatons de très grandes différences. Ainsi pour le même nombre d'habitants, le nombre des possédés dans la population radime (slave), est inférieur à 2, tandis que dans la population wiate (finnoise, branche orientale) il est de plus de 13 dans deux départements, de plus de 21 dans le troisième. Comparons ces régions au point de vue de la relation numérique des sexes parmi les aliénés.

Le nombre des aliénées femmes par 100 aliénés hommes est de 98 à 102 dans la région slave et dans la région turko-slave ; dans la région finnoise il est de 125 dans le département de Kromy, de 160 dans celui de Bolkhow, de 187 dans celui de Karatchew, et enfin de 300 (!!!) dans celui de Dmitrowsk. *Dans la race finnoise la femme est atteinte infiniment plus que l'homme, infiniment plus que la femme des autres races.*

En comparant la géographie de la fréquence de la possession, de celle des épidémies de folie religieuse, enfin de la distribution des sectes de nature chamanique, on constate que cette région géographique coïncide très exactement avec le territoire habité en Russie par la race finnoise orientale.

Il est encore une autre remarque à faire sur la différence de valeur intellectuelle des races et sur leur endurance, pour ainsi dire, par rapport aux influences sociales nocives au point de vue psychopathique. La statistique de la nativité et de la mortalité de la ville d'Eletz (40 000 habitants) a fait voir que la natalité y est très faible, qu'elle ne compense pas la mortalité, que les familles s'y éteignent après un très petit nombre de générations, et que la population de la ville ne se maintient que grâce à l'afflux des campagnards, — fait que l'on avait constaté à Paris, mais qu'on n'a jamais trouvé dans les villes de

deuxième ordre. Dans le département voisin, celui de Livny, exclusivement agricole, mais ayant un chef-lieu de 25 000 habitants depuis
une trentaine d'années (ce qui correspond à une plus grande immigration des habitants de la campagne dans la ville), le nombre des
exemptions des conscrits pour défaut de taille et vices de conformation est en voie d'augmentation. Cette dégénérescence physique est
même très rapide ; le nombre des exemptés, qui était de 10 0/0 en
1872, était de 30 0/0 vingt ans après, en 1892. Les départements
d'Orel, de Bolkhow, qui ont des chefs-lieux à population au-dessus de
25 mille habitants, ont de 3 1/2 à 4 1/3 cas de folie *pour mille*. La faiblesse et l'inconsistance intellectuelles de la population paraissent la
rendre inapte à l'effort nécessité par la vie urbaine, qui est cependant
bien faible, bien peu intense dans ce pays et cela avec un 0/0 de la
population urbaine moindre de 14 0/0 (Eletz), de 21 0/0 (Bolkhow),
de 58 0/0 (Orel). D'un autre côté, quand le 0/0 de la population
urbaine descend à 7 0/0 (Dmitrowsk), la population réagit par la
démonomanie et la possession (2,13 *possédés pour mille* !!)

En comparant (s'il est permis d'appliquer un terme musical, indiquant l'étendue de la voix à l'étendue de l'intelligence) ce registre intellectuel si restreint, au registre si étendu, à limites si larges, du peuple
français, qui peut monter à 98,2 0/0 de la population urbaine sans
donner 4 1/2 d'aliénés *pour mille*, et descendre à 8 0/0 (Creuse) sans
tomber dans les folies religieuses ou la possession, — en comparant,
disons-nous, ces deux registres, on a directement et immédiatement
la perception de l'immense différence intellectuelle des deux races, —
de l'abîme psychique, plutôt, qui les sépare. Le moment n'est peut-être
pas éloigné où la politique, s'inspirant non de la passion, mais de la raison,
non des phrases, mais de la science, prendra en considération la valeur
intellectuelle des provinces d'un pays : les votes ne se compteront
pas seulement, mais encore ils se pèseront. Nous avons fait voir, par
l'exemple de la statistique du plébiscite de 8 mai 1870, que les doctrines
politiques, dont la discussion ne mène jamais, comme on sait, à aucun
résultat, chacun gardant son opinion, peuvent être appréciées par la
qualité et l'importance des votes qu'elles recueillent dans le pays. Une
doctrine qui ne récolte des adhésions que dans les populations les plus
ignorantes, les plus arriérées et les moins intelligentes, et dont les partisans deviennent de plus en plus rares à mesure que l'intelligence et la
civilisation du pays augmentent, a bien peu de chances, on en conviendra, d'être l'expression de la vérité. Dans la question de représen-

tation nationale, il serait peut-être rationnel de renoncer à cette malheureuse idée de régler le nombre des députés d'une province par le chiffre de sa population. Les races qui peuplent un grand pays n'étant pas également intelligentes, ne peuvent évidemment donner à la représentation nationale le même nombre de personnages de talent, ne peuvent par conséquent concourir dans la même mesure à l'élaboration des lois, à la discussion des grands intérêts de l'État, ni prendre une part égale au gouvernement. De même dans la même race un département à population dense, à vie urbaine fortement développée, a indubitablement droit à un plus grand nombre de représentants pour le même nombre d'habitants qu'un département à population clairsemée, inintelligente, à demi-sauvage. Dans le département de la Seine, un nombre donné d'habitants produit 350 fois plus de personnages de talent et d'hommes intelligents que le même nombre dans l'Ariège. La pratique séculaire du gouvernement représentatif avait amené la Suisse empiriquement au principe de représentation numériquement inégale des villes et des campagnes, principe pleinement justifié par l'analyse médicale des conditions de développement de l'intelligence des peuples.

On peut présenter la fécondité relative en personnages remarquables des diverses provinces, et par conséquent la vie intellectuelle de leurs populations, sous une forme strictement mathématique. En effet, $y = f(x)$ étant l'équation de la courbe qui présente la loi qui lie la fécondité intellectuelle de la population à la densité et à la distribution de cette population, — courbe qui varie d'une province à une autre, ainsi que nous l'avons vu, — la fécondité est donc représentée par l'aire comprise entre l'axe des abscisses, la courbe, et les deux ordonnées qui correspondent aux départements présentant le minimum et le maximum de densité de la population et du 0/0 de la population urbaine (ainsi les Landes et la Haute-Garonne pour l'Aquitaine, la Lozère et le Hérault pour le Languedoc, les Basses-Alpes et les Bouches-du-Rhône pour la Provence, etc.). Désignant par a et b les abscisses de ces ordonnées, nous aurons pour cette aire, et par conséquent pour la fécondité relative

$$\int_a^b f(x)\ dx.$$

La somme de ces intégrales définies présente évidemment la fécondité de la France; supposant que la représentation nationale compte N membres, la quote-part de chaque province (N pr) est donc

$$\frac{N \; pr}{N} = \frac{\displaystyle\int_a^b f(x) \; dx}{\displaystyle\Sigma \int_A^B F(x) \; dx}.$$

L'étude et l'analyse de la France province par province nous prouvent la vérité de notre loi, que nous pouvons par conséquent considérer comme rigoureusement exacte. Ainsi, dans la population d'une contrée, d'un pays, il s'établit un courant constant des campagnes vers les villes, et des petites villes vers les grandes, courant qui apporte à ces dernières toutes les forces vives du pays. Il en résulte une sélection des talents, des capacités, des énergies et des intelligences au sein des villes, et cela au détriment des campagnes, — sélection dont la conséquence immédiate est d'élever avec une rapidité toujours croissante le niveau intellectuel des villes, et de baisser celui des campagnes. Mais parallèlement aux talents, aux capacités, aux énergies, croît aussi dans la population urbaine l'élément névropathique, qui se manifeste très diversement, et qui conduit fatalement aux psychopathies, aux grandes névroses, à la mortalité enfantine, et finalement à la stérilité et à l'extinction de la race. Nous avons vu déjà que tel était le résultat de la sélection par privilèges sociaux et par inégalité politique et économique (1), inégalité et sélection qui produisent l'ignorance et la misère

(1) Nous sommes heureux de citer le passage suivant du beau livre de M. Finlay, qui nous est tombé sous les yeux au dernier moment, passage dans lequel l'éminent historien de la décadence de la Grèce expose *grosso modo* dans leur généralité les idées que nous croyons avoir prouvées dans notre livre. Ces idées, nous y sommes arrivé par l'analyse exclusivement médico-psychologique; ce sont des considérations médicales qui nous avaient amené à déterminer à priori le mode d'action des positions exclusives sur la vie mentale, affective et physique des classes et des individus privilégiés, et nous avons cherché dans l'histoire, ainsi que dans la statistique, des faits et des preuves à l'appui de notre théorie. M. Finlay, au contraire, est exclusivement historien, et c'est l'étude de l'histoire qui l'avait amené à supposer une loi, en vertu de laquelle les privilèges sociaux font périr la race de leurs détenteurs. Historien, il indique le fait général, qui se présente à son esprit comme une sorte de fatum historique; médecin, nous avons pu analyser ce fait, analyser le mécanisme intime de son influence, et faire voir ainsi que cette fatalité historique, qui dans son énoncé général a quelque chose de mystique qui répugne aux esprits positifs, se résout en facteurs pathogéniques, dont l'influence, très positive et qui n'a rien de mystérieux, est du ressort de la médecine. Voici le passage en question. « A appears indeed to be a law of human society, that all classes of mankind wich are separated, by superior wealth and privileges, from the body of the people, are by their oligarchical constitution; liable to a rapid decline. As the privileges wich they enjoy have created

en bas, la folie, le crime et la stérilité en haut. Maintenant nous avons étudié la sélection des privilèges intellectuels et moraux, que l'homme reçoit non de la société, mais de la nature, et nous voyons se produire, comme conséquence de cette sélection, un résultat également triste pour les deux couches en lesquelles se divisent ainsi les populations : nous voyons les capacités, les talents, l'énergie, l'activité, mais aussi les maladies nerveuses, les phrénopathies, le suicide, la mortalité des enfants, la stérilité, et finalement l'extinction de la race, ce résultat nécessaire, inévitable de la dégénérescence, se produire dans les villes, et l'ignorance, la stupidité, la bêtise, devenir l'apanage des campagnes.

De l'immensité humaine surgissent des individus, des familles et des races qui tendent à s'élever au-dessus du niveau commun ; ils gravissent péniblement les hauteurs abruptes, parviennent au sommet, — du pouvoir, de la richesse, de l'intelligence, du talent, — et une fois arrivés, sont précipités en bas, et disparaissent dans les abîmes de la folie et de la dégénérescence. La mort est la grande nivelatrice ; en anéantissant tout ce qui s'élève, elle démocratise l'humanité. Mais la nature est mauvaise ménagère ; elle n'atteint le but qu'avec un gaspillage énorme de matière et de force. Chaque homme de génie, de talent, est un capital accumulé de plusieurs générations, dit M. Renan. Or ce capital accumulé, une fois personnifié en un homme, ne rentre plus dans la richesse commune de l'humanité, il est perdu pour elle, retiré comme il est de la circulation, et son seul reliquat n'est que folie, misère et dégénérescence de la postérité, qui s'éteint et meurt bientôt, — heureusement, — mais non sans avoir porté la dégénérescence et la mort dans les familles auxquelles elle s'était alliée. Ce phénomène explique le cycle de la vie des nations civilisées. Montées au faîte de la civilisation, elles ont donné des familles souveraines, aristocratiques, intelligentes, savantes, artistiques, élégantes, riches, énergiques, et comme tous ces élus du sort et de la fortune disparaissent fatalement, la nation, écrémée, épuisée,

an unnatural position in life, vice is increased beyond that limit wich is consistent with the duration of society. The fact has been long observed with regard to the oligarchiep of Sparte and Rome. It has its effect even on the more extended citizenship of Athens and it even affected, in our time, te two haudred thousands electors who formed the oligarchy of France during the reign of Louis Philippe », FINLAY, LL. D. Greece under the romans ; a historical view of the condition of the greek nation from its conquest by the romans until the extinction of the roman power in the East. Second édition. William Blackwood and sons. Edinburgh and London, MDCCCLVI. p. 65)

sucée jusqu'à la moelle des os, tombe au premier choc et s'écroule, et l'histoire constate avec surprise que tout un peuple ayant fourni une carrière historique longue et glorieuse, disparaît un jour de la face de la terre, qu'un revers militaire peut tuer sans possibilité de résurrection non seulement un État fortement organisé, mais jusqu'à la nation, jusqu'à la race même. C'est que dans le cours de sa vie une nation civilisée, arrivée au faîte, descend fatalement la pente. Le même phénomène de sélection qui l'avait faite intelligente, énergique et productive, finit, comme nous l'avons fait voir, par l'épuiser complètement; comme ces arbres rongés par les termites, elle garde une apparence de vie, de force et de solidité, mais au moindre choc tout s'écroule, et du peuple qui avait longtemps occupé la scène de l'histoire, il ne reste qu'un ramassis informe, sans cohésion, qui perd son nom, son individualité, et souvent jusqu'au souvenir de son glorieux passé; et plus il avait produit à un moment de grands hommes, plus proche et plus rapide est sa chute définitive, irréparable. Tel avait été le sort des grands peuples civilisés de l'antiquité, tel sera celui des nations civilisées de l'Europe, et bien des symptômes indiquent déjà que nous sommes entrés dans cette période d'épuisement et de décadence. Rien ne se fait de rien, et toute production suppose consommation. La science, l'art, les idées, pour naître et se développer, consomment des générations et des peuples. Les nations s'épuisent par la production, comme les terrains non fumés, puisque les produits, comme nous l'avons vu, ne retournent plus au fond commun et sont matériellement perdus pour lui. C'est dans ce sens qu'il faut comprendre ce phénomène qu'on a appelé dans l'histoire vieillesse et décrépitude des nations. Par le fait de la sélection et de la loi fatale de l'extinction des races privilégiées les peuples se civilisent d'abord, montent au faîte de la grandeur, puis déclinent rapidement et disparaissent épuisés, surmenés, anéantis, retombent dans la barbarie et sont remplacés par des peuples plus jeunes, c'est-à-dire chez lesquels la sélection des talents et des énergies s'établit à peine et qu'elle n'a pas encore épuisés. Il arrive qu'un grand esprit, qu'un grand cœur, dernier reliquat des splendeurs passées d'une nation, méconnaissant les lois historiques, se prend d'un amour ardent pour sa nationalité mourante, et cherche à lui donner une nouvelle vie, à galvaniser ce cadavre, à arrêter la dissociation des éléments. Il réussit quelquefois à jeter un dernier rayon de gloire sur son peuple descendant dans la tombe, mais c'est à peine un instant d'arrêt dans la chute fatale, inévitable. La race périt faute d'hommes; faute de personnalités, les sources mêmes de la vie sont épuisées, taries chez elle, elle est frappée à mort, et, résignée, disparaît en silence de la scène du monde dans l'oubli et le néant, ou meurt bruyamment dans l'agonie de la guerre civile ou étrangère. Il reste encore des êtres humains, mais il n'y a plus ni de nation, ni de peuple, ni même de race ; son individualité disparaît, son nom est effacé des tables de l'histoire, son tombeau est scellé pour l'éternité.

Les hommes paraissent avoir été organisés, — qu'on nous permette de nous exprimer ainsi, — en vue de l'égalité. Toute distinction en classes — politiques, économiques ou intellectuelles, — et toute sélection, qui est la conséquence logique et naturelle de cette distinction, sont également funestes à l'humanité, aux élus comme au reste des humains, produisant *manque* chez ces derniers, *excès* chez les premiers, de l'élément qui est le principe de la distinction des classes. Dès qu'une partie de l'humanité a quelque chose en trop grande quantité, que cela soit des biens matériels ou des qualités morales, le reste de l'humanité se trouve immédiatement en avoir trop peu, et les deux parties souffrent également de cet excès comme de ce défaut. Mais la nature paraît vouloir se venger de cette violation de ses lois, et frappe cruellement les élus, les heureux, les châtiant « dans leur quatrième et leur septième génération ».

Les lois de la nature sont immuables, et malheur à qui les viole ; chaque privilège que l'homme s'accorde est un pas vers la dégénérescence, les phrénopathies, la mort de sa race. En abaissant qui veut s'élever au-dessus du niveau commun de l'humanité, en châtiant les orgueilleux, en se vengeant de l'excès de bonheur, la nature charge les privilégiés d'être eux-mêmes les bourreaux de leur race. Trop de bonheur offense et indigne les dieux, pensaient les anciens, et l'étude médicale des conséquences de toute distinction, intellectuelle et sociale, de toute sélection, nous a conduits à la même conclusion. *Humana imprudentia impares esse voluit, quos Deus coœquaverat* « la folie humaine veut rendre inégaux ceux que Dieu avait fait égaux, dit le pape Clément IV. »

FIN

TABLE DES MATIÈRES

PREMIÈRE PARTIE
LE POUVOIR

DEUXIÈME PARTIE
LE TALENT

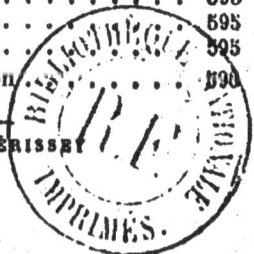

ÉVREUX, IMPRIMERIE DE CHARLES HÉRISSEY

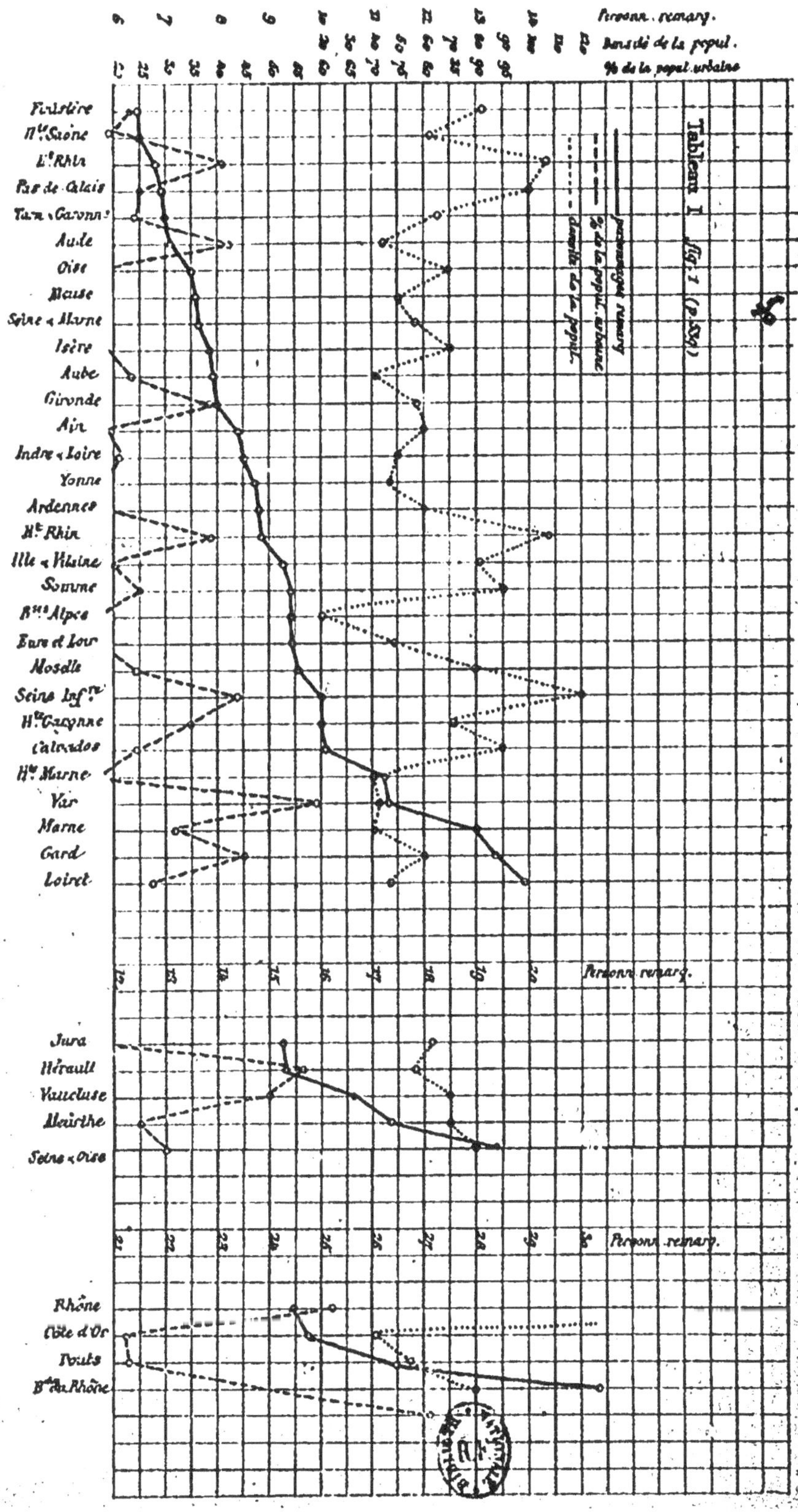
Personn. remarq.
Densité de la popul.
% de la popul. urbaine
Tableau I. fig. 1 (p. 539)
personnages remarq.
% de la popul. urbaine
densité de la popul.
Finistère
Hte Saône
Pas de Calais
Tarn & Garonne
Aude
Oise
Meuse
Seine & Marne
Isère
Aube
Gironde
Ain
Indre & Loire
Yonne
Ardennes
Ht Rhin
Ille & Vilaine
Somme
Bses Alpes
Eure et Loir
Moselle
Seine Infre
Hte Garonne
Calvados
Hte Marne
Var
Marne
Gard
Loiret
12 13 14 15 16 17 18 19 20 Personn. remarq.
Jura
Hérault
Vaucluse
Meurthe
Seine & Oise
21 22 23 24 25 26 27 28 29 30 Personn. remarq.
Rhône
Côte d'Or
Doubs
Bes du Rhône

TABLEAU I. Fig. 2 (p. 539)

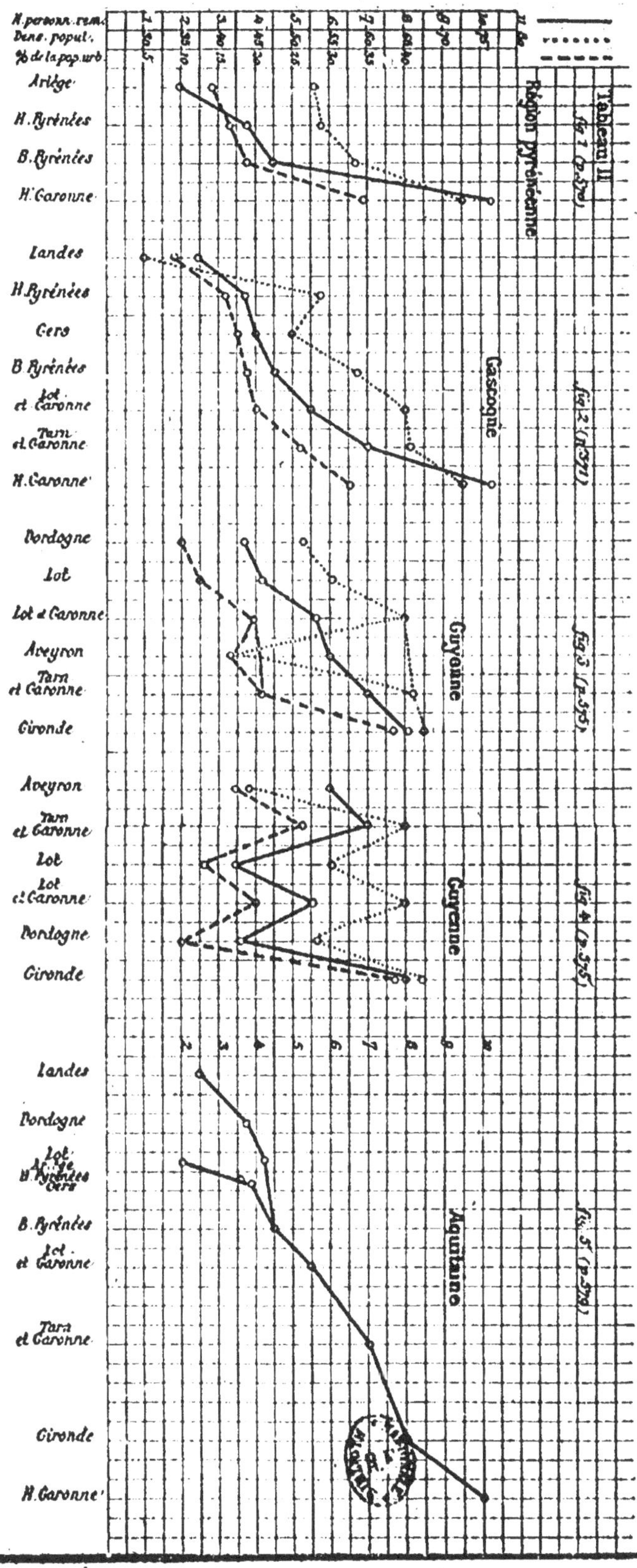
N. personn. rem.
Dens. popul.
% de la pop. urb.
Tableau II
fig 1 (p. 570)
Région pyrénéenne
Ariège
H. Pyrénées
B. Pyrénées
H. Garonne
fig 2 (p. 571)
Gascogne
Landes
H. Pyrénées
Gers
B. Pyrénées
Lot et Garonne
Tarn et Garonne
H. Garonne
fig 3 (p. 575)
Guyenne
Dordogne
Lot
Lot et Garonne
Aveyron
Tarn et Garonne
Gironde
fig 4 (p. 575)
Guyenne
Aveyron
Tarn et Garonne
Lot
Lot et Garonne
Dordogne
Gironde
fig 5 (p. 579)
Aquitaine
Landes
Dordogne
Lot
Ariège
H. Pyrénées
Gers
B. Pyrénées
Lot et Garonne
Tarn et Garonne
Gironde
H. Garonne

Fig. 1.

Fig. 2.

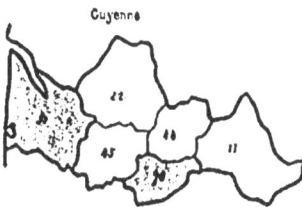 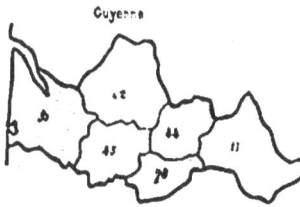 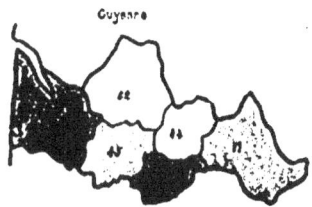

Fig. 3.

  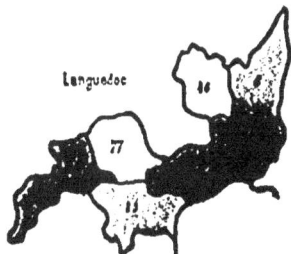

Fig. 4.

Fig. 5.

Fig. 6.

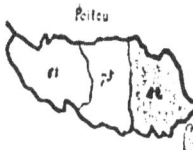  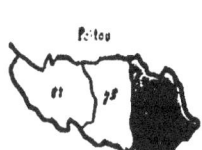

Fig. 7.

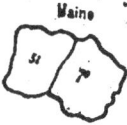
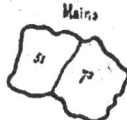
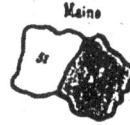

Fig. 8.

Fig. 9.

Fig. 10.

Fig. 11.

Fig. 12.

Fig. 13.

Fig. 14.

Fig. 15.

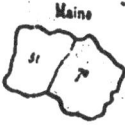 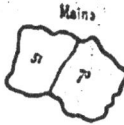 

Fig. 8.

Fig. 9.

  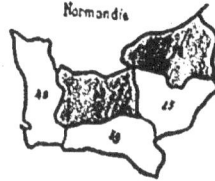

Fig. 10.

Fig. 11.   Fig. 12.

Fig. 13.

Fig. 14.   Fig. 15.

Fig. 16.

Province d'Orel

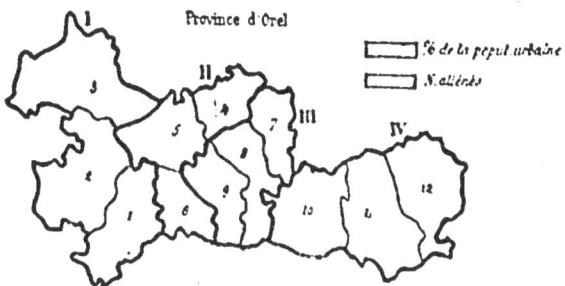

Fig. 17.

Province d'Orel

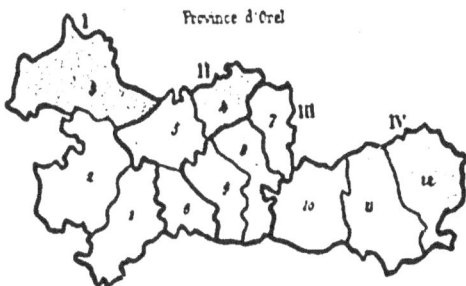

Fig. 17.

Province d'Orel

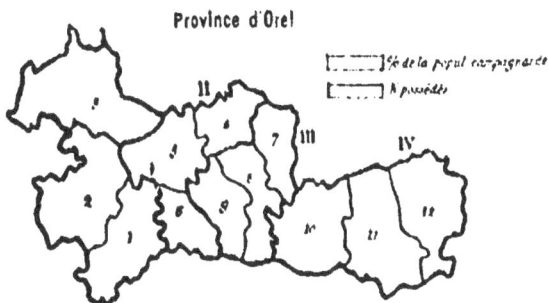

Fig. 18.

Province d'Orel

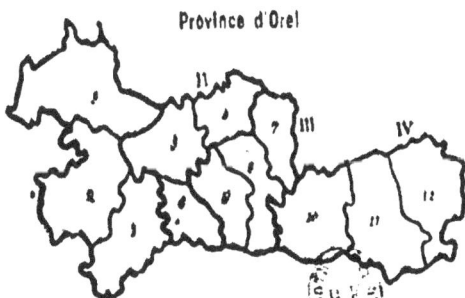

Fig. 18.

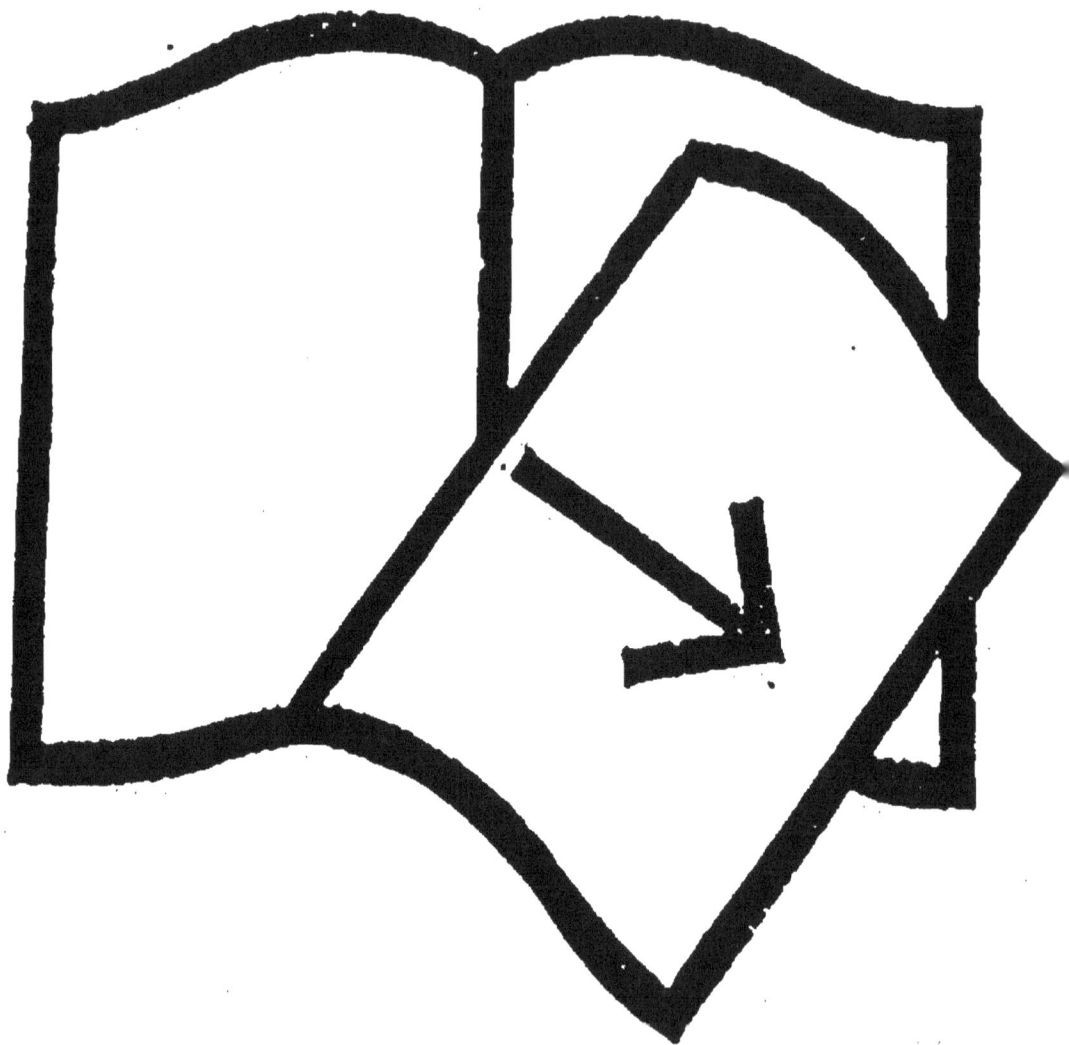

Documents manquants (pages, cahiers...)
NF Z 43-120-10

www.ingramcontent.com/pod-product-compliance
Lightning Source LLC
Chambersburg PA
CBHW071134270326
41929CB00012B/1749